KB026359

한자 부수 제대로 알면 **공부**가 쉽다

한자

부수 제대로 알면 공부가 쉽다

김종혁(한자학 칼럼니스트) 지음

중앙에듀북스

  25년 넘게 한자학(문자학)에 관심을 두고 천착穿鑿해 왔다. 그 과정에서 한자의 삼요소三要素인 자형字形과 자훈字訓과 자음字音을 밝혀 모든 한자의 기초가 되는 부수部首에 관한 책을 우리나라 최초로 썼다. 나아가 실생활에 사용되는 한자의 구성構成 원리原理를 살폈을 때에 가장 많은 비율을 차지하는 형성자形聲字를 중심으로 성부聲符 역할 한자를 분석分析한 다음 그 음音에 영향을 받은 여러 관련 한자가 나열된 책을 역시 우리나라 최초로 쓴 바 있다.

  이 책은 그 두 권의 장점을 모아 꼭 알아야 할 한자를 처음 배우려는 이들이나 제대로 배우려는 이들이 물 흐르듯 볼 수 있도록 유기적有機的으로 구성해 집필하였다.

  그동안 한자에 대해 나름대로 연구하면서 교육 현장에서 쉽고 빠르고 재미있으면서 무엇보다 정확하게 지도하기 위해 노력해 왔다. 하지만 오늘날의 한자 교육은 전문가가 아닌 집단에 의해 좌우左右되다 보니 수많은 왜곡歪曲이 생겨났다.

  문자학文字學에 대한 제대로 된 인식이 없어 주먹구구식으로 쓴 한자 책들이 난무亂舞한 데다 소위 한자 교육자라는 분들이 쓴 책을 봐도 대부분 그야말로 뜨악한 느낌이 들 정도다. 사회적으로 알려진 분들조차도 글 속에서 한자와 관련된 부분에 대한 설명을 온당치 않게 하고 있음을 적지 않게 보아 왔다. 이는 자원

字源에 근거하지 않고, 오늘날 쓰이는 한자의 형태만 놓고 자의적恣意的으로 분해한 파자식破字式 한자 풀이를 무슨 특별한 비법秘法인 양 여기는 이들에게 영향을 받았기 때문이다.

적어도 漢字한자와 漢文한문의 漢자를 가르치려면,

그 자형字形이 어떻게 해서 오늘날처럼 쓰이게 되었는지?

그 자훈字訓이 어떻게 해서 이뤄진 뜻인지?

그 자음字音이 어떻게 해서 그렇게 읽히는지?

분명히 알고 설명해야 하는데, 예로부터 이를 제대로 설명하지 못하는 이들에 의해 한자 교육이 주도되다 보니 심각한 상황에 이르게 된 것이다. 필자는 이런 상황에 대한 문제를 인식하고, 문자학文字學을 바탕으로 하여 되도록 정확하게 한자를 풀이한 본서를 쓰게 되었다.

30대에는 오로지 앞서 언급言及한 두 권의 한자 책을 쓰는 데 보냈다. 이후 10여 년을 보내면서 깨달은 바는 책 쓰는 일이 딱 불효不孝를 행하고 처자식을 불운不運하게 하기 십상이란 것이다. 언젠가 부모님이 필자筆者의 집에 잠시 머무르실 때 화초花草를 보고 "꽃은 잘 기른다"라고 지나가는 말씀을 하셨던 걸 기억하고 있다.

최근에 안식구가 자기 핸드폰에 한자에만 매달려 사는 필자 이름 대신 '꼭 빛을 볼 사람'으로 저장해 놓은 걸 보았다. 언제쯤이나 "꽃도 잘 기른다" 하시는 말씀을 듣고 '꼭 빛을 낼 사람'이란 이름으로 자리매김할 수 있을는지. 오랫동안 이 일을 업業으로 삼고 살면서 한자와 관련해 겻불이 되었을지언정 곁불을 쬐어 보지 못한 처지가 마냥 춥기만 하다. 이런 처지를 헤아려 그나마 작은 불을 피우는 데 도움을 준 출판사 관계자에게 고마움을 전하며, 제도권制度圈 밖에서 악착齷齪을 떨며 연구했지만 아직은 주저로운 내용에 대해 독자들의 많은 질정叱正을 기다린다.

김 종 혁

모든 한자를 유기적으로 구성해 *쉽고 빠르며 재미있게*, 많은 어휘와 자료를 수록해 *정확하고 유익하게* 배울 수 있도록 했습니다.

1) 한자를 <u>쉽게</u> 배울 수 있습니다.

쉽고 단순한 한자^{1단계-부수}를 먼저 학습한 뒤에 어렵고 복잡한 한자^{2단계-형성자}를 학습하도록 배열했습니다.

예) 案자를 학습하는 과정의 경우

2) 한자를 <u>빠르게</u> 배울 수 있습니다.

하나의 한자를 학습한 후에 앞서 배운 한자^{1단계-부수}를 덧붙여 다시 많은 한자를 동시에 빠르게 학습하도록 배열했습니다.

예) 各자를 학습할 경우

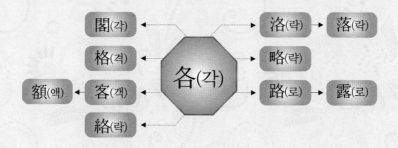

3) 한자를 재미있게 배울 수 있습니다.

　처음 학습하는 한자에는 상형의 요소가 많이 남아 있는 고문자갑골문·금문·소전를
수록하여 한자의 변화 과정을 살피며 재미있게 학습하도록 배열했습니다.

갑골문	금문	소전

[본서는 문자학(文字學)을 바탕으로 한자를 설명하면서 2,000여 개의 자형과 중복되지 않은
10,000여 개의 어휘, 1,000여 개의 그림과 사진을 수록하여 한자를 정확하고 유익하게 배울
수 있도록 구성했습니다.]

1. 본서는 교육용 한자1972년 문교부 지정 1,800자와 그 성부聲符 역할 한자를 포함한 2,146자를 스몰스텝small step 원리를 적용해 구성하였다.

2. 본서는 학습자들이 체계적으로 볼 수 있도록 선수先手 학습해야 할 부수部首와 그 관련 한자를 먼저 배열해 설명하고, 이후 한자는 ㄱ·ㄴ·ㄷ·ㄹ…의 순으로 배열해 설명하였다. ㄱ·ㄴ·ㄷ·ㄹ…의 순으로 배열된 한자는 표제標題가 되는 음부音符 역할 한자를 먼저 설명하고, 이후는 그 음에 영향을 받은 한자들을 배열해 쉽고 빠르면서 많이 익힐 수 있도록 하였다.

3. 본서에 사용된 부호符號 가운데 대괄호大括弧는 학습 대상이 되는 한자의 뜻과 음을 나타낼 때 사용하였고, 소괄호小括弧는 설명 과정에 나오는 한자 어휘를 한글 음으로 바꿀 때 사용하였다. 그 외에 병기倂記된 표시는 실례實例를 들어 설명하면 다음과 같다.

| 중 284 한국어문회 5급 한자진흥회 4급 | 可 옳을 가 | 갑골문 | 금문 | 소전 | 실례1 |

<u>실례1</u> ㉠ 중 284 → 중학교 교육용 한자로 일련번호가 284임을 나타냄.

　　㉡ 한국어문회-5급 / 한자진흥회-4급 → 국가공인 급수시험 단체인 한국어문회와

　　　한자교육진흥회에서 부여한 급수를 표시함.

　　㉢ 可 옳을 가 → 표제자(標題字)로 피자를 제시하고 그 뜻과 음을 표기함.

　　㉣ 갑골문, 금문, 소전 → 고문자(古文字)를 한 자씩 나타냄.

荷

연 하

고 207 어문 3급 진흥 2급

艸(艹)자로 인해 수련과에 속하는 여러해살이 물풀[艸]인 연(연꽃)과 관련해 그 뜻이 '연(연꽃)'이 되고, 何자로 인해 薄荷(박하)·荷重(하중)·手荷物(수하물)·船荷證券(선하증권)·賊反荷杖(적반하장)에서처럼 그 음이 '하'가 된 글자다. 나중에 何자의 본래 의미를 대신하면서 '짊어지다'나 '짐'의 뜻을 지니기도 한다.

<u>실례2</u>

<u>실례2</u> ㉤ 荷 연 하 → 표제자가 음의 역할을 하는 荷자를 제시하고 뜻과 음을 표기함.

　　㉥ 고 207 → 고등학교 교육용 한자로 일련번호가 207임을 나타냄.

　　㉦ 어문 4급 / 진흥 5급 → 급수시험 단체와 그 단체에서 부여한 급수를 표시함.

4. 본서는 한자의 자형字形을 정확하게 이해할 수 있도록 갑골문甲骨文·금문金文·소전小篆 등의 고문자古文字를 수록하였으며, 그 자형은 《古文字類編고문자유편》을 저본底本으로 삼았다. 아울러 학습자들이 쉽게 한자를 이해하도록 관련 그림을 최대한 많이 수록하였으며, 되도록 타 교과의 학습에 도움이 되는 자료를 수록하였다.

5. 본서는 문자학文字學을 바탕으로 접근해 통설通說을 채택하여 풀이하였으며, 자원字源이 불분명한 경우는 《說文解字설문해자》의 풀이를 채택하였다.

6. 본서는 최대한 많은 한자를 익힐 수 있도록 어휘의 중복을 피했으며, 어휘는 되도록 개념어槪念語나 학습용어學習用語를 수록하였다.

7. 본서는 이미 배운 한자를 쉽게 찾아 학습자들이 피드백feedback할 수 있도록 중학교 교육용 한자와 고등학교 교육용 한자를 구분하여 일련번호一連番號를 부여하고, 학습자들이 국가공인 한자급수시험에 효율적으로 대비하도록 한국어문회韓國語文會와 한자교육진흥회漢字教育振興會의 급수級數를 표기하였다.

차례

• 머리말   4

• 책의 구성   6

• 일러두기   8

Part_01 부수   11

      부수 일람표   129

Part_02 ㄱ   133

        ㄴ   193

        ㄷ   199

        ㄹ   215

        ㅁ   235

        ㅂ   255

        ㅅ   281

        ㅇ   317

        ㅈ   373

        ㅊ   415

        ㅌ   439

        ㅍ   445

        ㅎ   453

• 색인   478

頌鼎	師袁	大簋	鼎	班簋	首
頌壺	簋	仲簋	休盤	威簋	農卣
頌簋	袁盤	大作大	盨方	威方	它簋
兮甲	師篡	師兌	尊	鼎	井侯
盤	簋	父鼎		泉伯	遹簋
	克盨	師全簋		靜卣	史懋 壺

부수

중 001
한국어문회 8급
한자진흥회 8급
물 수 · 삼수변 · 갑골문 · 금문 · 소전

흐르는 물을 나타냈기에 그 뜻이 '물'이고, 生水(생수)·冷水(냉수)·水平(수평)·水泳(수영)·飮料水(음료수)·水資源(수자원)·上善若水(상선약수)에서 보듯 그 음이 '수'인 글자다. 한자에서 왼쪽에 덧붙여질 때는 沐(목)자나 浴(욕)자에서처럼 氵의 형태로 쓰이는데, 이는 '삼수변'이라 한다.

중 002
한국어문회 7급
한자진흥회 7급
설 립 · 갑골문 · 금문 · 소전

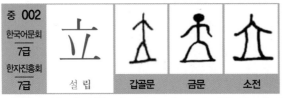

사람이 두 다리를 땅 위에 딛고 서 있는 모습을 나타낸 데서 그 뜻이 '서다'이고, 竝立(병립)·自立(자립)·而立(이립)·竪立(수립)·直立人(직립인)·不立文字(불립문자)에서 보듯 그 음이 '립'인 글자다. 立志(입지)·立錐(입추)·立候補(입후보)·立春大吉(입춘대길)·立身揚名(입신양명)에서처럼 말의 맨 앞에 놓이면 그 음이 변해 '입'으로 읽힌다.

중 003 어문 3급 진흥 3급

泣
울 읍

水(氵)자로 인해 소리 내지 않고 눈물[水]을 흘리며 운다 하여 그 뜻이 '울다'가 되고, 立자로 인해 泣訴(읍소)·泣諫(읍간)·感泣(감읍)·哭泣(곡읍)·泣斬馬謖(읍참마속)·狐死兔泣(호사토읍)에서 보듯 그 음이 '읍'이 된 글자다.

중 004
한국어문회 7급
한자진흥회 8급
입 구 · 갑골문 · 금문 · 소전

사람의 입을 나타냈기에 그 뜻이 '입'이고, 口味(구미)·口號(구호)·大口(대구)·人口(인구)·緘口令(함구령)·一口二言(일구이언)·有口無言(유구무언)에서 보듯 그 음이 '구'인 글자다.

중 005 한국어문회 7급 한자진흥회 7급	心 마음 심	忄 심방변	小 밑마음심	갑골문	금문	소전

심장(心臟)을 나타냈지만 옛날 사람들이 심장에 정신이 있어 마음을 주관(主管)한다고 여겼기에 결국 그 뜻이 '마음'이 되고, 人心(인심)·小心(소심)·心肝(심간)·心腹(심복)·老婆心(노파심)·以心傳心(이심전심)·一切唯心造(일체유심조)에서처럼 그 음이 '심'이 된 글자다. 한자에서 왼쪽에 덧붙여질 때는 性(성)자나 情(정)자에 보이는 忄의 형태로 변화시켜 쓰고, 드물게 恭(공)자나 慕(모)자에 보이는 小의 형태로 변화시켜 쓰기도 한다. 忄은 '심방변'이라 하고, 小은 '밑마음심'이라 한다.

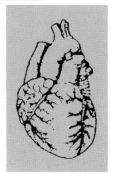

중 006 한국어문회 8급 한자진흥회 8급	女 계집 녀	갑골문	금문	소전

두 손을 모으고 다소곳이 앉아 있는 여자를 나타낸 데서 그 뜻이 여자를 달리 이르는 '계집'이 되고, 男女(남녀)·美女(미녀)·熊女(웅녀)·魔女(마녀)·有夫女(유부녀)·窈窕淑女(요조숙녀)·南男北女(남남북녀)에서 보듯 그 음이 '녀'가 된 글자다. 女史(여사)·女王(여왕)·女丈夫(여장부)·女必從夫(여필종부)에서처럼 말의 맨 앞이나 男尊女卑(남존여비)·男左女右(남좌여우)에서처럼 두 말이 합쳐질 때에 뒤에 오는 말의 앞에서는 그 음이 변해 '여'로 읽힌다.

중 007 어문 3급 진흥 3급

汝
너 여

水(氵)자로 인해 원래 회수(淮水)로 흐르는 물[水]인 여수(汝水)를 뜻했으나 오늘날은 이인칭(二人稱)의 의미인 '너'의 뜻으로 빌려 쓰이고, 女자로 인해 汝矣島(여의도)·吾心卽汝心(오심즉여심)에서처럼 '여'의 음으로 읽히는 글자다.

如 같을 여

중 008 어문 4급 진흥 4급

口자로 인해 남이 입[口]으로 말하는 것을 따라서 행하는 것이 같다 하여 그 뜻이 '같다'가 되고, 女자로 인해 如前(여전)·如實(여실)·如意珠(여의주)·如反掌(여반장)·生不如死(생불여사)·一日如三秋(일일여삼추)에서 보듯 그 음이 '여'가 된 글자다.

恕 용서할 서

고 001 어문 3급 진흥 3급

心자로 인해 너그러운 마음[心]으로 남을 용서한다 하여 그 뜻이 '용서하다'가 되고, 如자로 인해 容恕(용서)·忠恕(충서)·海恕(해서)에서 보듯 그 음이 '서'가 된 글자다.

중 009
한국어문회 4급
한자진흥회 3급

날 비	금문	소전

새가 날개를 활짝 펴고 나는 모양에서 그 뜻이 '날다'이고, 飛翔(비상)·飛躍(비약)·飛虎(비호)·飛閣(비각)·飛行機(비행기)·風飛雹散(풍비박산)·哨戒飛行(초계비행)에서 보듯 그 음이 '비'인 글자다.

고 002
한국어문회 3급
한자진흥회 3급

깃 우	갑골문	금문	소전

두 날개의 깃을 나타낸 데서 그 뜻이 '깃'이고, 羽翼(우익)·羽緞(우단)·羽角(우각)·鳥羽冠(조우관)·羽化登仙(우화등선)·項羽壯士(항우장사)에서 보듯 그 음이 '우'인 글자다.

중 010 한국어문회 7급 한자진흥회 7급				
	손 수	재방변	금문	소전

간략하게 다섯 손가락의 손을 나타낸 모습에서 그 뜻이 '손'
이고, 洗手(세수) · 握手(악수) · 手話(수화) · 手匣(수갑) · 喇叭手(나
팔수) · 纖纖玉手(섬섬옥수) · 空手來空手去(공수래공수거)에서 보
듯 그 음이 '수'인 글자다. 한자에서 왼쪽에 덧붙여질 때는 拉(랍)자나 拍(박)자에
서처럼 扌의 형태로 변화시켜 쓰기도 한다. 이는 '재방변'이라 한다.

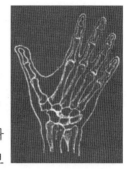

참고 001				
	분별할 변	갑골문	금문	소전

발톱이 갈라져 있는 짐승(육식동물)의 발자국을 나타냈는데, 옛
날 사람들은 흔히 땅에 찍힌 발자국을 보고 짐승을 분별했다. 따
라서 그 뜻이 '분별하다'가 되고, 그 음은 '변'으로 읽히는 글자다.

중 011 어문 6급 진흥 5급

육식동물의 발자국을 나타낸 釆자와 초식동물의 발자국을 나타낸 田의
형태가 합쳐진 글자다. 땅에 찍힌 발자국으로 짐승이 지나친 차례를
알 수 있다 하여 그 뜻이 '차례'가 되고, 다시 釆자로 인해 番號(번호) ·
番地(번지) · 學番(학번) · 軍番(군번) · 十八番(십팔번) · 輪番制(윤번제) ·
番外競技(번외경기)에서 보듯 그 음이 '번'이 된 글자다.

차례 번 / 금문

고 003 어문 3급 진흥 2급

飛자로 인해 새가 높이 난다[飛] 하여 그 뜻이 '날다'가 되고, 番자로 인해 飜覆(번
복) · 飜譯(번역) · 飜然(번연) · 飜意(번의) · 飜刻本(번각본) · 翻案小說(번안소설)에서
처럼 그 음이 '번'이 된 글자다. 翻자는 동자(同字)다.

날 번

고 004 어문 3급 진흥 2급

手(扌)자로 인해 손[手]으로 씨앗을 뿌린다 하여
그 뜻이 '뿌리다'가 되고, 番자로 인해 播種(파
종) · 播多(파다) · 傳播(전파) · 散播(산파) · 俄館播
遷(아관파천)에서 보듯 그 음이 '파'가 된 글자다.

뿌릴 파

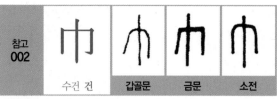

참고 002	巾	巾	巾	巾
수건 건		갑골문	금문	소전

아래로 늘어진 수건을 나타낸 데서 그 뜻이 '수건'이고, 手巾(수건)·頭巾(두건)·網巾(망건)·幅巾(복건)·三角巾(삼각건)·紅巾賊(홍건적)에서 처럼 그 음이 '건'인 글자다.

중 012 한국어문회 8급 한자진흥회 8급	父	父	父	父
아비 부		갑골문	금문	소전

도끼를 손에 쥐고 있는 모습에서 도끼를 손에 쥐고 사냥 등을 해 가

족을 부양하는 사람인 아비와 관련되어 그 뜻이 '아비'가 되고, 父母(부모)·父親(부친)·嚴父(엄부)·代父(대부)·勝於父(승어부)·父父子子(부부자자)·君師父一體(군사부일체)에서처럼 그 음이 '부'가 된 글자다.

중 013 어문 4급 진흥 4급

布	布
베 포	금문

원래 父자와 巾자가 합쳐진 글자다. 巾자로 인해 수건[巾]을 만드는 데 사용된 옷감과 관련해 그 뜻이 '베'가 되고, 후대에 그 형태가 변화되었지만 父자로 인해 毛布(모포)·瀑布(폭포)·布敎(포교)·布石(포석)·面紗布(면사포)·安東布(안동포)·布帳馬車(포장마차)에서처럼 그 음이 '포'가 된다. 布施(보시)란 말에처럼 그 뜻이 '보시'와 관련될 때는 그 음을 '보'로 읽는다.

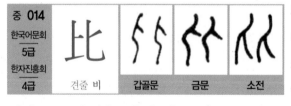

중 014 한국어문회 5급 한자진흥회 4급	比	比	比	比
견줄 비		갑골문	금문	소전

두 사람이 나란히 서서 서로 견주는 모습을 나타낸

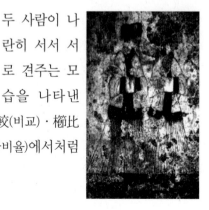

데서 그 뜻이 '견주다'가 되고, 比肩(비견)·比較(비교)·櫛比(즐비)·性比(성비)·比喩法(비유법)·黃金比率(황금비율)에서처럼 그 음이 '비'가 된 글자다.

批 칠 비

고 005 어문 3급 진흥 4급

手(扌)자로 인해 손[手]으로 친다 하여 그 뜻이 '치다'가 되고, 比자로 인해 批判(비판)·批評(비평)·批准(비준)에서 보듯 그 음이 '비'가 된 글자다.

참고 003	广 집 엄	
		갑골문 / 금문 / 소전

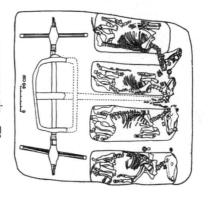

한쪽만 기둥이 있는 집을 나타낸 데서 그 뜻이 '집'이고, 庫[곳집 고]·店[가게 점]·廚[부엌 주]자에서처럼 부수의 역할을 하는 그 음이 '엄'인 글자다.

중 015 한국어문회 7급 한자진흥회 5급	車 수레 거(차)	갑골문 / 금문 / 소전

옛날에 주로 전차(戰車)로 사용되었던 수레를 나타낸 데서 그 뜻이 '수레'이고, 그 음이 兵車(병거)·車馬(거마)·自轉車(자전거)·人力車(인력거)·停車場(정거장)에서처럼 '거'이면서 馬車(마차)·風車(풍차)·車輛(차량)·車戰(차전)·自動車(자동차)·乘合車(승합차)에서처럼 '차'이기도 한 글자다.

庫 곳집 고

고 006 어문 4급 진흥 3급

广자로 인해 그 뜻이 수레나 병기(兵器) 등을 간직해 두는 집[广]인 '곳집'이 되고, 車자로 인해 車庫(차고)·倉庫(창고)·庫間(→ 곳가)·庫房(고방 → 광)·火藥庫(화약고)·武器庫(무기고)·石氷庫(석빙고)에서 보듯 그 음이 '고'가 된 글자다.

중 016				
한국어문회 4급	非	兆	兆	兆
한자진흥회 4급	아닐 비	갑골문	금문	소전

새의 두 날개가 펼쳐진 모양을 나타내면서 새가 날 때는 펼쳐진 두 날개가 반드시 같은 방향이 아니다 하여 그 뜻이 '아니다'가 된 것으로 보이며, 是非(시비)·屈非(굴비)·非情(비정)·非難(비난)·非常口(비상구)·兩非論(양비론)·非行少年(비행소년)·是是非非(시시비비)에서 보듯 그 음이 '비'가 된 글자다.

悲 슬플 비

중 017 어문 4급 진흥 4급

心자로 인해 마음[心]이 아플 정도로 슬퍼한다 하여 그 뜻이 '슬프다' 이고, 非자로 인해 悲哀(비애)·悲慘(비참)·悲鳴(비명)·喜悲(희비)·無慈悲(무자비)·悲觀論者(비관론자)·一喜一悲(일희일비)에서 보듯 그 음이 '비' 인 글자다.

排 밀칠 배

고 007 어문 3급 진흥 2급

手(扌)자로 인해 손[扌]으로 무언가 밀친다 하여 그 뜻이 '밀치다' 이고, 非자로 인해 排球(배구)·排出(배출)·排泄(배설)·排尿(배뇨)·排他的(배타적)·排氣量(배기량)·排卵期(배란기)에서 보듯 그 음이 '배' 인 글자다.

輩 무리 배

고 008 어문 3급 진흥 3급

車자로 인해 옛날에 주로 전차(戰車)로 사용되었던 수레[車]가 편대(編隊)를 짜 무리지은 데서 그 뜻이 '무리' 이고, 非자로 인

해 年輩(연배)·後輩(후배)·不良輩(불량배)·謀利輩(모리배)·暴力輩(폭력배)·政商輩(정상배)·人材輩出(인재배출)에서 보듯 그 음이 '배' 인 글자다.

중 018				
한국어문회 8급	日	○	○	日
한자진흥회 8급	날 일	갑골문	금문	소전

흑점(黑點)이 보이는 둥근 해를 나타내면서 다시 해가 뜨고 지는 하루 동안의 의미인 날과 관련해 결국 그 뜻이 '날' 이 되고, 日出(일출)·日蝕(일식)·擇日(택일)·休日(휴일)·日光浴(일광욕)·日射病(일사병)·此日彼日(차일피일)에서처럼 그 음이 '일' 이 된 글자다.

중 019 한국어문회 6급 한자진흥회 7급	目 눈 목	갑골문	금문	소전

눈동자가 보이는 눈을 나타낸 데서 그 뜻이 '눈'이고, 注目(주목) · 頭目(두목) · 目下(목하) · 目禮(목례) · 目擊者(목격자) · 一目瞭然(일목요연)에서처럼 그 음이 '목'인 글자다.

중 020 한국어문회 8급 한자진흥회 7급	生 날 생	갑골문	금문	소전

초목의 싹이 땅 위로 움터 나는 모양에서 그 뜻이 '나다'가 되고, 生日(생일) · 生死(생사) · 人生(인생) · 出生(출생) · 十長生(십장생) · 門下生(문하생) · 九死一生(구사일생)에서처럼 그 음이 '생'이 된 글자다.

性 성품 성

중 021 어문 5급 진흥 5급

心(忄)자로 인해 사람의 타고난 마음[心]의 바탕인 성품과 관련해 그 뜻이 '성품'이 되고, 生자로 인해 性格(성격) · 性質(성질) · 心性(심성) · 個性(개성) · 國民性(국민성) · 人性敎育(인성교육)에서처럼 그 음이 '성'이 된 글자다.

星 별 성

중 022 어문 4급 진흥 4급

금문

원래 하늘의 많은 별[日]이 밝게 빛나는 모양을 나타낸 晶[밝을 정]자와 生자를 합쳐 曐자로 썼다. 후에 日자로 생략해 쓰지만 晶자로 인해 그 뜻이 '별'이 되고, 生자로 인해 流星(유성) · 火星(화성) · 直星(직성) · 羅星(나성) · 北極星(북극성) · 十字星(십자성) · 五星將軍(오성장군)에서처럼 그 음이 '성'이 된 글자다.

姓 성 성

중 023 어문 7급 진흥 5급

女자로 인해 한 여자[女]로부터 태어난 같은 혈족을 나타내는 데 사용되는 성(성씨)과 관련해 그 뜻이 '성'이 되고, 生자로 인해 姓名(성명) · 姓銜(성함) · 複姓(복성) · 百姓(백성) · 集姓村(집성촌) · 二姓之合(이성지합)에서처럼 그 음이 '성'이 된 글자다.

중 024 어문 6급 진흥 5급

살필 성 / 소전

원래 生자와 目자가 합쳐진 글자(眚)였다. 目자로 인해 눈[目]으로 잘 살핀다 하여 그 뜻이 '살피다'가 되고, 오늘날 少의 형태로 변했지만 生자로 인해 反省(반성)·自省(자성)·省墓(성묘)·省察(성찰)·一日三省(일일삼성)·人事不省(인사불성)에서처럼 그 음이 '성'이 된 글자다. 또 그 자형에 보이는 少자에 의해 '덜다'의 뜻을 지니면서 省略(생략)에서처럼 '생'의 음으로 읽기도 한다.

중 025
한국어문회 6급
한자진흥회 7급

돌 석 / 갑골문 / 금문 / 소전

예리하게 만든 모난 돌과 뭉뚝하게 생긴 네모난 돌에서 비롯된 것으로 보이는 丆의 형태와 口의 형태가 합쳐져 그 뜻이 '돌'이 되고, 隕石(운석)·磐石(반석)·石工(석공)·石塔(석탑)·大理石(대리석)·黑曜石(흑요석)·石硫黃(→ 성냥)·他山之石(타산지석)에서 보듯 그 음이 '석'인 된 글자다.

고 009 어문 3급 진흥 3급

넓힐 척

手(扌)자로 인해 손[手]으로 땅 위의 것들을 줍거나 꺾어 내 공간을 넓힌다 하여 그 뜻이 '넓히다'가 되고, 石자로 인해 開拓(개척)·干拓地(간척지)·拓植會社(척식회사)에서 보듯 그 음이 '척'이 된 글자다. 손으로 비석 등에 새긴 글씨를 먹칠해 박는다 하여 '박다'의 뜻을 지닐 때는 拓本(탁본)·魚拓(어탁)에서 보듯 그 음이 '탁'으로 읽힌다.

중 026
한국어문회 3급
한자진흥회 3급

가로 왈 / 갑골문 / 금문 / 소전

입과 말할 때에 입속으로부터 나오는 소리의 기운(氣運)을 나타낸 데서 그 뜻이 남의 말이나 글을 인용할 때에 사용하는 말인 '가로'가 되고, 曰牌(왈패)·曰字(왈자)·曰可曰否(왈가왈부)·孔子曰孟子曰(공자왈맹자왈)에서 보듯 그 음이 '왈'인 글자다.

참고 004	广 병들 녁	갑골문	금문	소전

침상 위에 사람이 병들어 누워 있는 모습을 나타낸 데서
그 뜻이 '병들다'이고, 癌[암 암] · 痘[천연두 두] · 癩[문둥병
라] · 癡[어리석을 치]자에서 보듯 부수의 역할을 하는 그 음
이 '녁'인 글자다.

고 010 한국어문회 3급 한자진흥회 2급	矢 화살 시	갑골문	금문	소전

뾰족하거나 뭉툭한 화살촉이 있는 화살을 나타
낸 데서 그 뜻이 '화살'이고, 嚆矢(효시) · 弓矢
(궁시) · 毒矢(독시) · 刀折矢盡(도절시진)에서 보듯 그 음이 '시'인 글자다.

知 / 알 지

중 027 어문 5급 진흥 4급

口자로 인해 입[口]에서 나오는 말은 마음 안에서 알고 있는 사실
을 드러내는 것이므로 그 뜻이 '알다'가 되고, 矢자로 인해 知識(지
식) · 知音(지음) · 無知(무지) · 四知(사지) · 知天命(지천명) · 知能指數
(지능지수) · 無所不知(무소부지) · 知的財産權(지적재산권)에서 보듯
그 음이 '지'가 된 글자다.

智 / 슬기 지

고 011 어문 4급 진흥 3급

日자로 인해 말하는[曰] 것을 빨리 깨닫는 슬기가 있다 하여 그 뜻이
'슬기'가 되고, 知자로 인해 智慧(지혜) · 智略(지략) · 衆智(중지) · 機智
(기지) · 理智的(이지적) · 老馬之智(노마지지) · 仁義禮智(인의예지)에서
보듯 그 음이 '지'가 된 글자다.

금문

疾 / 병 질

고 012 어문 3급 진흥 2급

广자로 인해 화살과 같은 무기에 의해 다쳐서 병들었다[广] 하여 그 뜻이 '병'이
되고, 矢자로 인해 痔疾(치질) · 瘧疾(학질) · 癎疾(간질) · 疳疾(감질) · 疾視(질시) ·
疾走(질주) · 痼疾病(고질병) · 疾風怒濤(질풍노도)에서 보듯 그 음이 '질'이 된 글
자다.

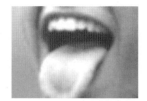

중 028	言		갑골문	금문	소전
한국어문회 6급 한자진흥회 5급	말씀 언				

말을 하는 입과 그 위에 말을 할 때 중요한 역할을 하는 혀를 나타내면서 그 뜻이 말을 높이어 이르는 '말씀'이 되고, 言語(언어)·言爭(언쟁)·名言(명언)·箴言(잠언)·言必稱(언필칭)·重言復言(중언부언)·言飛千里(언비천리)·男兒一言重千金(남아일언중천금)에서처럼 그 음이 '언'이 된 글자다.

중 029	舌		갑골문	금문	소전
한국어문회 4급 한자진흥회 4급	혀 설				

입 밖에 선(線)으로 움직이는 혀를 나타낸 데서 그 뜻이 '혀'이고, 舌盒(→서랍)·舌戰(설전)·毒舌(독설)·筆舌(필설)·雀舌茶(작설차)·龍舌蘭(용설란)·駟不及舌(사불급설)에서 보듯 그 음이 '설'인 글자다.

중 030	音		금문	소전
한국어문회 6급 한자진흥회 5급	소리 음			

言자에서 입을 나타낸 부분에 一의 모양을 덧붙였는데, 一의 모양은 말 속에 소리가 있음을 나타낸 부호(符號)로 보인다. 따라서 그 뜻이 '소리'가 되고, 音聲(음성)·音樂(음악)·和音(화음)·訃音(부음)·半齒音(반치음)·頭音法則(두음법칙)·子音接變(자음접변)에서 보듯 그 음이 '음'이 된 글자다.

暗 어두울 암

중 031 어문 4급 진흥 4급

日자로 인해 해[日]가 져서 어둡다 하여 그 뜻이 '어둡다'가 되고, 音자로 인해 暗黑(암흑)·暗室(암실)·暗雲(암운)·明暗(명암)·暗暗裡(암암리)·暗中摸索(암중모색)에서 보듯 그 음이 '암'이 된 글자다.

중 032 한국어문회 5급 한자진흥회 5급	耳 귀 이	갑골문	금문	소전

귀를 나타낸 데서 그 뜻이 '귀'이고, 耳順(이순)·耳塚(이총)·耳目(이목)·耳明酒(이명주)·中耳炎(중이염)·馬耳東風(마이동풍)에서 보듯 그 음이 '이'인 글자다.

고 013 어문 3급 진흥 3급

心자로 인해 마음[心] 속으로 떳떳하지 못해 부끄럽다 하여 그 뜻이 '부끄럽다'가 되고, 耳자로 인해 恥辱(치욕)·恥事(치사)·廉恥(염치)·羞恥(수치)·國恥日(국치일)·厚顔無恥(후안무치)에서 보듯 그 음이 '치'가 된 글자다.

부끄러울 **치**

참고 005	糸 실 사	갑골문	금문	소전

가는 실이 한 타래 묶인 모양에서 원래 '가는 실'을 뜻하면서 '멱'의 음을 지니나 오늘날에는 絲[실 사]자의 약자(略字)로 흔히 사용되기 때문에 그 뜻과 음을 합쳐 '실 사'로 더 자주 부르는 글자다.

중 033 어문 4급 진흥 4급

타래 지은 실에서 비롯된 糸자를 중복해 써서 그 뜻이 '실'이 되고, 生絲(생사)·絹絲(견사)·鐵絲(철사)·螺絲(나사)·蠶絲業(잠사업)·一絲不亂(일사불란)·絲毬體腎炎(사구체신염)에서처럼 그 음이 '사'가 된 글자다.

실 **사**

중 034 한국어문회 7급 한자진흥회 7급	入 들 입	갑골문	금문	소전

움집의 입구를 나타내면서 그 입구로 들어간다 하여 그 뜻이 '들다'이고, 入口(입구)·入場(입장)·出入(출입)·輸入(수입)·新入生(신입생)·入山禁止(입산금지)에서 보듯 그 음이 '입'인 글자다.

부수

중 O35 어문 7급 진흥 6급

안 내 / 갑골문

집 모양에서 비롯된 冂의 형태로 인해 집[冂] 안으로 들어간다 하여 그 뜻이 '안'이 되고, 다시 入자로 인해 內助(내조)·內訌(내홍)·室內(실내)·宅內(댁내)·內帑金(내탕금)·外華內貧(외화내빈)·內憂外患(내우외환)에서처럼 그 음이 '내'가 된 글자다. 內人(나인)에서처럼 그 음을 '나'로도 읽는다.

고 O14 어문 3급 진흥 4급

들일 납

糸자로 인해 물건 등을 실[糸]로 묶어 갈무리해 들인다 하여 그 뜻이 '들이다'이고, 內자로 인해 納入(납입)·納付(납부)·上納(상납)·出納(출납)·納骨堂(납골당)·本第入納(본제입납)·南大門入納(남대문입납)에서 보듯 그 음이 '납'인 글자다.

참고 006

| 집 면 | 갑골문 | 금문 | 소전 |

집을 나타냈기에 그 뜻이 '집'이고, 家[집 가]·室[집 실]·宮[집 궁]·宅[집 택]·宇[집 우]·宙[집 주]자에서 보듯 주로 부수의 역할을 하는 그 음이 '면'인 글자다.

중 036

한국어문회 8급

한자진흥회 8급

나무 목 / 갑골문 / 금문 / 소전

크게 자라기 위해 잎이 진 나무를 나타낸 데서 그 뜻이 '나무'이고, 樹木(수목)·巨木(거목)·木手(목수)·木棉(목면)·植木日(식목일)·緣木求魚(연목구어)·朽木不可彫(후목불가조)에서처럼 그 음이 '목'인 글자다.

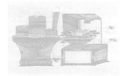

중 037 한국어문회 7급 한자진흥회 8급	子 아들 자	 갑골문	금문	소전

큰 머리에 두 팔과 다리가 있는 아이를 나타냈기에 원래 '아이'를 뜻했으나 훗날 그 의미가 축소되어 그 뜻이 남자 아이인 '아들'이 되고, 父子(부자)·娘子(낭자)· 子女(자녀)·子正(자정)·五味子(오미자)·獅子吼(사자후)·子子孫孫(자자손손)에서처럼 그 음이 '자'가 된 글자다.

字
글자 자

중 038 어문 7급 진흥 5급

宀자로 인해 집[宀]에 자식이 생겨나는 것처럼 파생되어 만들어지는 것이 글자라 하여 그 뜻이 '글자'가 되고, 子자로 인해 文字(문자)·銜字(함자)·退字(퇴자)·漢 字(한자)·簡體字(간체자)·入聲字(입성자)·一字無識(일자무식)에서 보듯 그 음이 '자'가 된 글자다.

李
오얏나무 리

중 039 어문 6급 진흥 5급

木자로 인해 그 뜻이 장미과에 속하는 나무[木]인 '오얏나 무'가 되고, 子자로 인해 李朝(이조)·桃李(도리)·張三李四(장삼 이사)·李下不整冠(이하부정관)에서 보듯 그 음이 '리'가 된 글자다.

중 040 한국어문회 7급 한자진흥회 5급	老 늙을 로	耂 늙을로엄	갑골문	금문	소전

긴 머리털이 나고 지팡이를 짚은 허리가 구부러진 늙은 사람을 나타낸 데서 그 뜻이 '늙다'이고, 年老(연로)·早老(조로)·偕老 (해로)·長老(장로)·不老草(불로초)·敬老席(경로석)·生老病死(생 로병사)에서처럼 그 음이 '로'인 글자다. 老人(노인)·老獪(노 회)·老益壯(노익장)·老少同樂(노소동락)에서처럼 말의 맨 앞이나 男女老少(남녀노소)에서처럼 합쳐진 두 말에서 뒤에 오는 말의 맨 앞에서는 그 음 이 변해 '노'로 읽힌다. 그 자형이 편방으로 쓰일 때는 글자의 일부가 생략되어 耂의 형태로도 쓰이는데, 이는 '늙을로엄'이라 한다.

고 015				
한국어문회 3급 한자진흥회 3급	齊 가지런할 제	갑골문	금문	소전

인공적으로 재배되어 곡물 이삭이 가지런히 자란 모양을 나타낸 데서 그 뜻이 '가지런하다'이고, 一齊(일제)·齊唱(제창)·齊物論(제물론)·百花齊放(백화제방)·衣冠整齊(의관정제)·修身齊家治國平天下(수신제가치국평천하)에서 보듯 그 음이 '제'인 글자다.

濟 건널 제	고 016 어문 4급 진흥 3급

水(氵)자로 인해 도와서 물[水]을 건너게 한다 하여 그 뜻이 '건너다'가 되고, 救濟(구제)·辨濟(변제)·經濟(경제)·共濟(공제)·濟州道(제주도)·經世濟民(경세제민)·衆生濟度(중생제도)에서처럼 그 음이 '제'가 된 글자다.

참고 007	攴 칠 복	攵 등글월문	갑골문	금문	소전

손에 잡은 나뭇가지로 뭔가를 치는 모습을 나타낸 데서 그 뜻이 '치다'이고, 敲[두드릴 고]·敍[베풀 서]자에서 보듯 부수의 역할을 하는 그 음이 '복'인 글자다. 다른 자형과 어울릴 때는 放[놓을 방]·收[거둘 수]·效[본받을 효]·攻[칠 공]·敗[패할 패]·改[고칠 개]·敎[가르칠 교]자에서처럼 攵의 형태로 약간 변화되어 쓰이는데, 이는 '등글월문'이라 한다.

중 041				
한국어문회 3급 한자진흥회 5급	貝 조개 패	갑골문	금문	소전

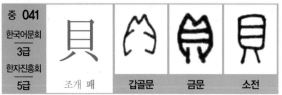

옛날에 돈으로 사용되었던 조개를 나타냈기 때문에 그 뜻이 '조개'이고, 紫貝(자패)·種貝(종패)·寶貝(→보배)·貝物(패물)·貝玉(패옥)·貝塚(패총)·魚貝類(어패류)에서처럼 그 음이 '패'인 글자다.

敗
패할 패

攴(攵)자로 인해 무언가 쳐서[攵] 깨뜨린다는 데서 그 의미가 변해 그 뜻이 '패하다'가 되고, 貝자로 인해 敗北(패배)·敗者(패자)·勝敗(승패)·失敗(실패)·敗殘兵(패잔병)·敗家亡身(패가망신)·敗軍之將(패군지장)에서처럼 그 음이 '패'가 된 글자다.

참고 008	攵			
	뒤져 올 치	갑골문	금문	소전

뒤를 향하고 있는 발 모습을 나타낸 데서 앞을 향한 발보다 뒤져 온다 하여 그 뜻이 '뒤져 오다'이고, 夅[내릴 강(降)]자나 夆[끌 봉]자에서처럼 글자 위에 쓰면서 부수 역할을 하는 그 음이 '치'인 글자다.

참고 009	夊			
	천천히 걸을 쇠	갑골문	금문	소전

攵자처럼 발이 뒤를 향하고 있는 모양에서 다시 뒤를 향해 천천히 걷는다 하여 그 뜻이 '천천히 걷다'이고, 夋[천천히 갈 준]자나 夌[언덕 릉(陵)]자에서처럼 글자 아래에 쓰면서 부수 역할을 하는 그 음이 '쇠'인 글자다.

	至	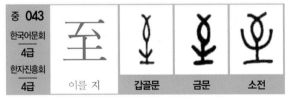		
	이를 지	갑골문	금문	소전

화살이 먼 곳으로부터 어떤 지점(땅 또는 과녁)에 이르러 꽂힌 모양을 나타낸 데서 그 뜻이 '이르다'이고, 至毒(지독)·至極(지극)·遝至(답지)·冬至(동지)·自初至終(자초지종)·至高至善(지고지선)에서 보듯 그 음이 '지'인 글자다.

致 이를 치 〔소전〕

중 044 어문 5급 진흥 4급

오늘날은 至자와 攵이 합쳐진 형태로 쓰이지만 원래 攵자로 인해 천천히 걸어서[攵] 목적지에 이른다 하여 그 뜻이 '이르다'가 되고, 至자로 인해 致誠(치성)·致富(치부)·極致(극치)·馴致(순치)·致命傷(치명상)·言行一致(언행일치)·拷問致死(고문치사)에서 보듯 그 음이 '치'인 글자다. 致자가 정자(正字)다.

姪 조카 질

고 017 어문 3급 진흥 3급

女자로 인해 형이 낳은 딸[女]과 관련해 그 뜻이 '조카'가 되고, 至자로 인해 姪女(질녀)·姪婦(질부)·甥姪(생질)·堂姪(당질)·叔姪(숙질)·從姪(종질)에서 보듯 그 음이 '질'이 된 글자다.

室 집 실

중 045 어문 8급 진흥 5급

宀자로 인해 사람이 자거나 일할 수 있도록 방이 꾸며진 집[宀]과 관련해 그 뜻이 '집'이 되고, 至자로 인해 寢室(침실)·居室(거실)·敎室(교실)·正室(정실)·地下室(지하실)·休憩室(휴게실)·化粧室(화장실)·分娩室(분만실)에서 보듯 그 음이 '실'이 된 글자다.

참고 010

龠 피리 약	갑골문	금문	소전

두 개의 관(管)에 다시 구멍을 표시한 부분과 줄로 나란히 묶인 모양을 표시한 부분이 있는 피리를 나타낸 데서 그 뜻이 '피리'이고, 龢[화할 화 = 和]자나 龡[불 취 = 吹]자에서처럼 주로 부수의 역할을 하는 그 음이 '약'인 글자다.

| 중 046 한국어문회 4급 한자진흥회 4급 | 斗 말 두 | 갑골문 | 금문 | 소전 |

곡식의 용량을 재는 데 사용하는 자루가 달린 국자를 나타낸
데서 그 뜻이 용량을 재는 기구인 '말' 이고, 斗落(두락)·泰斗(태두)·五斗米(오두
미)·北斗七星(북두칠성)·泰山北斗(태산북두)에서 보듯 그 음이 '두' 인 글자다.

| 고 018 한국어문회 3급 한자진흥회 2급 | 禾 벼 화 | 갑골문 | 금문 | 소전 |

드리운 이삭과 줄기와 가지와 뿌리가 있는 벼를 나타낸 데서 그
뜻이 '벼' 이고, 嘉禾(가화)나 禾本科(화본과)에서처럼 그 음이 '화' 인
글자다.

중 047 어문 6급 진흥 5급

원래 禾자와 龠자가 합쳐져 龢자로 쓰였던 글자다. 龠자로 인해 입[口]으
로 연주한 피리[龠] 소리가 서로 잘 화한다 하여 그 뜻이 '화하다' 가 되
고, 禾자로 인해 和音(화음)·和合(화합)·融和(융화)·平和(평화)·親和
力(친화력)·壎篪相和(훈지상화)·和而不同(화이부동)·家和萬事成(가화
만사성)에서 보듯 그 음이 '화' 가 된 글자다. 후에 龠자는 그 자형이 복잡해 口자로 변화되었다.

중 048 어문 6급 진흥 5급
科자로 인해 곡식을 품질에 따라 말[斗]로 되어 몇몇 조목으로 나눈다 하여 그 뜻
이 '조목' 이 되고, 禾자로 인해 科目(과목)·科學(과학)·學科(학과)·前科(전과)·
敎科書(교과서)·産婦人科(산부인과)·讀書三品科(독서삼품과)에서처럼 그 음이
'과' 가 된 글자다.

중 049 한국어문회 4급 한자진흥회 4급	香 향기 향	갑골문	소전

생존(生存)을 위해 먹는 일을 우선했던 옛날에는 곡물(穀物)이 익었을 때 나는 냄새가 사람에게 가장 좋게 여겨졌기 때문에 벼와 같은 곡물과 곡물이 담기는 그릇을 나타내면서 그 그릇에 담긴 곡물의 좋은 냄새와 관련해 그 뜻이 '향기' 가 되고, 香水(향수)·香奠(향전)·麝香(사향)·墨香(묵향)·焚香所(분향소)·龍涎香(용연향)·合成香料(합성향료)에서 보듯 그 음이 '향' 이 된 글자다.

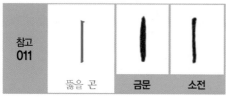

참고 011	ㅣ 뚫을 곤	금문	소전

위에서 아래로 통하도록 뚫는 모양을 나타낸 데서 그 뜻이 '뚫다' 이고, 주로 다른 글자 구성에 필획(筆劃)으로 도움을 주는 역할을 하는 그 음이 '곤' 인 글자다.

참고 012

옛날 돈으로 쓰인 조개나 구슬 등을 줄로 꿴 모양에서 '꿰다' 의 뜻을 지니면서 ㅣ자에 의해 串柿(관시)에서처럼 '관' 의 음으로 읽히는 글자다. 長山串(장산곶)·虎尾串(호미곶)에서처럼 그 뜻이 '땅 이름' 과 관련될 때는 그 음을 '곶' 으로도 읽는다.

꿸 관 / 금문

중 050 어문 5급 진흥 4급

心자로 인해 마음[心]이 놓이지 않아 속을 태우며 근심한다 하여 그 뜻이 '근심' 이 되고, 串자로 인해 老患(노환)·病患(병환)·患亂(환란)·患難(환난)·患者服(환자복)·識字憂患(식자우환)에서처럼 그 음이 '환' 이 되었다.

근심 환

고 019 어문 3급 진흥 3급

串자처럼 ㅣ자가 음의 역할을 하는 毌[꿰뚫을 관]자와 貝자가 합쳐진 글자다. 옛날 돈으로 사용되었던 조개[貝]를 줄로 꿴 데서 그 뜻이 '꿰다' 가 되고, 貫子(관자)·貫通(관통)·貫徹(관철)·貫革(→ 과녁)·貫目魚(관목어)·始終一貫(시종일관)·一以貫之(일이관지)에서 보듯 그 음이 '관' 이 되었다.

꿸 관

부수

慣
익숙할 **관**

고 020 어문 3급 진흥 3급

心(忄)자로 인해 마음[心]에 잊히지 않을 정도로 익숙하다 하여 그 뜻이 '익숙하다'가 되고, 貫자로 인해 習慣(습관)·慣行(관행)·慣例(관례)·慣性(관성)·慣用句(관용구)에서 보듯 그 음이 '관' 이 된 글자다.

참고
013

오이 과 / 금문 / 소전

덩굴에 매달려 있는 오이를 나타낸 데서 그 뜻이 '오이'이고, 木瓜(→ 모과)·瓜年(과년)·種瓜得瓜(종과득과)·瓜田李下(과전이하)·瓜田不納履(과전불납리)에서 보듯 그 음이 '과' 인 글자다.

孤
외로울 **고**

고 021 어문 4급 진흥 3급

子자로 인해 부모를 여의고 의지할 곳이 없는 아이[子]가 외롭다 하여 그 뜻이 '외롭다' 가 되고, 瓜자로 인해 孤兒(고아)·孤獨(고독)·孤城(고성)·孤寂(고적)·孤立語(고립어)·無人孤島(무인고도)·孤掌難鳴(고장난명)에서 보듯 그 음이 '고' 가 된 글자다.

身
몸 신

중 051
한국어문회
6급
한자진흥회
5급

갑골문 / 금문 / 소전

여자가 잉태(孕胎)하고 있을 때 볼 수 있는 배가 부른 몸을 나타낸 데서 그 뜻이 '몸'이고, 身體(신체)·身長(신장)·肉身(육신)·焚身(분신)·不死身(불사신)·孑孑單身(혈혈단신)·身言書判(신언서판)에서 보듯 그 음이 '신'인 글자다.

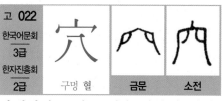

고 022 한국어문회 3급 한자진흥회 2급	穴 구멍 혈	금문	소전

파헤쳐진 굴의 구멍을 나타낸 데서 그 뜻이
'구멍'이고, 虎穴(호혈)·墓穴(묘혈)·經穴(경
혈)·百會穴(백회혈)·三姓穴(삼성혈)·偕老同穴(해로동혈)·穴居生活(혈거생활)에서 보
듯 그 음이 '혈'인 글자다.

중 052 한국어문회 3급 한자진흥회 4급	弓 활 궁	갑골문	금문	소전

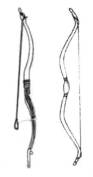

처음에 시위가 매어 있거나 없는 활 모양으로 쓰이다가 나중에
시위가 매어 있지 않은 활을 나타낸 데서 그 뜻이 '활'이고, 洋弓
(양궁)·國弓(국궁)·名弓(명궁)·神弓(신궁)·弓手(궁수)·弓術(궁술)·
傷弓之鳥(상궁지조)에서 보듯 그 음이 '궁'인 글자다.

躬 몸 궁	참고 014 身자로 인해 '몸'의 뜻을 지니고, 弓자로 인해 實踐躬行(실천궁행)에서처럼 '궁'의 음을 지니게 된 글자다.

고 023 어문 4급 진흥 3급

窮 다할 궁

穴자로 인해 몸을 구부리고 들어가는 좁은 구멍
[穴]의 끝과 관련해 끝이 다한다 하여 그 뜻이
'다하다'가 되고, 躬자로 인해 窮極(궁극)·窮塞
(궁색)·窮乏(궁핍)·窮究(궁구)·窮則通(궁즉
통)·窮生員(궁생원)·窮餘之策(궁여지책)에서 보듯 그 음이
'궁'이 된 글자다.

중 053 한국어문회 8급 한자진흥회 5급	長 긴 장	![갑골문]	![금문]	![소전]
		갑골문	금문	소전

머리털을 자르지 않고 길렀던 옛날 사람의 산발(散髮)한 긴 머리털 모습에서 그 뜻이 '길다'이고, 長安(장안)·長魚(장어)·助長(조장)·什長(십장)·家父長(가부장)·長蛇陣(장사진)·長衫袈裟(장삼가사)에서 보듯 그 음이 '장'인 글자다. 한자에서 왼쪽이나 아래에 덧붙여질 때는 肆[방자할 사]자나 套[덮개 투]자에서처럼 镸의 형태로도 쓰인다.

張
베풀 장

고 024 어문 4급 진흥 3급

弓자로 인해 활[弓] 시위를 당긴다는 데서 다시 그 의미가 확대되어 그 뜻이 '베풀다'가 되고, 長자로 인해 伸張(신장)·出張(출장)·張力(장력)·張皇(장황)·張本人(장본인)·張禧嬪(장희빈)·落張不入(낙장불입)에서 보듯 그 음이 '장'이 된 글자다.

帳
휘장 장

고 025 어문 4급 진흥 3급

흔히 옷감과 관련된 한자에 덧붙여지는 巾자로 인해 그 뜻이 천[巾]으로 사방을 길게 둘러친 '휘장'이 되고, 長자로 인해 揮帳(휘장)·房帳(방장)·帳幕(장막)·帳簿(장부)·日記帳(일기장)·布帳馬車(포장마차)에서 보듯 그 음이 '장'이 된 글자다.

참고 015	頁 머리 혈	![갑골문]	![금문]	![소전]
		갑골문	금문	소전

꿇어앉은 사람 모습에 과상된 머리를 나타낸 데서 그 뜻이 '머리'이고, 頭[머리 두]·頂[정수리 정]·題[이마 제]자에서 보듯 주로 부수의 역할을 하는 그 음이 '혈'인 글자다.

중 054 한국어문회 4급 한자진흥회 3급	豆 콩 두	갑골문	금문	소전

제사 때 음식을 담는 데 쓰던 굽 높은 그릇을 나타낸 데서 원래 제기(祭器)와 관련된 뜻을 지녔으나 훗날 콩의 뜻으로 빌려 사용되면서 결국 그 뜻이 '콩'이 되고, 豆乳(두유)·豆腐(두부)·綠豆(녹두)·豌豆(완두)·軟豆色(연두색)·種豆得豆(종두득두)에서 보듯 그 음이 '두'가 된 글자다.

頭
머리 두

중 055 어문 6급 진흥 5급

頁자로 인해 신체의 맨 위에 있으면서 사지를 관할하는 머리[頁]와 관련해 그 뜻이 '머리'가 되고, 豆자로 인해 頭腦(두뇌)·頭痛(두통)·饅頭(만두)·擡頭(대두)·斷頭臺(단두대)·魚頭肉尾(어두육미)·三頭政治(삼두정치)에서 보듯 그 음이 '두'가 된 글자다.

短
짧을 단

중 056 어문 6급 진흥 5급

矢자로 인해 곧은 물건인 화살[矢]로 잰 길이가 짧다 하여 그 뜻이 '짧다'가 되고, 豆자로 인해 短身(단신)·短劍(단검)·長短(장단)·最短(최단)·短距離(단거리)·絶長補短(절장보단)·短日植物(단일식물)에서 보듯 그 음이 '단'이 된 글자다.

고 026 한국어문회 3급 한자진흥회 3급	麻 삼 마	금문	소전

원래 언덕[厂] 아래에 베를 짜기 위해 벗겨 놓은 삼 껍질이 늘어져 있는 모양을 나타낸 데서 그 뜻이 '삼'이고, 麻絲(마사)·麻袋(마대)·麻布(마포)·麻藥(마약)·大麻草(대마초)·菜麻田(채마전)·麻衣太子(마의태자)·麻中之蓬(마중지봉)에서처럼 그 음이 '마'인 글자다.

磨
갈 마

고 027 어문 3급 진흥 2급

石자로 인해 윤이 나도록 옥돌[石]과 같은 것을 간다 하여 그 뜻이 '갈다'가 되고, 麻자로 인해 磨耗(마모)·磨勘(마감)·研磨(연마)·達磨(달마)·磨崖佛(마애불)·磨斧爲針(마부위침)에서 보듯 그 음이 '마'가 된 글자다.

| 중 057 한국어문회 7급 한자진흥회 7급 | 力 힘 력 | 갑골문 | 금문 | 소전 |

뾰족한 나무줄기 아래에 발판을 묶어 놓아 발로 눌러 흙을 파내는 데 편리하도록 만든 원시적 형태의 쟁기를 나타냈다. 쟁기질에는 많은 힘이 필요하기 때문에 그 뜻이 '힘' 이 되고, 人力(인력)·國力(국력)·潮力(조력)·腕力(완력)·公權力(공권력)·萬有引力(만유인력)에서 보듯 그 음이 '력' 이 된 글자다. 力道(역도)·力走(역주)에서는 그 음을 '역' 으로 읽는다.

| 중 058 한국어문회 5급 한자진흥회 4급 | 雨 비 우 | 갑골문 | 금문 | 소전 |

하늘에서 내리는 비를 나타낸 데서 그 뜻이 '비' 이고, 暴雨(폭우)·穀雨(곡우)·雨傘(우산)·雨衣(우의)·測雨器(측우기)·雨後竹筍(우후죽순)·櫛風沐雨(즐풍목우)에서 보듯 그 음이 '우' 인 글자다.

| 참고 016 | 矛 창 모 | 금문 | 소전 |

긴 자루 위에 뾰족한 날이 달려 있는 창을 나타낸 데서 그 뜻이 '창' 이고, 矛盾(모순)에서 보듯 그 음이 '모' 인 글자다.

중 059 어문 4급 진흥 4급

務 힘쓸 무

夂(攵)자로 인해 다그처[攵] 일에 힘쓴다 하여 그 뜻이 '힘쓰다' 가 되고, 矛자로 인해 그 음이 '무' 가 된 敄[힘쓸 무]자에 다시 그 뜻을 더욱 분명히 하기 위해 力자를 덧붙여 義務(의무)·事務(사무)·用務(용무)·勤務(근무)·急先務(급선무)·務實力行(무실역행)·洋務運動(양무운동)에 쓰이게 된 글자다.

고 028 어문 3급 진흥 2급

霧
안개 **무**

雨자로 인해 빗물[雨] 같은 물방울이 대기 중에 식어서 연기처럼 보이는 안개와 관련해 그 뜻이 '안개'가 되고, 務자로 인해 雲霧(운무)·濃霧(농무)·煙霧(연무)·霧散(무산)·噴霧器(분무기)·五里霧中(오리무중)에서 보듯 그 음이 '무'가 된 글자다.

중 060 어문 3급 진흥 3급

柔
부드러울 **유**

木자로 인해 나무[木]가 펴졌다 굽혀졌다 할 수 있을 정도로 부드럽다 하여 그 뜻이 '부드럽다'가 되고, 矛자로 인해 柔弱(유약)·柔軟(유연)·溫柔(온유)·懷柔(회유)·優柔體(우유체)·柔能制剛(유능제강)에서 보듯 그 음이 '유'가 된 글자다.

중 061 한국어문회 4급 한자진흥회 5급			
밭 전	갑골문	금문	소전

경계가 분명한 밭을 나타낸 데서 그 뜻이 '밭'이고, 田畓(전답)·田獵(전렵)·火田(화전)·鹽田(염전)·井田法(정전법)·我田引水(아전인수)에서 보듯 그 음이 '전'인 글자다.

참고 017			
쟁기 뢰	갑골문	금문	소전

원래 손에 잡고 있는 구부러진 쟁기를 나타낸 데서 그 뜻이 '쟁기'이고, 耕[밭 갈 경]·耤[적전 적]·耘[밭 갈 운]자에서 보듯 주로 부수의 역할을 하는 그 음이 '뢰'인 글자다.

중 062 한국어문회 8급 한자진흥회 8급	門 문 문	門 갑골문	門 금문	門 소전

마주 선 기둥에 한 짝씩 달려 있는 문을 나타
낸 데서 그 뜻이 '문'이고, 校門(교문)·家門(가
문)·門牌(문패)·門中(문중)·紅箭門(홍전문)·虹蜺門(홍예문)·杜門不出(두문불출)·口
禍之門(구화지문)에서 보듯 그 음이 '문'인 글자다.

問 물을 문

중 063 어문 7급 진흥 5급

口자로 인해 무언가 밝히거나 알아내기 위해 입[口]으로 묻는다 하여 그 뜻이 '묻
다'가 되고, 問答(문답)·問題(문제)·質問(질문)·學問(학문)·諮問委(자문위)·不恥
下問(불치하문)·耕當問奴(경당문노)에서 보듯 그 음이 '문'이 된 글자다.

聞 들을 문

중 064 어문 6급 진흥 5급

耳자로 인해 귀[耳]로 소리를 듣는다 하여 그 뜻이 '듣다'가 되고, 見聞(견문)·新
聞(신문)·所聞(소문)·艷聞(염문)·聽聞會(청문회)·聞一知十(문일지십)·百聞不如
一見(백문불여일견)에서 보듯 그 음이 '문'이 된 글자다.

閏 윤달 윤

고 029 어문 3급 진흥 2급

王[임금 왕 → 중 655 참고]자로 인해 임금[王]이 윤달에 문 안에만 머물렀던 옛날 풍
습에서 그 뜻이 '윤달'이 되고, 門자로 인해 閏年(윤년)·閏秒(윤초)·閏日(윤일)·
閏四月(윤사월)에서 보듯 그 음이 '윤'이 된 글자다.

潤 젖을 윤

고 030 어문 3급 진흥 2급

水(氵)자로 인해 물[水]에 젖는다 하여 그 뜻이 '젖다'가 되고, 閏자로 인해 潤氣(윤
기)·潤澤(윤택)·潤文(윤문)·濕潤(습윤)·利潤(이윤)·霑潤(점윤)·潤滑油(윤활유)
에서 보듯 그 음이 '윤'이 된 글자다.

중 065 한국어문회 7급 한자진흥회 6급	文 글월 문	갑골문	금문	소전

오늘날 세상 사람이 사용하는 글(글자)은 대부분 그림에서 출발했다. 마찬가지로 사람 가슴에 그림이 그려진 모습에서 그 뜻이 글을 의미하는 옛말인 '글월'이 되고, 文身(문신)·文字(문자)·漢文(한문)·呪文(주문)·白首文(백수문)·文房四友(문방사우)·沙鉢通文(사발통문)에서 보듯 그 음이 '문'이 된 글자다.

閔 성 민

참고 018

門中(문중)이나 滅門(멸문)에서처럼 가문(家門)의 의미를 지닌 門자로 인해 가문[門]의 불행한 일에 대해 위문한다는 뜻을 지니나 오늘날은 흔히 '성(姓)'으로 쓰이고, 文자로 인해 '민'의 음으로 읽히게 된 글자다.

憫 근심할 민

고 031 어문 3급 진흥 2급

心(忄)자로 인해 마음[心] 속으로 근심한다 하여 그 뜻이 '근심하다'가 되고, 閔자로 인해 憐憫(연민)·憫惘(민망)에서처럼 그 음이 '민'이 된 글자다.

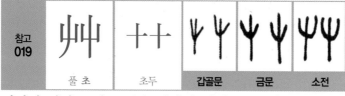

참고 019	艸 풀 초	艹 초두	갑골문	금문	소전

나란히 자라고 있는 풀을 나타낸 데서 그 뜻이 '풀'이고, 茶山艸堂(다산초당)에서 보듯 그 음이 '초'인 글자다. 다른 자형과 합쳐질 때는 艹의 형태로 간략하게 변화시켜 쓰는데, 이는 '초두'라 한다.

| 중 066 한국어문회 5급 한자진흥회 5급 | 魚 물고기 어 | 갑골문 | 금문 | 소전 |  |

머리와 꼬리 및 몸체가 완전하게 갖춰진 물고기를 나타낸 데서 그 뜻이 '물고기'이고, 銀魚(은어)·稚魚(치어)·魚缸(어항)·魚雷(어뢰)·黃石魚(황석어)·熱目魚(열목어)·林延壽魚(임연수어)에서 보듯 그 음이 '어'인 글자다.

漁 고기 잡을 어

중 067 어문 5급 진흥 4급

水(氵)자와 魚자로 인해 물[水] 속에서 고기[魚]를 잡는다 하여 그 뜻이 '고기 잡다'가 되고, 다시 魚자로 인해 漁父(어부)·漁船(어선)·出漁(출어)·豐漁(풍어)·漁獲高(어획고)·漁撈作業(어로작업)에서 보듯 그 음이 '어'가 된 글자다.

穌 긁어모을 소

참고 020

禾자로 인해 벼[禾]를 긁어모은다 하여 '긁어모으다'의 뜻을 지니면서 魚자로 인해 '소'의 음으로 읽히게 된 글자다.

蘇 차조기 소

고 032 어문 3급 진흥 2급

艸(艹)로 인해 꿀풀과에 딸린 한해살이풀[艸]인 차조기와 관련해 그 뜻이 '차조기'가 되고, 穌자로 인해 蘇生(소생)·蘇塗(소도)·蘇鐵(소철)·蘇聯(소련)에서 보듯 그 음이 '소'가 된 글자다. 甦자는 속자(俗字)다.

| 중 068 한국어문회 8급 한자진흥회 8급 | 一 한 일 | 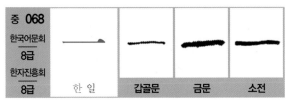 갑골문 | 금문 | 소전 |  |

반듯하게 그어진 선(線) 하나를 나타낸 데서 그 뜻이 '하나'이고, 一家(일가)·一等(일등)·一同(일동)·一助(일조)·一等兵(일등병)·一長一短(일장일단)·一刀兩斷(일도양단)에서 보듯 그 음이 '일'인 글자다.

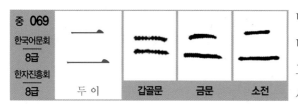

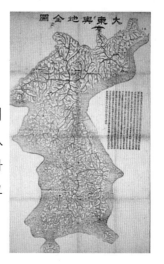

중 069 한국어문회 8급 한자진흥회 8급		두 이	갑골문	금문	소전

반듯하게 그어진 선(線) 둘을 나타낸 데서 그 뜻이 '둘'이 되고, 二位(이위)·二重(이중)·二世(이세)·二女(이녀)·二毛作(이모작)·唯一無二(유일무이)·二分法的(이분법적)에서 보듯 그 음이 '이'가 된 글자다.

중 070 한국어문회 8급 한자진흥회 8급		여덟 팔	갑골문	금문	소전

원래 좌우로 나눠지는 모양을 나타냈으나 옛날 사람들이 그 뜻을 '여덟'을 나타내는 데 빌려 쓰고, 八字(팔자)·八寸(팔촌)·八等身(팔등신)·八不出(팔불출)·初八日(→ 초파일)·八道江山(팔도강산)·八方美人(팔방미인)에서 보듯 그 음이 '팔'인 글자다.

중 071 한국어문회 8급 한자진흥회 8급		열 십	갑골문	금문	소전

원래 곧게 그어 내린 한 선(線)이다가 나중에 중간 부분이 두툼하게 되고, 다시 그 부분이 가로의 작은 한 선으로 발전된 글자다. 예부터 가로의 선으로는 一(일)·二(이)·三(삼)자를 만들어 썼으며, 세로의 선으로는 十[열 십]·卄[스물 입]·卅[서른 삽]자를 만들어 썼다. 따라서 十자는 '열'을 뜻하면서 十分(십분)·十月(→ 시월)·十字架(십자가)·十進法(십진법)·十中八九(십중팔구)·十方淨土(→ 시방정토)에서처럼 '십'의 음으로 읽힌다.

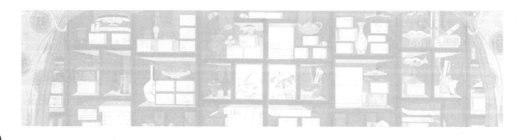

중 072 한국어문회 8급 한자진흥회 8급	人 사람 인	亻 인변	 갑골문	금문	소전

도구를 잘 사용하는 팔과 똑바로 서 있을 수 있게 한 다리를 분명히 하기 위해 옆으로 본 사람을 나타낸 데서 그 뜻이 '사람'이고, 人間(인간)·人蔘(인삼)·夫人(부인)·盲人(맹인)·宇宙人(우주인)·人山人海(인산인해)에서처럼 그 음이 '인'인 글자다. 다른 글자와 어울려 좌측(左側)에 쓰일 때는 亻으로 그 형태가 약간 변화되는데, 이는 '인변'이라 한다.

仁
어질 인

중 073 어문 4급 진흥 3급

二자로 인해 두[二] 사람이 서로 친밀히 하는 마음이 어질다 하여 그 뜻이 '어질다'가 되고, 人(亻)자로 인해 仁慈(인자)·仁術(인술)·寬仁(관인)·杏仁(행인)·酸棗仁(산조인)·宋襄之仁(송양지인)·殺身成仁(살신성인)에서 보듯 그 음이 '인'이 된 글자다.

信
믿을 신   금문

중 074 어문 6급 진흥 5급

言자로 인해 성실하게 전하는 말[言]을 믿는다 하여 그 뜻이 '믿다'가 되고, 人(亻)자나 千자로 인해 信用(신용)·信號(신호)·所信(소신)·花信(화신)·信憑性(신빙성)·朋友有信(붕우유신)·尾生之信(미생지신)에서 보듯 그 음이 '신'이 된 글자다.

千
일천 천   갑골문

중 075 어문 7급 진흥 7급

一자로 인해 천(千) 단위(單位) 가운데 하나[一]의 숫자와 관련해 그 뜻이 '일천'이 되고, 人자로 인해 千萬(천만)·千葉(→처녑)·千里馬(천리마)·千軍萬馬(천군만마)·千乘之國(천승지국)·一騎當千(일기당천)에서 보듯 그 음이 '천'이 된 글자다. 人자는 후에 그 형태가 약간 변화되었다.

年
해 년   갑골문

중 076 어문 8급 진흥 6급

원래 禾자와 人자 또는 千자가 합쳐진 秊자가 본자(本字)다. 禾자로 인해 벼[禾]를 심어 수확하는 일은 한 해의 과정을 통해 이뤄진다 하여 그 뜻이 '해'가 되고, 人자 또는 千자로 인해 明年(명년)·豐年(풍년)·編年體(편년체)·生年月日(생년월일)에서처럼 그 음이 '년'이 된 글자다. 年歲(연세)·年長者(연장자)·世世年年(세세연년)·會計年度(회계연도)에서처럼 '연'으로도 읽힌다. 秊자는 후에 年자로 그 형태가 바뀌었다.

중 077 한국어문회 7급 한자진흥회 7급	足 발 족	足 발족변	갑골문	금문	소전

종아리와 그 아래 발을 나타낸 데서 그 뜻이 '발'이고, 手足 (수족)·四足(사족)·駿足(준족)·纏足(전족)·禁足令(금족령)·足脫 不及(족탈불급)에서처럼 그 음이 '족'인 글자다. 글자에서 왼쪽에 덧붙여질 때는 ⻊ 의 형태로 변하는데, 이는 '발족변'이라 한다.

促 재촉할 촉

고 033 어문 3급 진흥 2급

人(亻)자로 인해 사람[人]이 걸음을 재촉한다 하여 그 뜻이 '재촉하다'가 되고, 足 자로 인해 促進(촉진)·促迫(촉박)·促求(촉구)·販促(판촉)·催促(최촉)·督促(독 촉)·促成栽培(촉성재배)에서처럼 그 음이 '촉'이 된 글자다.

捉 잡을 착

고 034 어문 3급 진흥 2급

手(扌)자로 인해 손[手]으로 무언가 잡는다 하여 그 뜻이 '잡다'가 되고, 足자로 인 해 捕捉(포착)에서처럼 그 음이 '착'이 된 글자다.

참고 021	불똥 주	금문	소전

불이 탈 때에 일어나는 작은 불덩이인 불 똥을 나타낸 데서 그 뜻이 '불똥'이고, 자 신이 덧붙여져 음의 역할을 하는 主[주인 주]자처럼 그 음이 '주'인 글자다.

主 주인 주 / 소전

중 078 어문 7급 진흥 6급

촛대[王의 형태]의 심지에 작은 불덩이인 불 똥[丶]이 타는 모양을 나타내면서 조심히 다 뤄야 할 불을 한 집안의 주인이 다룬다 하 여 그 뜻이 '주인'이 되고,

丶자로 인해 主人(주인)·主客(주객)·物主(물주)·君 主(군주)·造物主(조물주)·家庭主婦(가정주부)·無主 空山(무주공산)에서 보듯 그 음이 '주'가 된 글자다.

住
살 주

중 079 어문 7급 진흥 5급

人(亻)자로 인해 사람[人]이 일정한 곳에 머물러 산다 하여 그 뜻이 '살다'가 되고, 主자로 인해 住所(주소)·住居(주거)·安住(안주)·移住(이주)·永住權(영주권)·住商複合(주상복합)에서 보듯 그 음이 '주'가 된 글자다.

注
물 댈 주

중 080 어문 6급 진흥 4급

水(氵)자로 인해 한곳으로 흐르도록 물[水]을 댄다 하여 그 뜻이 '물 대다'가 되고, 主자로 인해 注入(주입)·注意(주의)·外注(외주)·轉注(전주)·注油所(주유소)·注射器(주사기)·注文生産(주문생산)에서 보듯 그 음이 '주'가 된 글자다.

柱
기둥 주

고 035 어문 3급 진흥 3급

木자로 인해 무언가 떠받칠 수 있도록 곧추 세운 나무[木] 기둥과 관련해 그 뜻이 '기둥'이 되고, 主자로 인해 圓柱(원주)·脊柱(척주)·水銀柱(수은주)·電信柱(전신주)·膠柱鼓瑟(교주고슬)·四柱八字(사주팔자)에서 보듯 그 음이 '주'가 된 글자다.

중 081
한국어문회
4급
한자진흥회
4급

支
지탱할 지 | 금문 | 소전

댓가지를 손[又]에 쥐고 무언가 지탱하려는 모습을 나타낸 데서 그 뜻이 '지탱하다'가 되고, 支持(지지)·支撐(지탱)·依支(의지)·扶支(부지)·支石墓(지석묘)·支離滅裂(지리멸렬)에서 보듯 그 음이 '지'가 된 글자다.

枝
가지 지

중 082 어문 3급 진흥 3급

木자로 인해 나무[木]의 줄기에서 갈라져 나온 가지와 관련해 그 뜻이 '가지'가 되고, 支자로 인해 枝葉(지엽)·椄枝(접지)·剪枝(전지)·連理枝(연리지)·一枝梅(일지매)·三枝槍(삼지창)·金枝玉葉(금지옥엽)에서 보듯 그 음이 '지'가 된 글자다.

技
재주 기

중 083 어문 5급 진흥 4급

手(扌)자로 인해 손[手]을 움직여 부리는 재주와 관련해 그 뜻이 '재주'가 되고, 支자로 인해 技術(기술)·技能(기능)·長技(장기)·特技(특기)·個人技(개인기)·必殺技(필살기)·酒色雜技(주색잡기)에서 보듯 그 음이 '기'가 된 글자다.

중 084 한국어문회 4급 한자진흥회 5급		구슬 옥	구슬옥변	갑골문	금문	소전

끈으로 꿰어 놓은 여러 구슬을 나타낸 데서 그 뜻이 '구슬'이고, 白玉(백옥)·佩玉(패옥)·玉璽(옥새)·玉碎(옥쇄)·玉童子(옥동자)·玉蜀黍(→ 옥수수)·金科玉條(금과옥조)·玉不琢不成器(옥불탁불성기)에서 보듯 그 음이 '옥'인 글자다. 후대에 王[임금 왕]자와 구별하기 위해 한 점(點)을 덧붙였다. 다른 글자에 덧붙여질 때는 이전처럼 점이 없이 쓰인다. 이는 '구슬옥변'이라 한다.

참고 022	儿 어진 사람 인	갑골문	금문	소전

人자에서 변형된 글자로, 兒[아이 아]·兄[맏 형]자에서처럼 항상 글자에서 아랫부분에 사용되기 때문에 그 형태가 변화되었다. 人자와 구별해 '어진 사람 인'이라 한다.

중 085 한국어문회 5급 한자진흥회 5급	見 볼 견	갑골문	금문	소전

사람[儿]의 형상 위에 강조된 눈[目]을 덧붙여 사람이 무언가 본다 하여 그 뜻이 '보다'가 되고, 見學(견학)·見積(견적)·發見(발견)·異見(이견)·一家見(일가견)·先見之明(선견지명)·東方見聞錄(동방견문록)에서 보듯 그 음이 '견'이 된 글자다. 見身(현신)·謁見(알현)·見舅姑禮(현구고례)에서처럼 그 음을 '현'으로도 읽는다.

現 나타날 현

중 086 어문 6급 진흥 4급

玉(王)자로 인해 구슬[玉]을 다듬어 고운 빛이 겉으로 나타난다 하여 그 뜻이 '나타나다'가 되고, 見자로 인해 出現(출현)·表現(표현)·實現(실현)·現代(현대)·現在(현재)·現象(현상)·現住所(현주소)에서처럼 그 음이 '현'이 된 글자다.

중 087 한국어문회 5급 한자진흥회 5급	示	示	示	示
	보일 시	갑골문	금문	소전

제단(祭壇)을 나타냈는데, 옛날 사람들은 제단에 제물(祭物)을 올려 빌면 신이나 하늘이 영험함을 드러내 보인다고 여겼다. 따라서 그 뜻이 '보이다'가 되고, 示威(시위)·示唆(시사)·訓示(훈시)·梟示(효시)·揭示板(게시판)·示方書(시방서)·展示效果(전시효과)·拈華示衆(염화시중)에서 보듯 그 음이 '시'가 된 글자다.

視

볼 시

중 088 어문 4급 진흥 4급

見자로 인해 눈으로 자세히 본다[見] 하여 그 뜻이 '보다'가 되고, 示자로 인해 視力(시력)·視線(시선)·監視(감시)·恝視(괄시)·白眼視(백안시)·可視光線(가시광선)·虎視眈眈(호시탐탐)에서 보듯 그 음이 '시'가 된 글자다.

奈

어찌 내

고 036 어문 3급 진흥 2급

원래 柰자로 쓰면서 木자로 인해 그 뜻이 나무[木]의 일종인 '능금나무'가 되고, 示자로 인해 그 음이 '내'가 된 글자다. 후에 奈자로 약간 간략하게 쓰면서 奈何(내하)에서처럼 '어찌'란 뜻으로 빌려 사용되었다. 奈落(나락)에서는 그 음을 '나'로 읽는다.

참고 023	阜	阝	𨸏	𨸏	𨸏
	언덕 부	좌부방	갑골문	금문	소전

층층이 진 언덕을 나타낸 데서 그 뜻이 '언덕'이고, 동학(東學)이나 공자(孔子)와 관련된 곳인 古阜(고부)·曲阜(곡부)에서 보듯 그 음이 '부'인 글자다. 陵[언덕 릉]·陸[뭍 륙]·陣[진 칠 진]자에서처럼 다른 자형과 합쳐질 때는 阝의 형태로 쓰이는데, 이는 '좌부방'이라 한다.

45

Part 01 부수

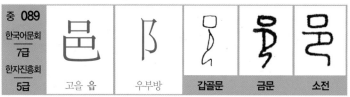

중 089 한국어문회 7급 한자진흥회 5급	邑 고을 읍	阝 우부방	갑골문	금문	소전

주위를 방비하기 위해 경계 지은 지역[口의 형태]과 그 안에서 생활하는 사람[巴의 형태]이 어우러져 일정한 경계 안과 그 주변에 사람이 모여 사는 고을을 나타낸 데서 그 뜻이 '고을'이고, 邑長(읍장)·邑內(읍내)·都邑地(도읍지)·邑事務所(읍사무소)에서처럼 그 음이 '읍'인 글자다. 郡[고을 군]·都[도읍 도]·邦[나라 방]자에서처럼 다른 자형과 합쳐질 때는 阝의 형태로 쓰이는데, 이는 阜자에서 변화된 阝[좌부방]과 달리 '우부방'이라 한다.

참고 024	廾 손 맞잡을 공	갑골문	금문	소전

두 손을 맞잡고 있는 모습을 나타낸 데서 그 뜻이 '손 맞잡다'이고, 자신이 덧붙여져 음의 역할을 하는 共[함께 공]자처럼 그 음이 '공'인 글자다.

共 함께 공 갑골문	중 090 어문 6급 진흥 5급
	하나의 물건을 두 손[廾]에 함께 모아 들고 있는 모습에서 그 뜻이 '함께'가 되고, 廾자로 인해 共同(공동)·共生(공생)·共用(공용)·共學(공학)·共産黨(공산당)·共感覺(공감각)·天人共怒(천인공노)·民主共和國(민주공화국)에서 보듯 그 음이 '공'이 된 글자다.
供 이바지할 공	고 037 어문 3급 진흥 3급
	人(亻)자로 인해 사람[人]에게 음식이나 물건 같은 것을 줘서 이바지한다 하여 그 뜻이 '이바지하다'가 되고, 共자로 인해 供給(공급)·供物(공물)·提供(제공)·佛供(불공)·供託金(공탁금)·鉢盂供養(발우공양)에서 보듯 그 음이 '공'이 된 글자다.
恭 공손할 공	고 038 어문 3급 진흥 3급
	心(忄)자로 인해 마음[心]이 공손하다 하여 그 뜻이 '공손하다'가 되고, 共자로 인해 恭遜(공손)·恭敬(공경)·恭待(공대)·不恭(불공)·過恭非禮(과공비례)·兄友弟恭(형우제공)에서 보듯 그 음이 '공'이 된 글자다.

고 039 어문 3급 진흥 2급

洪
큰물 홍

水(氵)자로 인해 넘쳐흐를 정도로 넓게 펼쳐진 큰물[水]과 관련해 그 뜻이 '큰물'이 되고, 共자로 인해 洪水(홍수)·洪魚(홍어)·洪濁(홍탁)·洪牙利(홍아리)·洪吉童傳(홍길동전)·洪範十四條(홍범십사조)에서 보듯 그 음이 '홍'이 된 글자다.

고 040 어문 3급 진흥 2급

巷
거리 항   소전

원래 共자와 邑자가 합쳐진 𨑸자가 본자(本字)다. 나중에 巳의 형태로 간략화되었지만 邑자로 인해 고을[邑] 안에 닦아 놓은 거리와 관련해 그 뜻이 '거리'가 되고, 共자로 인해 巷間(항간)·閭巷(여항)·陋巷詞(누항사)·街談巷說(가담항설)·簞瓢陋巷(단표누항)에서 보듯 그 음이 '항'이 된 글자다.

고 041 어문 4급 진흥 3급

港
항구 항

水(氵)자로 인해 배가 머무를 수 있는 물[水]가의 항구와 관련해 그 뜻이 '항구'가 되고, 共자로 인해 港口(항구)·港灣(항만)·空港(공항)·香港(향항)·不凍港(부동항)·國際港(국제항)·自由港(자유항)에서 보듯 그 음이 '항'이 된 글자다.

중 091
한국어문회 **6급**
한자진흥회 **5급**

行 다닐 행 | 갑골문 | 금문 | 소전

사방(四方)으로 트인 사거리를 나타냈는데, 사거리는 사람들이 자주 다니는 곳이다. 따라서 그 뜻이 '다니다'가 되고, 行人(행인)·行進(행진)·萬行(만행)·跛行(파행)·通行路(통행로)·行方不明(행방불명)·知行一致(지행일치)·君子大路行(군자대로행)에서 보듯 그 음이 '행'이 된 글자다. 雁行(안항)·行列字(항렬자)에서처럼 그 음을 '항'으로도 읽는다.

고 042 어문 3급 진흥 2급

衡
저울대 형   금문

사람이 거리에서 보따리 같은 것을 머리에 이고 균형을 잡으며 깃는 모습에서 다시 균형을 잡아 물건의 무게를 재는 저울대와 관련되어 그 뜻이 '저울대'가 된 것으로 보이고, 行자로 인해 均衡(균형)·平衡(평형)·權衡(권형)·文衡(문형)·衡平性(형평성)·連衡說(→연횡설)·入試銓衡(입시전형)에서 보듯 그 음이 '형'이 된 글자다.

참고 025				
자축거릴 척	갑골문	금문	소전	

사거리에서 비롯된 行자의 왼쪽만 나타냈지만 옛날 사람들이 발을 나타냈다고 보면서 발의 힘이 빠져 자축거리며 걷는다 하여 그 뜻이 '자축거리다'가 되고, 徑[지름길 경]·往[갈 왕]·從[좇을 종]자에서처럼 부수의 역할을 하는 그 음이 '척'인 글자다.

참고 026					
쉬엄쉬엄 갈 착	책받침	갑골문	금문	소전	

길[彳]과 발[止]이 합쳐져 사람이 길에서 발을 움직여 쉬엄쉬엄 간다 하여 그 뜻이 '쉬엄쉬엄 가다'이고, 부수의 역할을 하는 그 음이 '착'인 글자다. 오늘날 그 본래의 자형은 사용되지 않고, 道[길 도]·速[빠를 속]·通[통할 통]자에서처럼 변화된 형태인 辶이 부수로 자주 사용되고 있다. 辶은 '책받침'이라 한다.

고 043 한국어문회 3급 한자진흥회 3급				
도끼 근	갑골문	금문	소전	

굽은 자루에 날이 강조된 도끼를 나타낸 데서 그 뜻이 '도끼'이고, 斤數(근수)·斤兩(근량)·斤重(근중)·千斤萬斤(천근만근)에서처럼 그 음이 '근'인 글자다.

近

가까울 근

중 092 어문 6급 진흥 5급

辵(辶)자로 인해 발로 걸어가야 할 길[辵]이 가깝다 하여 그 뜻이 '가깝다'이고, 斤자로 인해 近處(근처)·近郊(근교)·親近(친근)·遠近(원근)·近視眼(근시안)·近代化(근대화)·遠交近攻(원교근공)에서처럼 그 음이 '근'인 글자다.

부수

祈
빌 기

고 044 어문 3급 진흥 3급

示자로 인해 제단[示]에 음식을 차려 놓고 신에게 화복(貨福)을 빈다 하여 그 뜻이 '빌다'가 되고, 斤자로 인해 祈禱(기도)·祈願(기원)·祈求(기구)·祈雨祭(기우제)·祈晴祭(기청제)·祈子思想(기자사상)에서처럼 그 음이 '기'가 된 글자다.

米
쌀 미

중 093
한국어문회 6급
한자진흥회 5급

米	갑골문	금문	소전

곡물 이삭에 달린 낱알을 나타내면서 낱알이 쌀과 관련된 데서 그 뜻이 '쌀'이 되고, 白米(백미)·玄米(현미)·米色(미색)·米壽(미수)·供養米(공양미)·精米所(정미소)·節米運動(절미운동)에서 보듯 그 음이 '미'가 된 글자다.

迷
헤맬 미

고 045 어문 3급 진흥 2급

辵(辶)자로 인해 길[辵]을 헤맨다 하여 그 뜻이 '헤매다'가 되고, 米자로 인해 迷路(미로)·迷兒(미아)·迷宮(미궁)·迷信(미신)·迷惑(미혹)에서처럼 그 음이 '미'가 된 글자다.

殳
칠 수

참고
027

殳	갑골문	금문	소전

손[又]에 몽둥이 같은 물건[几의 형태]을 들고 무언가 치는 모양을 나타낸 데서 그 뜻이 '치다'가 되고, 殺[죽일 살]·毁[헐 훼]·毆[때릴 구]자에서 보듯 주로 부수의 역할을 하는 그 음이 '수'인 글자다.

投
던질 투

중 094 어문 4급 진흥 3급

手(扌)자로 인해 손[手]으로 무언가 던진다 하여 그 뜻이 '던지다'가 되고, 殳자로 인해 投擲(투척)·投壺(투호)·失投(실투)·好投(호투)·投機心(투기심)·漢江投石(한강투석)·投身自殺(투신자살)에서처럼 그 음이 '투'가 된 글자다.

참고 028			
걸을 발		금문	소전

앞이나 위를 향한 두 발을 나타내면서 앞이나 위를 향해 걷는다 하여 그 뜻이 '걷다'가 되고, 자신이 음의 역할을 하는 發[필 발]자처럼 그 음이 '발'이 된 글자다.

發 짓밟을 발

참고 029
癶자로 인해 쳐서[殳] 마구 짓밟는다 하여 '짓밟다'의 뜻을 지니면서 癶자로 인해 '발'의 음으로 읽히는 글자다.

發 쏠 발

중 095 어문 6급 진흥 5급
弓자로 인해 활[弓]을 쏜다 하여 그 뜻이 '쏘다'가 되고 癹자로 인해 發射(발사)·發展(발전)·開發(개발)·啓發(계발)·不發彈(불발탄)·百發百中(백발백중)·發憤忘食(발분망식)에서 보듯 그 음이 '발'이 된 글자다.

廢 폐할 폐

고 046 어문 3급 진흥 2급
广자로 인해 한쪽으로 기울어져 살 수 없게 된 집[广]을 폐한다 하여 그 뜻이 '폐하다'가 되고, 發자로 인해 廢家(폐가)·廢紙(폐지)·存廢(존폐)·頹廢(퇴폐)·老廢物(노폐물)·廢棄處分(폐기처분)에서 보듯 그 음이 '폐'가 된 글자다.

중 096 한국어문회 8급 한자진흥회 8급			
흰 백	갑골문	금문	소전

빛의 기운이 하늘로 솟구치는 막 떠오르는 때의 해를 나타내면서 해가 막 떠오를 때의 빛은 희다 하여 그 뜻이 '희다'가 된 것으로 보이고, 黑白(흑백)·自白(자백)·白壽(백수)·白手(백수)·白日夢(백일몽)·白雪糕(→ 백설기)·三白食品(삼백식품)·和白會議(화백회의)에서 보듯 그 음이 '백'이 된 글자다.

百 일백 백

중 097 어문 7급 진흥 7급
一자로 인해 백(百) 단위(單位) 가운데 하나[一]의 숫자와 관련해 그 뜻이 '일백'이 되고, 白자로 인해 百藥(백약)·百合(백합)·百點(백점)·百中(백중)·百日咳(백일해)·百害無益(백해무익)·百戰百勝(백전백승)에서 보듯 그 음이 '백'이 된 글자다.

고 047 어문 3급 진흥 2급

伯
맏 백

人(亻)자로 인해 가장 손위의 맏이 되는 사람[人]과 관련해 그 뜻이 '맏'이 되고, 白자로 인해 伯父(백부)·伯爵(백작)·道伯(도백)·畫伯(화백)·伯仲勢(백중세)·伯仲叔季(백중숙계)에서 보듯 그 음이 '백'이 된 글자다.

참고 030

帛
비단 백

巾자로 인해 옷감[巾] 가운데 가장 귀하게 여기는 비단과 관련해 그 뜻이 '비단'이 되고, 白자로 인해 幣帛(폐백)·帛書(백서)에서 보듯 그 음이 '백'이 된 글자다.

고 048 어문 4급 진흥 2급

칠 박

手(扌)자로 인해 손[手]으로 친다 하여 그 뜻이 '치다'가 되고, 白자로 인해 拍手(박수)·拍車(박차)·拍子(박자)·拍癡(박치)·拍掌大笑(박장대소)에서 보듯 그 음이 '박'이 된 글자다.

고 049 어문 3급 진흥 2급

배 댈 박

水(氵)자로 인해 물[水]가에 배를 댄다 하여 그 뜻이 '배 대다'가 되고, 白자로 인해 碇泊(정박)·宿泊(숙박)·民泊(민박)·外泊(외박)·特泊(특박)·淡泊(담박)·無泊旅行(무박여행)에서 보듯 그 음이 '박'이 된 글자다.

고 050 어문 3급 진흥 2급

닥칠 박

辵(辶)자로 인해 길[辵]을 따라 들이닥친다 하여 그 뜻이 '닥치다'가 되고, 白자로 인해 迫力(박력)·迫害(박해)·逼迫(핍박)·急迫(급박)·迫眞感(박진감)·開封迫頭(개봉박두)·强迫觀念(강박관념)에서 보듯 그 음이 '박'이 된 글자다.

고 051 어문 3급 진흥 2급

碧
푸를 벽

玉(王)자와 石자로 인해 색깔이 푸른 옥돌[玉·石]을 나타낸 데서 그 뜻이 '푸르다'가 되고, 白자로 인해 碧玉(벽옥)·碧眼(벽안)·碧空(벽공)·碧梧桐(벽오동)·碧溪水(벽계수)·桑田碧海(상전벽해)에서 보듯 그 음이 '벽'이 된 글자다.

중 098 한국어문회 4급 한자진흥회 4급	走 달아날 주	금문	소전

두 발을 위저으며 날아나는 사람과 달아날 때에 신체(身體)에서 가장 움직임이 많은 발이 어우러진 모습을 나타낸 데서 그 뜻이 '달아나다'가 되고, 走者(주자)·走破(주파)·競走(경주)·逃走(도주)·暴走族(폭주족)·走爲上策(주위상책)에서 보듯 그 음이 '주'가 된 글자다.

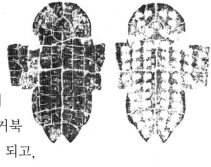

고 052 한국어문회 3급 한자진흥회 3급			
점 복	갑골문	금문	소전

옛날 사람들이 사냥이나 전쟁처럼 앞으로 하려는 일의 길흉(吉凶)을 미리 알기 위해 점(占)쳤을 때에 보이는 거북 껍데기의 갈라진 무늬를 나타낸 데서 그 뜻이 '점'이 되고, 卜債(복채)나 占卜(점복)에서 보듯 그 음이 '복'이 된 글자다.

후박나무 박

중 099 어문 6급 진흥 5급

木자로 인해 그 뜻이 녹나뭇과에 속하는 늘푸른큰키나무[木]인 '후박나무'가 되고, 卜자로 인해 素朴(소박)·淳朴(순박)·質朴(질박)·儉朴(검박)·朴僉知(박첨지)·朴淵瀑布(박연폭포)·朴赫居世(박혁거세)에서 보듯 그 음이 '박'이 된 글자다. 오늘날은 주로 성(姓)으로 쓰인다.

다다를 부

고 053 어문 3급 진흥 2급

走자로 인해 급히 달려서[走] 목적지에 다다른다 하여 그 뜻이 '다다르다'가 되고, 卜자로 인해 赴任(부임)·龍宮赴宴錄(용궁부연록)에서 보듯 그 음이 '부'가 된 글자다.

중 100 한국어문회 5급 한자진흥회 5급		
선비 사	금문	소전

예전에 도끼는 죄인이나 포로에게 벌을 줄 때에 사용된 도구로, 신분이 높은 사람의 권위를 상징 하는 물건이었다. 따라서 도끼를 나타내면서 신분이 높은 사람과 관련해 그 뜻이 '선비'가 되고, 兵士(병사)·勇士(용사)·義士(의사)·紳士(신사)·三學士(삼학사)·士官學校(사관학교)·慷慨之士(강개지사)에서 보듯 그 음이 '사'가 된 글자다.

벼슬할 사

중 101 어문 5급 진흥 4급

人(亻)자로 인해 많은 것을 배워서 벼슬을 하는 사람[人]과 관련해 그 뜻이 '벼슬하다'가 되고, 士자로 인해 奉仕(봉사)·給仕(급사)·出仕(출사)·仕樣書(사양서)에서 보듯 그 음이 '사'가 된 글자다.

52

중 102
한국어문회 8급
한자진흥회 8급

뫼 산 / 갑골문 / 금문 / 소전

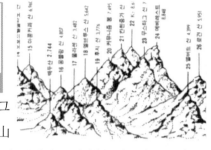

산봉우리가 늘어서 있는 산을 나타낸 데서 그 뜻이 산을 이르는 고유어인 '뫼'가 되고, 泰山(태산)·雪山(설산)·山嶽(산악)·山行(산행)·北邙山(북망산)·白頭山(백두산)·三水甲山(삼수갑산)에서 보듯 그 음이 '산'이 된 글자다.

신선 선

중 103 어문 5급 진흥 4급

人(亻)자로 인해 속세를 초월해 산에서 사는 사람[人]인 신선과 관련해 그 뜻이 '신선'이 되고, 山자로 인해 仙女(선녀)·仙藥(선약)·詩仙(시선)·謫仙(적선)·水仙花(수선화)·仙風道骨(선풍도골)에서 보듯 그 음이 '선'이 된 글자다.

참고 031

터럭 삼 / 갑골문 / 금문 / 소전

가지런히 나 있는 터럭을 나타낸 데서 그 뜻이 '터럭'이고, 자신이 음의 역할을 하는 衫[적삼 삼]자나 杉[삼나무 삼]자에서처럼 그 음이 '삼'인 글자다.

참여할 참 / 금문

중 104 어문 5급 진흥 4급

별이 사람 머리 위에 있는 모양과 음의 역할을 하면서 빛을 나타내는 彡자가 어울린 𠱎자가 본자(本字)다. 나중에 三자의 갖은자로 빌려 쓰면서 '석 삼'이라 하고, 많다는 의미와 관련이 있는 셋의 숫자에 의해 많은 무리에 참여한다 하여 '참여하다'의 뜻을 지니면서 參席(참석)·參戰(참전)·不參(불참)·古參(고참)·參政權(참정권)·情狀參酌(정상참작)·參謀總長(참모총장)에서 보듯 '참'의 음으로 읽히게 된 글자다.

슬플 참

고 054 어문 3급 진흥 2급

心(忄)자로 인해 마음[心]이 아플 정도로 슬프다 하여 그 뜻이 '슬프다'가 되고, 慘死(참사)·慘憺(참담)·慘慽(참척)·悲慘(비참)·悽慘(처참)·無慘(무참)에서 보듯 그 음이 '참'이 된 글자다.

긴 머리의 사람을 표현한 長자에서 변화된 镸의 형태와 그 의미를 분명히 하기 위해 털을 표현한 彡자가 합쳐진 글자로, 길게 머리털이 늘어진 모습을 나타냈다. 따라서 그 뜻이 '머리 늘어지다'가 되고,

참고 032 머리 늘어질 표 / 소전

髮[터럭 발]·鬚[수염 수]·髥[구레나룻 염]자에서처럼 주로 부수의 역할을 하는 그 음이 '표'인 글자다.

종아리 주위가 포함된 발을 나타낸 데서 그 뜻이 '발'이고, 자신이 음의 역할을 하는 疏[트일 소]자나 疎[트일 소]자에서처럼 그 음이 '소'

참고 033 발 소 / 갑골문 / 금문 / 소전

인 글자다. 疏자나 疎자에서처럼 그 형태가 약간 변하여 疋로도 쓰인다.

트일 소 / 소전

고 O55 어문 3급 진흥 2급

아이가 물에서 거꾸로 떠내려가는 모양을 나타낸 充[거꾸로 떠내려갈 돌]자로 인해 떠내려가는[充] 물길이 잘 트여 있다 하여 그 뜻이 '트이다'가 되고, 疋(疋)자로 인해 疏通(소통)·疏遠(소원)·疏薄(소박)·疏外(소외)·上疏文(상소문)·萬人疏(만인소)·去者日疏(거자일소)에서 보듯 그 음이 '소'가 된 글자다. 疎자와 동자(同字)다.

푸성귀 소

고 O56 어문 3급 진흥 3급

艸(艹)자로 인해 사람이 먹을 수 있는 푸성귀와 같은 풀[艸]과 관련해 그 뜻이 '푸성귀'가 되고, 疏자로 인해 菜蔬(채소)·蔬食(소식/소사)·蔬飯(소반)·蔬菜類(소채류)에서 보듯 그 음이 '소'가 된 글자다.

가시나무 초

참고 O34

林[수풀 림 → 중 641 참고]자로 인해 많은 나무가 우거진 수풀[林]처럼 흔히 무리 지어 자라는 가시나무와 관련해 그 뜻이 '가시나무'가 되면서 疋자로 인해 그 음이 '초'가 된 글자다.

주춧돌 초

고 O57 어문 3급 진흥 3급

石자로 인해 집을 지을 때에 기둥 밑에 괴는 돌[石]인 주춧돌과 관련해 그 뜻이 '주춧돌'이 되고, 楚자로 인해 礎石(초석)·柱礎(주초)·基礎(기초)·定礎(정초)에서처럼 그 음이 '초'가 된 글자다.

부수

중 105 한국어문회 7급 한자진흥회 5급 밥 식(사)	食			
		갑골문	금문	소전

뚜껑이 있는 둥그런 그릇에 담긴 밥을 나타낸 데서 그 뜻이 '밥'이고, 外食(외식)·過食(과식)·食口(식구)·食醯(식혜)·美食家(미식가)·食人種(식인종)·好衣好食(호의호식)·食餌療法(식이요법)에서 보듯 그 음이 '식'인 글자다. 簞食瓢飮(단사표음)에서 보듯 그 음을 '사'로도 읽는다.

고 O58 어문 3급 진흥 2급

人지의 변화된 형대와 巾자로 인해 사람[人]이 옷감[巾]으로 몸을 꾸민다 하여 그 뜻이 '꾸미다'가 되고, 食자로 인해 裝飾(장식)·服飾(복식)·假飾(가식)·修飾(수식)·虛禮虛飾(허례허식)에서 보듯 그 음이 '식'이 된 글자다.

飾		소전
꾸밀 식		

중 106 한국어문회 3급 한자진흥회 4급 매울 신	辛			
		갑골문	금문	소전

옛날에 죄인이나 포로의 얼굴에 검은 먹을 새겼던 도구를 나타냈다. 먹으로 문신이 새겨진 자는 견디기 힘든 고통을 받았는데, 맛 가운데에서도 견디기 힘든 맛이 매운맛이다. 따라서 문신을 새기는 도구와 관련해 그 뜻이 '맵다'가 되고, 辛辣(신랄)·辛勝(신승)·香辛料(향신료)·五辛菜(오신채)·千辛萬苦(천신만고)·辛未洋擾(신미양요)에서 보듯 그 음이 '신'이 된 글자다.

참고 O35

木자로 인해 자작나뭇과에 딸린 갈잎떨기나무[木]와 관련해 그 뜻이 '개암나무'가 되고, 辛자로 인해 그 음이 '진'이 된 글자다.

개암나무 진

新 새 신 / 갑골문

중 107 어문 6급 진흥 5급

원래 辛자와 斤자가 합쳐진 新자가 본자(本字)다. 斤자로 인해 나무를 도끼[斤]로 베어 내어 주위 환경을 새롭게 만든다 하여 그 뜻이 '새'가 되고, 오늘날 亲의 형태로 간략하게 쓰지만 辛자로 인해 그 음이 新舊(신구)·新行(신행)·維新(유신)·更新(경신/갱신)·新記錄(신기록)·新大陸(신대륙)·新裝開業(신장개업)에서처럼 '신'이 된 글자다.

親 친할 친 / 소전

중 108 어문 6급 진흥 5급

원래 辛자와 見자가 합쳐진 親자가 본자(本字)다. 見자로 인해 늘 곁에서 볼[見] 정도로 친하다 하여 그 뜻이 '친하다'가 되고, 후에 亲의 형태로 간략하게 쓰였지만 辛자로 인해 親族(친족)·親切(친절)·嚴親(엄친)·覲親(근친)·親日派(친일파)·大義滅親(대의멸친)·父子有親(부자유친)에서 보듯 그 음이 '친'이 된 글자다.

중 109
한국어문회 4급
한자진흥회 4급

성씨 씨 / 갑골문 / 금문 / 소전

한 씨앗에서 나와 이어진 뿌리를 나타내면서 다시 한 시조(始祖)에서 나와 혈통으로 이어져 같은 성씨를 쓰는 종족과 관련되어 그 뜻이 '성씨'가 된 것으로 보이고, 姓氏(성씨)·宗氏(종씨)·氏族(씨족)·氏譜(씨보)·無名氏(무명씨)·和氏之璧(화씨지벽)에서 보듯 그 음이 '씨'가 된 글자다. 그 음이 方相氏(방상시)에서는 '시', 大月氏(대월지)에서는 '지'로 읽힌다.

紙 종이 지

중 110 어문 7급 진흥 4급

糸자로 인해 실[糸]을 만들지 못하는 삼 부스러기나 고치 지스러기를 물에 불려 녹여서 만든 종이와 관련해 그 뜻이 '종이'가 되고, 氏자로 인해 紙幣(지폐)·紙榜(지방)·片紙(편지)·休紙(휴지)·馬糞紙(마분지)·紙粘土(지점토)·洛陽紙價(낙양지가)에서 보듯 그 음이 '지'가 된 글자다.

氐 근본 저 / 소전

참고 036

氏자 아래에 임의의 한 선(線)을 덧붙여 나무의 근본이 되는 뿌리를 나타낸 데서 '근본'의 뜻을 지니면서 氏자로 인해 그 음이 '저'가 된 글자다.

低 낮을 저

중 111 어문 4급 진흥 4급

人(亻)자로 인해 사람[人]이 머리를 숙이고 몸을 낮춘다 하여 그 뜻이 '낮다'가 되고, 氐자로 인해 高低(고저)·最低(최저)·低質(저질)·低價(저가)·低氣壓(저기압)·四低食品(사저식품)·東高西低(동고서저)에서 보듯 그 음이 '저'가 된 글자다.

底 밑 저

고 059 어문 4급 진흥 3급

广자로 인해 집[广]이 벼랑 밑이나 언덕 밑에 있다 하여 그 뜻이 '밑'이 되고, 氐자로 인해 底邊(저변)·底意(저의)·海底(해저)·徹底(철저)·底引網(저인망)·井底之蛙(정저지와)·舌底有斧(설저유부)에서 보듯 그 음이 '저'가 된 글자다.

抵 막을 저

고 060 어문 3급 진흥 3급

手(扌)자로 인해 손[手]으로 막는다 하여 그 뜻이 '막다'가 되고, 氐자로 인해 抵抗(저항)·抵觸(저촉)·大抵(대저)·根抵當(근저당)·角抵塚(각저총)에서 보듯 그 음이 '저'가 된 글자다.

중 112
한국어문회 4급
한자진흥회 5급

羊 양 양

| 갑골문 | 금문 | 소전 |

뽈이 아래로 굽은 양 머리를 본뜬 모양에서 그 뜻이 '양'이고, 山羊(산양)·緬羊(면양)·羊毛(양모)·羊水(양수)·犧牲羊(희생양)·羊膜類(양막류)·羊頭狗肉(양두구육)·亡羊之歎(망양지탄)에서 보듯 그 음이 '양'인 글자다.

洋 바다 양

중 113 어문 6급 진흥 5급

水(氵)자로 인해 짠 물[水]이 가득 괴어 있는 바다와 관련해 그 뜻이 '바다'가 되고, 羊자로 인해 海洋(해양)·西洋(서양)·洋服(양복)·洋襪(양말)·太平洋(태평양)·洋毯子(→ 양탄자)·望洋之嘆(망양지탄)·前途洋洋(전도양양)에서처럼 그 음이 '양'이 된 글자다.

養 기를 양

중 114 이문 5급 진흥 4급

食자로 인해 밥[食]을 먹여 기른다 하여 그 뜻이 '기르다'가 되고, 羊자로 인해 養育(양육)·養志(양지)·奉養(봉양)·涵養(함양)·養鷄場(양계장)·養老院(양로원)·三牲之養(삼생지양)에서처럼 그 음이 '양'이 된 글자다.

부수

참고 O37

물이 길게 흐르는 모양에서 비롯된 永[길 영 → 중 639 참고]자로 인해 '긴 강'을 뜻하면서 羊자로 인해 '양'의 음으로 읽히게 된 글자다.

긴 강 양 | 소전

고 O61 어문 4급 진흥 3급

木자로 인해 본래 상수리나무[木]의 열매인 도토리를 뜻했으나 음(音)이 像[형상 상]자와 관련되면서 결국 그 뜻이 '모양'이 되고, 羕자로 인해 模樣(모양) · 多樣(다양) · 樣式(양식) · 樣態(양태) · 高麗樣(고려양) · 異樣船(이양선) · 蟲樣突起(충양돌기)에서처럼 그 음이 '양'이 된 글자다.

모양 양

고 O62 어문 3급 진흥 3급

示자로 인해 제물을 제단[示]에 올리고 행하는 일이 상서롭기를 빈다 하여 그 뜻이 '상서롭다'가 되고, 羊자로 인해 祥瑞(상서) ·

상서로울 상

吉祥(길상) · 大祥(대상) · 發祥地(발상지) · 不祥事(불상사)에서처럼 그 음이 '상'이 된 글자다.

고 O63 어문 3급 진흥 2급

言자로 인해 말[言]을 자세하게 한다 하여 그 뜻이 '자세하다'가 되고, 羊자로 인해 詳細(상세) · 詳述(상술) · 仔詳(자상) · 昭詳(소상) · 作者未詳(작자미상)에서처럼 그 음이 '상'이 된 글자다.

자세할 상

중 115 한국어문회 8급 한자진흥회 5급	큰 대	갑골문	금문	소전

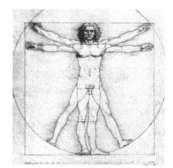

사람이 두 팔과 두 다리를 크게 벌리고 있는 모습에서 그 뜻이 '크다'가 되고, 大國(대국) · 大成(대성) · 膽大(담대) · 尨大(방대) · 大中小(대중소) · 大學校(대학교) · 大器晚成(대기만성) · 事大主義(사대주의)에서 보듯 그 음이 '대'가 된 글자다.

중 116 어문 6급 진흥 5급

예전에 여러 형태로 쓰였는데 그중에 大자가 위아래에 나란히 쓰였던 형태로 살펴보면, 아래에 大자를 생략하고 점(點)으로 대신하면서 그 뜻이 '크다'가 되고, 大자로 인해 太祖(태조) · 太陽(태양) · 明太(명태) · 靑太(청태) · 姜太公(강태공) · 鼠目太(서목태) · 萬事太平(만사태평)에서 보듯 그 음이 '태'가 된 글자다.

클 태 | 갑골문

泰 클 태 / 소전

중 117 어문 3급 진흥 3급

廾자와 水자가 변화된 氺의 형태로 인해 원래는 두 손[廾]을 물[水]에 적신다는 뜻을 지녔으나 후대에 그 음이 빌려 쓰이면서 大자나 太자와 같게 '크다'의 뜻을 지니고, 大자로 인해 泰山(태산)·泰斗(태두)·泰平(태평)·泰然自若(태연자약)·國泰民安(국태민안)에서 보듯 그 음이 '태'가 된 글자다.

奎 새끼 양 달

참고 038

羊자로 인해 그 뜻이 '새끼 양'이 되면서 大자로 인해 그 음이 '달'이 된 글자다.

達 통할 달

중 118 어문 4급 진흥 4급

辵(辶)자로 인해 길[辵]을 통해서 목적지에 이른다 하여 그 뜻이 '통하다'가 되고, 奎자로 인해 達通(달통)·達觀(달관)·先達(선달)·豁達(활달)·乾達婆(건달바)·欲速不達(욕속부달)·四通五達(사통오달)에서 보듯 그 음이 '달'이 된 글자다.

참고 039

작을 요 / 갑골문 / 금문 / 소전

작게 말아 놓은 실타래를 나타내면서 말아 놓은 실타래가 작다 하여 그 뜻이 '작다'이고, 자신이 음의 역할을 하는 幼[어릴 유(요)]자가 다시 음의 역할을 하는 拗[꺾을 요]자나 窈[그윽할 요]자처럼 그 음이 '요'인 글자다.

幼 어릴 유

중 119 어문 3급 진흥 3급

力자로 인해 힘[力]이 약한 것은 나이가 어리다 하여 그 뜻이 '어리다'가 되고, 幺자로 인해 幼兒(유아)·幼弱(유약)·幼蟲(유충)·幼年(유년)·幼稚園(유치원)·長幼有序(장유유서)에서 보듯 그 음이 '유'가 된 글자다.

幽 그윽할 유

고 064 이문 3급 진흥 2급

山자로 인해 산[山] 속이 깊고 그윽하다 하여 그 뜻이 '그윽하다'가 되고, 幺자가 나란히 쓰인 丝[작을 유]자로 인해 幽明(유명)·幽宅(유택)·幽閉(유폐)·幽靈(유령)·幽魂(유혼)·深山幽谷(심산유곡)·幽門狹窄(유문협착)에서처럼 그 음이 '유'가 된 글자다.

중 120	用	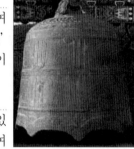		
한국어문회 6급				
한자진흥회 5급	쓸 용	갑골문	금문	소전

무늬를 겉에 새긴 쇠북(종)을 나타낸 것으로 보이며 그 쇠북을 연주하는 데 쓴다 하여 그 뜻이 '쓰다'가 되고, 軍用(군용)·共用(공용)·過用(과용)·御用(어용)·一回用(일회용)·用不用說(용불용설)·豫算運用(예산운용)에서 보듯 그 음이 '용'이 된 글자다.

甬 쇠북 꼭지 **용** / 금문

참고 040

用자에 쇠북의 둥근 꼭지를 나타낸 것으로 여겨지는 형태가 덧붙여져 그 뜻이 '쇠북 꼭지'가 되면서 다시 用자로 인해 그 음이 '용'이 된 글자다.

勇 날랠 **용**

중 121 어문 6급 진흥 5급

力자로 인해 힘[力]이 있어 동작이 날래다 하여 그 뜻이 '날래다'가 되고, 甬자로 인해 勇氣(용기)·勇敢(용감)·蠻勇(만용)·武勇(무용)·義勇軍(의용군)·兼人之勇(겸인지용)·匹夫之勇(필부지용)에서 보듯 그 음이 '용'이 된 글자다.

誦 욀 **송**

고 065 어문 3급 진흥 2급

言자로 인해 중얼거리는 말[言]을 하면서 왼다 하여 그 뜻이 '외다'가 되고, 甬자로 인해 暗誦(암송)·朗誦(낭송)·讀誦(독송)·吟誦(음송)·誦讀(송독)·誦詠(송영)에서 보듯 그 음이 '송'이 된 글자다.

通 통할 **통**

중 122 어문 6급 진흥 5급

辵(辶)자로 인해 길[辵]을 통해 걸어간다 하여 그 뜻이 '통하다'가 되고, 甬자로 인해 通過(통과)·通法(통법)·交通(교통)·不通(불통)·通姓名(통성명)·一脈相通(일맥상통)·神通旁通(신통방통)에서 보듯 그 음이 '통'이 된 글자다.

痛 아플 **통**

고 066 어문 4급 진흥 3급

疒자로 인해 병들어[疒] 몸이 괴로울 정도로 몹시 아프다 하여 그 뜻이 '아프다'가 되고, 甬자로 인해 痛症(통증)·痛風(통풍)·齒痛(치통)·産痛(산통)·成長痛(성장통)·幻肢痛(환지통)·大聲痛哭(대성통곡)에서 보듯 그 음이 '통'이 된 글자다.

고 067 어문 3급 진흥 2급
쓸 용 / 금문

위쪽 끝이 갈라져 있어 그곳에 곡물의 알을 쳐서 떨어뜨릴 수 있도록 한 기구를 나타낸 글자로 보이는 庚[일곱째 천간 경 → 중 325 참고]자로 인해 바로 그런 기구를 다그쳐 쓴다 하여 그 뜻이 '쓰다'가 되고, 用자로 인해 登庸(등용)·中庸(중용)·庸拙(용졸)·庸劣(용렬)·租庸調(조용조)에서 보듯 그 음이 '용'이 된 글자다.

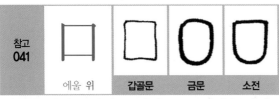

참고 041 / 에울 위 / 갑골문 / 금문 / 소전

일정한 경계를 가지고 에워 두른 지역을 나타낸 데서 그 뜻이 '에우다'이고, 후에 음(音)의 역할을 하는 韋[다룬 가죽 위]자를 덧붙인 圍[에울 위]자처럼 그 음이 '위'인 글자다.

참고 042 / 다룬 가죽 위 / 갑골문 / 금문 / 소전

발로 가운데 놓인 가죽을 밟아 기름을 제거하는 모양을 나타내면서 기름을 제거한 가죽이 부드럽게 다룬 가죽이라 하여 결국 그 뜻이 '다룬 가죽'이 되고, 韋編三絕(위편삼절)에서 보듯 그 음이 '위'가 된 글자다.

고 068 어문 4급 진흥 3급
圍 에울 위

'에우다'의 뜻을 지닌 □자의 음을 더욱 분명히 하기 위해 '위'의 음으로 읽히는 韋자가 덧붙여진 글자다. 周圍(주위)·範圍(범위)·包圍(포위)·四圍(사위)·雰圍氣(분위기)·圍籬安置(위리안치)에 쓰인다.

중 123 어문 5급 진흥 4급
偉 클 위

人(亻)자로 인해 보통 이상으로 사람[人]이 크다 하여 그 뜻이 '크다'가 되고, 韋자로 인해 偉大(위대)·偉人(위인)·偉業(위업)·偉容(위용)에서처럼 그 음이 '위'가 된 글자다.

緯
씨 위

고 069 어문 3급 진흥 2급

糸자로 인해 옷감을 짤 때에 날실 사이를 가로지르는 씨실[糸]과 관련해 그 뜻이 '씨'가 되고, 韋자로 인해 經緯(경위)·北緯(북위)·緯度(위도)·緯線(위선)·讖緯說(참위설)·經天緯地(경천위지)에서처럼 그 음이 '위'가 된 글자다.

違
어길 위

고 070 어문 3급 진흥 2급

辵(辶)자로 인해 가야 할 쪽으로 가지 않아 서로 길[辵]을 어긴다 하여 그 뜻이 '어기다'가 되고, 韋자로 인해 違反(위반)·違背(위배)·違憲(위헌)·非違(비위)·違約金(위약금)·違法者(위법자)·違和感(위화감)에서처럼 그 음이 '위'가 된 글자다.

衛
지킬 위

고 071 어문 3급 진흥 2급

行자로 인해 길[行]을 돌아다니면서 지킨다 하여 그 뜻이 '지키다'가 되고, 韋자로 인해 守衛(수위)·擁衛(옹위)·扈衛(호위)·衛生(위생)·自衛隊(자위대)·衛戍令(위수령)·正當防衛(정당방위)에서처럼 그 음이 '위'가 된 글자다.

참고 043	缶 장군 부	갑골문	금문	소전

술이나 간장 따위를 담아 옮길 때 사용하기 위해 방망이로 단순한 형태의 장군을 만드는 모양을 나타낸 데서 그 뜻이 '장군'이고, 缸[항아리 항]·鋼[항아리 강]·罐[두레박 관]자에서 보듯 주로 부수의 역할을 하는 그 음이 '부'인 글자다.

寶
보배 보 · 갑골문

고 072 어문 4급 진흥 3급

원래 宀자, 그리고 玉자와 貝자만으로 쓰면서 집[宀] 안에 보배로 여겼던 구슬[玉]과 화폐[貝]가 있다는 데서 그 뜻이 '보배'가 되고, 후에 음의 역할을 하기 위해 덧붙여진 缶자로 인해 寶石(보석)·寶物(보물)·家寶(가보)·國寶(국보)·多寶塔(다보탑)·七寶丹粧(칠보단장)·傳家之寶(전가지보)에서 보듯 그 음이 '보'가 된 글자다.

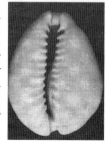

| 중 124 한국어문회 4급 한자진흥회 5급 | 肉 고기 육 | 月 육달월 |  갑골문 | 금문 | 소전 |

반듯하게 저민 한 덩어리 고기를 나타낸 데서 그 뜻이 '고기'

이고, 肉食(육식)·肉膾(육회)·人肉(인육)·猪肉(저육)·精肉店(정육점)·行尸走肉(행시주육)에서처럼 그 음이 '육'인 글자다. 다른 글자에 덧붙여질 때는 月의 형태로 간략하게 변화되어 쓰이는데, 이는 月[달 월]자와 구별하기 위해 肉자의 음 '육'을 '달 월'과 합쳐 '육달월'이라 한다. 月[육달월]은 가운데 두 선(線)이 양쪽에 모두 붙는 것이 특징인 반면에 月[달 월]자는 두 선이 왼쪽에만 붙는다.

育 기를 육 / 소전

중 125 어문 7급 진흥 5급
모태에서 막 태어난 아이를 그대로 나타낸 厶[아이 낳을 톨]자로 인해 막 태어난 아이[厶]를 기른다 하여 그 뜻이 '기르다'가 되고, 肉(月)자로 인해 養育(양육)·教育(교육)·育兒(육아)·育成(육성)·飼育場(사육장)·育英事業(육영사업)에서처럼 그 음이 '육'이 된 글자다.

缶 항아리 요 / 소전

참고 044
缶자로 인해 물을 담는 그릇[缶]인 항아리와 관련해 그 뜻이 '항아리'가 되면서 肉(月)자로 인해 그 음이 '요'가 된 글자다.

搖 흔들 요

고 073 어문 3급 진흥 2급
手(扌)자로 인해 손[手]으로 흔든다 하여 그 뜻이 '흔들다'가 되고, 䍃자로 인해 搖動(요동)·搖籃(요람)·搖亂(요란)·動搖(동요)·搖之不動(요지부동)에서 보듯 그 음이 '요'가 된 글자다.

謠 노래 요

고 074 어문 4급 진흥 3급
言자로 인해 말[言]에 곡조를 붙여 반주 없이 부르는 노래와 관련해 그 뜻이 '노래'가 되고, 䍃자로 인해 歌謠(가요)·童謠(동요)·民謠(민요)·農謠(농요)·勞動謠(노동요)에서처럼 그 음이 '요'가 된 글자다.

遙 멀 요

고 075 어문 3급 진흥 2급
辵(辶)자로 인해 걸어야 할 길[辵]이 멀다 하여 그 뜻이 '멀다'가 되고, 䍃자로 인해 遙遠(요원)·宮城遙拜(궁성요배)에서처럼 그 음이 '요'가 된 글자다.

중 126 한국어문회 8급 한자진흥회 8급	月 달 월		갑골문	금문	소전

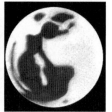

둥근 모양보다 이지러진 모양을 더 많이 볼 수 있는 달을 나타낸 데서 그 뜻이 '달'이고, 月出(월출)·月蝕(월식)·日月(일월)·正月(정월)·月桂樹(월계수)·月下老人(월하노인)·空山明月(공산명월)에서처럼 그 음이 '월'인 글자다.

중 127 한국어문회 7급 한자진흥회 6급	夕 저녁 석		갑골문	금문	소전

이지러진 달을 나타내면서 다시 달이 뜨는 때가 저녁 이라 하여 그 뜻이 '저녁' 이 되고, 夕陽(석양)·夕刊

(석간)·秋夕(추석)·朝夕(조석)·七月七夕(칠월칠석)·朝變夕改(조변석개)·朝聞夕死(조문석사)에서 보듯 그 음이 '석'이 된 글자다.

중 128 한국어문회 6급 한자진흥회 5급	衣 옷 의	衤 옷의변	갑골문	금문	소전

목에 둘러대는 깃과 여민 섶 부분의 옷을 나타낸 데서 그 뜻이 '옷'이고, 衣裳(의상)·衣服(의복)·衣冠(의관)·衣鉢(의발)·衣食住(의식주)·白衣民族(백의민족)·天衣無縫(천의무봉)에서처럼 그 음이 '의'인 글자다.
다른 글자와 합쳐져 왼쪽에 사용될 때는 衤으로 쓰는데, 이는 '옷의변'이라 한다.

依 의지할 의 | 중 129 어문 4급 진흥 4급
人(亻)자로 인해 사람[亻]이 무언가에 의지한다 하여 그 뜻이 '의지하다'가 되고, 衣자로 인해 歸依(귀의)·憑依(빙의)·依例(의례)·依恃(의시)·依他心(의타심)·赤貧無依(적빈무의)에서 보듯 그 음이 '의'가 된 글자다.

哀 슬플 애 | 중 130 어문 3급 진흥 3급
口자로 인해 입[口]으로 서글프게 울면서 슬퍼한다 하여 그 뜻이 '슬프다'가 되고, 衣자로 인해 悲哀(비애)·哀悼(애도)·哀歡(애환)·孤哀子(고애자)·哀而不悲(애이불비)에서처럼 그 음이 '애'가 된 글자다.

참고 045	솥 정	갑골문	금문	소전	

제사 등을 지낼 때에 소나 양을 요리하는 솥을
나타낸 데서 그 뜻이 '솥'이고, 九鼎(구정)·鼎立(정립)·鼎談(정담)·鼎廚(정주)·鐘
鼎文(종정문)·鼎足之勢(정족지세)에서 보듯 그 음이 '정'인 글자다.

貞 곧을 정	鼑 갑골문

중 131 어문 3급 진흥 3급

원래 鼎자와 卜자가 합쳐진 鼑자가 본자(本字)다. 卜자로 인해 점[卜]과
같은 의식(儀式)을 행하는 사람은 부정을 멀리하고 마음이 곧아야 했던
데서 그 뜻이 '곧다'가 되고, 후대에 貝의 형태로 간략하게 변화되었으
나 鼎자로 인해 貞淑(정숙)·貞節(정절)·貞操(정조)·不貞(부정)·童貞
女(동정녀)·貞敬夫人(정경부인)·氷貞玉潔(빙정옥결)에서처럼 그 음이 '정'이 된 글자다.

중 132 한국어문회 3급 한자진흥회 4급	 별 진	갑골문	금문	소전	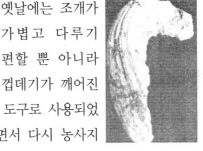

옛날에는 조개가
가볍고 다루기
편할 뿐 아니라
껍데기가 깨어진
부분이 예리해 풀이나 이삭을 자르는 농사(農事) 도구로 사용되었
다. 때문에 농사 도구로 사용된 조개를 나타내면서 다시 농사지
을 때는 별자리 운행(運行)을 참고한 데서 결국 그 뜻이 '별'이 되고, 日辰(일진)·
辰宿(진수)·辰砂(진사)·壬辰倭亂(임진왜란)에서처럼 그 음이 '진'이 된 글자다. 아
울러 옛날 사람들이 별을 보고 일정한 때를 짐작했기 때문에 '때'의 뜻을 지니기
도 하는데, 그때는 生辰(생신)·誕辰(탄신)·日月星辰(일월성신)에서 보듯 '신'의 음
으로 읽힌다.

振 떨칠 진

고 076 이문 3급 진흥 2급

手(扌)자로 인해 손[手]으로 도와 떨치어 낸다 하여 그 뜻이 '떨치다'가 되고, 辰자
로 인해 振興(진흥)·振動(진동)·振幅(진폭)·不振(부진)·三振法(삼진법)·士氣振
作(사기진작)·振子時計(진자시계)에서처럼 그 음이 '진'이 된 글자다.

震 벼락 진

고 077 어문 3급 진흥 2급

雨자로 인해 비[雨]가 올 때에 일어나는 방전(放電) 현상인 벼락과 관련해 그 뜻이 '벼락'이 되고, 辰자로 인해 地震(지진)·餘震(여진)·震怒(진노)·震域(진역)·腦震蕩(뇌진탕)·震檀學會(진단학회)·飛擊震天雷(비격진천뢰)에서 보듯 그 음이 '진'이 된 글자다.

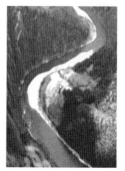

晨 새벽 신

고 078 어문 3급 진흥 2급

日자로 인해 별이 지고 해[日]가 막 떠오른 새벽과 관련해 그 뜻이 '새벽'이 되고, 辰자로 인해 昏定晨省(혼정신성)에서 보듯 그 음이 '신'이 된 글자다.

脣 입술 순

고 079 어문 3급 진흥 2급

肉(月)자로 인해 부드러운 살[肉]이 있는 입의 바깥 부분인 입술과 관련해 그 뜻이 '입술'이 되고, 辰자로 인해 脣輕音(순경음)·丹脣皓齒(단순호치)·脣亡齒寒(순망치한)에서 보듯 그 음이 '순'이 된 글자다.

중 133
한국어문회 7급
한자진흥회 7급

개미허리	내 천	갑골문	금문	소전

물이 흐르는 내를 나타냈으나 글자로 쓰이는 일이 없어 개미허리 같은 그 모양을 취해 '개미허리'라 불린다. 오늘날은 그 형태가 변화된 川자로 쓰고 있다. 川자는 물이 흐르는 내를 나타냈기에 그 뜻이 '내'이고, 山川(산천)·河川(하천)·川獵(천렵)·川邊(천변)·天井川(천정천)·晝夜長川(주야장천)·一魚渾全川(일어혼전천)에서처럼 그 음이 '천'인 글자다.

巡 돌 순

고 080 어문 3급 진흥 3급

辵(辶)자로 인해 길[辵]을 여기저기 살피며 돈다 히여 그 뜻이 '돌다'가 되고, 巛의 형태로 인해 巡廻(순회)·巡邏(순라)·巡警(순경)·巡訪(순방)·巡狩碑(순수비)·巡洋艦(순양함)·打者一巡(타자일순)에서 보듯 그 음이 '순'이 된 글자다.

順 순할 순

중 134 어문 5급 진흥 4급

頁자로 인해 머리[頁]를 조아리며 공손하게 행동하는 모양이 순하다 하여 그 뜻이 '순하다'가 되고, 川자로 인해 順風(순풍)·順從(순종)·柔順(유순)·耳順(이순)·先着順(선착순)·順機能(순기능)·順且無事(순차무사)에서 보듯 그 음이 '순'이 된 글자다.

訓 가르칠 훈

중 135 어문 6급 진흥 4급

言자로 인해 말[言]로 알아듣게 가르친다 하여 그 뜻이 '가르치다'가 되고, 川자로 인해 訓長(훈장)·訓手(훈수)·級訓(급훈)·家訓(가훈)·訓練兵(훈련병)·訓民正音(훈민정음)·訓要十條(훈요십조)에서 보듯 그 음이 '훈'이 된 글자다.

참고 046	虫			
	벌레 훼	갑골문	금문	소전

가늘고 긴 몸체에 꼬리를 구부린 뱀을 나타냈는데, 옛날 사람들은 뱀을 벌레 가운데 대표가 되는 동물로 생각했다. 따라서 그 뜻이 '벌레'이고, 서사(書寫)의 편의를 위해 蟲[벌레 충]자의 약자(略字)로도 사용되지만 그 음이 '훼'인 글자다.

중 136 한국어문회 5급 한자진흥회 5급	馬	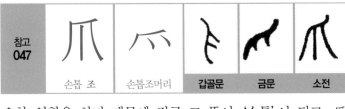		
	말 마	갑골문	금문	소전

긴 얼굴에 눈과 몸체의 갈기와 발과 꼬리가 있는 말을 나타낸 데서 그 뜻이 '말'이고, 馬力(마력) · 馬牌(마패) · 鐵馬(철마) · 駿馬(준마) · 赤兔馬(적토마) · 擺撥馬(파발마) · 鞍馬競技(안마경기)에서 보듯 그 음이 '마'인 글자다.

참고 047	爪	爫			
	손톱 조	손톱조머리	갑골문	금문	소전

무언가 잡으려는 손을 나타내면서 손으로 무언가 잡으려면 손 끝마디 손톱 부분이 중요한 역할을 하기 때문에 결국 그 뜻이 '손톱'이 되고, 爪毒(조독) · 爪痕(조흔) · 爪美師(조미사) · 五爪龍(오조룡) · 爪牙之士(조아지사)에서 보듯 그 음이 '조'가 된 글자다. 글자의 머리에 덧붙여질 때는 약간 생략된 爫의 형태로 쓰이는데, 이는 '손톱조머리'라 한다.

叉	
손톱 조	갑골문

참고 048
세 손가락을 표현한 爪자와 달리 두 점으로 두 손가락을 더 덧붙여 다섯 손가락을 표현하면서 그 뜻이 爪자와 같은 '손톱'이 되고, 그 음이 '조'가 된 글자다.

참고 049
蚤
벼룩 조

虫자로 인해 벌레[虫]의 일종인 벼룩과 관련해 그 뜻이 '벼룩'이 되고, 叉자로 인해 그 음이 '조'가 된 글자다.

고 081 어문 3급 진흥 2급

騷
시끄러울 소

馬자로 인해 말[馬]이 놀라 시끄럽게 한다 하여 그 뜻이 '시끄럽다'가 되고, 蚤자로 인해 騷音(소음) · 騷亂(소란) · 騷動(소동) · 騷擾事態(소요사태) · 騷人墨客(소인묵객)에서 보듯 그 음이 '소'가 된 글자다.

중 137
한국어문회
8급
한자진흥회
6급

靑

푸를 청

| 갑골문 | 금문 | 소전 |

싹이 움트는 풀과 우물이 서로 어우러진 모양을 나타내면서 다시 물기가 많은 우물 주위에서 무성하게 자라는 풀의 색깔이 푸르다 하여 그 뜻이 '푸르다'가 된 것으로 보이고, 丹靑(단청)·靑龍(청룡)·靑丘(청구)·靑瓷(청자)·靑一點(청일점)·靑出於藍(청출어람)·獨也靑靑(독야청청)에서 보듯 그 음이 '청'이 된 글자다.

淸

맑을 청

중 138 어문 6급 진흥 5급

水(氵)자로 인해 물[水]이 맑다 하여 그 뜻이 '맑다'가 되고, 靑자로 인해 淸濁(청탁)·淸潔(청결)·興淸(흥청)·石淸(석청)·淸料理(청요리)·淸麴醬(청국장)·淸風明月(청풍명월)·水淸無大魚(수청무대어)에서 보듯 그 음이 '청'이 된 글자다.

請

청할 청

중 139 어문 4급 진흥 4급

言자로 인해 말[言]로 원하는 것을 청한다 하여 그 뜻이 '청하다'가 되고, 靑자로 인해 要請(요청)·懇請(간청)·請託(청탁)·請婚(청혼)·請牒狀(청첩장)·不請客(불청객)·請誘法(청유법)에서 보듯 그 음이 '청'이 된 글자다.

晴

갤 청

중 140 어문 3급 진흥 3급

日자로 인해 해[日]가 떠 하늘이 맑게 갰다 하여 그 뜻이 '개다'가 되고, 靑자로 인해 晴明(청명)·晴天(청천)·快晴(쾌청)·祈晴祭(기청제)에서 보듯 그 음이 '청'이 된 글자다.

精

자세할 정

중 141 어문 4급 진흥 4급

米자로 인해 쌀[米]이 깨끗하게 잘 찧어지도록 자세하게 살핀다 하여 그 뜻이 '자세하다'가 되고, 靑자로 인해 搗精(도정)·受精(수정)·精潔(정결)·精密(정밀)·精米所(정미소)·博而不精(박이부정)에서 보듯 그 음이 '정'이 된 글자다.

情

뜻 정

중 142 어문 5급 진흥 4급

心(忄)자로 인해 타고난 성질 그대로 마음[心]에 담고 있는 순수한 뜻과 관련해 그 뜻이 '뜻'이 되고, 靑자로 인해 心情(심정)·母情(모정)·情談(정담)·情熱(정열)·憾情的(감정적)·雲雨之情(운우지정)·人之常情(인지상정)에서처럼 그 음이 '정'이 된 글자다.

靜
고요할 **정**

중 143 어문 4급 진흥 3급

양쪽에서 손으로 무언가 당기며 다투는 모양에서 비롯된 爭[다툴 쟁 → 중 729 참고]자로 인해 다투고[爭] 난 후에 고요하다고 하여 그 뜻이 '고요하다'가 되고, 靑자로 인해 靜肅(정숙) · 靜寂(정적) · 動靜(동정) · 靜中動(정중동) · 靜電氣(정전기)에서 보듯 그 음이 '정'이 된 글자다.

중 144 한국어문회 3급 한자진흥회 4급	乙 새 을	ㄥ 갑골문	ㄥ 금문	ㄥ 소전

자라기 어려운 상태에 있는 초목이 굽어서 나는 모양을 나타냈다고 여겨지지만 후대에 쓰인 형태가 새를 닮았다 하여 그 뜻이 '새'가 되고, 乙種(을종) · 乙巳年 (을사년) · 甲論乙駁(갑론을박) · 甲男乙女(갑남을녀) · 乙巳勒約(을사늑약)에서처럼 그 음이 '을'이 된 글자다.

중 145 한국어문회 4급 한자진흥회 4급	鳥 새 조	 갑골문	금문	소전

비교적 깃이 풍부한 새를 나타낸 데서 그 뜻이 '새'이고, 白鳥(백조) · 駝鳥(타조) · 鳥人(조인) · 鳥葬(조장) · 寒苦鳥(한고 조) · 八色鳥(팔색조) · 九官鳥(구관조) · 不死鳥(불사조) · 一石二鳥(일석이조)에서처럼 그 음이 '조'인 글자다.

島
섬 **도**

중 146 어문 5급 진흥 4급

원래 鳥자와 山자가 합쳐진 嶌자가 본자 (本字)다. 山자로 인해 물 위로 솟아 있는 산[山]인 섬과 관련해 그 뜻이 '섬'이 되고, 灬의 형태가 생략되었지만 鳥자로 인해 獨島(독도) · 列島(열도) · 間島(간도) · 半島

(반도) · 三多島(삼다도) · 波浪島(파랑도) · 無人島(무인도) · 絶海孤島(절해고도) · 山間 島嶼(산간도서)에서 보듯 그 음이 '도'인 글자다. 嶋자와 嶌자는 동자(同字)다.

참고 050	隹 새 추	갑골문	금문	소전

비교적 간략한 형태로 새를 나타낸 데서 그 뜻이 '새'이고, 자신이 덧붙여져 음의 역할을 하는 推[옮을 추]·錐[송곳 추]·椎[몽치 추]자처럼 그 음이 '추'인 글자다.

推 옮을 추

중 147 어문 4급 진흥 3급

手(扌)자로 인해 손[手]으로 밀어 옮긴다 하여 그 뜻이 '옮다'가 되고, 隹자로 인해 推移(추이)·推進(추진)·推戴(추대)·推測(추측)·推薦狀(추천장)·解衣推食(해의추식)·推拏療法(추나요법)에서 보듯 그 음이 '추'가 된 글자다. 推敲(퇴고)에서처럼 '밀다'의 뜻으로 사용될 때는 '퇴'의 음으로 읽힌다.

誰 누구 수

중 148 어문 3급 진흥 3급

言자로 인해 말[言]로 누구인지 묻는다 하여 그 뜻이 '누구'가 되고, 隹자로 인해 誰何(수하)·誰怨誰咎(수원수구)에서처럼 그 음이 '수'가 된 글자다.

唯 오직 유

중 149 어문 3급 진흥 3급

口사로 인해 입[口]으로 승낙하는 대답의 소리를 낸다 하여 '대답하다'의 뜻을 지니면서 다시 그 의미가 변화되어 '오직'의 뜻을 지니기도 하고, 隹자로 인해 唯一(유일)·唯心論(유심론)·唯唯諾諾(유유낙낙)·唯物史觀(유물사관)·唯我獨尊(유아독존)에서처럼 그 음이 '유'가 된 글자다.

雖 비록 수

중 150 어문 3급 진흥 3급

虫자로 인해 원래 도마뱀과 비슷한 벌레[虫]를 나타냈으나 후에 '비록'의 뜻으로 빌려 쓰이고, 隹자가 음의 역할을 하는 唯자로 인해 '수'의 음으로 읽히게 된 글자다.

惟 생각할 유

고 082 어문 3급 진흥 2급

心(忄)자로 인해 마음[心] 속으로 무언가 생각한다 하여 그 뜻이 '생각하다'가 되고, 隹자로 인해 惟獨(유독)·思惟(사유)에서처럼 그 음이 '유'가 된 글자다.

維 밧줄 유

고 083 어문 3급 진흥 3급

糸자로 인해 실[糸]로 얽은 굵은 밧줄과 관련해 그 뜻이 '밧줄' 이 되고, 隹자로 인해 纖維(섬유) · 維持(유지) · 維新(유신) · 維歲次(유세차) · 進退維谷(진퇴유곡)에서처럼 그 음이 '유' 가 된 글자다.

崔 성 최

참고 051

山자로 인해 산[山]이 높다 하여 '높다' 의 뜻을 지니나 오늘날은 주로 사람의 성(성씨)으로 사용되기에 그 뜻이 '성' 이 되고, 隹자로 인해 그 음이 '최' 가 된 글자다.

催 재촉할 최

고 084 어문 3급 진흥 2급

人(亻)자로 인해 사람[人]을 재촉한다 하여 그 뜻이 '재촉하다' 가 되고, 崔자로 인해 催促(최촉) · 催眠(최면) · 開催(개최) · 主催(주최) · 催告狀(최고장) · 催淚映畫(최루영화)에서 보듯 그 음이 '최' 가 된 글자다.

중 151
한국어문회 8급
한자진흥회 8급
흙 토

| 갑골문 | 금문 | 소전 |

땅 위의 덩어리진 흙을 나타낸 데서 그 뜻이 '흙' 이고, 土壤(토양) · 土地(토지) · 黃土(황토) · 動土(동토) · 高嶺土(고령토) · 西方淨土(서방정토) · 身土不二(신토불이)에서 보듯 그 음이 '토' 인 글자다.

吐 토할 토

고 085 어문 3급 진흥 3급

口자로 인해 입[口]에 든 것을 토한다 하여 그 뜻이 '토하다' 가 되고, 土자로 인해 嘔吐(구토) · 實吐(실토) · 吐露(토로) · 吐血(토혈) · 吐瀉癨亂(토사곽란) · 甘呑苦吐(감탄고토)에서 보듯 그 음이 '토' 가 된 글자다.

徒 무리 도

중 152 어문 4급 진흥 4급

금문

亻자와 止자의 변화된 형태로 인해 길[彳]을 걸어[止] 다니는 사람의 무리와 관련해 그 뜻이 '무리' 가 되고, 土자로 인해 信徒(신도) · 暴徒(폭도) · 徒步(도보) · 徒刑(도형) · 淸敎徒(청교도) · 徒手體操(도수체조) · 無爲徒食(무위도식)에서 보듯 그 음이 '도' 가 된 글자다. 辻자는 본자(本字)다.

참고 052	⼓	⼓	⼓	⼓
	쌀 포	갑골문	금문	소전

긴 손으로 무언가 감아 싸는 모습에서 그 뜻이 '싸다'가 되고, 후에 그 뜻을 더욱 분명히 하기 위해 막 태어난 아이 형상을 덧붙인 包[쌀 포]자처럼 그 음이 '포'가 된 글자다.

고 086 어문 4급 진흥 3급

勹자의 뜻 '싸다'를 더욱 분명히 하기 위해 막 태어난 아이 형상에서 비롯된 巳의 형태를 덧붙이면서 包裝(포장)·包袋(포대)·包括(포괄)·包含(포함)·小包(소포)·內包(내포)에서처럼 그 음이 '포'가 된 글자다.

抱 안을 포

중 153 어문 3급 진흥 3급

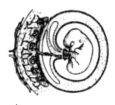

手(扌)자로 인해 손[手]으로 끌어서 안는다 하여 그 뜻이 '안다'가 되고, 包자로 인해 抱擁(포옹)·抱卵(포란)·抱主(포주)·抱負(포부)·懷抱(회포)·抱腹絶倒(포복절도)에서처럼 그 음이 '포'가 된 글자다.

胞 태보 포

고 087 어문 4급 진흥 3급

肉(月)자로 인해 태아를 감싸고 있는 막과 태반을 이르는 인체[肉] 속의 태보와 관련해 그 뜻이 '태보'가 되고, 包자로 인해 僑胞(교포)·同胞(동포)·胞子(포자)·胞胎(포태)·收縮胞(수축포)·單細胞動物(단세포동물)에서처럼 그 음이 '포'가 된 글자다.

飽 배부를 포

고 088 어문 2급 진흥 3급

食자로 인해 밥[食]을 먹어서 배부르다 하여 그 뜻이 '배부르다'가 되고, 包자로 인해 飽食(포식)·飽滿感(포만감)·飽和狀態(포화상태)에서처럼 그 음이 '포'가 된 글자다.

砲 대포 포

참고 053 어문 4급 진흥 2급

石자로 인해 돌[石]을 튕겨서 적에게 쏘는 대포를 나타낸 데서 그 뜻이 '대포'가 되고, 包자로 인해 大砲(대포)·禮砲(예포)·砲丸(포환)·砲兵(포병)·六穴砲(육혈포)·艦砲射擊(함포사격)에서처럼 그 음이 '포'가 된 글자다.

중 154
한국어문회 4급
한자진흥회 3급

革 가죽 혁 / 금문 / 소전

손질한 뒤에 펼쳐 말리는 동물 가죽을 나타낸 데서 그 뜻이 '가죽'이고, 皮革(피혁)·改革(개혁)·革帶(혁대)·革新(혁신)·易姓革命(역성혁명)·馬革裹屍(마혁과시)에서처럼 그 음이 '혁'인 글자다.

중 155
한국어문회 3급
한자진흥회 3급

皮 가죽 피 / 금문 / 소전

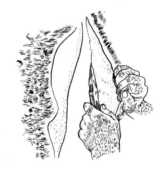

손으로 짐승 몸 한쪽의 가죽을 벗기는 모양을 나타낸 데서 그 뜻이 '가죽'이고, 皮革(피혁)·皮膚(피부)·毛皮(모피)·鹿皮(→ 녹비)·皮相的(피상적)·虎死留皮(호사유피)·棘皮動物(극피동물)에서 보듯 그 음이 '피'인 글자다.

彼 저 피

중 156 어문 3급 진흥 3급

彳자로 인해 길[彳]을 따라 다른 저쪽으로 간다 하여 그 뜻이 '저(저쪽)'가 되고, 皮자로 인해 彼此(피차)·彼岸(피안)·於此彼(어차피)·知彼知己(지피지기)에서처럼 그 음이 '피'가 된 글자다.

疲 지칠 피

고 089 어문 4급 진흥 3급

疒자로 인해 병들어[疒] 몸이 지친다 하여 그 뜻이 '지치다'가 되고, 皮자로 인해 疲困(피곤)·疲弊(피폐)·疲勞(피로)에서처럼 그 음이 '피'가 된 글자다.

被 입을 피

고 090 어문 3급 진흥 3급

衣(衤)자로 인해 원래 이불을 덮는다는 뜻을 지녔으나 후에 이불을 덮듯 옷[衣]을 입는다 하여 그 뜻이 '입다'가 되고, 皮자로 인해 被服(피복)·被害(피해)·被殺(피살)·被曝(피폭)·被疑者(피의자)·被選擧權(피선거권)에서처럼 그 음이 '피'가 된 글자다.

波 물결 파

중 157 어문 4급 진흥 4급

水(氵)자로 인해 물[水]의 표면에 일렁이는 물결을 나타낸 데서 그 뜻이 '물결'이 되고, 皮자로 인해 波濤(파도)·波浪(파랑)·波瀾(파란)·秋波(추파)·寒波(한파)·電磁波(전자파)·一波萬波(일파만파)에서처럼 그 음이 '파'가 된 글자다.

破 깨뜨릴 파

중 158 어문 4급 진흥 3급

石자로 인해 돌[石]로 무언가 깨뜨린다 하여 그 뜻이 '깨뜨리다'가 되고, 皮자로 인해 破壞(파괴)·破綻(파탄)·擊破(격파)·讀破(독파)·破廉恥(파렴치)·破顔大笑(파안대소)에서처럼 그 음이 '파'가 된 글자다.

頗 치우칠 파

고 091 어문 3급 진흥 2급

頁자로 인해 머리[頁]가 한쪽으로 조금 치우쳤다 하여 그 뜻이 '치우치다'가 되고, 皮자로 인해 頗多(파다)·偏頗的(편파적)에서처럼 그 음이 '파'가 된 글자다.

참고 054			
언덕 한	갑골문	금문	소전

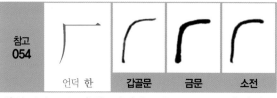

윗부분은 굴 바위 언덕을 본뜨고, 그 아랫부분은 구멍을 본떠서 언덕 아래에 구멍이 있어 사람이 살 수 있음을 나타냈다. 아래에 빈 굴이 있는 비탈진 언덕을 나타낸 데서 그 뜻이 '언덕'이고, 厈[언덕 안]·厓[언덕 애]·原[언덕 원]자에서처럼 부수의 역할을 하는 그 음이 '한'인 글자다.

雁 기러기 안

고 092 어문 3급 진흥 2급

人(亻)자와 隹자로 인해 사람[人]과 친한 오릿과에 딸린 새[隹]인 기러기와 관련해 그 뜻이 '기러기'가 되고, 厂자로 인해 雁行(안행/안항)·雁足(안족)·雁書(안서)·奠雁禮(전안례)·雁鴨池(안압지)·平沙落雁(평사낙안)에서 보듯 그 음이 '안'이 된 글자다.

彦 선비 언

금문

참고 055

원래 文자와 厂자와 弓자가 합쳐진 글자다. 文자와 弓자로 인해 글월[文]을 읽으면서 활[弓]도 쏘는 문무를 겸비한 선비와 관련해 '선비'의 뜻을 지니면서 厂자로 인해 '언'의 음으로 읽히게 된 글자다. 弓자는 후에 彡의 형태로 변화되었다.

顔
얼굴 안

頁자로 인해 머리[頁]의 앞쪽 부분인 얼굴과 관련해 그 뜻이 '얼굴'이 되고, 彦자로 인해 顔面(안면)·顔色(안색)·童顔(동안)·洗顔(세안)·龍顔(용안)·厚顔無恥(후안무치)에서 보듯 그 음이 '안'이 된 글자다.

産
낳을 산

生자로 인해 싹이 나듯이[生] 아이나 새끼를 낳는다 하여 그 뜻이 '낳다'가 되고, 彡자가 변한 彡의 형태가 생략되었지만 彦자로 인해 生産(생산)·出産(출산)·倒産(도산)·遺産(유산)·不動産(부동산)·北韓産(북한산)·産兒制限(산아제한)·禁治産者(금치산자)에서 보듯 그 음이 '산'이 된 글자다.

참고 056	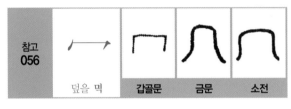		
덮을 멱	갑골문	금문	소전

천과 같은 것을 늘어뜨려 무언가 덮는 모양을 나타낸 데서 그 뜻이 '덮다'이고, 자신의 형태에 음의 역할을 하는 冪(막)자를 덧붙인 冪[덮을 멱]자처럼 그 음이 '멱'인 글자다.

중 161 한국어문회 5급 한자진흥회 5급			
소 우	갑골문	금문	소전

가장 특징적인 부분인 뿔과 귀가 있는 머리만으로 소를 나타낸 데서 그 뜻이 '소'이고, 牛乳(우유)·牛黃(우황)·韓牛(한우)·鬪牛(투우)·碧昌牛(벽창우)·牛溲馬勃(우수마발)·牛步戰術(우보전술)에서 보듯 그 음이 '우'인 글자다.

고 093		
한국어문회 3급		
한자진흥회 2급		
玄 검을 현	금문	소전

작은 실타래를 나타내면서 다시 실타래가 작은 것처럼 작은 것은 아득한 데에 있어서 잘 보이지 않고 검다 하여 결국 그 뜻이 '검다'가 된 것으로 보이고, 玄米(현미)·玄妙(현묘)·玄關(현관)·玄武巖(현무암)·玄海灘(현해탄)·天地玄黃(천지현황)에서 보듯 그 음이 '현'이 된 글자다.

고 094 어문 3급 진흥 3급

絃 줄 현

糸자로 인해 실[糸]을 엮어 만든 악기의 줄과 관련해 그 뜻이 '줄'이 되고, 玄자로 인해 絃樂器(현악기)·七絃琴(칠현금)·管絃樂(관현악)·伯牙絶絃(백아절현)·三絃六角(삼현육각)에서처럼 그 음이 '현'이 된 글자다.

고 095 어문 3급 진흥 2급

牽 끌 견 / 소전

울타리를 본뜬 것으로 보이는 冖의 형태와 牛자로 인해 울타리[冖] 밖으로 소[牛]를 잡아서 끈다 하여 그 뜻이 '끌다'가 되고, 玄자로 인해 牽

牛(견우)·牽馬(견마)·牽制(견제)·牽引車(견인차)·牽强附會(견강부회)에서처럼 그 음이 '견'이 된 글자다.

참고 057			
爻 섬괘 효	갑골문	금문	소전

교차된 모양이 길흉(吉凶)을 알아보기 위해 산가지로 점(占)을 칠 때에 보이는 점괘(占卦)와 비슷함을 들어 그 뜻이 '점괘'가 되고, 數爻(수효)나 卦爻(괘효)에서 보듯 그 음이 '효'가 된 글자다.

중 162 어문 8급 진흥 5급	
教 가르칠 교	갑골문

爻자와 子자와 攵(攴)자로 인해 산가지[爻]로 아이[子]를 다그쳐[攵] 숫자를 가르친다 하여 그 뜻이 '가르치다'가 되고, 다시 爻자로 인해 教育(교육)·教師(교사)·教化(교화)·教鞭(교편)·教唆犯(교사범)·三遷之教(삼천지교)·教學相長(교학상장)에서처럼 그 음이 '교'가 된 글자다.

중 163 어문 8급 진흥 5급

學 배울 학 / 금문

두 손을 나타낸 臼[깍지 낄 국(거)]자와 爻자와 집을 나타낸 ⼍의 형태와 子자가 어우러져 두 손[臼]으로 산가지[爻]를 가지고 집[⼍]에서 아이[子]가 수(數)를 배운다 하여 그 뜻이 '배우다'가 되고, 다시 爻자로 인해 學生(학생)·學問(학문)·志學(지학)·大學(대학)·大提學(대제학)·爲己之學(위기지학)·口耳之學(구이지학)·學如不及(학여불급)에서처럼 그 음이 '학'이 된 글자다.

고 096 어문 4급 진흥 3급

覺 깨달을 각

學자의 생략된 형태와 見자가 합쳐진 글자다. 見자로 인해 눈으로 직접 보고[見] 깨닫는다 하여 그 뜻이 '깨닫다'가 되고, 子자가 생략되었지만 學자로 인해 覺悟(각오)·覺書(각서)·自覺(자각)·痛覺(통각)·先覺者(선각자)·視聽覺(시청각)·大悟覺醒(대오각성)에서처럼 그 음이 '각'이 된 글자다.

중 164 한국어문회 8급 한자진흥회 8급

火 불 화 / 灬 연화발 / 갑골문 / 금문 / 소전

타오르는 불을 나타낸 데서 그 뜻이 '불'이고, 火焰(화염)·火病(화병)·心火(심화)·成火(성화)·拜火敎(배화교)·明若觀火(명약관화)·燈火可親(등화가친)에서 보듯 그 음이 '화'인 글자다. 다른 글자에 합쳐져 아래에 사용될 때는 灬의 형태로 쓰이는데, 이는 '연화발'이라 한다.

중 165 한국어문회 4급 한자진흥회 5급

犬 개 견 / 犭 개사슴록변 / 갑골문 / 금문 / 소전

개를 나타낸 데서 그 뜻이 '개'이고, 犬公(견공)·獵犬(엽견)·鬪犬(투견)·便犬(변견)·愛玩犬(애완견)·珍島犬(진도견)·狂犬病(광견병)·犬猿之間(견원지간)·黃犬契約(황견계약)에서 보듯 그 음이 '견'인 글자다. 글자의 왼쪽에 덧붙여질 때는 犭의 형태로 바뀌는데, 이는 '개사슴록변'이라 한다.

참고 058

肰

개고기 연

肉(月)자로 인해 고기[肉]와 관련해 그 뜻이 '개고기' 가 되면서 犬자로 인해 그 음이 '연'이 된 글자다.

중 166 어문 7급 진흥 4급

然

그럴 연

火(灬)자로 인해 불[火]을 사른다 하여 본래 '사르다'의 뜻을 지녔으나 후에 '그렇다'의 뜻으로 빌려 사용되고, 肰자로 인해 自然(자연) · 茶然(날연) · 毅然(의연) · 確然(확연) · 公公然(공공연) · 必然的(필연적) · 其然未然(기연미연) · 渾然一體(혼연일체)에서처럼 '연'의 음으로 읽히게 된 글자다.

고 097 어문 4급 진흥 2급

燃

사를 연

然자를 대신한 글자다. 然자에 다시 火자를 덧붙여 그 뜻 '사르다'를 더욱 분명히 하면서, 然자로 인해 燃燒(연소) · 燃料(연료) · 燃比(연비) · 燃燈會(연등회) · 可燃性(가연성) · 不燃物質(불연물질) · 煮豆燃萁(자두연기)에서처럼 그 음이 '연'이 된 글자다.

참고 059

欠	갑골문	금문	소전
하품 흠			

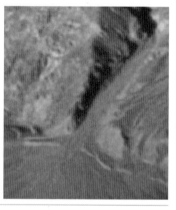

입을 크게 벌리고 사람이 하품하는 모습을 나타낸 데서 그 뜻이 '하품'이고, 欠缺(흠결) · 欠談(흠담) · 欠點(흠점) · 欠縮(흠축)에서처럼 그 음이 '흠'인 글자다.

중 167 한국어문회 3급 한자진흥회 4급

谷	갑골문	금문	소전
골 곡			

두 산 사이로 물이 흘러나오는 골(골짜기)을 나타낸 데서 그 뜻이 '골'이고, 溪谷(계곡) · 峽谷(협곡) · 谷風(곡풍) · 褶曲谷(습곡곡) · 深山幽谷(심산유곡) · 進退維谷(진퇴유곡)에서 보듯 그 음이 '곡'인 글자다.

중 168 어문 4급 진흥 4급

俗

풍습 속

人(亻)자로 인해 사람[人]들의 오랜 습관으로 인해 이뤄진 풍습과 관련해 그 뜻이 '풍습'이 되고, 谷자로 인해 俗談(속담) · 俗字(속자) · 民俗(민속) · 風俗(풍속) · 土俗的(토속적) · 美風良俗(미풍양속) · 世俗五戒(세속오계)에서처럼 그 음이 '속'이 된 글자다.

浴
목욕할 **욕**

중 169 어문 5급 진흥 4급

水(氵)자로 인해 물[水]로 목욕한다 하여 그 뜻이 '목욕하다'가 되고, 谷자로 인해 沐浴(목욕)·混浴(혼욕)·浴室(욕실)·浴槽(욕조)·半身浴(반신욕)·森林浴(삼림욕)·海水浴場(해수욕장)에서처럼 그 음이 '욕'이 된 글자다.

欲
하고자 할 **욕**

중 170 어문 3급 진흥 3급

欠자로 인해 입을 크게 벌려[欠] 음식 등을 더 먹으려 하고자 한다 하여 그 뜻이 '하고자 하다'가 되고, 谷자로 인해 欲求(욕구)·欲望(욕망)·欲速不達(욕속부달)·五欲七情(오욕칠정)·從心所欲(종심소욕)·己所不欲勿施於人(기소불욕물시어인)에서처럼 그 음이 '욕'이 된 글자다.

慾
욕심 **욕**

고 098 어문 3급 진흥 3급

心자로 인해 마음[心] 속으로 자기만 이롭게 하려는 욕심과 관련해 그 뜻이 '욕심'이 되고, 欲자로 인해 食慾(식욕)·老慾(노욕)·所有慾(소유욕)·出世慾(출세욕)·睡眠慾(수면욕)·禁慾主義(금욕주의)에서처럼 그 음이 '욕'이 된 글자다.

裕
넉넉할 **유**

고 099 어문 3급 진흥 3급

衣(衤)자로 인해 입을 만한 옷[衣]이 넉넉하다 하여 그 뜻이 '넉넉하다'가 되고, 谷자로 인해 富裕(부유)·豐裕(풍유)·餘裕(여유)·裕福(유복)·裕足(유족)에서처럼 그 음이 '유'가 된 글자다.

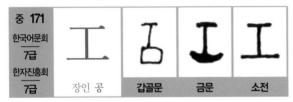

중 171 한국어문회 7급 한자진흥회 7급			
장인 공	갑골문	금문	소전

대체로 선을 긋는 자나 도끼나 절굿공이를 나타냈다고 하면서 그런 도구를 흔히 사용하는 사람인 장인과 관련해 그 뜻이 '장인'이 되고, 工夫(공부)·工場(공장)·女工(여공)·獨工(독공)·工藝品(공예품)·人工衛星(인공위성)·士農工商(사농공상)에서 보듯 그 음이 '공'이 된 글자다.

功
공 **공**

중 172 어문 6급 진흥 5급

力자로 인해 힘[力]을 들여 세운 공과 관련해 그 뜻이 '공'이 되고, 工자로 인해 功德(공덕)·功績(공적)·成功(성공)·武功(무공)·有功者(유공자)·論功行賞(논공행상)·功虧一簣(공휴일궤)에서처럼 그 음이 '공'이 된 글자다.

부수

空 빌 공

중 173 어문 7급 진흥 5급

穴자로 인해 구멍[穴] 속이 비어 있다 하여 그 뜻이 '비다'가 되고, 工자로 인해 虛空(허공)·滑空(활공)·空氣(공기)·空豁(공활)·空致辭(공치사)·防空壕(방공호)·空理空論(공리공론)·空巢症候群(공소증후군)에서처럼 그 음이 '공'이 된 글자다.

攻 칠 공

고 100 어문 4급 진흥 3급

攴(攵)자로 인해 적을 친다[攵] 하여 그 뜻이 '치다'가 되고, 工자로 인해 攻擊(공격)·攻守(공수)·先攻(선공)·挾攻(협공)·攻防戰(공방전)·特攻隊(특공대)·難攻不落(난공불락)에서처럼 그 음이 '공'이 된 글자다.

貢 바칠 공

고 101 어문 3급 진흥 3급

貝자로 인해 돈[貝]과 같은 귀한 재물을 바친다 하여 그 뜻이 '바치다'가 되고, 工자로 인해 貢物(공물)·貢女(공녀)·貢獻(공헌)·貢納(공납)·朝貢(조공)·歲貢(세공)에서처럼 그 음이 '공'이 된 글자다.

巩 끌어안을 공 　금문

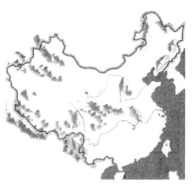

참고 060

사람이 손을 내밀어 무언가 끌어안으려는 모습을 나타낸 丮의 형태로 인해 '끌어안다'의 뜻을 지니면서 工자로 인해 '공'의 음으로 읽히게 된 글자다.

恐 두려울 공

고 102 어문 3급 진흥 2급

心자로 인해 마음[心] 속으로 두려워한다 하여 그 뜻이 '두렵다'가 되고, 巩자로 인해 恐怖(공포)·恐龍(공룡)·恐慌(공황)·可恐(가공)·恐水病(공수병)·惶恐無地(황공무지)에서처럼 그 음이 '공'이 된 글자다.

江 강 강

중 174 어문 7급 진흥 7급

水(氵)자로 인해 원래 티베트 고원에서 발원하여 동중국해로 흐르는 물[水]인 양자강(揚子江)만을 뜻했으나 후에 모든 강을 대표하면서 그 뜻이 '강'이 되고, 工자로 인해 長江(장강)·漢江(한강)·江南(강남)·江河(강하)·鴨綠江(압록강)·中江鎭(중강진)·江湖煙波(강호연파)·三千里江山(삼천리강산)에서처럼 그 음이 '강'이 된 글자다.

鴻 큰 기러기 홍

고 103 어문 2급

鳥자로 인해 오릿과에 딸린 철새[鳥]인 큰 기러기와 관련해 그 뜻이 '큰 기러기'가 되고, 江자로 인해 鴻業(홍업)·鴻毛(홍모)·鴻鵠之志(홍곡지지)에서처럼 그 음이 '홍'이 된 글자다.

紅 붉을 홍

중 175 어문 4급 진흥 3급

糸자로 인해 실[糸]로 짠 옷감에 물들인 색깔이 붉다 하여 그 뜻이 '붉다'가 되고, 工자로 인해 紅柿(홍시)·紅蔘(홍삼)·紅一點(홍일점)·採紅使(채홍사)·百日紅(백일홍)·同價紅裳(동가홍상)·花無十日紅(화무십일홍)에서처럼 그 음이 '홍'이 된 글자다.

項 목 항

고 104 어문 3급 진흥 2급

頁자로 인해 머리[頁]에 막 바로 이어진 뒷부분의 목과 관련해 그 뜻이 '목'이 되고, 工자로 인해 項目(항목)·間項(문항)·事項(사항)·條項(조항)·多項式(다항식)·猫項懸鈴(묘항현령)에서처럼 그 음이 '항'이 된 글자다.

鬼 귀신 귀

고 105
한국어문회 3급
한자진흥회 2급

갑골문	금문	소전

사람 몸뚱이에 가면을 쓴 큰 머리를 나타내면서 그 모습이 귀신 같다고 하여 그 뜻이 '귀신'이 된 것으로 보이고, 鬼神(귀신)·鬼才(귀재)·魔鬼(마귀)·冤鬼(원귀)·吸血鬼(흡혈귀)·百鬼夜行(백귀야행)에서 보듯 그 음이 '귀'인 글자다.

塊 흙덩이 괴

고 106 어문 3급 진흥 2급

土자로 인해 흙[土]이 엉기어진 덩어리와 관련해 그 뜻이 '흙덩이'가 되고, 鬼자로 인해 塊炭(괴탄)·塊村(괴촌)·金塊(금괴)·肉塊(육괴)·方塊字(방괴자)·傾動地塊(경동지괴)에서처럼 그 음이 '괴'가 된 글자다.

愧 부끄러워할 괴

고 107 어문 3급 진흥 2급

心(忄)자로 인해 마음[心] 속으로 부끄러워한다 하여 그 뜻이 '부끄러워하다'가 되고, 鬼자로 인해 慙愧(참괴)·自愧感(자괴감)·仰不愧天(앙불괴천)에서처럼 그 음이 '괴'가 된 글자다.

중 176 한국어문회 8급 한자진흥회 7급	金 쇠 금	金 금문	金 소전

쇠로 된 물건을 만들기 위한 틀이거나 그 틀에서 만들어진 쇠로 된 물건을 나타낸 데서 그 뜻이 '쇠'가 된 것으로 보이고, 金冠(금관)·金言(금언)·黃金(황금)·純金(순금)·金字塔(금자탑)·拜金主義(배금주의)·一攫千金(일확천금)에서 보듯 그 음이 '금'이 된 글자다. 金閼智(김알지)나 金首露王(김수로왕)에서처럼 사람의 성(姓)으로 사용될 때와 金堤(김제)나 金浦(김포)에서처럼 지명(地名)으로 사용될 때는 그 음을 '김'으로도 읽는다.

錦 비단 금

고 108 어문 3급 진흥 2급

巾자로 인해 귀한 옷감[巾]인 '비단'을 뜻하면서 白자로 인해 '백'의 음으로 읽히게 된 帛[비단 백]자에 다시 金자가 덧붙여진 글자다. 帛자로 인해 명주실로 무늬를 넣어 광택이 나게 짠 비단[帛]과 관련해 그 뜻이 '비단'이 되고, 金자로 인해 錦衣夜行(금의야행)·錦繡江山(금수강산)·乞兒得錦(걸아득금)에서처럼 그 음이 '금'이 된 글자다.

참고 061	旡 숨 막힐 기	갑골문	소전

사람이 머리를 돌리고 입을 닫고 있는 모습을 나타내면서 입을 닫고 있으면 숨이 막힌다 하여 그 뜻이 '숨 막히다'가 되고, 자신이 덧붙여져 음의 역할을 하는 旣[이미 기]자처럼 그 음이 '기'가 된 글자다.

중 177 어문 3급 진흥 3급
旣 이미 기 갑골문

먹을 것이 담긴 그릇에서 비롯된 皀[고소할 흡]자와 旡자로 인해 그릇에 담긴 먹을 것[皀]을 두고 머리를 돌려 입을 닫고 앉은 사람[旡]이 이미 먹었음을 나타낸 데서 그 뜻이 '이미'가 되고, 다시 旡자로 인해 旣存(기존)·旣婚者(기혼자)·旣成服(기성복)·旣得權(기득권)·旣決囚(기결수)·旣往之事(기왕지사)·旣定事實(기정사실)에서 보듯 그 음이 '기'가 된 글자다.

槪 대개 개

고 109 어문 3급 진흥 2급

木자로 인해 되나 말로 곡물을 될 때에 고봉(高捧)이 되는 부분을 밀어서 고르게 하는 나무[木] 막대인 '평미레'를 뜻하면서 다시 평미레로 밀어서 고르게 하고 대강(大綱)만 남긴다 하여 사물의 대강을 의미

하는 대개(大槪)와 관련되어 그 뜻이 '대개'가 되고, 旣자로 인해 大槪(대개)·氣槪(기개)·槪述(개술)·槪括(개괄)·槪論書(개론서)·山川景槪(산천 경개)에서 보듯 그 음이 '개'가 된 글자다.

慨 분개할 개

고 110 어문 3급 진흥 2급

心(忄)자로 인해 뜻을 이루지 못해 마음[心] 속으로 분개한다 하여 그 뜻이 '분개하다'가 되고, 旣자로 인해 憤慨(분개)·慨歎(개탄)·悲憤慷慨(비분강개)·感慨無量(감개무량)에서 보듯 그 음이 '개'가 된 글자다.

愛 사랑 애   금문

중 178 어문 6급 진흥 5급

원래 旡자와 心자가 합쳐져 㤅자로 쓰던 글자다. 心자로 인해 마음[心] 속으로 사랑한다 하여 그 뜻이 '사랑'이 되었고, 旡자로 인해 그 음이 '애'가 되었다. 후에 발에서 비롯된 夂자를 아

래에 덧붙인 愛자로 쓰이다가 다시 그 형태가 변화되어 오늘날처럼 쓰이게 되고, 愛嬌(애교)·愛人(애인)·寵愛(총애)·求愛(구애)·母性愛(모성애)·人類愛(인류애)·愛之重之(애지중지)란 말에 사용된다.

| **刀** | 칼 도 | 선칼도 | 갑골문 | 금문 | 소전 |

중 179 한국어문회 3급 한자진흥회 5급

칼을 간략하게 나타낸 데서 그 뜻이 '칼'이고, 刀劍(도검)·果刀(과도)·斫刀(작도)·寶刀(보도)·銀粧刀(은장도)·明刀錢(명도전)·單刀直入(단도직입)에서 보듯 그 음이 '도'인 글자다. 다른 글자에 덧붙여질 때는 刂의 형태로도 쓰이는데, 이는 '선칼도'라 한다.

召 부를 소

고 111 이문 3급 진흥 2급

口자로 인해 입[口]으로 소리를 내어 상대방을 부른다 하여 그 뜻이 '부르다'가 되고, 刀자로 인해 召集(소집)·召天(소천)·召喚(소환)·召還(소환)·召史(소사)·遠禍召福(원화소복)에서처럼 그 음이 '소'가 된 글자다.

昭 밝을 소

고 112 어문 3급 진흥 2급

日자로 인해 햇빛[日]이 밝다 하여 그 뜻이 '밝다'가 되고, 召자로 인해 昭詳(소상)·昭和(소화)·昭儀(소의)·昭格署(소격서)에서처럼 그 음이 '소'가 된 글자다.

照 비칠 조

고 113 어문 3급 진흥 3급

火(灬)자로 인해 불빛[火]이 환하게 비친다 하여 그 뜻이 '비치다'가 되고, 昭자로 인해 照明(조명)·照度(조도)·落照(낙조)·對照(대조)·日照權(일조권)·肝膽相照(간담상조)에서처럼 그 음이 '조'가 된 글자다.

招 부를 초

중 180 어문 4급 진흥 3급

手(扌)자로 인해 손[手]짓을 해 사람을 부른다 하여 그 뜻이 '부르다'가 되고, 召자로 인해 招聘(초빙)·招請(초청)·自招(자초)·問招(문초)·招人鐘(초인종)·招待狀(초대장)에서처럼 그 음이 '초'가 된 글자다.

超 뛰어넘을 초

고 114 어문 3급 진흥 3급

走자로 인해 달려서[走] 몸을 솟구쳐 뛰어넘는다 하여 그 뜻이 '뛰어넘다'가 되고, 召자로 인해 超越(초월)·超過(초과)·超然(초연)·超人(초인)·超音波(초음파)·超滿員(초만원)·超傳導體(초전도체)에서처럼 그 음이 '초'가 된 글자다.

初 처음 초

중 181 어문 5급 진흥 4급

衣(衤)자로 인해 옷[衣]을 만들기 위해 옷감을 맨 처음 자르는 상황과 관련해 그 뜻이 '처음'이 되고, 刀자로 인해 始初(시초)·最初(최초)·初步(초보)·初伏(초복)·初盤戰(초반전)·初發心(초발심)·今時初聞(금시초문)·首丘初心(수구초심)에서처럼 그 음이 '초'가 된 글자다.

里 마을 리

중 182
한국어문회 7급
한자진흥회 5급

| 금문 | 소전 |

사람이 농사지을 수 있는 곳과 관련된 田자와 집 지어 살 수 있는 곳과 관련된 土자가 합쳐져 사람이 농사지으면서 집 지어 사는 마을을 나타낸 데서 그 뜻이 '마을'이고, 洞里(동리)·鄕里(향리)·擇里志(택리지)·一瀉千里(일사천리)·志在千里(지재천리)에서 보듯 그 음이 '리'인 글자다. 里長(이장)·里程標(이정표)에서처럼 말의 맨 앞에 쓰일 때는 '이'로 읽는다.

理 다스릴 리

중 183 어문 6급 진흥 5급

玉(王)자로 인해 원석(原石) 속의 고운 결이 드러나도록 구슬[玉]을 잘 다스린다 하여 그 뜻이 '다스리다'가 되고, 里자로 인해 一理(일리)·順理(순리)·道理(도리)·眞理(진리)·安保理(안보리)·不告不理(불고불리)·非理剔抉(비리척결)·一事不再理(일사부재리)에서 보듯 그 음이 '리'가 된 글자다.

裏 속 리

고 115 어문 3급 진흥 2급

衣자로 인해 옷[衣] 속을 나타낸 데서 그 뜻이 '속'이 되고, 里자로 인해 腦裏(뇌리)·暗暗裏(암암리)·極秘裏(극비리)·盛況裏(성황리)·絶讚裏(절찬리)·秘密裏(비밀리)·表裏不同(표리부동)에서 보듯 그 음이 '리'가 된 글자다. 裡자는 속자(俗字)다.

埋 묻을 매

고 116 어문 3급 진흥 2급

土자로 인해 흙[土] 속에 묻는다 하여 그 뜻이 '묻다'가 되고, 里자로 인해 埋沒(매몰)·埋立(매립)·埋伏(매복)·埋設(매설)·埋藏量(매장량)·暗埋葬(암매장)에서 보듯 그 음이 '매'가 된 글자다.

참고 062

	갑골문	금문	소전
그물 망			

새나 고기를 잡는 그물을 나타낸 데서 그 뜻이 '그물'

이고, 나중에 음과 뜻을 더욱 분명히 하기 위해 亡[망할 망]자와 糸자를 덧붙인 網[그물 망]자처럼 그 음이 '망'인 글자다. 다른 글자에 덧붙여질 때는 그 형태가 간략하게 변화되어 주로 罒의 형태로 쓰이고, 드물게 四의 형태로 쓰이기도 한다.

岡 언덕 강

소전

참고 063

山자로 인해 낮은 산[山]인 '언덕'을 뜻하면서 형태가 약간 변했지만 网자로 인해 '강'의 음으로 읽히는 글자다.

鋼 강철 강

고 117 이문 3급 진흥 3급

金자로 인해 제련된 쇠[金]인 강철과 관련해 그 뜻이 '강철'이 되고, 岡자로 인해 鋼鐵(강철)·鋼板(강판)·鐵鋼(철강)·製鋼(제강)·特殊鋼(특수강)·合金鋼(합금강)에서 보듯 그 음이 '강'이 된 글자다.

綱 벼리 강

고 118 어문 3급 진흥 2급

糸자로 인해 그물 위쪽 코를 꿰어 잡아당기는 굵은 줄[糸]인 벼리와 관련해 그 뜻이 '벼리'가 되고, 岡자로 인해 大綱(대강)·紀綱(기강)·要綱(요강)·綱領(강령)·夫爲婦綱(부위부강)·綱常之變(강상지변)에서 보듯 그 음이 '강'이 된 글자다.

剛 굳셀 강

고 119 어문 3급 진흥 2급

刀(刂)자로 인해 칼[刀]이 쉽게 부러지지 않고 굳세다 하여 그 뜻이 '굳세다'가 되고, 岡자로 인해 剛直(강직)·剛健(강건)·剛斷(강단)·剛愎(강퍅)·金剛石(금강석)·外柔內剛(외유내강)에서 보듯 그 음이 '강'이 된 글자다.

참고 064

皿	ㅂㅂ	ㅍㅍ	闬
그릇 명	갑골문	금문	소전

바닥이 낮고 둥근 발이 달려 있는 그릇을 나타낸 데서 그 뜻이 '그릇'이고, 그릇을 달리 이르는 말인 器皿(기명)에서처럼 그 음이 '명'인 글자다.

孟 맏 맹

고 120 어문 3급 진흥 3급

子자로 인해 여러 아이[子] 가운데 가장 손위인 맏이와 관련해 그 뜻이 '맏'이 되고, 皿자로 인해 孟春(맹춘)·孟子(맹자)·孟浪(맹랑)·孟仲季(맹중계)·孟宗竹(맹종죽)·孟母斷機(맹모단기)·孔孟之敎(공맹지교)에서처럼 그 음이 '맹'이 된 글자다.

猛 사나울 맹

고 121 어문 3급 진흥 2급

犬(犭)자로 인해 개[犬]가 사납다 하여 그 뜻이 '사납다'가 되고, 孟자로 인해 猛犬(맹견)·猛獸(맹수)·勇猛(용맹)·猛活躍(맹활약)·猛虎部隊(맹호부대)·苛政猛於虎(가정맹어호)에서처럼 그 음이 '맹'이 된 글자다.

중 184	血			
한국어문회 4급				
한자진흥회 5급	피 혈	갑골문	금문	소전

그릇에 담긴 희생의 피를 나타낸 데서 그 뜻이 '피'이고, 獻血(헌혈) · 咯血(각혈) · 血肉(혈육) · 血盟(혈맹) · 血液型(혈액형) · 血友病(혈우병) · 鳥足之血(조족지혈)에서 보듯 그 음이 '혈'인 글자다.

중 185	小			
한국어문회 8급				
한자진흥회 8급	작을 소	갑골문	금문	소전

빗방울이나 곡물의 알갱이 같은 작은 형태를 나타낸 데서 그 뜻이 '작다'가 되고, 大小(대소) · 矮小(왜소) · 小人(소인) · 小說(소설) · 小夜曲(소야곡) · 小括弧(소괄호) · 小兒病的(소아병적)에서처럼 그 음이 '소'가 된 글자다.

중 186 어문 7급 진흥 6급

원래 小자가 작다와 적다의 뜻을 동시에 나타냈으나 나중에 그 뜻을 분명히 구분해 사용해야 할 필요에 따라 작은 형태를 하나 더 덧붙이면서 '적다'의 뜻을 지니고, 多少(다소) · 些少(사소) · 少量(소량) · 少將(소장) · 靑少年(청소년) · 一笑一少(일소일소)에서처럼 '소'의 음으로 읽히게 된 글자다.

적을 소 / 갑골문

고 122 어문 3급 진흥 2급

水(氵)자로 인해 물[水]가에 쌓이는 모래와 관련해 그 뜻이 '모래'가 되고, 小자로 인해 沙漠(사막) · 沙金(사금) · 黃沙(황사) · 硅沙(규사) · 白沙場(백사장) · 沙礫土(사력토) · 沙上樓閣(사상누각)에서처럼 그 음이 '사'가 된 글자다. 砂자는 속자(俗字)다.

모래 사

고 123 어문 3급 진흥 2급

手(扌)자로 인해 손[手]으로 남의 것을 노략질한다 하여 그 뜻이 '노략질하다'가 되고, 少자로 인해 抄掠(초략) · 抄錄(초록) · 三別抄(삼별초) · 戶籍抄本(호적초본)에서처럼 그 음이 '초'가 된 글자다.

노략질할 초

秒
초 초

고 124 어문 3급 진흥 2급

禾자로 인해 벼[禾]의 겉껍질에 붙은 깔끔깔끔한 작은 수염인 까끄라기를 뜻했으나 오늘날은 적은 시간의 단위인 초와 관련해 그 뜻이 '초'가 되고, 少자로 인해 分秒(분초)·閏秒(윤초)·秒速(초속)·秒針(초침)에서처럼 그 음이 '초'가 된 글자다.

妙
묘할 묘

중 187 어문 4급 진흥 4급

女자로 인해 어린 여자[女]의 모습이나 행동이 묘하다 하여 그 뜻이 '묘하다'가 되고, 少자로 인해 妙齡(묘령)·妙味(묘미)·奧妙(오묘)·絕妙(절묘)·奇奇妙妙(기기묘묘)에서처럼 그 음이 '묘'가 된 글자다.

肖
닮을 초

고 125 어문 3급 진흥 2급

肉(月)자로 인해 인체[肉]가 서로 닮았다 하여 그 뜻이 '닮다'가 되고, 小자로 인해 肖像畫(초상화)·不肖小生(불초소생)에서처럼 그 음이 '초'가 된 글자다.

消
사라질 소

중 188 어문 5급 진흥 6급

水(氵)자로 인해 물[水]이 다 말라 사라진다 하여 그 뜻이 '사라지다'가 되고, 肖자로 인해 消盡(소진)·消滅(소멸)·抹消(말소)·取消(취소)·消極的(소극적)·消火栓(소화전)에서처럼 그 음이 '소'가 된 글자다.

削
깎을 삭

고 126 어문 3급 진흥 2급

刀(刂)자로 인해 칼[刀]로 깎는다 하여 그 뜻이 '깎다'가 되고, 肖자로 인해 削除(삭제)·削髮(삭발)·添削(첨삭)·切削(절삭)·掘削機(굴삭기)·削奪官職(삭탈관직)에서처럼 그 음이 '삭'이 된 글자다.

貨
조개 소리 쇄

참고 065

貝자로 인해 서로 스치며 나는 작은 '조개 소리'를 뜻하면서 小자로 인해 '쇄'의 음으로 읽히는 글자다.

鎖
쇠사슬 쇄

고 127 어문 3급 진흥 2급

金자로 인해 쇠[金]로 만든 사슬과 관련해 그 뜻이 '쇠사슬'이 되고, 貨자로 인해 足鎖(족쇄)·封鎖(봉쇄)·閉鎖(폐쇄)·鎖骨(쇄골)·獄鎖匠(옥쇄장)·鎖國政策(쇄국정책)에서처럼 그 음이 '쇄'가 된 글자다.

고 128
한국어문회 3급
한자진흥회 2급

牙	금문	소전
어금니 아		

개   사자   하마

바다코끼리   인도코끼리   독사

입 안쪽에 있는 어금니를 나타낸 데서 그 뜻이 '어금니'이고, 齒牙(치아) · 牙城(아성) · 牙音(아음) · 牙箏(아쟁) · 象牙塔(상아탑) · 爪牙之士(조아지사)에서 보듯 그 음이 '아'인 글자다.

芽 싹 아

고 129 어문 3급 진흥 2급

艸(艹)자로 인해 풀[艸]에서 돋는 싹과 관련해 그 뜻이 '싹'이 되고, 牙자로 인해 萌芽(맹아) · 發芽(발아) · 麥芽糖(맥아당)에서처럼 그 음이 '아'가 된 글자다.

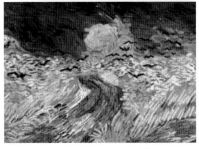

雅 우아할 아

고 130 어문 3급 진흥 3급

隹자로 인해 원래 새[隹]의 일종인 '떼까마귀'를 뜻했으나 후에 '우아하다'의 뜻으로 바뀌어 쓰이고, 牙자로 인해 優雅(우아) · 端雅(단아) · 溫雅(온아) · 雅淡(아담) · 雅號(아호) · 雅量(아량) · 雅致高節(아치고절)에서처럼 '아'의 음으로 읽히게 된 글자다.

邪 간사할 사

고 131 어문 2급 진흥 3급

邑(阝)자로 인해 본래 한 고을[邑]의 지명과 관련된 뜻을 지녔으나 후에 '간사하다'의 뜻으로 빌려 쓰이고, 牙자로 인해 奸邪(간사) · 酒邪(주사) · 邪惡(사악) · 邪慝(사특) · 思無邪(사무사) · 衛正斥邪(위정척사)에서처럼 '사'의 음으로 읽히게 된 글자다.

耶	소전
어조사 야	

고 132 어문 2급 진흥 3급

본래는 邪자와 같은 글자였는데, 耶蘇(야소) · 有耶無耶(유야무야) · 摩耶夫人(마야부인)에서처럼 그 음 '야'에 영향을 미치는 牙자가 후에 耳의 형태로 변화되면서 그 뜻도 본래의 뜻과 상관없이 의문을 나타내는 '어조사'로 쓰이게 된 글자다.

   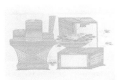

참고 066	歹	
뼈 앙상할 알		갑골문 · 금문 · 소전

살이 없어지고 뼈가 앙상하게 남은 모양을 나타낸 데서 그 뜻이 '뼈 앙상하다'이고, 殞[죽을 운]·歿[죽을 몰]자에서처럼 부수로 사용되는 그 음이 '알'인 글자다. 歺자로 쓰기도 한다.

列
벌일 렬

중 189 어문 4급 진흥 4급

刀(刂)자로 인해 칼[刀]로 잘라서 쭉 벌여 놓는다 하여 그 뜻이 '벌이다'가 되고, 소전(小篆)을 살펴보면 물로 여겨지는 형상이 歹자 위에 덧붙여져 있지만 並列(병렬)·整列(정렬)·行列(행렬/항렬)·橫列(횡렬)·行列字(항렬자)·一列縱隊(일렬종대)에서처럼 그 음이 '렬'이 된 글자다. 羅列(나열)·列車(열차)·第五列(제오열)·齒列矯正(치열교정)에서처럼 그 음이 '열'로도 읽힌다.

烈
세찰 렬

중 190 어문 4급 진흥 4급

火(灬)자로 인해 불[火]이 타오르는 모양이 세차다 하여 그 뜻이 '세차다'가 되고, 列자로 인해 壯烈(장렬)·熱烈(열렬)·猛烈(맹렬)·激烈(격렬)·貞烈夫人(정렬부인)에서처럼 그 음이 '렬'이 된 글자다. 烈火(열화)·烈士(열사)·烈女(열녀)·熾烈(치열)·殉國先烈(순국선열)에서처럼 그 음이 '열'로도 읽힌다.

裂
찢을 렬

고 133 어문 4급 진흥 3급

衣자로 인해 옷[衣]이 찢어졌다 하여 그 뜻이 '찢다'가 되고, 列자로 인해 決裂(결렬)·炸裂(작렬)·支離滅裂(지리멸렬)에서처럼 그 음이 '렬'이 된 글자다. 龜裂(균열)·破裂(파열)·分裂(분열)·車裂刑(거열형)·四分五裂(사분오열)에서처럼 그 음이 '열'로도 읽힌다.

例
법식 례

중 191 어문 6급 진흥 4급

人(亻)자로 인해 사람[人]이 일정한 법식에 따라 늘어선 데서 그 뜻이 '법식'이 되고, 列자로 인해 實例(실례)·一例(일례)·用例(용례)·特例(특례)에서처럼 그 음이 '례'가 된 글자다. 例文(예문)·例示(예시)·例年(예년)·例題(예제)에서처럼 그 음이 '예'로도 읽힌다.

중 192
한국어문회
3급
한자진흥회
4급

酉

닭 유

| 갑골문 | 금문 | 소전 |

술을 담는 용기를 나타낸 데서 원래 술의 뜻을 지녔으나 후대에 간지(干支) 가운데 열째 지지(地支)로 빌려 쓰이면서 열째 지지가 상징하는 동물인 닭과 관련해 그 뜻이 '닭'이 되고, 丁酉再亂(정유재란)·癸酉靖難(계유정난)에서 보듯 그 음이 '유'가 된 글자다.

酒

술 주

중 193 어문 4급 진흥 3급

술과 관련된 酉자가 다른 뜻으로 사용되자, 다시 술과 밀접한 물[水]을 나타낸 水(氵)자를 덧붙여 '술'을 뜻하고, 燒酒(소주)·清酒(청주)·藥酒(약주)·穀酒(곡주)·爆彈酒(폭탄주)·斗酒不辭(두주불사)에서처럼 '주'의 음으로 읽히게 된 글자다.

醜

추할 추

고 134 어문 3급 진흥 2급

鬼자로 인해 귀신[鬼]처럼 몰골이 추하다 하여 그 뜻이 '추하다'가 되고, 酉자로 인해 美醜(미추)·老醜(노추)·陋醜(누추)·醜物(추물)·醜聞(추문)·醜態(추태)에서처럼 그 음이 '추'가 된 글자다.

酋

두목 추

소전

참고 O67

술[酉]의 향기가 발산되는 모양을 표현한 八의 형태가 덧붙여져 술이 귀한 옛날에 한 집단의 우두머리가 술을 관장한 데서 그 뜻이 '두목'이 되면서 다시 酉자로 인해 그 음이 '추'가 된 글자다.

猶

오히려 유

중 194 어문 3급 진흥 3급

犬(犭)자로 인해 의심이 많은 짐승[犬]인 어미 원숭이와 관련해 원래 '어미 원숭이'를 뜻했으나 후대에 '오히려'의 뜻으로 빌려 쓰이고, 酋자로 인해 猶豫(유예)·猶太人(유태인)·過猶不及(과유불급)에서 보듯 '유'의 음으로 읽히게 된 글자다.

참고 068			
주살 익	갑골문	금문	소전

원래 마소를 줄에 매다는 나무 말뚝을 나타낸 것으로 보이지만 후에 줄에 매달린 화살인 주살과 관련되면서 그 뜻이 '주살'이 되고, 본래의 뜻 '말뚝'을 더욱 분명히 하기 위해 木자를 덧붙인 杙[말뚝 익]자처럼 그 음이 '익'이 된 글자다.

式
법 식

중 195 어문 6급 진흥 5급
工자로 인해 장인[工]이 물건을 만들 때는 법(법도)에 따른다 하여 그 뜻이 '법'이 되고, 弋자로 인해 方式(방식)·法式(법식)·格式(격식)·韓式(한식)·金婚式(금혼식)·閱兵式(열병식)·要式行爲(요식행위)에서처럼 그 음이 '식'이 된 글자다.

試
시험할 시

중 196 어문 4급 진흥 4급
言자로 인해 말[言]로 물어서 시험한다 하여 그 뜻이 '시험하다'가 되고, 式자로 인해 試驗(시험)·試合(시합)·入試(입시)·初試(초시)·式年試(식년시)·試金石(시금석)·高等考試(고등고시)·試行錯誤(시행착오)에서처럼 그 음이 '시'가 된 글자다.

代
대신할 대

중 197 어문 6급 진흥 5급
人(亻)자로 인해 다른 사람[人]의 일을 대신한다 하여 그 뜻이 '대신하다'가 되고, 弋자로 인해 代身(대신)·代表(대표)·時代(시대)·世代(세대)·代辯人(대변인)·代代孫孫(대대손손)에서처럼 그 음이 '대'가 된 글자다.

貸
빌릴 대

고 135 어문 3급 한자 3급
貝자로 인해 돈[貝]을 주고 빌린다 하여 그 뜻이 '빌리다'가 되고, 代자로 인해 貸出(대출)·貸付(대부)·貸與(대여)·賃貸借(임대차)·賑貸法(진대법)·高利貸金(고리대금)에서처럼 그 음이 '대'가 된 글자다.

중 198 한국어문회 3급 한자진흥회 3급	又 또 우			
		갑골문	금문	소전

다섯 손가락을 셋으로 줄였지만 오른손을 나타내면서 오른

손이 대체로 많은 활동을 주도하여 쓰이고 또 쓰인다 하여 그 뜻이 '또'

가 되고, 日日新又日新(일일신우일신)이나 一杯一杯又一杯(일배일배우일배)에서처럼

그 음이 '우'가 된 글자다.

중 199 진흥 5급

일을 하는 데 말[口]로 조언해 돕는다 하여 돕다의 뜻을 지녔으나
후에 佑[도울 우]자가 그 뜻을 대신하면서 다시 '오른(오른쪽)'의 뜻
을 지니게 되고, 그 형태가 변화되었지만 又자로 인해 左右(좌우)·
極右(극우)·右腕(우완)·右向(우향)·右白虎(우백호)·右議政(우의정)·
左衝右突(좌충우돌)·左之右之(좌지우지)에서처럼 '우'의 음으로 읽히게 된 글자다.

중 200 어문 5급 진흥 5급

한 사람의 오른손에 다른 사람의 오른손을 더해 서로 손을 맞잡고
벗으로 사귀고 있음을 나타낸 데서 그 뜻이 '벗'이 되면서 아울러
又자로 인해 朋友(붕우)·學友(학우)·友情(우정)·友誼(우의)·五友歌
(오우가)·益者三友(익자삼우)·歲寒三友(세한삼우)에서처럼 그 음이

'우'가 된 글자다.

중 201 어문 7급 진흥 5급

又자의 변화된 형태와 肉(月)자가 합쳐진 글자다. 옛날 사람들이 자
주 먹을 수 없었던 고기[肉]를 오른손[又]에 가지고 있다 하여 그
뜻이 '있다'가 되면서 아울러 又자로 인해 有無(유무)·有能(유능)·
初有(초유)·所有(소유)·有機的(유기적)·言中有骨(언중유골)·別有天地

(별유천지)에서처럼 그 음이 '유'가 된 글자다.

참고 069				
왼손 좌	갑골문	금문	소전	

다섯 손가락을 셋으로 줄여 왼손을 나타낸 데서 그 뜻이 '왼손'이고, 자신이 덧붙여져 음의 역할을 하는 左[왼좌]자처럼 그 음이 '좌'인 글자다.

左 왼 **좌** | 금문
중 202 어문 7급 진흥 5급

屮자와 工자가 합쳐진 글자다. 물건 만드는 도구[工]를 들고 일을 돕는다 하여 원래 돕다의 뜻을 지녔으나 후에 佐[도울 좌]자가 그 뜻을 대신하면서 다시 '왼(왼쪽)'의 뜻을 지니게 되고, 그 형태가 변화되었지만 屮자로 인해 左右(좌우)·左派(좌파)·左海(좌해)·左閤(좌합)·左議政(좌의정)·左顧右眄(좌고우면)에서처럼 '좌'의 음으로 읽히게 된 글자다.

佐 도울 **좌**
고 136 어문 3급 진흥 2급

左자 대신에 높은 분을 곁에서 돕는 사람[人]과 관련되어 人(亻)자를 덧붙이면서 그 뜻이 '돕다'가 되고, 左자와 똑같이 上佐(상좌)·佐郞(좌랑)·佐飯(→ 자반)·輔佐官(보좌관)에서 보듯 그 음이 '좌'가 된 글자다.

差 어긋날 **차** | 금문
고 137 어문 4급 진흥 3급

축 늘어져 있는 곡물의 이삭이 어긋나 있는 모양을 표현한 형태와 左자가 합쳐진 글자다. 글자 윗부분에 곡물의 이삭이 어긋나 있는 모양에서 그 뜻이 '어긋나다'가 되고, 左자로 인해 差異(차이)·差別(차별)·偏差(편차)·時差(시차)·性格差(성격차)·世代差(세대차)·毫釐之差(호리지차)에서 보듯 그 음이 '차'가 된 글자다. 參差不齊(참치부제)에서처럼 '치'의 음으로도 읽힌다.

陏 무너질 **타**
참고 070

阜(阝)자로 인해 언덕[阜]의 흙이 '무너지다'란 뜻을 지니면서 左자로 인해 '타'의 음을 지니게 된 글자다.

隋 제사 고기 나머지 **타**
참고 071

肉(月)자로 인해 제사에 사용된 고기[肉]의 나머지와 관련해 '제사 고기 나머지'를 뜻하면서 陏자로 인해 '타'의 음을 지니게 된 글자다. '나라 이름'으로 사용될 때는 그 음을 '수'로 읽는다.

墮 떨어질 **타**
고 138 어문 3급 진흥 2급

土자로 인해 흙[土]이 무너져 떨어진다 하여 그 뜻이 '떨어지다'가 되고, 隋자로 인해 墮落(타락)에서처럼 그 음이 '타'가 된 글자다.

고 139 어문 3급 진흥 2급

隨 따를 수

辵(辶)자로 인해 길[辵]을 가는데 뒤에서 따른다 하여 그 뜻이 '따르다'가 되고, 隋자로 인해 隨行(수행)·隨伴(수반)·隨筆(수필)·隨從(수종)·隨想錄(수상록)·夫唱婦隨(부창부수)·半身不隨(반신불수)에서처럼 그 음이 '수'가 된 글자다.

중 203 한국어문회 4급 한자진흥회 5급

竹	⺮	竹	竹	竹
대 죽	대죽머리	갑골문	금문	소전

양 가지를 아래로 늘어뜨린 대를 나타낸 데서 그 뜻이 '대'이고, 烏竹(오죽)·爆竹(폭죽)·竹筍(죽순)·竹瀝(죽력)·竹夫人(죽부인)·竹防簾(죽방렴)·竹林七賢(죽림칠현)·竹杖芒鞋(죽장망혜)에서 보듯 그 음이 '죽'인 글자다. 다른 글자에 덧붙여질 때는 ⺮의 형태로 쓰는데, 이는 '대죽머리'라 한다.

참고 072

筑 악기 이름 축

𢉖[끌어안을 공 → 참 060참고]자로 인해 손으로 끌어안고[𢉖] 연주하는 거문고 비슷한 옛날 중국 악기와 관련해 그 뜻이 '악기 이름'이 되고, 竹(⺮)자로 인해 그 음이 '축'이 된 글자다.

고 140 어문 4급 진흥 3급

築 쌓을 축

木자로 인해 나무[木]로 만든 도구로 땅을 다진 후에 건물 등을 쌓는다는 데서 그 뜻이 '쌓다'가 되고, 筑자로 인해 建築(건축)·構築(구축)·增築(증축)·防築(→ 방죽)·築造(축조)·築臺(축대)·築城(축성)에서처럼 그 음이 '축'이 된 글자다.

고 141 어문 3급 진흥 2급

篤 도타울 독

馬자로 인해 잘 길들여져 조심스럽게 걷는 말[馬]에 대한 믿음이 도탑다 하여 그 뜻이 '도탑다'가 되고, 竹(⺮)자로 인해 篤實(독실)·敦篤(돈독)·危篤(위독)·汨篤(골독)·篤志家(독지가)에서처럼 그 음이 '독'이 된 글자다.

중 204 한국어문회 8급 한자진흥회 6급

寸	寸	寸
마디 촌	금문	소전

오른손의 한 마디 부위에 점(點)을 표시하면서 그 뜻이 '마디'가 되고, 寸志(촌지)·寸數(촌수)·寸刻(촌각)·寸蟲(촌충)·寸鐵殺人(촌철살인)·一寸光陰(일촌광음)에서 보듯 그 음이 '촌'이 된 글자다.

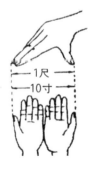

村 마을 촌

중 205 어문 7급 진흥 5급

木자로 인해 원래 나무[木]의 이름과 관련된 뜻을 지녔으나 후에 邨[마을 촌]자를 대신해 그 뜻이 '마을'이 되고, 寸자로 인해 村里(촌리)·村落(촌락)·富村(부촌)·僻村(벽촌)·長壽村(장수촌)·千村萬落(천촌만락)에서처럼 그 음이 '촌'이 된 글자다.

尊 높을 존 / 갑골문

중 206 어문 4급 진흥 4급

원래 술[酉]이 든 용기를 두 손[廾]으로 높여 들고 신이나 윗사람에게 바치는 모습의 글자다. 술을 신이나 윗사람에게 높여 바친 데서 그 뜻이 '높다'가 되었고, 후에 두 손에서 바뀐 寸자로 인해 尊敬(존경)·尊啣(존함)·尊稱(존칭)·尊重(존중)·自尊心(자존심)·至尊無上(지존무상)에서처럼 그 음이 '존'이 되었다.

遵 좇을 준

고 142 어문 3급 진흥 2급

辵(辶)자로 인해 길[辵]을 따라 앞 사람을 좇는다 하여 그 뜻이 '좇다'가 되고, 尊자로 인해 遵守(준수)·遵據(준거)·遵法(준법)에서처럼 그 음이 '준'이 된 글자다.

참고 073

戈 창 과 / 갑골문 / 금문 / 소전

가늘고 긴 날에 자루가 달린 창을 나타낸 데서 그 뜻이 '창'이고, 干戈(간과)·兵戈(병과)·止戈爲武(지과위무)에서 보듯 그 음이 '과'인 글자다.

참고 074

几 안석 궤 / 금문 / 소전

사람이 앉아서 책을 읽을 때에 몸을 기대는 방석인 안석(案席)을 나타낸 데서 그 뜻이 '안석'이고, 几席(궤석)·几案(궤안)·几杖(궤장)에서처럼 그 음이 '궤'인 글자다.

| 참고
075 | 豕
돼지 시 | 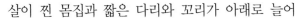
갑골문 | 금문 | 소전 |

살이 찐 몸집과 짧은 다리와 꼬리가 아래로 늘어
진 형상의 돼지를 나타낸 데서 그 뜻이 '돼지'이고, 豕心(시심)·遼東豕(요동시)에
서 보듯 그 음이 '시'인 글자다.

| 참고
076 | 虍
범의 문채 호 |
갑골문 | 금문 | 소전 |

범을 나타낸 虎[범 호]자에서 일부분이 생략된 글자이나 후
세 사람들이 글자의 형태를 잘못 분석하면서 그 뜻이 '범
의 문채'가 되었고, 자신의 형태와 관련이 있는 虎자처럼
그 음이 '호'가 되었다.

虎
범 호

중 207 어문 3급 진흥 3급
고양잇과에 속하는 범을 나타낸 데서 그 뜻
이 '범'이 되고, 白虎(백호)·猛虎(맹호)·虎口
(호구)·虎叱(호질)·虎胸背(호흉배)·三人成虎(삼인성호)·養虎遺患(양호
유환)에서처럼 그 음이 '호'가 된 글자다.

虗
그릇 희

참고 077
그릇에서 비롯된 皿자로 인해 '그릇'을
뜻하면서 虍자로 인해 '희'의 음을 지니
게 된 글자다.

戱
놀 희

고 143 어문 3급 진흥 2급
戈자로 인해 용맹을 드러내기 위해 창[戈]
과 같은 무기를 들고 춤추며 논다 하여
그 뜻이 '놀다'가 되고, 虗자로 인해 戱
弄(희롱)·戱劇(희극)·戱曲(희곡)·遊戱(유
희)·戱化的(희화적)·斑衣之戱(반의지희)에서처럼 그 음
이 '희'가 된 글자다. 戲자는 속자(俗字)다.

虛 빌 허 / 소전

중 208 어문 4급 진흥 3급

가운데가 비어 있는 언덕을 표현한 형태로 인해 그 뜻이 '비다'가 되고, 虍자로 인해 虛無(허무)·虛發(허발)·空虛(공허)·謙虛(겸허)·虛風扇(허풍선)·虛影廳(허영청)·虛張聲勢(허장성세)·名不虛傳(명불허전)에서처럼 그 음이 '허'가 된 글자다.

處 곳 처

중 209 어문 4급 진흥 4급

夊자와 几자로 인해 사람이 발[夊]을 멈추고 안석[几]에 기대어 머무른다 하면서 다시 일정하게 머무르는 곳과 관련해 그 뜻이 '곳'이 되고, 虍자로 인해 處身(처신)·處女(처녀)·居處(거처)·近處(근처)·處世術(처세술)·九重深處(구중심처)·應急措處(응급조처)에서처럼 그 음이 '처'가 된 글자다.

豦 큰 멧돼지 거

참고 078

豕자로 인해 돼지와 관련해 그 뜻이 '큰 멧돼지'가 되면서 虍자로 인해 그 음이 '거'가 된 글자다.

據 의거할 거

고 144 어문 4급 진흥 2급

手(扌)자로 인해 손[手]에 잡은 지팡이 등에 의거한다 하여 그 뜻이 '의거하다'가 되고, 豦자로 인해 據點(거점)·根據(근거)·證據(증거)·典據(전거)·本據地(본거지)·群雄割據(군웅할거)·準據集團(준거집단)에서 보듯 그 음이 '거'가 된 글자다.

劇 심할 극

고 145 어문 4급 진흥 2급

刀(刂)자로 인해 칼[刀]을 매우 심하게 다룬다 하여 그 뜻이 '심하다'가 되고, 豦자로 인해 劇藥(극약)·劇變(극변)·演劇(연극)·慘劇(참극)·自作劇(자작극)·滑稽劇(골계극)·劇的場面(극적장면)에서처럼 그 음이 '극'이 된 글자다.

甶 단지 로 / 소전

참고 079

단지와 같은 그릇을 나타낸 田의 형태로 인해 '단지'의 뜻을 지니게 되면서 虍자로 인해 '로'의 음을 지니게 된 글자다.

盧 밥그릇 로

참고 080

皿자로 인해 밥을 먹을 때 쓰는 그릇[皿]의 일종인 '밥그릇'을 뜻하면서 甶자로 인해 '로'의 음으로 읽히는 글자다. 오늘날은 주로 성(姓)으로 쓰인다.

爐
화로 로

고 146 어문 3급 진흥 2급

火자로 인해 숯을 담아 불[火]을 피운 화로와 관련해 그 뜻이 '화로'가 되고, 盧자로 인해 火爐(화로) · 煖爐(난로) · 風爐(풍로) · 焜爐(곤로) · 神仙爐(신선로) · 夏爐冬扇(하로동선) · 紅爐點雪(홍로점설)에서처럼 그 음이 '로'가 된 글자다.

慮
생각할 려

고 147 어문 4급 진흥 3급

心자로 인해 마음[心] 속으로 생각한다 하여 그 뜻이 '생각하다'가 되고, 盧자로 인해 考慮(고려) · 念慮(염려) · 無慮(무려) · 配慮(배려) · 深謀遠慮(심모원려) · 千慮一失(천려일실)에서처럼 그 음이 '려'가 된 글자다.

중 210	戶	𦥑	𦥑	𦥑
한국어문회 4급 / 한자진흥회 4급	지게 호	갑골문	금문	소전

방으로 드나드는 외짝 문인 지게문을 나타낸 데서 그 뜻이 '지게'가 되고, 門戶(문호) · 家戶(가호) · 戶主(호주) · 戶籍(호적) · 窓戶紙(창호지) · 家家戶戶(가가호호) · 千門萬戶(천문만호)에서 보듯 그 음이 '호'가 된 글자다.

雇
새 이름 호

참고 081

隹자로 인해 새[隹]와 관련되어 '새 이름'을 뜻하면서 戶자로 인해 '호'의 음으로 읽히게 된 글자다. 후대로 내려오면서 雇用(고용) · 解雇(해고)에서처럼 '품 사다'의 뜻으로 쓰일 때는 그 음을 '고'로 읽는다.

顧
돌아볼 고

고 148 어문 3급 진흥 2급

頁자로 인해 머리[頁]를 움직여 뒤를 돌아본다 하여 그 뜻이 '돌아보다'가 되고, 雇자로 인해 回顧(회고) · 不顧(불고) · 顧客(고객) · 顧慮(고려) · 顧問官(고문관) · 三顧草廬(삼고초려) · 四顧無親(사고무친)에서 보듯 그 음이 '고'가 된 글자다.

所
곳 소

중 211 어문 7급 진흥 5급

斤자에 의해 애초에 도끼[斤]로 나무를 자르는 소리와 관련된 뜻을 지녔으나 후대에 處[곳 처]자를 대신하면서 그 뜻 '곳'이 되고, 戶자로 인해 處所(처소) · 殯所(빈소) · 所定(소정) · 所期(소기) · 解憂所(해우소) · 無所不爲(무소불위) · 十目所視(십목소시)에서처럼 그 음이 '소'가 된 글자다.

戻
어그러질 려

참고 082

犬자로 인해 개[犬]가 사납게 굴며 어그러진 행동을 한다 하여 '어그러지다'의 뜻을 지니면서 戶자로 인해 '려'의 음으로 읽히게 된 글자다.

淚
눈물 루

고 149 어문 3급 진흥 2급

水(氵)자로 인해 눈에서 나오는 물[水]인 눈물과 관련해 그 뜻이 '눈물'이 되고, 戾자로 인해 血淚(혈루)·落淚(낙루)·燭淚(촉루)·憤淚(분루)·淚腺(누선)·催淚彈(최루탄)에서처럼 그 음이 '루'가 된 글자다.

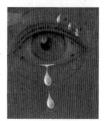

중 212 한국어문회 6급 한자진흥회 5급	黃 누를 황	갑골문	금문	소전

옛날 신분 높은 사람이 몸에 차는 장신구(裝身具)인 구슬을 나타내면서 다

시 구슬의 일반적인 색깔을 빌려서 그 뜻이 '누르다'가 되고, 黃土(황토)·黃疸(황달)·浮黃(부황)·薑黃(강황)·黃人種(황인종)·黃鳥歌(황조가)·黃色新聞(황색신문)에서 보듯 그 음이 '황'인 글자다.

廣
넓을 광

중 213 어문 5급 진흥 4급

广자로 인해 기둥만 있고 벽이 없이 넓게 터놓은 대청과 같은 집[广]과 관련해 그 뜻이 '넓다'가 되고, 黃자로 인해 廣場(광장)·廣告(광고)·廣野(광야)·廣闊(광활)·長廣舌(장광설)·廣大無邊(광대무변)에서처럼 그 음이 '광'이 된 글자다.

鑛
쇳돌 광

고 150 어문 4급 진흥 2급

金자로 인해 쇠[金]의 성분이 들어 있는 쇳돌과 관련해 그 뜻이 '쇳돌'이 되고, 廣자로 인해 鑛山(광산)·鑛夫(광부)·金鑛(금광)·廢鑛(폐광)·鐵鑛石(철광석)·鎔鑛爐(용광로)·鑛泉水(광천수)에서처럼 그 음이 '광'이 된 글자다.

擴
넓힐 확

고 151 어문 3급 진흥 2급

手(扌)자로 인해 손[手]을 이용해 무언가 넓힌다 하여 그 뜻이 '넓히다'가 되고, 廣자로 인해 擴散(확산)·擴張(확장)·擴大(확대)·擴充(확충)·擴聲器(확성기)에서처럼 그 음이 '확'이 된 글자다.

橫
가로 횡

고 152 어문 3급 진흥 2급

木자로 인해 원래 문을 닫기 위한 나무[木]

를 뜻했으나 그 나무가 이용될 때는 가로로 사용되므로 결국 그 뜻이 '가로'가 되고, 黃자로 인해 縱橫(종횡)·專橫(전횡)·橫斷(횡단)·橫財(횡재)·橫膈膜(횡격막)·非命橫死(비명횡사)·橫斷步道(횡단보도)에서처럼 그 음이 '횡'이 된 글자다.

중 214
한국어문회 5급
한자진흥회 4급

黑
검을 흑 | 금문 | 소전

옛날 흔히 죄인의 죄과(罪科)를 드러내 보이려 할 때에 그 얼굴에 검은 먹물을 들인 모습

을 나타낸 데서 그 뜻이 '검다'가 되고, 黑人(흑인) · 黑海(흑해) · 漆黑(칠흑) · 暗黑(암흑) · 黑死病(흑사병) · 黑白論理(흑백논리) · 黑猫白猫(흑묘백묘)에서 보듯 그 음이 '흑'인 글자다.

墨
먹 묵

중 215 어문 3급 진흥 3급
土자로 인해 아교를 녹인 물에 그을음을 반죽하여 흙[土]덩이처럼 굳혀 만든 먹과 관련해 그 뜻이 '먹'이 되고, 黑자로 인해 墨客(묵객) · 墨桶(묵통) · 墨刑(묵형) · 墨守(묵수) · 水墨畫(수묵화) · 紙筆硯墨(지필연묵) · 近墨者黑(근묵자흑)에서처럼 그 음이 '묵'이 된 글자다.

默
잠잠할 묵

고 153 어문 3급 진흥 2급
犬자로 인해 개[犬]가 입을 다물고 잠잠하게 있는 모양과 관련해 그 뜻이 '잠잠하다'가 되고, 黑자로 인해 沈默(침묵) · 寡默(과묵) · 默念(묵념) · 默殺(묵살) · 默秘權(묵비권) · 默示錄(묵시록) · 默默不答(묵묵부답)에서처럼 그 음이 '묵'이 된 글자다.

중 216
한국어문회 4급
한자진흥회 4급

干
방패 간 | 갑골문 | 금문 | 소전

끝에 갈라진 가지가 있는 방패를 나타낸 데서 그 뜻이 '방패'

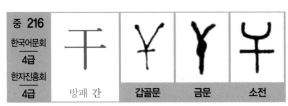

이고, 干戈(간과) · 干城(간성) · 干涉(간섭) · 干與(간여) · 干拓地(간척지) · 干潟地(간석지)에서 보듯 그 음이 '간'인 글자다.

刊
책 펴낼 간

고 154 어문 3급 진흥 3급
刀(刂)자로 인해 판목(板木)이나 죽간(竹簡)에 칼[刀]로 글자를 새겨 책을 펴낸다 하여 그 뜻이 '책 펴내다'가 되고, 干자로 인해 刊行(간행) · 發刊(발간) · 廢刊(폐간) · 創刊(창간) · 日刊紙(일간지) · 朝刊新聞(조간신문)에서처럼 그 음이 '간'이 된 글자다.

肝
간 간

고 155 어문 3급 진흥 2급

肉(月)자로 인해 살[肉]이 붙어 있는 인체의 한 부위인 간과 관련해 그 뜻이 '간'이 되고, 干자로 인해 肝臟(간장)·肝炎(간염)·肝癌(간암)·肝硬化(간경화)·脂肪肝(지방간)·肝膽相照(간담상조)에서처럼 그 음이 '간'이 된 글자다.

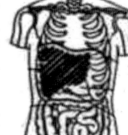

旱
가물 한

고 156 어문 3급 진흥 2급

日자로 인해 오랜 기간 햇볕[日]만 내리쬐어 날씨가 가물다 하여 그 뜻이 '가물다'가 되고, 干자로 인해 大旱(대한)·旱魃(한발)·旱害(한해)에서처럼 그 음이 '한'이 된 글자다.

汗
땀 한

고 157 어문 3급 진흥 2급

水(氵)자로 인해 피부에서 나오는 물[水]과 같은 액체인 땀과 관련해 그 뜻이 '땀'이 되고, 發汗(발한)·汗衫(한삼)·汗蒸幕(한증막)·不汗黨(불한당)·多汗症(다한증)·汗牛充棟(한우충동)에서처럼 그 음이 '한'이 된 글자다.

軒
추녀 헌

고 158 어문 3급 진흥 2급

車자로 인해 원래 대부 이상의 벼슬아치가 타는 채가 굽어서 앞이 높은 수레[車]를 뜻했으나 나중에 집의 추녀도 높고 굽었으므로 그 뜻이 '추녀'가 되고, 干자로 인해 東軒(동헌)·烏竹軒(오죽헌)·軒軒丈夫(헌헌장부)에서처럼 그 음이 '헌'이 된 글자다.

岸
언덕 안

고 159 어문 3급 진흥 3급

厂자로 인해 깎아지른 언덕[厂]과 관련해 그 뜻이 '언덕'이 되면서 후에 干자가 덧붙여져 沿岸(연안)·彼岸(피안)·兩岸(양안)·接岸(접안)·東海岸(동해안)·護岸工事(호안공사)·河岸段丘(하안단구)에서처럼 그 음 '안'에 영향을 주고, 다시 山자를 덧붙여 그 뜻을 더욱 분명히 한 글자다.

炭
숯 탄

고 160 어문 5급 진흥 3급

火자로 인해 불[火]에 구워서 만든 숯과 관련해 그 뜻이 '숯'이 되고, 干자가 생략되었지만 岸자로 인해 木炭(목탄)·煉炭(연탄)·炭鑛(탄광)·炭素(탄소)·無煙炭(무연탄)·塗炭之苦(도탄지고)·氷炭不相容(빙탄불상용)에서처럼 그 음이 '탄'이 된 글자다.

幵
평평할 견

참고 083

干자를 나란히 쓰면서 방패[干]의 앞부분이 평평하다 하여 그 뜻이 '평평하다'가 되고, 다시 干자로 인해 그 음이 '견'이 된 글자다.

研 갈 연

중 217 어문 4급 진흥 4급

石자로 인해 돌[石]에 간다 하여 그 뜻이 '갈다'가 되고, 干자가 나란히 쓰인 幵[평평할 견]자로 인해 研磨(연마)·研究(연구)·研鑽(연찬)·研修(연수)·研子磨(→연자매)에서처럼 그 음이 '연'이 된 글자다.

참고 084

豸	갑골문	금문	소전

발 없는 벌레 치

먹이를 잡기 위해 사나운 짐승이 몸을 낮춰 덮치려는 모양을 나타냈으나 후인들이 그 형태를 잘못 분석하여 그 뜻이 '발 없는 벌레'가 되고, 獬豸(해치 → 해태)란 말에서 보듯 그 음이 '치'가 된 글자다.

참고 085

艮	금문	소전

그칠 간

눈[目]을 사람[人] 뒤에 나타내면서 보지 않고 외면해 상대방과 관계를 계속하지 않고 그친다 하여 그 뜻이 '그치다'가 되고, 자신이 덧붙여져 음의 역할을 하는 狠[씹을 간]자가 다시 음의 역할을 하는 懇[간절할 간]자나 墾[개간할 간]자처럼 그 음이 '간'이 된 글자다.

狠 씹을 간

참고 086

豸자로 인해 사나운 짐승[豸]이 먹이를 잡아 씹는다 하여 '씹다'의 뜻을 지니면서 艮자로 인해 '간'의 음으로 읽히게 된 글자다.

懇 간절할 간

亠 161 어문 3급 진흥 2급

心자로 인해 마음[心] 속의 생각이 간절하다 하여 그 뜻이 '간절하다'가 되고, 狠자로 인해 懇請(간청)·懇求(간구)·懇切(간절)·懇曲(간곡)·懇談會(간담회)에서처럼 그 음이 '간'이 된 글자다.

限
지경 한

중 218 어문 4급 진흥 4급

阜(阝)자로 인해 험준한 언덕[阜]에 의해 구분 지어진 땅의 경계인 지경과 관련해 그 뜻이 '지경'이 되고, 艮자로 인해 限界(한계)·限度(한도)·期限(기한)·權限(권한)·無限大(무한대)·時限爆彈(시한폭탄)에서처럼 그 음이 '한'이 된 글자다.

恨
한할 한

중 219 어문 4급 진흥 3급

心(忄)자로 인해 마음[心] 속으로 원망스럽게 생각하며 한을 품는다는 데서 그 뜻이 '한하다'가 되고, 艮자로 인해 怨恨(원한)·痛恨(통한)·餘恨(여한)·悔恨(회한)·長恨夢(장한몽)·千秋遺恨(천추유한)에서처럼 그 음이 '한'이 된 글자다.

眼
눈 안

중 220 어문 4급 진흥 4급

目자로 인해 물체를 살펴볼 수 있는 감각기관인 눈[目]과 관련해 그 뜻이 '눈'이 되고, 艮자로 인해 眼目(안목)·眼鏡(안경)·炯眼(형안)·老眼(노안)·千里眼(천리안)·眼下無人(안하무인)·眼透紙背(안투지배)에서처럼 그 음이 '안'이 된 글자다.

銀
은 은

중 221 어문 6급 진흥 5급

金자로 인해 백색이며 광택이 나는 쇠[金]의 일종인 은과 관련해 그 뜻이 '은'이 되고, 艮자로 인해 銀行(은행)·銀杏(은행)·水銀(수은)·洋銀(양은)·銀世界(은세계)·銀匙箸(은시저)·金銀寶貨(금은보화)에서처럼 그 음이 '은'이 된 글자다.

根
뿌리 근

중 222 어문 6급 진흥 5급

木자로 인해 나무[木] 줄기 아랫부분인 뿌리와 관련해 그 뜻이 '뿌리'가 되고, 艮자로 인해 根幹(근간)·根性(근성)·蓮根(연근)·唐根(당근)·葛根湯(갈근탕)·赤根菜(적근채)·草根木皮(초근목피)에서처럼 그 음이 '근'이 된 글자다.

중 223
한국어문회
4급
한자진흥회
4급

甘	ㅂ	ㅂ	ㅂ
달 감	갑골문	금문	소전

입 속에 무언가 머금고 있는 모습을 나타내면서 머금고 있는 것이 그 맛을 음미할 만큼 달다 하여 그 뜻이 '달다'가 되고, 甘草(감초)·甘酒(감주)·甘受(감수)·甘藷(감저)·甘味料(감미료)·甘言利說(감언이설)·甘泉先竭(감천선갈)에서처럼 그 음이 '감'이 된 글자다.

중 224 어문 3급 진흥 3급

심할 심 / 소전

匹[짝 필 → 중 853 참고]자로 인해 짝[匹]을 이룬 부부가 화락함이 정도를 지나칠 정도로 심하다 하여 그 뜻이 '심하다'가 된 것으로 보이고, 甘자로 인해 甚深(심심)·甚難(심난)·極甚(극심)·滋甚(자심)·甚至於(심지어)·損害莫甚(손해막심)에서처럼 그 음이 '심'이 된 글자다.

참고 087

오지병 격 / 갑골문 / 금문 / 소전

잿물인 오짓물을 입혀 구워 만든 오지병을 나타낸 데서 그 뜻이 '오지병'이고, 자신이 덧붙여져 음의 역할을 하는 隔[막을 격]·膈[흉격 격]자처럼 그 음이 '격'인 글자다.

고 162 어문 3급 진흥 2급

隔 / 막을 격

阜(阝)자로 인해 언덕[阜]이 양쪽 사이를 막았다 하여 그 뜻이 '막다'가 되고, 鬲자로 인해 間隔(간격)·懸隔(현격)·隔差(격차)·隔意(격의)·隔日制(격일제)·隔世之感(격세지감)·隔靴搔癢(격화소양)에서처럼 그 음이 '격'이 된 글자다.

중 225
한국어문회 4급
한자진흥회 5급

터럭 모 / 금문 / 소전

몇 가닥의 짧은 터럭과 하나의 긴 터럭을 나타낸 데서 그 뜻이 '터럭'이고, 毛髮(모발)·毛皮(모피)·脫毛(탈모)·根毛(근모)·不毛地(불모지)·靑鼠毛(→ 청설모)·九牛一毛(구우일모)에서처럼 그 음이 '모'인 글자다.

중 226 한국어문회 6급 한자진흥회 5급	高 높을 고	髙 갑골문	髙 금문	高 소전

건물이 높은 모양을 나타낸 데서 그 뜻이 '높다'이고, 高低(고저)·高堂(고당)·波高(파고)·殘高(잔고)·高血壓(고혈압)·高齡社會(고령사회)·山高水長(산고수장)에서 보듯 그 음이 '고'인 글자다.

稿 볏짚 고	고 163 어문 3급 진흥 3급

禾자로 인해 벼[禾]의 줄기인 볏짚과 관련해 그 뜻이 '볏짚'이 되고, 高자로 인해 草稿(초고)·原稿(원고)·投稿(투고)·遺稿(유고)·寄稿(기고)·脫稿(탈고)·稿料(고료)에서처럼 그 음이 '고'가 된 글자다.

毫 잔털 호	고 164 어문 3급 진흥 2급

毛자로 인해 털[毛] 가운데 보드랍고 짧은 잔털과 관련해 그 뜻이 '잔털'이 되고, 口의 형태가 생략되었지만 高자로 인해 秋毫(추호)·一毫(일호)·毫釐之差(호리지차)·揮毫大會(휘호대회)에서처럼 그 음이 '호'가 된 글자다.

豪 호걸 호	고 165 어문 3급 진흥 2급

豕자로 인해 본래 야생의 돼지[豕]처럼 털이 거칠고 날카로운 '호저'를 뜻했으나 그 모양새에서 의미가 확대되어 '뛰어나다'나 '호걸'의 뜻을 지니게 되었고, 일부 형태가 생략되었지만 高자로 인해 豪豬(호저)·豪雨(호우)·文豪(문호)·富豪(부호)·豪奢品(호사품)·豪言壯談(호언장담)에서처럼 그 음이 '호'가 된 글자다.

참고 088	臼 절구 구	금문	소전

안이 거칠게 보이는 단순한 형태의 절구를 나타낸 데서 그 뜻이 '절구'이고, 脫臼(탈구)·臼齒(구치)에서 보듯 그 음이 '구'인 글자다.

舊
예 구
금문

중 227 어문 5급 진흥 4급

귀처럼 보이는 털[뿔의 형태]이 머리 위 양쪽 부분에 있는 새[雈]인 수리부엉이를 나타낸 雈[수리부엉이 환]자로 인해 원래 새와 관련된 뜻을 지녔으나 후대에 예(옛날)의 뜻으로 빌려 쓰면서 결국 그 뜻이 '예'가 되고, 臼자로 인해 新舊(신구)·親舊(친구)·舊式(구식)·舊臘(구랍)·舊世代(구세대)·舊態依然(구태의연)·一面如舊(일면여구)에서처럼 그 음이 '구'가 된 글자다.

毀
헐 훼

고 166 어문 3급 진흥 2급

土자와 殳자로 인해 흙[土]을 쳐서[殳] 헐어 낸다 하여 그 뜻이 '헐다'가 되고, 臼자로 인해 毀損(훼손)·毀謗(훼방)·毀傷(훼상)·貶毀(폄훼)에서처럼 그 음이 '훼'가 된 글자다.

己
몸 기
갑골문 금문 소전

중 228
한국어문회
5급
한자진흥회
5급

실이나 줄을 나타냈다고 여겨지지만 옛날 사람들이 공손히 몸을 굽히고 있는 사람을 나타냈다고 잘못 본 데서 그 뜻이 '몸'이 되고, 自己(자기)·克己(극기)·妲己(달기)·己未年(기미년)·十年知己(십년지기)·知彼知己(지피지기)·利己主義者(이기주의자)에서 보듯 그 음이 '기'가 된 글자다.

記
기록할 기

중 229 어문 7급 진흥 5급

言자로 인해 말[言]을 기록한다 하여 그 뜻이 '기록하다'가 되고, 己자로 인해 記錄(기록)·記者(기자)·日記(일기)·暗記(암기)·無記名(무기명)·身邊雜記(신변잡기)·容貌疤記(용모파기)에서처럼 그 음이 '기'가 된 글자다.

起
일어날 기

중 230 어문 4급 진흥 4급

走자로 인해 달리기[走] 위해 몸을 세워 일어난다 하여 그 뜻이 '일어나다'가 되고, 己자로 인해 起立(기립)·起伏(기복)·蜂起(봉기)·蹶起(궐기)·起重機(기중기)·起死回生(기사회생)·七顚八起(칠전팔기)에서처럼 그 음이 '기'가 된 글자다.

紀
벼리 기

고 167 어문 4급 진흥 3급

糸자로 인해 그물 위쪽 코를 꿰어 잡아당기기 위해 실[糸]로 엮어 만든 동아줄인 벼리와 관련해 그 뜻이 '벼리'가 되고, 己자로 인해 紀綱(기강)·紀元(기원)·軍紀(군기)·西紀(서기)·紀念日(기념일)·風紀紊亂(풍기문란)·紀事本末體(기사본말체)에서처럼 그 음이 '기'가 된 글자다.

忌 꺼릴 기

고 168 어문 3급 진흥 2급

心자로 인해 마음[心] 속으로 꺼린다 하여 그 뜻이 '꺼리다'가 되고, 己자로 인해 忌憚(기탄)·忌中(기중)·忌避(기피)·禁忌(금기)·猜忌(시기)·妬忌(투기)·一週忌(일주기)에서처럼 그 음이 '기'가 된 글자다.

改 고칠 개

중 231 어문 5급 진흥 4급

攵(攴)자로 인해 다그쳐[攴] 고치게 한다 하여 그 뜻이 '고치다'가 되고, 己자로 인해 改革(개혁)·改悛(개전)·改名(개명)·改憲(개헌)·改良種(개량종)·改過遷善(개과천선)·過而不改(과이불개)에서처럼 그 음이 '개'가 된 글자다.

妃 왕비 비

고 169 어문 3급 진흥 2급

女자로 인해 왕의 배우자가 되는 여자[女]인 왕비와 관련해 그 뜻이 '왕비'가 되고, 己자로 인해 王妃(왕비)·閔妃(민비)·妃嬪(비빈)·廢妃(폐비)·楊貴妃(양귀비)·大王大妃(대왕대비)에서처럼 그 음이 '비'가 된 글자다.

肥 살찔 비   소전

고 170 어문 3급 진흥 3급

원래 肉(月)자와 己자가 합쳐진 글자다. 肉(月)자로 인해 몸[肉]에 살이 찐다 하여 그 뜻이 '살찌다'가 되고, 巴의 형태로 변했지만 己자로 인해 肥大(비대)·肥滿(비만)·燐肥(인비)·堆肥(퇴비)·肥肉牛(비육우)·天高馬肥(천고마비)·綠肥植物(녹비식물)에서처럼 그 음이 '비'가 된 글자다.

配 짝 배

고 171 어문 4급 진흥 3급

酉자로 인해 술[酉]을 놓고 두 사람이 어울려 마시는 짝이 된 데서 그 뜻이 '짝'이 되고, 己자로 인해 配達(배달)·配慮(배려)·分配(분배)·流配(유배)·配偶者(배우자)·天生配匹(천생배필)에서처럼 그 음이 '배'가 된 글자다.

참고 089	기운 기	갑골문	금문	소전

하늘에 첩첩으로 펼쳐진 구름의 기운을 나타낸 데서 그 뜻이 '기운'이 되고, 자신의 뜻을 대신하는 氣[기운 기]자처럼 그 음이 '기'가 된 글자다.

氣
기운 **기**

중 232 어문 7급 진흥 5급
원래 米자로 인해 쌀[米]과 같은 곡물로 만든 음식을 대접한다는 뜻이었으나 후에 气자를 대신해 그 뜻이 '기운'이 되고, 气자처럼 氣運(기운)·氣流(기류)·空氣(공기)·放氣(→ 방귀)·水蒸氣(수증기)·和氣靄靄(화기애애)에서 보듯 그 음이 '기'가 된 글자다.

乞
빌 **걸**

고 172 어문 3급 진흥 2급
气자와 그 글자의 형성이 같았으나 한 획(劃)을 줄여 '빌다'의 뜻으로 빌려 쓰이고, 乞人(걸인)·乞神(걸신)·求乞(구걸)·乞粒牌(걸립패)·哀乞伏乞(애걸복걸)·門前乞食(문전걸식)·乞字千字文(걸자천자문)에서처럼 '걸'의 음으로 읽히는 글자다.

중 233
한국어문회 6급
한자진흥회 6급
모 방 / 갑골문 / 금문 / 소전

쟁기를 나타내면서 쟁기의 생명력이 땅을 파는 모난 부분에 있기 때문에 결국 그 뜻이 '모'가 되고, 方席(방석)·方舟(방주)·百方(백방)·南方(남방)·方外人(방외인)·四方八方(사방팔방)·品行方正(품행방정)·死後藥方文(사후약방문)에서 보듯 그 음이 '방'이 된 글자다.

房
방 **방**

중 234 어문 4급 진흥 4급
戶자로 인해 지게문[戶]을 통해 드나드는 방과 관련해 그 뜻이 '방'이 되고, 方자로 인해 閨房(규방)·冊房(책방)·書房(서방)·廚房(주방)·福德房(복덕방)·獨守空房(독수공방)·內房歌辭(내방가사)에서처럼 그 음이 '방'이 된 글자다.

防
막을 **방**

중 235 어문 4급 진흥 4급
阜(阝)자로 인해 높게 언덕[阜]을 만들어 물 등이 넘는 것을 막는다 하여 그 뜻이 '막다'가 되고, 方자로 인해 防禦(방어)·防牌(방패)·攻防(공방)·堤防(제방)·防風林(방풍림)·防彈服(방탄복)·自主國防(자주국방)·衆口難防(중구난방)에서처럼 그 음이 '방'이 된 글자다.

訪
찾을 **방**

중 236 어문 4급 진흥 4급
言자로 인해 말[言]로 물어서 찾는다 하여 그 뜻이 '찾다'가 되고, 方자로 인해 訪問(방문)·訪北(방북)·答訪(답방)·尋訪(심방)·探訪(탐방)·禮訪(예방)·來訪客(내방객)·訪韓人士(방한인사)에서처럼 그 음이 '방'이 된 글자다.

放 놓을 방

중 237 어문 6급 진흥 5급

攵(攴)자로 인해 다그쳐[攴] 내놓게 한다 하여 그 뜻이 '놓다' 가 되고, 方자로 인해 放生(방생)·放學(방학)·解放(해방)·釋放(석방)·化生放(화생방)·放聲大哭(방성대곡)·凍足放尿(동족방뇨)에서처럼 그 음이 '방' 이 된 글자다.

倣 본뜰 방

고 173 어문 3급 진흥 2급

人(亻)자로 인해 다른 사람[人]을 따라 배우면서 그대로 본뜬다 하여 그 뜻이 '본뜨다' 가 되고, 放자로 인해 模倣(모방)에서처럼 그 음이 '방' 이 된 글자다.

妨 해로울 방

고 174 어문 4급 진흥 3급

女자로 인해 여자[女]에 의해 일이 방해되어 해롭다 하여 그 뜻이 '해롭다' 가 되고, 方자로 인해 妨害(방해)·無妨(무방)에서처럼 그 음이 '방' 이 된 글자다.

芳 꽃다울 방

고 175 한자 3급 진흥 3급

艸(艹)자로 인해 식물[艹]의 꽃에서 나는 좋은 향기(香氣)가 꽃답다 하여 그 뜻이 '꽃답다' 가 되고, 方자로 인해 芳年(방년)·芳香劑(방향제)·芳名錄(방명록)·流芳百世(유방백세)·綠陰芳草(녹음방초)에서처럼 그 음이 '방' 이 된 글자다.

旁 두루 방

참고 090

갑골문

쟁기의 벼을 나타냈다고 여겨지는 형태로 인해 본래 쟁기의 벼으로 흙을 두루 곁으로 떠낸다 하여 그 뜻이 '두루' 가 되고, 方자로 인해 그 음이 '방' 이 된 글자다.

傍 곁 방

고 176 어문 3급 진흥 2급

人(亻)자로 인해 사람[人]의 곁을 나타낸 데서 그 뜻이 '곁' 이 되고, 旁자로 인해 近傍(근방)·傍白(방백)·傍證(방증)·傍點(방점)·傍聽客(방청객)·袖手傍觀(수수방관)·傍若無人(방약무인)에서처럼 그 음이 '방' 이 된 글자다.

참고 091 尸 주검 시			
	갑골문	금문	소전

옛날에 사람이 죽어서 땅 속에 묻힐 때에 무릎이 굽혀져 누인 주검을 나타낸 데서 그 뜻이 '주검' 이 되고, 尸童(시동)·尸茶林(시다림)·尸位素餐(시위소찬)에서 보듯 그 음이 '시' 가 된 글자다.

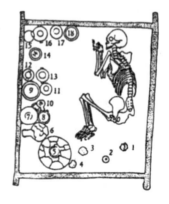

참고 092	ヒ 비수 비	ヒ 갑골문	ｲ 금문	ｲ 소전

원래 숟가락을 나타냈다. 이를 옆으로 보면 숟가락처럼 생긴 비수를 나타냈다고 본 데서 그

뜻이 '비수'가 되고, ヒ首(비수)란 말에서 보듯 그 음이 '비'가 된 글자다.

尼
중 니

참고 093

사람에서 비롯된 尸의 형태로 인해 절에서 수도하는 사람[尸]인 '중'의 뜻을 지니면서 ヒ자로 인해 印尼(인니) · 比丘尼(비구니) · 釋迦牟尼(석가모니)에서처럼 '니'의 음으로 읽히는 글자다.

泥
진흙 니

고 177 어문 3급 진흥 2급

水(氵)자로 인해 물[水]기가 많은 진흙과 관련해 그 뜻이 '진흙'이 되고, 尼자로 인해 그 음이 '니'가 된 글자다. 泥巖(이암) · 泥匠(이장) · 泥田鬪狗(이전투구)에 쓰인다.

참고 094	冫 얼음 빙	仌 갑골문	仌 금문	소 소전

얼음이 얼 때에 보이는 서로 각진 무늬[仌]를 나타낸

데서 그 뜻이 '얼음'이 되고, 자신의 형태를 바탕으로 후에 만들어진 冰[얼음 빙]자나 氷[얼음 빙]자처럼 그 음이 '빙'이 된 글자다. 나중에 부수로 사용되면서 오늘날처럼 그 형태가 좀 더 간단하게 되었다.

氷
얼음 빙

중 238 어문 5급 진흥 4급

그 뜻 '얼음'의 의미를 더욱 분명히 하기 위해 원래 형태에 水자가 덧붙여진 冰자가 본자(本字)다. 후에 冰자에서 한 획(劃)을 생략하고, 冫자나 冰자와 똑같이 氷山(빙산) · 氷水(빙수) · 氷菓(빙과) · 氷板(빙판) · 氷河期(빙하기) · 氷肌玉骨(빙기옥골) · 月下氷人(월하빙인)에서처럼 그 음이 '빙'이 되었다.

참고 095		
사사 사	금문	소전

손이 자신의 몸 안으로 굽어진 모습을 나타낸 데서 자신만 위한다는 의미인 사사롭다와 관련되어 그 뜻이 '사사'가 된 것으로 보이고, 자신의 형태를 바탕으로 후에 만들어진 私[사사 사]자처럼 그 음이 '사'가 된 글자다.

私
사사 사

중 239 어문 4급 진흥 4급
그 뜻 '사사'의 의미를 더욱 분명히 하기 위해 원래의 형태에 예부터 사람들이 소중히 여겼던 벼에서 비롯된 禾자가 덧붙여지고, 厶자와 똑같이 私的(사적)·私見(사견)·私學(사학)·私立(사립)·私生活(사생활)·私利私慾(사리사욕)에서처럼 그 음이 '사'가 된 글자다.

以
써 이

중 240 어문 5급 진흥 4급
人자로 인해 사람[人]이 도구를 써 무언가 한다 하여 그 뜻이 '써'가 되고, 厶자로 인해 以南(이남)·以上(이상)·以外(이외)·以前(이전)·以此彼(이차피)·以實直告(이실직고)에서처럼 그 음이 '이'가 된 글자다.

似
같을 사

고 178 어문 3급 진흥 2급
人(亻)자로 인해 무언가 하는 것이 다른 사람[人]과 같다 하여 그 뜻이 '같다'가 되고, 以자로 인해 近似(근사)·恰似(흡사)·類似(유사)·似而非(사이비)·非夢似夢(비몽사몽)·春來不似春(춘래불사춘)에서처럼 그 음이 '사'가 된 글자다.

矣
어조사 의

중 241 어문 3급 진흥 3급
矢자로 인해 원래 화살[矢]이 날아가서 일정한 곳에 멈춘다는 뜻을 지녔으나 후에 말의 끝에 써서 단정을 나타내는 '어조사'로 빌려 사용되고, 厶자로 인해 汝矣島(여의도)·六矣廛(육의전)·萬事休矣(만사휴의)·日月逝矣(일월서의)·朝聞道夕死可矣(조문도석사가의)에서처럼 그 음이 '의'가 된 글자다.

台
기뻐할 이

참고 096
口자로 인해 입[口]을 방실거리며 기뻐한다 하여 '기뻐하다'의 뜻을 지니면서 厶자로 인해 '이'의 음을 지니게 된 글자다. '별 이름'의 뜻과 관련될 때는 그 음을 '태'로 읽는다.

始
처음 시

중 242 어문 6급 진흥 5급
女자로 인해 사람은 누구나 여자[女]인 어머니에게서 태어나는 것이 세상을 사는 데 처음이 된다 하여 그 뜻이 '처음'이 되고, 台자로 인해 始作(시작)·始初(시초)·開始(개시)·創始(창시)·始務式(시무식)·始終如一(시종여일)에서처럼 그 음이 '시'가 된 글자다.

治
다스릴 치

중 243 어문 4급 진흥 4급

水(氵)자로 인해 옛날에는 통치자의 주요 임무가 물[水]을 잘 다스리는 것이라 하여 그 뜻이 '다스리다'가 되고, 台자로 인해 政治(정치)·統治(통치)·治世(치세)·治安(치안)·不治病(불치병)·治山治水(치산치수)·法治國家(법치국가)에서처럼 그 음이 '치'가 된 글자다.

殆
위태할 태

고 179 어문 3급 진흥 2급

歹자로 인해 뼈가 앙상하게[歹] 남아 죽음에 이를 정도로 위태하다 하여 그 뜻이 '위태하다'가 되고, 台자로 인해 殆半(태반)·危殆(위태)·百戰不殆(백전불태)에서처럼 그 음이 '태'가 된 글자다.

怠
게으를 태

고 180 어문 3급 진흥 2급

心자로 인해 마음[心]이 게으르다 하여 그 뜻이 '게으르다'가 되고, 台자로 인해 怠慢(태만)·怠業(태업)·懶怠(나태)·懈怠(해태)·倦怠期(권태기)·過怠料(과태료)에서처럼 그 음이 '태'가 된 글자다.

| 중 244 한국어문회 5급 한자진흥회 5급 | 首 머리 수 | 갑골문 | 금문 | 소전 |

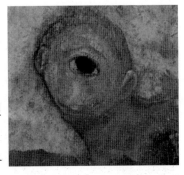

머리털과 눈을 중심으로 옆에서 본 머리를 나타낸 데서 그 뜻이 '머리'이고, 首級(수급)·首肯(수긍)·梟首(효수)·魁首(괴수)·絞首刑(교수형)·鳩首會議(구수회의)·首丘初心(수구초심)에서 보듯 그 음이 '수'인 글자다.

道
길 도

중 245 어문 7급 진흥 5급

辵(辶)자로 인해 사람이나 수레가 다니는 길[辵]과 관련해 그 뜻이 '길'이 되고, 首자로 인해 道路(도로)·道通(도통)·人道(인도)·車道(차도)·地下道(지하도)·高速國道(고속국도)·大道無門(대도무문)·道可道非常道(도가도비상도)에서처럼 그 음이 '도'가 된 글자다.

導
이끌 도

고 101 어문 4급 진흥 3급

寸자로 인해 손[寸]으로 이끌고 길을 간다는 데서 그 뜻이 '이끌다'가 되고, 道자로 인해 引導(인도)·先導(선도)·善導(선도)·嚮導(향도)·半導體(반도체)·指導鞭達(지도편달)에서처럼 그 음이 '도'가 된 글자다.

중 246 한국어문회 7급 한자진흥회 5급			
面			
낯 면	금문	소전	

머리의 여러 기관을 대표한 눈을 중심으로 낯의 윤곽을 나타낸 데서 그 뜻이 '낯'이 되고, 顔面(안면)·假面(가면)·面目(면목)·面刀(면도)·鐵面皮(철면피)·白面書生(백면서생)·得意滿面(득의만면)에서 보듯 그 음이 '면'이 된 글자다.

중 247 한국어문회 5급 한자진흥회 4급			
臣			
신하 신	갑골문	금문	소전

머리를 들어 위를 바라볼 때의 한 눈을 나타내면서 머리를 들어 높은 곳의 임금을 바라보는 신하와 관련해 그 뜻이 '신하'가 되고, 君臣(군신)·忠臣(충신)·奸臣(간신)·死六臣(사육신)·股肱之臣(고굉지신)·市井之臣(시정지신)에서처럼 그 음이 '신'이 된 글자다.

臤

단단할 견

참고 097
又자로 인해 손[又]으로 무언가 단단하게 쥔다 하여 '단단하다'의 뜻을 지니면서 臣자로 인해 '견'의 음으로 읽히는 글자다.

緊

굳게 얽을 긴

고 182 어문 3급 진흥 2급
糸자로 인해 여러 가닥 실[糸]을 이용한 줄로 굳게 얽는다 하여 그 뜻이 '굳게 얽다'가 되고, 臤자로 인해 緊張(긴장)·緊密(긴밀)·緊要(긴요)·緊急(긴급)·緊迫(신박)·緊縮財政(긴축재정)에서처럼 그 음이 '긴'이 된 글자다.

堅

굳을 견

중 248 어문 4급 진흥 3급
土자로 인해 땅 위의 흙[土]이 단단하게 굳었다 하여 그 뜻이 '굳다'가 되고, 臤자로 인해 堅固(견고)·堅持(견지)·中堅(중견)·剛堅(강견)·堅果類(견과류)·堅忍不拔(견인불발)에서처럼 그 음이 '견'이 된 글자다.

賢

어질 현

중 249 어문 4급 진흥 3급
貝자로 인해 귀한 재물[貝]을 남에게 나눠 주는 덕성(德性)이 어질다 하여 그 뜻이 '어질다'가 되고, 臤자로 인해 賢者(현자)·賢明(현명)·聖賢(성현)·諸賢(제현)·集賢殿(집현전)·神品四賢(신품사현)·賢母良妻(현모양처)에서처럼 그 음이 '현'이 된 글자다.

참고 098		금문	소전	무언가 덮을 수 있는 물건의 형태를 나타낸 데서 그 뜻이 '덮다'이고, 부수의 역할을 하는 그 음이 '아'인 글자다.
	덮을 아			

賈 장사 고

참고 099

貝자로 인해 귀한 재물[貝]을 팔고 사는 장사를 한다 하여 '장사'의 뜻을 지니면서 襾자로 인해 '고'의 음으로 읽히는 글자다. 그 뜻이 '성(姓)'과 관련될 때는 그 음을 '가'로 읽는다.

價 값 가

중 250 어문 5급 진흥 4급

人(亻)자로 인해 사람[人]이 합당하다고 정한 물건의 값과 관련해 그 뜻이 '값'이 되고, 賈자로 인해 物價(물가)·代價(대가)·價格(가격)·價値(가치)·上終價(상종가)·同價紅裳(동가홍상)·公示地價(공시지가)에서 보듯 그 음이 '가'가 된 글자다.

참고 100	聿	갑골문	금문	소전	한 손에 잡고 있는 털이 달린 붓을 나타낸 데서 그 뜻
	붓 율				

이 '붓'이고, 주로 부수의 역할을 하는 그 음이 '율'인 글자다.

律 법 률

중 251 어문 4급 진흥 4급

彳자로 인해 길[彳]의 구획을 법(법도)에 따라 정해 긋는다 하여 그 뜻이 '법'이 되고, 聿자로 인해 法律(법률)·音律(음률)·黃金律(황금률)·千篇一律(천편일률)에서처럼 그 음이 '률'이 된 글자다. 規律(규율)·戒律(계율)·不文律(불문율)·二律背反(이율배반)에서처럼 '율'의 음으로도 읽힌다.

筆 붓 필

중 252 어문 5급 진흥 4급

聿자의 뜻 '붓'을 더욱 분명히 하기 위해 붓의 중요한 소재가 되는 대에서 비롯된 竹자를 덧붙이면서 名筆(명필)·擱筆(각필)·筆筒(필통)·筆鋒(필봉)·萬年筆(만년필)·大書特筆(대서특필)·春秋筆法(춘추필법)·能書不擇筆(능서불택필)에서처럼 그 음이 '필'이 된 글자다.

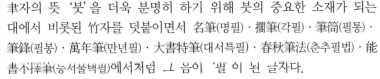

중 253		
한국어문회 3급		
한자진흥회 3급		
말 이을 이	금문	소전

원래 턱수염을 나타냈으나 후에 말을 잇는 접속사로 빌려 쓰면서 결국 그 뜻이 '말 잇다'가 되고, 似而非(사이비) · 博而精(박이정) · 學而時習(학이시습) · 形而上學(형이상학) · 敬而遠之(경이원지)에서 보듯 그 음이 '이'가 된 글자다.

耐 견딜 내

고 183 어문 3급 진흥 3급

寸자로 인해 옛날 가벼운 죄를 지은 사람에게 권위의 상징인 수염을 손[寸]으로 깎아 없애 버린다는 데서 다시 그런 일을 당한 사람이 온갖 수모를 견딘다 하여 그 뜻이 '견디다'가 되고, 而자로 인해 忍耐(인내) · 堪耐(감내) · 耐性(내성) · 耐震(내진) · 耐久力(내구력) · 耐乏生活(내핍생활) · 耐熱材料(내열재료)에서처럼 그 음이 '내'가 된 글자다.

참고 101		
미칠 대	금문	소전

짐승 꼬리를 밑으로부터 손이 미치어 잡고 있는 모습을 나타낸 데서 그 뜻이 '미치다'가 되고, 주로 부수의 역할을 하는 그 음이 '대'인 글자다. '밑'을 뜻할 때는 '이'의 음으로도 읽는다.

逮 잡을 체

고 184 어문 3급 진흥 2급

辵(辶)자로 인해 길[辶]을 따라 쫓아가서 잡는다 하여 그 뜻이 '잡다'가 되고, 隶자로 인해 逮捕(체포)에서처럼 그 음이 '체'가 된 글자다.

隷 종 례

고 185 어문 3급 진흥 2급

示자로 인해 제단[示]에 모셔진 신(神)으로부터 재앙이 내려질 빌미가 있다 하여 '빌미'의 뜻을 지니면서 그 형태가 士의 형태로 생략이 되었지만 出[날 출]→ 중 826 참고]자로 인해 '수'의 음으로 읽히는 祟[빌미 수]자와 隶자가 합쳐진 글자다. 祟자로 인해 잘못으로 빌미[祟]가 잡혀 다른 사람의 종이 된 데서 그 뜻이 '종'이 되고, 隶자로 인해 그 음이 '례'가 된 글자다. 奴隷(노예) · 隷屬(예속) · 隷人(예인) · 隷書(예서) · 隷下部隊(예하부대)에서처럼 그 음이 '예'로도 읽힌다.

중 254				
한국어문회 **3급**	麥			
한자진흥회 **3급**	보리 맥	갑골문	금문	소전

줄기가 곧고 잎은 아래로 숙였으나 이삭이 꼿꼿하고 뿌리 부분이 특이한 형상을 한 보리를 나타낸 데서 그 뜻이 '보리'이고, 菽麥(숙맥)·割麥(할맥)·麥酒(맥주)·麥類(맥류)·小麥粉(소맥분)·麥藁帽子(맥고모자)에서 보듯 그 음이 '맥'인 글자다.

중 255				
한국어문회 **3급**	片			
한자진흥회 **4급**	조각 편	갑골문	금문	소전

나무[木]를 세로로 중간을 잘라 그 오른쪽 조각을 나타낸 데서 그 뜻이 '조각'이고, 破片(파편)·阿片(아편)·片肉(편육)·片鱗(편린)·片麻巖(편마암)·一片丹心(일편단심)·片側痲痹(편측마비)에서 보듯 그 음이 '편'인 글자다.

참고 102				
	爿			
	조각 장	갑골문	금문	소전

나무[木]를 세로로 중간을 잘라 그 왼쪽 조각을 나타낸 데서 그 뜻이 '조각'이고, 자신이 덧붙여져 음의 역할을 하는 壯[씩씩할 장]·將[장수 장]·牆[담 장]자처럼 그 음이 '장'인 글자다.

壯 씩씩할 장

중 256 어문 4급 진흥 3급
士자로 인해 활을 쏘거나 말을 타는 무예에도 능했던 옛날 선비[士]들의 씩씩한 기상과 관련해 그 뜻이 '씩씩하다'가 되고, 爿자로 인해 壯士(장사)·壯丁(장정)·健壯(건장)·雄壯(웅장)·强壯劑(강장제)·壯元及第(장원급제)에서처럼 그 음이 '장'이 된 글자다.

裝 꾸밀 장

고 186 어문 4급 진흥 3급
衣자로 인해 옷[衣]을 입어 모양이 나도록 몸을 꾸민다 하여 그 뜻이 '꾸미다'가 되고, 壯자로 인해 裝飾(장식)·裝置(장치)·變裝(변장)·扮裝(분장)·裝身具(장신구)·裝甲車(장갑차)·鋪裝道路(포장도로)에서처럼 그 음이 '장'이 된 글자다.

莊 장엄할 장

고 187 어문 3급 진흥 2급
艸(艹)자로 인해 풀[艸]이 성한 모양이 장엄하다 하여 그 뜻이 '장엄하다'가 되고, 壯자로 인해 莊重(장중)·莊園(장원)·山莊(산장)·別莊(별장)·京橋莊(경교장)·老莊思想(노장사상)·莊周之夢(장주지몽)에서처럼 그 음이 '장'이 된 글자다.

將 장수 장

중 257 어문 4급 진흥 4급

肉(月)자와 寸자로 인해 고기[肉]를 손[寸]에 거느린다는 데서 다시 부하를 거느리는 사람인 장수와 관련해 그 뜻이 '장수'가 되고, 爿자로 인해 將軍(장군)·將星(장성)·大將(대장)·老將(노장)·守門將(수문장)·日就月將(일취월장)에서처럼 그 음이 '장'이 된 글자다.

獎 권면할 장

고 188 어문 4급 진흥 3급

원래 將자와 犬자가 합쳐진 글자다. 犬자로 인해 개[犬]가 사납게 짖도록 부추긴다는 뜻을 지녔으나 후에 大자로 바뀌어 쓰면서 부추기어 크게[大] 되도록 권면한다 하여 그 뜻이 '권면하다'가 되고, 將자로 인해 勸獎(권장)·褒獎(포장)·獎勵賞(장려상)·獎學金(장학금)에서처럼 그 음이 '장'이 된 글자다.

戕 죽일 장 (갑골문)

참고 103

戈자로 인해 창[戈]으로 죽인다 하여 '죽이다'의 뜻을 지니면서 爿자로 인해 '장'의 음을 지니게 된 글자다.

臧 착할 장

참고 104

臣자로 인해 신하[臣]의 심성이 착하다 하여 '착하다'의 뜻을 지니면서 戕자로 인해 '장'의 음을 지니게 된 글자다.

藏 감출 장

고 189 어문 3급 진흥 2급

艸(⺾)자로 인해 풀[艸] 속에 무언가 감춘다 하여 그 뜻이 '감추다'가 되고, 臧자로 인해 所藏(소장)·秘藏(비장)·包藏(포장)·沈藏(→ 김장)·藏書家(장서가)·無盡藏(무진장)·鳥盡弓藏(조진궁장)에서처럼 그 음이 '장'이 된 글자다.

臟 오장 장

고 190 어문 3급 진흥 2급

肉(月)자로 인해 살[肉]이 붙어 있는 인체 속의 중요한 다섯 장기인 오장과 관련해 그 뜻이 '오장'이 되고, 藏자로 인해 心臟(심장)·肝臟(간장)·脾臟(비장)·肺臟(폐장)·腎臟(신장)·五臟六腑(오장육부)·臟器寄贈(장기기증)에서처럼 그 음이 '장'이 된 글자다.

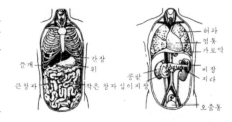

허파
염통
가로막
비장 지라
쓸개
간장
위
콩팥
큰창자
작은 창자 십이지장
오줌통

牆 담 장 (갑골문)

고 191 어문 3급 진흥 2급

곡물인 보리에서 비롯된 來[올 래 → 중 433 참고]자와 담을 두른 곳집에서 비롯된 回의 형태로 인해 곳집의 곡물을 아낀다 하는 嗇[아낄 색]자가 爿자와 합쳐진 글자다. 嗇자로 인해 사람이 아껴야[嗇] 하는 곡물이 저장된 곳집의 담과 관련해 그 뜻이 '담'이 되고, 爿자로 인해 牆外(장외)·牆壁(장벽)·越牆(월장)·面牆(면장)·牆有耳(장유이)·朽木糞牆(후목분장)에서처럼 그 음이 '장'이 된 글자다. 墻자는 동자(同字)다.

狀 형상 상
고 192 어문 4급 진흥 3급

犬자로 인해 희생물로 바쳐지는 개[犬]의 형상과 관련해 그 뜻이 '형상'이 되고, 뉘자로 인해 狀態(상태)·狀況(상황)·窮狀(궁상)·異狀(이상)·扇狀地(선상지)·波狀攻擊(파상공격)·情狀參酌(정상참작)에서처럼 그 음이 '상'이 된 글자다. 賞狀(상장)·行狀(행장)·狀啓(장계)·遺言狀(유언장)·連判狀(연판장)·徵集令狀(징집영장)에서처럼 '문서'의 뜻으로 쓰일 때는 그 음이 '장'으로 읽힌다.

牀 평상 상
고 193 어문 4급 진흥 3급

木자로 인해 나무[木]로 만든 평상과 관련해 그 뜻이 '평상'이 되고, 뉘자로 인해 臥牀(와상)·册牀(책상)·起牀(기상)·龍牀(용상)·同牀異夢(동상이몽)·臨牀試驗(임상시험)에서처럼 그 음이 '상'이 된 글자다. 床자는 속자(俗字)다.

色 빛 색
중 258 한국어문회 7급 한자진흥회 5급

	갑골문	금문	소전

앞사람을 뒷사람이 어르는 모습을 나타냈다. 어르는 과정에서 그 희비(喜悲)가 흔히 얼굴빛으로 드러난다 하여 그 뜻이 '빛'이 된 것으로 보이고, 色素(색소)·色盲(색맹)·紺色(감색)·女色(여색)·三原色(삼원색)·好色漢(호색한)·傾國之色(경국지색)에서 보듯 그 음이 '색'이 된 글자다.

卩 병부 절
참고 105

	갑골문	금문	소전

꿇어앉아 명령 받는 사람을 나타내면서 명령을 내릴 때에 필요한 물건인 병부와 관련해 그 뜻이 '병부'가 되고, 자신이 덧붙여져 음의 역할을 하는 節[마디 절]자처럼 그 음이 '절'이 된 글자다. 다른 글자에 덧붙여질 때는 卩의 형태로도 바뀌어 쓰인다.

節 마디 절
중 259 어문 5급 진흥 4급

卩자가 병부의 뜻으로 사용되다가 후에 그 뜻을 더욱 분명히 하기 위해 竹(⺮)자가 덧붙여지면서 대[竹]로 만든 패를 뜻하게 되었고, 다시 글자의 틀을 갖추기 위해 나중에 생긴 卽[곧 즉]자가 덧붙여진 글자다. 대로 만든 패는 대의 한 마디를 잘라 만들기에 결국 그 뜻이 '마디'가 되고, 卩자로 인해 符節(부절)·關節(관절)·季節(계절)·節氣(절기)·節約(절약)·換節期(환절기)·歲寒孤節(세한고절)에서처럼 그 음이 '절'이 된 글자다.

중 260 어문 4급 진흥 3급

絕 끊을 절 / **소전**

원래 糸자와 刀자, 그리고 卩(민)자가 합쳐진 글자이나 오늘날은 卩자가 잘못 변화되어 巴의 형태로 쓰인다. 糸자와 刀자로 인해 실[糸]을 칼[刀]로 끊는다 하여 그 뜻이 '끊다'가 되고, 그 형태가 변화되었지만 卩자로 인해 斷絕(단절)·根絕(근절)·絕筆(절필)·絕景(절경)·絕緣體(절연체)·空前絕後(공전절후)에서처럼 그 음이 '절'이 된 글자다.

중 261 한국어문회 5급 한자진흥회 4급

止 그칠 지 / **갑골문** / **금문** / **소전**

위로 향한 다섯 발가락을 셋으로 줄였지만 발을 나타내면서 다시 발이 움직이지 않고 그친 상태와 관련해 그 뜻이 '그치다'가 되고, 中止(중지)·沮止(저지)·止血(지혈)·止揚(지양)·止瀉劑(지사제)·止於止處(지어지처)·行動擧止(행동거지)에서 보듯 그 음이 '지'가 된 글자다.

고 194 어문 3급 진흥 3급

企 발돋움할 기

人자로 인해 사람[人]이 먼 곳을 보기 위해 발돋움한다 하여 그 뜻이 '발돋움하다'가 되고, 다시 止자로 인해 企圖(기도)·企劃(기획)·企業(기업)에서처럼 그 음이 '기'가 된 글자다.

중 262 어문 4급 진흥 4급

齒 이 치 / **갑골문**

원래 입 안의 위아래에 나란히 나 있는 이를 나타내면서 그 뜻이 '이'가 되고, 후에 덧붙여진 止자로 인해 齒牙(치아)·齒石(치석)·風齒(풍치)·義齒(의치)·永久齒(영구치)·亡子計齒(망자계치)·明眸皓齒(명모호치)에서처럼 그 음이 '치'가 된 글자다.

중 263 어문 3급 진흥 3급

之 갈 지 / **갑골문**

원래 止자와 같은 형태로 쓰였으나 후대에 오늘날처럼 변화되었다. 止자의 의미와 반대로 발을 움직여 간다 하여 그 뜻이 '가다'가 되고, 止자와 똑같이 居之半(거지반)·之東之西(지동지서)·感之德之(감지덕지)·一言之下(일언지하)·馬上得之(마상득지)에서처럼 그 음이 '지'가 된 글자다.

是 옳을 시 금문

중 264 어문 4급 진흥 4급

원래 해[日]가 싹[屮] 위로 떠오른 모양과 발[止]이 합쳐졌다고 여겨진 글자다. 그러나 후인들은 日자와 약간 변화된 正자가 합쳐져 언제나 변함없이 볼 수 있는 해에서 비롯된 日자와 바르다의 뜻을 지닌 正[바를 정]자로 인해 그 뜻이 '옳다'가 되었다고 여겼다. 그음은 그 형태가 약간 변했지만 止자로 인해 是非(시비)·是正(시정)·國是(국시)·本是(본시)·實事求是(실사구시)·言則是也(언즉시야)에서처럼 '시'가 된 것으로 보인다.

題 이마 제

중 265 어문 6급 진흥 5급

頁자로 인해 머리[頁]의 한 부위인 이마와 관련해 그 뜻이 '이마'가 되고, 是자로 인해 題目(제목)·問題(문제)·宿題(숙제)·謎題(미제)·命題(명제)·主題(주제)에서처럼 그 음이 '제'가 된 글자다.

提 끌 제

고 195 어문 4급 진흥 3급

手(扌)자로 인해 손[手]으로 잡아서 끈다 하여 그 뜻이 '끌다'가 되고, 是자로 인해 提携(제휴)·提起(제기)·提示(제시)·提高(제고)·提喩法(제유법)·菩提樹(→ 보리수)·前提條件(전제조건)에서처럼 그 음이 '제'가 된 글자다.

堤 방죽 제

고 196 어문 3급 진흥 3급

土자로 인해 흙[土]으로 쌓은 방죽과 관련해 그 뜻이 '방죽'이 되고, 是자로 인해 堤防(제방)·防波堤(방파제)·防潮堤(방조제)·輪中堤(윤중제)·碧骨堤(벽골제)에서처럼 그 음이 '제'가 된 글자다.

志 뜻 지 금문

중 266 어문 4급 진흥 4급

원래 止자와 心자가 합쳐진 글자였으나 후에 止자가 士의 형태로 바뀌었다. 心자로 인해 마음[心] 속에 품고 있는 뜻과 관련해 그 뜻이 '뜻'이 되고, 士의 형태로 바뀌었지만 止자로 인해 意志(의지)·同志(동지)·志學(지학)·志願(지원)·三國志(삼국지)·靑雲之志(청운지지)·初志一貫(초지일관)에서처럼 그 음이 '지'가 된 글자다.

誌 기록할 지

고 197 어문 4급 진흥 3급

言자로 인해 말[言]을 기록한다 하여 그 뜻이 '기록하다'가 되고, 志자로 인해 日誌(일지)·雜誌(잡지)·誌齡(지령)·誌上(지상)·同人誌(동인지)·書誌學(서지학)에서처럼 그 음이 '지'가 된 글자다.

市 저자 시  금문

중 267 어문 7급 진흥 5급

원래 止자와 八자와 丂[→ 참 140 참고]자가 어우러진 글자였다, 나누다의 뜻을 지닌 八자와 공교하다의 뜻을 지닌 丂자는 후대에 巾의 형태로 바뀌었지만 공교하게[丂] 만든 물건을 서로 나누는[八] 저자와 관련해 그 뜻이 '저자'가 된 것으로 보이고, 亠의 형태로 바뀌었지만 止자로 인해 市場(시장)·市販(시판)·波市(파시)·罷市(파시)·藥令市(약령시)·門前成市(문전성시)·柵門後市(책문후시)에서처럼 그 음이 '시'가 것으로 보인다.

寺 절 사 / 금문

중 268 어문 4급 진흥 4급

원래 止자와 又자가 합쳐진 글자였다. 오른손에서 비롯된 又자는 후에 점이 덧붙여져 寸자로 쓰였지만 법도에 따라 손수[又] 일을 행하는 관청과 관련되면서 다시 옛날 관청에서 서역 승려들을 모신 데서 결국 그 뜻이 '절'이 되고, 土의 형태로 변했지만 止자로 인해 寺刹(사찰)·寺址(사지)·山寺(산사)·末寺(말사)·男寺黨(남사당)에서처럼 그 음이 '사'가 된 글자다. '관청'의 뜻으로 쓰일 때는 司僕寺(사복시)·奉常寺(봉상시)에서처럼 '시'의 음으로 읽힌다.

時 때 시

중 269 어문 7급 진흥 5급

日자로 인해 예부터 해[日]를 보고 일정(一定)한 때를 짐작한 데서 그 뜻이 '때'가 되고, 寺자로 인해 時間(시간)·時刻(시각)·時調(시조)·時體(시체)·標準時(표준시)·二十五時(이십오시)·啐啄同時(줄탁동시)에서처럼 그 음이 '시'가 된 글자다.

詩 시 시

중 270 어문 4급 진흥 5급

言자로 인해 말[言]을 일정한 흐름을 지닌 운율(韻律)로 표현한 시와 관련해 그 뜻이 '시'가 되고, 寺자로 인해 詩人(시인)·詩聖(시성)·童詩(동시)·序詩(서시)·新體詩(신체시)·杜詩諺解(두시언해)에서처럼 그 음이 '시'가 된 글자다.

侍 모실 시

고 198 어문 3급 진흥 2급

人(亻)자로 인해 높은 사람[人]을 모신다 하여 그 뜻이 '모시다'가 되고, 寺자로 인해 侍女(시녀)·侍從(시종)·侍生(시생)·侍童(시동)·內侍(내시)·層層侍下(층층시하)에서처럼 그 음이 '시'가 된 글자다.

持 가질 지

중 271 어문 4급 진흥 4급

手(扌)자로 인해 손[手]에 가진다 하여 그 뜻이 '가지다'가 되고, 寺자로 인해 所持(소지)·矜持(긍지)·持病(지병)·持論(지론)·持參金(지참금)·現狀維持(현상유지)·持斧上疏(지부상소)에서처럼 그 음이 '지'가 된 글자다.

待 기다릴 대

중 272 어문 6급 진흥 4급

亻자로 인해 길[亻]에서 누군가 기다린다 하여 그 뜻이 '기다리다'가 되고, 寺자로 인해 待令(대령)·待望(대망)·期待(기대)·忽待(홀대)·待合室(대합실)·刮目相待(괄목상대)에서처럼 그 음이 '대'가 된 글자다.

特 특별할 특

중 273 어문 6급 진흥 4급

牛자로 인해 옛날 나라에서 큰 제사를 지낼 때에 새끼를 낳지 않는 수소[牛]를 특별히 희생물로 삼았던 데서 그 뜻이 '특별하다'가 되고, 特權(특권)·特技(특기)·奇特(기특)·獨特(독특)·特産物(특산물)·大書特筆(대서특필)에서처럼 그 음이 '특'이 된 글자다.

等 무리 등

중 274 어문 6급 진흥 5급

竹(⺮)자로 인해 옛날에 종이로 대용(代用)되었던 대[竹]쪽을 여러 개 평평하게 똑같은 모양으로 깎아 무리 지은 데서 그 뜻이 '무리'가 되고, 等分(등분)·等神(등신)·均等(균등)·平等(평등)·不等號(부등호)·其他等等(기타등등)·年分九等法(연분구등법)에서처럼 그 음이 '등'이 된 글자다.

| 참고
106 | 舛
어그러질 천 | 
금문 | 소전 |

두 발이 아래를 향해 어그러진 모습을 나타낸 데서 그 뜻이 '어그러지다'이고, 舛駁(천박)·舛逆(천역)에서처럼 그 음이 '천'인 글자다.

| 舜
순임금 순 | 소전 |

참고 107
덩굴에 나팔꽃이 이어져 핀 모양에서 원래 '나팔꽃'을 뜻했으나 후에 중국의 옛 임금인 '순임금'을 이르는 뜻을 지니게 되고, 舛 자로 인해 '순'의 음을 지니게 된 글자다.

| 瞬
눈 깜짝일 순 |

고 199 어문 3급 진흥 2급
目자로 인해 눈[目]을 깜짝인다 하여 그 뜻이 '눈 깜짝이다'가 되고, 舜자로 인해 一瞬(일순)·瞬間(순간)·瞬息間(순식간)·瞬發力(순발력)에서처럼 그 음이 '순'이 된 글자다.

| 참고
108 | 鬥
싸울 투 | 갑골문 | 소전 |

두 사람이 맨손으로 싸우는 모습을 나타낸 데서 그 뜻이 '싸우다'이고, 오늘날 자신을 대신해 사용되는 鬪[싸울 투]자처럼 그 음이 '투'인 글자다.

| 鬪
싸울 투 |

고 200 어문 4급 진흥 3급
본래 鬥자에 음의 역할을 하는 斲[깎을 착]자를 덧붙여 鬭자로 쓰다가 그 형태가 복잡하자 斲자를 斲의 형태로 줄이고 다시 尌의 형태로 바꿔 鬪자로 쓰면서 鬥자를 대신한 글자다. 鬪爭(투쟁)·鬪牋(투전)·戰鬪(전투)·花鬪(화투)·格鬪技(격투기)·孤軍奮鬪(고군분투)에서 보듯 그 음은 '투'가 되었다.

참고 109	匚	匚	匚	匚
상자 방		갑골문	금문	소전

한쪽이 터져 있는 상자를 나타낸 데서 그 뜻이 '상자'이고, 匣[갑 갑]·匠[장인 장]·匪[대상자 비]자에서처럼 부수의 역할을 하는 그 음이 '방'인 글자다.

참고 110		
길게 걸을 인		소전

사거리를 나타낸 行자의 왼쪽 절반 형태인 彳자를 변형시켜 놓은 글자다. 그러나 후대 사람들은 그 자형이 발을 나타냈다고 보고 '길게 걷다'의 뜻을 지닌다고 하였다. 그 음은 '인'이다.

참고 111	毋			
말 무		갑골문	금문	소전

여자 가슴 부분이 묶인 모양을 나타내면서 몸가짐을 조심하면서 행동을 함부로 하지 말라 하여 그 뜻이 '말다'이고, 毋自欺(무자기)에서처럼 그 음이 '무'인 글자다.

중 275 한국어문회 3급 한자진흥회 3급	瓦		
기와 와		금문	소전

고기비늘처럼 지붕에 줄지어 놓여 있는 기와를 나타낸 데서 그 뜻이 '기와'이고, 蓋瓦(개와)·瓦解(와해)·瓦當(와당)·瓦全(와전)·靑瓦臺(청와대)·鬼面瓦(귀면와)·弄瓦之慶(농와지경)에서 보듯 그 음이 '와'인 글자다.

124

중 276			
한국어문회 7급	自		
한자진흥회 7급	스스로 자	갑골문	금문	소전

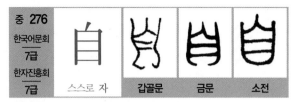

코를 나타냈으나 대부분 얼굴 가운데 코 부분을 향해 자기 스스로를 가리킨다 하여 그 뜻이 '스스로'가 되고, 自己(자기)·自身(자신)·自我(자아)·自炊(자취)·自矜心(자긍심)·自繩自縛(자승자박)·自重自愛(자중자애)에서 보듯 그 음이 '자'가 된 글자다.

중 277		
한국어문회 5급	鼻	
한자진흥회 4급	코 비	소전

코를 나타낸 自 자가 스스로의 뜻으로 쓰이게 되자 다시 음의 역할을 하는 畀[줄 비]자를 덧붙여 그 뜻 '코'를 대신하고, 畀자의 음처럼 鼻音(비음)·鼻祖(비조)·鼻炎(비염)·鼻腔(비강)·耳目口鼻(이목구비)·耳鼻咽喉科(이비인후과)에서 보듯 그 음이 '비'가 된 글자다.

고 201			
한국어문회 3급	舟		
한자진흥회 3급	배 주	갑골문	금문	소전

여러 조각의 나무판자가 붙여진 배를 나타낸 데서 그 뜻이 '배'이고, 方舟(방주)·一葉片舟(일엽편주)·刻舟求劍(각주구검)·呑舟之魚(탄주지어)·吳越同舟(오월동주)에서 보듯 그 음이 '주'인 글자다.

중 278			
한국어문회 6급	角		
안사신흥회 4급	뿔 각	갑골문	금문	소전

투박하고 거친 뿔을 나타낸 데서 그 뜻이 '뿔'이고, 頭角(두각)·總角(총각)·角膜(각막)·角逐(각축)·骨角器(골각기)·蝸角之爭(와각지쟁)·角者無齒(각자무치)에서처럼 그 음이 '각'인 글자다.

중 279 한국어문회 5급 한자진흥회 4급	赤 붉을 적	갑골문	금문	소전

팔과 다리를 크게 벌리고 있는 사람과 타오르는 불을 나타내
면서 사람의 얼굴빛이 불로 인해 붉어진다 하여 그 뜻이 '붉
다'가 되고, 赤色(적색)·赤字(적자)·赤化(적화)·赤道(적도)·赤信號(적신호)·赤裸裸
(적나라)·赤貧無依(적빈무의)에서처럼 그 음이 '적'이 된 글자다.

중 280 한국어문회 6급 한자진흥회 5급	風 바람 풍	갑골문	소전

바람과 밀접한 돛[凡 → 중 506 참고]과 봉황새[鳳]로 눈
에 보이지 않는 바람을 나타낸 데서 그 뜻이 '바람'이 되고,
颱風(태풍)·中風(중풍)·風水(풍수)·風疹(풍진)·秋風扇(추풍
선)·貿易風(무역풍)·風前燈火(풍전등화)·無風地帶(무풍
지대)에서 보듯 그 음이 '풍'이 된 글자다. 후에
봉황새의 형상이 뱀의 형상에서 비롯된 虫자로 바
뀌었다.

중 281 한국어문회 4급 한자진흥회 4급	骨 뼈 골	갑골문	소전

원래 금이 간 뼈를 나타내면서 그 뜻이 '뼈'가 되고, 骨子(골자)·骨折(골절)·骸骨
(해골)·叛骨(반골)·骨董品(골동품)·骨生員(골생원)·刻骨難忘(각골난망)·鷄卵有骨(계
란유골)에서 보듯 그 음이 '골'이 된 글자다. 후에 살을 나타내는 肉(月)자를 덧붙
이면서 그 뜻을 더욱 분명히 했다.

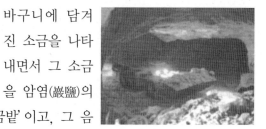

참고 112	鹵 소금밭 로	(금문)	(소전)
		금문	소전

바구니에 담겨진 소금을 나타내면서 그 소금을 암염(巖鹽)의

소금밭에서 얻었다 하여 그 뜻이 '소금밭'이고, 그 음이 '로'인 글자다. 鹵獲(노획) · 鹵掠(노략)에서 처럼 '노'의 음으로도 읽힌다.

고 202 한국어문회 3급 한자진흥회 3급	鹿 사슴 록			
		갑골문	금문	소전

머리에 뿔이 있는 사슴을 나타낸 데서 그 뜻이 '사

슴'이고, 馴鹿(순록) · 白鹿潭(백록담) · 指鹿爲馬(지록위마)에서 보듯 그 음이 '록'인 글자다. 鹿茸(녹용) · 鹿角(녹각)에서처럼 '녹'의 음으로도 읽힌다.

고 203 한국어문회 3급 한자진흥회 2급	鼓 북 고			
		갑골문	금문	소전

손[又]에 채[十의 형태]를 들고 치고 있는 북[壴]을 나타낸 데서 그 뜻이 '북'이고, 小鼓(소고) · 杖鼓(→ 장구) · 鼓吹(고취) · 鼓動(고동) ·

鼓笛隊(고적대) · 含哺鼓腹(함포고복)에서처럼 그 음이 '고'인 글자다.

고 204 한국어문회 4급 한자진흥회 3급	龍 용 룡			
		갑골문	금문	소전

머리 위의 뿔과 벌리고 있는 입과 세워진 긴 몸의 용을 나타낸 데서 그 뜻

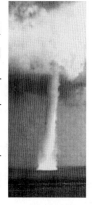

이 '용'이 뇌고, 土龍(토룡) · 靑龍(청룡) · 海龍(해룡) · 袞龍袍(곤룡포) · 畫龍點睛(화룡점정)에서 보듯 그 음이 '룡'이 된 글자다. 龍沼(용소) · 龍床(용상) · 龍顔(용안) · 龍鬚鐵(용수철) · 龍頭蛇尾(용두사미)에서처럼 '용'의 음으로도 읽힌다.

고 205 한국어문회 3급 한자진흥회 2급		갑골문	금문	소전
거북 귀				

머리와 발과 갈라진 등이 있는 거북을 나타낸 데서 그 뜻이 '거북'이고, 龜鑑(귀감)·龜趺(귀부)·龜卜(귀복)·龜船(귀선)·龜毛兔角(귀모토각)에서 보듯 그 음이 '귀'인 글자다. 아울러 거북점의 계시(啓示)로 인해 이뤄진 '땅 이름'과 관련된 뜻일 때는 龜尾(구미)·龜旨歌(구지가)에서처럼 그 음이 '구'로, 거북의 갈라진 등처럼 '터지다'와 관련된 뜻일 때는 龜裂(균열)에서처럼 '균'으로 읽힌다.

Point Tip

부수 가운데 丿[삐칠 별]·亅[갈고리 궐]·亠[돼지해머리]·冂[멀 경]·凵[입 벌릴 감]·匸[감출 혜]·尢[절름발이 왕]·彑[돼지머리 계]·内[짐승 발자국 유]·韭[부추 구]·鬯[울창주 창]·黍[기장 서]·黹[바느질할 치]·黽[맹꽁이 맹]·鼠[쥐 서]자 등은 교육용 한자와 관련해 그 역할이 미미하기에 본서의 학습 한자에서 그 설명을 생략하였다.

부수 일람표

중 001	중 002	중 004	중 005				중 006	중 009	고 002
水	氵	立	口	心	忄	小	女	飛	羽
중 010		참 001	참 002	중 012	중 014	참 003	중 015	중 016	중 018
手	扌	釆	巾	父	比	广	車	非	日
중 019	중 020	중 025	중 026	참 004	고 010	중 028	중 029	중 030	중 032
目	生	石	日	疒	矢	言	舌	音	耳
참 005	중 034	참 006	중 036	중 037	중 040		고 015	참 007	
糸	入	宀	木	子	老	耂	齊	攴	夊
중 041	참 008	참 009	중 043	참 010	중 046	고 018	중 049	참 011	참 013
貝	夂	夊	至	侖	斗	禾	香	丨	瓜
중 051	고 022	중 052	중 053		참 015	중 054	고 026	중 057	중 058
身	穴	弓	長	镸	頁	豆	麻	力	雨
참 016	중 061	참 017	중 062	중 065	참 019		중 066	중 068	중 069
矛	田	耒	門	文	艸	⺾	魚	一	二
중 070	중 071	중 072		중 077		참 021	중 081	중 084	
八	十	人	亻	足	⻊	丶	支	玉	王
참 022	중 085	중 087	참 023		중 089		참 024	중 091	참 026
儿	見	示	阜	阝	邑	阝	廾	行	彳

참 026 辵	辶	고 043 斤	중 093 米	참 027 殳	참 028 癶	중 096 白	중 098 走	고 052 卜	중 100 士
중 102 山	참 031 彡	참 032 髟	참 033 疋	正	중 105 食	중 106 辛	중 109 氏	중 112 羊	중 115 大
참 039 幺	중 120 用	참 041 口	참 042 韋	참 043 缶	중 124 肉	月	중 126 月	중 127 夕	중 128 衣
衤	참 045 鼎	중 132 辰	중 133 巛	川	참 046 虫	중 136 馬	참 047 爪	爫	중 137 青
중 144 乙	중 145 鳥	참 050 隹	중 151 土	참 052 勹	중 154 革	중 155 皮	참 054 厂	참 056 宀	중 161 牛
고 093 玄	참 057 爻	중 164 火	灬	중 165 犬	犭	참 059 欠	중 167 谷	중 171 工	고 105 鬼
중 176 金	참 061 旡	중 179 刀	刂	중 182 里	참 062 网	罒	四	참 064 皿	중 184 血
중 185 小	고 128 牙	참 066 歹	歺	중 192 酉	참 068 弋	중 198 又	참 069 屮	중 203 竹	⺮
중 204 寸	참 073 戈	참 074 几	참 075 豕	참 076 虍	중 210 戶	중 212 黃	중 214 黑	중 216 干	참 084 豸

부수 일람표

참 085	중 223	참 087	중 225	중 226	참 088	중 228	참 089	중 233	참 091
艮	甘	鬲	毛	高	臼	己	气	方	尸

참 092	참 094	참 095	중 244	중 246	중 247	참 098	참 100	중 253	참 101
匕	冫	厶	首	面	臣	两	聿	而	隶

중 254	중 255	참 102	중 258	참 105		중 261	참 106	참 108	참 109
麥	片	爿	色	卩	巳	止	舛	鬥	匸

참 110	참 111	중 275	중 276	중 277	고 201	중 278	중 279	중2 80	중 281
夊	毋	瓦	自	鼻	舟	角	赤	風	骨

참 112	고 202	고 203	고 204	고 205
鹵	鹿	鼓	龍	龜

지금까지 설명된 부수(部首)는 차후(此後)에 설명되는 모든 한자의 선수(先手) 학습 한자입니다. 예컨대 이후 맨 처음 설명된 加(力+口)자와 다시 加자가 덧붙여져 음의 역할을 하는 架(加+木)나 賀(加+貝)자에 보이는 力·口·木·貝자가 모두 부수로 선수 학습해야 할 한자인 것입니다. 차후 모든 한자를 쉽고, 빠르고, 재미있게 익히기 위해서는 이들 부수의 완전학습이 꼭 필요합니다.
부수를 좀 더 자세히 알고 싶으신 분은 부수 관련 서적(학민사 출간-부수를 알면 한자가 보인다/부수로 한자 정복하기)이나 부수 관련 프로그램(www.hanja.tv)을 참고 바랍니다.

ㄱᄂᆞᆫ 牙ᅌᅡᆼ音ᅙᅳᆷ이니 如ᅀᅧᆼ君군ㄷ字ᄍᆞᆼ 初총發벓聲셩ᄒᆞ니 並뼝書셩ᄒᆞ면 如ᅀᅧᆼ虯뀨ᇢ봉字ᄍᆞᆼ 初총發벓聲셩ᄒᆞ니라 牙ᅌᅡᆼᄂᆞᆫ 어미라 如ᅀᅧᆼᄂᆞᆫ ᄀᆞᄐᆞᆯ 씨라 初총發벓聲셩은 처ᅀᅥᆷ 펴아 나ᄂᆞᆫ 소리라 並뼝書셩ᄂᆞᆫ ᄀᆞᆯᄫᅡ 쓸 씨라

ㄱᄂᆞᆫ 엄쏘리니 君군ㄷ字ᄍᆞᆼ 처ᅀᅥᆷ 펴아 나ᄂᆞᆫ 소리 ᄀᆞᄐᆞ니 ᄀᆞᆯᄫᅡ 쓰면 虯뀨ᇢ봉字ᄍᆞᆼ 처ᅀᅥᆷ 펴아 나ᄂᆞᆫ 소리 ᄀᆞᄐᆞ니라

ㄱ

중 282 한국어문회 5급 한자진흥회 4급	加 더할 가	금문	소전

쟁기[力]로 부지런히 일하는 사람에게 입[口]으로 칭찬의 말을 해 힘을
더한다 하여 그 뜻이 '더하다'이고, 加減(가감)·加油(가유)·添加(첨
가)·增加(증가)·加一層(가일층)·走馬加鞭(주마가편)·諸加會議
(제가회의)에서 보듯 그 음이 '가'인 글자다.

架
시렁 가

고 206 어문 3급 진흥 3급

木자로 인해 물건을 얹어 놓기 위해 벽과 벽 사이에 건너질러 놓는 나무[木]인 시
렁과 관련해 그 뜻이 '시렁'이 되고, 加자로 인해 架空(가공)·架橋(가교)·書架(서
가)·高架(고가)·十字架(십자가)·開架式(개가식)·屋上架屋(옥상가옥)에서 보듯 그
음이 '가'가 된 글자다.

賀
하례할 하

중 283 어문 3급 진흥 3급

貝자로 인해 돈[貝]과 같은 귀한 재물을 바치면서
경사스런 일에 대해 하례한다 하여 그 뜻이 '하례
하다'가 되고, 加자로 인해 祝賀(축하)·賀客(하
객)·年賀狀(연하장)·謹賀新年(근하신년)·新年賀禮
式(신년하례식)에서처럼 그 음이 '하'가 된 글자다.

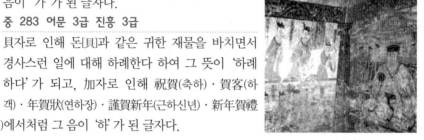

중 284 한국어문회 5급 한자진흥회 4급	可 옳을 가	갑골문	금문	소전

口자와 도끼 자루[丁의 형태]가 합쳐진 글자다. 口자로 인해 입[口]으로
옳다고 여기는 말을 한다 하여 그 뜻이 '옳다'이고, 후에 도끼 자루를 나타내기
위해 만들어진 柯[자루 가]자처럼 可否(가부)·可望(가망)·許可(허가)·制可(제가)·
可及的(가급적)·可口可樂(가구가락)에서 보듯 그 음이 '가'인 글자다.

歌
노래 가

중 285 어문 7급 진흥 5급

哥(가)자가 원래 노래를 뜻했으나 후에 金哥(김가)나 李哥(이가)에서처럼 흔히 성
(姓) 밑에 붙여 쓰게 되자 그 뜻 '노래'를 더욱 분명히 하기 위해 欠자가 덧붙여지
고, 哥자와 같이 歌謠(가요)·歌手(가수)·輓歌(만가)·謳歌(구가)·愛國歌(애국가)·
四面楚歌(사면초가)·高聲放歌(고성방가)에서처럼 그 음이 '가'인 글자다.

河
강 이름 하

水(氵)자로 인해 청해성(靑海省)의 암네마친 산맥으로부터 발원하여 발해(渤海)로 흘러드는 물[水]인 황하(黃河)란 강 이름과 관련해 그 뜻이 '강 이름'이 되고, 可자로 인해 黃河(황하)·運河(운하)·河馬(하마)·河川(하천)·銀河水(은하수)·河水盆(→ 화수분)·百年河淸(백년하청)·大河小說(대하소설)에서처럼 그 음이 '하'가 된 글자다.

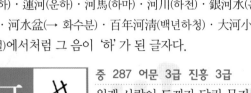

何
어찌 하 | 갑골문

원래 사람이 도끼가 달린 무기의 자루를 짊어진 모습을 나타냈으나 후에 사람[人]의 동작과 관련이 있는 그 뜻 '어찌'에 영향을 미치는 人(亻)자와 그 음 '하'에 영향을 미치는 可자가 합쳐진 형태로 바뀌어 쓰이게 된 글자다. 誰何(수하)·何必(하필)·何如歌(하여가)·如何間(여하간)·抑何心情(억하심정)·六何原則(육하원칙)·精神一到何事不成(정신일도하사불성)의 말에 쓰인다.

荷
연 하

艸(⺌)자로 인해 수련과에 속하는 여러해살이 물풀[艸]인 연(연꽃)과 관련해 그 뜻이 '연(연꽃)'이 되고, 何자로 인해 薄荷(박하)·荷重(하중)·手荷物(수하물)·船荷證券(선하증권)·賊反荷杖(적반하장)에서처럼 그 음이 '하'가 된 글자다. 나중에 何자의 본래 의미를 대신하면서 '짊어지다'나 '짐'의 뜻을 지니기도 한다.

奇
기이할 기

大자로 인해 일반적인 형태보다 기이하게 크다[大] 하여 그 뜻이 '기이하다'가 되고, 可자로 인해 奇行(기행)·奇人(기인)·新奇(신기)·怪奇(괴기)·好奇心(호기심)·獵奇的(엽기적)·奇想天外(기상천외)에서처럼 그 음이 '기'가 된 글자다.

寄
붙어살 기

宀자로 인해 집[宀]에 붙어산다 하여 그 뜻이 '붙어살다'가 되고, 奇자로 인해 寄居(기거)·寄別(기별)·寄贈(기증)·寄生蟲(기생충)·寄宿舍(기숙사)·寄附金(기부금)에서처럼 그 음이 '기'가 된 글자다.

騎
말 탈 기

馬자로 인해 말[馬]을 탄다 하여 그 뜻이 '말 타다'가 되고, 奇자로 인해 騎士(기사)·騎手(기수)·騎兵隊(기병대)·騎馬戰(기마전)·匹馬單騎(필마단기)·騎虎之勢(기호지세)에서처럼 그 음이 '기'가 된 글자다.

참고 113	빌릴 가	금문	소전

언덕에서 취한 광석(鑛石)의 조각[=의 형태]을 위아래 두 손을 빌려 옮기는 모습을 나타낸 데서 그 뜻이 '빌리다'가 된 것으로 보이고, 자신이 덧붙여져 음의 역할을 하는 假[거짓 가]·暇[겨를 가]자처럼 그 음이 '가'가 된 글자다.

假

거짓 가

중 288 어문 4급 진흥 4급

人(亻)자로 인해 다른 사람[人]에게 무언가 임시로 빌린다는 데서 다시 그 의미가 확대되어 그 뜻이 '거짓'이 되고, 叚자로 인해 假借(가차)·假名(가명)·假家(→ 가게)·假縫(가봉)·假釋放(가석방)·假傳體(가전체)·狐假虎威(호가호위)·征明假道(정명가도)에서처럼 그 음이 '가'가 된 글자다.

暇

겨를 가

고 211 어문 4급 진흥 3급

日자로 인해 잠시 동안의 한가한 시간[日]인 겨를과 관련해 그 뜻이 '겨를'이 되고, 叚자로 인해 閑暇(한가)·餘暇(여가)·休暇(휴가)·年暇(연가)·病暇(병가)·産暇(산가)·公暇(공가)에서처럼 그 음이 '가'가 된 글자다.

중 289 한국어문회 7급 한자진흥회 5급	家 집 가	갑골문	금문	소전

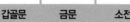

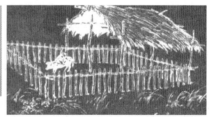

가축인 돼지[豕]와 더불어 사는 집[宀]을 나타내면서 그 뜻이 '집'이 되고, 家庭(가정)·家宅(가택)·出家(출가)·大家(대가)·家家禮(가가례)·家政經濟(가정경제)·諸子百家(제자백가)·東家食西家宿(동가식서가숙)에서처럼 그 음이 '가'가 된 글자다. 집에 돼지가 표현된 것은 옛날 집이 가축과 더불어 살아야 할 정도로 열악했기 때문이며, 소나 양은 풀을 먹어 방목(放牧)하는 데 비해 돼지는 사람이 먹고 남은 음식이나 분뇨(糞尿)까지 처리해 주기 때문이다.

중 290 한국어문회 6급 한자진흥회 5급	各 각각 각	갑골문	금문	소전

아래쪽을 향해 발[夂]이 움집 입구[口의 형태]로 들어가는 모습을 나타낸 글자다. 옛날 움집의 입구는 비좁아 한 사람 정도만 각각 드나들 수 있었으므로 그 뜻이 '각각'이 되고, 各自(각자)·各國(각국)·各房(각방)·各論(각론)·各方面(각방면)·各樣各色(각양각색)·各界各層(각계각층)에서 보듯 그 음이 '각'이 된 글자다.

閣 누각 각
고 212 어문 3급 진흥 2급

門자로 인해 문[門]의 양편에 세운 기둥을 이르는 '문설주'와 관련된 뜻을 지니면서 다시 문설주가 있는 큰 집인 누각과 관련해 그 뜻이 '누각'이 되고, 各자로 인해 殿閣(전각)·鐘閣(종각)·閣下(각하)·閣僚(각료)·奎章閣(규장각)·普信閣(보신각)·空中樓閣(공중누각)에서처럼 그 음이 '각'이 된 글자다.

格 바로잡을 격
고 213 어문 5급 진흥 3급

木자로 인해 원래 나무[木]의 '가지'를 뜻했으나 나중에 다시 나무의 가지가 곧게 자라도록 바로잡는다 하여 그 뜻이 '바로잡다'가 되고, 各자로 인해 格式(격식)·格言(격언)·性格(성격)·合格(합격)·格納庫(격납고)·破格的(파격적)·格物致知(격물치지)에서처럼 그 음이 '격'이 된 글자다.

客 손 객
중 291 어문 5급 진흥 4급

宀자로 인해 집[宀]에 온 손(손님)과 관련해 그 뜻이 '손'이 되고, 各자로 인해 賓客(빈객)·主客(주객)·食客(식객)·顧客(고객)·賞春客(상춘객)·百年之客(백년지객)·綠林豪客(녹림호객)에서처럼 그 음이 '객'이 된 글자다.

額 이마 액
고 214 어문 4급 진흥 3급

頁자로 인해 머리[頁]의 이마와 관련해 그 뜻이 '이마'가 되고, 客자로 인해 額子(액자)·額數(액수)·扁額(편액)·金額(금액)·賜額書院(사액서원)·外貨保有額(외화보유액)에서처럼 그 음이 '액'이 된 글자다.

絡 이을 락
고 215 어문 3급 진흥 2급

糸자로 인해 실[糸]을 서로 잇는다 하여 그 뜻이 '잇다'가 되고, 各자로 인해 連絡(연락)·脈絡(맥락)·羅絡(나락)·籠絡(농락)·經絡(경락)·絡蹄(→ 낙지)에서처럼 그 음이 '락'이 된 글자다.

洛 강 이름 락

참고 114

水(氵)자로 인해 황하(黃河)로 흘러 들어가는 물[水]인 낙수(洛水)라는 강 이름과 관련해 '강 이름'의 뜻을 지니고, 各자로 인해 '락'의 음으로 읽히게 된 글자다.

落 떨어질 락

중 292 어문 5급 진흥 4급

艸(艹)자로 인해 식물[艸]의 잎이 떨어진다 하여 그 뜻이 '떨어지다'가 되고, 各자가 음의 역할을 하는 洛자로 인해 落書(낙서)·落榜(낙방)·墮落(타락)·墜落(추락)·落下傘(낙하산)·落花流水(낙화유수)·落木空山(낙목공산)에서처럼 그 음이 '락'이 된 글자다.

略 간략할 략

고 216 어문 4급 진흥 3급

田자로 인해 농사를 짓는 데 편리하도록 밭[田]과 같은 농토(農土)의 경계를 간략하게 정리한다 하여 그 뜻이 '간략하다'가 되고, 各자로 인해 略少(약소)·略圖(약도)·省略(생략)·戰略(전략)·槪略的(개략적)·黨利黨略(당리당략)·政略結婚(정략결혼)에서처럼 그 음이 '략'이 된 글자다.

路 길 로

중 293 어문 6급 진흥 5급

足(⻊)자로 인해 발[足]로 편안히 걸어 다닐 수 있도록 한 길과 관련해 그 뜻이 '길'이 되고, 各자로 인해 道路(도로)·隘路(애로)·岐路(기로)·言路(언로)·新作路(신작로)·迂廻路(우회로)·一路邁進(일로매진)·坦坦大路(탄탄대로)에서처럼 그 음이 '로'가 된 글자다.

露 이슬 로

중 294 어문 3급 진흥 3급

雨자로 인해 비[雨]처럼 기상현상에 의해서 발생된 이슬과 관련해 그 뜻이 '이슬'이 되고, 路자로 인해 朝露(조로)·綻露(탄로)·露出(노출)·露店(노점)·披露宴(피로연)·風餐露宿(풍찬노숙)·草露人生(초로인생)에서처럼 그 음이 '로'가 된 글자다.

참고 115 껍질 각 / 갑골문 / 소전

위쪽 끝이 갈라져 있는 기구에 곡물을 친다[殳]는 뜻을 나타내면서 다시 곡물을 쳐서 벗겨낸 껍질과 관련해 그 뜻이 '껍질'이 되고, 나중에 자신을 대신한 貝殼(패각)·甲殼類(갑각류)·地殼運動(지각운동)의 殼[껍질 각]자처럼 그 음이 '각'이 된 글자다.

穀
곡식 곡

禾자로 인해 벼[禾]가 낱알이 달린 모든 곡식을 대표한 데서 그 뜻이 '곡식'이 되고, 殼자로 인해 穀物(곡물)·穀酒(곡주)·糧穀(양곡)·脫穀(탈곡)·防穀令(방곡령)·秋穀收買(추곡수매)에서처럼 그 음이 '곡'이 된 글자다.

┌─────┐
│ 참고 │
│ 116 │
└─────┘

聞 閒 閑

사이 간　**금문**　**소전**

문[門] 사이로 달[月]이 보이는 한가로운 풍경을 나타낸 데서 그 뜻이 '사이'나 '한가하다'이고, 후에 대체되어 쓰인 間[사이 간]자나 閑[한가할 한]자처럼 그 음이 '간'이나 '한'인 글자다.

間
사이 간

聞자에 쓰인 月자 대신에 日자를 덧붙이면서 햇볕[日]이 문[門] 사이로 비치는 모양에서 그 뜻이 '사이'가 되고, 人間(인간)·無間(무간)·幕間(막간)·這間(저간)·瞥眼間(별안간)·倉卒之間(창졸지간)·草家三間(초가삼간)에서처럼 그 음이 '간'이 된 글자다.

簡
대쪽 간

竹자로 인해 종이가 없었던 옛날에 대나무[竹]를 쪼개 글을 쓰는 데 사용했던 대쪽과 관련해 그 뜻이 '대쪽'이 되고, 間자로 인해

竹簡(죽간)·簡牘(간독)·簡潔(간결)·簡略(간략)·書簡文(서간문)·內簡體(내간체)·簡單明瞭(간단명료)에서처럼 그 음이 '간'이 된 글자다.

閑
한가할 한

聞자에 쓰인 月자 대신에 木자를 덧붙이면서 문[門] 입구를 나무[木] 빗장으로 막아 출입이 없이 한가롭다 하여 그 뜻이 '한가하다'가 되고, 閑寂(한적)·

閑良(한량)·閑散(한산)·閑職(한직)·忙中閑(망중한)·有閑階級(유한계급)에서처럼 그 음이 '한'이 된 글자다.

참고 117	柬 가릴 간	금문	소전

무언가 가려 담고 양쪽을 묶은 자루를 나타낸 데서 그 뜻이 '가리다'이고, 나중에 그 뜻을 더욱 분명히 하기 위해 手(扌)자가 덧붙여진 分揀(분간)·揀擇(간택)의 揀[가릴 간]자처럼 그 음이 '간'인 글자다.

闌
가로막을 란

참고 118
門자로 인해 문[門] 앞을 나무로 가로막는다 하여 '가로막다'의 뜻을 지니고, 柬자로 인해 '란'의 음으로 읽히는 글자다.

欄
난간 란

고 218 어문 3급 진흥 2급
木자로 인해 밖으로 벗어나지 못하도록 가장자리를 둘러막는 나무[木]인 난간과 관련해 그 뜻이 '난간'이 되고, 闌자로 인해 欄干(난간)·空欄(공란)·求人欄(구인란)·備考欄(비고란)·讀者欄(독자란)·參考欄(참고란)에서처럼 그 음이 '란'이 된 글자다.

蘭
난초 란

고 219 어문 3급 진흥 2급
艸(艹)자로 인해 관상용(觀賞用)의 식물[艹]인 난초와 관련해 그 뜻이 '난초'가 되고, 闌자로 인해 風蘭(풍란)·木蘭(목란)·春蘭(춘란)·洋蘭(양란)·君子蘭(군자란)·芝蘭之交(지란지교)·金蘭之契(금란지계)에서처럼 그 음이 '란'이 된 글자다.

練
익힐 련

중 298 어문 5급 진흥 4급
糸자로 인해 모시나 명주의 실[糸]로 짠 옷감을 부드럽게 하기 위해 잿물로 삶아 익힌다 하여 그 뜻이 '익히다'가 되고, 柬자로 인해 熟練(숙련)·洗練(세련)·訓練(훈련)·未練(미련)·修練會(수련회)·練兵場(연병장)에서처럼 그 음이 '련'이 된 글자다.

鍊
단련할 련

고 220 어문 3급 진흥 2급
金자로 인해 기구(器具) 등을 만들기 위해 불에 달군 쇠[金]를 두드려서 튼튼하게 단련한다 하여 그 뜻이 '단련하다'가 되고, 柬자로 인해 鍛鍊(단련)·敎鍊(교련)·訓鍊(훈련)·試鍊(시련)·製鍊所(제련소)·鍊金術(연금술)에서처럼 그 음이 '련'이 된 글자다.

중 299
한국어문회
4급
한자진흥회
4급
볼 간

손[手]을 눈[目] 위에 얹고 무언가 자세하게 보는 모습을 나타낸 데서 그 뜻이 '보다'가 되고, 看守(간수)·看過(간과)·看板(간판)·看做(간주)·看護師(간호사)·走馬看山(주마간산)에서처럼 그 음이 '간'이 된 글자다.

고 221
한국어문회
3급
한자진흥회
3급
간사할 간

여자[女]들이 모여서 사사로운 일을 행하고 있음을 나타내면서 다시 사사로운 일을 행한다는 것이 간사하다 하여 결국 그 뜻이 '간사하다'가 되고, 姦邪(간사)·姦臣(간신)·姦雄(간웅)·姦凶(간흉)·姦惡(간악)에서처럼 그 음이 '간'이 된 글자다.

참고 119
교묘히 새길 갈

벽이나 나무에 어떤 약속이나 사건을 기억하기 위한 표시[丯]를 칼[刀]로 교묘히 새긴다 하여 그 뜻이 '교묘히 새기다'이고, 그 음이 '갈'인 글자다.

참고 120

헤아릴 혈

糸자로 인해 실[糸]의 길이를 헤아린다 하여 그 뜻이 '헤아리다'가 되고, 㓞자로 인해 그 음이 '혈'이 된 글자다.

중 300 어문 4급 진흥 3급

깨끗할 결

水(氵)자로 인해 물[水]이 깨끗하다 하여 그 뜻이 '깨끗하다'가 되고, 絜자로 인해 淨潔(정결)·不潔(불결)·純潔(순결)·清潔(청결)·潔癖症(결벽증)·清廉潔白(청렴결백)에서처럼 그 음이 '결'이 된 글자다.

고 222 어문 3급 진흥 3급

맺을 계

원래 㓞자와 木자가 합쳐져 契로 쓰였는데, 후에 木자가 人의 형태로 바뀌있나. 木자로 인해 나무[木] 위에 새겨서 서로 약속을 맺는다 하여 그 뜻이 '맺다'가 되고, 㓞자로 인해 契約(계약)·契主(계주)·默契(묵계)·甲契(갑계)·金石之契(금석지계)·斷金之契(단금지계)에서처럼 그 음이 '계'가 된 글자다. 契丹(글단 → 거란)에서처럼 '종족 이름'을 뜻할 때는 '글'의 음으로 읽는다.

고 223 한국어문회 **4급** 한자진흥회 **3급**	監	갑골문 이미지	금문 이미지	소전 이미지
	볼 감	갑골문	금문	소전

사람이 눈으로 물이 담긴 그릇에 비친 자신을 보는 모습에서 그 뜻이 '보다'이고, 監視(감시)·監司(감사)·令監(영감)·大監(대감)·國子監(국자감)·上監媽媽(상감마마)·國政監査(국정감사)에서 보듯 그 음이 '감'인 글자다.

鑑 거울 감

고 224 어문 3급 진흥 2급

金자로 인해 옛날 구리 등의 쇠[金]로 만든 그릇에 물을 담아 거울로 사용했던 데서 그 뜻이 '거울'이 되고, 監자로 인해 龜鑑(귀감)·印鑑(인감)·鑑賞(감상)·鑑定(감정)·鑑別師(감별사)·殷鑑不遠(은감불원)·明心寶鑑(명심보감)에서처럼 그 음이 '감'이 된 글자다.

覽 볼 람

고 225 어문 4급 진흥 3급

見자로 인해 자세하게 본다[見] 하여 그 뜻이 '보다'가 되고, 형태가 약간 변했지만 監자로 인해 觀覽(관람)·惠覽(혜람)·回覽(회람)·遊覽(유람)·展覽會(전람회)·一覽表(일람표)·博覽强記(박람강기)에서처럼 그 음이 '람'이 된 글자다. 览자는 속자(俗字)다.

濫 넘칠 람

고 226 어문 3급 진흥 2급

水(氵)자로 인해 물[水]이 넘친다 하여 그 뜻이 '넘치다'가 되고, 監자로 인해 氾濫(범람)·猥濫(외람)·濫用(남용)·濫觴(남상)·濫伐(남벌)에서처럼 그 음이 '람'이 된 글자다.

鹽 소금 염

고 227 어문 3급 진흥 2급

鹵자로 인해 짠맛이 나는 조미료인 소금[鹵]과 관련해 그 뜻이 '소금'이 되고, 일부가 생략되었지만 監자로 인해 鹽田(염전)·鹽醬(염장)·竹鹽(죽염)·巖鹽(암염)·食鹽水(식염수)·天日鹽(천일염)에서처럼 그 음이 '염'이 된 글자다.

| 중 301
한국어문회
4급
한자진흥회
3급 | 敢
감히 감 | 갑골문 | 금문 | 소전 |

손에 사냥의 도구를 들고 사나운 동물을 잡으려는 모습을 나타내면서 맹수를 사냥하는 일은 용감(勇敢)한 사람만 감히 할 수 있다 하여 그 뜻이 '감히'가 되고, 敢行(감행) · 敢然(감연) · 勇敢(용감) · 果敢(과감) · 敢鬪賞(감투상) · 焉敢生心(언감생심) · 不敢請固所願(불감청고소원)에서 보듯 그 음이 '감'이 된 글자다.

참고 121

厰
낭떠러지 암

厂자로 인해 언덕[厂]의 낭떠러지와 관련해 그 뜻이 '낭떠러지'가 되고, 敢자로 인해 그 음이 '암'이 된 글자다.

중 302 어문 4급 진흥 3급

嚴
엄할 엄

바위가 널려 있는 모양을 나타낸 吅의 형태로 인해 바위[吅]가 많이 널린 언덕에서 잘못되지 않도록 엄하게 단속한다 하여 그 뜻이 '엄하다'가 되고, 厰자로 인해 嚴峻(엄준) · 嚴格(엄격) · 莊嚴(장엄) · 至嚴(지엄) · 戒嚴令(계엄령) · 嚴妻侍下(엄처시하)에서처럼 그 음이 '엄'이 된 글자다.

중 303 어문 3급 진흥 3급

巖
바위 암

山자로 인해 험준한 산[山]에 쌓여 있는 바위와 관련해 그 뜻이 '바위'가 되고, 嚴자로 인해 巖石(암석) · 巖盤(암반) · 大王巖(대왕암) · 落花巖(낙화암) · 巖穴之士(암혈지사) · 千巖萬壑(천암만학)에서처럼 그 음이 '암'이 된 글자다.

| 중 304
한국어문회
4급
한자진흥회
4급 | 甲
첫째 천간 갑 | 갑골문 | 금문 | 소전 |

상대의 무기를 막는 방패를 나타내면서 다시 '갑옷'의 뜻을 지니나 후대로 내려오면서 첫째 천간을 가리키는 데 빌려 쓰이면서 그 뜻이 '첫째 천간'이 되고, 甲板(갑판) · 甲種(갑종) · 同甲(동갑) · 六甲(육갑) · 殊勳甲(수훈갑) · 甲狀腺(갑상선) · 甲骨文字(갑골문자)에서처럼 그 음이 '갑'이 된 글자다. 후에 十자와 구분이 어렵게 되자 미늘 주위를 더 표현해 田의 형태처럼 쓰다 다시 변화되어 결국 오늘날처럼 쓰고 있다.

押

누를 압

手(扌)자로 인해 손[手]으로 누른다 하여 그 뜻이 '누르다'가 되고, 甲자로 인해 押留(압류)·押送(압송)·押收(압수)·押釘(압정)·差押(차압)에서처럼 그 음이 '압'이 된 글자다.

降

내릴 강

| 갑골문 | 금문 | 소전 |

언덕[阝] 아래로 두 발[夅]이 내려가는 모습을 나타낸 데서 그 뜻이 '내리다'가 되고, 下降(하강)·昇降(승강)·降臨(강림)·降等(강등)·降水量(강수량)·國旗降下(국기강하)에서처럼 그 음이 '강'이 된 글자다. 아울러 언덕에서 내려와 항복한다 하여 그 뜻이 '항복하다'가 될 때는 降伏(항복)·降將(항장)·降卒(항졸)·投降(투항)·降者不殺(항자불살)에서처럼 그 음이 '항'으로 읽힌다.

隆

클 륭

生자로 인해 싹이 나서[生] 크게 자란다 하여 그 뜻이 '크다'가 되고, 일부가 생략되었지만 降자로 인해 그 음이 '륭'이 된 글자다. 隆盛(융성)·隆起(융기)·隆崇(융숭)·隆熙(융희)·隆鼻術(융비술)에 쓰인다.

介

낄 개

| 갑골문 | 소전 |

한 사람이 몸에 무언가 끼고 있는 모습에서 그 뜻이 '끼다'이고, 介入(개입)·介然(개연)·紹介(소개)·仲介(중개)·媒介體(매개체)·一介書生(일개서생)에서 보듯 그 음이 '개'인 글자다.

界

지경 계

田자로 인해 두 밭[田]의 경계가 되는 지경(地境)과 관련해 그 뜻이 '지경'이 되고, 介자로 인해 境界(경계)·限界(한계)·世界(세계)·他界(타계)·外界人(외계인)·界面調(계면조)·軍事分界線(군사분계선)에서처럼 그 음이 '계'가 된 글자다.

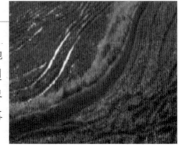

중 307
한국어문회
3급
한자진흥회
3급

皆

다 개 | 금문 | 소전

두 사람[比]과 말한다[曰/白]는 뜻을 나타내는 형태가 합쳐져 두 사람 다 말한다 하여 그 뜻이 '다'가 된 것으로 보이고, 皆勤(개근)·擧皆(거개)·皆骨山(개골산)·皆旣日蝕(개기일식)·擧世皆濁(거세개탁)·國民皆兵制(국민개병제)에서 보듯 그 음이 '개'가 된 글자다.

階

섬돌 계

고 231 어문 4급 진흥 3급

阜(阝)자로 인해 언덕[阜]을 쉽게 오르내리기 위해 만들어진 섬돌과 관련해 그 뜻이 '섬돌'이 되고, 皆자로 인해 階段(계단)·階梯(계제)·層階(층계)·品階(품계)·階級章(계급장)·八階名(팔계명)·位階秩序(위계질서)에서처럼 그 음이 '계'가 된 글자다.

참고
122

匃

빌 개(갈) | 갑골문 | 금문 | 소전

사람의 형태와 없음의 의미를 지니는 亡[망할 망·없을 무]자의 변화된 형태가 합쳐져 사람에게 없는 것을 빈다 하여 그 뜻이 '빌다'가 되고, 그 음이 '개'가 된 글자다.

曷

어찌 갈 | 소전

참고 123

曰자로 인해 무엇을 어찌 할 것인지 말한다[曰] 하여 '어찌'의 뜻을 지니면서 匃자로 인해 '갈'의 음을 지니게 된 글자다.

渴

목마를 갈

중 308 어문 3급 진흥 3급

水(氵)자로 인해 물[水]이 없어 목마르다 하여 그 뜻이 '목마르다'가 되고, 曷자로 인해 渴症(갈증)·渴望(갈망)·枯渴(고갈)·解渴(해갈)·渴急症(갈급증)·渴而穿井(갈이천정)에서처럼 그 음이 '갈'이 된 글자다.

謁
아뢸 알

言자로 인해 윗사람에게 사실대로 말씀[言]을 아뢴다 하여 그 뜻이 '아뢰다'가 되고, 曷자로 인해 謁見(알현) · 拜謁(배알) · 朝謁(조알) · 謁聖試(알성시) · 謁聖及第(알성급제)에서처럼 그 음이 '알'이 된 글자다.

開
열 개 | 금문 | 소전

두 짝의 문[門]을 두 손[廾]으로 여는 모양을 나타낸 데서 그 뜻이 '열다'가 되고, 開閉(개폐) · 開化(개화) · 公開(공개) · 滿開(만개) · 未開人(미개인) · 開拓地(개척지) · 天地開闢(천지개벽)에서처럼 그 음이 '개'가 된 글자다. 후에 문의 빗장을 나타낸 一의 형태가 덧붙여졌다.

谷
웃을 갹 | 소전

웃을 때 입[口] 주변에 주름이 진 모습[소의 형태]을 나타낸 데서 그 뜻이 '웃다'가 되고, 자신이 덧붙여져 음의 역할을 하는 㕮[절 갹]자처럼 그 음이 '갹'인 글자다. 谷[골 곡]자와 그 자형(字形)이 다르다.

却
물리칠 각 | 소전

谷자와 卩자가 합쳐져 원래 卻으로 썼다. 卩자로 인해 임금의 병부[卩]를 받고 명(命)에 따라 적을 물리친다 하여 그 뜻이 '물리치다'이고, 나중에 去의 형태로 변화된 谷자로 인해 退却(퇴각) · 沒却(몰각) · 却說(각설) · 却下(각하) · 減價償却費(감가상각비)에서 보듯 그 음이 '각'인 글자다.

脚
다리 각

肉(月)자로 인해 살[肉]이 붙어 있는 인체의 한 부위인 다리와 관련해 그 뜻이 '다리'가 되고, 却자로 인해 馬脚(마각) · 健脚(건각) · 脚光(각광) · 脚色(각색) · 脚線美(각선미) · 脚氣病(각기병) · 二人三脚競技(이인삼각경기)에서처럼 그 음이 '각'이 된 글자다.

중 311
한국어문회 **4급**
한자진흥회 **4급**
巨 클 거

장인이 사용하는 손잡이가 달린 큰 자를 나타낸 데서 그 뜻이 '크다'이고, 巨大(거대)·巨匠(거장)·巨物(거물)·巨富(거부)·巨視的(거시적)·巨石文化(거석문화)에서 보듯 그 음이 '거'인 글자다. 후에 사람의 형태가 생략되었다.

고 234 어문 3급 진흥 3급

距 떨어질 거

足(⻊)자로 인해 본래 닭 발[足]의 일부인 며느리발톱을 뜻했으나 후에 발로 걸어가야 할 만큼 서로 떨어져 있다 하여 그 뜻이 '떨어지다'가 되고, 巨자로 인해 距離(거리)·距今(거금)에서처럼 그 음이 '거'가 된 글자다.

고 235 어문 4급 진흥 3급

拒 막을 거

手(扌)자로 인해 손[手]으로 막는다 하여 그 뜻이 '막다'가 되고, 巨자로 인해 抗拒(항거)·拒絕(거절)·拒逆(거역)·拒食症(거식증)·拒否權(거부권)·螳螂拒轍(당랑거철)에서처럼 그 음이 '거'가 된 글자다.

중 312
한국어문회 **5급**
한자진흥회 **5급**
去 갈 거

| 갑골문 | 금문 | 소전 |

사람[大의 형태]이 주거지 입구[口의 형태] 밖으로 나가는 모습을 나타낸 데서 그 뜻이 '가다'가 되고, 去來(거래)·去就(거취)·過去(과거)·逝去(서거)·三不去(삼불거)·去頭截尾(거두절미)·七去之惡(칠거지악)에서 보듯 그 음이 '거'가 된 글자다.

참고 125

盍 덮을 합

皿자로 인해 피가 담긴 그릇[皿]을 덮개로 위에서 덮는다 하여 그 뜻이 '덮다'가 되고, 그 음이 '합'이 된 글자다.

고 236 어문 3급 진흥 2급

蓋 덮을 개

艸(⺿)자로 인해 풀[艸]로 덮는다 하여 그 뜻이 '덮다'가 되고, 盍자로 인해 蓋皮(개피)·蓋然性(개연성)·無蓋車(무개차)·頭蓋骨(두개골)·膝蓋腱(슬개건)·口蓋音化(구개음화)에서처럼 그 음이 '개'가 된 글자다.

옛날에는 선악(善惡)을 판단하여 공평하게 처리한다고 하는 전설의 동물인 해태(←獬豸)를 나타낸 廌[해태 채]자가 덧붙여져 쓰였으나 후에 생략되었다. 덧붙여진 水(氵)자로 인해 치우침이 없이 평탄한 물[水]의 속성과 관련해 공평하게 처리해야 할 '법'의 뜻을 지니고, 法則(법칙)·法律(법률)·六法(육법)·惡法(악법)·大同法(대동법)·擬人法(의인법)·勞動三法(노동삼법)에서처럼 '법'의 음으로 읽히는 글자다.

법 법 금문

세울 건　금문　소전

원래 길[彳]과 발[止]과 손에 붓을 들고 있는 모습[聿]이 어우러져 길[彳]을 발[止]이 편하게 다닐 수 있도록 만들기 위해 붓[聿]을 들어 계획을 세운다 하여 그 뜻이 '세우다'가 되고, 建立(건립)·建築(건축)·創建(창건)·再建(재건)·建設的(건설적)·封建制度(봉건제도)에서 보듯 그 음이 '건'이 된 글자다. 나중에 길과 발을 나타낸 형태는 廴자로 바뀌었다.

人(亻)자로 인해 사람[人]의 힘차고 씩씩한 모습이 군세다 하여 그 뜻이 '굳세다'가 되고, 建자로 인해 健康(건강)·健兒(건아)·健鬪(건투)·健齒(건치)·剛健體(강건체)·健忘症(건망증)에서처럼 그 음이 '건'이 된 글자다.

굳셀 건

일 건　소전

사람[人]과 소[牛]가 어우러져 사람이 가축 가운데 가장 큰 짐승인 소를 잡는 일과 관련해 그 뜻이 '일'이 되고, 事件(사건)·條件(조건)·要件(요건)·物件(물건)·人件費(인건비)·事事件件(사사건건)에서처럼 그 음이 '건'이 된 글자다.

참고 126	桀 홰 걸	𣐥 소전

어그러진 발[舛]이 나무[木] 위에 있음을 나타내면서 다시 닭이 발을 딛고 올라서 있는 나무 막대기인 홰와 관련해 그 뜻이 '홰'가 되고, 桀紂(걸주)에서처럼 그 음이 '걸'이 된 글자다.

傑
뛰어날 걸

고 239 어문 4급 진흥 3급

人(亻)자로 인해 사람[人]의 재주가 뛰어나다 하여 그 뜻이 '뛰어나다'가 되고, 桀자로 인해 女傑(여걸) · 俊傑(준걸) · 傑物(걸물) · 傑出(걸출) · 傑作品(걸작품) · 英雄豪傑(영웅호걸)에서처럼 그 음이 '걸'이 된 글자다.

참고 127	毄 칠 격	𣪠 소전

수레바퀴를 꿰는 굴대와 그 굴대 머리의 구멍[叀]에 끼워진 빗장이 빠지지 않도록 친다[殳] 하여 그 뜻이 '치다'가 되고, 나중에 약간 생략되면서 手자를 덧붙인 擊[칠 격]자처럼 그 음이 '격'이 된 글자다.

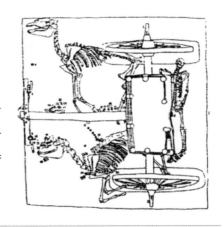

擊
칠 격

고 240 어문 4급 진흥 2급

毄자에 手자를 덧붙여 그 뜻 '치다'를 더욱 분명히 하고, 打擊(타격) · 狙擊(저격) · 擊錚(격쟁) · 擊墜(격추) · 電擊戰(전격전) · 邀擊機(요격기) · 遊擊訓練(유격훈련)에서처럼 毄자와 똑같이 그 음이 '격'이 된 글자다.

繫
맬 계

고 241 이문 3급 진흥 2급

糸자로 인해 실[糸]로 단단히 맨다 하여 그 뜻이 '매다'가 되고, 오늘날은 약간 변화되었지만 毄자로 인해 連繫(연계) · 繫累(계루) · 繫留場(계류장)에서처럼 그 음이 '계'가 된 글자다.

고 242 한국어문회 3급 한자진흥회 2급	肩	금문	소전
	어깨 견		

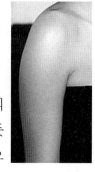

사람의 어깨 부분을 나타낸 戶의 형태와 살이 붙은 인체(人體)의 한 부위를 가리키는 데 흔히 덧붙여지는 肉(月)자가 합쳐져 그 뜻이 '어깨'가 되고, 肩章(견장)·比肩(비견)·肩臂痛(견비통)·五十肩(오십견)·肩胛骨(견갑골)에서처럼 그 음이 '견'이 된 글자다.

참고 128	垔	갑골문	금문	소전
	흙덩이 견			

두 손으로 언덕의 흙덩이를 쥐려는 모습을 나타낸 데서 그 뜻이 '흙덩이'가 되고, 자신이 덧붙여져 음의 역할을 하는 譴[조금 쉴 견]·譴[차질 견]자처럼 그 음이 '견'이 된 글자다.

고 243 어문 3급 진흥 2급

遣

보낼 견

辵(辶)자로 인해 길[辵]을 따라 옮겨 보낸다 하여 그 뜻이 '보내다'가 되고, 垔자로 인해 派遣(파견)·歲遣船(세견선)·先遣隊(선견대)·遣唐買物使(견당매물사)에서처럼 그 음이 '견'이 된 글자다.

참고 129	夬	갑골문	소전
	깍지 결		

사람이 활시위를 잡아당기기 위해 사용하는 깍지를 손에 끼우고 있는 모습을 나타낸 데서 그 뜻이 '깍지'가 되고, 자신이 덧붙여져 음의 역할을 하는 訣[이별할 결]·抉[도려낼 결]자처럼 그 음이 '결'이 된 글자다.

중 315 어문 5급 진흥 4급

決

터질 결

水(氵)자로 인해 둑 등이 무너져 물[水]길이 터졌다 하여 그 뜻이 '터지다'가 되고, 夬자로 인해 決斷(결단)·決裁(결재)·自決(자결)·手決(수결)·多數決(다수결)·專決事項(전결사항)·代金決濟(대금결제)에서처럼 그 음이 '결'이 된 글자다.

缺
이지러질 결

고 244 어문 4급 진흥 3급

缶자로 인해 그릇[缶]의 한 귀퉁이가 이지러져 있다 하여 그 뜻이 '이지러지다'가 되고, 夬자로 인해 缺陷(결함)·缺食(결식)·缺席(결석)·缺勤(결근)·不可缺(불가결)·缺乏症(결핍증)·完全無缺(완전무결)에서처럼 그 음이 '결'이 된 글자다.

快
쾌할 쾌

중 316 어문 4급 진흥 4급

心(忄)자로 인해 마음[心]에 꺼림칙하게 여겨지는 것이 없이 쾌하게 확 트였다 하여 그 뜻이 '쾌하다'가 되고, 夬자로 인해 愉快(유쾌)·爽快(상쾌)·痛快(통쾌)·欣快(흔쾌)·快速艇(쾌속정)·不快指數(불쾌지수)·快刀亂麻(쾌도난마)에서처럼 그 음이 '쾌'가 된 글자다.

고 245 한국어문회 3급 한자진흥회 3급	兼 겸할 겸	𥫗 금문	𥫗 소전

손[又]에 두 포기의 벼[禾]를 겸하여 쥔 모습을 나타낸 데서 그 뜻이 '겸하다'이고, 兼行(겸행)·兼用(겸용)·兼床(겸상)·兼業(겸업)·兼愛說(겸애설)·兩手兼將(양수겸장)·文武兼全(문무겸전)에서 보듯 그 음이 '겸'인 글자다.

謙
겸손할 겸

고 246 어문 3급 진흥 2급

言자로 인해 자신을 낮추어 말[言]을 겸손하게 한다 하여 그 뜻이 '겸손하다'가 되고, 兼자로 인해 謙遜(겸손)·謙虛(겸허)·謙稱(겸칭)·謙語(겸어)·謙讓之德(겸양지덕)에서처럼 그 음이 '겸'이 된 글자다.

嫌
싫어할 혐

고 247 어문 3급 진흥 2급

女자로 인해 여자[女]를 가까이하지 않고 꺼리며 싫어한다 하여 그 뜻이 '싫어하다'가 되고, 兼자로 인해 嫌疑(혐의)·怒嫌(노혐)·嫌煙權(혐연권)·嫌氣性(혐기성)·嫌惡食品(혐오식품)에서처럼 그 음이 '혐'이 된 글자다.

廉
청렴할 렴

고 248 어문 3급 진흥 2급

广자로 인해 좁은 집[广]에서 청렴하게 산다 하여 그 뜻이 '청렴하다'가 되고, 兼자로 인해 廉恥(염치)·廉探(염탐)·淸廉(청렴)·低廉(저렴)·破廉恥漢(파렴치한)에서처럼 그 음이 '렴'이 된 글자다.

중 317 한국어문회 6급 한자진흥회 5급	京 서울 경	갑골문	금문	소전

궁궐처럼 높은 토대(土臺) 위에 지어진 건물을 나타내면서 다시 높은 건물은 임금이 사는 서울에서 볼 수 있다 하여 그 뜻이 '서울'이 되고, 京城(경성)·京劇(경극)·上京(상경)·東京(동경)·京釜線(경부선)·京邸吏(경저리)·京鄕各地(경향각지)에서 보듯 그 음이 '경'이 된 글자다.

중 318 어문 5급 진흥 4급

景
볕 경

日자로 인해 해[日]가 내리쬐는 뜨거운 기운인 볕과 관련해 그 뜻이 '볕'이 되고, 京자로 인해 風景(풍경)·夜景(야경)·景致(경치)·景品(경품)·食後景(식후경)·不景氣(불경기)·關東八景(관동팔경)·眞景山水畫(진경산수화)에서처럼 그 음이 '경'이 된 글자다.

고 249 어문 3급 진흥 2급

影
그림자 영

彡자로 인해 햇빛을 가리면 장식[彡]되는 검은 형상인 그림자와 관련해 그 뜻이 '그림자'가 되고, 景자로 인해 影像(영상)·影幀(영정)·撮影(촬영)·幻影(환영)·影印本(영인본)·杯中蛇影(배중사영)에서처럼 그 음이 '영'이 된 글자다.

중 319 어문 3급 진흥 3급

涼
서늘할 량

水(氵)자로 인해 물[水]이 서늘하다 하여 그 뜻이 '서늘하다'가 되고, 京자로 인해 納涼(납량)·凄涼(처량)·荒涼(황량)·淸涼飮料(청량음료)·炎涼世態(염량세태)에서처럼 그 음이 '량'이 된 글자다. 凉자는 속자(俗字)다.

고 250 어문 3급 진흥 2급

諒
믿을 량

言자로 인해 공손하게 말[言]을 해 여러 사람이 믿는다 하여 그 뜻이 '믿다'가 되고, 京자로 인해 海諒(해량)·下諒(하량)·諒知(양지)·諒察(양찰)·諒解(양해)에서처럼 그 음이 '량'이 된 글자다.

고 251 어문 3급 진흥 2급

掠
노략질할 략

手(扌)자로 인해 손[手]으로 남의 물건을 노략질한다 하여 그 뜻이 '노략질하다'가 되고, 京자로 인해 鹵掠(노략)·侵掠(침략)·抄掠(초략)·掠奪(약탈)·掠取(약취)에서처럼 그 음이 '략'이 된 글자다.

참고 130	巠 지하수 경	巠 금문	巠 소전

베틀에 날실이 걸쳐 있는 모양을 나타낸 것으로 보이나 후인(後人)들이 그 자형에 보이는 《의 형태를 흐르는 물로 보면서 땅 밑으로 흐르는 지하수를 나타냈다 여겨 그 뜻이 '지하수'가 되고, 자신이 덧붙여져 음의 역할을 하는 痙[힘줄 당길 경]·頸[목 경]·涇[물 이름 경]·莖[줄기 경]자처럼 그 음이 '경'이 된 글자다.

중 320 어문 4급 진흥 4급

糸자로 인해 베틀로 옷감을 짤 때에 세로로 곧게 뻗은 날실[糸]과 관련해 그 뜻이 '날'이 되고, 巠자로 인해 經緯(경위)·經絡(경락)·經濟(경제)·東經(동경)·大藏經(대장경)·經國濟世(경국제세)·四書三經(사서삼경)에서처럼 그 음이 '경'이 된 글자다.

날 경

중 321 어문 5급 진흥 4급

車자로 인해 수레[車]가 빠르게 움직일 만큼 가볍다 하여 그 뜻이 '가볍다'가 되고, 巠자로 인해 輕重(경중)·輕傷(경상)·輕快(경쾌)·輕車(경차)·輕犯罪(경범죄)·輕擧妄動(경거망동)에서처럼 그 음이 '경'이 된 글자다.

가벼울 경

고 252 어문 3급 진흥 2급

彳자로 인해 목적지로 가는 거리가 가까운 길[彳]인 지름길과 관련해 그 뜻이 '지름길'이 되고, 巠자로 인해 捷徑(첩경)·直徑(직경)·半徑(반경)·口徑(구경)·行不由徑(행불유경)에서처럼 그 음이 '경'이 된 글자다.

지름길 경

중 322 한국어문회 5급 한자진흥회 4급	敬 공경할 경	갑골문	금문	소전

원래 머리를 깃털로 장식한 제사장이 공손히 앉아 제사 지내는 모습인 苟[경계할 극]자로 나타내다가 후에 공손하게 말하는 입[口]과 다그쳐 공손함을 행한다 하는 형태[攵]가 덧붙여진 글자다. 신을 공경하는 모습을 나타냈기에 그 뜻이 '공경하다'이고, 恭敬(공경)·尊敬(존경)·敬遠(경원)·敬虔(경건)·敬老堂(경로당)·敬天愛人(경천애인)에서 보듯 그 음이 '경'이다.

驚
놀랄 경

중 323 어문 4급 진흥 3급

馬자로 인해 말[馬]이 갑자기 자극을 받고 놀랐다 하여 그 뜻이 '놀라다'가 되고, 敬자로 인해 驚氣(경기)·驚愕(경악)·驚蟄(경칩)·勿驚(물경)·大驚失色(대경실색)·驚天動地(경천동지)에서처럼 그 음이 '경'이 된 글자다.

警
경계할 경

고 253 어문 4급 진흥 3급

言자로 인해 말[言]을 함부로 하지 않고 경계한다 하여 그 뜻이 '경계하다'가 되고, 敬자로 인해 警戒(경계)·警句(경구)·警鐘(경종)·警笛(경적)·警光燈(경광등)·夜警國家(야경국가)에서처럼 그 음이 '경'이 된 글자다.

고 254 한국어문회 3급 한자진흥회 2급	竟 마칠 경	갑골문	소전

옛날 죄수나 노예가 되는 사람 머리에 형벌의 도구[辛]로 문신을 하여 마친 모습을 나타낸 데서 그 뜻이 '마치다'가 된 것으로 보이고, 畢竟(필경)에서 보듯 그 음이 '경'이 된 글자다.

境
지경 경

고 255 어문 4급 진흥 3급

土자로 인해 두 땅[土]의 경계(境界)인 지경과 관련해 그 뜻이 '지경'이 되고, 竟자로 인해 國境(국경)·秘境(비경)·境界(경계)·境內(경내)·三昧境(삼매경)·恍惚境(황홀경)·漸入佳境(점입가경)에서처럼 그 음이 '경'이 된 글자다.

鏡
거울 경

고 256 어문 4급 진흥 3급

金자로 인해 옛날 구리 등의 쇠[金]를 이용해 만들었던 거울과 관련해 그 뜻이 '거울'이 되고, 竟자로 인해 銅鏡(동경)·破鏡(파경)·眼鏡(안경)·鏡臺(경대)·內視鏡(내시경)·瑤池鏡(요지경)·明鏡止水(명경지수)에서처럼 그 음이 '경'이 된 글자다.

競
다툴 경

중 324 어문 5급 진흥 4급

競자와 동자(同字)다. 죄수(罪囚)와 관련된 竟자로 인해 두 죄수가 다툰다 하여 그 뜻이 '다투다'가 되고, 다시 竟자로 인해 競技(경기)·競馬(경마)·競步(경보)·競賣(경매)·競爭者(경쟁자)에서처럼 그 음이 '경'이 된 글자다. 후에 자형이 약간 간략하게 변했다.

ㄱ

<table>
<tr><td>고 257
한국어문회
3급
한자진흥회
2급</td><td>頃
잠깐 경</td><td>소전</td></tr>
</table>

똑바로 선 사람이 거꾸로 변화된 모습과 머리가 강조된 사람이 어우러져 똑바로 된 머리[頁]를 변화[匕의 형태]시켜 한쪽으로 잠깐 기울였다 하여 원래 기울다의 뜻을 지녔으나 후에 '잠깐'의 뜻으로 빌려 쓰이고, 食頃(식경)·頃刻(경각)·萬頃蒼波(만경창파)에서 보듯 '경'의 음으로 읽히게 된 글자다.

고 258 어문 4급 진흥 3급

傾
기울 경

人(亻)자가 덧붙여져 頃자의 본래 뜻을 대신해 그 뜻이 '기울다'가 되고, 다시 頃자와 같이 傾斜(경사)·傾聽(경청)·傾注(경주)·傾向(경향)·左傾化(좌경화)·傾國之色(경국지색)에서처럼 그 음이 '경'이 된 글자다.

<table>
<tr><td>중 325
한국어문회
3급
한자진흥회
4급</td><td>庚
일곱째 천간 경</td><td>갑골문</td><td>금문</td><td>소전</td></tr>
</table>

위쪽 끝이 갈라져 있어 그곳에 곡물(穀物)의 이삭 부분을 쳐서 알이 떨어지게 하는 농사 기구(器具)를 나타낸 것으로 보이나 후에 일곱째 천간으로 빌려 쓰면서 결국 그 뜻이 '일곱째 천간'이 되고, 庚戌國恥(경술국치)에서 보듯 그 음이 '경'이 된 글자다.

고 259 어문 4급 진흥 3급

康
편안할 강 | 금문

곡물을 타작(打作)하는 기구[庚] 밑에 떨어져 있는 곡물의 껍질인 겨를 나타내면서 원래 겨를 뜻했으나 후에 糠[겨 강]자가 그 뜻을 대신하자 자신은 '편안하다'의 뜻을 지니고, 다시 庚자로 인해 健康(건강)·萬康(만강)·康寧(강녕)·小康狀態(소강상태)·康衢煙月(강구연월)에서처럼 '강'의 음을 지니게 된 글자다.

고 260 어문 3급 진흥 2급

唐
당나라 당 | 금문

庚자와 口자가 합쳐진 글자다. 口자로 인해 원래 입[口]으로 갑자기 크게 소리친다는 뜻이었으나 후에 주로 당나라를 지칭하는 데 사용되면서 그 뜻이 '당나라'가 되고, 庚자로 인해 唐突(당돌)·唐慌(당황)·唐根(당근)·唐麵(당면)·唐草紋(당초문)·荒唐無稽(황당무계)에서처럼 그 음이 '당'이 된 글자다.

糖
엿 당

米자로 인해 쌀[米]로 지은 밥에 엿기름을 넣어 삭힌 뒤에 고아 만든 음식인 엿과 관련해 그 뜻이 '엿'이 되고, 唐자로 인해 糖分(당분)·糖度(당도)·血糖(혈당)·果糖(과당)·糖尿病(당뇨병)·糖衣錠(당의정)·葡萄糖(포도당)에서처럼 그 음이 '당'이 된 글자다. 雪糖(설탕)·糖水肉(탕수육)에서처럼 '사탕'의 뜻으로 쓰일 때는 그 음을 '탕'으로 읽는다.

중 326 한국어문회 4급 한자진흥회 4급	慶 경사 경	갑골문	금문	소전

원래 사슴[鹿]과 사슴을 잡은 사람[文의 형태]이 합쳐져 잡기 힘든 사슴을 잡은 일은 경사가 되는 일이라 하여 그 뜻이 '경사'가 되고, 慶事(경사)·慶筵(경연)·慶祝(경축)·慶賀(경하)·國慶日(국경일)·慶弔金(경조금)·建陽多慶(건양다경)에서처럼 그 음이 '경'이 된 글자다. 후에 간략하게 변화된 鹿자에 진실로 축하하는 마음[心]을 갖고 있다 하여 心자가 덧붙여지고, 文의 형태가 夂의 형태로 바뀌었다.

참고 131	磬 경쇠 경	갑골문	소전

옥돌로 만들어진 매달린 경쇠[声의 형태]를 손에 도구를 들고 치는[殳] 모습[殸]을 나타내면서 그 뜻이 '경쇠'가 되고, 風磬(풍경)·編磬(편경)·石磬(석경)에서처럼 그 음이 '경'이 된 글자다. 후에 경쇠의 재료를 의미하는 石자가 덧붙여졌다.

聲
소리 성

耳자로 인해 귀[耳]로 악기의 소리를 듣는다 하여 그 뜻이 '소리'가 되고, 石자가 생략된 磬자로 인해 音聲(음성)·喊聲(함성)·聲樂(성악)·聲紋(성문)·三喜聲(삼희성)·呱呱之聲(고고지성)·大喝一聲(대갈일성)에서처럼 그 음이 '성'이 된 글자다.

고 262
한국어문회
4급
한자진흥회
3급

系 이을 계 / 갑골문 / 금문 / 소전

손으로 실타래[糸]의 실마리를 서로 잇는 모습을 나타낸 데서 그 뜻이 '잇다'가 되고, 系列(계열)·系譜(계보)·傍系(방계)·體系(체계)·韓國系(한국계)·家系圖(가계도)·父系社會(부계사회)에서 보듯 그 음이 '계'가 된 글자다.

係 맬 계

고 263 어문 4급 진흥 3급

人(亻)자로 인해 사람[人]이 몸에 줄을 매고 있다 하여 그 뜻이 '매다'가 되고, 系자로 인해 係累(계루)·係長(계장)·係員(계원)·關係(관계)·人事係(인사계)·少年係(소년계)에서처럼 그 음이 '계'가 된 글자다.

고 264
한국어문회
4급
한자진흥회
3급

戒 경계할 계 / 갑골문 / 금문 / 소전

적의 침입에 대비해 창[戈]을 두 손[廾]에 들고 경계하는 모습을 나타낸 데서 그 뜻이 '경계하다'이고, 警戒(경계)·訓戒(훈계)·戒律(계율)·戒嚴(계엄)·破戒僧(파계승)·花王戒(화왕계)·自肅自戒(자숙자계)·沐浴齋戒(목욕재계)에서 보듯 그 음이 '계'인 글자다.

械 틀 계

고 265 어문 3급 진흥 3급

木자로 인해 나무[木]로 이뤄져 물건을 만드는 일정한 틀과 관련해 그 뜻이 '틀'이 되고, 戒자로 인해 機械(기계)·器械(기계)에서처럼 그 음이 '계'가 된 글자다.

중 328
한국어문회
6급
한자진흥회
5급

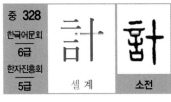

計 셀 계 / 소전

입으로 말[言]을 하면서 하나에서 열[十]까지 수(數)를 센다 하여 그 뜻이 '세다'가 되고, 計算(계산)·計劃(계획)·時計(시계)·合計(합계)·美人計(미인계)·百年大計(백년대계)·三十六計(삼십육계)에서처럼 그 음이 '계'가 된 글자다.

중 329				
한국어문회 3급	癸	XX	XX	X
한자진흥회 4급	열째 천간 계	갑골문	금문	소전

사방의 끝에 뾰족한 날이 있는 무기를 나타냈다고 여겨지나 후에 열째 천간을 가리키는 데 빌려 쓰면서 그 뜻이 '열째 천간'이 되고, 癸丑日記(계축일기)·癸酉靖難(계유정난)에서처럼 그 음이 '계'가 된 글자다.

고 266				
한국어문회 3급	啓	𣦴	𣦴	啟
한자진흥회 2급	열 계	갑골문	금문	소전

원래 외짝 문[戶]을 손[又]으로 여는 모습을 나타내면서 그 뜻이 '열다'가 되고, 啓發(계발)·啓導(계도)·啓示(계시)·啓明星(계명성)·啓蒙運動(계몽운동)에서처럼 그 음이 '계'가 된 글자다. 후에 손을 나타낸 又자는 손으로 다그쳐[攵] 문을 연다 하여 攵(攴)자로 바뀌고, 입[口]으로 인기척을 낸다 하여 口자가 덧붙여졌다.

중 330				
한국어문회 4급	季			
한자진흥회 4급	끝 계	갑골문	금문	소전

수확한 벼[禾]를 이고 있는 아이[子]를 나타내면서 추수의 일이 너무 바빠 형제 가운데 제일 끝의 아이까지 돕는다 하여 그 뜻이 '끝'이 되고, 季指(계지)·季嫂(계수)·四季(사계)·夏季(하계)·季節風(계절풍)·季刊誌(계간지)·冬季放學(동계방학)에서처럼 그 음이 '계'가 된 글자다.

고 267			
한국어문회 4급	繼	888	繼
한자진흥회 3급	이을 계	금문	소전

끊어진 실타래를 나타낸 형태[𢇍]에 다시 실[糸]을 덧붙여 끊어진 실타래를 다시 실로 잇는다 하여 그 뜻이 '잇다'가 되고, 承繼(승계)·中繼(중계)·繼續(계속)·繼母(계모)·後繼者(후계자)·引受引繼(인수인계)에서처럼 그 음이 '계'가 된 글자다.

중 331 한국어문회 6급 한자진흥회 5급 예 고	古	古 갑골문	古 금문	古 소전

전쟁과 관련된 방패[十의 형태]를 놓고 입[口]으로 예(옛날)의 일을 말한다는 데서 그 뜻이 '예(옛날)'가 된 것으로 보이고, 古代(고대)·古典(고전)·最古(최고)·太古(태고)·中古品(중고품)·古朝鮮(고조선)·東西古今(동서고금)에서 보듯 그 음이 '고'가 된 글자다.

苦
쓸 고

중 332 어문 6급 진흥 5급

艸(艹)자로 인해 본래 여러해살이풀[艸]인 씀바귀를 뜻했으나 씀바귀가 그 맛이 매우 쓰기 때문에 결국 그 뜻이 '쓰다'가 되고, 古자로 인해 苦痛(고통)·苦椒(→ 고추)·産苦(산고)·四苦(사고)·民生苦(민생고)·苦肉之策(고육지책)에서처럼 그 음이 '고'가 된 글자다.

故
일 고

중 333 어문 4급 진흥 4급

攵(攴)자로 인해 옛날의 관습에 따라 다그쳐[攵] 일하게 한다 하여 그 뜻이 '일'이 되고, 古자로 인해 故人(고인)·故鄕(고향)·無故(무고)·物故(물고)·緣故地(연고지)·溫故知新(온고지신)·竹馬故友(죽마고우)에서처럼 그 음이 '고'가 된 글자다.

枯
마를 고

고 268 어문 3급 진흥 2급

木자로 인해 나무[木]가 말라서 죽었다 하여 그 뜻이 '마르다'가 되고, 古자로 인해 枯死(고사)·枯渴(고갈)·枯葉劑(고엽제)·榮枯盛衰(영고성쇠)·枯木生花(고목생화)·一將功成萬骨枯(일장공성만골고)에서처럼 그 음이 '고'가 된 글자다.

姑
시어미 고

고 269 어문 3급 진흥 3급

女자로 인해 남편의 어머니가 되는 여자[女]인 시어미와 관련해 그 뜻이 '시어미'가 되고, 古자로 인해 姑母(고모)·姑叔(고숙)·麻姑(마고)·姑婦間(고부간)·姑從四寸(고종사촌)·姑息之計(고식지계)에서처럼 그 음이 '고'가 된 글자다.

固
굳을 고

중 334 어문 5급 진흥 4급

囗자로 인해 일성하게 경계를 두른 지역[囗]을 방비하는 기틀이 굳다 하여 그 뜻이 '굳다'가 되고, 古자로 인해 堅固(견고)·凝固(응고)·鞏固(공고)·固體(고체)·固辭(고사)·固執(고집)에서처럼 그 음이 '고'가 된 글자다.

個
낱 개

중 335 어문 4급 진흥 4급

人(亻)자로 인해 원래 사람[人]을 세는 단위와 관련되었으나 나중에 대[竹]를 이용해 물건을 세는 단위로 쓰였던 箇자와 통용되면서 낱으로 된 모든 물건을 세는 단위로 쓰이게 되어 결국 그 뜻이 '낱'이 되고, 固자로 인해 個數(개수)·個體(개체)·個人(개인)·個平(개평)·個別的(개별적)·各個戰鬪(각개전투)에서처럼 그 음이 '개'가 된 글자다.

居
살 거

중 336 어문 4급 진흥 3급

사람이 몸을 구부리고 있는 尸의 형태로 인해 사람[尸]이 한곳에 오랫동안 머물러 산다 하여 그 뜻이 '살다'가 되고, 古자로 인해 居住(거주)·居處(거처)·同居(동거)·蟄居(칩거)·居之半(거지반)·居安思危(거안사위)에서처럼 그 음이 '거'가 된 글자다.

胡
오랑캐 호

고 270 어문 3급 진흥 2급

肉(月)자로 인해 원래 소 턱 밑에 늘어진 살[肉]을 뜻했으나 후에 '오랑캐'의 뜻으로 빌려 쓰이고, 古자로 인해 胡亂(호란)·胡笛(호적)·胡桃(→ 호두)·胡椒(→ 후추)·胡蝶之夢(호접지몽)에서처럼 '호'의 음으로 읽히게 된 글자다.

湖
호수 호

중 337 어문 5급 진흥 4급

水(氵)자로 인해 우묵하게 파인 넓은 땅에 물[水]이 고인 호수와 관련해 그 뜻이 '호수'가 되고, 胡자로 인해 湖畔(호반)·湖南(호남)·江湖(강호)·潟湖(석호)·火口湖(화구호)에서처럼 그 음이 '호'가 된 글자다.

중 338
한국어문회
5급
한자진흥회
4급

告 | 갑골문 | 금문 | 소전
알릴 고

표지(標識)를 구덩이에 꽂아 놓아 무언가 알리는 모양을 나타낸 데서 그 뜻이 '알리다'가 된 것으로 보이고, 告白(고백)·告祀(고사)·申告(신고)·廣告(광고)·誣告罪(무고죄)·告解聖事(고해성사)·宣戰佈告(선전포고)에서 보듯 그 음이 '고'가 된 글자다.

浩
넓을 호

고 271 어문 3급 진흥 2급

水(氵)자로 인해 물[水]이 크고 넓게 흐르는 모양과 관련해 그 뜻이 '넓다'가 되고, 告자로 인해 浩蕩(호탕)·浩氣(호기)·浩然之氣(호연지기)·浩浩蕩蕩(호호탕탕)에서처럼 그 음이 '호'가 된 글자다.

造

지을 조

辵(辶)자로 인해 길[辶]을 다니는 데 필요한 물건을 만들어 짓는다 하여 그 뜻이 '짓다'가 되고, 告자로 인해 製造(제조)·捏造(날조)·造花(조화)·造成(조성)·造物主(조물주)·塑造像(소조상)·人造人間(인조인간)에서처럼 그 음이 '조'가 된 글자다.

중 340 한국어문회 5급 한자진흥회 4급			
굽을 곡	갑골문	금문	소전

줄을 긋거나 길이를 재기 위한 눈금이 새겨진 굽은 자를 나타내면서 자가 굽었다 하여 그 뜻이 '굽다'가 되고, 曲尺(곡척)·曲直(곡직)·歪曲(왜곡)·婉曲(완곡)·曲藝團(곡예단)·思母曲(사모곡)·坊坊曲曲(방방곡곡)·曲學阿世(곡학아세)에서처럼 그 음이 '곡'이 된 글자다.

고 272 한국어문회 3급 한자진흥회 2급	
울 곡	소전

개[犬]가 입[口]으로 울부짖는다[吅]는 데서 개가 울부짖듯이 운다 하여 그 뜻이 '울다'가 되고, 哭泣(곡읍)·哭婢(곡비)·慟哭(통곡)·號哭(호곡)·鬼哭聲(귀곡성)·大聲痛哭(대성통곡)·是日也放聲大哭(시일야방성대곡)에서처럼 그 음이 '곡'이 된 글자다.

중 341 한국어문회 4급 한자진흥회 3급		
곤할 곤	갑골문	소전

사방을 둘러친 울타리[口] 안에 나무[木]가 있는 모양을 나타내면서 나무가 곤한 상태에 놓여 있다 하여 그 뜻이 '곤하다'가 된 것으로 보이고, 困窮(곤궁)·困境(곤경)·困乏(곤핍)·困辱(곤욕)·困惑(곤혹)·困馬(곤마)·困厄(곤액)·春困症(춘곤증)·食困症(식곤증)에서처럼 그 음이 '곤'이 된 글자다.

참고 132	昆 형 곤	(소전) 소전

태양[日] 아래 두 사람이 다정하게 나란히[比] 함께 어울리고 있음을 나타낸 데서 '함께'의 뜻을 지니면서 다시 함께 어울리는 두 사람 가운데 윗사람인 형과 관련해 그 뜻이 '형'이 되고, 昆蟲(곤충)에서처럼 그 음이 '곤'이 된 글자다.

混 섞일 혼	중 342 어문 4급 진흥 3급

水(氵)자로 인해 많은 물[水]이 서로 섞이어 흐른다 하여 그 뜻이 '섞이다'가 되고, 昆자로 인해 混同(혼동)·混沌(혼돈)·混合(혼합)·混食(혼식)·混血兒(혼혈아)·玉石混淆(옥석혼효)·國漢文混用(국한문혼용)에서처럼 그 음이 '혼'이 된 글자다.

참고 133	圣 밭 갈 골	(소전) 소전

손[又]으로 흙[土]을 파 뒤집어 밭 가는 모습을 나타낸 데서 그 뜻이 '밭 갈다'가 되고, 圣圣(골골)에서처럼 그 음이 '골'이 된 글자다.

怪 기이할 괴	고 273 어문 3급 진흥 2급

心(忄)자로 인해 마음[心] 속의 느낌이 기이하다 하여 그 뜻이 '기이하다'가 되고, 圣자로 인해 怪物(괴물)·怪漢(괴한)·怪疾(괴질)·怪惡(→ 고약)·怪文書(괴문서)·怪力亂神(괴력난신)·奇巖怪石(기암괴석)에서처럼 그 음이 '괴'가 된 글자다.

중 343 한국어문회 6급 한자진흥회 4급	公 공변될 공	(갑골문) 갑골문	(금문) 금문	(소전) 소전

무언가 나누는 모양[八]과 나눠지는 물건[口의 형태]을 나타내면서 물건[口]을 공평하게 나눠[八] 가진다 하여 그 뜻이 공평하게 된다는 의미인 '공변되다'가 되고, 公人(공인)·公金(공금)·公主(공주)·公僕(공복)·公務員(공무원)·公休日(공휴일)·公衆道德(공중도덕)에서 보듯 그 음이 '공'이 된 글자다.

松
소나무 **송**

중 344 어문 4급 진흥 4급
木자로 인해 겉씨식물에 속하는
늘푸른큰키나무[木]인 소나무와
관련해 그 뜻이 '소나무'가 되고,
公자로 인해 老松(노송) · 白松(백
송) · 松栮(송이) · 松蟲(송충) · 金剛松(금강송) ·
落葉松(낙엽송) · 落落長松(낙락장송) · 正二品松
(정이품송)에서처럼 그 음이 '송'이 된 글자다.

頌
기릴 **송**

고 274 어문 4급 진흥 3급
頁자로 인해 얼굴[頁]의 모습을 칭송하며 기린다 하여 그 뜻이 '기리다'가 되고,
公자로 인해 稱頌(칭송) · 頌祝(송축) · 頌德碑(송덕비) · 讚頌歌(찬송가)에서처럼 그
음이 '송'이 된 글자다.

訟
송사할 **송**

고 275 어문 3급 진흥 3급
言자로 인해 말[言]로 옳고 그름을 다투는 송사를 한다 하여 그 뜻이 '송사하다'가
되고, 公자로 인해 訟事(송사) · 訴訟(소송) · 爭訟(쟁송) · 山訟(산송) · 禮訟論爭(예송
논쟁)에서처럼 그 음이 '송'이 된 글자다.

翁
늙은이 **옹**

고 276 어문 3급 진흥 2급
羽자로 인해 원래 새의 목덜미에 난 깃털[羽]을 뜻했
으나 후에 나이가 들어 머리털이 새의 목덜미에 난
거친 깃털처럼 보이는 늙은이와 관련해 그 뜻이 '늙
은이'가 되고, 公자로 인해 老翁(노옹) · 翁主(옹주) ·
沙翁(사옹) · 不倒翁(부도옹) · 呂翁枕(여옹침) · 信天翁(신천옹) · 塞
翁之馬(새옹지마)에서처럼 그 음이 '옹'이 된 글자다.

容
담을 **용**

금문

중 345 어문 4급 진흥 4급
宓자가 고자(古字)로, 원래 집의 형태와 公자가 어우러진 글자였다. 집
의 형태로 인해 집 안에 여러 물건을 담아 들인다 하여 그 뜻이 '담다'
가 되고, 公자로 인해 容納(용납) · 容恕(용서) · 包容(포용) · 內容(내
용) · 美容室(미용실) · 雪膚花容(설부화용) · 花容月態(화용월태)에서처럼
그 음이 '용'이 된 글자다. 후에 집의 형태는 宀자로, 公가는 아래쪽 厶의 형태가 口의 형태로
바뀌었다.

고 277 한국어문회 4급 한자진흥회 3급	孔 구멍 공	금문	소전

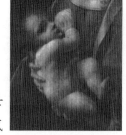

아이[子]가 젖[乚의 형태] 빠는 모습을 나타내면서 젖이 작은 구멍에서 나온다 하여 그 뜻이 '구멍'이 되고, 毛孔(모공) · 氣孔(기공) · 穿孔(천공) · 瞳孔(동공) · 九孔炭(구공탄) · 孔方傳(공방전) · 骨多孔症(골다공증)에서처럼 그 음이 '공'이 된 글자다.

중 346 한국어문회 6급 한자진흥회 5급	果 열매 과	갑골문	금문	소전

나무에 열매가 달려 있는 모양을 나타낸 데서 그 뜻이 '열매'가 되고, 果實(과실) · 果樹(과수) · 沙果(사과) · 藥果(약과) · 無花果(무화과) · 善惡果(선악과) · 五穀百果(오곡백과)에서 보듯 그 음이 '과'가 된 글자다.

課 매길 과	중 347 어문 5급 진흥 4급

言자로 인해 말[言]로 물어 일정한 등급을 매긴다 하여 그 뜻이 '매기다'가 되고, 果자로 인해 課題(과제) · 課外(과외) · 日課(일과) · 賦課(부과) · 公課金(공과금) · 人事考課(인사고과)에서처럼 그 음이 '과'가 된 글자다.

고 278 한국어문회 3급 한자진흥회 2급	寡 적을 과	갑골문	소전

원래 집[宀]에 머리가 강조된 사람[頁]이 홀로 있는 모습을 나타내면서 다른 사람이 없이 홀로 있기 때문에 사람이 적다고 하여 그 뜻이 '적다'가 되고, 寡人(과인) · 寡默(과묵) · 寡婦(과부) · 寡作(과작) · 寡守宅(과수댁) · 寡頭政治(과두정치) · 衆寡不敵(중과부적)에서처럼 그 음이 '과'가 된 글자다. 후에 그 뜻을 좀 더 분명히 하기 위해 分[나눌 분]자가 덧붙여졌다.

| 참고
134 | 성곽 곽 | 갑골문 | 금문 | 소전 |

위와 아래에 망루가 있는 성곽(城郭)을 나타낸 데서 그 뜻이 '성곽'이 되고, 나중에 享의 형태로 간략하게 변하면서 邑(阝)자를 덧붙여 자신의 뜻을 대신한 郭[성곽 곽]자처럼 그 음이 '곽'이 된 글자다.

郭 성곽 곽

고 279 어문 3급 진흥 2급

본래는 𩫖으로 썼다. 邑(阝)자로 인해 성곽을 둘러싼 고을[邑]을 뜻했으나 후에 𩫖자를 대신해 그 뜻이 '성곽'이 되고, 나중에 享의 형태로 바뀌었지만 𩫖자로 인해 城郭(성곽)·外郭(외곽)·輪郭(윤곽)·圍郭都市(위곽도시)에서처럼 그 음이 '곽'이 된 글자다.

| 중 348
한국어문회
4급
한자진흥회
4급 | 벼슬 관 | 갑골문 | 금문 | 소전 |

작은 언덕[𠂤] 위에 있는 집[宀]을 나타내면서 원래 벼슬아치들이 일하는 집과 관련된 뜻을 지녔으나 후에 벼슬아치가 일하는 집이라 하여 그 뜻이 '벼슬'이 되고, 官廳(관청)·官衙(관아)·宦官(환관)·稗官(패관)·官能的(관능적)·堂上官(당상관)·爲人設官(위인설관)·官治行政(관치행정)에서 보듯 그 음이 '관'이 된 글자다.

管 대롱 관

고 280 어문 4급 진흥 3급

竹(⺮)자로 인해 속이 텅 비어 있는 대[竹]의 긴 토막인 대롱과 관련해 그 뜻이 '대롱'이 되고, 官자로 인해 管見(관견)·管轄(관할)·血管(혈관)·保管(보관)·管樂器(관악기)·管鮑之交(관포지교)에서처럼 그 음이 '관'이 된 글자다.

館 객사 관

ㄱ 281 어문 3급 진흥 2급

食자로 인해 사람이 밥[食]을 먹으면서 잠시 쉬는 집인 객사와 관련해 그 뜻이 '객사'가 되고, 官자로 인해 旅館(여관)·公館(공관)·圖書館(도서관)·水族館(수족관)·成均館(성균관)·白堊館(백악관)에서처럼 그 음이 '관'이 된 글자다.

참고 135			
雈 황새 관	갑골문	금문	소전

머리 위의 깃털[ㅛ의 형태]과 두 눈[□□의 형태]을 나타낸 큰 새[隹]
와 관련해 그 뜻이 큰 새를 의미하는 '황새' 가 되고, 자신이
덧붙여져 음의 역할을 하는 觀[볼 관]·罐[두레박 관]·灌[물 댈
관]자처럼 그 음이 '관' 이 된 글자다.

觀 볼 관

중 349 어문 5급 진흥 4급

見자로 인해 새가 두 눈으로 먹이를 살펴본다[見] 하여 그 뜻이 '보다' 가 되고, 雈
자로 인해 觀覽(관람)·觀光(관광)·參觀(참관)·可觀(가관)·先入觀(선입관)·價値
觀(가치관)·民族史觀(민족사관)에서처럼 그 음이 '관' 이 된 글자다.

勸 권할 권

중 350 어문 4급 진흥 3급

力자로 인해 무언가 하도록 힘껏[力] 권한다 하여 그 뜻이 '권하다' 가 되고, 雈자
로 인해 勸誘(권유)·勸告(권고)·勸奬(권장)·勸勉(권면)·勸酒歌(권주가)·德業相
勸(덕업상권)에서처럼 그 음이 '권' 이 된 글자다.

權 권세 권

중 351 어문 4급 진흥 4급

木자로 인해 원래 나무[木]로 만든 저울을 뜻했으나
나중에 물건의 경중(輕重)을 저울질하는 데 있어서 어
느 한편으로도 기울어지지 않는 저울처럼 사람을 다
스림에도 그와 같이 할 수 있는 권세가 있다 하여 결
국 그 뜻이 '권세' 가 되고, 雈자로 인해 權力(권력)·權輿(권여)·人
權(인권)·大權(대권)·肖像權(초상권)·有權者(유권자)·權不十年
(권불십년)·三權分立(삼권분립)에서처럼 그 음이 '권' 이 된 글자다.

歡 기뻐할 환

중 352 어문 4급 진흥 3급

欠자로 인해 입을 크게 벌리고[欠] 기뻐한다 하여 그
뜻이 '기뻐하다' 가 되고, 雈자로 인해 歡喜(환희)·歡
迎(환영)·歡送(환송)·哀歡(애환)·歡呼聲(환호성)·交歡競技(교환경기)에서처럼 그
음이 '환' 이 된 글자다.

166

중 353 한국어문회 5급 한자진흥회 4급	關 빗장 관	금문	소전

양쪽으로 여닫는 문을 빗장으로 잠근 모양을 나타낸 데서 그 뜻이 '빗장'이 되고, 關門(관문)·關鍵(관건)·稅關(세관)·難關(난관)·鐵嶺關(철령관)·關心事(관심사)·關北地方(관북지방)·八字所關(팔자소관)에서처럼 그 음이 '관'이 된 글자다. 후에 빗장에 고리 모양이 덧붙여졌다.

참고 136	昏 입 막을 괄	금문	소전

氏자와 口의 형태가 어우러진 글자로, 설문(說文)에서는 口의 형태를 입으로 보면서 '입 막다'의 뜻으로 풀이했다. 자신이 덧붙여져 음의 역할을 하는 括[묶을 괄 = 捪]·刮[깎을 괄 = 劀]자처럼 그 음은 '괄'이다. 후에 昏자는 혀를 뜻하는 舌[혀 설]자처럼 변화되어 쓰이고 있다.

중 354 어문 7급 진흥 5급

湉자가 본자(本字)다. 水(氵)자로 인해 물[水]이 힘차게 흐른다는 데서 다시 힘차게 흐르는 물처럼 생명력을 가지고 산다 하여 그 뜻이 '살다'가 되고, 오늘날 舌의 형태로 변했지만 昏자로 인해 活力(활력)·活潑(활발)·死活(사활)·農活(농활)·活人劍(활인검)·活動寫眞(활동사진)에서처럼 그 음이 '활'이 된 글자다.

살 활

중 355 어문 7급 진흥 5급

譮자가 본자(本字)다. 言자로 인해 사람이 생각을 담아 상대에게 전하는 말[言]과 관련해 그 뜻이 '말씀'이 되고, 오늘날 舌의 형태로 변화되었지만 昏자로 인해 說話(설화)·挿話(삽화)·話術(화술)·話頭(화두)·談話文(담화문)·千一夜話(천일야화)·美人會話(미인회화)에서처럼 그 음이 '화'가 된 글자다.

말씀 화

중 356 한국어문회 6급 한자진흥회 5급	光 빛 광	갑골문	금문	소전

불[火]이 사람[儿] 머리 위에서 빛을 내는 보양[灮]을 나타내면서 그 뜻이 '빛'이 되고, 光速(광속)·光牌(광패)·閃光(섬광)·曙光(서광)·曳光彈(예광탄)·光合成(광합성)·和光同塵(화광동진)에서처럼 그 음이 '광'이 된 글자다.

입 비뚤어질 **괘** | 소전

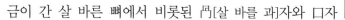

금이 간 살 바른 뼈에서 비롯된 咼[살 바를 과]자와 口자가 합쳐진 글자다. 口자로 인해 입[口]이 비뚤어졌다 하여 그 뜻이 '입 비뚤어지다'가 되고, 咼자로 인해 그 음이 '괘'가 된 글자다.

지날 **과**

중 357 어문 5급 진흥 4급

辵(辶)자로 인해 길[辵]을 따라 지난다 하여 그 뜻이 '지나다'가 되고, 咼자로 인해 通過(통과)·看過(간과)·過誤(과오)·過速(과속)·過保護(과보호)·過半數(과반수)·過猶不及(과유불급)·過大評價(과대평가)에서처럼 그 음이 '과'가 된 글자다.

재앙 **화**

고 282 어문 3급 진흥 2급

示자로 인해 신[示]이 내린 재앙(災殃)과 관련해 그 뜻이 '재앙'이 되고, 咼자로 인해 禍福(화복)·禍根(화근)·士禍(사화)·責禍(책화)·黃禍論(황화론)·滅門之禍(멸문지화)·轉禍爲福(전화위복)에서처럼 그 음이 '화'가 된 글자다.

팔뚝 **굉** | 소전

다섯 손가락을 셋으로 줄여 나타낸 오른손과 자신의 몸 안으로 굽어진 손이 어우러지면서 팔뚝과 관련된 두 형태로 인해 그 뜻이 '팔뚝'이 되고, 후에 자신의 뜻을 대신한 肱[팔뚝 굉]자나 자신이 음의 역할을 하는 宏[클 굉]자처럼 그 음이 '굉'이 된 글자다.

수컷 **웅**

중 358 어문 5급 진흥 4급

隹자로 인해 새[隹]의 수컷과 관련해 그 뜻이 '수컷'이 되고, 厷자로 인해 雌雄(자웅)·雄飛(웅비)·雄志(웅지)·雄辯(웅변)·雄據地(웅거지)·戰國七雄(전국칠웅)에서처럼 그 음이 '웅'이 된 글자다.

| 중 359 한국어문회 6급 한자진흥회 5급 | 交 사귈 교 | 갑골문 | 금문 | 소전 |

사람의 두 다리가 서로 엇걸린 모습을 나타낸 데서 원래 '엇걸리다'의 뜻을 지녔으나 다시 사람이 서로 엇걸려 사귄다 하여 그 뜻이 '사귀다'가 되고, 交叉(교차)·交友(교우)·絕交(절교)·國交(국교)·交集合(교집합)·水魚之交(수어지교)·刎頸之交(문경지교)에서 보듯 그 음이 '교'가 된 글자다.

중 360 어문 8급 진흥 5급
校 학교 교

木자로 인해 원래 나무[木]로 울타리를 쳐서 사람을 가둔다는 뜻을 지녔으나 후에 나무로 울타리를 치고 사람을 가르치는 학교와 관련되면서 그 뜻이 '학교'가 되고, 交자로 인해 校長(교장)·校友(교우)·鄕校(향교)·將校(장교)·大學校(대학교)·初等學校(초등학교)·校正記號(교정기호)에서처럼 그 음이 '교'가 된 글자다.

고 283 어문 3급 진흥 3급
較 견줄 교 금문

車자로 인해 원래 수레[車] 가로나무의 양쪽 부분을 말에 묶은 모양을 나타내면서 그곳을 다른 부분에 견주어 더욱 단단히 한다 하여 그 뜻이 '견주다'가 되고, 比較(비교)·日較差(일교차)에서처럼 그 음이 '교'가 된 글자다. 묶은 모양은 후에 그 음과 관련이 있는 交자로 바뀌었다.

고 284 어문 3급 진흥 2급
郊 성 밖 교

邑(阝)자로 인해 고을[邑]을 둘러싼 성(城)의 밖과 관련해 그 뜻이 '성 밖'이 되고, 交자로 인해 近郊(근교)·郊外線(교외선)·遠郊農業(원교농업)에서처럼 그 음이 '교'가 된 글자다.

중 361 어문 5급 진흥 4급
效 본받을 효

攴(攵)자로 인해 다그쳐[攴] 본받게 한다 하여 그 뜻이 '본받다'가 되고, 交자로 인해 效力(효력)·效果(효과)·效嚬(효빈)·藥效(약효)·有效(유효)·特效藥(특효약)·限界效用(한계효용)에서처럼 그 음이 '효'가 된 글자다.

| 참고
139 | 喬
높을 교 | 금문 | 소전 |

지붕이 장식된 높은 건물을 나타낸 데서 그 뜻이 '높다'가
되고, 喬木(교목) · 喬松(교송)에서 보듯 그 음이 '교'가 된 글자다.

橋 다리 교

중 362 어문 5급 진흥 4급

木자로 인해 사람이나 동물이 다닐 수 있도록 나무[木]로 만든 다리와 관련해 그
뜻이 '다리'가 되고, 喬자로 인해 橋梁(교량) · 橋脚(교각) · 陸橋(육교) · 架橋(가
교) · 烏鵲橋(오작교) · 善竹橋(선죽교) · 橋頭堡(교두보)에서처럼 그 음이 '교'가 된
글자다.

矯 바로잡을 교

고 285 어문 3급 진흥 2급

矢자로 인해 목적지에 똑바로 날아가는 화살[矢]이 되도록 그 모양을 바로잡는다
하여 그 뜻이 '바로잡다'가 되고, 喬자로 인해 矯正(교정) · 矯導所(교도소) · 矯角
殺牛(교각살우) · 矯枉過直(교왕과직)에서처럼 그 음이 '교'가 된 글자다.

| 참고
140 | 丂
공교할 교 | 갑골문 | 금문 | 소전 |

지팡이를 나타낸 것으로
보이며 후에 巧[공교할
교]자의 고자(古字)로 여
겨 그 뜻이 巧자와 같이
'공교하다'가 되고, 巧자처럼 그 음이 '교'가 된 글자다.

巧 공교할 교

고 286 어문 3급 진흥 2급

工자로 인해 장인[工]이 물건을 공교하게 만든다 하여 그 뜻이 '공교하
다'가 되고, 丂자로 인해 精巧(정교) · 技巧(기교) · 奸巧(간교) · 巧妙(교
묘) · 巧言令色(교언영색)에서처럼 그 음이 '교'가 된 글자다.

考 상고할 고

중 363 어문 5급 진흥 4급

老자의 생략된 형태인 耂으로 인해 늙은이[老]는 세상사에 경험이 많기
때문에 그 연륜(年輪)으로 인해 깊은 생각을 가지고 상고한다 하여 그
뜻이 '상고하다'가 되고, 丂자로 인해 長考(장고) · 思考(사고) · 考慮(고
려) · 考證(고증) · 考古學(고고학) · 考終命(고종명) · 恥客考妣(자린고비)에
서처럼 그 음이 '고'가 된 글자다.

號

부르짖을 호

중 364 어문 6급 진흥 5급

口자로 인해 입[口]으로 '부르짖다'라는 뜻을 지니면서 丂자로 인해 '호'의 음으로 읽히게 된 号[부르짖을 호]자에 다시 그 뜻을 분명히 하기 위해 虎자가 덧붙여진 글자다. 號令(호령)·號角(호각)·號外(호외)·口號(구호)·諡號(시호)·年號(연호)·號牌法(호패법)에 쓰인다.

乎

어조사 호 / 갑골문

중 365 어문 3급 진흥 3급

원래 소리 낼 때에 입에서 나오는 기(氣)를 나타낸 형태와 丂자가 합쳐진 글자로 보인다. 입에서 나오는 기를 나타낸 형태로 인해 입에서 기를 내어 숨을 내쉰다는 뜻을 지녔으나 후에 어조사의 역할을 하는 데 빌려 쓰이면서 결국 그 뜻이 '어조사'가 되었고, 나중에 그 모양이 바뀌었지만 丂자로 인해 斷乎(단호)·嗟乎(차호)·焉哉乎也(언재호야)에서처럼 그 음이 '호'가 되었다.

呼

부를 호

중 366 어문 4급 진흥 4급

口자로 인해 입[口] 밖으로 숨을 내쉰다는 뜻을 지니면서 다시 숨을 내쉬며 큰 소리로 부른다 하여 그 뜻이 '부르다'가 되고, 乎자로 인해 呼吸(호흡)·呼稱(호칭)·歡呼(환호)·點呼(점호)·頓呼法(돈호법)·呼兄呼弟(호형호제)·指呼之間(지호지간)에서처럼 그 음이 '호'가 된 글자다.

兮

어조사 혜 / 갑골문

고 287 어문 3급 진흥 2급

입 기운이 분산되는 모습[八의 형태]으로 인해 원래 입 기운의 뜻을 지녔으나 후에 어조사의 역할을 하는 데 빌려 쓰이면서 결국 그 뜻이 '어조사'가 되고, 丂자로 인해 그 음이 '혜'가 된 글자다.

참고 141 / 敫 敫 / 노래할 교 / 소전

告白(고백)이나 獨白(독백)이란 말에서 보듯 말하다의 뜻을 지닌 白자와 다그쳐 내놓게 한다는 뜻을 지닌 放[놓을 방 → 중 237 참고]자가 합쳐져 말[白]을 풀어 놓듯[放] 노래한다 하여 그 뜻이 '노래하다'가 되고, 자신이 덧붙여져 음의 역할을 하는 噭[주둥이 교]·曒[밝을 교]자처럼 그 음이 '교'가 된 글자다.

激

부딪칠 격

고 288 어문 4급 진흥 3급

水(氵)자로 인해 물[水]이 부딪치며 흐른다 하여 그 뜻이 '부딪치다'가 되고, 敫자로 인해 激流(격류)·激昂(격앙)·過激(과격)·感激(감격)·激音化(격음화)·激化一路(격화일로)에서처럼 그 음이 '격'이 된 글자다.

중 367
한국어문회 8급
한자진흥회 8급

九 아홉 구 | 九 금문 | 九 소전

손에서 이어진 구부러진 팔꿈치를 나타냈으나 후에 숫자 아홉을 가리키는 데 빌려 쓰면서 그 뜻이 '아홉'이 되고, 九泉(구천)·九齋(구재)·九天(구천)·望九(망구)·九九段(구구단)·九折草(구절초)·九重宮闕(구중궁궐)·九曲肝腸(구곡간장)에서 보듯 그 음이 '구'가 된 글자다.

중 368 어문 4급 진흥 4급
究 궁구할 구

穴자로 인해 구멍[穴] 속 깊은 곳까지 이른다는 데서 다시 그 의미가 확대되어 어떤 사물의 이치(理致)를 극(極)에 이르도록 궁구한다 하여 그 뜻이 '궁구하다'가 되고, 九자로 인해 窮究(궁구)·硏究(연구)·探究(탐구)·追究(추구)·講究(강구)·學究派(학구파)에서처럼 그 음이 '구'가 된 글자다.

고 289 어문 3급 진흥 2급
軌 법 궤

車자로 인해 앞의 수레가 간 길을 뒤의 수레가 그대로 따를 수 있도록 수레[車] 바퀴 사이를 일정한 법으로 정한다 하여 그 뜻이 '법'이 되고, 九자로 인해 軌跡(궤적)·軌道(궤도)·軌範(궤범)·狹軌列車(협궤열차)·廣軌鐵道(광궤철도)에서처럼 그 음이 '궤'가 된 글자다.

중 369
한국어문회 4급
한자진흥회 4급

求 구할 구 | 求 금문 | 求 소전

갖옷을 만들기 위해 펼쳐 놓은 여우 등의 가죽을 나타냈으나 훗날 衣자를 덧붙인 裘[갖옷 구]자가 여우 등의 가죽으로 만든 갖옷을 뜻하면서 자신은 많은 이들이 그 갖옷을 만들기 위해 가죽을 구한다 하여 '구하다'의 뜻을 지니게 되고, 求入(구입)·求乞(구걸)·渴求(갈구)·要求(요구)·求償權(구상권)·苛斂誅求(가렴주구)·求人廣告(구인광고)에서 보듯 '구'의 음으로 읽히게 된 글자다.

중 370 어문 5급 진흥 4급

救 구원할 구

攴(攵)자로 인해 다그쳐[攵] 도와 구원한다 하여 그 뜻이 '구원하다'가 되고, 求자로 인해 救援(구원)·救助(구조)·救濟(구제)·救出(구출)·救世主(구세주)·救急藥(구급약)·患難相救(환난상구)에서처럼 그 음이 '구'가 된 글자다.

球
공 구

고 290 어문 6급 진흥 3급

玉(王)자로 인해 원래 둥근 아름다운 옥[玉]을 뜻했으나 그 모양이 공처럼 둥글기 때문에 오늘날은 주로 '공'의 뜻으로 쓰이고, 求자로 인해 蹴球(축구)·眼球(안구)·電球(전구)·地球(지구)·牽制球(견제구)·白血球(백혈구)·球技種目(구기종목)에서처럼 '구'의 음으로 읽히게 된 글자다.

區
지경 구

고 291
한국어문회
6급
한자진흥회
3급

갑골문　금문　소전

많은 물건[品]을 나누어 한쪽 구석에 감춰[匚] 둔 모양을 나타낸 데서 나누다나 숨기다의 뜻을 지니면서 다시 나눠진 땅의 경계인 지경(地境)과 관련해 그 뜻이 '지경'이 되고, 區分(구분)·區域(구역)·地區(지구)·鑛區(광구)·選擧區(선거구)·解放區(해방구)·經濟特區(경제특구)에서 보듯 그 음이 '구'가 된 글자다.

驅
몰 구

고 292 어문 3급 진흥 2급

馬자로 인해 말[馬]을 몬다 하여 그 뜻이 '몰다'가 되고, 區자로 인해 驅步(구보)·驅迫(구박)·驅使(구사)·驅除(구제)·先驅者(선구자)·驅蟲劑(구충제)·乘勝長驅(승승장구)에서처럼 그 음이 '구'가 된 글자다.

具
갖출 구

고 293
한국어문회
5급
한자진흥회
3급

갑골문　금문　소전

두 손[廾]으로 제기(祭器)인 솥[鼎]을 예(禮)를 갖춰 들고 있는 모습을 나타낸 데서 그 뜻이 '갖추다'가 되고, 具備(구비)·具色(구색)·寢具(침구)·不具(불구)·文房具(문방구)·具象畫(구상화)·家財道具(가재도구)에서 보듯 그 음이 '구'가 된 글자다.

俱
함께 구

고 294 어문 3급 진흥 2급

人(亻)자로 인해 모든 사람[人]이 함께한다 하여 그 뜻이 '함께'가 되고, 具자로 인해 俱樂部(구락부)·父母俱存(부모구존)·玉石俱焚(옥석구분)·不俱戴天之讎(불구대천지수)에서처럼 그 음이 '구'가 된 글자다.

참고 142	冓	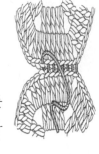
	짤 구	갑골문 \u00a0 금문 \u00a0 소전

직물(織物)의 양 끝을 서로 엮어 짜는 모양을 나타낸 데서 그 뜻이 '짜다'가 된 것으로 보이고, 자신이 덧붙여져 음의 역할을 하는 購[살 구]·溝[봇도랑 구]자처럼 그 음이 '구'가 된 글자다.

構
엮을 구

고 295 어문 4급 진흥 3급

木자로 인해 나무[木]를 얽어 쌓는다 하여 그 뜻이 '얽다'가 되고, 冓자로 인해 構築(구축)·構想(구상)·虛構(허구)·再構(재구)·構造的(구조적)·構內食堂(구내식당)·構造調整(구조조정)에서처럼 그 음이 '구'가 된 글자다.

講
풀이할 강

중 371 어문 4급 진흥 3급

言자로 인해 상대가 알아듣도록 말[言]로 잘 풀이한다 하여 그 뜻이 '풀이하다'가 되고, 冓자로 인해 講義(강의)·講師(강사)·特講(특강)·終講(종강)·聽講生(청강생)·受講生(수강생)·講和條約(강화조약)에서처럼 그 음이 '강'이 된 글자다.

참고 143	丩	
	넝쿨 구	갑골문 \u00a0 소전

길게 뻗어 나가면서 가운데 부분이 굵게 얽힌 넝쿨을 나타낸 데서 그 뜻이 '넝쿨'이고, 觓[굽을 구]·鈕[쇠뇌 고동 구]자처럼 그 음이 '구'인 글자다.

叫
부르짖을 규

고 296 어문 3급 진흥 2급

口자로 인해 입[口]으로 소리를 내어 크게 부르짖는다 하여 그 뜻이 '부르짖다'가 되고, 丩자로 인해 絕叫(절규)·阿鼻叫喚(아비규환)에서처럼 그 음이 '규'가 된 글자다.

고 297 어문 3급 진흥 2급

糾

꼴 규

糸자로 인해 실[糸]을 꼰다 하여 그 뜻이 '꼬다'가 되고, 니 자로 인해 紛糾(분규)·糾明(규명)·糾合(규합)·糾察隊(규찰대)·糾彈大會(규탄대회)에서처럼 그 음이 '규'가 된 글자다.

중 372 어문 4급 진흥 4급

收

거둘 수

攴(攵)자로 인해 다그쳐[攴] 거둔다 하여 그 뜻이 '거두다'가 되고, 니 자로 인해 收穫(수확)·收奪(수탈)·日收(일수)·撤收(철수)·未收金(미수금)·收容所(수용소)·分離收去(분리수거)에서처럼 그 음이 '수'가 된 글자다.

중 373 어문 4급 진흥 4급

句

글귀 구 **소전**

어떤 물건[口]을 넝쿨[니]로 얽은 모양을 나타냈으나 설문(說文)에서는 口자로 인해 입[口]으로 한 말을 글로 쓸 때에 한 토막으로 얽히는 글귀와 관련해 그 뜻이 '글귀'가 되고, 나중에 勹의 형태로 바뀌었지만 니 자로 인해 文句(문구)·詩句(시구)·警句(경구)·對句(대구)·後斂句(후렴구)·一言半句(일언반구)·句句節節(구구절절)에서처럼 그 음이 '구'가 된 글자로 보았다.

고 298 어문 3급 진흥 2급

狗

개 구

犬(犭)자로 인해 사람이 길들여 키우는 개[犬]와 관련해 그 뜻이 '개'가 되고, 句자로 인해 走狗(주구)·黃狗(황구)·海狗腎(해구신)·堂狗風月(당구풍월)·兎死狗烹(토사구팽)·喪家之狗(상가지구)에서처럼 그 음이 '구'가 된 글자다.

고 299 어문 3급 진흥 2급

拘

잡을 구

手(扌)자로 인해 손[手]으로 잡는다 하여 그 뜻이 '잡다'가 되고, 句자로 인해 拘束(구속)·拘留(구류)·拘禁(구금)·拘礙(구애)·不拘(불구)·拘置所(구치소)·拘引狀(구인장)에서처럼 그 음이 '구'가 된 글자다.

고 300 어문 3급 진흥 3급

苟

진실로 구

艸(艹)자로 인해 원래 풀[艸] 이름과 관련된 뜻을 지녔으나 후에 '진실로'의 뜻으로 빌려 쓰이고, 句자로 인해 苟且(구차)에서처럼 '구'의 음으로 읽히게 된 글자다.

고 301 한국어문회 3급 한자진흥회 2급	丘	从	쓰	쌘
	언덕 구	갑골문	금문	소전

두 개의 등성이가 있는 언덕을 나타낸 데서 그 뜻이 '언덕'이 되고, 丘陵(구릉)·靑丘(청구)·比丘尼(비구니)·圜丘壇(환구단)·河岸段丘(하안단구)·海岸砂丘(해안사구)·首丘初心(수구초심)에서처럼 그 음이 '구'가 된 글자다.

참고 144	䀠		
	두리번거릴 구	금문	소전

놀라서 두 눈[䀠]을 크게 뜨고 주위를 두리번거린다 하여 그 뜻이 '두리번거리다'가 되고, 자신이 덧붙여져 음의 역할을 하는 瞿[볼 구]자처럼 그 음이 '구'가 된 글자다.

瞿
볼 구

참고 145

두 눈[䀠]과 새[隹]를 나타내면서 두 눈[䀠]으로 매나 부엉이와 같은 새[隹]가 먹이를 노려본다 하여 그 뜻이 '보다'가 되고, 자신이 덧붙여져 음의 역할을 하는 懼[두려워할 구]·衢[네거리 구]자처럼 그 음이 '구'가 된 글자다.

懼
두려워할 구

고 302 어문 3급 진흥 2급

心(忄)자로 인해 마음[心] 속으로 두려워한다 하여 그 뜻이 '두려워하다'가 되고, 瞿자로 인해 悚懼(송구)·疑懼心(의구심)에서처럼 그 음이 '구'가 된 글자다.

중 374 한국어문회 3급 한자진흥회 4급	久	ﻣ
	오랠 구	소전

옆으로 누워 있는 사람에게 뜸 들이는 모습을 나타내면서 뜸 들이는 시간이 오래간다 하여 그 뜻이 '오래다'가 된 것으로 보이고, 長久(장구)·彌久(미구)·許久(허구)·永久(영구)·持久戰(지구전)·耐久力(내구력)·日久月深(일구월심)에서처럼 그 음이 '구'가 된 글자다.

참고 146	匊 움킬 국	匊 금문	匊 소전

무언가 감싸는 손[勹]과 쌀[米]을 나타낸 형태가 어우러져 손으로 쌀을 움키어 쥔다 하여 그 뜻이 '움키다'가 되고, 자신이 덧붙여져 음의 역할을 하는 鞠[기를 국]·麴[누룩 국]자처럼 그 음이 '국'이 된 글자다.

菊
국화 국

고 303 어문 3급 진흥 2급

艸(艹)자로 인해 국화과에 딸린 여러해살이풀[艸]인 국화와 관련해 그 뜻이 '국화'가 되고, 匊자로 인해 菊花(국화)·菊樽(국준)·黃菊(황국)·水菊(수국)·除蟲菊(제충국)·十日之菊(십일지국)에서처럼 그 음이 '국'이 된 글자다.

고 304 한국어문회 5급 한자진흥회 3급	局 판 국	局 소전

尺[자 척 → 중 813 참고]자와 口자가 합쳐져 자[尺]로 재듯 정확하게 입[口]으로 말한다는 뜻을 나타내면서 정확하게 말하려니 조심스럽게 한정해 말할 수밖에 없다는 데서 다시 한정된 판과 관련해 결국 그 뜻이 '판'이 된 것으로 보이고, 局面(국면)·局限(국한)·對局(대국)·結局(결국)·大局的(대국적)·局地戰(국지전)·局所痲醉(국소마취)·時局宣言(시국선언)에서처럼 그 음이 '국'이 된 글자다.

고 305 한국어문회 4급 한자진흥회 3급	宮 집 궁	宮 갑골문	宮 금문	宮 소전

집[宀]과 두 채의 주거 공간[呂의 형태]을 나타냈다. 옛날에는 대부분 주거 공간이 한 채였는데 두 채가 있을 정도로 큰 집과 관련해 그 뜻이 '집'이 되고, 宮殿(궁전)·宮女(궁녀)·古宮(고궁)·東宮(동궁)·阿房宮(아방궁)·景福宮(경복궁)·宮中文學(궁중문학)에서처럼 그 음이 '궁'이 된 글자다.

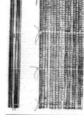

| 참고
147 | 丵 | 소전 |
| 주먹밥 권 | | |

밥[米]을 두 손[廾]으로 말아 만든 주먹밥과 관련해 그 뜻이
'주먹밥'이 된 것으로 보이고, 그 형태가 변화되었지만 자신이
덧붙여져 음의 역할을 하는 睠[돌아볼 권]·券[문서 권]·卷[책 권]자처
럼 그 음이 '권'이 된 글자다.

고 306 어문 4급 진흥 3급

| 券 | 소전 |
| 문서 권 | |

刀자로 인해 칼[刀]로 분명하게 표시를 하여 계약서처럼 서로 나누어
보관하는 옛날의 문서와 관련해 그 뜻이 '문서'가 되고, 丵자로 인해
旅券(여권)·福券(복권)·證券(증권)·食券(식권)·入場券(입장권)·有價
證券(유가증권)·圖書商品券(도서상품권)에서처럼 그 음이 '권'이 된 글
자다.

중 375 어문 4급 진흥 3급

| 卷 |
| 책 권 |

卩(㔾)자로 인해 사람이 몸을 구부린 모습[㔾]처럼 구부려 만다 하
여 그 뜻이 '말다'가 되면서 옛날 책을 본 후에 말았던 데서 다
시 '책'의 뜻을 지니고, 丵자로 인해 卷煙(→궐련)·席卷(석권)·
壓卷(압권)·萬卷堂(만권당)·手不釋卷(수불석권)·開卷有益(개권
유익)에서처럼 그 음이 '권'이 된 글자다.

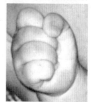

고 307 어문 3급 진흥 3급

| 拳 |
| 주먹 권 |

手자로 인해 손[手]가락을 모아 쥔 주먹과 관련해 그 뜻이 '주먹'
이 되고, 丵자로 인해 拳鬪(권투)·拳銃(권총)·鐵拳(철권)·醉拳
(취권)·跆拳道(태권도)·赤手空拳(적수공권)에서처럼 그 음이
'권'이 된 글자다.

| 참고
148 | 鬳 | 갑골문 | 금문 | 소전 |
| 시루 권 | | | | |

음식 탐하는 것을 경계하기 위해 사나운 짐승[虍]이 겉에 새겨진
그릇[鬲]인 시루를 나타낸 데서 그 뜻이 '시루'가 되고, 그 음이
'권'이 된 글자다.

178

獻
바칠 헌

고 308 어문 3급 진흥 2급

犬자로 인해 개[犬]를 제물로 바친다 하여 그 뜻이 '바치다'
가 되고, 鬳자로 인해 獻身(헌신)·獻呈(헌정)·獻納(헌납)·
獻金(헌금)·貢獻(공헌)·進獻(진헌)·獻花歌(헌화가)에서처럼
그 음이 '헌'이 된 글자다.

참고
149

쿨룩거릴 궐 | 금문 | 소전

사람을 거꾸로 한 모습[屰 → 참 249 참고]
과 입을 크게 벌린 모습[欠]을 합쳐서 입을
크게 벌려 제대로 숨을 쉬지 못하고 쿨룩
거린다 하여 그 뜻이 '쿨룩거리다'가 되고,
자신이 덧붙여져 음의 역할을 하는 闕[대궐 궐]·厥[그 궐]자처럼 그 음이 '궐'이
된 글자다.

厥
그 궐

고 309 어문 3급 진흥 2급

厂자로 인해 원래 언덕[厂]의 돌을 파낸다는 뜻을 지녔으나 후에 그를 가리키는 데
빌려 쓰이면서 결국 그 뜻이 '그'가 되고, 欮로 인해 厥女(궐녀)·厥者(궐자)·突厥
族(돌궐족)에서처럼 그 음이 '궐'이 된 글자다.

참고
150

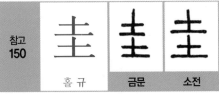

홀 규 | 금문 | 소전

햇빛을 이용해 시각을 재는 기다란 물건과 해의 그림자를 위
아래에 겹쳐 土의 형태로 나타내면서 다시 기다란 물건이 천
자에게서 받은 제후의 신표(信標)인 홀과 비슷하다는 데서 그
뜻이 '홀'이 된 것으로 보이고, 자신이 덧붙여져 음의 역할을 하는 閨[안방 규]·奎
[별 이름 규]·硅[규소 규]자처럼 그 음이 '규'가 된 글자다.

街
거리 가

중 376 어문 4급 진흥 4급

行자로 인해 사방(四方)으로 통하는 곧고 넓은 큰 길[行]이 있는 거리와 관련해 그
뜻이 '거리'가 되고, 圭자로 인해 市街(시가)·商街(상가)·大學街(대학가)·紅燈街
(홍등가)·街談巷說(가담항설)·街頭示威(가두시위)에서처럼 그 음이 '가'가 된 글
자다.

佳
아름다울 가

중 377 어문 3급 진흥 4급

人(亻)자로 인해 사람[人]의 자태(姿態)가 아름답다 하여 그 뜻이 '아름답다'가 되고, 圭자로 인해 佳作(가작)·佳約(가약)·佳客(가객)·佳人薄命(가인박명)·絕世佳人(절세가인)·天中佳節(천중가절)에서처럼 그 음이 '가'가 된 글자다.

桂
계수나무 계

고 310 어문 3급 진흥 2급

木자로 인해 계수나뭇과에 딸린 늘푸른큰키나무[木]인 계수나무와 관련해 그 뜻이 '계수나무'가 되고, 圭자로 인해 桂皮(계피)·月桂樹(월계수)·月桂冠(월계관)·桂薑酒(계강주)·桂冠詩人(계관시인)에서처럼 그 음이 '계'가 된 글자다.

卦
점괘 괘

참고 151

卜자로 인해 길흉(吉凶)을 점[卜]쳐 나온 괘와 관련해 '점괘'의 뜻을 지니고, 圭자로 인해 乾卦(건괘)·陽卦(양괘)·坎卦(감괘)·凶卦(흉괘)에서처럼 '괘'의 음으로 읽히게 된 글자다.

掛
걸 괘

고 311 어문 3급 진흥 2급

手(扌)자로 인해 손[手]으로 무언가 건다 하여 그 뜻이 '걸다'가 되고, 卦자로 인해 掛圖(괘도)·掛念(괘념)·掛意(괘의)·掛佛(괘불)·掛心罪(→ 괘씸죄)·掛鐘時計(괘종시계)에서처럼 그 음이 '괘'가 된 글자다.

厓
언덕 애

참고 152

厂자로 인해 '언덕'의 뜻을 지니면서 圭자로 인해 '애'의 음으로 읽히게 된 글자다. 후에 그 뜻을 더욱 분명히 하기 위해 다시 山자를 덧붙여 崖자로 쓰고 있다.

涯
물가 애

고 312 어문 3급 진흥 3급

水(氵)자로 인해 내나 강의 바깥 주변인 물가[水]와 관련해 그 뜻이 '물가'가 되고, 厓자로 인해 生涯(생애)·無涯(무애)·天涯孤兒(천애고아)에서처럼 그 음이 '애'가 된 글자다.

고 313 한국어문회 5급 한자진흥회 3급	規 법 규	䂓 소전

한 길이 되는 사람[夫]의 키를 표준으로 삼아 길이를 살펴본다는[見] 뜻을 나타내면서 다시 길이를 살펴볼 때는 법도에 따른다 하여 그 뜻이 '법'이 된 것으로 보이고, 規範(규범)·規格(규격)·法規(법규)· 子規(자규)·正規軍(정규군)·過失相規(과실상규)에서처럼 그 음이 '규'가 된 글자다.

참고 153	勻 적을 균	[금문]	[소전]
		금문	소전

작은 두 점으로 대체된 무언가를 손으로 감싸는 모습을 나타내면서 작은 두 점으로 대체된 무언가의 양이 많지 않고 적다 하여 그 뜻이 '적다'가 된 것으로 보이고, 자신이 덧붙여져 음의 역할을 하는 昀[밝 일굴 균]·鈞[서른 근 균]자처럼 그 음이 '균'이 된 글자다. 작은 두 점은 나중에 짧은 두 선으로 바뀌었다.

均 고를 균

중 378 어문 4급 진흥 4급

土자로 인해 흙[土]이 지면(地面)에 고르게 깔려 있다 하여 그 뜻이 '고르다'가 되고, 勻자로 인해 均等(균등)·均衡(균형)·均一(균일)·平均(평균)·均役法(균역법)· 均田制(균전제)·無均質(무균질)에서처럼 그 음이 '균'이 된 글자다.

旬 열흘 순	[금문]
	금문

고 314 어문 3급 진흥 3급

원래 勻자와 日자가 합쳐진 글자였다. 日자로 인해 한 달의 시일[日]을 셋으로 나눠 생긴 열흘과 관련해 그 뜻이 '열흘'이 되고, 일부가 생략되었지만 勻자로 인해 上旬(상순)·初旬(초순)·七旬(칠순)·旬刊(순간)·四旬節(사순절)·三旬九食(삼순구식)·漢城旬報(한성순보)에서처럼 그 음이 '순'이 된 글자다.

고 315 어문 3급 진흥 2급

歹자로 인해 신분이 높은 죽은 [歹] 사람을 따라 죽는다 하여 그 뜻이 '따라 죽다'가 되고, 旬자로 인해 殉葬(순장)·殉職(순직)·殉節(순절)·殉敎(순교)·殉愛譜(순애보)·殉國先烈(순국선열)에서처럼 그 음이 '순'이 된 글자다.

군사 군 / 금문

중 379 어문 8급 진흥 5급

원래 勻자와 車자가 합쳐진 글자였다. 車자로 인해 옛날 수레[車]가 전투와 같은 중요한 군사(軍事)에 사용되었기 때문에 그 뜻이 '군사'가 되고, 후에 冖의 형태로 변화되었지만 勻자로 인해

軍歌(군가)·軍靴(군화)·國軍(국군)·陸軍(육군)·十字軍(십자군)·白衣從軍(백의종군)·威化島回軍(위화도회군)에서처럼 그 음이 '군'이 된 글자다.

움직일 운

중 380 어문 6급 진흥 5급

辶(辶)자로 인해 길[辶]을 따라 발이 움직인다 하여 그 뜻이 '움직이다'가 되고, 軍자로 인해 運行(운행)·運動(운동)·不運(불운)·幸運(행운)·運輸業(운수업)·運七技三(운칠기삼)에서처럼 그 음이 '운'이 된 글자다.

휘두를 휘

고 316 어문 4급 진흥 3급

手(扌)자로 인해 손[手]을 크게 휘두른다 하여 그 뜻이 '휘두르다'가 되고, 軍자로 인해 指揮(지휘)·發揮(발휘)·揮發油(휘발유)·一筆揮之(일필휘지)·揮毫大會(휘호대회)에서처럼 그 음이 '휘'가 된 글자다.

빛날 휘

고 317 어문 3급 진흥 2급

光[빛 광 → 중 356 참고]자로 인해 빛[光]이 밝게 빛난다 하여 그 뜻이 '빛나다'가 되고, 軍자로 인해 光輝(광휘)·輝煌燦爛(휘황찬란)에서처럼 그 음이 '휘'가 된 글자다.

참고 154

곳집 균 / 소전

벼[禾]를 넣어 두기 위해 만들어진 둥그런 모양[囗의 형태]의 곳집을 나타낸 데서 그 뜻이 '곳집'이 되고, 囷倉(균창)·囷廩(균름)에서처럼 그 음이 '균'이 된 글자다.

菌
버섯 균

고 318 어문 3급 진흥 3급

艸(艹)자로 인해 산과 들에 풀[艸]의 싹처럼 돋아나는 버섯과 관련해 그 뜻이 '버섯'이 되고, 囷자로 인해 菌絲(균사)·菌類(균류)·病菌(병균)·細菌(세균)·乳酸菌(유산균)·保菌者(보균자)·葡萄狀球菌(포도상구균)에서처럼 그 음이 '균'이 된 글자다.

참고 155

亟	〔금문〕	〔소전〕
재빠를 극	금문	소전

위와 아래가 막힌 공간 사이에 선 사람이 입[口]으로는 말을 하면서 손[又]으로는 무언가 다그치며 재빠르게 행하고 있음을 나타내면서 그 뜻이 '재빠르다'가 된 것으로 보이고, 자신이 덧붙여져 음의 역할을 하는 極[다할 극]·殛[죽일 극]·悈[경망할 극]자처럼 그 음이 '극'이 된 글자다.

極
다할 극

중 381 어문 4급 진흥 4급

木자로 인해 집에서 맨 위의 끝이 다하는 부분에 놓인 나무[木]인 용마루를 뜻했으나 후에 용마루가 맨 위의 끝이 다하는 부분에 놓인다 하여 그 뜻이 '다하다'가

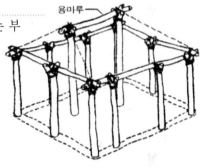

용마루

되고, 亟자로 인해 極東(극동)·極盡(극진)·南極(남극)·登極(등극)·極少數(극소수)·極樂往生(극락왕생)·極限狀況(극한상황)에서처럼 그 음이 '극'이 된 글자다.

고 319
한국어문회 3급
한자진흥회 3급

克	〔갑골문〕	〔금문〕	〔소전〕
이길 극	갑골문	금문	소전

위에는 세 갈래의 창날이 있으면서 아래에는 자루에 손잡이가 달려 있는 창과 방패를 겸한 원시적인 형태의 무기를 나타낸 것으로 보인다. 그런 무기를 사용해 적과 싸워 이긴다 하여 그 뜻이 '이기다'가 되고, 克服(극복)·克明(극명)·克己訓鍊(극기훈련)에서처럼 그 음이 '극'이 된 글자다.

참고 156	
堇 진흙 근	갑골문 / 금문 / 소전

기근에 희생물인 사람을 묶어 불에 태우는 모양을 나타냈으나 설문(說文)에서 黃자와 土자가 합쳐져 누런[黃] 흙[土]인 '진흙'을 뜻한다고 봤으며, 자신이 덧붙여져 음의 역할을 하는 饉[흉년 들 근]·槿[무궁화나무 근]·覲[뵐 근]자처럼 '근'의 음을 지닌 글자다.

勤
부지런할 근

중 382 어문 4급 진흥 3급

力자로 인해 힘[力]을 내 일을 부지런하게 한다 하여 그 뜻이 '부지런하다'가 되고, 堇자로 인해 勤勉(근면)·勤怠(근태)·夜勤(야근)·出勤(출근)·甲勤稅(갑근세)·勤政殿(근정전)·勤儉節約(근검절약)에서처럼 그 음이 '근'이 된 글자다.

謹
삼갈 근

고 320 어문 3급 진흥 3급

言자로 인해 말[言]을 함부로 하지 않고 삼간다 하여 그 뜻이 '삼가다'가 되고, 堇자로 인해 謹愼(근신)·謹嚴(근엄)·謹呈(근정)·謹上(근상)·謹弔(근조)·謹賀新年(근하신년)에서처럼 그 음이 '근'이 된 글자다.

겨우 근

고 321 어문 3급 진흥 2급

人(亻)자로 인해 사람[人]의 힘이 부족해 무언가 겨우 할 수 있다 하여 그 뜻이 '겨우'가 되고, 堇자로 인해 僅僅(근근)·僅少(근소)에서처럼 그 음이 '근'이 된 글자다.

어려울 난

중 383 어문 4급 진흥 3급

隹자로 인해 본래 새[隹]와 관련된 뜻을 지녔으나 후에 艱[어려울 간]자의 의미로 차용(借用)되면서 그 뜻이 '어렵다'가 되고, 변화된 堇자의 형태로 인해 艱難(간난)·困難(→ 곤란)·難易(난이)·難澁(난삽)·住宅難(주택난)·難兄難弟(난형난제)·進退兩難(진퇴양난)에서처럼 그 음이 '난'이 된 글자다.

歎
탄식할 탄

고 322 어문 4급 진흥 3급

欠자로 인해 입[口]을 벌려[欠] 한숨을 쉬며 탄식한다 하여 그 뜻이 '탄식하다'가 되고, 변화된 堇자의 형태로 인해 歎息(탄식)·歎服(탄복)·恨歎(한탄)·悲歎(비탄)·歎願書(탄원서)·髀肉之嘆(비육지탄)에서처럼 그 음이 '탄'이 된 글자다. 嘆자는 동자(同字)다.

漢
한나라 **한**

水(氵)자로 인해 섬서성(陝西城)의 파총산(嶓冢山)에서 발원(發源)하는 강물[水]인 '한수'를 뜻하면서 다시 한수를 중심으로 유방이 세운 나라인 '한나라'를 뜻하기도 하고, 변화된 堇자의 형태로 인해 漢字(한자)·漢藥(한약)·癡漢(치한)·醉漢(취한)·門外漢(문외한)·滿漢全席(만한전석)에서처럼 그 음이 '한'이 된 글자다.

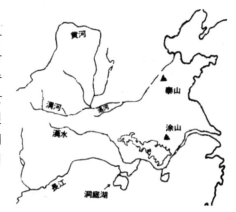

중 385
한국어문회
6급
한자진흥회
5급

이제 **금** | 갑골문 | 금문 | 소전

대개 거꾸로 표현된 입과 음식이 이제 막 입속에 들어가는 모습을 나타냈다고 하는 글자다. 음식을 이제 막 입에 머금으려 한다는 데서 '이제'의 뜻을 지니게 된 것으로 보이며, 只今(지금)·古今(고금)·今上(금상)·今年(금년)·今明間(금명간)·今世紀(금세기)·今昔之感(금석지감)에서 보듯 '금'의 음을 지니게 된 글자다.

琴
거문고 **금**

소전

원래 기러기발 위에 두 줄[珏의 형태]이 있는 거문고를 나타내면서 그 뜻이 '거문고'가 되었는데, 후에 그 원래의 형태에서 일부가 생략되면서 음(音)을 더욱 분명히 해 주기 위해 今자가 덧붙여져 琴瑟(금슬/금실)·心琴(심금)·風琴(풍금)·奚琴(해금)·伽倻琴(가야금)·七絃琴(칠현금)·彈琴臺(탄금대)에서처럼 그 음이 '금'이 된 글자다.

禽 날짐승 금 / 소전

고 324 어문 3급 진흥 2급

원래 짐승을 잡는 데 쓰이는 긴 손잡이 위에 그물이 달린 사냥의 도구를 나타냈던 글자다. 따라서 본래 짐승을 잡는다는 뜻을 지녔으나 나중에 짐승의 뜻을 지니게 되었다가 다시 獸[짐승 수]자와 구별해 깃이 있는 조수(鳥獸)의 총칭인 '날짐승'의 뜻을 지니게 되고, 후에 그 음에 영향을 미치는 수자가 덧붙여져 禽獸(금수)·家禽(가금)·猛禽類(맹금류)에서처럼 '금'의 음을 지니게 된 글자다.

陰 그늘 음

중 386 어문 4급 진흥 4급

阜(阝)자와 구름 형상에서 비롯된 云[이를 운 → 중 666 참고]자로 인해 햇빛이 비치지 않아 구름[云]의 기운이 일어나는 습(濕)한 북쪽 언덕[阜]의 그늘과 관련해 그 뜻이 '그늘'이 되고, 수자로 인해 陰陽(음양)·陰地(음지)·夜陰(야음)·綠陰(녹음)·太陰曆(태음력)·陰德陽報(음덕양보)·陰性反應(음성반응)에서처럼 그 음이 '음'이 된 글자다.

吟 읊을 음

중 387 어문 3급 진흥 3급

口자로 인해 입[口]으로 낮은 소리를 읊는다 하여 그 뜻이 '읊다'가 되고, 수자로 인해 吟味(음미)·呻吟(신음)·吟遊詩人(음유시인)·微吟緩步(미음완보)·吟風弄月(음풍농월)에서처럼 그 음이 '음'이 된 글자다.

飮 마실 음 / 금문

중 388 어문 6급 진흥 5급

원래 㱃자로 쓰면서 사람이 입을 크게 벌리고[欠] 술[酉]을 마시는 모양을 나타내었던 데서 그 뜻이 '마시다'가 되고, 덧붙여진 수자로 인해 그 음이 '음'이 된 글자다. 후에 수자와 酉자가 합쳐진 酓[마실 음]자가 食의 형태로 바뀌고, 飮酒(음주)·飮福(음복)·過飮(과음)·米飮(미음)·飮用水(음용수)·牛飮馬食(우음마식)·飮盡大笑(음진대소)에서처럼 그 음에 영향을 준 수자는 보이지 않게 되었다.

念 생각 념

중 389 어문 5급 진흥 4급

心자로 인해 마음[心] 속으로 늘 가지는 생각과 관련해 그 뜻이 '생각'이 되고, 수자로 인해 思念(사념)·一念(일념)·念力(염력)·念頭(염두)·記念日(기념일)·無念無想(무념무상)·固定觀念(고정관념)에서처럼 그 음이 '념'이 된 글자다.

含 머금을 함

고 325 어문 3급 진흥 2급

口자로 인해 입[口]에 음식 등을 머금고 있다 하여 그 뜻이 '머금다'가 되고, 수자로 인해 含蓄(함축)·含有(함유)·含量(함량)·包含(포함)·飯含(반함)·含羞草(함수초)·含哺鼓腹(함포고복)에서처럼 그 음이 '함'이 된 글자다.

貪
탐할 탐

고 326 어문 3급 진흥 2급

貝자로 인해 화폐[貝]처럼 귀한 재물을 탐낸다 하여 그 뜻이 '탐하다'가 되고, 수자로 인해 貪慾(탐욕)·貪心(탐심)·老貪(노탐)·册貪(책탐)·貪食症(탐식증)·貪官汚吏(탐관오리)·小貪大失(소탐대실)에서처럼 그 음이 '탐'이 된 글자다.

중 390 한국어문회 3급 한자진흥회 4급				
미칠 급	갑골문	금문	소전	

사람 뒤에 손이 미치는 모습을 나타낸 데서 그 뜻이 '미치다'이고, 言及(언급)·波及(파급)·遡及(소급)·普及(보급)·及其也(급기야)·後悔莫及(후회막급)에서 보듯 그 음이 '급'인 글자다.

級
등급 급

고 327 어문 6급 진흥 3급

糸자로 인해 실[糸]의 품질에 따라 매긴 등급과 관련해 그 뜻이 '등급'이 되고, 及자로 인해 等級(등급)·首級(수급)·級友(급우)·級數(급수)·國寶級(국보급)·階級社會(계급사회)에서처럼 그 음이 '급'이 된 글자다.

急
급할 급   소전

중 391 어문 6급 진흥 5급

오늘날의 자형에서는 及자가 약간 변화된 형태로 쓰이고 있다. 心자로 인해 마음[心]이 급하다 하여 그 뜻이 '급하다'가 되고, 약간 변형되었지만 及자로 인해 緩急(완급)·火急(화급)·急所(급소)·急煞(급살)·應急室(응급실)·特急列車(특급열차)·轍鮒之急(철부지급)에서처럼 그 음이 '급'이 된 글자다. 㤂자는 동자(同字)다.

吸
숨 들이쉴 흡

고 328 어문 4급 진흥 3급

口자로 인해 입[口]으로 숨을 들이쉰다 하여 그 뜻이 '숨 들이쉬다'가 되고, 及자로 인해 呼吸(호흡)·吸入(흡입)·吸水(흡수)·吸煙(흡연)·吸引力(흡인력)·吸着劑(흡착제)에서처럼 그 음이 '흡'이 된 글자다.

고 329 한국어문회 3급 한자진흥회 2급	肯 즐길 긍	금문	소전

금이 간 뼈를 나타낸 止의 형태와 肉(月)자가 어우러져 원래 뼈[止] 사이에 붙어 있는 살[肉]을 뜻했으나 나중에 '즐기다'의 뜻으로 빌려 쓰이고, 肯定(긍정)·首肯(수긍)에서처럼 '긍'의 음으로 읽히게 된 글자다.

참고 157	亙 걸칠 긍	갑골문	금문	소전

하늘과 땅 사이에 반달이 걸쳐 있는 모양을 나타내면서 그 뜻이 '걸치다'가 되고, 자신이 덧붙여져 음의 역할을 하는 鮑[다랑어 긍]·絚[동아줄 긍]자처럼 그 음이 '긍'이 된 글자다.

중 392 어문 3급 진흥 3급

恒
항상 항 / 금문

恒자가 본자(本字)다. 心(忄)자로 인해 마음[心] 속으로 항상 생각한다 하여 그 뜻이 '항상'이 되고, 나중에 亘의 형태로 바뀌었지만 亙자로 인해 恒常(항상)·恒星(항성)·恒時(항시)·恒速(항속)·恒久的(항구적)·恒河沙(항하사)·恒溫動物(항온동물)·無恒産無恒心(무항산무항심)에서처럼 그 음이 '항'이 된 글자다.

중 393 한국어문회 3급 한자진흥회 3급	幾 몇 기	금문	소전

사람이 옷감을 짜는 베틀을 나타냈으나 후에 機[틀 기]자가 그 뜻을 대신하면서 자신은 '몇'의 뜻으로 빌

려 사용되고, 幾百(기백)·幾微(기미)·幾十萬(기십만)·景幾體歌(경기체가)·沃度丁幾(옥도정기)·幾何級數的(기하급수적)에서 보듯 '기'의 음으로 읽히게 된 글자다.

機 틀 기

고 330 어문 4급 진흥 3급

幾자의 본래 뜻 '틀'을 더욱 분명히 하기 위해 木자가 덧붙여지고, 幾자와 똑같이 機械(기계)·機心(기심)·契機(계기)·投機(투기)·娛樂機 (오락기)·斷機之戒(단기지계)·時機尙早(시기상조)에 서처럼 그 음이 '기'인 글자다.

饑 주릴 기

고 331 어문 3급 진흥 2급

食자로 인해 밥[食]을 오랫동안 먹지 못하고 배를 주린 다 하여 그 뜻이 '주리다'가 되고, 幾자로 인해 饑餓(기아)·饑渴 (기갈)·饑困(기곤)·饑饉(기근)·療饑(요기)·虛饑(허기)에서처럼 그 음이 '기'가 된 글자다. 飢자는 동자(同字)다.

畿 경기 기

고 332 어문 3급 진흥 3급

田자로 인해 왕(王)이 직접 다스리던 왕도(王都) 주위의 사방 천리(千里) 이내 농토 [田]를 이르는 '경기'의 뜻을 지니고, 일부가 생략되었지만 幾자로 인해 畿內(기 내)·畿伯(기백)·京畿道(경기도)·畿湖學派(기호학파)에서처럼 '기'의 음을 지니게 된 글자다.

| 중 394 한국어문회 3급 한자진흥회 4급 | 其 그 기 | 갑골문 | 금문 | 소전 |

곡식 따위를 까부르는 도구인 키를 나타냈으나 그 뜻이 '그'로 빌려 쓰이고, 나중에 음의 역할을 하는 丌[책상 기]자가 덧붙여지 기도 하면서 其他(기타)·其中(기중)·各其(각기)·及其也(급기야)·不知其數(부지기 수)·其人制度(기인제도)에서 보듯 그 음이 '기'가 된 글자다. 자신의 본래 뜻은 그 재질(材質)과 관계있는 竹자를 덧붙여 箕[키 기]자로 대신했다.

旗 기 기

고 333 어문 7급 진흥 3급

기(깃발)의 형상에서 비롯된 㫃[깃발 언 → 참 244 참 고]자로 인해 군대(軍隊)에서 장수(將帥)가 세우는 기 [㫃]와 관련해 그 뜻이 '기'가 되고, 其자로 인해 軍 旗(군기)·國旗(국기)·旗幟(기치)·旗手(기수)·太極 旗(태극기)·人共旗(인공기)·五星紅旗(오성홍기)에서처럼 그 음이 '기'가 된 글자다.

基 터 기

중 395 어문 5급 진흥 4급

土자로 인해 건축물 등을 세우기 위해 흙[土]을 다져 만든 터와 관련해 그 뜻이 '터'가 되고, 其자로 인해 基礎(기초)·基盤(기반)·基本(기본)·基準(기준)·基地村(기지촌)·基督教(기독교)·基調演說(기조연설)에서처럼 그 음이 '기'가 된 글자다.

期 기약할 기

중 396 어문 5급 진흥 4급

月자로 인해 한 달[月]처럼 일정한 시일을 정해 두고 무언가 기약한다 하여 그 뜻이 '기약하다'가 되고, 其자로 인해 期間(기간)·期限(기한)·所期(소기)·一期(일기)·無期刑(무기형)·黃金期(황금기)·早期留學(조기유학)에서처럼 그 음이 '기'가 된 글자다.

欺 속일 기

고 334 어문 3급 진흥 3급

欠자로 인해 입을 크게 벌리는[欠] 과장된 동작을 취해 남을 속인다 하여 그 뜻이 '속이다'가 되고, 其자로 인해 詐欺(사기)·欺瞞(기만)·欺弄(기롱)·欺罔(기망)·毋自欺(무자기)에서처럼 그 음이 '기'가 된 글자다.

斯 이 사

고 335 어문 3급 진흥 3급

斤자로 인해 도끼[斤]로 나무를 쪼갠다는 뜻을 지녔으나 후에 그 음(音)이 此[이차]자와 통용(通用)되면서 지시대명사인 '이'의 뜻으로 빌려 쓰이고, 其자로 인해 斯界(사계)·俄羅斯(아라사)·瓦斯燈(와사등)·斯文亂賊(사문난적)·腸窒扶斯(장질부사)에서처럼 '사'의 음으로 읽히게 된 글자다.

| 고 336 한국어문회 4급 한자진흥회 3급 | 器 그릇 기 | 금문 | 소전 |

사람이 가까이 두고 기르는 짐승인 개[犬] 주변에 놓인 여러 그릇[品]을 나타내면서 그 뜻이 '그릇'이 되고, 食器(식기)·什器(집기)·鍮器(유기)·便器(변기)·陶瓷器(도자기)·消火器(소화기)·櫛文土器(즐문토기)·大器晩成(대기만성)에서처럼 그 음이 '기'가 된 글자다.

고 337 한국어문회 3급 한자진흥회 2급	棄 버릴 기	(갑골문)	(금문)	(소전)
		갑골문	금문	소전

태어나면서 안타깝게 죽은 아이[㐬]를 키[其]에 담아 두 손[廾]으로 버리는 모양을 나타낸 데서 그 뜻이 '버리다'가 되고, 棄兒(기아)·棄權(기권)·投棄(투기)·抛棄(포기)·廢棄物(폐기물)·自暴自棄(자포자기)에서처럼 그 음이 '기'가 된 글자다.

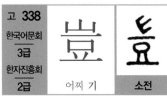

고 338 한국어문회 3급 한자진흥회 2급	豈 어찌 기	(소전)
		소전

위에 장식이 있고 아래에 받침대가 있는 북을 나타냈다. 원래 북을 치며 즐긴다 하여 '즐기다'의 뜻을 지녔으나 후에 '어찌'의 뜻으로 빌려 쓰이고, 다시 즐기다의 뜻을 지니게 된 凱[즐길 개]자와 달리 그 음이 '기'가 된 글자다.

중 397 한국어문회 5급 한자진흥회 4급	吉 길할 길	(갑골문)	(금문)	(소전)
		갑골문	금문	소전

사악한 기운을 물리치기 위해 무기인 도끼를 받침대 위에 올려 둔 모양을 나타내면서 사악한 기운이 물러나면 길하다 하여 그 뜻이 '길하다'가 된 것으로 보이고, 吉凶(길흉)·吉日(길일)·吉夢(길몽)·吉兆(길조)·不吉(불길)·納吉(납길)·立春大吉(입춘대길)에서 보듯 그 음이 '길'이 된 글자다.

결 맺을 결

중 398 어문 5급 신흥 4급

糸자로 인해 실[糸]로 얽어 풀어지지 않도록 맺는다 하여 그 뜻이 '맺다'가 되고, 吉자로 인해 締結(체결)·連結(연결)·結婚(결혼)·結氷(결빙)·結實期(결실기)·結草報恩(결초보은)·結義兄弟(결의형제)에서처럼 그 음이 '결'이 된 글자다.

ㄴ舌ㅅ音이니 如넝那낭ㆆ字쭝初

發ㅸ聲셩ᄒᆞ니라

ㄴ는 혀쏘리니 那낭ㆆ字쭝처엄펴아

나는소리ᄀᆞ트니라

ㄴ

중 399	南			
한국어문회 8급				
한자진흥회 6급	남녘 남	갑골문	금문	소전

끈에 매달아 사용한 종(鐘)과 같은 악기를 나타낸 것으로 보인다. 예전엔 그 악기가 여러 악기와 더불어 연주될 때에 남녘에 위치했기에 그 뜻이 '남녘'이고, 南北(남북)·南山(남산)·三南(삼남)·以南(이남)·指南鐵(지남철)·南柯一夢(남가일몽)·山南水北(산남수북)에서처럼 그 음이 '남'인 글자다.

중 400	男			
한국어문회 7급				
한자진흥회 7급	사내 남	갑골문	금문	소전

곡물을 기르는 밭[田]과 쟁기[力]가 합쳐져 밭에서 쟁기질을 해 농사지은 곡물로 가족을 부양해야 할 사내와 관련해 그 뜻이 '사내'가 되고, 男子(남자)·男女(남녀)·美男(미남)·得男(득남)·有婦男(유부남)·男負女戴(남부여대)·男兒選好(남아선호)에서처럼 그 음이 '남'이 된 글자다.

중 401	乃			
한국어문회 3급				
한자진흥회 4급	이에 내	갑골문	금문	소전

새끼줄이 구부러져 늘어진 모양을 나타낸 것으로 보이나 후대에 윗말을 받아 아랫말을 일으키는 접속사로 사용되면서 '이에'의 뜻을 지니게 되고, 乃至(내지)·終乃(종내)·乃終(내종)·人乃天(인내천)에서처럼 '내'의 음으로 읽히게 된 글자다.

고 339 한국어문회 3급 한자진흥회 2급	寧 편안할 녕	갑골문	금문	소전

원래 집[宀] 안의 단[丁의 형태] 위에 제물이 담긴 그릇[皿]이 놓여 있음을 나타내면서 단 위에 제물을 놓고 집안의 편안함을 빈다 하여 그 뜻이 '편안하다'가 되고, 安寧(안녕)·康寧(강녕)·丁寧(정녕)에서처럼 그 음이 '녕'이 된 글자다. 후에 그 뜻을 더욱 분명히 하기 위해 心자가 덧붙여졌다. 지명(地名)인 宜寧(의령)이나 保寧(보령)에서처럼 그 음을 '령'으로도 읽는다.

고 340 한국어문회 3급 한자진흥회 3급	奴 종 노	금문	소전

여자[女]를 손[又]으로 잡고 있음을 나타내면서 잡힌 여자가 종이라 하여 그 뜻이 '종'이고, 奴婢(노비)·奴僕(노복)·奴隷(노예)·倭奴(왜노)·賣國奴(매국노)·守錢奴(수전노)·耕當問奴(경당문노)에서 보듯 그 음이 '노'인 글자다.

怒 성낼 노

중 402 어문 4급 진흥 4급
心자로 인해 마음[心]이 흥분(興奮)되어 성낸다 하여 그 뜻이 '성내다'가 되고, 奴자로 인해 憤怒(분노)·大怒(→ 대로)·怒濤(노도)·怒聲(노성)·怒甲移乙(노갑이을)·喜怒哀樂(→ 희로애락)·一怒一老(일노일로)에서처럼 그 음이 '노'가 된 글자다.

努 힘쓸 노

고 341 어문 4급 진흥 3급
力자로 인해 일을 하는 데에 도움이 되도록 힘[力]을 쓴다 하여 그 뜻이 '힘쓰다'가 되고, 奴자로 인해 努力(노력)에서처럼 그 음이 '노'가 된 글자다.

참고
158

머리 위의 털 노 | 소전

머리 위의 정수리[囟]에 나 있는 털[巛의 형태]을 나타낸 데서 그 뜻이 '머리 위의 털'이 되고, 자신이 덧붙여져 음의 역할을 하는 瑙[마노 노]자처럼 그 음이 '노'가 된 글자다.

고 342 어문 3급 진흥 3급

腦
뇌 뇌

肉(月)자로 인해 살[肉]이 붙어 있는 인체의 한 부위인 뇌와 관련해 그 뜻이 '뇌'가 되고, 囟자로 인해 頭腦(두뇌)·洗腦(세뇌)·腦髓(뇌수)·腦炎(뇌염)·腦溢血(뇌일혈)·腦卒中(뇌졸중)·腦死狀態(뇌사상태)에서처럼 그 음이 '뇌'가 된 글자다.

고 343 어문 3급 진흥 2급

惱
괴로워할 뇌

心(忄)자로 인해 마음[心] 속으로 괴로워한다 하여 그 뜻이 '괴로워하다'가 되고, 囟자로 인해 苦惱(고뇌)·懊惱(오뇌)·惱殺的(뇌쇄적)·百八煩惱(백팔번뇌)에서처럼 그 음이 '뇌'가 된 글자다.

중 403
한국어문회
7급
한자진흥회
5급

農
농사 농

갑골문 | 금문 | 소전

원래 수풀[林]과 옛날에 농사(農事) 도구로 사용되었던 조개껍데기[辰]를 나타내면서 수풀이 우거진 곳에서 조개껍데기로 이삭을 수확하는 농사를 짓는다 하여 그 뜻이 '농사'가 되고, 農業(농업)·農藥(농약)·歸農(귀농)·富農(부농)·小作農(소작농)·神農氏(신농씨)·有機農法(유기농법)·農者天下之大本(농자천하지대본)에서 보듯 그 음이 '농'이 된 글자다. 후에 두 손과, 수풀이 경작지(耕作地)로 변한 상태인 田자를 더해 농사의 방법이 좀 더 진보되었음을 보여 주는 형태로 변화되었다.

| 중 404 |
| 한국어문회 |
| 5급 |
| 한자진흥회 |
| 4급 |

能
능할 능

큰 머리와 입과 몸체에 이어진 발이 있는 곰을 나타냈으나 곰이 힘이 세기 때문에 힘이 세면 모든 일에 능하다 하여 결국 그 뜻이 '능하다'가 되고, 能力(능력)·能通(능통)·知能(지능)·本能(본능)·放射能(방사능)·能小能大(능소능대)·黃金萬能(황금만능)에서 보듯 그 음이 '능'이 된 글자다. 곰을 뜻하는 데는 다시 熊[곰 웅]자를 빌려서 썼다.

態
모양 태

고 344 어문 4급 진흥 3급

心자로 인해 마음[心]가짐에 따라 서로 다르게 겉으로 드러나는 모양과 관련해 그 뜻이 '모양'이 되고, 能자로 인해 態度(태도)·態勢(태세)·姿態(자태)·嬌態(교태)·擬態語(의태어)·千態萬象(천태만상)·花容月態(화용월태)에서처럼 그 음이 '태'가 된 글자다.

罷
파할 파

고 345 어문 3급 진흥 2급

网(罒)자로 인해 짐승이 그물[网]에 걸린 것처럼 법망(法網)에 걸린 사람이 죗값을 다 파하고 풀려난다 하여 그 뜻이 '파하다'가 되고, 能자로 인해 罷免(파면)·罷業(파업)·罷場(파장)·罷漏(파루)·革罷(혁파)·封庫罷職(봉고파직)에서처럼 그 음이 '파'가 된 글자다.

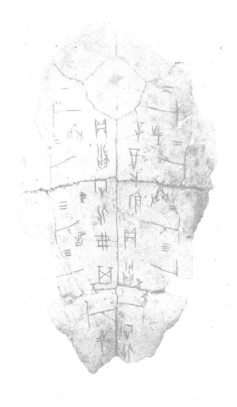

ㄷᄂᆞᆫ 舌쎯音ᅙᅳᆷ이니 如ᅀᅧᆼ斗듛ᄝ字ᄍᆞᆼ初총
發벓聲셩ᄒᆞ니 並뼝書셩ᄒᆞ면 如ᅀᅧᆼ覃
ㅁ字ᄍᆞᆼ初총發벓聲셩ᄒᆞ니라

ㄷᄂᆞᆫ 혀쏘리니 斗듛ᄝ字ᄍᆞᆼ처ᅀᅥᆷ
펴아나ᄂᆞᆫ소리ᄀᆞ티니 ᄀᆞᆯᇦ바쓰면 覃땀ㅂ字
처ᅀᅥᆷ펴아나ᄂᆞᆫ소리ᄀᆞ티니라

| 중 405
한국어문회
4급
한자진흥회
4급 | 單
홑 단 | 갑골문 | 금문 | 소전 |

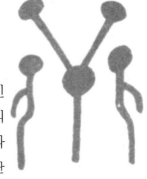

갈라진 윗부분으로 막거나 누를 수 있도록 만든 원시적인 형태의 무기를 나타냈으나 옛날 무기를 사용하는 군대의 한 무리를 의미하는 단위로 빌려 쓰이면서 무리의 하나와 관련해 그 뜻이 '홑(하나)'이 된 것으로 보이고, 單一(단일)·單位(단위)·簡單(간단)·孤單(고단)·單方藥(단방약)·四柱單子(사주단자)에서처럼 그 음이 '단'이 된 글자다.

탄알 탄

고 346 어문 4급 진흥 3급

弓자로 인해 활[弓]에 재어서 목표물(目標物)을 향해 쏘는 탄알과 관련되어 그 뜻이 '탄알'이 되고, 單자로 인해 彈丸(탄환)·彈皮(탄피)·砲彈(포탄)·指彈(지탄)·手榴彈(수류탄)·肉彈戰(육탄전)·自歌自彈(자가자탄)에서처럼 그 음이 '탄'이 된 글자다.

선 선

고 347 어문 3급 진흥 2급

示자로 인해 흙을 쌓아 제단[示]을 만들어 천자가 하늘과 산천에 지내는 제사를 뜻했으나 엄숙함이 더해진 그 제사처럼 엄숙한 가운데 선을 행한다 하여 그 뜻이 '선'이 되고, 單자로 인해 參禪(참선)·坐禪(좌선)·禪僧(선승)·禪宗(선종)·禪問答(선문답)·口頭禪(구두선)·羅禪征伐(나선정벌)에서처럼 그 음이 '선'이 된 글자다.

싸움 전

중 406 어문 6급 진흥 4급

戈자로 인해 창[戈]과 같은 무기를 들고 싸움을 한다 하여 그 뜻이 '싸움'이 되고, 單자로 인해 戰鬪(전투)·戰爭(전쟁)·休戰(휴전)·觀戰(관전)·諜報戰(첩보전)·戰戰兢兢(전전긍긍)·山戰水戰(산전수전)에서처럼 그 음이 '전'이 된 글자다.

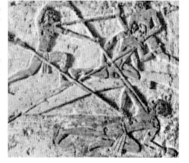

고 348 한국어문회 3급 한자진흥회 2급	旦 아침 단	갑골문	금문	소전

수면(水面)에 해[日]가 막 떠오를 때 기운이 어린 아침 풍경(風景)을 나타낸 데서 그 뜻이 '아침'이 되고, 元旦(원단)·月旦評(월단평)·一旦停止(일단정지)에서 보듯 그 음이 '단'이 된 글자다.

중 407 어문 3급 진흥 3급

人(亻)자로 인해 원래 사람[人]이 옷을 벗어 상반신을 드러냄을 뜻했으나 후에 어조사인 '다만'의 뜻으로 빌려 쓰이고, 旦자로 인해 但只(단지)·但書(단서)·非但(비단)에서처럼 '단'의 음으로 읽히게 된 글자다.

다만 단

참고 159

곡물(穀物)을 저장하는 곳집을 나타낸 㐭[곳집 름]자로 인해 곳집[㐭]에 양식(糧食)이 풍족하면 사람 마음에 믿음이 생긴다 하여 '믿음'의 뜻을 지니게 되고, 旦자로 인해 '단'의 음을 지니게 된 글자다.

믿음 단 　소전

고 349 어문 5급 진흥 3급

土자로 인해 흙[土]을 쌓아 올려 만든 제터인 단과 관련해 그 뜻이 '단'이 되고, 亶자로 인해 祭壇(제단)·教壇(교단)·花壇(화단)·杏壇(행단)·先農壇(선농단)·塹星壇(참성단)·野壇法席(야단법석)에서처럼 그 음이 '단'이 된 글자다.

단 단

고 350 어문 4급 진흥 2급

木자로 인해 자작나뭇과[木]에 속하는 박달나무와 관련해 그 뜻이 '박달나무'가 되고, 亶자로 인해 檀君(단군)·檀國(단국)·檀紀(단기)·檀弓(단궁)·神檀樹(신단수)·檀童十訓(단동십훈)에서처럼 그 음이 '단'이 된 글자다.

박달나무 단

| 중 408 한국어문회 3급 한자진흥회 4급 | 丹 붉을 단 | 갑골문 | 금문 | 소전 |

파 내려간 갱 가운데 광물(鑛物)이 있음을 나타냈다. 광물 중에 붉은 색깔의 주사(朱砂)를 중히 했기에 다시 주사의 색깔과 관련해 그 뜻이 '붉다'가 된 것으로 보인다. 丹藥(단약)·丹楓(단풍)·牧丹(목단)·牡丹(→모란)·丹心歌(단심가)·丹田呼吸(단전호흡)·丹脣皓齒(단순호치)에서처럼 그 음이 '단'인 글자다.

| 참고 160 | 耑 끝 단 | 소전 |

땅 위에 어린 싹이 돋은 모양과 땅 아래에 잔뿌리가 내린 모양을 나타내면서 싹과 뿌리가 양 끝으로 자란다는 데서 그 뜻이 '끝'이 된 것으로 보이고, 자신이 덧붙여져 음의 역할을 하는 端[바를 단]·湍[여울 단]자처럼 그 음이 '단'이 된 글자다.

| 端 바를 단 | 중 409 어문 4급 진흥 4급 立자로 인해 서[立] 있는 모습이 바르다 하여 그 뜻이 '바르다'가 되고, 耑자로 인해 端正(단정)·端役(단역)·極端(극단)·尖端(첨단)·異端者(이단자)·首鼠兩端(수서양단)·惹端法席(야단법석)에서처럼 그 음이 '단'이 된 글자다. |

| 고 351 한국어문회 4급 한자진흥회 3급 | 斷 끊을 단 | 소전 |

실타래가 끊어진 형태[㡭]와 도끼[斤]가 합쳐져 실타래를 도끼로 끊었다 하여 그 뜻이 '끊다'가 되고, 斷絕(단절)·斷食(단식)·壟斷(농단)·不斷(부단)·斷末魔(단말마)·言語道斷(언어도단)·武斷政治(무단정치)에서처럼 그 음이 '단'이 된 글자다.

고 352 한국어문회 4급 한자진흥회 3급	段 조각 단	금문	소전

언덕[厂]에서 도구를 손에 들고 쳐서[殳] 광석(鑛石)의 조각[=의
형태]을 쪼아 내는 모습을 나타내면서 그 뜻이 '조각'이 되
고, 段階(단계)·段落(단락)·分段(분단)·手段(수단)·有段者(유
단자)·河岸段丘(하안단구)에서처럼 그 음이 '단'이 된 글자다.

참고 161	彖 돼지 달아날 단	소전

주둥이[彑]가 돌출된 돼지[豕]가 달아나는 모양을 나타낸 것이라 하여 그 뜻이 '돼
지 달아나다'가 되고, 자신이 덧붙여져 음의 역할을 하는 緣[단옷 단]·鷄[새 이름
단]자처럼 그 음이 '단'이 된 글자다.

緣 가선 **연**	**고 353 어문 4급 진흥 3급** 糸자로 인해 실[糸]로 옷의 가선을 따라 장식한다 하여 그 뜻이 '가선'이 되고, 彖 자로 인해 緣由(연유)·緣故(연고)·血緣(혈연)·內緣(내연)·緣坐制(연좌제)·天生 緣分(천생연분)에서처럼 그 음이 '연'이 된 글자다.

참고 162	突 깊을 담	갑골문	금문

공기가 희박하고 너워서 사람이 입을 벌린 채 땀을 흘릴 수
밖에 없는 깊은 굴을 나타낸 데서 그 뜻이 '깊다'가 되고,
그 음이 '담'인 글자다. 후대에 探[찾을 탐]자나 深[깊을 심]
자의 오른쪽에 덧붙여진 자형처럼 쓰였다.

探 | 소전
찾을 **탐**

중 410 어문 4급 진흥 4급

㨌자가 본자(本字)다. 手(扌)자로 인해 손[手]으로 더듬어 찾는다 하여 그 뜻이 '찾다' 가 되고, 후에 변했지만 𥥍자로 인해 探訪(탐방)·探險(탐험)·偵探(정탐)·廉探(염탐)·探照燈(탐조등)·探花蜂蝶(탐화봉접)에서처럼 그 음이 '탐' 이 된 글자다.

深
깊을 **심**

중 411 어문 4급 진흥 3급

水(氵)자로 인해 물[水]의 밑바닥이 깊다 하여 그 뜻이 '깊다' 가 되고, 후에 변했지만 𥥍자로 인해 深淵(심연)·深奧(심오)·水深(수심)·夜深(야심)·深呼吸(심호흡)·深耕法(심경법)·深深山川(심심산천)에서처럼 그 음이 '심' 이 된 글자다.

ㄷ

고 354
한국어문회 3급
한자진흥회 3급

畓
논 답

우리나라에서 만들어진 한자로, 고문자를 통해 그 자형을 살펴볼 수 없다. 자주 물[水]을 밭[田]에 채워 주로 벼농사를 짓는 논과 관련해 그 뜻이 '논' 이 되고, 田畓(전답)·天水畓(천수답)·宗中畓(종중답)·奉祀畓(봉사답)·門前沃畓(문전옥답)·南田北畓(남전북답)에서처럼 그 음이 '답' 이 된 글자다.

참고 163

沓 | 소전
유창할 답

물[水] 흐르듯 말하는[曰] 것이 막힘이 없이 유창하다 하여 그 뜻이 '유창하다' 가 되고, 자신이 덧붙여져 음의 역할을 하는 踏[밟을 답]·誻[수다할 답]자처럼 그 음이 '답' 이 된 글자다.

踏
밟을 **답**

고 355 어문 3급 진흥 2급

足(⻊)자로 인해 발[足]로 밟는다 하여 그 뜻이 '밟다' 가 되고, 沓자로 인해 踏査(답사)·踏襲(답습)·踏橋(답교)·高踏的(고답적)·前人未踏(전인미답)·踏步狀態(답보상태)에서처럼 그 음이 '답' 이 된 글자다.

참고
164

나는 용 답

龍자가 나란히 쓰인 글자다. 용(龍)과 관련해 그 뜻이 '나는 용'이고, 자신이 덧붙여져 음의 역할을 하는 龘[자꾸 지껄일 답]자처럼 그 음이 '답'이다.

엄습할 **습** 소전

고 356 어문 3급 진흥 2급

원래 襲으로 쓰던 글자다. 衣자로 인해 옷[衣]을 입혀 몸을 덮어 싸듯 불의에 덮어 싸 엄습한다 하여 그 뜻이 '엄습하다'가 되고, 오늘날 龍자 하나로 쓰지만 龘자로 인해 掩襲(엄습)·殮襲(염습)·被襲(피습)·夜襲(야습)·襲擊機(습격기)·空襲警報(공습경보)·奇襲作戰(기습작전)에서처럼 그 음이 '습'이 된 글자다.

중 412

한국어문회
6급

한자진흥회
5급

대답할 대   갑골문   금문   소전

사신(使臣)임을 증명하는 신표(信標)인 부절(符節)을 손에 들고 있음을 나타내면서 다시 부절을 손에 들고 대답한다 하여 그 뜻이 '대답하다'가 된 것으로 보이고, 對話(대화)·對流(대류)·反對(반대)·相對(상대)·對角線(대각선)·對蹠點(대척점)·對人關係(대인관계)에서처럼 그 음이 '대'가 된 글자다.

고 357

한국어문회
4급

한자진흥회
3급

띠 대   소전

옷을 여미기 위해 허리에 차는 띠를 나타낸 데서 그 뜻이 '띠'가 되고, 革帶(혁대)·靭帶(인대)·纏帶(전대)·紐帶(유대)·帶妻僧(대처승)·携帶電話(휴대전화)·帶狀疱疹(대상포진)에서처럼 그 음이 '대'가 된 글자다.

고 358 어문 3급 진흥 2급

滯
막힐 **체**

水(氵)자로 인해 물[水]이 흐르지 못하고 막힌다 하여 그 뜻이 '막히다'가 되고, 帶자로 인해 滯症(체증)·滯念(체념)·停滯(정체)·遲滯(지체)·沈滯期(침체기)·滯納處分(체납처분)에서처럼 그 음이 '체'가 된 글자다.

고 359
한국어문회 3급
한자진흥회 2급
대 대 | 소전

지붕이 장식된 집이 높은 대 위에 서 있는 모양을 나타낸 데서 그 뜻이 '대'가 되고, 築臺(축대)·樓臺(누대)·燈臺(등대)·舞臺(무대)·瞻星臺(첨성대)·景武臺(경무대)·高臺廣室(고대광실)에서처럼 그 음이 '대'가 된 글자다.

중 413
한국어문회 5급
한자진흥회 4급
이를 도 | 금문 | 소전

至자와 人자가 합쳐지면서 사람[人]이 어딘가 이른다[至] 하여 그 뜻이 '이르다'가 되고, 到達(도달)·到着(도착)·當到(당도)·殺到(쇄도)·一到滄海(일도창해)에서처럼 그 음이 '도'가 된 글자다. 후에 사람은 刂의 형태로 변했다.

고 360 어문 3급 진흥 3급

倒
넘어질 **도**

人(亻)자로 인해 사람[人]의 몸이 한쪽으로 쏠려 넘어진다 하여 그 뜻이 '넘어지다'가 되고, 到자로 인해 卒倒(졸도)·罵倒(매도)·倒産(도산)·倒置(도치)·一邊倒(일변도)·七顚八倒(칠전팔도)·主客顚倒(주객전도)에서처럼 그 음이 '도'가 된 글자다.

참고 165			
	질그릇 도	금문	소전

원래 사람이 도구로 질그릇을 만드는 모습이었으나 후에 사람은 勹의 형태로 바꾸고 도구와 질그릇은 缶자로 바꿔 나타내면서 그 뜻이 '질그릇'이 되고, 나중에 흙을 채취하는 언덕[阝]을 덧붙여 자신의 뜻을 대신한 陶[질그릇 도]자나 자신이 덧붙여져 음의 역할을 하는 萄[포도 도]·淘[일 도]자처럼 그 음이 '도'가 된 글자다.

陶 질그릇 도	**고 361 어문 3급 진흥 2급** 匋자의 뜻 '질그릇'을 더욱 분명히 하기 위해 흙을 채취하는 언덕을 나타낸 阜(阝)자를 덧붙이고, 陶工(도공)·陶冶(도야)·陶醉(도취)·薰陶(훈도)·陶窯址(도요지)·陶山書院(도산서원)·陶片追放制(도편추방제)에서처럼 그 음이 '도'가 된 글자다.

고 362 한국어문회 4급 한자진흥회 3급			원래 불[火]이 담긴 화로와 같은 그릇[皿]을 물[水(氵)] 건너 사람[欠]이 훔치려는 모습을 나타내면서 그 뜻이 '훔치다'가 되고, 竊
	훔칠 도	금문	소전

盜(절도)·大盜(대도)·盜賊(도적)·盜癖(도벽)·盜先生(도선생)·治盜棍(치도곤)·鷄鳴狗盜(계명구도)에서처럼 그 음이 '도'가 된 글자다.

중 414 한국어문회 6급 한자진흥회 5급		
	그림 도	금문	소전

둥그런 형태로 된 나무나 종이 위에 사람이 활동하는 일정한 공간[囗의 형태]과 곡물을 저장하는 곳집[啚]의 그림이 있는 모양을 나타내면서 그 뜻이 '그림'이 되고, 圖畫(도화)·圖形(도형)·地圖(지도)·版圖(판도)·鳥瞰圖(조감도)·印鑑圖章(인감도장)·各自圖生(각자도생)·夢遊桃源圖(몽유도원도)에서처럼 그 음이 '도'가 된 글자다.

고 363
한국어문회
4급
한자진흥회
3급

독 독 · 소전

땅에서 움트는 초목의 싹을 나타낸 屮의 형태와 '말다'의 뜻을 지닌 毋자가 합쳐져 초목의 싹[屮]에 독이 있어 먹지 말라[毋] 하여 그 뜻이 '독'이 되고, 毒藥(독약)·毒感(독감)·中毒(중독)·慓毒(표독)·解毒劑(해독제)·防毒面(방독면)·飮毒自殺(음독자살)에서처럼 그 음이 '독'이 된 글자다.

고 364
한국어문회
3급
한자진흥회
3급

돼지 돈 · 갑골문 · 금문 · 소전

원래 고기[月]를 취하기 위해 기르던 돼지[豕]를 손[又]으로 잡고 있는 모습을 나타냈다. 후에 손이 생략되고 한 번에 여러 사람이 먹을 수 있는 고기[月]를 제공하는 돼지[豕]와 관련해 그 뜻이 '돼지'가 되고, 豚肉(돈육)·豚兒(돈아)·家豚(가돈)·養豚(양돈)·肥育豚(비육돈)에서처럼 그 음이 '돈'이 된 글자다.

고 365
한국어문회
3급
한자진흥회
3급

갑자기 돌 · 금문 · 소전

구멍[穴] 속에서 개[犬]가 갑자기 뛰쳐나온다 하여 그 뜻이 '갑자기'가 되고, 突出(돌출)·突起(돌기)·衝突(충돌)·唐突(당돌)·猪突的(저돌적)·突然變異(돌연변이)·突發事態(돌발사태)에서처럼 그 음이 '돌'이 된 글자다.

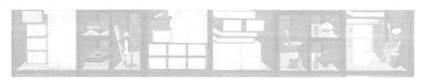

중 415 한국어문회 7급 한자진흥회 5급	겨울 동	갑골문	금문	소전

양 가지의 나뭇잎이 시든 모양을 나타내면서 나뭇잎이 시든 계절인 겨울과 관련해 그 뜻이 '겨울'이 된 것으로 보이고, 三冬(삼동)·越冬(월동)·冬至(동지)·冬眠(동면)·冬將軍(동장군)·嚴冬雪寒(엄동설한)에서처럼 그 음이 '동'이 된 글자다. 후에 그 뜻을 더욱 분명히 해 주기 위해 冫(氷)자가 덧붙여졌다.

終 마칠 종

중 416 어문 5급 진흥 4급

糸자로 인해 실[糸]로 매듭짓고 하던 일을 마친다 하여 그 뜻이 '마치다'가 되고, 冬자로 인해 終了(종료)·終熄(종식)·始終(시종)·臨終(임종)·終止符(종지부)·有終之美(유종지미)에서처럼 그 음이 '종'이 된 글자다.

중 417 한국어문회 7급 한자진흥회 6급	한가지 동	갑골문 금문 소전

크게 본다는 의미를 지닌 凡[무릇 범 → 중 506 참고]자와 말한다는 의미와 관련이 있는 口자가 합쳐져 크게 보면[凡] 말한[口] 것이 한 가지다 하여 그 뜻이 '한가지'가 된 것으로 보이고, 同行(동행)·同生(동생)·大同(대동)·共同(공동)·同心圓(동심원)·同夫人(동부인)·同苦同樂(동고동락)·同氣一身(동기일신)에서 보듯 그 음이 '동'이 된 글자다.

銅 구리 동

고 366 어문 4급 진흥 3급

金자로 인해 붉은 빛깔의 광택(光澤)이 나는 쇠[金]의 일종인 구리와 관련해 그 뜻이 '구리'가 되고, 同자로 인해 銅錢(동전)·銅像(동상)·銅劍(동검)·銅賞(동상)·靑銅器(청동기)·古銅色(고동색)에서처럼 그 음이 '동'이 된 글자다.

洞 골 동

중 418 어문 7급 진흥 5급

水(氵)자로 인해 빠르게 흐르는 물[水]로 말미암아 깊게 패어진 골과 관련채 그 뜻이 '골'이 되고, 同자로 인해 洞窟(동굴)·洞口(동구)·洞里(동리)·海蝕洞(해식동)·靑鶴洞(청학동)·洞內坊內(→ 동네방네)에서처럼 그 음이 '동'이 된 글자다. '통하다'의 뜻으로 쓰일 때는 洞察(통찰)·洞達(통달)·洞燭(통촉)·洞徹(통철)에서처럼 '통'의 음으로 읽힌다.

중 419 어문 4급 진흥 4급

네 손을 나타낸 舁[마주 들 여 → 참247 참고자로 인해 네 손[舁]을 모아 무언가 들고 일어난다는 데서 그 뜻이 '일다'가 되고, 同자로 인해

興起(흥기)·興奮(흥분)·勃興(발흥)·復興(부흥)·興夫傳(흥부전)·夙興夜寐(숙흥야매)·興仁之門(흥인지문)에서처럼 그 음이 '흥'이 된 글자다.

중 420 한국어문회 8급 한자진흥회 6급 동녘 동	갑골문	금문	소전

물건을 담아 위와 아래를 묶어 놓은 자루를 나타냈으나 후에 동녘을 가리키는 데 빌려 쓰이면서 결국 그 뜻이 '동녘'이 되고, 東海(동해)·東學(동학)·大東(대동)·關東(관동)·正東津(정동진)·海東孔子(해동공자)·聲東擊西(성동격서)에서 보듯 그 음이 '동'이 된 글자다.

고 367 어문 3급 진흥 2급

氵자로 인해 차가운 기운 때문에 얼음[冫]이 언다 하여 그 뜻이 '얼다'가 되고, 東자로 인해 冷凍(냉동)·凍傷(동상)·凍死(동사)·凍土(동토)·不凍液(부동액)·凍氷寒雪(동빙한설)에서처럼 그 음이 '동'이 된 글자다.

얼 동

중 421 어문 7급 진흥 8급

사람이 무거운 자루[東]를 등에 지고 땅 위에 서 있는 모습을 나타낸 데서 그 뜻이 '무겁다'가 되고, 東자로 인해 輕重(경중)·肉重(육중)·鄭重(정중)·所重(소중)·重量級(중량급)·捲土重來(권토중래)·隱忍自重(은인자중)에서처럼 그 음이 '중'이 된 글자다.

무거울 중 금문

중 422 어문 7급 진흥 4급

力자로 인해 무거운 물건(物件) 등을 힘[力]들여 움직인다 하여 그 뜻이 '움직이다'가 되고, 重자로 인해 動物(동물)·動鈴(→ 동냥)·感動(감동)·天動(→ 천둥)·能動的(능동적)·煽動者(선동자)·不動姿勢(부동자세)에서처럼 그 음이 '동'이 된 글자다.

움직일 동

중 423 어문 5급 진흥 4급

禾자로 인해 벼[禾]와 같은 곡물의 씨와 관련해 그 뜻이 '씨'가 되고, 重자로 인해 種子(종자)·種苗(종묘)·播種(파종)·土種(토종)·種痘法(종두법)·豫防接種(예방접종)·五種競技(오종경기)에서처럼 그 음이 '종'이 된 글자다.

씨 종

고 368 어문 3급 진흥 2급

行자로 인해 길[行]에서 서로 부딪쳤다 하여 그 뜻이 '부딪치다'가 되고, 重자로 인해 衝突(충돌)·衝擊(충격)·相衝(상충)·緩衝(완충)·要衝地(요충지)·士氣衝天(사기충천)·怒髮衝冠(노발충관)에서처럼 그 음이 '충'이 된 글자다.

부딪칠 충

중 424 어문 6급 진흥 5급

금문

옛날 죄를 짓거나 포로가 돼 문신을 하는 도구[辛]로 찔려 눈[目]이 멀게 된 사람이 아이처럼 관모(冠帽)를 쓰거나 머리털을 묶지 못했기에 그 뜻이 '아이'가 되고, 다시 東(혹은 重)자로 인해 兒童(아동)·雙童(쌍동)·童山(동산)·童話(동화)·七朔童(칠삭동)·樵童汲婦(초동급부)·三尺童子(삼척동자)에서처럼 그 음이 '동'이 된 글자다.

아이 동

중 425 어문 4급 진흥 3급

金자로 인해 쇠[金]로 만들어 악기(樂器) 삼아 북처럼 치는 쇠북과 관련해 그 뜻이 '쇠북'이 되고, 童자로 인해 梵鐘(범종)·編鐘(편종)·鐘路(종로)·鐘鉢(종발)·自鳴鐘(자명종)·鐘鼓之樂(종고지락)·奉德寺鐘(봉덕사종)에서처럼 그 음이 '종'이 된 글자다. 鍾자는 통자(通字)다.

쇠북 종

고 369 한국어문회 3급 한자진흥회 2급			
진 칠 둔	갑골문	금문	소전

겨울을 난 가지에서 새싹이 어렵게 돋아나는 모양을 나타낸 데서 원래 '어렵다'의 뜻을 지녔으나 후에 '진 치다'의 뜻으로 빌려 쓰이고, 駐屯(주둔)·屯田制(둔전제)에서 보듯 '둔'의 음으로 읽히게 된 글자다.

고 370 어문 3급 진흥 2급

鈍
무딜 둔

金자로 인해 쇠[金]로 만든 무기나 연장의 끝이 무디다 하여 그 뜻이 '무디다'가 되고, 屯자로 인해 銳鈍(예둔)·愚鈍(우둔)·魯鈍(노둔)·鈍角(둔각)·鈍器(둔기)·鈍感(둔감)에서처럼 그 음이 '둔'이 된 글자다.

중 426 어문 4급 진흥 4급

純
순수할 순

糸자로 인해 생사(生絲)로 짠 순색(純色)의 비단에 다른 실[糸]이 섞이지 않아 순수하다 하여 그 뜻이 '순수하다'가 되고, 屯자로 인해 純粹(순수)·純白(순백)·淸純(청순)·至純(지순)·不純物(불순물)·純眞無垢(순진무구)에서처럼 그 음이 '순'이 된 글자다.

중 427 어문 7급 진흥 5급

春
봄 춘

금문

초목과 해, 그리고 屯자가 어우러진 글자다. 햇볕이 있어 초목이 무성하게 자라는 때를 나타내면서 그런 계절인 봄과 관련해 그 뜻이 '봄'이 되고, 屯자로 인해 春秋(춘추)·春風(춘풍)·靑春(청춘)·賣春(매춘)·春三月(춘삼월)·九十春光(구십춘광)·春夏秋冬(춘하추동)에서처럼 그 음이 '춘'이 된 글자다.

참고
166

展
볼기 둔   소전

사람이 엉거주춤하게 몸을 구부린 모습을 나타낸 尸의 형태와 그 아래에 볼기 부분을 대고 앉는 의자와 같은 물건을 나타낸 형태가 어우러지면서 그 뜻이 '볼기'가 되고, 후에 자신의 뜻을 대신한 臀部(둔부)·牛臀(우둔)의 臀[볼기 둔]자처럼 그 음이 '둔'이 된 글자다.

고 371 어문 3급 진흥 2급

殿
큰 집 전

殳자로 인해 다그쳐서[殳] 일을 행한다는 데서 다시 일을 행하는 큰 집과 관련해 그 뜻이 '큰 집'이 되고, 展자로 인해 殿下(전하)·殿堂(전당)·大殿(대전)·便殿(편전)·勤政殿(근정전)·大雄殿(대웅전)·中殿媽媽(중전마마)에서처럼 그 음이 '전'이 된 글자다.

중 428 한국어문회 4급 한자진흥회 4급	得 얻을 득	갑골문	금문	소전

원래 길[彳]에서 옛날 사람들이 사용했던 화폐[貝]를 손[又]으로 줍는 모습을 나타
내면서 주워 얻은 것이라 하여 그 뜻이 '얻다'가 되고, 拾得(습득)·攄得(터득)·得
失(득실)·得音(득음)·旣得權(기득권)·自業自得(자업자득)·千慮一得(천려일득)에서처
럼 그 음이 '득'이 된 글자다. 후에 화폐(貝)와 손(又)이 합쳐지면서 㝵[잡을 애]자
로 바뀌었다.

중 429 한국어문회 7급 한자진흥회 5급	登 오를 등	갑골문	금문	소전

음식을 담은 그릇[豆]을 두 손[廾]으로 들고 제단(祭壇)으로 걸어[癶] 오르는 모습을
나타낸 데서 그 뜻이 '오르다'가 되고, 登山(등산)·登攀(등반)·登頂(등정)·登用(등
용)·登龍門(등용문)·登高自卑(등고자비)에서 보듯 그 음이 '등'이
된 글자다.

燈 등잔 등

중 430 어문 4급 진흥 4급

火자로 인해 불[火]을 켤 수 있도록 기름이 담겨 있는 등잔과 관련
해 그 뜻이 '등잔'이 되고, 登자로 인해 電燈(전등)·燃燈(연등)·
燈油(등유)·燈盞(등잔)·走馬燈(주마등)·信號燈(신호등)·燈下
不明(등하불명)에서처럼 그 음이 '등'이 된 글자다.

證 증명할 증

중 431 어문 4급 진흥 3급

言자로 인해 말[言]로써 사실을 명백하게 증명한다 하여 그 뜻이 '증명하다'가 되
고, 登자로 인해 證人(증인)·證言(증언)·心證(심증)·物證(물증)·資格證(자격증)·
證憑書類(증빙서류)·住民登錄證(주민등록증)에서처럼 그 음이 '증'이 된 글자다.

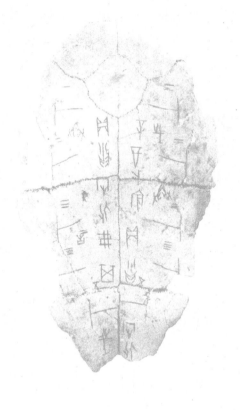

ㄹ_{ᄂᆫ}半_반舌_{쎠ᇙ}音_{ᅙᅳᆷ}이니 如_{ᅀᅠ}閭_{려ᇰ}ㅎ_字

ᄍᆞᆼ初_총發_{버ᇙ}聲_{셔ᇰ}ᄒᆞ니라

ㄹ_{ᄂᆫ}半_반혀쏘리니 閭_{려ᇰ}ㅎ_字_{ᄍᆞᆼ}처엄

펴아나ᄂᆫ소리ㄱ트니라

ㄹ

고 372 한국어문회 4급 한자진흥회 3급	羅 벌일 라	갑골문	소전

새[隹]를 잡기 위해 그물[罒]을 벌인다 하여 그 뜻이 '벌이다'가 되고, 網羅(망라)·新羅(신라)·羅列(나열)·羅紗(나사)·綺羅星(기라성)·阿羅漢(아라한)·森羅萬象(삼라만상)에서처럼 그 음이 '라'가 된 글자다. 후에 그물과 관련해 糸자가 덧붙여졌다.

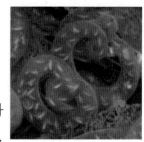

중 432 한국어문회 4급 한자진흥회 3급	卵 알 란	소전

투명한 막(膜)에 싸여 있는 어류나 양서류의 많은 알을 좌우로 나란히 둘로 줄여 나타내면서 그 뜻이 '알'이 되고, 明卵(명란)·土卵(토란)·卵巢(난소)·卵黃(난황)·無精卵(무정란)·卵生說話(난생설화)에서처럼 그 음이 '란'이 된 글자다.

참고 167	𤔔 다스릴 란	금문	소전

어지럽게 흐트러진 실을 위아래 두 손[爪와 又]으로 틀[冂의 형태]에 타래[么과 厶의 형태]지도록 다스려 감는 모습에서 그 뜻이 '다스리다'가 되고, 원래 자신의 뜻을 대신했던 亂자처럼 그 음이 '란'인 글자다.

고 373 어문 4급 진흥 3급

원래 𤔔이 다스리다의 뜻을 지녔으나 후에 乚의 형태를 덧붙이면서 다스려진 실이 애초에 흐트러져 어지러웠다 하여 그 뜻이 '어지럽다'가 되고, 𤔔자처럼 紛亂(분란)·避亂(피란)·亂離(난리)·亂杖(난장)·亂反射(난반사)·自中之亂(자중지란)에서 보듯 그 음이 '란'이 된 글자다.

亂
어지러울 란

| 참고 168 | 剌 어그러질 랄 | 갑골문 | 금문 | 소전 |

물건을 담아 묶어 놓은 자루[束]를 칼[刂]로 잘라 어그러지게 했다 하여 그 뜻이 '어그러지다'가 되고, 才氣潑剌(재기발랄)에서처럼 그 음이 '랄'이 된 글자다.

賴
힘입을 **뢰**

고 374 어문 3급 진흥 2급
貝자로 인해 화폐[貝]와 같은 귀한 재물의 도움에 힘입었다 하여 그 뜻이 '힘입다'가 되고, 剌자로 인해 依賴(의뢰)・信賴(신뢰)・無賴漢(무뢰한)에서처럼 그 음이 '뢰'가 된 글자다. 剌자의 刂는 賴자에서 刀로 바뀌었다.

ㄹ

| 중 433 한국어문회 7급 한자진흥회 5급 | 來 올 래 | 갑골문 | 금문 | 소전 |

원래 곡물(穀物)인 보리를 나타내면서 보리를 뜻했다. 후에 麥[보리 맥]자가 그 뜻을 대신하자 자신은 '오다'의 뜻으로 빌려 쓰이고, 去來(거래)・未來(미래)・來往(내왕)・來日(내일)・外來語(외래어)・興盡悲來(흥진비래)・苦盡甘來(고진감래)・笑門萬福來(소문만복래)에서처럼 '래'의 음으로 읽히게 된 글자다.

| 중 434 한국어문회 5급 한자진흥회 4급 | 良 어질 량 | 갑골문 | 금문 | 소전 |

가운데 있는 건물의 양쪽으로 이어진 회랑(回廊)을 나타냈으나 회랑이 비나 햇볕을 가려 주어 사람의 이동을 좋게 한다 하여 '좋다'의 뜻을 지니면서 다시 좋은 것은 어진 것이라 하여 결국 그 뜻이 '어질다'가 된 것으로 보이고, 不良(불량)・改良(개량)・良好(양호)・良書(양서)・優良兒(우량아)・良性腫瘍(양성종양)에서 보듯 그 음이 '량'이 된 글자다.

浪 물결 랑

중 435 어문 3급 진흥 3급

水(氵)자로 인해 물[水]의 표면(表面)에 일렁이는 물결과 관련해 그 뜻이 '물결'이 되고, 良자로 인해 波浪(파랑)·風浪(풍랑)·浪人(낭인)·浪漫(낭만)·浮浪兒(부랑아)·放浪者(방랑자)·虛無孟浪(허무맹랑)에서처럼 그 음이 '랑'이 된 글자다.

郎 사내 랑

중 436 어문 3급 진흥 3급

邑(阝)자로 인해 원래 고을[邑] 이름과 관련된 뜻을 지녔으나 후에 良자의 영향을 받아 그 뜻이 어진[良] 남자인 '사내'가 되고, 良자로 인해 新郎(신랑)·令郎(영랑)·正郎(정랑)·郎君(낭군)·花郎徒(화랑도)·吏曹銓郎(이조전랑)·讚耆婆郎歌(찬기파랑가)에서처럼 그 음이 '랑'이 된 글자다.

廊 행랑 랑

고 375 어문 3급 진흥 2급

广자로 인해 대문 옆에 붙어 있는 집[广]인 행랑과 관련해 그 뜻이 '행랑'이 되고, 郎자로 인해 行廊(행랑)·畫廊(화랑)·回廊(회랑)·淨廊(정랑)·舍廊房(사랑방)에서처럼 그 음이 '랑'이 된 글자다.

娘 아가씨 낭

고 376 어문 3급 진흥 3급

女자로 인해 시집가기 전의 여자[女]인 아가씨와 관련해 그 뜻이 '아가씨'가 되고, 良자로 인해 娘子(낭자)·令娘(→ 영랑)·娘細胞(낭세포)에서처럼 그 음이 '낭'이 된 글자다.

중 437 한국어문회 5급 한자진흥회 4급 헤아릴 량	量	갑골문	금문	소전

위에 주둥이가 있는 자루[東]를 나타내면서 자루에 곡물(穀物) 등을 넣어 그 양(量)을 헤아린다 하여 그 뜻이 '헤아리다'가 되고, 容量(용량)·料量(요량)·測量(측량)·酒量(주량)·肺活量(폐활량)·計體量(계체량)·無量大數(무량대수)에서 보듯 그 음이 '량'이 된 글자다.

糧 양식 량

고 377 어문 4급 진흥 3급

米자로 인해 살림살이에 드는 쌀[米]과 같은 양식과 관련해 그 뜻이 '양식'이 되고, 量자로 인해 食糧(식량)·糧食(양식)·軍糧米(군량미)·救護糧穀(구호양곡)에서처럼 그 음이 '량'이 된 글자다. 粮자는 동자(同字)다.

중 438 한국어문회 4급 한자진흥회 4급	兩 두 량	금문	소전

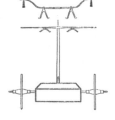

수레를 끌기 위해 소나 말의 목에 얹는 두 멍에를 나타내면서 두 멍에와 관련해 그 뜻이 '두(둘)'가 된 것으로 보이고, 斤兩 (근량)에서처럼 그 음이 '량'이 된 글자다. 兩班(양반)·兩親(양친)·兩便(양편)·兩分 (양분)·兩棲類(양서류)·兩端間(양단간)·兩面罫紙(양면괘지)에서처럼 말의 앞에 쓰일 때는 그 음이 '양'으로 읽힌다.

중 439 한국어문회 5급 한자진흥회 4급	旅 나그네 려	갑골문	금문	소전

깃발[㫃]을 두 명의 군사(軍士)가 들고 돌아다니는 모습을 나타내면서 다시 돌아다니는 사람인 나그네와 관련해 그 뜻이 '나그네' 가 되고, 旅團(여단)·旅行(여행)·旅券(여권)·旅毒(여독)·旅人宿(여인숙)·行旅病者 (행려병자)에서처럼 그 음이 '려'가 된 글자다.

참고 169	厲 엄할 려	금문	소전

구석진 곳[厂의 형태]에 있는 전갈[萬 → 중 466 참고]을 나타내면서 다시 독(毒)이 있는 그 전갈을 엄하게 대한다 하여 그 뜻이 '엄하다'가 된 것으로 보이고, 자신이 덧붙여져 음의 역할을 하는 勵[힘쓸 려]·蠣[굴조개 려]자처럼 그 음이 '려'가 된 글자다.

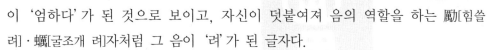

力자로 인해 맡은 일에 부지런히 힘쓴다[力] 하여 그 뜻이 '힘쓰다'가 되고, 厲자로 인해 激勵(격려)·督勵(독려)·獎勵賞(장려상)·刻苦勉勵(각고면려)에서처럼 그 음이 '려'가 된 글자다.

고 378 어문 3급 진흥 2급

고 379 한국어문회 4급 한자진흥회 2급	麗 고울 려	 갑골문	금문	소전

사슴[鹿] 위에 곱게 자란 뿔[丽의 형태]이 있는 모양을 나타내면서 곱게 자란 뿔과 관련해 그 뜻이 '곱다'가 되고, 華麗(화려)·秀麗(수려)·美麗(미려)·雅麗(아려)·高句麗(고구려)·美辭麗句(미사여구)에서처럼 그 음이 '려'가 된 글자다.

참고 170	厤 책력 력	금문	소전

언덕[厂] 아래에 벼[禾]를 줄지어[秝] 심어 놓아 농사(農事)를 짓는 모양을 나타내면서 다시 농사에 필요한 절기(節氣) 등이 적힌 책력과 관련해 그 뜻이 '책력'이 되고, 나중에 日자를 덧붙여 그 뜻을 대신한 曆[책력 력]자처럼 그 음이 '력'이 된 글자다.

曆 책력 력

고 380 어문 3급 진흥 2급

厤자에 흔히 시일(時日)과 관련된 한자에 쓰이는 日자를 덧붙이면서 그 뜻이 '책력'이 되고, 陰曆(음력)·日曆(일력)·陽曆(양력)·還曆(환력)·太陽曆(태양력)·西曆紀元(서력기원)·夏扇冬曆(하선동력)에서처럼 그 음이 '력'이 된 글자다.

歷 지낼 력

중 440 어문 5급 진흥 4급

止자로 인해 발[止]의 자국을 남기고 지나갔다는 데서 그 뜻이 '지내다'가 되고, 厤자로 인해 前歷(전력)·學歷(학력)·歷任(역임)·歷史(역사)·履歷書(이력서)·家族歷(가족력)·天路歷程(천로역정)에서처럼 그 음이 '력'이 된 글자다.

참고 171		금문	소전

말 끊이지 아니할 련

길게 늘어진 두 실타래[糸] 사이에 言자가 들어간 데서 말[言]을 그치지 않고 길게 한다 하여 그 뜻이 '말 끊이지 아니하다'가 된 것으로 보이고, 자신이 덧붙여져 음의 역할을 하는 戀[사모할 련]·攣[걸릴 련]자처럼 그 음이 '련'이 된 글자다. 일부에서는 장식(裝飾)이 되어 있는 악기(樂器)를 나타낸 글자로 보기도 했다.

戀
사모할 련

고 381 어문 3급 한자 3급
心자로 인해 마음[心] 속으로 몹시 사모한다 하여 그 뜻이 '사모하다'가 되고, 䜌 자로 인해 悲戀(비련)·失戀(실연)·戀戀(연연)·戀愛(연애)·戀人(연인)·戀敵(연적)·籠鳥戀雲(농조연운)에서처럼 그 음이 '련'이 된 글자다.

變
변할 변

중 441 어문 5급 한자 4급
攵(攴)자로 인해 다그쳐[攵] 변하게 한다 하여 그 뜻이 '변하다'가 되고, 䜌자로 인해 變化(변화)·變身(변신)·改變(개변)·豹變(표변)·變聲期(변성기)·變法自彊(변법자강)·滄桑之變(창상지변)에서처럼 그 음이 '변'이 된 글자다.

중 442 한국어문회 4급 한자진흥회 4급		금문	소전	

잇닿을 련

발[止]로 걸어 다니는 길[辶]에 수레[車]가 잇닿아 움직이고 있음을 나타낸 데서 그 뜻이 '잇닿다'가 되고, 連絡(연락)·連續(연속)·連休(연휴)·連覇(연패)·連年生(연년생)·一連番號(일련번호)에서 보듯 그 음이 '련'이 된 글자다.

蓮
연꽃 련

고 382 어문 3급 진흥 3급
艸(艹)자로 인해 여러해살이 물풀[艸]인 연꽃과 관련해 그 뜻이 '연꽃'이 되고, 連자로 인해 木蓮(목련)·睡蓮(수련)·蓮根(연근)·蓮池(연지)·蓮花紋(연화문)·白蓮敎(백련교)·一蓮托生(일련탁생)에서처럼 그 음이 '련'이 된 글자다.

고 383 한국어문회 3급 한자진흥회 3급	聯 잇달 련	𦈕 소전

전쟁에서 죽인 적(敵)의 귀[耳]를 실[絲]로 잇달아 꿴 상황을 나타내면서 그 뜻이 '잇달다'가 되고, 關聯(관련)·蘇聯(소련)·聯盟(연맹)·聯想(연상)·聯隊長(연대장)·聯立住宅(연립주택)에서처럼 그 음이 '련'이 된 글자다. 후에 실을 나타낸 絲자는 絲[실 꿸 관]자로 바뀌었다.

고 384 한국어문회 3급 한자진흥회 2급	劣 못할 렬	 소전

적은[少] 힘[力]이 있음을 나타내면서 적은 힘 때문에 남보다 일을 못한다 하여 그 뜻이 '못하다'가 되고, 拙劣(졸렬)·庸劣(용렬)·優劣(우열)·鄙劣(비열)·劣勢(열세)·劣惡(열악)·劣等生(열등생)에서처럼 그 음이 '렬'이 된 글자다.

참고 172	鬣 목 갈기 렵	 금문 소전

짐승의 머리 주변에 나 있는 터럭을 나타내면서 다시 머리 주변에 나 있는 터럭인 목 갈기와 관련해 그 뜻이 '목 갈기'가 된 것으로 보이고, 자신이 덧붙여져 음의 역할을 하는 獵[사냥 렵]자처럼 그 음이 '렵'이 된 글자다.

고 385 어문 3급 진흥 2급

獵
사냥 렵

犬(犭)자로 인해 개[犬]를 이용해 사냥한다 하여 그 뜻이 '사냥'이 되고, 鬣자로 인해 狩獵(수렵)·涉獵(섭렵)·獵銃(엽총)·獵師(엽사)·獵奇的(엽기적)·獵官制度(엽관제도)에서처럼 그 음이 '렵'이 된 글자다.

| 중 443
한국어문회
5급
한자진흥회
4급 | 令
영 령 | 갑골문 | 금문 | 소전 |

지붕[亼] 아래에 꿇어앉은 사람[卩]에게 신(神)이나 높은 사람이 영을 내리는 모습을 나타낸 데서 그 뜻이 '영(명령)'이 된 것으로 보이고, 命令(명령)·號令(호령)·令息(영식)·令愛(영애)·令夫人(영부인)·朝令暮改(조령모개)에서처럼 그 음이 '령'이 된 글자다.

목 령

중 444 어문 5급 진흥 4급

頁자로 인해 머리[頁]에 이어진 목과 관련해 그 뜻이 '목'이 되고, 令자로 인해 首領(수령)·頭領(두령)·領土(영토)·領海(영해)·領議政(영의정)·領導者(영도자)·領袖會談(영수회담)에서처럼 그 음이 '령'이 된 글자다.

재 령

고 386 어문 3급 진흥 3급

山자로 인해 높은 산[山]의 고개인 재와 관련해 그 뜻이 '재'가 되고, 領자로 인해 嶺東(영동)·嶺南(영남)·鳥嶺(조령)·山嶺(산령)·大關嶺(대관령)·分水嶺(분수령)·高峰峻嶺(고봉준령)에서처럼 그 음이 '령'이 된 글자다.

떨어질 령

고 387 어문 3급 진흥 2급

雨자로 인해 비[雨]가 떨어진다 하여 그 뜻이 '떨어지다'가 되고, 令자로 인해 零落(영락)·零時(영시)·零度(영도)·零下(영하)·零細民(영세민)·零順位(영순위)·零點射擊(영점사격)에서처럼 그 음이 '령'이 된 글자다.

찰 랭

중 445 어문 5급 진흥 4급

冫자로 인해 얼음[冫]이 차다 하여 그 뜻이 '차다'가 되고, 令자로 인해 冷冷(냉랭)·急冷(급랭)·去冷(→ 거냉)·冷麵(냉면)·高冷地(고랭지)·水冷式(수랭식)·冷血動物(냉혈동물)·寒冷前線(한랭전선)에서처럼 그 음이 '랭'이 된 글자다.

명령할 명

중 446 어문 7급 진흥 5급

亼지에 입[口]으로 명령한다고 힘을 더욱 분명히 하기 위해 卩사가 덧붙여져 그 뜻이 '명령하다'가 되고, 다시 令자에 의해 命令(명령)·命脈(명맥)·生命(생명)·殞命(운명)·致命傷(치명상)·十誡命(십계명)·見危授命(견위수명)·盡人事待天命(진인사대천명)에서처럼 그 음이 '명'이 된 글자다.

ㄹ

참고 173			
떨어질 령	갑골문	금문	소전

비[雨]와 떨어지는 빗방울[□□□의 형태]을 나타내면서 빗방울이 떨어진다 하여 그 뜻이 '떨어지다'가 되고, 자신이 덧붙여져 음의 역할을 하는 靈[신령 령]자처럼 그음이 '령'이 된 글자다.

靈
신령 령

고 388 어문 3급 진흥 2급

무당이 사용하는 방울과 같은 무속기구에서 비롯된 巫[무당 무]자로 인해 무당[巫]이 신령스러운 일을 행한다하여 그 뜻이 '신령'이 되고, 霝자로 인해 魂靈(혼령)·幽靈(유령)·靈山(영산)·靈物(영물)·慰靈祭(위령제)·靈柩車(영구차)·精靈崇拜(정령숭배)에서처럼 그 음이 '령'이 된 글자다.

참고 174			
굽 높은 그릇 례	갑골문	금문	소전

제물을 담는 굽 높은 그릇을 나타낸 데서 그 뜻이 '굽 높은 그릇'이 되고, 자신이 덧붙여져 음의 역할을 하는 禮[예도 례]·醴[단술 례]자처럼 그 음이 '례'가 된 글자다. 豐[풍성할 풍]자의 약자(略字)로도 사용된다.

禮
예도 례

중 447 어문 6급 진흥 5급

示자로 인해 제단[示]을 차려 신(神)이나 선조(先祖)를 섬기는 일이 사람이 행해야할 중요한 예도가 된다 하여 그 뜻이 '예도'가 되고, 豊자로 인해 禮節(예절)·禮緞(예단)·無禮(무례)·儺禮(나례)·相見禮(상견례)·克己復禮(극기복례)에서처럼 그음이 '례'가 된 글자다.

體
몸 체

중 448 어문 6급 진흥 5급

骨자로 인해 머리에서 발까지 뼈[骨]로 이뤄진 몸과 관련해 그 뜻이 '몸'이 되고, 豊자로 인해 裸體(나체)·主體(주체)·體軀(체구)·體得(체득)·蔓衍體(만연체)·體脂肪(체지방)·絶體絶命(절체절명)·一心同體(일심동체)에서처럼 그 음이 '체'가 된글자다.

중 449 한국어문회 5급 한자진흥회 4급	勞 일할 로	금문	소전

원래 불[火]을 피워 놓고 마음[心]을 쓰며 수고롭게 일한다는 뜻을 나타낸 것으로 보이나 후에 心자 대신에 지붕[冖의 형태] 아래에서 힘[力]을 써 일하고 있음을 나타내면서 그 뜻이 '일하다'가 되고, 功勞(공로) · 過勞(과로) · 勞動(노동) · 勞苦(노고) · 勤勞者(근로자) · 徒勞無功(도로무공) · 不勞所得(불로소득) · 犬馬之勞(견마지로)에서처럼 그 음이 '로'가 된 글자다.

참고 175	彔 나무 새길 록	갑골문	금문	소전

도르래를 이용해 물을 길을 때에 물방울이 떨어지는 두레박을 나타냈으나 후세 사람들이 도구를 이용해 무언가 나무에 새기는 모양을 나타냈다고 여기면서 그 뜻이 '나무 새기다'가 된 것으로 보이고, 자신이 덧붙여져 음의 역할을 하는 祿[복 록] · 綠[푸를 록] · 錄[기록할 록]자처럼 그 음이 '록'이 된 글자다.

중 450 어문 6급 진흥 5급

綠
푸를 록

糸자로 인해 실[糸]로 짠 옷감에 물들인 색깔이 푸르다 하여 그 뜻이 '푸르다'가 되고, 彔자로 인해 綠色(녹색) · 綠陰(녹음) · 新綠(신록) · 草綠(초록) · 常綠樹(상록수) · 綠衣紅裳(녹의홍상) · 綠鬢紅顔(녹빈홍안)에서처럼 그 음이 '록'이 된 글자다.

고 389 어문 4급 진흥 3급

錄
기록할 록

金자로 인해 옛날 나라에서 사용했던 청동(靑銅) 등의 금속[金]으로 만든 기물(器物)에 중요한 사항을 기록해 두었던 데서 그 뜻이 '기록하다'가 되고, 彔자로 인해 記錄(기록) · 語錄(어록) · 錄音(녹음) · 錄畫(녹화) · 鄭鑑錄(정감록) · 東方見聞錄(동방견문록)에서처럼 그 음이 '록'이 된 글자다.

고 390 어문 3급 진흥 2급

祿
복 록

示자로 인해 제상[示]에 제물을 차려 놓고 제사 지내면서 자손의 복을 빈다 하여 그 뜻이 '복'이 되고, 彔자로 인해 福祿(복록) · 貫祿(관록) · 爵祿(작록) · 祿邑(녹읍) · 祿俸(녹봉) · 祿牌(녹패) · 國祿之臣(국록지신)에서처럼 그 음이 '록'이 된 글자다.

고 391 한국어문회 3급 한자진흥회 2급	弄 희롱할 롱	갑골문	금문	소전

구슬[玉]을 두 손[廾]으로 가지고 노는 모습을 나타내면서 구슬을 실없이 놀린다는 의미인 '희롱하다'의 뜻을 지니고, 嘲弄(조롱)·愚弄(우롱)·弄談(농담)·弄奸(농간)·弄璋之慶(농장지경)·弄假成眞(농가성진)에서처럼 그 음이 '롱'이 된 글자다.

참고 176	畾 밭 갈피 뢰	소전

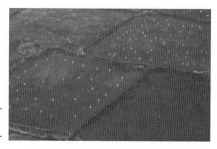

여러 밭[田]의 갈피를 나타낸 데서 그 뜻이 '밭 갈피'가 되고, 자신이 덧붙여져 음의 역할을 하는 儡[꼭두각시 뢰]자나 罍[술독 뢰]자처럼 그 음이 '뢰'가 된 글자다.

累
포갤 루

고 392 어문 3급 진흥 2급

纍자가 본자(本字)다. 糸로 인해 실[糸]을 차곡차곡 포갠다 하여 그 뜻이 '포개다'가 되고, 오늘날 田자로 간략하게 쓰이지만 畾자로 인해 連累(연루)·係累(계루)·累積(누적)·累計(누계)·累進稅(누진세)·累卵之勢(누란지세)에서처럼 그 음이 '루'가 된 글자다.

참고 177	畾 우레 뢰	갑골문	금문	소전

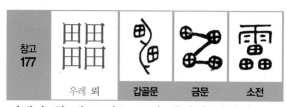

번개가 칠 때 보이는 곡선 형태의 번쩍이는 빛과 대기 중에 돌아다니는 둥근 모양의 전하 덩어리를 나타내면서 번개에 이어지는 소리인 우레와 관련해 그 뜻이 '우레'가 되고, 후에 자신의 뜻을 더욱 분명히 하기 위해 雨자를 덧붙이면서 畾자에서 田의 형태를 하나 줄인 畾의 형태와 합쳐진 靁[우레 뢰]자처럼 그 음이 '뢰'가 된 글자다.

고 393 어문 3급 진흥 2급

雷자가 본자(本字)다. 雨자로 인해 비[雨]가 올 때에 일
어나는 기상 현상인 우레와 관련해 그 뜻이 '우레' 가
되고, 田의 형태로 생략되었지만 번개가 친 후에 대
기 중에 돌아다니는 둥근 형태의 전하 덩어리를 나

雷	
우레 **뢰**	금문

타낸 靁자로 인해 落雷(낙뢰) · 地雷(지뢰) · 雷管(뇌관) · 雷聲(뇌성) · 避雷針
(피뢰침) · 附和雷同(부화뇌동)에서처럼 그 음이 '뢰' 가 된 글자다.

참고 178	頪		
	닮을 뢰	금문	소전

쌀[米]의 새하얀 알맹이[頁] 모양이 서로 닮았음을 나타내면서 그 뜻이 '닮다' 가
되고, 자신이 음의 역할을 하는 類[실마디 뢰]자처럼 그 음이 '뢰' 가 된 글자다.

고 394 어문 5급 진흥 3급

犬자로 인해 서로 닮은 개[犬]의 무리와 관련해 그 뜻이 '무리' 가 되고, 頪자로 인
해 人類(인류) · 種類(종류) · 類似(유사) · 類推(유추) · 爬蟲類(파충류) · 類人猿(유인
원) · 類類相從(유유상종)에서처럼 그 음이 '류' 가 된 글자다.

類	
무리 **류**	

중 451 한국어문회 5급 한자진흥회 4급	料		
	헤아릴 료	금문	소전

쌀[米]을 용기(容器)인 말[斗]로 되질해 그 양을 헤아린다
하여 그 뜻이 '헤아리다' 가 되고, 無料(무료) · 思料(사료) ·
料理(요리) · 料亭(요정) · 急行料(급행료) · 手數料(수수료)에서처럼 그 음이 '료' 가 된
글자다.

고 395 한국어문회 **3급** 한자진흥회 **3급**	了 마칠 료	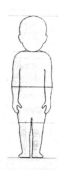 소전

두 팔을 몸에 붙이고 있는 아이[子]를 나타내면서 두 팔을 몸에 붙여 하던 동작을 마친다 하여 그 뜻이 '마치다'가 되고, 終了(종료)·完了(완료)·修了(수료)·滿了(만료)·魅了(매료)·校了(교료)에서처럼 그 음이 '료'가 된 글자다.

참고 179	尞 밝을 료	 갑골문	 금문	 소전

나무에 불이 타오르는 모양에 다시 가운데에 불송이를 덧붙여 나타내면서 피워 놓은 불이 주위를 밝게 비춘다 하여 그 뜻이 '밝다'가 되고, 후에 자신의 뜻을 대신한 燎[밝을 료]자처럼 그 음이 '료'가 된 글자다.

僚 동료 료	**고 396 어문 3급 진흥 2급** 人(亻)자로 인해 같은 부문에서 일하는 사람[人]인 동료와 관련해 그 뜻이 '동료'가 되고, 尞자로 인해 同僚(동료)·官僚(관료)·幕僚(막료)·屬僚(속료)·閣僚會議(각료회의)에서처럼 그 음이 '료'가 된 글자다.

참고 180	婁 끌 루	 갑골문	 금문	 소전

입을 맞추려 두 손으로 여자를 끌어당기는 모습을 나타낸 데서 그 뜻이 '끌다'가 되고, 자신이 덧붙여져 음의 역할을 하는 縷[실루]·褸[남루할 루]자처럼 그 음이 '루'가 된 글자다.

樓 다락 루	**고 397 어문 3급 진흥 2급** 木자로 인해 나무[木]를 짜서 이층 이상으로 높이 쌓아 올려 지은 집의 다락과 관련해 그 뜻이 '다락'이 되고, 婁자로 인해 鐘樓(종루)·戍樓(수루)·樓閣(누각)·樓臺(누대)·摩天樓(마천루)·蜃氣樓(신기루)·廣寒樓(광한루)에서처럼 그 음이 '루'가 된 글자다.

屢 여러 루

고 398 어문 3급 진흥 2급

尸의 형태로 인해 여러 층(層)으로 겹쳐진 집[尸]과 관련해 그 뜻이 '여러'가 되고, 婁자로 인해 屢屢(누누)·屢日(누일)·屢代(누대)·屢年(누년)·屢次(누차)에서처럼 그 음이 '루'가 된 글자다.

數 셀 수

중 452 어문 7급 진흥 4급

攴(攵)자로 인해 손으로 산가지 등을 들고 다그쳐[攴] 센다 하여 그 뜻이 '세다'가 되고, 婁자로 인해 數學(수학)·數字(→숫자)·口舌數(구설수)·未知數(미지수)·權謀術數(권모술수)에서처럼 그 음이 '수'가 된 글자다. 頻數(빈삭)이나 數尿症(삭뇨증)에서처럼 그 뜻이 '자주'로 쓰일 때는 그 음이 '삭'으로 읽히고, 數罟(촉고)에서처럼 그 뜻이 '촘촘하다'로 쓰일 때는 그 음이 '촉'으로 읽힌다.

참고 181

扁 집에 비가 샐 루 / 소전

옛날 사람들이 살았던 집[尸의 형태]에 비[雨]가 새고 있음을 나타내면서 그 뜻이 '집에 비가 새다'가 되고, 자신이 덧붙여져 음의 역할을 하는 漏[샐 루]자처럼 그 음이 '루'가 된 글자다.

漏 샐 루

고 399 어문 3급 진흥 2급

水(氵)자로 인해 물[水]이 틈으로 샌다 하여 그 뜻이 '새다'가 되고, 扁자로 인해 疏漏(소루)·痔漏(치루)·漏泄(누설)·漏電(누전)·自擊漏(자격루)·天機漏洩(천기누설)에서처럼 그 음이 '루'가 된 글자다.

중 453
한국어문회 5급
한자진흥회 4급
흐를 류 / 금문 / 소전

모태(母胎) 속에 있던 아이가 거꾸로 태어나면서 양수(羊水)도 흐르기 때문에 양수와 관련된 물[水(氵)]과 거꾸로 태어난 아이[㐬]를 합쳐 그 뜻이 '흐르다'가 되고, 主流(주류)·韓流(한류)·流頭(유두)·流産(유산)·一流大(일류대)·離岸流(이안류)·女流作家(여류작가)·流言蜚語(유언비어)에서처럼 그 음이 '류'가 된 글자다.

| 중 454
한국어문회
8급
한자진흥회
8급
여섯 **륙** | 六 | 갑골문 | 금문 | 소전 |

땅 위에 세워진 집을 나타냈으나 후대에 숫자 여섯을 가
리키는 데 빌려 쓰면서 결국 그 뜻이 '여섯'이 되고, 雙六
(쌍륙)·望六(망륙)·六書(육서)·六月(→ 유월)·五六月(→ 오뉴월)·五六島(오륙도)·六
曹判書(육조판서)·四大六身(사대육신)에서처럼 그 음이 '륙'이 된 글자다.

坴
언덕 **륙**
금문

참고 182

土자로 인해 물에 잠기지 않은 땅[土]인 '언덕'의 뜻을 지니고, 위아래
에 겹쳐 쓴 六자로 인해 '륙'의 음을 지니게 된 글
자다.

陸
뭍 **륙**

중 455 어문 5급 진흥 4급

阜(阝)자로 인해 물에 잠기지 않은 언덕[阜]인 뭍과
관련해 그 뜻이 '뭍'이 되고, 坴자로 인해 大陸(대
륙)·着陸(착륙)·陸地(육지)·陸軍(육군)·連陸橋
(연륙교)·陸海空(육해공)·水陸兩用(수륙양용)에서처
럼 그 음이 '륙'이 된 글자다.

睦
화목할 **목**

고 400 어문 3급 진흥 3급

目자로 인해 사람을 바라보는 눈[目]길이 정다우면서 화목하다
하여 그 뜻이 '화목하다'가 되고, 坴자로 인해 和睦(화목)·親睦(친목)에서처럼 그
음이 '목'이 된 글자다.

賣
행상할 **육**
소전

참고 183

𧶠자가 본자(本字)다. 貝자로 인해 돌아다니면서 귀한 물건[貝]을 팔고
산다는 데서 '행상하다'의 뜻을 지니게 되고, 이미 간략하게 쓰이고 있
지만 六자를 위아래에 겹쳐 쓴 형태와 囧[빛날 경]자로 인해 '육'의 음
을 지니게 된 글자다.

讀
읽을 **독**

중 456 어문 6급 진흥 5급

言자로 인해 말[言]소리를 내어 글을 읽는다 하여 그 뜻이
'읽다'가 되고, 𧶠자로 인해 讀書(독서)·讀破(독파)·速讀
(속독)·讀圖法(독도법)·牛耳讀經(우이독경)에서처럼 그 음
이 '독'이 된 글자다. 吏讀(이두)나 句讀點(구두점)에서처럼
그 뜻이 '구두'와 관련될 때는 그 음이 '두'로 읽힌다.

續

이을 속

중 457 어문 4급 진흥 4급

糸자로 인해 실[糸]로 끊어진 부분을 잇는다 하여 그 뜻이 '잇다'가 되고, 賣자로 인해 續出(속출) · 續報(속보) · 斷續(단속) · 相續(상속) · 接續詞(접속사) · 入國手續(입국수속)에서처럼 그 음이 '속'이 된 글자다.

참고
184

둥글 륜

| 갑골문 | 금문 | 소전 |

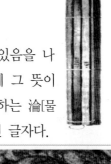

무언가를 모으는 틀[스] 아래에 옛날 대쪽으로 만든 책[冊]이 있음을 나타내면서 그 책을 보지 않을 때 둥글게 말아 보관했기 때문에 그 뜻이 '둥글다'가 된 것으로 보이고, 자신이 덧붙여져 음의 역할을 하는 淪[물놀이 륜] · 崙[산 이름 륜] · 綸[낚싯줄 륜]자처럼 그 음이 '륜'이 된 글자다.

輪

바퀴 륜

고 401 어문 4급 진흥 3급

車자로 인해 수레[車]의 바퀴와 관련해 그 뜻이 '바퀴'가 되고, 侖자로 인해 輪禍(윤화) · 輪作(윤작) · 年輪(연륜) · 競輪(경륜) · 輪廻說(윤회설) · 五輪旗(오륜기) · 四輪馬車(사륜마차)에서처럼 그 음이 '륜'이 된 글자다.

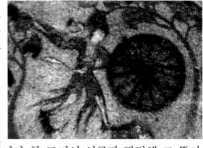

倫

인륜 륜

중 458 어문 3급 진흥 4급

人(亻)자로 인해 사람[人]이라면 반드시 지켜야 할 도리인 인륜과 관련해 그 뜻이 '인륜'이 되고, 侖자로 인해 天倫(천륜) · 不倫(불륜) · 絶倫(절륜) · 倫理(윤리) · 悖倫兒(패륜아) · 三綱五倫(삼강오륜) · 人倫之大事(인륜지대사)에서처럼 그 음이 '륜'이 된 글자다.

論

의논할 론

중 459 어문 4급 진흥 4급

言자로 인해 조리(條理) 있는 말[言]로 상대방(相對方)과 의논한다 하여 그 뜻이 '의논하다'가 되고, 侖자로 인해 言論(언론) · 輿論(여론) · 議論(의론/의논) · 論語(논어) · 論駁(논박) · 人口論(인구론) · 卓上空論(탁상공론) · 三段論法(삼단논법)에서처럼 그 음이 '론'이 된 글자다.

고 402
한국어문회
3급
한자진흥회
3급

栗 밤나무 률 | 갑골문 | 소전

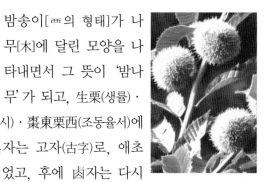

밤송이[兩의 형태]가 나무[木]에 달린 모양을 나타내면서 그 뜻이 '밤나무'가 되고, 生栗(생률)·戰栗(전율)·栗谷(율곡)·棗栗梨柿(조율이시)·棗東栗西(조동율서)에서처럼 그 음이 '률'이 된 글자다. 㮚자는 고자(古字)로, 애초에 밤송이가 卤[열매 달릴 초]자로 바뀌었고, 후에 卤자는 다시 兩의 형태로 바뀌었다.

참고 185

夌 언덕 릉 | 소전

머리를 치장한 사람[夫의 형태]이 한쪽 발은 땅에 디딘 채 다른 발[夂]을 들어 작은 언덕을 넘으려는 모습을 나타낸 데서 그 뜻이 '언덕'이 되고, 자신이 덧붙여져 음의 역할을 하는 凌[능가할 릉]·稜[모 릉]·綾[비단 릉]자처럼 그 음이 '릉'이 된 글자다.

고 403 어문 3급 진흥 2급

陵 언덕 릉

阜(阝)자로 인해 사람이 걸어서 오르는 큰 언덕[阜]과 관련해 그 뜻이 '언덕'이 되고, 夌자로 인해 丘陵(구릉)·王陵(왕릉)·陵寢(능침)·陵蔑(능멸)·陵參奉(능참봉)·武陵桃源(무릉도원)에서처럼 그 음이 '릉'이 된 글자다.

중 460
한국어문회
6급
한자진흥회
5급

利 이로울 리 | 갑골문 | 금문 | 소전

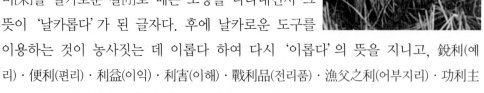

벼[禾]를 날카로운 칼[刂]로 베는 모양을 나타내면서 그 뜻이 '날카롭다'가 된 글자다. 후에 날카로운 도구를 이용하는 것이 농사짓는 데 이롭다 하여 다시 '이롭다'의 뜻을 지니고, 銳利(예리)·便利(편리)·利益(이익)·利害(이해)·戰利品(전리품)·漁父之利(어부지리)·功利主義(공리주의)에서처럼 '리'의 음으로 읽히는 글자다.

梨
배 리

고 404 어문 3급 진흥 3급
木자로 인해 장미과에 속하는 배나무[木]와 관련해 그 뜻이 '배(배나무)'가 되고, 利자로 인해 梨花(이화)·闍梨(도리)·梨薑酒(이강주)·烏飛梨落(오비이락)·棗栗梨柿(조율이시)에서처럼 그 음이 '리'가 된 글자다.

履
신 리   소전

고 405
한국어문회
3급
한자진흥회
3급

옛날 신분이 높은 사람[尸의 형태]만 길[彳]을 다닐 때 발[夂]에 신었던 신[舟의 형태]을 나타내면서 그 뜻이 '신'이 되고, 履修(이수)·履行(이행)·履歷書(이력서)·履霜曲(이상곡)·如履薄氷(여리박빙)에서처럼 그 음이 '리'가 된 글자다.

离
흩어질 리   소전

참고
186

수풀에서 새 잡는 사냥도구를 손에 들고 있음을 나타내면서 다시 그 도구를 사용하자 새가 흩어진다 하여 그 뜻이 '흩어지다'가 된 것으로 보이고, 자신이 덧붙여져 음의 역할을 하는 璃[유리 리]·離[떠날 리]자처럼 그 음이 '리'가 된 글자다.

離
떠날 리

고 406 어문 4급 진흥 3급
隹자로 인해 새[隹]가 사람의 사냥도구에 잡히지 않고 다른 곳으로 떠났다 하여 그 뜻이 '떠나다'가 되고, 다시 离자로 인해 分離(분리)·隔離(격리)·離別(이별)·離陸(이륙)·乖離感(괴리감)·離散家族(이산가족)에서처럼 그 음이 '리'가 된 글자다.

| 참고 187 | 舜 도깨비불 린 | 금문 | 소전 |

죽은 사람의 몸에서 인(燐)의 작용으로 발산되는 일 종의 푸른빛인 도깨비불을 사방(四方)의 작은 점(點) 으로 나타낸 데서 그 뜻이 '도깨비불'이 되고, 자신이 덧붙여져 음의 역할을 하는 麟[기린 린]·鱗[비늘 린]자처럼 그 음이 '린'이 된 글자다.

隣 이웃 린

고 407 어문 3급 진흥 2급

원래 邑(阝)자가 덧붙여진 鄰자가 정자(正字)며, 阜(阝)자가 덧붙여진 隣자는 속자 (俗字)다. 邑(阝)자나 阜(阝)자로 인해 언덕[阜]을 사이에 둔 이웃 고을[邑]을 나타낸 데서 그 뜻이 '이웃'이 되고, 舜자로 인해 隣近(인근)·隣接(인접)·隣家(인가)·隣 國(인국)·近隣施設(근린시설)·善隣政策(선린정책)·事大交隣(사대교린)에서처럼 그 음이 '린'이 된 글자다.

憐 불쌍히 여길 련

고 408 어문 3급 진흥 2급

心(忄)자로 인해 마음[心] 속으로 불쌍히 여긴다 하여 그 뜻이 '불쌍히 여기다'가 되고, 舜자로 인해 可憐(가련)·哀憐(애련)·憐憫(연민)·憐愍(연민)·同病相憐(동 병상련)·乞人憐天(걸인연천)에서처럼 그 음이 '련'이 된 글자다.

| 중 461 한국어문회 7급 한자진흥회 5급 | 林 수풀 림 | 갑골문 | 금문 | 소전 |

나무[木] 두 그루를 나란히 쓰면서 그 수량(數量)이 많은 수풀을 나타낸 데서 그 뜻이 '수풀'이 되고, 森林(삼림)·密林(밀림)·杏林 (행림)·儒林(유림)·處女林(처녀림)·東伯林(동백림)·山林綠化(산림녹화)에서 보듯 그 음이 '림'이 된 글자다.

禁 금할 금

중 462 어문 4급 진흥 4급

示자로 인해 제상[示]에 제물을 올려놓고 지내는 신성(神聖)한 제사(祭祀)에 부정(不淨)이 타지 않도록 금한다 하여 그 뜻이 '금하다'가 되고, 林자로 인해 禁 止(금지)·禁煙(금연)·通禁(통금)·解禁(해금)·禁錮 刑(금고형)·禁斷現象(금단현상)·禁亂廛權(금난전권)에서처럼 그 음이 '금'이 된 글자다.

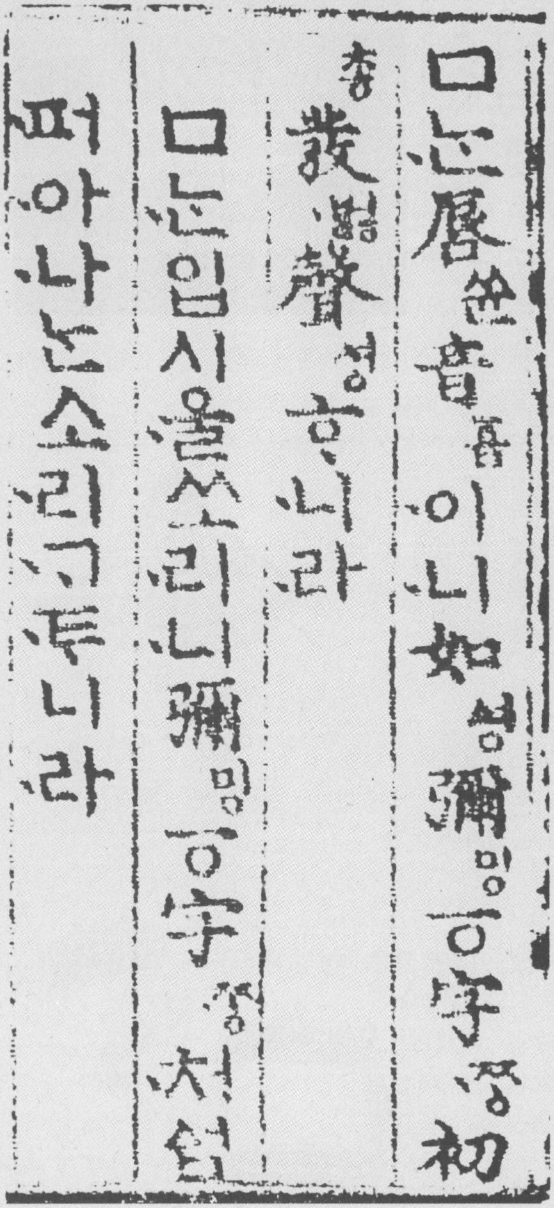
ㅁ는 脣쑨音ᅙᅳᆷ이니 如ᅀᅥᆼ彌밍ㆆ字ᄍᆞᆼ初
총發벓聲셩ᄒᆞ니라
ㅁ는 입시울쏘리니 彌밍ㆆ字ᄍᆞᆼ 처ᅀᅥᆷ
펴아나는 소리 ᄀᆞᄐᆞ니라

Part 02

ㅁ

중 463 한국어문회 3급 한자진흥회 3급	莫 없을 막	𦰩 갑골문	𦰩 금문	𦰩 소전

수풀[艸] 사이로 해[日]가 저무는 모양을 나타냈으나 나중에 '없다'의 뜻으로 빌려 쓰이고, 莫大(막대)·莫甚(막심)·莫强(막강)·莫重(막중)·莫無可奈(막무가내)·無知莫知(무지막지)·莫上莫下(막상막하)에서 보듯 그 음이 '막'이 된 글자다. 자신의 본래 뜻은 日자를 더한 暮[저물 모]자가 대신했다.

幕 장막 막
고 409 어문 3급 진흥 2급

巾자로 인해 옷감[巾]으로 사방(四方)을 둘러친 장막과 관련해 그 뜻이 '장막'이 되고, 莫자로 인해 幕舍(막사)·幕間(막간)·內幕(내막)·銀幕(은막)·園頭幕(원두막)·幕後交涉(막후교섭)에서처럼 그 음이 '막'이 된 글자다.

漠 사막 막
고 410 어문 3급 진흥 2급

水(氵)자로 인해 물[水]이 거의 없는 사막과 관련해 그 뜻이 '사막'이 되고, 莫자로 인해 沙漠(사막)·廣漠(광막)·索漠(삭막)·茫漠(망막)·漠然(막연)·漠漠大海(막막대해)에서처럼 그 음이 '막'이 된 글자다.

模 본뜰 모
고 411 어문 4급 진흥 3급

木자로 인해 나무[木]로 만든 틀을 이용해 같은 모양의 물건을 본뜬다 하여 그 뜻이 '본뜨다'가 되고, 莫자로 인해 模倣(모방)·模範(모범)·模樣(모양)·模唱(모창)·模造紙(모조지)·聲帶模寫(성대모사)·曖昧模糊(애매모호)에서처럼 그 음이 '모'가 된 글자다.

暮 저물 모
중 464 어문 3급 진흥 3급

해[日]가 수풀[艸] 사이로 저문 모양에서 '저물다'의 뜻과 관련이 있었던 莫자가 '없다'의 뜻으로 쓰이게 되자, 日자를 다시 덧붙여 그 뜻 '저물다'를 더욱 분명히 한 글자다. 歲暮(세모)·朝三暮四(조삼모사)·朝令暮改(조령모개)에서처럼 그 음이 '모'로 읽힌다.

募
모을 모

고 412 어문 3급 진흥 3급

力자로 인해 힘[力]을 써서 모은다 하여 그 뜻이 '모으다' 가 되고, 莫자로 인해 募金(모금) · 募集(모집) · 公募(공모) · 應募(응모)에서처럼 그 음이 '모' 가 된 글자다.

慕
사모할 모

고 413 어문 3급 진흥 3급

心(忄)자로 인해 마음[心] 속으로 사모한다 하여 그 뜻이 '사모하다' 가 되고, 莫자로 인해 思慕(사모) · 戀慕(연모) · 愛慕(애모) · 追慕(추모) · 欽慕(흠모) · 崇慕(숭모) · 慕華思想(모화사상)에서처럼 그 음이 '모' 가 된 글자다.

墓
무덤 묘

고 414 어문 4급 진흥 3급

土자로 인해 흙[土]을 쌓아 만든 무덤과 관련해 그 뜻이 '무덤' 이 되고, 莫자로 인해 墓地(묘지) · 墓所(묘소) · 墳墓(분묘) · 省墓(성묘) · 甕棺墓(옹관묘) · 墓誌銘(묘지명)에서처럼 그 음이 '묘' 가 된 글자다.

참고 188	曼 끌 만	갑골문	금문	소전

두 손으로 눈언저리를 끌어당기는 모습을 나타낸 데서 그 뜻이 '끌다' 이고, 曼陀羅(만다라)에서 보듯 그 음이 '만' 인 글자다. 후에 윗부분의 손은 曰자로 바뀌었다.

慢
게으를 만

고 415 어문 3급 진흥 2급

心(忄)자로 인해 움직이기 싫어하는 마음[心]으로 인해 행동이 게으르다 하여 그 뜻이 '게으르다' 가 되고, 曼자로 인해 怠慢(태만) · 倨慢(거만) · 驕慢(교만) · 緩慢(완만) · 自慢心(자만심) · 慢性疲勞(만성피로)에서처럼 그 음이 '만' 이 된 글자다.

漫
질펀할 만

고 416 어문 3급 진흥 2급

水(氵)자로 인해 물[水]이 질펀하게 펼쳐져 있는 모양과 관련해 그 뜻이 '질펀하다' 가 되고, 曼자로 인해 漫談(만담) · 漫畫(만화) · 散漫(산만) · 放漫(방만) · 浪漫派(낭만파) · 百花爛漫(백화난만)에서처럼 그 음이 '만' 이 된 글자다.

	금문	소전
평평할 만		

저울의 추(錘)가 평평한 모양을 나타내면서 그 뜻이
'평평하다'가 되고, 자신이 덧붙여져 음의 역할을 하는 滿[찰
만]·瞞[속일 만]자에서처럼 그 음이 '만'이 된 글자다.

滿
찰 만

중 465 어문 4급 진흥 4급

水(氵)자로 인해 물[水]이 넘칠 정도로 가득 찼다 하여 그 뜻이 '차다'가 되고, 充滿
(충만)·圓滿(원만)·滿點(만점)·滿喫(만끽)·滿天下(만천하)·不滿足(불만족)·滿身
瘡痍(만신창이)·滿場一致(만장일치)에서처럼 그 음이 '만'이 된 글자다.

중 466
한국어문회
8급
한자진흥회
5급

일만 만	갑골문	금문	소전

전갈을 나타냈으나 후대로 내려오면서 일만(一萬)의 수(數)를 가리
키는 데 빌려 쓰이면서 그 뜻이 '일만'이 되고, 萬一(만일)·萬物(만
물)·萬金(만금)·萬感(만감)·萬石君(만석군)·萬壽無疆(만수무강)에서처럼 그
음이 '만'이 된 글자다.

중 467
한국어문회
5급
한자진흥회
5급

끝 말	금문	소전

나무[木]의 줄기 위쪽에 한 선[一의 형태]을 표시하면서 그 선(線)이 나무의 줄기 끝
부분에 있다 하여 그 뜻이 '끝'이 되고, 末葉(말엽)·末世(말세)·週末(주말)·年末
(연말)·世紀末(세기말)·木末菜(목말채)·末梢神經(말초신경)·本末顚倒(본말전도)에서
처럼 그 음이 '말'이 된 글자다.

중 468
한국어문회 **5급**
한자진흥회 **4급**
잃을 망

| 갑골문 | 금문 | 소전 |

대체로 날이 부러진 칼을 나타냈다고 한 데서 칼이 쓸모를 잃었다 하여 '잃다'의 뜻을 지니게 된 것으로 보이고, 興亡(흥망)·死亡(사망)·亡身(망신)·亡命(망명)·未亡人(미망인)·讀書亡羊(독서망양)·亡國之歎(망국지탄)에서 보듯 '망'의 음으로 읽히는 글자다.

중 469 어문 5급 진흥 4급

望

바랄 망

금문

원래 눈[臣]으로 달[月]을 바라보고 있는 사람 [壬] 모습에서 비롯된 朢자로 쓰였던 글자다. 달을 바라보고 있는 모습에서 그 뜻이 '바라다'가 되고, 후에 臣자 대신에 음의 역할을 하기 위해 덧붙여진 亡자로 인해 希望(희망)·素望(소망)·羨望(선망)·絶望(절망)·望遠鏡(망원경)·望鄕歌(망향가)·望雲之情(망운지정)에서처럼 그 음이 '망'이 된 글자다.

중 470 어문 3급 진흥 4급

忘

잊을 망

心자로 인해 주의하는 마음[心]이 없어서 기억(記憶)하지 못하고 잊었다 하여 그 뜻이 '잊다'가 되고, 亡자로 인해 忘却(망각)·忘恩(망은)·備忘錄(비망록)·忘年會(망년회)·寤寐不忘(오매불망)·白骨難忘(백골난망)에서처럼 그 음이 '망'이 된 글자다.

중 471 어문 3급 진흥 3급

忙

바쁠 망

心(忄)자로 인해 마음[心] 속으로 기억하지 못하고 잊어버릴 정도로 바쁘다 하여 그 뜻이 '바쁘다'가 되고, 亡자로 인해 奔忙(분망)·慌忙(황망)·忙中閑(망중한)·公私多忙(공사다망)·悤忙之間(총망지간)에서처럼 그 음이 '망'이 된 글자다.

고 417 어문 3급 진흥 3급

妄

망령될 망

女자로 인해 여자[女]가 예법(禮法)을 잃고 주책없이 행동하는 것이 망령되다 하여 그 뜻이 '망령되다'가 되고, 亡자로 인해 妄言(망언)·妄發(망발)·譫妄(섬망)·老妄(노망)·屛妄(잔망)·迂妄(우망)·妄想症(망상증)·輕擧妄動(경거망동)에서처럼 그 음이 '망'이 된 글자다.

참고 190

물이 질펀한 모양 망

水(氵)자로 인해 물[水]과 관련해 그 뜻이 '물이 질펀한 모양'이 되고, 亡자로 인해 그 음이 '망'이 된 글자다.

茫 아득할 망

고 418 어문 3급 진흥 2급

艸(⁺⁺)자로 인해 무성하게 자란 풀[艸]이 아득하게 펼쳐진 모양과 관련해 그 뜻이 '아득하다'가 되고, 汒자로 인해 茫漠(망막)·滄茫(창망)·茫茫大海(망망대해)·茫然自失(망연자실)에서처럼 그 음이 '망'이 된 글자다.

罔 없을 망 <small>소전</small>

고 419 어문 3급 진흥 2급

网의 형태로 변화되었지만 그물 모양에서 비롯된 网자에 亡자가 덧붙여진 글자다. 원래 그물을 뜻했으나 후에 網[그물 망]자가 그 뜻을 대신하면서 자신은 부정사(不定詞)인 '없다'의 뜻을 지니게 되고, 亡자로 인해 罔極(망극)·駭怪罔測(해괴망측)에서처럼 '망'의 음으로 읽히게 된 글자다.

盲 소경 맹

고 420 어문 3급 진흥 3급

目자로 인해 눈[目]이 먼 사람인 소경과 관련해 그 뜻이 '소경'이 되고, 亡자로 인해 盲啞(맹아)·盲點(맹점)·雪盲(설맹)·漢盲(한맹)·夜盲症(야맹증)·盲腸炎(맹장염)·文盲退治(문맹퇴치)에서처럼 그 음이 '맹'이 된 글자다.

宺 물 넘칠 황

참고 191

그 형태가 변형됐지만 水자로 인해 물[水]이 넘친다 하여 그 뜻이 '물 넘치다'가 되고, 亡자로 인해 그 음이 '황'이 된 글자다.

荒 거칠 황 <small>소전</small>

고 421 어문 3급 진흥 2급

艸(⁺⁺)자로 인해 풀[艸]이 무성하게 자란 거친 땅과 관련해 그 뜻이 '거칠다'가 되고, 亡자가 음의 역할을 하는 宺자로 인해 荒野(황야)·荒廢(황폐)·荒凉(황량)·虛荒(허황)·破天荒(파천황)·荒蕪地(황무지)·救荒作物(구황작물)에서처럼 그 음이 '황'이 된 글자다.

240

중 472 한국어문회 5급 한자진흥회 4급	買 살 매	 갑골문　금문　소전	

그물[网]에 조개[貝]가 있는 모양을 나타내면서 옛날
화폐로 사용되었던 조개로 필요한 물건을 산다 하여 그 뜻이 '사다'가 되고, 賣
買(매매)·購買(구매)·買入(매입)·買收(매수)·仲買人(중매인)·不買運動(불매운동)·買
辦資本(매판자본)에서 보듯 그 음이 '매'가 된 글자다.

賣 팔 매	 소전

중 473 어문 5급 진흥 4급

買자가 본자(本字)다. 후에 士의 형태로 바뀌었지만 出[날 출 → 중 826
참고]자로 인해 물건을 내어[出] 판다 하여 그 뜻이 '팔다'가 되고, 다시
買자로 인해 販賣(판매)·密賣(밀매)·賣店(매점)·賣盡(매진)·賣票所
(매표소)·薄利多賣(박리다매)·賣官賣職(매관매직)에서처럼 그 음이
'매'가 된 글자다.

중 474 한국어문회 7급 한자진흥회 5급	每 매양 매	 갑골문　금문　소전

머리를 길렀던 옛
날에 여자가 잠
자리에서 일어나
하루 일을 시작할
때마다 흐트러진 머리부터 비녀 등으로 매양 손질한 모습을
나타낸 데서 그 뜻 '매양'이 되고, 每樣(매양)·每常(매상)·每番(매번)·每事(매사)·
每年(매년)·每週(매주)·每日(매일)에서 보듯 그 음이 '매'가 된 글자다.

梅 매화나무 매	

고 422 어문 3급 진흥 3급

木자로 인해 장미과에 속하는 나무[木]인 매화나무와 관련
해 그 뜻이 '매화나무'가 되고, 每자로 인해 梅實(매실)·
梅瓶(매병)·靑梅(청매)·烏梅(오매)·雪中梅(설중매)·松竹
梅(송죽매)·梅蘭菊竹(매란국죽)에서처럼 그 음이 '매'가 된
글자다.

海 바다 해	

중 475 어문 7급 진흥 5급

水(氵)자로 인해 지구(地球) 표면에 짠물[水]이 가득 괴어 있는 드넓은 바다와 관련
해 그 뜻이 '바다'가 되고, 每자로 인해 海溢(해일)·海女(해녀)·渤海(발해)·苦海
(고해)·地中海(지중해)·東支那海(동지나해)에서처럼 그 음이 '해'가 된 글자다.

悔
뉘우칠 **회**

고 423 어문 3급 진흥 3급

心(忄)자로 인해 마음[心] 속으로 자신의 잘못을 뉘우친다 하여 그 뜻이 '뉘우치다'가 되고, 每자로 인해 後悔(후회)·慙悔(참회)·悔改(회개)·悔恨(회한)·懺悔錄(참회록)에서처럼 그 음이 '회'가 된 글자다.

侮
업신여길 **모**

고 424 어문 3급 진흥 2급

人(亻)자로 인해 다른 사람[人]을 업신여긴다 하여 그 뜻이 '업신여기다'가 되고, 每자로 인해 侮辱(모욕)·受侮(수모)·陵侮(능모)·侮蔑感(모멸감)에서처럼 그 음이 '모'가 된 글자다.

敏
민첩할 **민**

고 425 어문 3급 진흥 3급

攴(攵)자로 인해 다그쳐[攵] 행하는 동작이 민첩하다 하여 그 뜻이 '민첩하다'가 되고, 每자로 인해 敏感(민감)·敏捷(민첩)·機敏(기민)·銳敏(예민)·過敏症(과민증)·敏腕刑事(민완형사)에서처럼 그 음이 '민'이 된 글자다.

繁
많을 **번**

고 426 어문 3급 진흥 3급

糸자로 인해 옛날 귀인(貴人)이 타는 말의 갈기에 붙이는 실[糸]을 이용한 많은 장식과 관련해 그 뜻이 '많다'가 되고, 敏자로 인해 繁多(번다)·繁盛(번성)·繁榮(번영)·繁昌(번창)·頻繁(빈번)·繁華街(번화가)·農繁期(농번기)에서처럼 그 음이 '번'이 된 글자다.

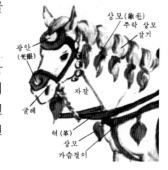

상모(象毛)
주락 상모
갈기
광안
(光眼)
자갈
굴레
혁(革)
상모
가슴걸이

고 427
한국어문회
4급
한자진흥회
2급

脈
줄기 **맥**

| 소전 |

물이 갈래 져 길게 흐르는 모양에서 비롯된 𣲙[갈래 파 → 고 834 참고]자에 흔히 인체의 한 부위와 관련된 한자에 쓰이는 肉(月)자를 덧붙여 물의 갈래[𣲙]처럼 인체[肉] 속에서 갈래 져 흐르는 피의 줄기와 관련해 그 뜻이 '줄기'가 되고, 血脈(혈맥)·山脈(산맥)·脈搏(맥박)·脈點(맥점)·亂脈相(난맥상)·氣盡脈盡(기진맥진)·人脈管理(인맥관리)에서처럼 그 음이 '맥'이 된 글자다.

중 476	免			
한국어문회 3급 한자진흥회 3급	면할 면	갑골문	금문	소전

사람이 장식이 된 투구를 쓰고 있는 모습을 나타내면서 쓰고 있는 투구로 인해 적의 공격으로부터 일어나는 불상사(不祥事)를 면한다 하여 그 뜻이 '면하다'가 되고, 免除(면제)·免疫(면역)·放免(방면)·罷免(파면)·免稅品(면세품)·免責特權(면책특권)·特別赦免(특별사면)에서 보듯 그 음이 '면'이 된 글자다.

勉
힘쓸 면

중 477 어문 4급 진흥 3급

力자로 인해 일에 힘[力]쓴다 하여 그 뜻이 '힘쓰다'가 되고, 免자로 인해 勤勉(근면)·勸勉(권면)·勉學(면학)·刻苦勉勵(각고면려)에서처럼 그 음이 '면'이 된 글자다.

晚
늦을 만

중 478 어문 3급 진흥 3급

日자로 인해 해[日]가 저문 늦은 시각(時刻)과 관련해 그 뜻이 '늦다'가 되고, 免자로 인해 晚鐘(만종)·晚餐(만찬)·晚年(만년)·晚婚(만혼)·早晚間(조만간)·大器晚成(대기만성)·晚時之歎(만시지탄)에서처럼 그 음이 '만'이 된 글자다.

고 428	綿	綿
한국어문회 3급 한자진흥회 2급	솜 면	소전

綿자와 緜자는 동자(同字)로, 애초에 緜자를 썼으나 오늘날 綿자를 주로 쓴다. 실[糸]로 비단[帛]처럼 귀한 옷감을 짜는 데 원료가 되는 목화(木花)의 솜과 관련해 그 뜻이 '솜'이 되고, 綿紡(면방)·綿羊(면양)·純綿(순면)·石綿(석면)·脫脂綿(탈지면)·綿織物(면직물)·周到綿密(주도면밀)에서처럼 그 음이 '면'이 된 글자다.

| 참고 192 | 覓 보이지 아니할 면 | 覓 소전 |

자기[自] 주거지[穴] 사방[方]의 보이지 아니하는 구석진 곳과 관련해 그 뜻이 '보이지 아니하다'가 된 것으로 보이며, 자신이 덧붙여져 음의 역할을 하는 榠[차양 면]·瞑[볼 면]자처럼 그 음이 '면'이 된 글자다.

| 邊 가 변 |

고 429 어문 4급 진흥 3급

辵(辶)자로 인해 발로 걸어 다닐 수 있게 만들어진 길[辵]의 가(가장자리)와 관련해 그 뜻이 '가'가 되고, 覓자로 인해 邊境(변경)·邊方(변방)·海邊(해변)·路邊(노변)·備邊司(비변사)·多邊化(다변화)·爐邊談話(노변담화)·官邊團體(관변단체)에서처럼 그 음이 '변'이 된 글자다.

| 참고 193 | 威 멸할 멸 | 威 소전 |

도끼가 달린 창[戌]과 불[火]로 적(敵)을 멸한다 하여 그 뜻이 '멸하다'가 되고, 다시 水[물 수]자의 변형자 氵[삼수변]을 덧붙여 자신의 뜻을 대신한 滅[멸할 멸]자처럼 그 음이 '멸'인 글자다.

| 滅 멸할 멸 |

고 430 어문 3급 진흥 2급

水(氵)자로 인해 물[水]을 이용해 상대를 다 멸한다 하여 그 뜻이 '멸하다'가 되고, 滅亡(멸망)·滅種(멸종)·撲滅(박멸)·湮滅(인멸)·殲滅戰(섬멸전)·永久不滅(영구불멸)에서처럼 그 음이 '멸'이 된 글자다.

| 중 479 한국어문회 6급 한자진흥회 5급 | 明 밝을 명 | 갑골문 | 금문 | 소전 |

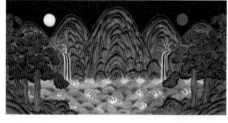

달[月]이 지기 전에 해[日]가 떠올라 세상을 밝게 비추고 있는 모양을 나타낸 데서 그 뜻이 '밝다'가 되고, 明暗(명암)·明晳(명석)·黎明(여명)·闡明(천명)·明文化(명문화)·大明天地(대명천지)·明明白白(명명백백)에서 보듯 그 음이 '명'이 된 글자다.

盟

맹세할 맹

皿자로 인해 옛날 희생(犧牲)의 피를 그릇[皿]에 담아 번갈아 빨고 약속을 어기지 않겠다고 신(神)에게 맹세한 데서 그 뜻이 '맹세하다'가 되고, 明자로 인해 盟誓 (맹서)·盟邦(맹방)·血盟(혈맹)·東盟(동맹)·加盟國(가맹국)·同盟休學(동맹휴학)· 金石盟約(금석맹약)에서처럼 그 음이 '맹'이 된 글자다.

중 480	名	비	깁	닙
한국어문회 7급				
한자진흥회 6급	이름 명	갑골문	금문	소전

문화가 발달하지 않았던 옛날에는 컴컴한 저녁[夕]이 되면 잘 볼 수 없기 때문에 입[口]으로 이름을 불러 서로 구분한 데서 그 뜻이 '이름'이 되고, 姓名(성명)·汚 名(오명)·名銜(명함)·名分(명분)·美名下(미명하)·有名無實(유명무실)에서 보듯 그 음이 '명'이 된 글자다.

銘

새길 명

金자로 인해 옛날 왕이 선조의 공덕을 찬 양할 때에는 흔히 쇠[金]로 만든 그릇에 그 내용을 새긴 데서 그 뜻이 '새기다'가 되고, 名자로 인해 銘文(명문)·銘心(명심)·銘旌(명 정)·感銘(감명)·墓碑銘(묘비명)·座右銘(좌우명)에서처럼 그 음이 '명'이 된 글자다.

중 481	鳴			
한국어문회 4급				
한자진흥회 3급	울 명	갑골문	금문	소전

입[口]으로 소리를 내이 새[鳥]가 운나 하여 그 뜻이 '울다'가 되고, 共鳴(공명)·悲鳴(비명)·鳴鏑(명적)· 自鳴鼓(자명고)·耳鳴症(이명증)·百家爭鳴(백가쟁명)에서처럼 그 음이 '명'이 된 글 자다.

고 433
한국어문회 3급
한자진흥회 2급

冥
어두울 명

갑골문　소전

산모(産母)의 다리 사이로 태어나는 아이를 두 손으로 받는 모습을 나타내면서 태어나는 곳이 흔히 빛을 차단해 어둡다 하여 그 뜻이 '어둡다'가 되고, 冥福(명복)·冥想(명상)·冥府(명부)·冥王星(명왕성)에서처럼 그 음이 '명'이 된 글자다.

고 434
한국어문회 3급
한자진흥회 3급

某
아무 모

금문　소전

나무[木] 위에 열매가 달린 모양을 나타내면서 원래 매화나무를 뜻했으나 후에 '아무'의 뜻으로 빌려 쓰이고, 某氏(모씨)·某年(모년)·某月(모월)·某日(모일)·某時(모시)·某處(모처)·某種(모종)에서 보듯 '모'의 음으로 읽히게 된 글자다.

고 435 어문 3급 진흥 2급

謀
꾀할 모

言자로 인해 서로 말[言]을 나누어 무언가 이루거나 해결하려고 일을 꾀한다 하여 그 뜻이 '꾀하다'가 되고, 某자로 인해 圖謀(도모)·無謀(무모)·謀議(모의)·謀陷(모함)·主謀者(주모자)·權謀術數(권모술수)에서처럼 그 음이 '모'가 된 글자다.

고 436 어문 3급 진흥 2급

媒
중매 매

女자로 인해 나이 든 여자[女]에 의해 흔히 중매가 이뤄진다 하여 그 뜻이 '중매'가 되고, 某자로 인해 媒婆(매파)·媒介(매개)·媒體(매체)·仲媒(중매)·觸媒(촉매)·溶媒(용매)·蟲媒花(충매화)에서처럼 그 음이 '매'가 된 글자다.

중 482 한국어문회 8급 한자진흥회 8급	母 어미 모	 갑골문　금문　소전

두 손을 모으고 다소곳이 앉은 여자[女] 모습에 두 점을 덧붙여
젖을 나타내면서 젖으로 아이를 기르는 어미와 관련해 그 뜻이
'어미'가 되고, 母親(모친)·母國(모국)·父母(부모)·丈母(장모)·未
婚母(미혼모)·母系社會(모계사회)·母音調和(모음조화)에서처럼 그
음이 '모'가 된 글자다.

고 437 한국어문회 3급 한자진흥회 2급	貌 얼굴 모	 소전

원래 짐승 얼굴 모양의 탈[白의 형태]을 머리에 쓴 사람[儿]을
나타내면서 皃[얼굴 모]자로 썼으나 후에 사람이 짐승[豸] 얼굴
모양의 탈을 쓴 데서 다시 짐승과 관련된 豸자가 덧붙여져
그 뜻이 '얼굴'이 되고, 貌襲(모습)·面貌(면모)·美貌(미모)·
外貌(외모)·風貌(풍모)·容貌(용모)에서처럼 그 음이 '모'가 된
글자다.

고 438 한국어문회 3급 한자진흥회 2급	冒 무릅쓸 모	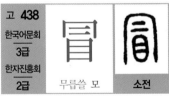 소전

머리[=의 형태]에 덮는[冖] 투구와 같은 쓰개[冃]를 눈[目]만 보
이게 쓴 모습을 나타내면서 다시 투구를 쓰고 적과 싸우는 위
험을 무릅쓴다 하여 그 뜻이 '무릅쓰다'가 되고, 冒險(모험)·
冒瀆(모독)·冒頭發言(모두발언)에서처럼 그 음이 '모'가 된 글자다.

고 439 한국어문회 4급 한자진흥회 3급	牧 칠 목	갑골문	금문	소전

소[牛]와 손에 채찍을 들고 치는 형태[攴(攵)]가 합쳐
져 필요한 곳에 사용하기 위해 소를 친다 하여 그 뜻이 '치다'가 되고, 牧童(목
동)·牧場(목장)·放牧(방목)·遊牧(유목)·牧歌的(목가적)·牧民心書(목민심서)에서처럼
그 음이 '목'이 된 글자다.

참고 194	𣓃 가라앉을 몰	소전

물이 빙빙 도는 소용돌이[⺈의 형태]에서 손[又]으로
잡으려 했으나 가라앉았다 하여 그 뜻이 '가라앉다'
가 되고, 자신이 덧붙여져 음의 역할을 하는 歿[죽을
몰]·沒[빠질 몰]자처럼 그 음이 '몰'이 된 글자다.

고 440 어문 3급 진흥 2급

沒
빠질 몰

水(氵)자로 인해 물[水]에 빠졌다 하여 그 뜻이 '빠지다'가 되고, 그 자형이 변했지
만 𣓃자로 인해 沈沒(침몰)·汨沒(골몰)·沒頭(몰두)·沒殺(몰살)·沒常識(몰상식)·
沒涇渭(몰경위)·神出鬼沒(신출귀몰)에서처럼 그 음이 '몰'이 된 글자다.

고 441 한국어문회 3급 한자진흥회 2급	夢 꿈 몽	갑골문	소전

원래 눈썹[卝의 형태]까지 보이는 눈[罒의 형태]이
강조된 사람[亻의 형태]이 침상에 누워 자는 모
습으로 나타내다가 후에 침상을 생략하고 달[夕]을 덧붙이면서 사람이 누워 자는
달 뜨는 저녁에 꿈을 꾼다 하여 그 뜻이 '꿈'이 되고, 胎夢(태몽)·解夢(해몽)·夢
想(몽상)·夢寐(몽매)·夢遊病(몽유병)·邯鄲之夢(한단지몽)·盧生之夢(노생지몽)에서처
럼 그 음이 '몽'이 된 글자다.

참고
195

덮어쓸 몽 / 소전

무언가 나타낸 한 선[一의 형태]과 덮어쓴 모양[冖]과 돼지[豕]의 모양이 어우러지면서 제물(祭物)인 돼지 위에 무언가를 덮어씌운다 하여 그 뜻이 '덮어쓰다'가 되고, 자신이 덧붙여져 음의 역할을 하는 蒙[어두울 몽]·霥[우렛소리 몽]자처럼 그 음이 '몽'이 된 글자다.

蒙

어두울 몽

고 442 어문 3급 진흥 2급

艸(艹)자로 인해 무언가 숨기기 위해 풀[艸]로 덮어씌운다는 데서 다시 덮어씌워 어둡다 하여 그 뜻이 '어둡다'가 되고, 冡자로 인해 蒙塵(몽진)·蒙古(몽고)·啓蒙(계몽)·童蒙(동몽)·無知蒙昧(무지몽매)·吳下阿蒙(오하아몽)에서처럼 그 음이 '몽'이 된 글자다.

중 483
한국어문회
3급
한자진흥회
4급

넷째 지지 묘 / 갑골문 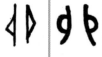 금문 소전

칼로 무언가 나눈 모양이나 양쪽에 물을 저장한 도랑을 나타냈다고 하나 후에 넷째 지지를 가리키는 데 빌려 쓰면서 결국 그 뜻이 '넷째 지지'가 되고, 卯酒(묘주)·己卯士禍(기묘사화)·卯金刀劉(묘금도류)에서 보듯 그 음이 '묘'가 된 글자다.

貿

바꿀 무 / 금문

고 443 어문 3급 진흥 3급

貝자로 인해 화폐[貝]를 물건과 바꾼다 하여 그 뜻이 '바꾸다'가 되고, 卯자로 인해 貿易(무역)에서처럼 그 음이 '무'가 된 글자다.

留

머무를 류

중 484 어문 4급 진흥 3급

田자로 인해 농사를 지을 수 있는 땅[田]에 머무르며 경작(耕作)에 종사(從事)한다 하여 그 뜻이 '머무르다'가 되고, 卯자로 인해 滯留(체류)·挽留(만류)·留宿(유숙)·留學(유학)·留置場(유치장)·人死留名(인사유명)에서처럼 그 음이 '류'가 된 글자다.

柳

버들 류

중 485 어문 4급 진흥 3급

木자로 인해 나무[木]의 일종인 버들과 관련해 그 뜻이 '버들'이 되고, 卯자로 인해 楊柳(양류)·美柳(→미루)·花柳界(화류계)·柳器匠(유기장)·路柳墻花(노류장화)·五柳先生(오류선생)에서처럼 그 음이 '류'가 된 글자다.

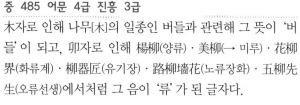

고 444		
한국어문회 3급		
한자진흥회 2급		
	싹 묘	소전

곡물의 어린 싹[艸(⺿)]이 밭[田]에서 자라고 있음을 나타내면서 밭에 난 어린 싹과 관련해 그 뜻이 '싹'이 되고, 苗木(묘목)·苗圃(묘포)·苗種(→ 모종)·苗板(→ 모판)·種苗商(종묘상)·靑苗法(청묘법)·揠苗助長(알묘조장)에서처럼 그 음이 '묘'가 된 글자다.

중 486				
한국어문회 3급				
한자진흥회 3급				
	다섯째 천간 무	갑골문	금문	소전

처형(處刑)이나 의장(儀仗)에 사용된 날이 큰 도끼가 달린 창을 나타냈으나 후에 다섯째 천간을 가리키는 데 빌려 쓰이면서 결국 그 뜻이 '다섯째 천간'이 되고, 戊午士禍(무오사화)·戊戌政變(무술정변)에서 보듯 그 음이 '무'가 된 글자다.

중 487 어문 3급 진흥 3급

艸(⺿)자로 인해 풀[艸]이 무성하다 하여 그 뜻이 '무성하다'가 되고, 戊자로 인해 茂盛(무성)·松茂栢悅(송무백열)에서처럼 그 음이 '무'가 된 글자다.

무성할 무

중 488				
한국어문회 4급				
한자진흥회 4급				
	굳셀 무	갑골문	금문	소전

적을 치기 위해 창[戈]을 들고 발[止]로 걸어가는 병사의 굳센 의기를 나타낸 데서 그 뜻이 '굳세다'가 되고, 武士(무사)·武班(무반)·文武(문무)·玄武(현무)·忠武公(충무공)·步武堂堂(보무당당)·武臣政權(무신정권)에서 보듯 그 음이 '무'가 된 글자다.

賦
구실 부

貝자로 인해 나라에서 백성에게 거두는 화폐[貝]처럼 귀한 재물인 구실과 관련해 그 뜻이 '구실'이 되고, 武자로 인해 賦稅(부세)·賦役(부역)·月賦(월부)·割賦(할부)·雜賦金(잡부금)·住宅賦金(주택부금)·天賦人權論(천부인권론)에서처럼 그 음이 '부'가 된 글자다.

중 489 한국어문회 5급 한자진흥회 5급	無 없을 무	갑골문	금문	소전

사람이 손에 새의 깃털을 들고 춤추는 모습을 나타냈으나 후에 없다의 뜻으로 빌려 쓰이면서 결국 그 뜻이 '없다'가 되고, 有無(유무)·虛無(허무)·無辜(무고)·無頉(무탈)·無子息(무자식)·無窮無盡(무궁무진)·前無後無(전무후무)에서처럼 그 음이 '무'가 된 글자다.

舞
춤출 무

춤추는 모습에서 비롯된 無자가 다른 뜻으로 쓰이게 되자, 발동작과 관련된 한자에 흔히 쓰이는 舛자를 덧붙여 無자의 본래 뜻 '춤추다'를 더욱 분명히 한 글자다. 그 음은 舞踊(무용)·舞童(무동)·舞姬(무희)·舞天(무천)·舞蹈會(무도회)·八佾舞(팔일무)·飮酒歌舞(음주가무)·長袖善舞(장수선무)에서처럼 無자와 똑같이 '무'로 읽힌다.

중 491 한국어문회 3급 한자진흥회 3급	勿 말 물	갑골문	금문	소전

칼로 무언가 자르는 모양을 나타낸 것으로 보이나 후에 말다의 의미를 가리키는 데 빌려 쓰이면서 결국 그 뜻이 '말다'가 되고, 勿驚(물경)·勿論(물론)·四勿(사물)·勿忘草(물망초)·勿失好機(물실호기)·己所不欲勿施於人(기소불욕물시어인)에서 보듯 그 음이 '물'이 된 글자다.

物
만물 물

중 492 어문 7급 진흥 5급

牛자로 인해 원래 얼룩소[牛]를 뜻했으나 얼룩소의 몸에 많은 문양(文樣)이 있다는 데서 많다의 의미를 지니면서 다시 세상에 존재하는 만물과 관련해 그 뜻이 '만물'이 되고, 勿자로 인해 物件(물건)·物色 (물색)·退物(퇴물)·膳物(선물)·特産物(특산물)·物物交換(물물교환)·無用之物(무용지물)에서처럼 그 음이 '물'이 된 글자다.

忽
소홀히 할 홀

고 446 어문 3급 진흥 2급

心자로 인해 마음[心] 속으로 대수롭지 않게 여겨 소홀히 한다 하여 그 뜻이 '소홀히 하다'가 되고, 勿자로 인해 忽視(홀시)·忽待(홀대)·忽然(홀연)·疎忽(소홀)·忽弱忽弱(→ 호락호락)에서처럼 그 음이 '홀'이 된 글자다.

중 **493**
한국어문회 **4급**
한자진흥회 **4급**

아닐 미 갑골문 금문 소전

나무[木] 줄기 위에 있는 가지를 나타내면서 가지가 아직 크게 자란 것이 아니다 하여 그 뜻이 '아니다'가 되고, 未達(미달)· 未來(미래)·未安(미안)·未熟(미숙)·未完成(미완성)·未成年(미성년)·前代未聞(전대미문)에서처럼 그 음이 '미'가 된 글자다.

味
맛 미

중 494 어문 4급 진흥 4급

口자로 인해 입[口]으로 음식(飲食)의 여러 가지 맛을 본다 하여 그 뜻이 '맛'이 되고, 未자로 인해 味覺(미각)·味蕾(미뢰)·別味(별미)·滋味(→ 재미)·人間味(인간미)·山海珍味 (산해진미)·天下一味(천하일미)에서처럼 그 음이 '미'가 된 글자다.

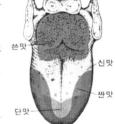

妹
누이 매

중 495 어문 4급 진흥 4급

女자로 인해 손아래 여자[女]인 누이와 관련해 그 뜻이 '누이'가 되고, 未자로 인해 姉妹(자매)·男妹(남매)·令妹(영매)·妹兄(매형)·妹弟(매제)·妹夫(매부)·祭亡妹歌(제망매가)에서처럼 그 음이 '매'가 된 글자다.

중 496 한국어문회 6급 한자진흥회 5급	美 아름다울 미	(갑골문)	(금문)	(소전)
		갑골문	금문	소전

깃털 등으로 머리를 장식한[羊의 형태] 한 집단의 우두머리인 사람[大]을 나타내면서 장식한 사람의 모습이 아름답다 하여 그 뜻이 '아름답다'가 되고, 美人(미인)·美醜(미추)·美姬(미희)·美國(미국)·審美眼(심미안)·美的感覺(미적감각)에서처럼 그 음이 '미'가 된 글자다.

고 447 한국어문회 3급 한자진흥회 2급	微 작을 미	(갑골문)	(금문)	(소전)
		갑골문	금문	소전

원래 장발의 늙은이를 손에 몽둥이를 들고 치는 모습을 나타내면서 몽둥이로 맞는 늙은이는 이미 노쇠해 작은 존재가 되었다 하여 그 뜻이 '작다'가 되고, 微力(미력)·微物(미물)·稀微(희미)·輕微(경미)·微視的(미시적)·微粒子(미립자)·微官末職(미관말직)·微服潛行(미복잠행)에서처럼 그 음이 '미'가 된 글자다. 후에 그 뜻을 더욱 분명히 하기 위해 彳자가 덧붙여졌다.

고 448 한국어문회 3급 한자진흥회 2급	眉 눈썹 미	(갑골문)	(금문)	(소전)
		갑골문	금문	소전

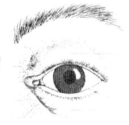

눈썹을 눈 위에 나타내면서 그 뜻이 '눈썹'이 되고, 白眉(백미)·蛾眉(아미)·兩眉間(양미간)·焦眉之急(초미지급)에서처럼 그 음이 '미'가 된 글자다.

중 497 한국어문회 3급 한자진흥회 4급	尾 꼬리 미	 갑골문	소전

옛날 사람[尸의 형태]이 짐승을 흉내
내어 터럭[毛]이 달린 짐승 꼬리를 달
고 있는 데서 그 뜻이 '꼬리'가 되고, 尾骨(미골)·尾行(미행)·大尾(대미)·後尾(후
미)·尾括式(미괄식)·九尾狐(구미호)·首尾相接(수미상접)에서처럼 그 음이 '미'가 된
글자다.

중 498 한국어문회 8급 한자진흥회 5급	民 백성 민	 금문	소전

반항 능력을 감소시키고 주인에게 순종(順
從)하도록 하기 위해 사람의 눈을 뾰족한
도구로 찌르는 모습을 나타내면서 결국 일
부 특권층(特權層)에 순종하는 백성과 관련
해 그 뜻이 '백성'이 되고, 人民(인민)·國民(국민)·民族(민족)·民衆(민중)·失鄕民(실
향민)·三民主義(삼민주의)·主權在民(주권재민)에게 보듯 그 음이 '민'이 된 글자다.

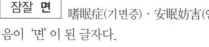

眠
잠잘 **면**

중 499 어문 3급 진흥 3급

目자로 인해 눈[目]을 감고 잠잔다 하여 그 뜻이
'잠자다'가 되고, 民자로 인해 睡眠(수면)·永眠
(영면)·熟眠(숙면)·冬眠(동면)·不眠症(불면증)·
嗜眠症(기면증)·安眠妨害(안면방해)에서처럼 그
음이 '면'이 된 글자다.

ㅂ는 脣쑨音흠이니 如ᅀᅧᆼ彆볋字ᄍᆼ初총
發벓聲셩ᄒᆞ니 竝뼝書셩ᄒᆞ면 如ᅀᅧᆼ步뽕
ᅙ字ᄍᆼ初총發벓聲셩ᄒᆞ니라 脣쑨은 입시우리라

ㅂ는 입시울쏘리니 彆볋字ᄍᆼ 처ᅀᅥᆷ 펴
아 나는 소리 ᄀᆞᄐᆞ니 ᄀᆞᆯᄫᅡ 쓰면 步뽕ᅙ
字ᄍᆼ 처ᅀᅥᆷ 펴아 나는 소리 ᄀᆞᄐᆞ니라

ㅂ

중 500 한국어문회 6급 한자진흥회 5급	反 돌이킬 반	갑골문	금문	소전

언덕[厂] 위로 손[又]을 이용해 돌이키어 거슬러 오르는 모습을 나타내면서 그 뜻이 '돌이키다'가 된 것으로 보이고, 反對(반대)·反正(반정)·相反(상반)·違反(위반)·如反掌(여반장)·反面教師(반면교사)·反芻動物(반추동물)에서 보듯 그 음이 '반'이 된 글자다.

중 501 어문 3급 진흥 4급

食자로 인해 곡물(穀物)을 익혀 끼니로 먹는 밥[食]과 관련해 그 뜻이 '밥'이 되고, 反자로 인해 白飯(백반)·羹飯(갱반)·飯店(반점)·飯酒(반주)·骨董飯(골동반)·十匙一飯(십시일반)·朝飯夕粥(조반석죽)에서처럼 그 음이 '반'이 된 글자다.

밥 반

고 449 어문 3급 진흥 3급

辵(辶)자로 인해 가던 길[辵]을 돌이켜 돌아온다 하여 그 뜻이 '돌아오다'가 되고, 反자로 인해 返送(반송)·返品(반품)·返戾(반려)·返納(반납)·返還點(반환점)·去者必返(거자필반)에서처럼 그 음이 '반'이 된 글자다.

돌아올 반

고 450 어문 5급 진흥 3급

木자로 인해 편편하게 깎은 나무[木]인 널빤지와 관련해 그 뜻이 '널빤지'가 되고, 反자로 인해 板子(판자)·板書(판서)·漆板(칠판)·松板(송판)·七星板(칠성판)·板門店(판문점)·成長板(성장판)에서처럼 그 음이 '판'이 된 글자다.

널빤지 판

고 451 어문 3급 진흥 3급

片자로 인해 나무를 반으로 잘라 나온 조각[片]과 관련해 그 뜻이 '조각'이 되고, 反

조각 판

자로 인해 菊版(국판)·再版(재판)·版畫(판화)·版權(판권)·出版社(출판사)·豪華版(호화판)·縮小版(축소판)에서처럼 그 음이 '판'이 된 글자다.

고 452 어문 3급 진흥 3급

貝자로 인해 화폐[貝]로 돌려받기 위해 물건을 판다 하여 그 뜻이 '팔다'가 되고, 反자로 인해 販賣(판매)·販路(판로)·街販(가판)·訪販(방판)·自販機(자판기)·外販員(외판원)에서처럼 그 음이 '판'이 된 글자다.

팔 판

중 502
한국어문회 6급
한자진흥회 5급

반 반 | 금문 | 소전

예로부터 사람들이 길렀던 가축 가운데 가장 몸집이 큰 소[牛]를 반으로 나눈다 [八] 하여 그 뜻이 '반'이 되고, 折半(절반)·太半(태반)·半熟(반숙)·半偏(반편)·韓 半島(한반도)·夜半逃走(야반도주)에서처럼 그 음이 '반'이 된 글자다.

고 453 어문 3급 진흥 2급

叛

배반할 반

反자로 인해 신의(信義)를 저버리고 돌아서[反] 배반한다 하여 그 뜻이 '배반하다' 가 되고, 半자로 인해 叛逆(반역)·叛亂(반란)·叛軍(반군)·叛徒(반도)·背叛(배 반)·謀叛(모반)에서처럼 그 음이 '반'이 된 글자다.

고 454 어문 3급 진흥 2급

伴

짝 반

人(亻)자로 인해 한 쌍(雙)을 이룰 때에 그 반쪽이 되는 사람[亻]인 짝과 관련해 그 뜻이 '짝'이 되고, 半자로 인해 隨伴(수반)·道伴(도반)·伴奏(반주)·伴黨(반당)· 伴侶者(반려자)·同伴者(동반자)·伴性遺傳(반성유전)에서처럼 그 음이 '반'이 된 글자다.

중 503 어문 4급 진흥 4급

判

가를 판

刀(刂)자로 인해 칼[刀]로 물건을 반으로 가른다 하여 그 뜻이 '가르다'가 되고, 半 자로 인해 判斷(판단)·判決(판결)·談判(담판)·裁判(재판)·判檢事(판검사)·理判 事判(이판사판)에서처럼 그 음이 '판'이 된 글자다.

고 455 | 한국어문회 3급 | 한자진흥회 3급

돌 반 | 갑골문 | 금문 | 소전

배 모양이 그릇[舟의 형태]을 틀에 올려놓고 손오 로 쳐서[殳] 돌려 가며 만든다 하여 그 뜻이 '돌다'가 된 것으로 보이고, 萬般(만반)·這般(저반)·全般的(전반적)·彼此一般(피차일반)에서 보 듯 그 음이 '반'이 된 글자다.

고 456 어문 3급 진흥 2급

盤
소반 반

皿자로 인해 그릇[皿]을 받쳐 드는 소반과 관련해 그 뜻이 '소반'이 되고, 般자로 인해 錚盤(쟁반)·茶盤(차반)·盤盞(반잔)·盤柿(반시)·羅針盤(나침반)·盤根錯節(반근착절)·杯盤狼藉(배반낭자)에서처럼 그 음이 '반'이 된 글자다.

고 457
한국어문회
6급
한자진흥회
3급

班
나눌 반

금문   소전

줄에 꿴 구슬[玉(玊)] 사이를 칼[刀(刂)]로 끊어 나눈다는 데서 그 뜻이 '나누다'가 되고, 兩班(양반)·分班(분반)·班長(반장)·班家(반가)·班常會(반상회)·內務班(내무반)·行政首班(행정수반)에서처럼 그 음이 '반'이 된 글자다.

참고
196

달릴 발

소전

개[犬]의 몸에 채찍을 나타낸 것으로 보이는 한 획(劃)을 더해 채찍을 가하니 개가 빨리 달린다 하여 그 뜻이 '달리다'가 되고, 자신이 덧붙여져 음의 역할을 하는 魃[가물귀신 발]·跋[밟을 발]자처럼 그 음이 '발'이 된 글자다.

고 458 어문 4급 진흥 3급

髮
터럭 발

髟자로 인해 머리에서 늘어진[髟] 터럭과 관련해 그 뜻이 '터럭'이 되고, 犮자로 인해 頭髮(두발)·毛髮(모발)·辮髮(변발)·間髮(간발)·斷髮令(단발령)·危機一髮(위기일발)·蓬頭亂髮(봉두난발)에서처럼 그 음이 '발'이 된 글자다.

고 459 어문 3급 진흥 2급

拔
뺄 발

手[扌]자로 인해 손[手]으로 잡아 뺀다 하여 그 뜻이 '빼다'가 되고, 犮자로 인해 拔齒(발치)·拔擢(발탁)·海拔(해발)·奇拔(기발)·拔萃文(발췌문)·堅忍不拔(견인불발)·力拔山氣蓋世(역발산기개세)에서처럼 그 음이 '발'이 된 글자다.

| 중 504 |
| 한국어문회 |
| 4급 |
| 한자진흥회 |
| 4급 |

절 배

금문

소전

손[手]과 무성한 풀의 형상을 나타내면서 손으로 풀을 뽑듯이 몸을 숙여 절을 한다 하여 그 뜻이 '절'이 되고, 歲拜(세배)·再拜(재배)·拜禮(배례)·拜上(배상)·團拜式(단배식)·百八拜(백팔배)·三步一拜(삼보일배)·三拜九叩頭(삼배구고두)에서처럼 그 음이 '배'가 된 글자다.

| 고 460 |
| 한국어문회 |
| 3급 |
| 한자진흥회 |
| 2급 |

번거로울 번

소전

불[火]이 탈 때 생기는 뜨거운 기운이 사람 머리[頁]에서도 일어남을 나타내면서 뜨거운 기운이 머리에서 일어난 사람의 심사(心思)는 번거롭다 하여 그 뜻이 '번거롭다'가 되고, 煩悶(번민)·煩雜(번잡)·頻煩(빈번)·除煩(제번)·煩熱症(번열증)·食少事煩(식소사번)·百八煩惱(백팔번뇌)에서처럼 그 음이 '번'이 된 글자다.

| 중 505 |
| 한국어문회 |
| 4급 |
| 한자진흥회 |
| 4급 |

칠 벌

갑골문

금문

소전

사람[人(亻)] 목을 창[戈]으로 치는 모습을 나타내면서 그 뜻이 '치다'가 되고, 征伐(정벌)·討伐(토벌)·伐草(벌초)·伐採(벌채)·伐木工(벌목공)·北伐計劃(북벌계획)·十伐之木(십벌지목)에서처럼 그 음이 '벌'이 된 글자다.

| 고 461 |
| 한국어문회 |
| 4급 |
| 한자진흥회 |
| 3급 |

벌할 벌

금문

소전

그물[网(罒)]로 새나 물고기를 제재(制裁)하듯 사람을 가두거나 말[言]로 꾸짖거나 칼[刀(刂)]로 다투어 벌을 순다 하여 그 뜻이 '벌'이 되고, 刑罰(형벌)·體罰(체벌)·罰金(벌금)·罰酒(벌주)·懲罰房(징벌방)·一罰百戒(일벌백계)·刑事處罰(형사처벌)에서처럼 그 음이 '벌'이 된 글자다.

ㅂ

중 506 한국어문회 3급 한자진흥회 3급	凡 무릇 범	片 갑골문	片 금문	只 소전

돛을 나타냈으나 후에 무릇의 뜻으로 빌려 쓰면서 그 뜻이 '무릇'이 되고, 平凡(평범)·非凡(비범)·凡事(범사)· 凡常(범상)·三者凡退(삼자범퇴)·禮儀凡節(예의범절)에 서 보듯 그 음이 '범'이 된 글자다. 후에 돛은 흔 히 옷감으로 만들기 때문에 巾자를 덧붙여 帆[돛 범] 자로 대신했다.

鳳 봉새 봉	갑골문

고 462 어문 3급 진흥 2급

鳥자로 인해 성인(聖人)이 세상에 나 오면 이에 응(應)하여 나타난다고 하 는 상상의 새[鳥]인 봉새와 관련해 그 뜻이 '봉새'가 되고, 凡자로 인해 鳳 凰(봉황)·鳳鳥(봉조)·鳳雛(봉추)·鳳簪(봉잠)·龍鳳湯(용봉 탕)·鳳仙花(봉선화)·龍飛鳳舞(용비봉무)에서처럼 그 음이 '봉'이 된 글자다.

참고 197	辟 허물 벽	갑골문	금문	소전

굴복(屈伏)하고 있는 사람[尸의 형태]에게 도구[辛]로 문신을 함을 나타내면서 문신 이 새겨지는 사람은 죄인이나 포로처럼 허물이 있다 하여 그 뜻이 '허물'이 된 것으로 보이고, 辟除(벽제)·大辟(대벽)에서 보듯 그 음이 '벽'이 된 글자다. 글자 가운데 보이는 작은 원형(圓形)은 문신에 의해 도려내어진 살점으로 여겨진다.

壁 벽 벽	

고 463 어문 4급 진흥 2급

土자로 인해 흙[土]을 쌓아 올려 만든 벽과 관련해 그 뜻이 '벽'이 되고, 辟자로 인해 障壁(장벽)·氷壁(빙벽)·壁欌(벽장)·壁畫(벽화)·壁有耳(벽유이)·金城鐵壁 (금성철벽)·面壁九年(면벽구년)에서처럼 그 음이 '벽'이 된 글자다.

ㅂ

避

피할 **피**

고 464 어문 4급 진흥 3급

辵(辶)자로 인해 사람이 길[辵] 한쪽으로 피해서 걷는다 하여 그 뜻이 '피하다'가 되고, 辟자로 인해 避難(피난)·避諱(피휘)·逃避(도피)·所避(소피)·不可避(불가피)·避暑地(피서지)·相避制度(상피제도)에서처럼 그 음이 '피'가 된 글자다.

참고 **198**

송사할 변 / 소전

죄수(罪囚)에게 문신(文身)을 새기는 데 사용하는 도구[辛]를 나란히 나타내면서 다시 죄를 지은 사람인지 송사한다 하여 그 뜻이 '송사하다'가 되고, 자신이 덧붙여져 음의 역할을 하는 辮[땋을 변]·辯[말 잘할 변]·辨[나눌 변]자처럼 그 음이 '변'이 된 글자다.

辯

말 잘할 **변**

고 465 어문 4급 진흥 3급

言자로 인해 상대방(相對方)에게 조리 있게 말[言]을 잘한다 하여 그 뜻이 '말 잘하다'가 되고, 辡자로 인해 達辯(달변)·詭辯(궤변)·辯士(변사)·辯論(변론)·辯護士(변호사)·代辯人(대변인)·大辯如訥(대변여눌)에서처럼 그 음이 '변'이 된 글자다.

辨

나눌 **변**

고 466 어문 3급 진흥 2급

刀(刂)자로 인해 칼[刀]로 물건을 나눈다 하여 그 뜻이 '나누다'가 되고, 辡자로 인해 辨別(변별)·辨明(변명)·辨濟(변제)·辨償(변상)·思辨的(사변적)·辨理士(변리사)·魚魯不辨(어로불변)에서처럼 그 음이 '변'이 된 글자다.

중 **507**

한국어문회 **6급**

한자진흥회 **5급**

나눌 별 / 갑골문 / 소전

剮자가 본자(本字)다. 살을 발라낸 뼈에서 비롯된 冎[살 바를 과]자의 변화된 형태와 칼에서 비롯된 刀자의 변화된 형태가 합쳐져 살을 발라낸 뼈[冎]를 칼[刂]로 나눈다 하여 그 뜻이 '나누다'가 되고, 別世(별세)·別居(별거)·訣別(결별)·恪別(각별)·餞別金(전별금)·男女有別(남녀유별)에서처럼 그 음이 '별'이 된 글자다.

중 508
한국어문회 3급
한자진흥회 4급

셋째 천간 병 | 갑골문 | 금문 | 소전

제사를 지낼 때에 희생물을 얹는 상, 불을 피우는 부싯돌, 어떤 물건의 받침대 따위를 나타냈다고 하나 어느 견해가 맞는지 알 수 없는 글자다. 후에 셋째 천간을 가리키는 데 빌려 쓰면서 '셋째 천간'의 뜻을 지니고, 丙夜(병야)·丙子胡亂(병자호란)·丙寅洋擾(병인양요)에서 보듯 '병'의 음으로 읽히게 된 글자다.

病 병 병
중 509 어문 6급 진흥 5급

疒자로 인해 사람의 전신(全身)이나 일부분이 정상적인 활동을 못할 정도로 심하게 병든[疒] 상태와 관련해 그 뜻이 '병'이 되고, 丙자로 인해 疾病(질병)·癩病(나병)·病院(병원)·病身(병신)·成人病(성인병)·高三病(고삼병)·病入膏肓(병입고황)에서처럼 그 음이 '병'이 된 글자다.

更 고칠 경
중 510 어문 4급 진흥 4급

갑골문

원래 丙자와 攴자가 합쳐진 글자다. 攴자로 인해 손에 도구를 들고 다그쳐[攴] 원래처럼 되도록 다시 고친다 하여 그 뜻이 '고치다'가 되고, 丙자로 인해 更迭(경질)·更正(경정)·更新(경신)·不更二夫(불경이부)에서처럼 그 음이 '경'이 된 글자다. 更新(갱신)·更生(갱생)·更紙(갱지)·更年期(갱년기)에서처럼 그 뜻이 '다시'로 쓰일 때는 그 음을 '갱'으로 읽는다.

硬 굳을 경
고 467 어문 3급 진흥 3급

石자로 인해 단단하게 굳은 돌[石]과 관련해 그 뜻이 '굳다'가 되고, 更자로 인해 硬度(경도)·硬直(경직)·生硬(생경)·强硬(강경)·肝硬化(간경화)·硬音化(경음화)·動脈硬化(동맥경화)에서처럼 그 음이 '경'이 된 글자다.

便 편할 편
중 511 어문 7급 진흥 5급

人(亻)자로 인해 사람[人]에게 불편한 것을 편하게 만든다 하여 그 뜻이 '편하다'가 되고, 更자로 인해 便利(편리)·便法(편법)·方便(방편)·男便(남편)·便宜店(편의점)에서처럼 그 음이 '편'이 된 글자다. 그 뜻이 '똥오줌'과 관련될 때는 便所(변소)·便秘(변비)·用便(용변)·排便(배변)·大小便(대소변)에서처럼 그 음을 '변'으로 읽는다.

중 512 한국어문회 5급 한자진흥회 4급	兵 군사 병	갑골문	금문	소전

도끼[斤]가 달린 무기를 두 손[廾]에 들고 있는 군사를 나타내면서 그 뜻이 '군사'가 되고, 兵卒(병졸)·兵法(병법)·伏兵(복병)·傭兵(용병)·脫營兵(탈영병)·初年兵(초년병)·兵站基地(병참기지)에서처럼 그 음이 '병'이 된 글자다.

참고 199	幷 어우를 병	갑골문	금문	소전

서 있는 두 사람의 다리를 하나로 어우르는 모습을 나타낸 데서 그 뜻이 '어우르다'가 되고, 幷合(병합)·幷呑(병탄)·兼幷(겸병)·合幷(합병)에서처럼 그 음이 '병'이 된 글자다. 후에 人(亻)자를 덧붙여 倂자로도 쓰고 있다.

屏 병풍 병	고 468 어문 3급 진흥 2급

尸자로 인해 주검[尸]을 가리기 위해 사용되는 병풍과 관련해 그 뜻이 '병풍'이 된 것으로 보이고, 屏風(병풍)·畫屏(화병)에서처럼 그 음이 '병'이 된 글자다.

참고 200	甹 끌 병	갑골문	금문	소전

바구니와 지팡이처럼 생긴 도구를 나타내면서 바구니를 지팡이처럼 생긴 도구로 끈다 하여 그 뜻이 '끌다'가 된 것으로 보이고, 자신이 덧붙여져 음의 역할을 하는 甹[비 올 병]자처럼 그 음이 '병'인 글자다.

聘 부를 빙	고 469 어문 3급 신용 2급

耳자로 인해 예를 갖추어 부르는 소리를 귀[耳]로 듣고 찾아간다 하여 그 뜻이 '부르다'가 되고, 甹자로 인해 招聘(초빙)·聘母(빙모)·聘丈(빙장)에서처럼 그 음이 '빙'이 된 글자다.

고 470
한국어문회
3급
한자진흥회
2급
나란할 병　갑골문　금문　소전

두 사람이 땅 위에 나란하게 서 있는 모습을 나타낸 데서 그 뜻이 '나란하다'가 되고, 竝立(병립)·竝行(병행)·竝唱(병창)·竝存(병존)·竝列式(병렬식)·竝設學校(병설학교)에서처럼 그 음이 '병'이 된 글자다. 並자는 동자(同字)다.

고 471
한국어문회
4급
한자진흥회
3급
널리 보　소전

해[日] 위에 구름이 나란하게[竝 → 고 470 참고] 널리 펼쳐져 있음을 나타낸 데서 그 뜻이 '널리'가 된 것으로 보이고, 普及(보급)·普通(보통)·普遍的(보편적)·普天之下(보천지하)·普佛戰爭(보불전쟁)에서 보듯 그 음이 '보'가 된 글자다.

고 472 어문 3급 진흥 3급

계보 보

言자로 인해 사물(事物)의 계통(系統)을 말[言]로 자세히 풀이하듯 체계를 세워 적어 놓은 계보와 관련해 그 뜻이 '계보'가 되고, 普자로 인해 族譜(족보)·樂譜(악보)·譜牒(보첩)·譜學(보학)·勝戰譜(승전보)·殉愛譜(순애보)·玆山魚譜(자산어보)에서처럼 그 음이 '보'가 된 글자다.

참고
201
클 보　갑골문　금문　소전

밭에서 어린 싹이 크는 모양을 나타낸 데서 그 뜻이 '크다'가 된 것으로 보이고, 杜甫(두보)·皇甫氏(황보씨)·甫吉島(보길도)에서 보듯 그 음이 '보'가 된 글자다.

고 473 어문 3급 진흥 3급

기울 보

衣(衤)자로 인해 옷[衣]의 해진 곳을 깁는다 하여 그 뜻이 '깁다'가 되고, 甫자로 인해 補身(보신)·補藥(보약)·補色(보색)·補綴(보철)·補完財(보완재)·亡羊補牢(망양보뢰)·補償心理(보상심리)에서처럼 그 음이 '보'가 된 글자다.

浦
물가 포

水(氵)자로 인해 흐르는 물[水]의 바깥 부분인 물가와 관련해 그 뜻이 '물가'가 되고, 甫자로 인해 浦口(포구)·浦村(포촌)·麻浦(마포)·木浦(목포)·三千浦(삼천포)·三浦倭亂(삼포왜란)·濟物浦條約(제물포조약)에서처럼 그 음이 '포'가 된 글자다.

捕
사로잡을 포

手(扌)자로 인해 도망가지 못하도록 손[手]으로 사로잡는다 하여 그 뜻이 '사로잡다'가 되고, 甫자로 인해 捕虜(포로)·捕卒(포졸)·生捕(생포)·拿捕(나포)·捕繩줄(포승줄)·捕鯨船(포경선)·譏察捕校(기찰포교)에서처럼 그 음이 '포'가 된 글자다.

尃
펼 부

손과 관련된 寸자로 인해 손[寸]으로 무언가 편다 하여 '펴다'의 뜻을 지니고, 甫자로 인해 '부'의 음으로 읽히게 된 글자다.

溥
넓을 부

水(氵)자로 인해 물[水]이 넓게 흐르는 모양과 관련해 '넓다'의 뜻을 지니고, 尃자로 인해 '부'의 음으로 읽히게 된 글자다.

簿
장부 부

竹(⺮)자로 인해 종이가 없었던 옛날에 대[竹]쪽을 엮어 맨 책인 장부와 관련해 그 뜻이 '장부'가 되고, 溥자로 인해 帳簿(장부)·名簿(명부)·家計簿(가계부)·出席簿(출석부)·殺生簿(살생부)·鼈

主簿傳(별주부전)·金錢出納簿(금전출납부)에서처럼 그 음이 '부'가 된 글자다.

薄
얇을 박

艸(⺿)자로 인해 풀[艸]이 서로 가까이 모여 무더기로 남을 뜻했으나 무더기로 자라는 것은 얇기 때문에 그 뜻이 '얇다'가 되고, 溥자로 인해 淺薄(천박)·輕薄(경박)·薄福(박복)·薄俸(박봉)·精薄兒(정박아)·門前薄待(문전박대)·下厚上薄(하후상박)에서처럼 그 음이 '박'이 된 글자다.

博
넓을 박

十자로 인해 많은[十] 것을 넓게 잘 안다 하여 그 뜻이 '넓다'가 되고, 尃자로 인해 博識(박식)·博士(박사)·該博(해박)·賭博(도박)·博物館(박물관)·博學多識(박학다식)·博愛主義(박애주의)에서처럼 그 음이 '박'이 된 글자다.

중 513 한국어문회 4급 한자진흥회 4급	保 지킬 보	갑골문	금문	소전

사람[人(亻)]이 손을 돌려 등에 업은 아이[呆의 형태]를 잘 보살펴 지키는 모습을 나타내면서 그 뜻이 '지키다'가 되고, 保姆(보모)·保佑(보우)·保全(보전)·保障(보장)·保證人(보증인)·保守的(보수적)·自然保護(자연보호)에서처럼 그 음이 '보'가 된 글자다.

중 514 한국어문회 4급 한자진흥회 5급	步 걸음 보	갑골문	금문	소전

좌우의 두 발을 나타내면서 두 발로 걸음을 걷는다 하여 그 뜻이 '걸음'이 되고, 步行(보행)·步哨(보초)·闊步(활보)·散步(산보)·萬步機(만보기)·徒步旅行(도보여행)·五十步百步(오십보백보)에서처럼 그 음이 '보'가 된 글자다.

참고 204	𠬝 일할 복	갑골문	금문	소전

손으로 붙잡아 꿇어앉힌 사람을 잘 다스려 일하도록 하는 모습을 나타낸 데서 그 뜻이 '일하다'가 된 것으로 보이고, 자신이 덧붙여져 음의 역할을 하는 服[옷 복]자에서처럼 그 음이 '복'이 된 글자다.

중 515 어문 6급 진흥 5급

배를 나타낸 것으로 여겨지는 舟의 형태로 인해 배[舟]를 저어 앞으로 나가도록 다스린다 하여 '다스리다'의 뜻을 지니면서 나중에 몸을 잘 다스리기 위해 입는 옷과도 관련되어 그 뜻이 '옷'이 되고, 𠬝자로 인해 衣服(의복)·韓服(한복)·服從(복종)·服用(복용)·水泳服(수영복)·上命下服(상명하복)에서처럼 그 음이 '복'이 된 글자다.

報 | 갚을 보 | 갑골문

중 516 어문 4급 진흥 4급

죄인의 손을 묶는 도구에서 비롯된 幸[다행 행 → 중 868 참고]자로 인해 죄인이 도구[幸]에 묶이는 벌(罰)로 죄를

갚는다 하여 그 뜻이 '갚다'가 되고, 𠬝자로 인해 報答(보답)・報復(보복)・通報(통보)・情報(정보)・大字報(대자보)・盡忠報國(진충보국)에서처럼 그 음이 '보'가 된 글자다.

참고 205 | 畐 | 찰 복 | 갑골문 | 금문 | 소전

배가 부른 술 단지를 나타내면서 단지에 술이 가득 차 있다 하여 그 뜻이 '차다'가 되고, 匐[길 복]・蔔[무 복]자에서처럼 그 음이 '복'이 된 글자다.

福 | 복 복

중 517 어문 5급 진흥 4급

示자로 인해 제상[示]에 제물을 올려 제사를 지내며 자손(子孫)의 복을 빈다 하여 그 뜻이 '복'이 되고, 畐자로 인해 飮福(음복)・人福(인복)・禍福(화복)・五福(오복)・福不福(복불복)・福婦人(복부인)・福祉社會(복지사회)에서처럼 그 음이 '복'이 된 글자다.

富 | 부자 부

중 518 어문 4급 진흥 4급

宀자로 인해 집[宀] 안에 귀중한 재물(財物)이 가득 찬 부자라 하여 그 뜻이 '부자'가 되고, 畐자로 인해 富者(부자)・富貴(부귀)・甲富(갑부)・貧富(빈부)・國富論(국부론)・富國强兵(부국강병)・貧益貧富益富(빈익빈부익부)에서처럼 그 음이 '부'가 된 글자다.

副 | 버금 부

고 479 어문 4급 진흥 3급

刂(刀)자로 인해 칼[刂]로 무언가 둘로 나누었다 하여 둘이 이루는 지니면서 다시 두 번째의 의미인 '버금'의 뜻을 지니고, 畐자로 인해 副業(부업)・副官(부관)・副食(부식)・副題(부제)・副作用(부작용)・副鼻腔炎(부비강염)에서처럼 그 음이 '부'가 된 글자다.

幅
폭 폭

巾자로 인해 베와 같은 옷감[巾]의 길이를 재는 단위(單位)인 폭과 관련해 그 뜻이 '폭'이 되고, 畐자로 인해 畫幅(화폭)·步幅(보폭)·大幅(대폭)·增幅(증폭)·全幅的(전폭적)에서처럼 그 음이 '폭'이 된 글자다. 幅巾(복건)에서처럼 그 뜻이 '베'와 관련될 때는 그 음을 '복'으로 읽는다.

참고 206

复
갈 복

| 갑골문 | 금문 | 소전 |

주로 발로 풀무질하는 모양을 나타냈다고 하나 옛날 사람들이 살았던 반지하 주거지의 두 쪽의 출입구 중 한쪽으로 발이 나간 모양을 나타냈다고도 하면서 그 뜻이 '가다'가 된 것으로 보이고, 자신이 덧붙여져 음의 역할을 하는 鰒[전복 복]·馥[향기 복]자처럼 그 음이 '복'이 된 글자다.

複
겹칠 복

衣(衤)자로 인해 옷[衣]을 겹쳐 입는다 하여 그 뜻이 '겹치다'가 되고, 复자로 인해 複寫(복사)·複數(복수)·重複(중복)·複合機(복합기)·複母音(복모음)·複式競技(복식경기)에서처럼 그 음이 '복'이 된 글자다.

腹
배 복

肉(月)자로 인해 살[肉]이 붙어 있는 인체의 한 부위인 배와 관련해 그 뜻이 '배'가 되고, 复자로 인해 腹部(복부)·腹痛(복통)·割腹(할복)·空腹(공복)·腹膜炎(복막염)·腹式呼吸(복식호흡)·面從腹背(면종복배)에서처럼 그 음이 '복'이 된 글자다.

復
돌아올 복

彳자로 인해 가던 길[彳]을 돌이켜 다시 돌아온다 하여 그 뜻이 '돌아오다'가 되고, 复자로 인해 往復(왕복)·回復(회복)·復讐(복수)·復習(복습)·光復節(광복절)·疲勞恢復(피로회복)에서처럼 그 음이 '복'이 된 글자다. 復活(부활)·復興(부흥)·重言復言(중언부언)에서처럼 그 뜻이 '다시'와 관련될 때는 그 음이 '부'로 읽힌다.

覆
뒤집힐 복

襾자로 인해 무언가 뒤집어 덮는다[襾] 하여 그 뜻이 '뒤집히다'가 되고, 復자로 인해 顚覆(전복)·覆面(복면)·覆盆子(복분자)·覆蓋工事(복개공사)·覆水不返盆(복수불반분)에서처럼 그 음이 '복'이 된 글자다.

중 520 한국어문회 4급 한자진흥회 3급	伏 엎드릴 복	 금문 소전	

사람[人] 옆에 개[犬]가 배를 땅에 대고 엎드린다 하여 그 뜻
이 '엎드리다'가 되고, 伏兵(복병)·伏線(복선)·三伏(삼복)·
降伏(항복)·伏魔殿(복마전)·伏地不動(복지부동)에서처럼 그 음이 '복'이 된 글자다.

중 521 한국어문회 6급 한자진흥회 5급	本 근본 본	 금문 소전	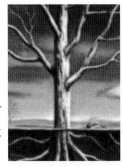

나무[木]의 뿌리 부분을 강조하여 굵게 나타내면서 뿌리가 나
무의 근본이 되는 부분이라 하여 그 뜻이 '근본'이 되고, 本
末(본말)·本貫(본관)·原本(원본)·底本(저본)·本因坊(본인방)·
人本主義(인본주의)·同姓同本(동성동본)에서처럼 그 음이 '본'이 된 글자다. 강조된
뿌리 부분은 나중에 하나의 짧은 선(線)으로 바뀌었다.

참고 207	丰 풀 무성할 봉	 갑골문 금문 소전	

땅속에서 움터 나온 풀이 무성한 모양을 나타낸 데서 그 뜻이
'풀 무성하다'이고, 자신이 덧붙여져 음의 역할을 하는 夆[끌
봉]·妌[예쁠 봉]자처럼 그 음이 '봉'인 글자다.

邦
나라 방

고 484 어문 3급 진흥 3급

邑(阝)자로 인해 여러 고을[邑]이 합쳐져 이뤄진 나라와 관련해 그 뜻이 '나라'가
되고, 丰자로 인해 友邦(우방)·盟邦(맹방)·萬邦(만방)·邦畫(방화)·異邦人(이방
인)·英聯邦(영연방)·韓日合邦(한일합방)에서처럼 그 음이 '방'이 된 글자다.

夆
끌 봉

참고 208
夂자로 인해 발[夂]을 끈다 하여 '끌다'의 뜻을 지니고, 丰자로 인해 '봉'의 음으로 읽히는 글자다.

峯
봉우리 봉

고 485 어문 3급 진흥 3급
山자로 인해 산[山]의 뾰족한 꼭대기 부분인 봉우리와 관련해 그 뜻이 '봉우리'가 되고, 夆자로 인해 靈峯(영봉)·峻峯(준봉)·最高峯(최고봉)·喜望峯(희망봉)·萬壑千峯(만학천봉)에서처럼 그 음이 '봉'이 된 글자다. 峰자와 동자(同字)다.

蜂
벌 봉

고 486 어문 3급 진흥 2급
虫자로 인해 꿀을 따는 벌레[虫]인 벌과 관련해 그 뜻이 '벌'이 되고, 夆자로 인해 養蜂(양봉)·韓蜂(한봉)·蜂起(봉기)·蜂鍼(봉침)·女王蜂(여왕봉)·探花蜂蝶(탐화봉접)에서처럼 그 음이 '봉'이 된 글자다.

逢
만날 봉

중 522 어문 3급 진흥 3급
辵(辶)자로 인해 길[辶]에서 서로 만난다 하여 그 뜻이 '만나다'가 되고, 夆자로 인해 相逢(상봉)·逢着(봉착)·逢變(봉변)에서처럼 그 음이 '봉'이 된 글자다.

奉
받들 봉 금문

중 523 어문 5급 진흥 4급
원래 두 손을 나타낸 형태[廾]와 丰자가 합쳐진 글자다. 두 손으로 물건을 받든다 하여 그 뜻이 '받들다'가 되고, 이미 그 형태가 변화되었지만 丰자로 인해 奉事(봉사)·奉養(봉양)·信奉(신봉)·參奉(참봉)·滅私奉公(멸사봉공)에서처럼 그 음이 '봉'이 된 글자다. 후에 手자가 덧붙여졌고, 음의 역할을 하는 丰자가 드러나지 않는 형태로 변화되었다.

封
봉할 봉 금문

고 487 어문 3급 진흥 2급
식물[丰]을 손[寸]으로 땅[土]에 심는 모양을 나타냈다. 식물을 심을 때에 흙을 북돋아 높게 봉한다 하여 그 뜻이 '봉하다'가 되고, 丰자와 똑같이 封墳(봉분)·封套(봉투)·密封(밀봉)·册封(책봉)·金一封(금일봉)·封建社會(봉건사회)에서처럼 그 음이 '봉'이 된 글자다.

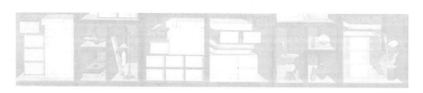

ㅂ

夫
지아비 부

| 갑골문 | 금문 | 소전 |

옛날 혼례(婚禮)를 치르고 난 뒤에 상투를 틀어 동곳을 찌른 지아비를 나타낸 데서 그 뜻이 '지아비'가 되고, 夫婦(부부)·夫君(부군)·兄夫(형부)·漁夫(어부)·望夫石(망부석)·一夫從事(일부종사)에서 보듯 그 음이 '부'가 된 글자다.

扶
도울 부

중 525 어문 3급 진흥 3급

手[扌]자로 인해 손[手]을 써서 돕는다 하여 그 뜻이 '돕다'가 되고, 夫자로 인해 扶助(부조)·扶養(부양)·扶支(부지)·相扶相助(상부상조)에서처럼 그 음이 '부'가 된 글자다.

付
줄 부

| 금문 | 소전 |

앞 사람[人]에게 뒤에서 손[又]으로 무언가 주는 모양을 나타낸 데서 그 뜻이 '주다'가 되고, 付與(부여)·付託(부탁)·貸付(대부)·送付(송부)·納付金(납부금)·到付商(도부상)·反對給付(반대급부)에서 보듯 그 음이 '부'가 된 글자다. 손을 표현한 형태는 후에 寸자로 변화되었다.

府
곳집 부

고 489 어문 4급 진흥 3급

广로 인해 재물이나 문서를 간직해 두는 곳집[广]과 관련해 그 뜻이 '곳집'이 되고, 付자로 인해 政府(정부)·軍府(군부)·幕府(막부)·學府(학부)·第四府(제사부)·議政府(의정부)·三府要人(삼부요인)에서처럼 그 음이 '부'가 된 글자다.

腐
썩을 부

고 490 어문 3급 진흥 2급

肉자로 인해 고기[肉]가 썩는다 하여 그 뜻이 '썩다'가 되고, 府자로 인해 腐敗(부패)·腐蝕(부식)·陳腐(진부)·豆腐(두부)·防腐劑(방부제)·腐葉土(부엽토)·切齒腐心(절치부심)에서처럼 그 음이 '부'가 된 글자다.

附 붙을 부

고 491 어문 3급 진흥 2급

阜(阝)자로 인해 큰 산의 한쪽에 붙어 있는 작은 언덕[阜]과 관련해 그 뜻이 '붙다'가 되고, 付자로 인해 附着(부착)·附錄(부록)·添附(첨부)·阿附(아부)·附隨的(부수적)·條件附(조건부)·附帶條件(부대조건)에서처럼 그 음이 '부'가 된 글자다.

符 부신 부

고 492 어문 3급 진흥 2급

竹(⺮)자로 인해 대[竹]에 글을 새겨 두 사람이 나눠 갖고 있다가 후에 다시 합쳐 보면서 지난 약속의 증거로 삼는 물건인 부신과 관련해 그 뜻이 '부신'이 되고, 付자로 인해 符節(부절)·符合(부합)·符籍(부적)·符號(부호)·免罪符(면죄부)·天符印(천부인)·名實相符(명실상부)에서처럼 그 음이 '부'가 된 글자다.

중 526 한국어문회 4급 한자진흥회 4급	婦 며느리 부	갑골문	금문	소전

비[帚]로 집 안을 청소(淸掃)하는 여자[女]인 며느리와 관련해 그 뜻이 '며느리'가 되고, 婦人(부인)·婦女(부녀)·夫婦(부부)·新婦(신부)·淸掃婦(청소부)·姙産婦(임산부)·靑孀寡婦(청상과부)에서처럼 그 음이 '부'가 된 글자다.

참고 209	孚 미쁠 부	갑골문	금문	소전

한 손[爪]으로 아이를 잡고 있는 모습을 나타낸 글자다. 잡힌 아이는 저항력이 없어 믿고 일을 시킬 수 있을 정도로 미쁘다 하여 그 뜻이 '미쁘다'가 되고, 자신이 덧붙여져 음의 역할을 하는 俘[사로잡을 부]·孵[알 깔 부]자처럼 그 음이 '부'가 된 글자다.

浮 뜰 부

중 527 어문 3급 진흥 3급

水(氵)자로 인해 물[水]에 뜬다 하여 그 뜻이 '뜨다'가 되고, 孚자로 인해 浮沈(부침)·浮力(부력)·浮氣(부기)·浮屠(부도)·浮萍草(부평초)·浮蟻酒(부의주)·景氣浮揚(경기부양)·暗香浮動(암향부동)에서처럼 그 음이 '부'가 된 글자다.

고 493 한국어문회 4급 한자진흥회 3급	負 질 부	소전

원래 사람[𠤏의 형태]이 등에 화폐[貝]처럼 귀한 재물을
진 모습을 나타내면서 그 뜻이 '지다'가 되고, 負擔
(부담)·負荷(부하)·勝負(승부)·抱負(포부)·自負心(자부
심)·請負業者(청부업자)에서처럼 그 음이 '부'가 된 글
자다. 오늘날은 사람의 형태가 위에 쓰이고 있다.

중 528 한국어문회 8급 한자진흥회 6급	北 북녘 북	갑골문	금문	소전

사람이 서로 등지고 있는 모습을 나타내면서 예로부터 사람들이 집 짓고 살 때에
대부분 등지는 방향인 북녘과 관련해 그 뜻이 '북녘'이 되고, 北緯(북위)·北韓(북
한)·以北(이북)·訪北(방북)·北學議(북학의)·南橘北枳(남귤북지)에서 보듯 그 음이
'북'이 된 글자다. 敗北(패배)에서처럼 그 뜻이 '달아나다'와 관련될 때는 그 음이
'배'로 읽힌다.

背 등 배	고 494 어문 4급 진흥 3급

肉(月)자로 인해 살[肉]이 붙어 있는 인체
의 한 부분인 등과 관련해 그 뜻이 '등'
이 되고, 北자로 인해 背馳(배치)·背囊
(배낭)·違背(위배)·光背(광배)·背水陣
(배수진)·背恩忘德(배은망덕)·背山臨水(배산임수)에서
처럼 그 음이 '배'가 된 글자다.

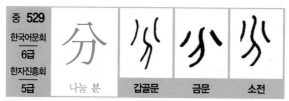

중 529	分	氛	分	氝
한국어문회 **6급** 한자진흥회 **5급**	나눌 **분**	갑골문	금문	소전

칼[刀]로 무언가 나눈다[八] 하여 그 뜻이 '나누다'가 되고, 分割(분할) · 分數(분수) · 半分(반분) · 微分(미분) · 無一分(→ 무일푼) · 大義名分(대의명분)에서 보듯 그 음이 '분'이 된 글자다.

粉 가루 **분**
고 495 어문 4급 진흥 3급

米자로 인해 쌀[米]과 같은 곡물(穀物)의 가루와 관련해 그 뜻이 '가루'가 되고, 分자로 인해 粉塵(분진) · 粉筆(분필) · 澱粉(전분) · 脂粉(지분) · 粉食店(분식점) · 粉洗手(분세수) · 粉飾會計(분식회계) · 粉骨碎身(분골쇄신)에서처럼 그 음이 '분'이 된 글자다.

紛 어지러울 **분**
고 496 어문 3급 진흥 3급

糸자로 인해 실[糸]이 어지럽게 엉클어져 있다 하여 그 뜻이 '어지럽다'가 되고, 分자로 인해 紛糾(분규) · 紛亂(분란) · 紛爭(분쟁) · 紛失(분실) · 內紛(내분) · 落花紛紛(낙화분분)에서처럼 그 음이 '분'이 된 글자다.

貧 가난할 **빈**
중 530 어문 4급 진흥 4급

貝자로 인해 화폐[貝]처럼 귀한 재물이 나눠져 적어지면서 가난하게 되었다 하여 그 뜻이 '가난하다'가 되고, 分자로 인해 貧富(빈부) · 貧困(빈곤) · 淸貧(청빈) · 極貧(극빈) · 貧民窟(빈민굴) · 安貧樂道(안빈낙도) · 家貧思良妻(가빈사양처)에서처럼 그 음이 '빈'이 된 글자다.

참고 210	賁	賁
	클 **분**	갑골문

우거진 풀[卉]과 치장을 하는 데 사용되었던 귀한 물건인 조개[貝]가 어우러져 우거진 풀과 조개처럼 귀한 물건으로 몸과 같은 부위를 크게 꾸몄다 하여 그 뜻이 '크다'가 된 것으로 보이고, 자신이 덧붙여져 음의 역할을 하는 噴[뿜을 분] · 墳[무덤 분]자처럼 그 음이 '분'이 된 글자다.

憤 분할 **분**
고 497 어문 4급 진흥 2급

心(忄)자로 인해 남에게 억울한 일을 당해 마음[心] 속이 분하다 하여 그 뜻이 '분하다'가 되고, 賁자로 인해 憤怒(분노) · 憤痛(분통) · 鬱憤(울분) · 公憤(공분) · 憤氣撑天(분기탱천)에서처럼 그 음이 '분'이 된 글자다.

墳
무덤 분

土자로 인해 흙[土]을 쌓아 올려 만든 무덤과 관련해 그 뜻이 '무덤'이 되고, 賁자로 인해 墳墓(분묘)·古墳(고분)·封墳(봉분)· 草墳(초분)·磚槨墳(전곽분)·石室墳 (석실분)에서처럼 그 음이 '분'이 된 글자다.

고 499	奔	太	夼
한국어문회 3급 한자진흥회 3급	날릴 분	금문	소전

두 팔을 휘저으며 달리는 사람[大의 형태] 아래에 발 셋 [卉의 형태]을 덧붙여 매우 바쁘게 달리고 있음을 나타내면서 그 뜻이 '달리다'가 되고, 奔走(분주)·奔忙(분망)· 狂奔(광분)·自由奔放(자유분방)·東奔西走(동분서주)에서처럼 그 음이 '분'이 된 글자다.

고 500	奮	🐦	奮
한국어문회 3급 한자진흥회 2급	떨칠 분	금문	소전

원래 윗옷[衣]의 품에 있던 길들인 새 [隹]가 사냥터[田] 위로 떨쳐 난다는 데 서 그 뜻이 '떨치다'가 되고, 奮發(분발)·奮然(분연)·奮起(분기)·奮戰(분전)·激奮 (격분)·興奮(흥분)·孤軍奮鬪(고군분투)에서처럼 그 음이 '분'이 된 글자다. 후에 옷 [衣]과 관련된 부분은 위쪽만 남았다.

중 531 한국어문회 7급 한자진흥회 5급	不 아닐 불(부)	(갑골문)	(금문)	(소전)

꽃잎과 꽃술이 떨어지고 씨방이 부풀어 꽃받침이 아래를 향한 모양을 나타내면서 꽃받침에서 이미 꽃잎과 꽃술이 떨어져 달려 있는 것이 아니다 하여 그 뜻이 '아니다'가 된 것으로 보이고, 不和(불화)·不朽(불후)·不德(부덕)·不正(부정)·不實(부실/불실)·不動心(부동심)·不合格(불합격)·不知不識(부지불식)·君子不器(군자불기)에서 보듯 그 음이 '불'이나 '부'가 된 글자다. '不'자 뒤에 오는 한자의 초성(初聲)이 'ㄷ'이나 'ㅈ'으로 발음되면 '불'이 아닌 '부'로 읽힌다.

否 아닐 부

중 532 어문 4급 진흥 4급

口자로 인해 입[口]으로 분명하게 사리(事理)에 맞지 아니하다고 말한다 하여 그 뜻이 '아니다'가 되고, 不자로 인해 否認(부인)·否定(부정)·拒否(거부)·安否(안부)·適否審(적부심)·曰可曰否(왈가왈부)에서처럼 그 음이 '부'가 된 글자다. 否塞(비색)에서처럼 그 뜻이 '막히다'와 관련될 때는 그 음이 '비'로 읽힌다.

杯 잔 배

중 533 어문 3급 진흥 3급

木자로 인해 나무[木]로 만든 잔과 관련해 그 뜻이 '잔'이 되고, 不자로 인해 乾杯(건배)·祝杯(축배)·苦杯(고배)·巡杯(순배)·戒盈杯(계영배)·優勝杯(우승배)·後來三杯(후래삼배)에서처럼 그 음이 '배'가 된 글자다.

盃자는 속자(俗字)다.

啚 비웃을 부(투)	(소전)

참고 211

否자와 그 자형(字形)의 형성이 같았으나 후에 그 형태가 변화되면서 口자로 인해 입[口]으로 비웃는다는 데서 '비웃다'의 뜻을 지니고, 立의 형태로 이미 변했지만 不자로 인해 '부(투)'의 음으로 읽히게 된 글자다.

部 거느릴 부

중 534 어문 6급 진흥 5급

邑(⻖)자로 인해 일정한 지역[邑]을 몇 개 구역으로 거느리기 쉽게 나눈다 하여 그 뜻이 '거느리다'가 되고, 音자로 인해 部落(부락)·部族(부족)·一部(일부)·幹部(간부)·首腦部(수뇌부)·司令部(사령부)·六部組織(육부조직)에서처럼 그 음이 '부'가 된 글자다.

倍
곱 배

人(亻)자로 인해 원래 사람[人]이 서로 등진다는 뜻을 지녔으나 나중에 한 무리의 사람이 둘로 나눠져 곱이 되었다 하여 그 뜻이 '곱' 이 되고, 음자로 인해 倍數(배수)·倍加(배가)·倍率(배율)·倍前(배전)·公倍數(공배수)·勇氣百倍(용기백배)·倍達民族(배달민족)에서처럼 그 음이 '배' 가 된 글자다.

培
북돋을 배

土자로 인해 초목이 잘 자라도록 흙[土]을 북돋아 준다 하여 그 뜻이 '북돋다' 가 되고, 음자로 인해 培土(배토)·培養(배양)·培植(배식)·栽培(재배)에서처럼 그 음이 '배' 가 된 글자다.

참고 212 / 아닐 불 / 갑골문 / 금문 / 소전

두세 개의 기다란 물건을 바로잡기 위해 줄에 감은 모양을 나타냈으나 원래 물건의 형태가 바른 것이 아니다 하여 결국 그 뜻이 '아니다' 가 되고, 弗素(불소)·弗貨(불화)에서처럼 그 음이 '불' 이 된 글자다.

佛
부처 불

人(亻)자로 인해 원래 사람[人]과 관련이 있었으나 나중에 범어(梵語) Buddha를 음역(音譯)한 말인 佛陀(→ 부처)의 약칭(略稱)으로 쓰이게 되면서 그 뜻이 '부처' 가 되고, 弗자로 인해 生佛(생불)·念佛(염불)·佛敎(불교)·佛語(불어)·佛蘭西(불란서)·彌勒佛(미륵불)·抑佛崇儒(억불숭유)·南無阿彌陀佛(나무아미타불)에서처럼 그 음이 '불' 이 된 글자다.

拂
떨 불

手(扌)자로 인해 손[手]으로 먼지 등을 떤다 하여 그 뜻이 '떨다' 가 되고, 弗자로 인해 拂拭(불식)·拂下(불하)·拂入(불입)·滯拂(체불)·換拂(환불)·支拂(지불)에서처럼 그 음이 '불' 이 된 글자다.

費
쓸 비

貝자로 인해 돈[貝]을 필요 이상으로 쓴다 하여 그 뜻이 '쓰다' 가 되고, 弗자로 인해 消費(소비)·浪費(낭비)·學費(학비)·食費(식비)·軍事費(군사비)·辦公費(판공비)·通信費(통신비)에서처럼 그 음이 '비' 가 된 글자다.

ㅂ

참고 213	市 슬갑 불	市 금문	市 소전

추위를 막기 위해 앞쪽에 끈을 달아 허리띠에 걸쳐 매고 무릎까지 내려오게 하는 슬갑(膝甲)을 나타낸 데서 그 뜻이 '슬갑'이 되고, 자신이 덧붙여져 음의 역할을 하는 芾[초목 우거질 불] · 紼[인끈 불] · 跰[뛸 불]자처럼 그 음이 '불'이 된 글자다.

肺
허파 폐

고 505 어문 3급 진흥 3급

肉(月)자로 인해 살[肉]이 붙어 있는 인체의 한 부위인 허파와 관련해 그 뜻이 '허파'가 되고, 市자로 인해 肺臟(폐장) · 肺腑(폐부) · 肺癌(폐암) · 肺病(폐병) · 肺結核(폐결핵) · 塵肺症(진폐증)에서처럼 그 음이 '폐'가 된 글자다.

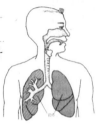

중 536 한국어문회 3급 한자진흥회 3급	朋 벗 붕	朋 갑골문	朋 소전

옛날 돈으로 사용되었던 조개 몇 개를 두 가닥으로 나란히 꿴 모양을 나타냈다. 후에 두 가닥으로 조개가 나란히 어우러진 모양에서 어우러져 잘 지내는 두 사람인 벗과 관련되면서 그 뜻이 '벗'이 된 것으로 보이고, 朋黨(붕당) · 朋友有信(붕우유신)에서처럼 그 음이 '붕'이 된 글자다.

崩
무너질 붕

고 506 어문 3급 진흥 2급

山자로 인해 산[山]의 한쪽이 무너진다 하여 그 뜻이 '무너지다'가 되고, 朋자로 인해 崩壞(붕괴) · 崩御(붕어) · 崩積土(붕적토) · 天崩之痛(천붕지통) · 土崩瓦解(토붕와해)에서처럼 그 음이 '붕'이 된 글자다.

| 고 507 |
| 한국어문회 |
| 3급 |
| 한자진흥회 |
| 2급 |

卑
낮을 비 | 갑골문 | 금문 | 소전

부채를 부치기 위해 손에 들고 있는 모습을 나타내면서 그런 일은 신분이 낮은 사람이 하기에 그 뜻이 '낮다'가 된 것으로 보이고, 卑賤(비천) · 卑下(비하) · 尊卑(존비) · 野卑(야비) · 卑金屬(비금속) · 官尊民卑(관존민비)에서처럼 그 음이 '비'가 된 글자다.

碑
비석 비

고 508 어문 4급 진흥 2급

石자로 인해 공적(功績)이나 치적(治績) 등을 적어 놓은 돌[石]인 비석과 관련해 그 뜻이 '비석'이 되고, 卑자로 인해 碑碣(비갈) · 碑銘(비명) · 詩碑(시비) · 墓碑(묘비) · 定界碑(정계비) · 遺墟碑(유허비) · 廣開土王碑(광개토왕비)에서처럼 그 음이 '비'가 된 글자다.

婢
계집종 비

고 509 어문 3급 진흥 2급

女자로 인해 남의 집에서 천역(賤役)에 종사(從事)하는 여자[女]인 계집종과 관련해 그 뜻이 '계집종'이 되고, 卑자로 인해 奴婢(노비) · 賤婢(천비) · 哭婢(곡비) · 婢女(비녀) · 婢僕(비복) · 婢妾(비첩)에서처럼 그 음이 '비'가 된 글자다.

| 참고 214 |

葡
갖출 비 | 갑골문 | 금문 | 소전

뚜껑이 없는 화살집에 꽂혀 있는 화살을 나타냈다. 전투를 할 때에 곧바로 사용할 수 있도록 화살집에 화살이 갖춰져 있다 하여 그 뜻이 '갖추다'가 되고, 후에 화살을 사용하는 사람과 관련해 人(亻)자가 덧붙여져 자신의 뜻을 대신한 備[갖출 비]자처럼 그 음이 '비'가 된 글자다.

備
갖출 비

중 537 어문 4급 진흥 4급

원래 葡자를 썼으나 후에 화살집에 화살을 갖춰 사용하는 사람과 관련해 人(亻)자를 덧붙여 그 뜻 '갖추다'를 더욱 분명히 하고, 準備(준비) · 守備(수비) · 備品(비품) · 備置(비치) · 備忘錄(비망록) · 豫備軍(예비군) · 文武兼備(문무겸비) · 有備無患(유비무환)에서처럼 그 음이 '비'가 된 글자다.

ㅂ

고 510 한국어문회 3급 한자진흥회 2급	賓 손 빈	갑골문	금문	소전

원래는 집과 사람과 발이 어우러져 집에 사람이 발로 걸어 왔다는 데서 집에 온 사람이 손(손님)이라 하여 그 뜻이 '손'이 되고, 賓客(빈객)·貴賓(귀빈)·外賓(외빈)·主賓(주빈)·來賓席(내빈석)·國賓訪問(국빈방문)에서처럼 그 음이 '빈'이 된 글자다. 후에 손님이 남의 집을 방문할 때는 흔히 예물(禮物)을 들고 갔기 때문에 貝자를 덧붙였다.

고 511 한국어문회 3급 한자진흥회 2급	頻 자주 빈	금문	소전

오늘날은 두 발[步 → 중 514 참고]과 머리가 강조된 사람[頁]이 어우러져 쓰이고 있으나 예전에는 물의 형상이 덧붙여져 쓰이면서 물[水]을 건너지 못하고 서성이며 걸어 다니는 사람을 나타냈다. 오늘날의 그 뜻 '자주'는 물을 건너지 못하고 서성이며 걸어 다니다 빈번(頻繁)하게 찍힌 발자국과 관련된 것으로 보이며, 頻繁(빈번)·頻度(빈도)·頻發(빈발)·頻數(빈삭)에서처럼 그 음이 '빈'이 된 글자다.

ㅅ는 齒칭音ᅙᆷ이니 如셩戌쓩字쭝初총
發벓聲셩ᄒᆞ니 並뼝書셩ᄒᆞ면 如셩邪쌰
ㆆ字쭝初총發벓聲셩ᄒᆞ니라

ㅅ는 니쏘리니 戌字쭝처ᅀᅥᆷ펴아나
는소리ᄀᆞ트니 ᄀᆞ트ᇙ바ᄡᅳ면 邪쌰ᅙ字쭝
처ᅀᅥᆷ펴아나는소리ᄀᆞ트니라

人

중 538 한국어문회 3급 한자진흥회 4급	巳 여섯째 지지 사	갑골문	금문	소전

태아를 나타낸 것으로 보이나 후에 여섯째 지지를 가리키는 데 빌려 쓰면서 결국 그 뜻이 '여섯째 지지'가 되고, 乙巳五賊(을사오적)·乙巳勒約(을사늑약)·乙未事變(을미사변)에서 보듯 그 음이 '사'가 된 글자다.

祀 제사 사

고 512 어문 3급 진흥 3급

示자로 인해 제상[示]에 제물을 차려 놓고 지내는 제사와 관련해 그 뜻이 '제사'가 되고, 巳자로 인해 告祀(고사)·茶祀(차사)·合祀(합사)·墓祀(묘사)·忌祭祀(기제사)·四代奉祀(사대봉사)에서처럼 그 음이 '사'가 된 글자다.

중 539 한국어문회 4급 한자진흥회 3급	射 쏠 사	갑골문	금문	소전

활시위에 화살을 메워 쏘는 모양을 나타낸 데서 그 뜻이 '쏘다'가 되고, 發射(발사)·注射(주사)·射擊(사격)·射手(사수)·射倖心(사행심)·輻射熱(복사열)·條件反射(조건반사)에서처럼 그 음이 '사'가 된 글자다. 후에 활과 화살은 身의 형태로 변화되었고, 손에서 비롯된 寸자가 덧붙여졌다.

謝 사례할 사

중 540 어문 4급 진흥 4급

言자로 인해 말[言]로 상대(相對)에게 고맙다고 하면서 사례한다 하여 그 뜻이 '사례하다'가 되고, 射자로 인해 感謝(감사)·厚謝(후사)·謝絕(사절)·謝過(사과)·謝禮金(사례금)·謝肉祭(사육제)·百拜謝禮(백배사례)에서처럼 그 음이 '사'가 된 글자다.

고 513
한국어문회 **3급**
한자진흥회 **3급**

맡을 **사** · 갑골문 · 금문 · 소전

신(神)에게 제사 지낼 때 사용되는 숟가락과 그릇(또는 입)으로 여겨지는 형태가 합쳐져 제사 일을 맡아 행한다 하여 그 뜻이 '맡다'가 된 것으로 보이고, 司會(사회)·司書(사서)·上司(상사)·三司(삼사)·司法府(사법부)·祭司長(제사장)·司正機關(사정기관)에서 보듯 그 음이 '사'가 된 글자다.

詞
말씀 **사**

고 514 어문 3급 진흥 2급

言자로 인해 사람의 생각이 담긴 말[言]과 관련해 그 뜻이 '말씀'이 되고, 司자로 인해 名詞(명사)·動詞(동사)·作詞(작사)·歌詞(가사)·冠形詞(관형사)·戀主之詞(연주지사)에서처럼 그 음이 '사'가 된 글자다.

참고 215

잠깐 **사** · 갑골문 · 금문 · 소전

위에 입는 옷을 짓기 위해 옷섶을 따라 자르는 모양을 나타내면서 다시 옷섶을 따라 자르는 일이 옷감을 만드는 일에 비해 잠깐 사이에 이뤄진다 하여 그 뜻이 '잠깐'이 된 것으로 보이고, 猝乍間(졸사간)에서처럼 그 음이 '사'가 된 글자다.

詐
속일 **사**

고 515 어문 3급 진흥 3급

言자로 인해 말[言]로 교묘히 사람을 속인다 하여 그 뜻이 '속이다'가 되고, 乍자로 인해 詐欺(사기)·詐取(사취)·詐術(사술)·詐稱(사칭)·奸詐(간사)·詐害行爲(사해행위)에서처럼 그 음이 '사'가 된 글자다.

作
지을 **작**

중 541 어문 6급 진흥 5급

人(亻)자로 인해 사람[人]이 옷 등을 지어 입는다 하여 그 뜻이 '짓다'가 되고, 乍자로 인해 作業(작업)·作名(작명)·作亂(작란)·作破(작파)·會心作(회심작)·作爲的(작위적)·作心三日(작심삼일)에서처럼 그 음이 '작'이 된 글자다.

昨
어제 **작**

日자로 인해 오늘의 바로 전의 날[日]인 어제와 관련해 그 뜻이 '어제'가 되고, 乍
자로 인해 昨今(작금)·昨年(작년)·昨醉未醒(작취미성)에서처럼 그 음이 '작'이 된
글자다.

事
일 **사**

갑골문	금문	소전

사냥 도구를 손에 들고 있는 모습을 나타낸 것으로 보인다. 사냥은 먹는 것을 해
결하는 것이 삶의 전부였던 옛날 사람에게 중요한 일이었기에 그 뜻이 '일'이 되
고, 人事(인사)·知事(지사)·事端(사단)·事故(사고)·好事家(호사가)·茶飯事(다반사)·
當然之事(당연지사)·高麗公事三日(고려공사삼일)에서 보듯 그 음이 '사'가 된 글자다.

史
역사 **사**   갑골문

원래 事자와 자형(字形)이 같았던 글자다. 일[事]을 체계적으로 기록한
역사와 관련해 그 뜻이 '역사'가 되고, 歷史(역사)·靑史(청사)·史劇(사
극)·史官(사관)·鄕土史(향토사)·三國史記(삼국사기)·暗行御史(암행어
사)에서처럼 事자와 똑같이 그 음이 '사'가 된 글자다.

吏
벼슬아치 **리**   금문

원래 事자와 자형(字形)이 같았다. 나라의 일[事]을 하는 사람인 벼슬아
치와 관련해 그 뜻이 '벼슬아치'가 되고, 事자나 史자와 달리 음이 변
화되어 官吏(관리)·胥吏(서리)·吏房(이방)·吏讀(이두)·淸白吏(청백
리)·貪官汚吏(탐관오리)·上守吏制度(상수리제도)에서처럼 그 음이
'리'가 된 글자다.

使
부릴 **사**   소전

본래 吏자와 彳자가 어우러진 글자였으나 후에 彳자가 人(亻)자로 변화
되었다. 벼슬아치가 길[彳]에서 사람[人]을 부린다 하여 그 뜻이 '부리
다'가 되고, 吏자의 영향을 받았으나 使臣(사신)·使嗾(사주)·天使(천
사)·勅使(칙사)·觀察使(관찰사)·冬至上使(동지상사)에서처럼 事자나
史자와 똑같이 그 음이 '사'가 된 글자다.

人

참고 216	它 뱀 사	갑골문	금문	소전

머리가 뾰족하고 몸체가 짧은 독 있는 뱀을 나타낸 데서 그 뜻이 '뱀'이고, 후에 그 뜻을 더욱 분명히 하기 위해 虫자가 덧붙여진 蛇[뱀 사]자처럼 그 음이 '사'인 글자다.

蛇
뱀 사

고 517 어문 3급 진흥 2급

它자의 뜻 '뱀'을 더욱 분명히 해 주기 위해 뱀에서 비롯된 虫자를 덧붙이고, 毒蛇(독사)·白蛇(백사)·蛇足(사족)·蛇酒(사주)·殺母蛇(살모사)·蛇行川(사행천)·畫蛇添足(화사첨족)에서처럼 그 음이 '사'가 된 글자다. 虵자는 속자(俗字)다.

也
어조사 야 금문

중 546 어문 3급 진흥 3급

它자와 글자의 형성이 같았으나 후에 어조사의 역할을 하는 데 빌려 쓰이면서 그 뜻이 '어조사'가 되고, 及其也(급기야)·獨也靑靑(독야청청)·言則是也(언즉시야)·焉哉乎也(언재호야)에서처럼 그 음이 '야'가 된 글자다.

施
베풀 시 소전

중 547 어문 4급 진흥 3급

깃발에서 비롯된 㫃[깃발 언 → 참 244 참고]자로 인해 본래 진영(陣營)에 설치된 깃발[㫃]이 펄럭인다는 뜻이었으나 깃발을 설치하듯 차려서 베풀어 놓는다 하여 그 뜻이 '베풀다'가 되고, 也자로 인해 施行(시행)·施術(시술)·實施(실시)·布施(보시)·施賞式(시상식)·葉面施肥(엽면시비)에서처럼 그 음이 '시'가 된 글자다.

地
땅 지

중 548 어문 7급 진흥 5급

土자로 인해 흙[土]으로 뒤덮인 땅과 관련해 그 뜻이 '땅'이 되고, 也자로 인해 大地(대지)·心地(심지)·地球(지구)·地龍(지룡)·私有地(사유지)·地動說(지동설)·高水敷地(고수부지)에서처럼 그 음이 '지'가 된 글자다.

池
못 지

고 518 어문 3급 진흥 3급

水(氵)자로 인해 물[水]이 고여 있는 못과 관련해 그 뜻이 '못'이 되고, 也자로 인해 天池(천지)·義林池(의림지)·乾電池(건전지)·金城湯池(금성탕지)·酒池肉林(주지육림)에서처럼 그 음이 '지'가 된 글자다.

他 다를 타

人(亻)자로 인해 자신(自身)과 다른 사람[人]인 남과 관련해 그 뜻이 '다르다'가 되고, 也자로 인해 他人(타인)·他鄕(타향)·出他(출타)·其他(기타)·排他的(배타적)·自他共認(자타공인)에서처럼 그 음이 '타'가 된 글자다.

중 550
한국어문회 8급
한자진흥회 8급
넉 사

갑골문　　금문　　소전

넉 줄의 선(線)으로 원래 숫자 넷을 나타냈던 亖의 형태가 석 줄이나 다섯 줄의 선으로 다섯을 나타냈던 형태와 구분하기 어렵게 되자 소나 돼지 같은 짐승의 주둥이를 나타낸 자형을 빌려 쓰면서 결국 그 뜻이 '넉(넷)'이 되고, 四寸(사촌)·四肢(사지)·四物(사물)·四卦(사괘)·四大門(사대문)·四人幇(사인방)·四象醫學(사상의학)·四十九齋(사십구재)에서처럼 그 음이 '사'가 된 글자다.

중 551
한국어문회 6급
한자진흥회 5급
죽을 사

갑골문　　금문　　소전

죽은 사람의 뼈[歹] 옆에 죽은 사람[匕의 형태]의 모습을 나타내면서 죽은 사람과 관련해 그 뜻이 '죽다'가 되고, 死亡(사망)·死活(사활)·溺死(익사)·瀕死(빈사)·突然死(돌연사)·尊嚴死(존엄사)·鯨戰蝦死(경전하사)에서처럼 그 음이 '사'가 된 글자다.

고 519
한국어문회 6급
한자진흥회 3급
모일 사

소전

제단(祭壇)에서 비롯된 示자와 흙덩이 모양에서 비롯된 土자가 합쳐져 제단[示]에

제물을 올려 왕(王)이 세상 만물을 움트게 하는 흙[土]의 신(神)에게 제사 지낸다는 데서 다시 제사의 음복(飮福)을 위해 많은 백성이 모인다 하여 그 뜻이 '모이다'가 되고, 社稷(사직)·社會(사회)·入社(입사)·退社(퇴사)·葬儀社(장의사)·社交性(사교성)·赤十字社(적십자사)에서처럼 그 음이 '사'가 된 글자다.

위아래의 두 손[爪와 又]과 틀[冂의 형태]에 감긴 실타래[ㄱ과 ㄥ의 형태]와 죄인에게 문신(文身)을 하는 도구[辛]를 나타내면서 두 손으로 어지럽게 흐트러진 실을 실타래에 감아 다스리듯[㕚] 문신을 한 죄인을 다스리기 위해 하는 말(말씀)과 관련해 그 뜻이 '말씀'이 되고, 言辭(언사)·弔辭(조사)·辭表(사표)·辭緣(사연)·激勵辭(격려사)·辭說時調(사설시조)·歸去來辭(귀거래사)에서처럼 그 음이 '사'가 된 글자다.

언덕[厂]에 자리한 능(陵)의 앞쪽에서 무덤을 지키는 동물(진묘수)의 하나인 뿔 달린 범과 관련해 그 뜻이 '뿔범'이 되고, 자신이 덧붙여져 음의 역할을 하는 禠[복 사]·滹[강 이름 사]·螔[수궁 사]자처럼 그 음이 '사'가 된 글자다.

고 521 어문 3급 진흥 2급

辵(辶)자로 인해 길[辵]을 따라 들고 나며 사람이 서로 갈마든다 하여 그 뜻이 '갈마들다'가 되고, 虒자로 인해 郵遞局(우체국)·遞信部(체신부)·收穫遞減(수확체감)에서처럼 그 음이 '체'가 된 글자다.

집[宀] 안에서 두 손[廾]으로 동아줄[糸]을 꼬는 모습을 나타내면서 그 뜻이 '동아줄'이 되고, 索道(삭도)·索漠(삭막)·索然(삭연)에서처럼 그 음이 '삭'이 된 글자다. 나아가 동아줄에 매달린 것을 찾는다 하여 그 뜻이 '찾다'가 될 때는 索引(색인)·索出(색출)·搜索(수색)·探索(탐색)·檢索(검색)·思索(사색)에서처럼 그 음을 '색'으로 읽는다.

중 552 한국어문회 **4급** 한자진흥회 **4급**	散 흩을 산	㪔 금문	㪔 소전

삼 줄기에서 섬유질을 풀어 삼실을 만들기 위해 손에 도구를 들고 쳐서 흩뜨리는 모양[㪔]에 다시 섬유질을 벗기는 도구인 도패의 형태를 덧붙여 그 뜻이 '흩다'가 되고, 散在(산재)·散髮(산발)·分散(분산)·集散(집산)·散文詩(산문시)·離合集散(이합집산)에서처럼 그 음이 '산'이 된 글자다.

중 553 한국어문회 **7급** 한자진흥회 **4급**	算 셀 산	算 소전

대[竹]로 만든 여러 개의 산가지[目의 형태]를 늘어 놓고 두 손[廾]으로 수(數)를 센다 하여 그 뜻이 '세다'가 되고, 計算(계산)·籌算(주산)·算數(산수)·算筒(산통)·加算點(가산점)·追更豫算(추경예산)에서처럼 그 음이 '산'이 된 글자다.

중 554 한국어문회 **8급** 한자진흥회 **8급**	三 석 삼	三 갑골문	三 금문	三 소전

반듯하게 그어진 선(線) 세 개를 나타내면서 그 뜻이 '석(셋)'이 되고, 三寸(삼촌)·三軍(삼군)·三流(삼류)·三更(삼경)·三圃式(삼포식)·三不孝(삼불효)·三禁制度(삼금제도)·狡兔三窟(교토삼굴)에서처럼 그 음이 '삼'이 된 글자다. 그 뜻 '셋'은 '석 냥'·'석 달'·'석 섬'·'석 자' 따위에서 보듯 ㄴ·ㄷ·ㅅ·ㅈ 따위를 첫소리로 하는 말 앞에 쓰일 때는 '석'으로 읽는다.

중 555
한국어문회 **5급**
한자진흥회 **4급**

相 서로 상

갑골문 · 금문 · 소전

무언가 만들기 위해 사용될 나무 [木]를 눈[目]으로 보는 모습을 나타낸 데서 원래 '보다'라는 뜻을 지녔으나 나중에 보는 대상이 사람에게까지 확대되어 사람이 서로 본다 하여 그 뜻이 '서로'가 되고, 觀相(관상)·人相(인상)·相互(상호)·相剋(상극)·五萬相(오만상)·心心相印(심심상인)·患難相恤(환난상휼)에서 보듯 그 음이 '상'이 된 글자다.

想 생각 상

중 556 어문 4급 진흥 4급

心자로 인해 마음[心] 속에 담긴 생각과 관련해 그 뜻이 '생각'이 되고, 相자로 인해 思想(사상)·豫想(예상)·想念(상념)·想起(상기)·想像力(상상력)·瞑想錄(명상록)·被害妄想(피해망상)에서처럼 그 음이 '상'이 된 글자다.

霜 서리 상

중 557 어문 3급 진흥 3급

雨자로 인해 비[雨]처럼 기상 현상에 의해 생기는 서리와 관련해 그 뜻이 '서리'가 되고, 相자로 인해 秋霜(추상)·星霜(성상)·霜降(상강)·霜菊(상국)·萬古風霜(만고풍상)·雪上加霜(설상가상)에서

처럼 그 음이 '상'이 된 글자다.

고 523
한국어문회 **4급**
한자진흥회 **3급**

象 코끼리 상

갑골문 · 금문 · 소전

구부러진 긴 코가 있는 코끼리를 나타낸 데서 그 뜻이 '코끼리'가 되고, 象牙(상아)·象毛(상모)·氣象(기상)·現象(현상)·印象派(인상파)·群盲撫象(군맹무상)·森羅萬象(삼라만상)에서 보듯 그 음이 '상'이 된 글자다.

像 형상 상

고 524 어문 3급 진흥 3급

人(亻)자로 인해 사람[人]은 누구나 그 형상이 비슷하다 하여 그 뜻이 '형상'이 되고, 象자로 인해 現像(현상)·佛像(불상)·殘像(잔상)·雜像(잡상)·自畫像(자화상)·石膏像(석고상)·自由女神像(자유여신상)에서처럼 그 음이 '상'이 된 글자다.

| 중 558 한국어문회 7급 한자진흥회 8급 | 上 위 상 | = 갑골문 | = 금문 | 丄 소전 |

임의의 선(線)이 보다 긴 선 위에 있음을 나타내면서 그 뜻이 '위'가 되고, 上下(상하)·上梓(상재)·最上(최상)·進上(진상)·上樑式(상량식)·萬人之上(만인지상)·俎上之魚(조상지어)에서처럼 그 음이 '상'이 된 글자다. 나중에 위의 획(劃)이 세로로 바뀌고, 그 세로의 선 가운데에 또 다른 작은 가로의 획이 덧붙여졌다.

| 중 559 한국어문회 5급 한자진흥회 4급 | 商 장사 상 | 갑골문 | 금문 | 소전 |

많은 물건을 갈무리할 수 있도록 높게 지어진 장식된 건물을 나타내면서 건물 속의 많은 물건으로 장사를 한다 하여 그 뜻이 '장사'가 되고, 商店(상점)·商號(상호)·巨商(거상)·行商(행상)·褓負商(보부상)·多商量(다상량)·爛商討論(난상토론)·重商主義(중상주의)에서처럼 그 음이 '상'이 된 글자다.

| 고 525 한국어문회 3급 한자진흥회 2급 | 桑 뽕나무 상 | 갑골문 | 소전 |

잎이 무성한 뽕나무를 나타낸 데서 그 뜻이 '뽕나무'가 되고, 桑年(상년)·桑壽(상수)·桑港(상항)·扶桑國(부상국)·桑田碧海(상전벽해)·滄桑之變(창상지변)에서처럼 그 음이 '상'이 된 글자다.

중 560 어문 3급 진흥 3급

| 喪 잃을 상 | 갑골문 |

원래 뽕나무와 뽕잎을 담는 바구니[⊔⊔의 형태]를 나타내면서 뽕나무의 뽕잎을 따 바구니에 담다 보면 결국 뽕나무가 그 잎을 다 잃게 된다 하여 그 뜻이 '잃다'가 되고, 桑자와 똑같이 喪失(상실)·喪心(상심)·問喪(문상)·初喪(초상)·三年喪(삼년상)·冠婚喪祭(관혼상제)에서처럼 그 음이 '상'이 된 글자다.

집[宀]을 벽을 세워 막기 위해 벽 돌 같은 것[工의 형태]을 두 손[廾] 으로 쌓는 모습을 나타내면서 그 뜻이 '막다'가 되고, 語塞(어색)·

窘塞(군색)·壅塞(옹색)·梗塞(경색)·窒塞(질색)·拔本塞源(발본색원)에서처럼 그 음이 '색'이 된 글자다. 나아가 要塞(요새)·塞翁之馬(새옹지마)에서처럼 그 음이 '새'로 도 읽힌다. 후에 벽을 쌓는 데 사용된 흙[土]과 관련해 土자가 덧붙여졌다.

집 안의 보온(保溫)을 위해 불[火]로 돌[石]을 따뜻 하게 달구는 모양을 나타내면서 옛날 바로 그런 따뜻한 곳에 여러 사람이 모여 살았던 데서 그 뜻이 '여러'가 된 것으로 보이고, 庶民(서민)· 庶子(서자)·庶出(서출)·庶孼(서얼)·庶務室(서무실)·庶政刷新(서정쇄신)·嫡庶差別(적 서차별)에서 보듯 그 음이 '서'가 글자다.

중 561 어문 6급 진흥 5급

巾자로 인해 수건[巾]을 만드는 방직 물로 깔고 앉을 수 있도록 만든 자리 와 관련해 그 뜻이 '자리'가 되고, 灬 이 생략되었지만 庶자로 인해 方席 (방석)·首席(수석)·席卷(석권)·席次(석차)·花紋席(화문석)· 席藁待罪(석고대죄)·男女七歲不同席(남녀칠세부동석)에서처럼 그 음이 '석'이 된 글자다.

중 562 어문 6급 진흥 5급

又자로 인해 손[又]으로 일정한 법도에 따라 길이를 헤아린다 하여 그 뜻이 '법도'나 '헤아리다'가 되고, 灬이 생략되었지만 庶지로 인해 震 度(진도)·民度(민도)·襟度(금도)·瘥度(차도)·度量衡(도량형)·初度巡 視(초도순시)에서처럼 그 음이 '도'가 되기도 하면서 忖度(촌탁)·度支 部(탁지부)·晝思夜度(주사야탁)에서처럼 '탁'이 되기도 한 글자다.

渡
건널 **도**

水(氵)자로 인해 물[水]을 건넌다 하여 그 뜻이 '건너다'가 되고, 度자로 인해 渡江(도강)·渡河(도하)·不渡(부도)·引渡(인도)·過渡期(과도기)·三田渡(삼전도)·讓渡所得(양도소득)에서처럼 그 음이 '도'가 된 글자다.

중 563 한국어문회 8급 한자진흥회 6급	西 서녘 서	갑골문	금문	소전

새 둥지를 나타냈으나 후에 서녘을 가리키는 데 빌려 쓰면서 그 뜻이 '서녘'이 되고, 東西(동서)·湖西(호서)·西方(서방)·西歐(서구)·西便制(서편제)·日落西山(일락서산)·紅東白西(홍동백서)에서처럼 그 음이 '서'가 된 글자다.

참고 218	犀 무소 서	금문	소전

동물을 숭배한 시대에 의식(儀式)에서 사람이 짐승 꼬리를 단 모습과 그 꼬리가 소와 관련된 무소임을 나타내면서 그 뜻이 '무소'가 되고, 犀牛(서우)·犀角(서각)·一角犀(일각서)에서처럼 그 음이 '서'가 된 글자다.

遲
더딜 **지**

원래 길 위에서 작은 사람이 큰 사람을 업고 더디게 걷는 모습을 나타냈으나 후에 辵(辶)자와 犀자가 합쳐진 글자로 바뀌었다. 辵(辶)자로 인해 길[辵]을 더디게 간다 하여 그 뜻이 '더디다'가 되고, 犀자로 인해 遲刻(지각)·遲延(지연)·遲滯(지체)·遲遲不進(지지부진)에서처럼 그 음이 '지'가 된 글자다.

| 중 564
한국어문회
3급
한자진흥회
3급 | 昔
예 석 | 갑골문 | 금문 | 소전 |

홍수 때에 넘실거리는 물결과 날(시각)의 의미를
지닌 해[日]가 어우러져 기억될 만한 큰 홍수가
예(옛날)에 있었음을 나타내면서 그 뜻이 '예'가 된 것으로 보이고, 昔脫解(석탈
해)·今昔之感(금석지감)에서 보듯 그 음이 '석'이 된 글자다.

惜 아낄 석	**중 565 어문 3급 진흥 3급** 心(忄)자로 인해 마음[心] 속으로 아깝게 여기며 아낀다 하여 그 뜻이 '아끼다'가 되고, 昔자로 인해 哀惜(애석)·痛惜(통석)·惜別(석별)·惜敗(석패)·買占賣惜(매점매석)에서처럼 그 음이 '석'이 된 글자다.
耤 적전 적	**참고 219** 耒자로 인해 임금이 쟁기[耒]로 직접 농사의 시범을 보였던 농토인 '적전'의 뜻을 지니면서 昔자로 인해 '적'의 음으로 읽히게 된 글자다.
籍 문서 적	**고 530 어문 4급 진흥 3급** 竹(⺮)자로 인해 종이가 없었던 시대에 대쪽[竹]을 엮어 만든 문서와 관련해 그 뜻이 '문서'가 되고, 耤자로 인해 書籍(서적)·國籍(국적)·戶籍(호적)·符籍(부적)·學籍簿(학적부)·地籍圖(지적도)에서처럼 그 음이 '적'이 된 글자다.
錯 섞일 착	**고 531 어문 3급 진흥 2급** 金자로 인해 본래 금[金]을 물건에 입혀 꾸민다는 뜻을 지녔으나 꾸미는 데 여러 과정의 일이 섞인다 하여 그 뜻이 '섞이다'가 되고, 昔자로 인해 錯誤(착오)·錯覺(착각)·錯雜(착잡)·錯視(착시)·倒錯症(도착증)·精神錯亂(정신착란)에서처럼 그 음이 '착'이 된 글자다.
借 빌릴 차	**중 566 어문 3급 진흥 3급** 人(亻)자로 인해 다른 사람[人]에게서 무언가 빌린다 하여 그 뜻이 '빌리다'가 되고, 昔자로 인해 借用(차용)·借款(차관)·假借(가차)·賃借(임차)·借力師(차력사)·借刀殺人(차도살인)·借名計座(차명계좌)에서처럼 그 음이 '차'가 된 글자다.

참고 220 舄 까치 석	 금문	 소전	

옆에서 본 까치를 나타낸 데서 그 뜻이 '까치'가 되고, 자신이 덧붙여져 음의 역할을 하는 潟[개펄 석]자처럼 그 음이 '석'이 된 글자다. 舄자는 동자(同字)다.

고 532 어문 5급 진흥 3급

寫
베낄 사

宀자로 인해 집[宀]의 물건을 다른 곳에 옮긴다는 데서 다시 옮겨서 베낀다 하여 그 뜻이 '베끼다'가 되고, 舄자로 인해 複寫(복사)·描寫(묘사)·寫眞(사진)·寫本(사본)·謄寫機(등사기)·筆寫本(필사본)·寫實主義(사실주의)에서처럼 그 음이 '사'가 된 글자다.

고 533 한국어문회 3급 한자진흥회 2급 析 쪼갤 석	 갑골문	 금문	 소전

나무[木]를 도끼[斤]로 쪼갠다 하여 그 뜻이 '쪼개다'가 되고, 分析(분석)·解析(해석)에서처럼 그 음이 '석'이 된 글자다.

중 567 한국어문회 8급 한자진흥회 5급 先 먼저 선	 갑골문	 금문	 소전

사람[儿] 앞에 발[止]을 두어 발이 먼저 나아감을 나타낸 데서 그 뜻이 '먼저'가 되고, 先頭(선두)·先生(선생)·機先(기선)·率先(솔선)·先考丈(선고장)·先入見(선입견)·先公後私(선공후사)·先秦時代(선진시대)에서 보듯 그 음이 '선'이 된 글자다. 후에 발은 生의 형태로 바뀌었다.

중 568 어문 5급 진흥 4급

洗
씻을 세

水(氵)자로 인해 물[水]로 발을 씻는다 하여 그 뜻이 '씻다'가 되고, 先자로 인해 洗滌(세척)·洗面(세면)·洗禮(세례)·洗練(세련)·水洗式(수세식)·洗濯機(세탁기)·洗腦敎育(세뇌교육)에서처럼 그 음이 '세'가 된 글자다.

人

참고 221

兟 나아갈 신

사람[儿] 앞에 발[生의 형태]을 두어 발이 먼저 나아감을 나타낸 先자를 나란히 쓰면서 그 뜻이 '나아가다'가 되고, 그 음이 先자와 약간 다르게 '신'이 된 글자다.

고 534 어문 3급 진흥 3급

贊 도울 찬

貝자로 인해 화폐[貝]처럼 귀한 재물을 남에게 주어 돕는다 하여 그 뜻이 '돕다'가 되고, 兟자로 인해 贊反(찬반)·贊同(찬동)·贊成(찬성)·贊託(찬탁)·贊助金(찬조금)·協贊社(협찬사)에서처럼 그 음이 '찬'이 된 글자다.

고 535 어문 4급 진흥 2급

讚 기릴 찬

言자로 인해 칭찬의 말[言]을 해 잘한 일에 대해 기린다 하여 그 뜻이 '기리다'가 되고, 贊자로 인해 稱讚(칭찬)·禮讚(예찬)·讚辭(찬사)·讚美(찬미)·讚頌歌(찬송가)·讚佛歌(찬불가)·自畵自讚(자화자찬)에서처럼 그 음이 '찬'이 된 글자다.

중 569	鮮	羴(금문)	鮮(소전)
한국어문회 5급 한자진흥회 4급	고울 선	금문	소전

魚자와 羊자로 인해 물고기[魚]와 양고기[羊]가 상하지 않고 신선하다는 데서 다시 신선한 것은 보기에 곱다 하여 그 뜻이 '곱다'가 되고, 生鮮(생선)·新鮮(신선)·鮮明(선명)·鮮血(선혈)·鮮紅色(선홍색)·不逞鮮人(불령선인)·箕子朝鮮(기자조선)에서처럼 그 음이 '선'이 된 글자다.

중 570	善	(금문)	(소전)
한국어문회 5급 한자진흥회 4급	착할 선	금문	소전

원래 羊자와 言자가 나란히 합쳐진 誩[다투어 말할 경]자가 어우러져 양[羊]처럼 순하게 다투어 말한다[誩]는 데서 다시 그 모습이 보기에 좋고 착하다 하여 그 뜻이 '착하다'가 된 것으로 보이고, 善惡(선악)·善終(선종)·最善(최선)·改善(개선)·性善說(성선설)·獨善的(독선적)·善男善女(선남선녀)·見善如渴(견선여갈)·急行無善步(급행무선보)에서처럼 그 음이 '선'이 된 글자다.

참고 222	
펼 선	갑골문　소전

무늬가 안에서 밖으로 빙빙 돌아 펴진 모양을 나타내면서 그 뜻이 '펴다'가 되고, 자신이 덧붙여져 음의 역할을 하는 宣자처럼 그 음이 '선'이 된 글자다.

宣 베풀 선	**고 536 어문 4급 진흥 3급** 宀자로 인해 천자(天子)가 궁(宮)과 같은 집[宀]에 머물면서 정사(政事)를 베푼다 하여 그 뜻이 '베풀다'가 되고, 亘자로 인해 宣告(선고)·宣誓(선서)·

宣言(선언)·宣傳(선전)·宣敎師(선교사)·畫宣紙(화선지)·宣撫放送(선무방송)에서처럼 그 음이 '선'이된 글자다.

참고 223	
높은 곳에 오를 선	금문　소전

네 손으로 무언가 드는 모습과 사람을 나타내면서 네 손으로 들어 높은 곳에 오른다 하여 그 뜻이 '높은 곳에 오르다'가 되고, 자신이 덧붙여져 음의 역할을 하는 僊[춤출 선]·襜[옷 펄렁거릴 선]자처럼 그 음이 '선'이 된 글자다.

遷 옮길 천	**고 537 어문 3급 진흥 2급** 辵(辶)자로 인해 길[辶]을 따라 옮긴다 하여 그 뜻이 '옮기다'가 되고, 䙴자로 인해 左遷(좌천)·變遷(변천)·遷都(천도)·遷葬(천장)·不遷位(불천위)·孟母三遷(맹모삼천)·改過遷善(개과천선)에서처럼 그 음이 '천'이 된 글자다.

중 571 한국어문회 **4급** 한자진흥회 **3급** 베풀 설	設 소전	말[言]로 명하고 다그쳐서[殳] 일을 행해 베풀어 놓게 한다 하여 그 뜻이 '베풀다'가 되고, 設置(설치)·設計(설계)·新設(신설)·增設(증설)·設問紙(설문지)·地雷敷設(지뢰부설)·建設會社(건설회사)에서처럼 그 음

이 '설'이 된 글자다.

참고 224		卨 소전
	사람 이름 설	

일종의 벌레 모양을 나타내면서 벌레의 뜻을 지녔으나 은나라 시조인 사람 이름으로 흔히 쓰인 데서 그 뜻이 '사람 이름'이 되고, 그 음이 '설'이 된 글자다. 卨자는 속자(俗字)다.

竊 훔칠 절

고 538 어문 3급 진흥 2급

穴자로 인해 몰래 남의 집에 구멍[穴]을 내고 들어가 좋은 물건만을 분별해[釆] 훔친다 하여 그 뜻이 '훔치다'가 되고, 卨 자로 인해 竊盜(절도)·剽竊(표절)·鼠竊狗偸(서절구투)에서처럼 그 음이 '절'이 된 글자다.

고 539 한국어문회 3급 한자진흥회 3급	涉			
	건널 섭	갑골문	금문	소전

물[水(氵)]을 발로 걸어서[步] 건너는 모습을 나타낸 데서 그 뜻이 '건너다'가 되고, 涉歷(섭력)·涉獵(섭렵)·涉外(섭외)·干涉(간섭)·交涉(교섭)에서처럼 그 음이 '섭'이 된 글자다.

참고 225	聶	聶 소전
	소곤거릴 섭	

여러 사람이 귀[耳]를 가까이 모으고 소곤거린다 하여 그 뜻이 '소곤거리다'가 되고, 자신이 덧붙여져 음의 역할을 하는 攝[당길 섭]자처럼 그 음이 '섭'이 된 글자다.

攝 당길 섭

고 540 어문 3급 진흥 2급

手(扌)자로 인해 손[手]으로 당긴다 하여 그 뜻이 '당기다'가 되고, 聶자로 인해 攝取(섭취)·攝政(섭정)·攝理(섭리)·攝生(섭생)·包攝(포섭)·統攝(통섭)·攝氏溫度(섭씨온도)에서처럼 그 음이 '섭'이 된 글자다.

나무의 벌어진 가지를 나타냈으나 후에 가지를 十자로 본 데서 삼십(三十)의 의미를 지니면서 삼십 년이 한 세대를 이루면서 세상이 돌아간다 하여 그 뜻이 '세상'이 되고, 世代(세대)·世子(세자)·亂世(난세)·出世(출세)·世帶主(세대주)·父子世襲(부자세습)·裟婆世界(사바세계)에서처럼 그 음이 '세'가 된 글자다.

곡물을 수확한 후 신(神)에게 제사 지낼 때 제물인 가축을 잡는 큰 날에 구멍이 뚫린 도끼가 달린 창[戈]을 나타냈다. 제물을 잡는 일은 곡물을 수확하고 난 뒤 한 해에 한 번 행해지는 일이기에 결국 그 뜻이 '해'가 되고, 年歲(연세)·千歲(천세)·歲月(세월)·歲費(세비)·萬萬歲(만만세)·二重過歲(이중과세)·歲時風俗(세시풍속)에서처럼 그 음이 '세'가 된 글자다.

나무[木] 위에서 새들이 떼를 지어 입[品의 형태]을 벌리고 시끄럽게 우는 모양을 나타낸 데서 그 뜻이 '울다'가 되고, 자신이 덧붙여져 음의 역할을 하는 鰷[비릴 소]자처럼 그 음이 '소'가 된 글자다.

고 541 어문 5급 진흥 3급

手(扌)자로 인해 손[手]으로 잡는다 하여 그 뜻이 '잡다'가 되고, 喿자로 인해 操作(조작)·操心(조심)·志操(지조)·貞操(정조)·操縱桿(조종간)·操舵手(조타수)·器械體操(기계체조)에서처럼 그 음이 '조'가 된 글자다.

잡을 조

고 542 어문 3급 진흥 2급

火자로 인해 불[火]로 말미암아 마른다 하여 그 뜻이 '마르다'가 되고, 喿자로 인해 乾燥(건조)·焦燥(초조)·燥渴症(조갈증)에서처럼 그 음이 '조'가 된 글자다.

마를 조

중 574
한국어문회 **4급**
한자진흥회 **3급**

素 흴 소

素 소전

여러 누에고치에서 올을 당겨 모아 실[糸]을 만드는 모양을 나타내면서 다시 모아 만든 실 이 희다 하여 그 뜻이 '희다' 가 되고, 素服(소복)·素描(소묘)·簡素(간소)·酸素(산소)·活力 素(활력소)·素因數(소인수)·水素爆彈(수소폭탄)에서처럼 그 음 이 '소'가 된 글자다.

중 575
한국어문회 **4급**
한자진흥회 **4급**

笑 웃음 소

笑 소전

대를 나타낸 竹(⺮)자와 사람이 머리를 젖히고 있 는 모습을 나타낸 夭의 형태가 합쳐져 대[竹]가 바 람에 의해 구부러지듯 사람이 머리를 젖히고[夭] 웃음 짓는다 하여 그 뜻이 '웃음'이 된 것으로 보이고, 微笑(미소)·嘲笑(조소)·爆 笑(폭소)·談笑(담소)·冷笑的(냉소적)·呵呵大笑(가가대소)에서처럼 그 음이 '소'가 된 글자다.

고 543
한국어문회 **4급**
한자진흥회 **3급**

掃 쓸 소

掃 소전

원래 흙[土] 위의 지저분한 것을 비[帚]로 쓴다 함을 나타냈으나 후에 흙 대신 비를 잡는 손[手(扌)]이 덧 붙여지면서 그 뜻이 '쓸다'가 되고, 淸掃(청소)·一 掃(일소)·掃除(소제)·掃滅(소멸)·掃蕩戰(소탕전)·掃 海艇(소해정)·機銃掃射(기총소사)에서처럼 그 음이 '소'가 된 글자다.

고 544 한국어문회 5급 한자진흥회 3급	束 묶을 속	(갑골문)	(금문)	(소전)
		갑골문	금문	소전

자루의 위아래를 묶은 모양을 나타낸 데서 그 뜻이 '묶다'가 되고, 結束(결속)·約束(약속)·團束(단속)·束縛(속박)·束伍軍(속오군)·束手無策(속수무책)·拘束令狀(구속영장)에서 보듯 그 음이 '속'이 된 글자다.

速 빠를 속

중 576 어문 6급 진흥 5급

辵(辶)자로 인해 길[辶]을 빠르게 간다 하여 그 뜻이 '빠르다'가 되고, 束자로 인해 迅速(신속)·音速(음속)·速力(속력)·速度(속도)·速射砲(속사포)·速戰速決(속전속결)·欲速不達(욕속부달)에서처럼 그 음이 '속'이 된 글자다.

고 545 한국어문회 3급 한자진흥회 2급	粟 조 속	(갑골문)	(소전)
		갑골문	소전

원래 낟알이 많이 달린 곡물을 나타내면서 그 뜻이 곡물의 일종인 '조'가 되고, 黍粟(서속)·滄海一粟(창해일속)에서처럼 그 음이 '속'이 된 글자다. 후에 낟알이 달린 부분은 卤[열매 달릴 초]자로 바뀌었다가 다시 襾의 형태로 바뀌고, 아래 곡물 부분은 米자로 바뀌었다.

참고 227	巽 유순할 손	(소전)
		소전

두 사람이 무릎을 꿇고 대(臺) 위에 유순하게 앉아 있는 모습을 나타내면서 그 뜻이 '유순하다'가 되고, 巽卦(손괘)·巽方(손방)·巽時(손시)에서처럼 그 음이 '손'이 된 글자다. 후에 두 사람이 앉아 있는 곳은 共의 형태로 바뀌었다.

選 가릴 선

중 577 어문 5급 진흥 4급

辵(辶)자로 인해 길[辶]을 따라 보낼 물건을 가린다 하여 그 뜻이 '가리다'가 되고, 巽자로 인해 選擇(선택)·選良(선량)·初選(초선)·當選(당선)·直選制(직선제)·選民意識(선민의식)·補闕選擧(보궐선거)에서 보듯 그 음이 '선'이 된 글자다.

중 578
한국어문회 6급
한자진흥회 5급
손자 손

| 갑골문 | 금문 | 소전 |

아이[子]와 실타래[糸]를 나타내면서 실타래의 실로 이어진 옷감처럼 아이에서 이어진 아이인 손자와 관련해 그 뜻이 '손자'가 되고, 孫女(손녀)·孫婦(손부)·玄孫(현손)·祖孫(조손)·外孫子(외손자)·孫悟空(손오공)·子孫萬代(자손만대)에서처럼 그 음이 '손'이 된 글자다. 후에 실타래를 나타낸 糸 자가 系자로 바뀌었다.

고 546
한국어문회 3급
한자진흥회 2급
거느릴 솔

| 갑골문 | 금문 | 소전 |

보풀이 인 줄을 나타내면서 다시 그 줄로 묶어 거느린다 하여 그 뜻이 '거느리다'가 되고, 食率(식솔)·家率(가솔)·統率(통솔)·眷率(권솔)·引率者(인솔자)·率先垂範(솔선수범)에서처럼 그 음이 '솔'이 된 글자다. 確率(확률)·能率(능률)·死亡率(사망률)·稼動率(가동률)·利率(이율)·效率(효율)·百分率(백분율)·圓周率(원주율)에서처럼 '비율'의 뜻으로 쓰일 때는 그 음을 '률(율)'로 읽는다.

중 579
한국어문회 4급
한자진흥회 4급
보낼 송

| 금문 | 소전 |

두 손[廾]에 불[火]을 들고 있는 모습과 발[止]이 노니는 길[彳]을 나타내면서 불을 두 손에 들고 길을 따라 보낸다 하여 그 뜻이 '보내다'가 되고, 送迎(송영)·送別(송별)·移送(이송)·運送(운송)·葬送曲(장송곡)·虛送歲月(허송세월)에서처럼 그 음이 '송'이 된 글자다.

고 547
한국어문회 3급
한자진흥회 3급
인쇄할 쇄

| 소전 |

집[尸의 형태]과 옷감[巾]과 칼[刀(刂)]이 어우러져 집 안의 너러운 곳을 옷감으로 만든 솔레로 닦아 깨끗하게 하듯 칼로 깨끗하게 깎은 글자를 인쇄한다 하여 그 뜻이 '인쇄하다'가 되고, 印刷(인쇄)·刷新(쇄신)·校正刷(교정쇄)에서처럼 그 음이 '쇄'가 된 글자다.

고 548
한국어문회
3급
한자진흥회
2급
衰 쇠할 쇠

衰 소전

원래 옛날 사람들이 비가 올 때에 입었던 풀로 만든 옷 인 도롱이를 나타냈다. 후에 너무 오래 입어서 도롱이처 럼 옷이 너덜너덜 쇠하게 되었다 하여 그 뜻이 '쇠하다' 가 되고, 衰弱(쇠약)·衰殘(쇠잔)·衰盡(쇠진)·老衰(노쇠)· 衰頹期(쇠퇴기)·興亡盛衰(흥망성쇠)에서처럼 그 음이 '쇠' 가 된 글자다.

중 580
한국어문회
4급
한자진흥회
3급
秀 빼어날 수

秀 소전

벼[禾]에 튼실한 뿌리[乃의 형태]를 덧붙여 나타내면서 벼가 실하게 자라 그 모양이 보기 좋을 정도로 빼어나 다 하여 그 뜻이 '빼어나다' 가 되고, 秀麗(수려)·秀才 (수재)·秀魚(→ 숭어)·俊秀(준수)·閨秀(규수)·優秀(우수)·麥秀之嘆(맥수지탄)에서 보 듯 그 음이 '수' 가 된 글자다.

誘 꾈 유

고 549 어문 3급 진흥 2급

言자로 인해 말[言]로 사람을 꾄다 하여 그 뜻이 '꾀다' 가 되고, 秀자로 인해 誘惑 (유혹)·誘導(유도)·誘拐(유괴)·勸誘(권유)·請誘法(청유법)·動機誘發(동기유발)에 서처럼 그 음이 '유' 가 된 글자다.

透 통할 투

고 550 어문 3급 진흥 2급

辵(辶)자로 인해 길[辶]을 통해 지나간다 하여 그 뜻이 '통하다' 가 되고, 秀자로 인 해 透徹(투철)·透過(투과)·透視(투시)·透映(투영)·滲透壓(삼투압)·透明人間(투 명인간)에서처럼 그 음이 '투' 가 된 글자다.

참고
228

늙은이 수

갑골문

소전

叜자가 고자(古字)다. 원래 집[宀]에서 불[火]을 손[又]에 든 모습을 나타내면서 다시 조심스럽게 불을 다루는 경험 많은 사람인 늙은이와 관련해 그 뜻이 '늙은이'가 되고, 자신이 덧붙여져 음의 역할을 하는 嫂[형수 수]·瘦[파리할 수]·溲[오줌 수]자처럼 그 음이 '수'가 된 글자다.

찾을 수

고 551 어문 3급 진흥 2급

手(扌)자로 인해 손[手]으로 더듬어 찾는다 하여 그 뜻이 '찾다'가 되고, 叜자로 인해 搜查(수사)·搜索(수색)·搜所聞(수소문)에서처럼 그 음이 '수'가 된 글자다.

중 581
한국어문회
4급
한자진흥회
4급

받을 수

갑골문

금문

소전

손[爪]과 손[又]으로 배처럼 생긴 그릇[宀의 형태]을 주고받는 모양을 나타낸 데서 그 뜻이 '받다'가 되고, 受容(수용)·受苦(수고)·甘受(감수)·傳受(전수)·受話器(수화기)·同門受學(동문수학)·願書接受(원서접수)에서 보듯 그 음이 '수'가 된 글자다.

중 582 어문 4급 진흥 4급

줄 수

주고받는 모습을 나타낸 受자가 '받다'의 뜻으로만 쓰이게 되면서 다시 手(扌)자를 덧붙여 그 뜻이 '주다'가 되고, 授受(수수)·授與(수여)·傳授(전수)·教授(교수)·授業料(수업료)·見危授命(견위수명)에서처럼 受자와 똑같이 그 음이 '수'가 된 글자다.

고 552
한국어문회
3급
한자진흥회
2급

드리울 수   소전

땅 위로 자라난 초목(草木)의 가지가 아래로 드리운 모양을 나타낸 데서 그 뜻이

'드리우다'가 되고, 垂楊(수양)·垂直線(수직선)·懸垂幕(현수막)·垂簾聽政(수렴청정)·率先垂範(솔선수범)에서처럼 그 음이 '수'가 된 글자다.

睡 졸 수

目자로 인해 눈[目]을 감고 꾸벅꾸벅 존다 하여 그 뜻이 '졸다'가 되고, 垂자로 인해 睡眠(수면)·睡魔(수마)·午睡(오수)·假睡(가수)·昏睡狀態(혼수상태)에서처럼 그 음이 '수'가 된 글자다.

郵 역참 우

邑(阝)자로 인해 나라에서 변방(邊方)에 문서(文書)를 전달하기 위해 일정한 지역[邑]마다 설치한 역참과 관련해 그 뜻이 '역참'이 되고, 垂자로 인해 郵驛(우역)·郵票(우표)·郵送(우송)·郵便(우편)·郵遞筒(우체통)에서처럼 그 음이 '우'가 된 글자다.

需 구할 수			
	갑골문	금문	소전

원래 물로 사람이 목욕하는 모습이었으나 후에 물이 비[雨]로 바뀌면서 옛날 사람이 제사를 지낼 때에 목욕재계하고 나서 자신이 기원하는 바를 구하는 모습을 나타낸 데서 그 뜻이 '구하다'가 되고, 需要(수요)·需給(수급)·祭需(제수)·必需(필수)·婚需品(혼수품)·盛需期(성수기)·戰爭特需(전쟁특수)에서 보듯 그 음이 '수'가 된 글자다.

儒 선비 유

人(亻)자로 인해 학식(學識)과 인덕(仁德)을 두루 갖춘 사람[人]인 선비와 관련해 그 뜻이 '선비'가 되고, 需자로 인해 儒生(유생)·儒敎(유교)·儒學(유학)·儒道(유도)·儒佛仙(유불선)·焚書坑儒(분서갱유)에서처럼 그 음이 '유'가 된 글자다.

참고 229 뜻을 따를 수	갑골문	금문	소전

구석진 곳[八의 형태]으로 돼지[豕]를 모는 모양을 나타내면서 돼지가 모는 사람의 뜻을 따라 구석진 곳으로 움직인다 하여 그 뜻이 '뜻을 따르다'가 된 것으로 보이고, 자신이 덧붙여져 음의 역할을 하는 遂[이룰 수]자처럼 그 음이 '수'가 된 글자다.

고 557 어문 3급 진흥 2급

遂 이룰 수

辵(辶)자로 인해 길[辵]을 따라 목적지까지 다 가서 드디어 뜻한 바를 이루었다 하여 그 뜻이 '이루다'가 되고, 豕자로 인해 完遂(완수)·遂行(수행)·未遂犯(미수범)에서처럼 그 음이 '수'가 된 글자다.

고 558 어문 4급 진흥 3급

隊 대 대

阜(阝)자로 인해 본래 언덕[阜]에서 떨어진다는 뜻을 지녔으나 후에 墜[떨어질 추]자가 그 뜻을 대신하면서 자신은 무리를 나타내는 '대'의 뜻을 지니고, 豕자로 인해 軍隊(군대)·分隊(분대)·隊伍(대오)·隊列(대열)·海兵隊(해병대)·挺身隊(정신대)·無敵艦隊(무적함대)에서처럼 '대'의 음으로 읽히게 된 글자다.

중 583 한국어문회 4급 한자진흥회 4급	
지킬 수	금문 / 소전

원래 집[宀]과 손[又]을 나타내면서 손에 무언가 들고 집을 지킨다 하여 그 뜻이 '지키다'가 되고, 守備(수비)·守節(수절)·攻守(공수)·死守(사수)·守護神(수호신)·守舊派(수구파)·交通遵守(교통준수)에서처럼 그 음이 '수'가 된 글자다. 후에 손을 나타낸 형태는 점(點)이 덧붙여져 寸자로 바뀌었다.

중 584 한국어문회 3급 한자진흥회 3급	금문 / 소전
모름지기 수	

원래 사람 얼굴에 수염(鬚髥)이 나 있는 모습을 나타내면서 수염을 뜻했으나 후에 '모름지기'의 뜻으로 빌려 쓰이고, 必須(필수)·須臾(수유)·須彌山(수미산)·男兒須讀五車書(남아수독오거서)에서처럼 그 음이 '수'가 된 글자다.

고 559 한국어문회 3급 한자진흥회 3급	갑골문 / 소전
가둘 수	

사방을 에워싼 곳[囗]에 사람[人]을 가둔 모양을 나타내면서 그 뜻이 '가두다'가 되고, 囚衣(수의)·罪囚(죄수)·脫獄囚(탈옥수)·良心囚(양심수)·死刑囚(사형수)에서처럼 그 음이 '수'가 된 글자다.

| 고 560 한국어문회 3급 한자진흥회 2급 | 獸 짐승 수 | 갑골문 | 금문 | 소전 |

원시적인 형태로 만들어진 사냥의 도구[嘼의 형태]와 사냥하는 개[犬]를 나타내면서 짐승을 사냥한다 하여 그 뜻이 '짐승'이 되고,

禽獸(금수)·猛獸(맹수)·百獸(백수)·鳥獸(조수)·一角獸(일각수)·人面獸心(인면수심)에서처럼 그 음이 '수'가 된 글자다.

| 참고 230 | 尗 넝쿨 숙 | 금문 | 소전 |

아래에 꼬투리가 있는 콩 넝쿨[尗]을 나타낸 데서 그 뜻이 '넝쿨'이고, 자신이 덧붙여져 음의 역할을 하는 叔[아재비 숙]·鯮[작은 다랑어 숙] 자처럼 그 음이 '숙'인 글자다.

叔 아재비 숙

중 585 어문 4급 진흥 3급

콩 넝쿨[尗]의 꼬투리에서 알갱이를 손[又]으로 거두는 모습을 나타냈으나 후에 아재비를 가리키는 데 빌려 쓰이면서 그 뜻이 '아재비'가 되고, 다시 尗자로 인해 叔父(숙부)·媤叔(시숙)·外叔(외숙)·堂叔(당숙)·三從叔(삼종숙)·叔姪間(숙질간)·伯夷叔齊(백이숙제)에서 보듯 그 음이 '숙'이 된 글자다.

淑 맑을 숙

중 586 어문 3급 진흥 3급

水(氵)자로 인해 물[水]이 맑다 하여 그 뜻이 '맑다'가 되고, 叔자로 인해 淑女(숙녀)·淑儀(숙의)·貞淑(정숙)·私淑(사숙)·淑夫人(숙부인)에서처럼 그 음이 '숙'이 된 글자다.

督 살필 독

고 561 어문 4급 진흥 3급

目자로 인해 눈[目]으로 주위를 자세히 살핀다 하여 그 뜻이 '살피다'가 되고, 叔자로 인해 監督(감독)·提督(제독)·督勵(독려)·督促(독촉)·總督府(총독부)·安東都督府(안동도독부)에서처럼 그 음이 '독'이 된 글자다.

寂 고요할 적

고 562 어문 3급 진흥 2급

宀자로 인해 사람 소리가 없어 집[宀]이 고요하다 하여 그 뜻이 '고요하다'가 되고, 叔자로 인해 靜寂(정적)·入寂(입적)·閑寂(한적)·鬱寂(울적)·寂滅宮(적멸궁)·寂寞江山(적막강산)에서처럼 그 음이 '적'이 된 글자다.

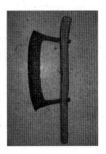

고 563 어문 3급 진흥 2급

戚 겨레 **척** 소전

戊의 형태로 바뀌었지만 戉[도끼 월 → 참 270 참고]자로 인해 원래 한 무리의 집단이 의식(儀式) 등을 행할 때에 사용하는 창[戈]에 달린 도끼[戊]를 뜻했으나 나중에 의식을 행하는 한 무리의 살붙이인 겨레와 관련해 그 뜻이 '겨레'가 되고, 未자로 인해 親戚(친척)·外戚(외척)·戚姪(척질)·戚族(척족)·親姻戚(친인척)에서처럼 그 음이 '척'이 된 글자다.

중 587
한국어문회 **5급**
한자진흥회 **4급**

| 宿 잘 숙 | 갑골문 | 금문 | 소전 |

집[宀]에서 사람[亻]이 잠자리[百의 형태]에 누워 자는 모습을 나타낸 데서 그 뜻이 '자다'가 되고, 宿泊(숙박)·宿敵(숙적)·下宿(하숙)·快宿(앙숙)·旅人宿(여인숙)·宿願事業(숙원사업)에서처럼 그 음이 '숙'이 된 글자다. 辰宿(진수)·星宿(성수)에서처럼 그 뜻이 '별'과 관련될 때는 그 음을 '수'로 읽는다.

고 564 어문 4급 진흥 2급

縮 줄 **축**

糸자로 인해 실[糸]로 짠 직물 등이 오그라들어 준다 하여 그 뜻이 '줄다'가 되고, 宿자로 인해 縮小(축소)·縮約(축약)·萎縮(위축)·收縮(수축)·縮地法(축지법)·軍縮會議(군축회의)에서처럼 그 음이 '축'이 된 글자다.

고 565
한국어문회 **3급**
한자진흥회 **2급**

| 孰 누구 숙 | 갑골문 | 금문 | 소전 |

신(神)에게 제사 드리기 위해 높은 대 위에 지은 집[享]과 사람이 손에 제물을 든 모습[丮]을 나타내면서 손에 든 제물과 관련해 원래 익다의 뜻을 지녔으나 후대에 누구를 가리키는 데 빌려 쓰이면서 그 뜻이 '누구'가 되고, 자신의 원래 뜻을 대신한 熟[익을 숙]자처럼 그 음이 '숙'이 된 글자다.

고 566 어문 3급 진흥 3급

익을 숙

孰자의 뜻을 더욱 분명히 하기 위해 火(灬)자를 덧붙이면서 그 뜻이 '익다'가 되고, 孰자처럼 熟肉(→ 수육)·熟冷(숙랭/→ 숭늉)·白熟(백숙)·早熟(조숙)·未熟兒(미숙아)·深思熟考(심사숙고)에서 보듯 그 음이 '숙'이 된 글자다.

고 567
한국어문회
4급
한자진흥회
2급

엄숙할 숙 | 금문 | 소전

손에 붓을 잡고 무언가 그리는 모습을 나타내면서 다시 그리는 모습이 엄숙하다 하여 그 뜻이 '엄숙하다'가 되고, 肅然(숙연)·肅淸(숙청)·嚴肅(엄숙)·自肅(자숙)·肅靖門(숙정문)·謝恩肅拜(사은숙배)·軍紀肅正(군기숙정)에서처럼 그 음이 '숙'이 된 글자다.

참고
231

푹 삶을 순 | 갑골문 | 금문 | 소전

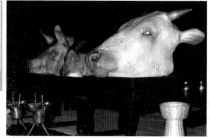

제사 지내는 높은 대 위의 집[盲]에 놓일 희생(犧牲)인 양[羊]을 푹 삶는다 하여 그 뜻이 '푹 삶다'이고, 오늘날 羊자가 생략되고 글자 형태가 변해 享자로 쓰이고 있지만 원래 䭔자가 음의 역할을 하는 淳[순박할 순]·醇[진한 술 순]·諄[타이를 순]자처럼 그 음이 '순'인 글자다.

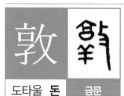

고 568 어문 3급 진흥 2급

도타울 돈 | 금문

본래는 䭔자와 攴(攵)자가 합쳐진 글자였다. 攴(攵)자로 인해 서로의 관계가 도타워지도록 다그쳐[攴] 행한다 하여 그 뜻이 '도탑다'가 되고, 오늘날 羊자가 생략되고 글자 형태가 변해 享자로 쓰이고 있지만 䭔자로 인해 敦篤(돈독)·敦實(돈실)·敦義門(돈의문)·敦煌石窟(돈황석굴)에서처럼 그 음이 '돈'이 된 글자다.

| 참 232
한국어문회
3급
한자진흥회
2급 | 盾
방패 순 | 甲
갑골문 | 금문 | 盾
소전 |

방패를 나타낸 데서 그 뜻이 '방패'이고, 矛盾(모순)에서 보듯 그 음이 '순'인 글자다.

| 循
좇을 순 | 고 569 어문 3급 진흥 2급 |

彳자로 인해 길[彳]을 따라 앞 사람을 좇는다 하여 그 뜻이 '좇다'가 되고, 盾자로 인해 循環(순환) · 循行(순행)에서처럼 그 음이 '순'이 된 글자다.

| 중 588
한국어문회
3급
한자진흥회
4급 | 戌
열한째 지지 술 | 갑골문 | 금문 | 소전 |

날이 큰 도끼가 달려 있는 창[戈]을 나타냈으나 후에 열한째 지지를 가리키는 데 빌려 쓰면서 그 뜻이 '열한째 지지'가 되고, 戊戌政變(무술정변) · 庚戌國恥(경술국치)에서처럼 그 음이 '술'이 된 글자다.

| 중 589
한국어문회
6급
한자진흥회
5급 | 習
익힐 습 | 갑골문 | 소전 |

원래 날개의 깃[羽]과 해[日]를 나타내면서 새가 깃을 펼쳐 해가 떠 있는 하늘로 나는 법을 익힌다 하여 그 뜻이 '익히다'가 되고, 練習(연습) · 自習(자습) · 習慣(습관) · 習得(습득) · 常習犯(상습범) · 補習學院(보습학원)에서처럼 그 음이 '습'이 된 글자다. 후에 해는 白자로 바뀌었다.

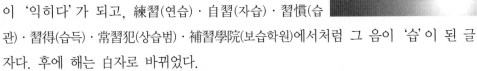

人

고 570
한국어문회 **3급**
한자진흥회 **2급**

젖을 습 / 소전

물[水(氵)]에 젖어서 햇볕에 말리고 있는 고치[㬎 → 참 336 참고]를 나타내면서 그 뜻이 '젖다'가 되고, 濕地(습지)·濕疹(습진)·乾濕(건습)·加濕(가습)·濕度計(습도계)·濕潤氣候(습윤기후)에서처럼 그 음이 '습'이 된 글자다.

참고 233

도울 승 / 갑골문 / 금문 / 소전

구덩이에 빠진 사람을 끄집어내기 위해 두 손으로 돕는 모양을 나타낸 데서 그 뜻이 '돕다'가 되고, 丞相(승상)·政丞(정승)·長丞(장승)에서 보듯 그 음이 '승'이 된 글자다.

중 590 어문 4급 진흥 4급

받들 승 / 소전

원래 丞자와 手자가 합쳐진 글자다. 手자로 인해 물건을 손[手]으로 들어 받든다 하여 그 뜻이 '받들다'가 되고, 丞자로 인해 承服(승복)·承認(승인)·承旨(승지)·繼承(계승)·傳承(전승)·起承轉結(기승전결)에서처럼 그 음이 '승'이 된 글자다.

참고 234

김 오를 증

火(灬)자로 인해 불[火]의 뜨거운 기운으로 물이 끓어 김이 오른다 하여 그 뜻이 '김 오르다'가 되고, 丞자로 인해 그 음이 '증'이 된 글자다.

고 571 어문 3급 진흥 2급

찔 증

艸(艹)자로 인해 원래 식물[艸]의 일종인 삼의 줄기를 뜻했으나 후에 삼 줄기를 벗겨내기 위해 뜨거운 김에 찐다 하여 그 뜻이 '찌다'가 되고, 烝자로 인해 蒸氣(증기)·燻蒸(훈증)·蒸溜水(증류수)·汗蒸幕(한증막)에서처럼 그 음이 '증'이 된 글자다.

참고 235	 되 승			
		갑골문	금문	소전

곡물의 알갱이를 담아 용량을 재는 손잡이가 달린 기구(器具)를 나타내면서 용량을 재는 기구인 되와 관련해 그 뜻이 '되'가 되고, 자신이 덧붙여져 음의 역할을 하는 昇[오를 승]자처럼 그 음이 '승'이 된 글자다.

昇 오를 승

고 572 어문 3급 진흥 2급

日자로 인해 해[日]가 하늘로 솟아 높이 오른다 하여 그 뜻이 '오르다'가 되고, 升자로 인해 昇遐(승하) · 昇格(승격) · 昇華(승화) · 昇段(승단) · 昇降機(승강기) · 上昇勢(상승세) · 旭日昇天(욱일승천)에서처럼 그 음이 '승'이 된 글자다.

참고 236	爯 들 승			
		갑골문	금문	소전

무게를 재기 위해 손[爪(⺥)]으로 저울[冉의 형태]을 들고 있는 모습에서 그 뜻이 '들다'가 되고, 자신이 덧붙여져 음의 역할을 하는 稱[일컬을 칭] · 偁[칭찬할 칭]자와 달리 그 음이 '승'이 된 글자다.

稱 일컬을 칭

고 573 어문 4급 진흥 3급

禾자로 인해 벼[禾]를 잰 저울의 무게를 일컫는다 하여 그 뜻이 '일컫다'가 되고, 爯자로 인해 指稱(지칭) · 名稱(명칭) · 愛稱(애칭) · 略稱(약칭) · 一人稱(일인칭) · 稱帝建元(칭제건원)에서처럼 그 음이 '칭'이 된 글자다.

중 591 한국어문회 3급 한자진흥회 3급	 탈 승			
		갑골문	금문	소전

사람이 나무 위에 올라 탄 모습에서 그 뜻이 '타다'가 되고, 乘客(승객) · 乘馬(승마) · 合乘(합승) · 搭乘(탑승) · 大乘的(대승적) · 小乘佛敎(소승불교)에서처럼 그 음이 '승'이 된 글자다.

참고 237	戠			
	차진 흙 시	갑골문	금문	소전

무언가 식별(識別)하기 위해 창[戈]으로 찍어 날카로운 모양을 나타낸 것으로 보이나 후대에 그 자형을 잘못 분석하여 차진 흙과 관련된다고 본 데서 그 뜻이 '차진 흙'이 되고, 그 음이 '시'가 된 글자다.

識
알 **식**

중 592 어문 5급 진흥 4급

言자로 인해 말[言]로 모르는 것을 물어 안다 하여 그 뜻이 '알다'가 되고, 戠자로 인해 知識(지식)·學識(학식)·識者(식자)·識見(식견)·一面識(일면식)·目不識丁(목불식정)에서처럼 그 음이 '식'이 된 글자다. 標識(표지)·著者識(저자지)에서처럼 그 뜻이 '적다'와 관련될 때는 그 음을 '지'로 읽는다.

織
짤 **직**

고 574 어문 4급 진흥 3급

糸자로 인해 실[糸]로 옷감을 짠다 하여 그 뜻이 '짜다'가 되고, 戠자로 인해 組織(조직)·絹織(견직)·織女(직녀)·織物(직물)·綿織物(면직물)·紡織工場(방직공장)에서처럼 그 음이 '직'이 된 글자다.

職
직분 **직**

고 575 어문 4급 진흥 3급

耳자로 인해 남의 말을 귀[耳]담아 잘 듣고 일을 처리해 주어야 할 직분에 있다 하여 그 뜻이 '직분'이 되고, 戠자로 인해 職業(직업)·職銜(직함)·天職(천직)·現職(현직)·政務職(정무직)·瀆職罪(독직죄)·封庫罷職(봉고파직)에서처럼 그 음이 '직'이 된 글자다.

고 576 한국어문회 4급 한자진흥회 3급	息		
	쉴 식	금문	소전

코[自]와 심장[心]을 나타내면서 코로 심장의 기(氣)를 내보내며 숨을 쉰다 하여 그 뜻이 '쉬다'가 되고, 休息(휴식)·窒息(질식)·子息(자식)·女息(여식)·安息日(안식일)·咳嗽喘息(해수천식)에서처럼 그 음이 '식'이 된 글자다.

人

312

| 중 593 한국어문회 4급 한자진흥회 4급 | 申 펼 신 | 갑골문 | 금문 | 소전 |

하늘에서 땅 위로 번개가 내리칠 때에 번쩍이며 빛이 펼쳐지는 모양을 나타낸 데서 그 뜻이 '펴다'가 되고, 申告(신고)·申請(신청)·內申(내신)·上申(상신)·申聞鼓(신문고)·申申當付(신신당부)·申師任堂(신사임당)에서 보듯 그 음이 '신'이 된 글자다.

귀신 신

중 594 어문 6급 진흥 5급

示자로 인해 제상[示]에 제물을 올려 제사 지내는 대상인 귀신과 관련해 그 뜻이 '귀신'이 되고, 申자로 인해 鬼神(귀신)·三神(삼신)·神仙(신선)·神童(신동)·竈王神(조왕신)·四神圖(사신도)·天佑神助(천우신조)·無神論者(무신론자)에서처럼 그 음이 '신'이 된 글자다.

펼 신

고 577 어문 3급 진흥 2급

人(亻)자로 인해 사람[人]이 기지개를 편다 하여 그 뜻이 '펴다'가 되고, 申자로 인해 伸縮(신축)·伸寃(신원)·追伸(추신)·屈伸(굴신)·引伸義(인신의)·女權伸張(여권신장)에서처럼 그 음이 '신'이 된 글자다.

번개 전 금문

중 595 어문 7급 진흥 5급

번개와 관련해 그 자형이 비롯된 申자에 雨자를 덧붙여 그 뜻 '번개'를 더욱 분명히 하고, 申자의 음과 달리 電氣(전기)·電話(전화)·節電(절전)·弔電(조전)·無電機(무전기)·電光石火(전광석화)에서 보듯 그 음이 '전'이 된 글자다.

땅 곤

중 596 어문 3급 진흥 3급

土자로 인해 흙[土]으로 이뤄진 땅과 관련해 그 뜻이 '땅'이 되고, 申자로 인해 坤殿(곤전)·坤卦(곤괘)·坤宮(곤궁)·乾離坎坤(건이감곤)·乾坤一擲(건곤일척)에서처럼 그 음이 '곤'이 된 글자다

참고
238

정수리 신 / 소전

숫구멍이 있는 머리 위의 정수리 부분을 나타낸 데서 그 뜻이
'정수리'가 되고, 囟門(신문)·囟陷(신함)에서처럼 그 음이 '신'이
된 글자다.

思
생각 사 / 소전

중 597 어문 5급 진흥 4급

恖자가 본자(本字)다. 心자로 인해 마음[心]에 품은 생각과 관련해
그 뜻이 '생각'이 되고, 오늘날 田의 형태로 쓰지만 囟자로 인해
思想(사상)·思念(사념)·思慮(사려)·思惟(사유)·相思病(상사병)·勞心
焦思(노심초사)에서처럼 그 음이 '사'가 된 글자다.

細
가늘 세 / 소전

중 598 어문 4급 진흥 4급

絤자가 본자(本字)다. 糸자로 인해 실[糸]이 가늘다 하여 그 뜻이
'가늘다'가 되고, 오늘날 田의 형태로 쓰이고 있지만 囟자로 인해
細分(세분)·細密(세밀)·微細(미세)·纖細(섬세)·明細書(명세서)·細部
的(세부적)·竹細工品(죽세공품)에서처럼 그 음이 '세'가 된 글자다.

중 599
한국어문회
6급
한자진흥회
5급

잃을 실 / 소전

손[手]에서 무언가 떨어져 나가는 모양을 나타내면서 떨어져 나가 잃었다 하여 그
뜻이 '잃다'가 되고, 紛失(분실)·得失(득실)·失手(실수)·失敗(실패)·遺失物(유실
물)·啞然失色(아연실색)·早失父母(조실부모)에서 보듯 그 음이 '실'이 된 글자다.

秩
차례 질

고 578 어문 3급 진흥 3급

禾자로 인해 수확(收穫)한 벼[禾]를 차곡
차곡 차례대로 쌓아 올린다 하여 그 뜻
이 '차례'가 되고, 失자로 인해 秩序(질
서)에서처럼 그 음이 '질'이 된 글자다.

집[宀] 안의 상자[冊의 형태] 속에 귀한 재물[貝]이 가득 찬 모양을 나타내면서 다시 속이 가득 찬 열매와 관련되어 그 뜻이 '열매'가 되고, 果實(과실)·結實(결실)·實柏(실백)·實學(실학)·有實樹(유실수)·實名制(실명제)·虛虛實實(허허실실)에서처럼 그 음이 '실'이 된 글자다.

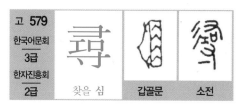

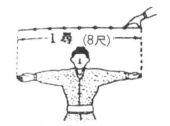

두 손을 벌려 돗자리의 길이를 재는 모습을 나타내면서 다시 두 손을 벌려 무언가 찾는다 하여 그 뜻이 '찾다'가 되고, 尋訪(심방)·尋常(심상)에서처럼 그 음이 '심'이 된 글자다. 나중에 두 손은 ⇃(又)자와 寸자로, 돗자리는 口의 형태로 간략하게 쓰면서 도구인 工자가 덧붙여졌다.

원래 집[宀] 안에서 입[口]으로 먹는 쌀[釆의 형태]을 잘 살핀다 하여 그 뜻이 '살피다'가 되고, 審査(심사)·審問(심문)·豫審(예심)·壘審(누심)·審判席(심판석)·陪審員(배심원)·不審檢問(불심검문)에서처럼 그 음이 '심'이 된 글자다. 후에 쌀이 釆의 형태로 변하고 입이 田의 형태로 변했다.

한 쌍의 새[雔]를 손[又]에 잡고 있음을 나타내면서 손에 잡고 있는 새가 한 쌍이라 하여 그 뜻이 '쌍'이 되고, 雙璧(쌍벽)·雙方(쌍방)·雙手(쌍수)·雙劍(쌍검)·雙十節(쌍십절)·雙生兒(쌍생아)·天下無雙(천하무쌍)에서처럼 그 음이 '쌍'이 된 글자다.

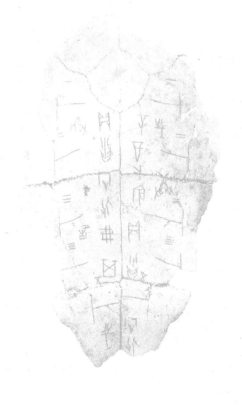

ㅇ는 喉ᅌᅮᇢ音ᅙᅳᆷ이니 如ᅀᅧᆼ欲ᅀᅭᆨ字ᄍᆞᆼ初총

發ᄫᅡᇙ聲셩ᄒᆞ니라

ㅇ는 목소리니 欲字ᄍᆞᆼ처ᅀᅥᆷ펴아나ᄂᆞ니

소리ᄀᆞᄐᆞ니라

| 중 601 한국어문회 3급 한자진흥회 3급 | 我 나 아 |  갑골문 | 금문 | 소전 |

자루에 톱 모양의 날이 붙은 창[戈]을 나타냈으나 후대로 내려오면서 일인칭 대명사인 나를 가리키는 데 빌려 쓰이면서 그 뜻이 '나'가 되고, 自我(자아)·小我(소아)·我軍(아군)·我執(아집)·彼我間(피아간)·物我一體(물아일체)·無我之境(무아지경)에서 보듯 그 음이 '아'가 된 글자다.

餓 주릴 아
고 582 어문 3급 진흥 3급

食자로 인해 밥[食]이 없어 먹지 못하고 주린다 하여 그 뜻이 '주리다'가 되고, 我자로 인해 饑餓(기아)·餓鬼(아귀)·餓死(아사)에서처럼 그 음이 '아'가 된 글자다.

義 옳을 의
중 602 어문 4급 진흥 4급

갑골문

톱 모양의 날이 붙은 창[我]의 위쪽에 깃털[羊의 형태]이 장식(裝飾)되어 있는 모양을 나타낸 글자다. 깃털이 장식된 것은 의식(儀式)을 행할 때에 위용(威容)을 더해 주기 위한 것이며 그 의식을 행하는 명분(名分)이 옳다는 데서 그 뜻이 '옳다'가 되고, 다시 我자로 인해 正義(정의)·不義(불의)·義人(의인)·義理(의리)·義俠心(의협심)·見利思義(견리사의)·君臣有義(군신유의)에서처럼 그 음이 '의'가 된 글자다.

議 의논할 의
중 603 어문 4급 진흥 3급

言자로 인해 말[言]을 서로 나눠 의논한다 하여 그 뜻이 '의논하다'가 되고, 義자로 인해 議論(의논)·議長(의장)·會議(회의)·物議(물의)·稟議書(품의서)·不可思議(불가사의)에서처럼 그 음이 '의'가 된 글자다.

儀 거동 의
고 583 어문 4급 진흥 3급

人(亻)자로 인해 남에게 본보기가 될 만한 사람[人]의 거동(舉動)과 관련해 그 뜻이 '거동'이 되고, 義자로 인해 儀禮(의례)·儀軌(의궤)·禮儀(예의)·賻儀(부의)·儀仗隊(의장대)·祝儀金(축의금)·儀典行事(의전행사)에서처럼 그 음이 '의'가 된 글자다.

고 584	亞	✚	⬜	亞
한국어문회 3급				
한자진흥회 3급	버금 아	갑골문	금문	소전

위에서 본 무덤의 터를 나타낸 것으로 보이나 후대에 버금을 가리키는 데 빌려 쓰면서 그 뜻이 '버금'이 되고, 亞流(아류)·亞聖(아성)·亞熱帶(아열대)·亞字窓(아자창)·亞細亞(아세아)·亞米利加(아미리가)·大東亞共榮圈(대동아공영권)에서 보듯 그 음이 '아'가 된 글자다.

惡

악할 악

중 604 어문 5급 진흥 4급

心자로 인해 마음[心]이 악하다 하여 그 뜻이 '악하다'가 되고, 亞자로 인해 善惡(선악)·改惡(개악)·惡女(악녀)·惡水(악수)·必要惡(필요악)·社會惡(사회악)·惡德地主(악덕지주)에서처럼 그 음이 '악'이 된 글자다. 마음[心] 속으로 누군가 미워한다 하여 그 뜻이 '미워하다'와 관련될 때는 憎惡(증오)·嫌惡(혐오)·惡寒(오한)·惡鬼(오귀/악귀)·羞惡之心(수오지심)에서처럼 그 음을 '오'로 읽는다.

중 605	兒			
한국어문회 5급				
한자진흥회 4급	아이 아	갑골문	금문	소전

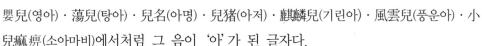

아직 숫구멍이 여물지 않은 큰 머리[臼의 형태]의 아이를 나타내면서 그 뜻이 '아이'가 되고, 嬰兒(영아)·蕩兒(탕아)·兒名(아명)·兒猪(아저)·麒麟兒(기린아)·風雲兒(풍운아)·小兒痲痺(소아마비)에서처럼 그 음이 '아'가 된 글자다.

중 606
한국어문회 6급
한자진흥회 5급

樂

풍류 악

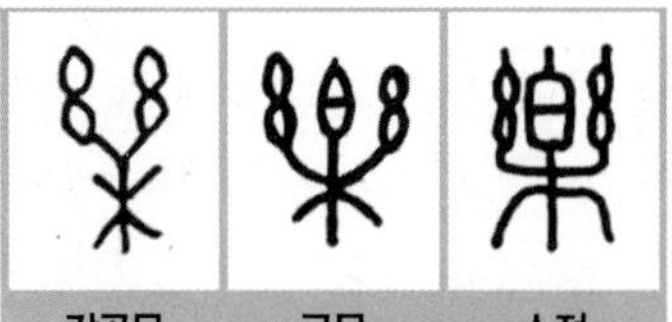

갑골문 금문 소전

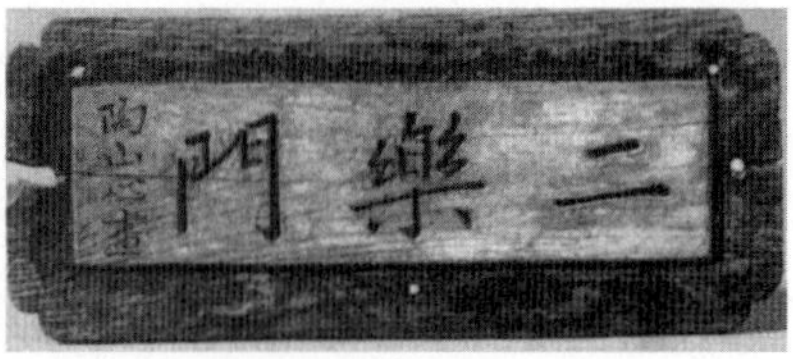

나중에 엄지손가락으로 여겨지는 白의 형태가 덧붙여지지만 원래 줄을 꼬아 나무에 묶은 옛날 악기(樂器)를 나타내면서 악기와 밀접한 음악을 예스럽게 이르는 말인 풍류와 관련해 그 뜻이 '풍류'가 되고, 樂器(악기)·樂士(악사)·音樂(음악)·歌樂(가악)·交響樂(교향악)·宗廟祭禮樂(종묘제례악)에서 보듯 그 음이 '악'이 된 글자다. 나아가 풍류는 사람을 즐겁게 해 주므로 '즐겁다'의 뜻을 지닐 때는 快樂(쾌락)·行樂(행락)·食道樂(식도락)·喜喜樂樂(희희낙락)·君子三樂(군자삼락)에서처럼 그 음을 '락'으로 읽고, 풍류는 모든 이가 좋아하므로 '좋아하다'의 뜻을 지닐 때는 知者樂水(지자요수)·仁者樂山(인자요산)·樂山樂水(요산요수)에서처럼 그 음을 '요'로 읽는다.

藥

약 약

중 607 어문 6급 진흥 5급

艸(艹)자로 인해 병(病)을 고치는 효과가 있어서 약이 되는 풀[艸]과 관련해 그 뜻이 '약'이 되고, 樂자로 인해 藥草(약초)·藥食(약식)·痲藥(마약)·媚藥(미약)·蛔蟲藥(회충약)·食藥同源(식약동원)·製藥會社(제약회사)·萬病通治藥(만병통치약)에서처럼 그 음이 '약'이 된 글자다.

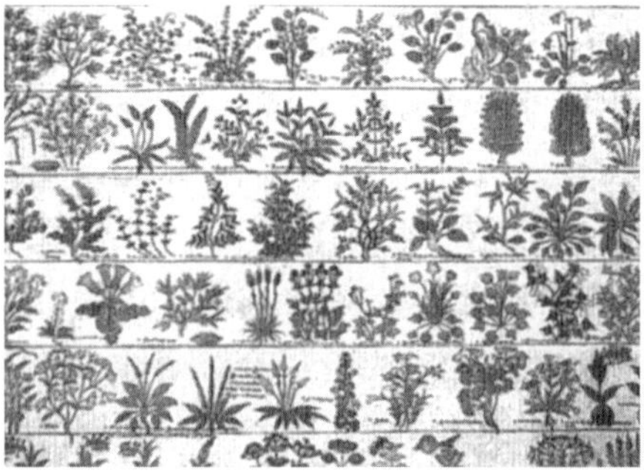

중 608
한국어문회 7급
한자진흥회 5급

安

편안할 안

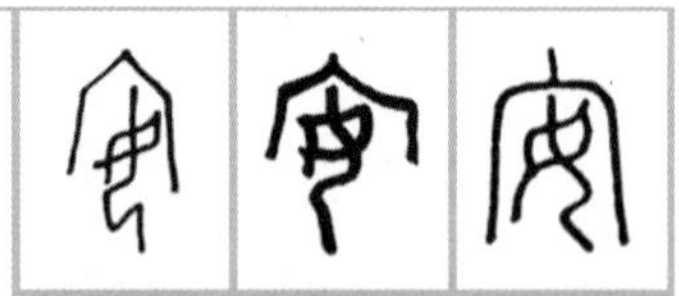

갑골문 금문 소전

집[宀] 안에 여자[女]가 있는 모습을 나타내면서 집에는 살림하는 여자가 있어야 편안하다 하여 그 뜻이 '편안하다'가 되고, 便安(편안)·問安(문안)·安心(안심)·安堵(안도)·安樂死(안락사)·無事安逸(무사안일)·坐不安席(좌불안석)에서 보듯 그 음이 '안'이 된 글자다.

案
책상 안

중 609 어문 5급 진흥 4급

木자로 인해 주로 글을 읽거나 쓰는 데 사용하기 위해 나무[木]로 만든 책상과 관련해 그 뜻이 '책상'이 되고, 安자로 인해 案前(안전)·案內(안내)·敎案(교안)·勘案(감안)·酒案床(주안상)·擧案齊眉(거안제미)·實用新案(실용신안)에서처럼 그 음이 '안'이 된 글자다.

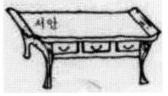

참고
239

晏
편안할 안

| | 갑골문 | 소전 |

햇볕[日]을 쬐며 앉아 있는 여자[女]의 모습이 편안하게 보인다 하여 그 뜻이 '편안하다'가 되고, 자신이 덧붙여져 음의 역할을 하는 鷃[메추라기 안]자처럼 그 음이 '안'이 된 글자다.

고 585 어문 3급 한자 3급

宴
잔치 연

宀자로 인해 집[宀]에서 편안하게 즐기는 잔치와 관련해 그 뜻이 '잔치'가 되고, 晏자로 인해 宴會(연회)·宴席(연석)·酒宴(주연)·饗宴(향연)·古稀宴(고희연)·送別宴(송별연)에서처럼 그 음이 '연'이 된 글자다.

ㅇ

고 586
한국어문회
3급
한자진흥회
3급

央
가운데 앙

| | 갑골문 | 금문 | 소전 |

형틀 같은 것의 가운데에 머리가 씌워져 있는 모습을 나타내면서 그 뜻이 '가운데'가 된 것으로 보이고, 中央(중앙)·震央地(진앙지)에서 보듯 그 음이 '앙'이 된 글자다.

고 587 어문 3급 진흥 2급

殃
재앙 앙

歹자로 인해 죽음[歹]이 큰 재앙이 되므로 그 뜻이 '재앙'이 되고, 央자로 인해 災殃(재앙)·殃禍(앙화)·天殃(천앙)·餘殃(여앙)·殃及池魚(앙급지어)·池魚之殃(지어지앙)에서처럼 그 음이 '앙'이 된 글자다.

英 꽃부리 영

중 610 어문 6급 진흥 5급

艸(艹)자로 인해 초목[艸]에 피는 꽃의 가장 아름다운 부분인 꽃부리와 관련해 그 뜻이 '꽃부리'가 되고, 央자로 인해 英敏(영민)·英特(영특)·英雄(영웅)·英語(영어)·紫雲英(자운영)·育英事業(육영사업)·殉國英靈(순국영령)에서처럼 그 음이 '영'이 된 글자다.

映 비칠 영

고 588 어문 4급 진흥 3급

日자로 인해 햇빛[日]이 밝게 비친다 하여 그 뜻이 '비치다'가 되고, 央자로 인해 映窓(영창)·映畫(영화)·反映(반영)·放映(방영)·映寫機(영사기)·映山紅(영산홍)에서처럼 그 음이 '영'이 된 글자다.

참고 240

卬 나 앙 / 소전

서 있는 사람을 꿇어앉은 사람이 우러르는 모습을 나타내면서 원래 '우러르다'의 뜻을 지녔으나 후대에 다시 우러르는 이가 나라고 하여 그 뜻이 '나'가 되고, 자신의 원래 뜻을 대신하는 仰[우러를 앙]자처럼 그 음이 '앙'이 된 글자다.

仰 우러를 앙

중 611 어문 3급 진흥 3급

卬자를 대신해 人(亻)자를 덧붙여 그 뜻이 '우러르다'가 되고, 卬자처럼 推仰(추앙)·崇仰(숭앙)·仰祝(앙축)·仰望(앙망)·信仰心(신앙심)·仰天大笑(앙천대소)·仰釜日影(앙부일영)에서 보듯 그 음이 '앙'이 된 글자다.

迎 맞이할 영

중 612 어문 4급 진흥 3급

辵(辶)자로 인해 길[辵]로 나아가 오는 사람을 맞이한다 하여 그 뜻이 '맞이하다'가 되고, 卬자로 인해 送迎(송영)·歡迎(환영)·迎入(영입)·迎接(영접)·迎賓館(영빈관)·迎恩門(영은문)·送舊迎新(송구영신)에서처럼 그 음이 '영'이 된 글자다.

抑 누를 억

고 589 어문 3급 진흥 2급

원래 손으로 사람을 누르는 모습으로 나타냈으나 후에 手(扌)자와 卬자가 합쳐진 글자로 바뀌었다. 手(扌)자로 인해 손[手]으로 누른다 하여 그 뜻이 '누르다'가 되고, 卬자로 인해 抑壓(억압)·抑制(억제)·抑揚(억양)·抑鬱(억울)·抑止力(억지력)·抑何心情(억하심정)·抑强扶弱(억강부약)에서처럼 그 음이 '억'이 된 글자다.

ㅇ

고 590 한국어문회 3급 한자진흥회 2급	厄 재앙 액	금문	소전

수레를 끄는 가축의 목에 얹는 멍에를 나타내면서 다
시 멍에로 가축을 구속하듯 사람을 구속하는 것이 재앙이라
하여 그 뜻이 '재앙'이 되고, 厄運(액운)·厄年(액년)·橫厄(횡
액)·災厄(재액)·落眉之厄(낙미지액)에서처럼 그 음이 '액'이 된
글자다. 멍에를 뜻하는 글자는 후에 車자를 덧붙여 軛[멍에 액]자로 썼다.

중 613 한국어문회 3급 한자진흥회 4급	若 같을 약	갑골문	금문	소전

머리를 풀어 헤친 여자가 무릎을 꿇고 앉아 두 손을 들고
순종하고 있음을 나타내면서 상대의 명(命)과 같게 행한다
하여 '같다'의 뜻을 지니게 되고, 萬若(만약)·若干(약간)·
口若懸河(구약현하)에서 보듯 그 음이 '약'이 된 글자다. 般
若心經(반야심경)에서처럼 불가(佛家)에서는 그 음을 '야'로도 읽는다.

諾 대답할 낙	고 591 어문 3급 진흥 2급

言자로 인해 남의 말[言]에 응하여 대답한다 하여 그 뜻이 '대답하다'가 되
고, 若자로 인해 承諾(승낙)·應諾(응낙)·唯唯諾諾(유유낙낙)에서처럼 그 음이
'낙'이 된 글자다. 許諾(허락)·受諾(수락)·快諾(쾌락)·唯諾(유락)에서처럼 그
음을 '락'으로 읽기도 한다.

중 614 한국어문회 6급 한자진흥회 5급	弱 약할 약	소전

대나무와 뽕나무처럼 장력(張力)이 서로 다른 두 재
질의 나무로 이뤄진 활[弱]을 동여맨 실이 풀어진
모양을 나타낸 것으로 보인다. 실이 풀어진 활의 된
력이 약하다 하여 그 뜻이 '약하다'가 되고, 强弱(강
약)·懦弱(나약)·弱骨(약골)·弱卒(약졸)·脆弱點(취약점)·老弱者(노약자)·弱小民族
(약소민족)에서처럼 그 음이 '약'이 된 글자다.

참고 241	昜 볕 양	昜 갑골문	昜 금문	昜 소전	

陽[볕 양]자의 원래 글자다. 해[日]가 제단(祭壇)처럼 높은 곳 위로 떠오르는 모양 아래에 햇볕을 나타낸 형태[彡]가 덧붙여져 그 뜻이 '볕'이 되고, 陽[볕 양]자처럼 그 음이 '양'이 된 글자다.

陽 볕 양

중 615 어문 6급 진흥 5급

昜자의 뜻 '볕'을 더욱 분명히 하기 위해 햇볕이 내리쬐는 남쪽의 언덕[阜]과 관련된 阜(阝)자를 덧붙이고, 陽地(양지)·陽傘(양산)·陰陽(음양)·漢陽(한양)·重陽節(중양절)·陽性反應(양성반응)·陽動作戰(양동작전)에서처럼 그 음이 '양'이 된 글자다.

揚 오를 양

중 616 어문 3급 진흥 3급

手(扌)자로 인해 손[手]으로 높이 날려 오르게 한다 하여 그 뜻이 '오르다'가 되고, 昜자로 인해 高揚(고양)·揭揚(게양)·止揚(지양)·揚力(양력)·揚水機(양수기)·意氣揚揚(의기양양)·士氣昂揚(사기앙양)에서처럼 그 음이 '양'이 된 글자다.

楊 버들 양

고 592 어문 3급 진흥 2급

木자로 인해 잎이 크고 가지가 억센 나무[木]인 버들과 관련해 그 뜻이 '버들'이 되고, 昜자로 인해 楊柳(양류)·楊枝(양지)·垂楊(수양)·白楊(백양)·楊貴妃(양귀비)·黃楊木(황양목)·綠楊芳草(녹양방초)에서처럼 그 음이 '양'이 된 글자다.

傷 상할 상

중 617 어문 4급 진흥 3급

人(亻)자와 무기의 일종인 矢자의 생략된 형태로 인해 사람[人]이 화살[矢]과 같은 무기로 몸이 상하였다 하여 그 뜻이 '상하다'가 되고, 昜자로 인해 傷處(상처)·傷心(상심)·火傷(화상)·食傷(식상)·擦過傷(찰과상)·破傷風(파상풍)·傷痍軍人(상이군인)·中傷謀略(중상모략)에서처럼 그 음이 '상'이 된 글자다.

場 마당 장

중 618 어문 7급 진흥 5급

土자로 인해 흙[土]이 고르게 깔려 있는 농사짓지 않는 넓은 마당과 관련해 그 뜻이 '마당'이 되고, 昜자로 인해 市場(시장)·六場(육장)·亂場(난장)·道場(도장/→ 도량)·運動場(운동장)·阿修羅場(아수라장)·一場春夢(일장춘몽)에서처럼 그 음이 '장'이 된 글자다.

肉(月)자로 인해 살[肉]이 붙어 있는 인체의 한 부위인 창
자와 관련해 그 뜻이 '창자'가 되고, 昜자로 인해 斷腸(단
장)·換腸(환장)·脫腸(탈장)·灌腸(관장)·大腸菌(대장균)·腔
腸動物(강장동물)·九折羊腸(구절양장)에서처럼 그 음이 '장'
이 된 글자다.

腸
창자 **장**

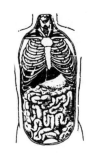

번개가 내리칠 때에 번쩍이며 빛이 펼쳐지는 모양에서 비롯된 申[펼 신 →
중 593 참고]자로 인해 그 뜻이 '펴다'가 되고, 昜자로 인해 流暢(유창)·和暢
(화창)·文化暢達(문화창달)·萬化方暢(만화방창)에서처럼 그 음이 '창'이 된 글
자다.

暢
펼 **창**

水(氵)자로 인해 물[水]이 뜨겁게 끓는다 하여 그 뜻이 '끓다'가 되고, 昜자로
인해 混湯(혼탕)·浴湯(욕탕)·白沸湯(백비탕)·大口湯(대구탕)·補身湯(보신탕)·
龍味鳳湯(용미봉탕)에서처럼 그 음이 '탕'이 된 글자다.

湯
끓을 **탕**

참고
242

다스릴 양(녕)　금문　소전

사람이 농사 도구를 가지고 농토를 다스려 일군다 하여 그 뜻이 '다스리다'가 된
것으로 보이고, 자신이 덧붙여져 음의 역할을 하는 蘘[풀 이름 양]자나 襄[도울 양
= 襄]자처럼 그 음이 '양'이 된 글자다.

참고 243

衣자로 인해 옷[衣]이 추위 등으로부터 몸을 돕는 역할을 한다 하
여 그 뜻이 '돕다'가 된 것으로 보이고, 후대에 그 모양이 변했지
만 㗊자로 인해 宋襄之仁(송양지인)에서 보듯 그 음이 '양'이 된 글
자다.

襄
도울 **양**　　금문

言자로 인해 남의 말[言]을 좇아 자신의 뜻을 굽히고 사양한다 하여 그 뜻이
'사양하다'가 되고, 襄자로 인해 讓步(양보)·讓渡(양도)·讓退(양퇴)·分讓(분
양)·禪讓(선양)·移讓(이양)·辭讓之心(사양지심)에서처럼 그 음이 '양'이 된 글
자다.

讓
사양할 **양**

壤
흙 양

土자로 인해 땅 위에 쌓인 흙[土]과 관련해 그 뜻이 '흙'이 되고, 襄자로 인해 土壤(토양) · 平壤(평양) · 擊壤歌(격양가) · 鼓腹擊壤(고복격양) · 天壤之差(천양지차)에서처럼 그 음이 '양'이 된 글자다.

참고 244
깃발 언 | 갑골문 | 금문 | 소전

깃대에 달린 깃발을 나타낸 데서 그 뜻이 '깃발'이 되고, 그 음이 '언'이 된 글자다.

旋
돌 선

疋자로 인해 발[疋]로 일정하게 경계가 되는 지역의 둘레를 돈다 하여 그 뜻이 '돌다'가 되고, 㫃자로 인해 旋回(선회) · 旋風(선풍) · 周旋(주선) · 斡旋(알선) · 螺旋形(나선형) · 凱旋門(개선문) · 旋盤作業(선반작업)에서처럼 그 음이 '선'이 된 글자다.

참고 245
倝
해 돋을 간 금문

깃대에 깃발이 달린 모양을 나타낸 㫃자보다 깃대가 좀 더 장식된 모양을 나타낸 글자다. 그러나 후대에 자형 가운데 보이는 旦의 형태로 인해 '해 돋다'의 뜻을 지니게 된 것으로 보이고, 㫃자로 인해 '간'의 음으로 읽히게 된 것으로 보인다.

乾
마를 건

乙자로 인해 원래 초목이 땅 위로 자라나는 모양[乙]에서 위로 나오다의 뜻을 지녔으나 땅 위에 나와 있으면 초목이 마르게 된다 하여 결국 그 뜻이 '마르다'가 되고, 倝자로 인해 乾燥(건조) · 乾草(건초) · 乾期(건기) · 乾濕(건습) · 乾葡萄(건포도) · 乾魚物(건어물) · 乾酒酊(건주정) · 乾電池(건전지) · 乾坤一擲(건곤일척)에서처럼 그 음이 '건'이 된 글자다.

幹
줄기 간 소전

倝자와 木자가 어우러진 榦자가 본래 글자다. 오늘날은 干의 형태로 바뀌었지만 원래 木자로 인해 나무[木] 줄기와 관련해 그 뜻이 '줄기'가 되고, 倝자로 인해 根幹(근간) · 才幹(재간) · 幹部(간부) · 幹事(간사) · 幹線道路(간선도로) · 白頭大幹(백두대간)에서처럼 그 음이 '간'이 된 글자다.

중 621 어문 8급 진흥 5급

韓 / 韓

나라 이름 한 / 소전

원래 倝자와 韋자가 어우러진 韓자가 본자(本字)다. 韋자로 인해 본래 우물 주위를 둘러싼 [韋] 틀(우물귀틀)을 뜻했으나 오늘날 나라 이름으로 사용되는 데서 그 뜻이 '나라 이름'이 되고, 三韓(삼한) · 來韓(내한) · 韓國(한국) · 韓紙(한지) · 韓民族(한민족) · 大韓民國(대한민국)에서처럼 그 음이 '한'이 된 글자다.

고 599
한국어문회 3급
한자진흥회 2급
어조사 언 / 금문 / 소전

본래 새를 나타냈으나 후에 어조사의 역할을 하는 데 빌려 쓰면서 그 뜻이 '어조사'가 되고, 終焉(종언) · 於焉(어언) · 焉哉乎也(언재호야) · 吾不關焉(오불관언) · 焉敢生心(언감생심)에서처럼 그 음이 '언'이 된 글자다.

중 622
한국어문회 6급
한자진흥회 5급
업 업 / 금문 / 소전

윗부분을 톱날처럼 만들어서 종(鐘)과 같은 악기를 여러 개 매다는 틀을 나타내면서 종과 같은 악기를 다루어 생계를 잇는 일이 업으로 자손에게 이어졌던 데서 그 뜻이 '업'이 된 것으로 보이고, 家業(가업) · 同業(동업) · 學業(학업) · 窯業(요업) · 失業者(실업자) · 酪農業(낙농업) · 産業革命(산업혁명) · 高利貸金業(고리대금업)에서처럼 그 음이 '업'이 된 글자다.

중 623
한국어문회 3급
한자진흥회 3급
나 여 / 갑골문 / 금문 / 소전

지붕과 대들보와 기둥이 있는 간단한 형태의 집을 나타냈으나 후에 舍[집 사]자가 그 뜻을 대신하고 나를 가리키는 데 빌려 쓰면서 '나'의 뜻을 지니게 되고, 자신이 덧붙여져 음의 역할을 하는 餘[남을 여]자처럼 '여'의 음을 지니게 된 글자다.

餘
남을 여

중 624 어문 4급 진흥 4급
食자로 인해 배부르게 먹고도 밥[食]이 남는다 하여 그 뜻이 '남다'가 되고, 余자로 인해 殘餘(잔여)·剩餘(잉여)·餘白(여백)·餘生(여생)·餘集合(여집합)·讀書三餘(독서삼여)에서처럼 그 음이 '여'가 된 글자다.

徐
천천할 서

고 600 어문 3급 진흥 2급
彳자로 인해 길[彳]을 천천히 간다 하여 그 뜻이 '천천하다'가 되고, 余자로 인해 徐徐(서서)·徐行(서행)·徐脈(서맥)에서처럼 그 음이 '서'가 된 글자다.

敍
베풀 서

고 601 어문 3급 진흥 2급
攴자로 인해 무언가 다그쳐[攴] 베풀어 놓는다 하여 그 뜻이 '베풀다'가 되고, 余자로 인해 敍述(서술)·敍勳(서훈)·追敍(추서)·自敍傳(자서전)·敍事詩(서사시)·蔭敍制度(음서제도)에서처럼 그 음이 '서'가 된 글자다. 叙자는 속자(俗字)다.

斜
기울 사

고 602 어문 3급 진흥 2급
斗자로 인해 곡물(穀物)을 떠내기 위해 국자[斗]를 비스듬하게 기울인다 하여 그 뜻이 '기울다'가 되고, 余자로 인해 傾斜(경사)·斜塔(사탑)·斜線(사선)·斜視(사시)·緩斜面(완사면)·斜陽産業(사양산업)·口眼喎斜(구안와사)에서처럼 그 음이 '사'가 된 글자다.

除
섬돌 제

중 625 어문 4급 진흥 4급
阜(阝)자로 인해 언덕[阜]을 편안히 오르내리기 위해 만들어진 섬돌과 관련해 그 뜻이 '섬돌'이 되고, 余자로 인해 除去(제거)·除夜(제야)·排除(배제)·控除(공제)·除草劑(제초제)·除雪劑(제설제)·加減乘除(가감승제)에서처럼 그 음이 '제'가 된 글자다.

茶
차 다(차) 소전

고 603 어문 3급 진흥 3급
茶자가 본자(本字)다. 艸(艹)자로 인해 음료(飮料)로 사용하는 쓴맛을 지닌 식물[艸]인 차와 관련해 그 뜻이 '차'가 되고, 余자의 생략된 자형으로 인해 茶房(다방)·茶菓(다과)·茶禮(차례)·綠茶(녹차)·紅茶(홍차)·穀茶(곡차)·茶啖床(다담상)·雨前茶(우전차)에서처럼 그 음이 '다'나 '차'가 된 글자다.

途
길 도

고 604 어문 3급 진흥 2급
辵(辶)자로 인해 사람이나 수레가 다니는 길[辵]과 관련해 그 뜻이 '길'이 되고, 余자로 인해 中途(중도)·壯途(장도)·用途(용도)·途上國(도상국)·日暮途遠(일모도원)·前途有望(전도유망)에서처럼 그 음이 '도'가 된 글자다.

涂
길 도

水(氵)자로 인해 물[水]이 흐르는 도랑을 따라 난 길과 관련해 그 뜻이 '길'이 되고, 余자로 인해 그 음이 '도'가 된 글자다.

고 605 어문 3급 진흥 2급

塗
진흙 도

土자로 인해 질척하게 짓이겨진 흙[土]인 진흙과 관련해 그 뜻이 '진흙'이 되고, 余자가 음의 역할을 하는 涂자로 인해 塗褙(도배) · 塗色(도색) · 糊塗(호도) · 塗貌紙(도모지) · 一敗塗地(일패도지) · 道聽塗說(도청도설)에서처럼 그 음이 '도'가 된 글자다.

중 626 어문 4급 진흥 4급

舍
집 사   금문

집에서 비롯된 余자와 건물(建物)의 토대(土臺)를 나타낸 것으로 보이는 口의 형태가 합쳐져 그 뜻이 '집'이 되고, 屋舍(옥사) · 幕舍(막사) · 舍宅(사택) · 舍監(사감) · 寄宿舍(기숙사) · 寮舍寨(요사채) · 祇園精舍(기원정사) · 舍己從人(사기종인)에서처럼 그 음이 '사'가 글자다.

고 606 어문 3급 진흥 3급

捨
버릴 사

手(扌)자로 인해 손[手]으로 집어 버린다 하여 그 뜻이 '버리다'가 되고, 舍자로 인해 喜捨(희사) · 捨石(사석) · 取捨選擇(취사선택) · 四捨五入(사사오입) · 捨生取義(사생취의)에서처럼 그 음이 '사'가 된 글자다.

고 607
한국어문회
3급
한자진흥회
2급
줄 여   소전

북 속의 실이 감긴 꾸리를 나타내면서 실이 감긴 꾸리가 베틀 위에서 옷감 짜는 사람의 손에 의해 날실 사이로 왔다갔다 하면서 씨실을 풀어 준다 하여 그 뜻이 '주다'가 된 것으로 보이고, 자신이 덧붙여져 음의 역할을 하는 妤[여관 여] · 伃[아름다울 여]자처럼 그 음이 '여'가 된 글자다.

野 들 야

중 627 어문 6급 진흥 5급

里자로 인해 사람이 모여 사는 마을[里]의 주위를 에워싼 지역(地域)인 들과 관련해 그 뜻이 '들'이 되고, 予자로 인해 山野(산야)·平野(평야)·野菜(야채)·野心(야심)·野獸派(야수파)·野遊會(야유회)·在野人士(재야인사)에서처럼 그 음이 '야'가 된 글자다.

豫 미리 예

고 608 어문 4급 진흥 2급

象[코끼리 상 → 고 523 참고]자로 인해 원래 큰 코끼리[象]를 뜻했으나 후대에 미리를 가리키는 데 빌려 쓰이면서 그 뜻이 '미리'가 되고, 予자로 인해 豫防(예방)·豫買(예매)·豫斷(예단)·豫習(예습)·豫言書(예언서)·宣告猶豫(선고유예)·日氣豫報(일기예보)에서처럼 그 음이 '예'가 된 글자다.

序 차례 서

중 628 어문 5급 진흥 4급

广자로 인해 원래 집[广] 둘레에 동서(東西)로 뻗친 담과 관련된 뜻을 지녔으나 후대에 담이 집 둘레에 이어져 있듯 이어지는 차례와 관련되면서 그 뜻이 '차례'가 되고, 予자로 인해 順序(순서)·秩序(질서)·序曲(서곡)·序文(서문)·長幼有序(장유유서)에서처럼 그 음이 '서'가 된 글자다.

참고 247 舁 마주 들 여

갑골문	금문	소전

위의 두 손[臼]과 아래의 두 손[廾]을 모아 무언가 마주 들고 있음을 나타낸 데서 그 뜻이 '마주 들다'가 되고, 자신이 덧붙여져 음의 역할을 하는 輿[수레 여]·與[줄 여]자처럼 그 음이 '여'가 된 글자다.

輿 수레 여

고 609 어문 3급 진흥 2급

車자로 인해 사람이 손으로 드는 수레[車]와 관련해 그 뜻이 '수레'가 되고, 舁자로 인해 喪輿(상여)·肩輿(견여)·輿論(여론)·輿望(여망)·大東輿地圖(대동여지도)에서처럼 그 음이 '여'가 된 글자다.

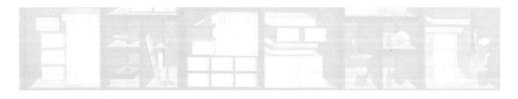

與
줄 여 / 금문

舁자로 인해 네 손으로 마주 들어[舁] 준다 하여 그 뜻이 '주다'가 되고, 舁자의 음 '여'를 더욱 분명히 해 주기 위해 牙자가 변화된 것으로 보이는 与의 형태가 덧붙여진 글자다. 授與(수여)·付與(부여)·與否(여부)·與黨(여당)·賞與金(상여금)·與民同樂(여민동락)에 쓰인다.

譽
기릴 예

言자로 인해 남이 한 일을 말[言]로 기린다 하여 그 뜻이 '기리다'가 되고, 與자로 인해 名譽(명예)·榮譽(영예)에서처럼 그 음이 '예'가 된 글자다.

擧
들 거

手자로 인해 손[手]을 든다 하여 그 뜻이 '들다'가 되고, 與자로 인해 擧動(거동)·擧論(거론)·科擧(과거)·暴擧(폭거)·擧國的(거국적)·擧手敬禮(거수경례)·一擧兩得(일거양득)에서처럼 그 음이 '거'가 된 글자다.

易
바꿀 역 / 갑골문 / 금문 / 소전

술잔을 바꾸어 술을 담는 모양의 일부를 나타내면서 술을 다른 술잔으로 바꾸어 담는다 하여 그 뜻이 '바꾸다'가 되고, 交易(교역)·貿易(무역)·易地思之(역지사지)·易子教之(역자교지)에서 보듯 그 음이 '역'이 된 글자다. 容易(용이)·安易(안이)·便易(편이)·平易(평이)·簡易驛(간이역)·難易度(난이도)에서처럼 '쉽다'의 뜻으로 쓰일 때는 그 음을 '이'로 읽는다.

賜
줄 사

貝자로 인해 윗사람이 재물[貝]을 내려 준다 하여 그 뜻이 '주다'가 되고, 易자로 인해 賜藥(사약)·賜姓(사성)·膳賜(선사)·下賜(하사)·御賜花(어사화)·賜几杖(사궤장)·恩賜金(은사금)에서처럼 그 음이 '사'가 된 글자다.

참고 248	睪 엿볼 역	睪 소전

눈[罒의 형태]과 죄인(罪人)에게 채우는 수갑[幸]을 나타낸 데서 눈으로 수갑이 채워진 죄인을 감시(監視)하기 위해 엿본다 하여 그 뜻이 '엿보다'가 되고, 자신이 덧붙여져 음의 역할을 하는 繹[풀어낼 역]·驛[역참 역]·譯[번역할 역]자처럼 그 음이 '역'이 된 글자다.

驛 역참 역

고 612 어문 3급 진흥 3급

馬자로 인해 옛날 공문서(公文書)를 전하기 위해 사용하던 말[馬]을 바꿔 타던 역참과 관련해 그 뜻이 '역참'이 되고, 睪자로 인해 驛站(역참)·驛前(역전)·驛舍(역사)·驛長(역장)·驛馬煞(역마살)·驛勢圈(역세권)·驛傳競走(역전경주)에서처럼 그 음이 '역'이 된 글자다.

譯 번역할 역

고 613 어문 3급 진흥 2급

言자로 인해 다른 나라 말[言]로 번역한다 하여 그 뜻이 '번역하다'가 되고, 睪자로 인해 飜譯(번역)·通譯(통역)·誤譯(오역)·音譯(음역)·譯官(역관)·譯書(역서)에서처럼 그 음이 '역'이 된 글자다.

釋 풀 석

고 614 어문 3급 진흥 2급

釆자로 인해 뒤섞인 것을 분별하여[釆] 푼다 하여 그 뜻이 '풀다'가 되고, 睪자로 인해 解釋(해석)·稀釋(희석)·釋放(석방)·釋然(석연)·保釋金(보석금)·釋尊祭(석존제)·釋迦牟尼(석가모니)에서처럼 그 음이 '석'이 된 글자다.

擇 가릴 택

고 615 어문 4급 진흥 3급

手(扌)자로 인해 손[手]으로 가려 뽑는다 하여 그 뜻이 '가리다'가 되고, 睪자로 인해 選擇(선택)·揀擇(간택)·擇日(택일)·擇地(택지)·擇里志(택리지)·兩者擇一(양자택일)·殺生有擇(살생유택)에서처럼 그 음이 '택'이 된 글자다.

澤 못 택

고 616 어문 3급 진흥 3급

水(氵)자로 인해 물[水]이 고여 있는 못과 관련해 그 뜻이 '못'이 되고, 睪자로 인해 潤澤(윤택)·光澤(광택)·恩澤(은택)·惠澤(혜택)·沼澤地(소택지)·雨露之澤(우로지택)에서처럼 그 음이 '택'이 된 글자다.

참고 249	屰 거스를 역	갑골문	금문	소전

사람이 거꾸로 된 모습을 나타내면서 다시 거꾸로 된 모습은 사리를 거스르는 것이라 하여 그 뜻이 '거스르다'가 되고, 후에 자신의 뜻을 대신한 逆[거스를 역]자처럼 그 음이 '역'이 된 글자다.

逆 거스를 역
중 632 어문 4급 진흥 4급

屰자의 뜻 '거스르다'를 더욱 분명히 하기 위해 길과 관련이 있는 辵(辶)자를 덧붙이고, 逆風(역풍)·逆鱗(역린)·拒逆(거역)·叛逆(반역)·五逆罪(오역죄)·莫逆之友(막역지우)·忠言逆耳(충언역이)에서처럼 屰자와 똑같이 그 음이 '역'이 된 글자다.

朔 초하루 삭
고 617 어문 3급 진흥 2급

月자로 인해 달[月]이 차고 기우는 한 달의 기간(期間) 가운데 첫째 날인 초하루와 관련해 그 뜻이 '초하루'가 되고, 屰자로 인해 滿朔(만삭)·朔望(삭망)·朔風(삭풍)·朔日(삭일)·東方朔(동방삭)·朔月貰(→ 사글세)에서처럼 그 음이 '삭'이 된 글자다.

斥 물리칠 척 (소전)
고 618 어문 3급 진흥 2급

원래 广자와 屰자와 합쳐진 庐자가 정자(正字)다. 广자로 인해 집[广]을 헐어 없앤다는 데서 다시 없애는 것은 물리치는 것이므로 그 뜻이 '물리치다'가 되고, 오늘날은 그 형태가 변했지만 屰자로 인해 排斥(배척)·斥黜(척출)·斥候兵(척후병)·斥和碑(척화비)·衛正斥邪(위정척사)·斥和主戰論(척화주전론)에서처럼 그 음이 '척'이 된 글자다.

訴 하소연할 소
고 619 어문 3급 진흥 2급

言자로 인해 원통한 일을 윗사람에게 말[言]로 하소연한다 하여 그 뜻이 '하소연하다'가 되고, 斥자로 인해 訴訟(소송)·訴請(소청)·泣訴(읍소)·讒訴(참소)·告訴狀(고소장)·公訴時效(공소시효)·彈劾訴追權(탄핵소추권)에서처럼 그 음이 '소'가 된 글자다. 愬자는 동자(同字)다.

중 633				
한국어문회 **3급**				
한자진흥회 **3급**	亦 또 역	갑골문	금문	소전

사람의 겨드랑이 부분을 작은 두 점(點)으로 나타내면서 원래 겨드랑이를 뜻했으나 후에 또를 가리키는 데 빌려 쓰면서 그 뜻이 '또'가 되고, 亦是(역시)·馬行處牛亦去(마행처우역거)에서 보듯 그 음이 '역'이 된 글자다.

	고 620 어문 3급 진흥 2급
跡 자취 적	足(⻊)자로 인해 발[足]을 디디고 지나간 자취와 관련해 그 뜻이 '자취'가 되고, 亦자로 인해 足跡(족적)·蹤跡(종적)·奇跡(기적)·事跡(사적)·遺跡地(유적지)·痕跡器官(흔적기관)에서처럼 그 음이 '적'이 된 글자다. 迹자나 蹟자는 동자(同字)다.

	중 634 어문 6급 진흥 5급
夜 밤 야 금문	원래 亦자와 夕자가 합쳐진 글자다. 夕자로 인해 달[夕]이 뜨는 밤과 관련해 그 뜻이 '밤'이 되었고, 亦자로 인해 白夜(백야)·初夜(초야)·夜學(야학)·夜食(야식)·十五夜(십오야)·熱帶夜(열대야)·晝耕夜讀(주경야독)에서처럼 그 음이 '야'가 되었다.

	참고 250 어문 4급 진흥 2급
液 진 액	水(氵)자로 인해 나무 등에서 나오는 끈끈한 물[水]인 진(진액)과 관련해 그 뜻이 '진'이 되고, 夜자로 인해 樹液(수액)·汁液(즙액)·液體(액체)·液晶(액정)·消化液(소화액)·木醋液(목초액)에서처럼 그 음이 '액'이 된 글자다. 泝자는 동자(同字)다.

고 621			
한국어문회 **3급**			
한자진흥회 **3급**	役 부릴 역	갑골문	소전

손에 몽둥이를 들고 사람[人]을 쳐서[攴] 부리는 모습[役]을 나타내면서 그 뜻이 '부리다'가 되고, 兵役(병역)·苦役(고역)·役軍(역군)·役割(역할)·雜役夫(잡역부)·産婆役(산파역)·使役動詞(사역동사)에서처럼 그 음이 '역'이 된 글자다. 후에 사람을 나타낸 人(亻)자는 길을 나타낸 彳자로 바뀌었다.

고 622 어문 3급 진흥 2급

疒자로 인해 병[疒]의 일종인 염병과 관련해 그 뜻이 '염병'이 되고, 役(役)자의 생략된 형태로 인해 疫疾(역질)·疫鬼(역귀)·紅疫(홍역)·防疫(방역)·口蹄疫(구제역)·疫學調査(역학조사)에서처럼 그 음이 '역'이 된 글자다.

疫 염병 역

참고 251

산속의 늪 연 | 갑골문 | 소전

두 산 사이의 골짜기로부터 흘러나오는 물[八의 형태]이 고이는 곳[口의 형태]을 나타내면서 물이 고여 이뤄진 산속의 늪과 관련해 그 뜻이 '산속의 늪'이 된 것으로 보이고, 자신이 덧붙여져 음의 역할을 하는 鉛[납 연]·沿[따를 연]자처럼 그 음이 '연'이 된 글자다.

고 623 어문 4급 진흥 3급

金자로 인해 잿빛이 나는 금속[金]의 일종인 납과 관련해 그 뜻이 '납'이 되고, 㕣자로 인해 黑鉛(흑연)·亞鉛(아연)·鉛筆(연필)·鉛鐵(연철)·鉛中毒(연중독)·無鉛揮發油(무연휘발유)에서처럼 그 음이 '연'이 된 글자다.

鉛 납 연

고 624 어문 3급 진흥 3급

水(氵)자로 인해 물[水]길이 흐르는 대로 따른다 하여 그 뜻이 '따르다'가 되고, 㕣자로 인해 沿岸(연안)·沿道(연도)·沿革(연혁)·沿近海(연근해)·沿海漁業(연해어업)에서처럼 그 음이 '연'이 된 글자다.

沿 따를 연

중 635 어문 5급 진흥 4급

舟자로 인해 사람이나 짐을 싣고 물 위를 떠다니는 배[舟]와 관련해 그 뜻이 '배'가 되고, 㕣자로 인해 船舶(선박)·船長(선장)·漁船(어선)·風船(풍선)·板屋船(판옥선)·浚渫船(준설선)·造船所(조선소)에서처럼 그 음이 '선'이 된 글자다.

船 배 선

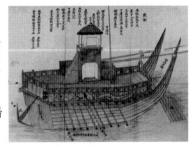

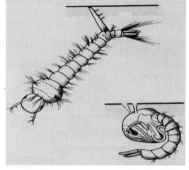

모기가 되기 전의 유충(幼蟲)인 장구벌레가 몸을 움츠려 둥그렇게 만 모양을 나타낸 口의 형태와 그 몸을 나타내기 위해 덧붙여진 肉(月)자가 합쳐져 그 뜻이 '장구벌레'가 된 것으로 보이고, 자신이 덧붙여져 음의 역할을 하는 娟[예쁠 연]·捐[버릴 연]·涓[시내 연]자처럼 그 음이 '연'이 된 글자다.

絹

명주 견

고 625 어문 3급 진흥 2급

糸자로 인해 누에고치에서 뽑은 실[糸]로 짠 옷감인 명주와 관련해 그 뜻이 '명주'가 되고, 昌자로 인해 絹絲(견사)·純絹(순견)·生絹(생견)·絹織物(견직물)·人造絹(인조견)에서처럼 그 음이 '견'이 된 글자다.

고 626
한국어문회 **4급**
한자진흥회 **3급**

延 끌 연 | 갑골문 | 금문 | 소전

원래 彳자와 止자가 어우러져 길[彳]을 따라 발[止]로 걸어 멀리 간다는 데서 다시 멀리 가는 데 많은 시간을 끈다 하여 그 뜻이 '끌다'가 되고, 延期(연기)·延命(연명)·遲延(지연)·順延(순연)·延長戰(연장전)·延人員(연인원)·外延擴張(외연확장)에서처럼 그 음이 '연'이 된 글자다. 후에 길은 廴자로 쓰이고, 발은 止자 위에 丿의 형태가 덧붙여졌다.

誕

태어날 **탄**

고 627 어문 3급 진흥 2급

言자로 인해 말[言]을 큰 소리로 한다는 데서 다시 큰 소리로 울면서 태어난다 하여 그 뜻이 '태어나다'가 되고, 延자로 인해 誕生(탄생)·誕辰(탄신)·釋誕日(석탄일)·聖誕節(성탄절)에서처럼 그 음이 '탄'이 된 글자다.

고 628 한국어문회 3급 한자진흥회 2급	燕 제비 연	(갑골문)	(소전)
		갑골문	소전

날고 있는 제비를 나타낸 데서 그 뜻이 '제비'가 되고, 燕雀(연작)·燕京(연경)·燕行(연행)·燕席(연석)·燕尾服(연미복)·燕山君(연산군)에서처럼 그 음이 '연'이 된 글자다.

참고 253	奿 가냘플 연	(소전) 소전

수염[而]이 크게[大] 자라 길게 늘어진 모습이 가냘프다 하여 그 뜻이 '가냘프다'가 되고, 壖[빈터 연]·蝡[꿈틀거릴 연]·愞[여릴 연]자처럼 그 음이 '연'이 된 글자다.

輭 연할 연	고 629 어문 3급 진흥 2급

車자로 인해 수레[車]가 튼튼하지 않다는 데서 다시 튼튼하지 않은 것은 연하다 하여 그 뜻이 '연하다'가 되고, 奿자로 인해 그 음이 '연'이 된 글자다. 후에 奿자를 부족하다의 의미를 지니는 欠자로 바꾸어 軟膏(연고)·軟枾(연시)·軟骨(연골)·軟弱(연약)·軟朱黃(연주황)·軟着陸(연착륙)·軟體動物(연체동물)에서처럼 軟자로 쓰고 있다.

중 636 한국어문회 3급 한자진흥회 3급	炎 불탈 염	(갑골문)	(금문)	(소전)
		갑골문	금문	소전

火[불 화]자를 위아래에 섞어 쓰면서 활활 불타는 모양을 나타낸 데서 그 뜻이 '불타다'가 되고, 炎天(염천)·暴炎(폭염)·狂炎(광염)·肺炎(→ 폐렴)·蟲垂炎(충수염)·腎盂炎(신우염)·氣管支炎(기관지염)에서 보듯 그 음이 '염'이 된 글자다.

談
말씀 담

중 637 어문 5급 진흥 4급

言자로 인해 사람이 생각을 담아 하는 말[言]과 관련해 그 뜻이 '말씀'이 되고, 炎자로 인해 談話(담화)·談判(담판)·德談(덕담)·手談(수담)·武勇談(무용담)·高談峻論(고담준론)에서처럼 그 음이 '담'이 된 글자다.

淡
맑을 담

고 630 어문 3급 진흥 3급

水(氵)자로 인해 싱거운 맛을 느낄 정도로 물[水]이 맑다 하여 그 뜻이 '맑다'가 되고, 炎자로 인해 淡淡(담담)·淡白(담백)·濃淡(농담)·雅淡(아담)·淡水魚(담수어)·淡彩畫(담채화)에서처럼 그 음이 '담'이 된 글자다.

참고
254

부드러울 염

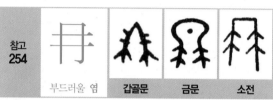

갑골문　금문　소전

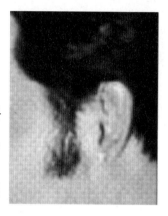

아래로 드리워진 구레나룻을 나타내면서 원래 구레나룻을 뜻했다. 후에 髥[구레나룻 염]자가 그 뜻을 대신하고, 자신은 구레나룻이 부드럽다 하여 그 뜻이 '부드럽다'가 된 글자로 보인다. 자신의 뜻을 대신한 髥(염)자처럼 그 음은 '염'이다.

那
어찌 나

고 631 어문 3급 진흥 2급

邢자가 본자(本字)다. 邑(阝)자로 인해 원래 한 고을[邑]의 이름을 나타내는 데 쓰였으나 후에 어찌의 뜻으로 빌려 쓰이면서 결국 그 뜻이 '어찌'가 되고, 冄자로 인해 那落(나락)·刹那(찰나)·支那人(지나인)·印度支那(인도지나)·任那日本府(임나일본부)에서처럼 그 음이 '나'가 된 글자다.

참고
255

싫을 염(엽)

금문　소전

원래 입[口]에 물린 고기[肉(月)] 덩어리와 개[犬]를 나타내면서 개가 고기를 물리도록 먹었다는 데서 다시 물리도록 먹은 것은 더 이상 먹기 싫다 하여 결국 그 뜻이 '싫다'가 되고, 厭症(염증)·厭世主義(염세주의)에서처럼 그 음이 '염'이 된 글자다. 후에 입이 日의 형태로 바뀌고, 厂자가 덧붙여졌다.

<table>
<tr><td>壓
누를 압</td><td>고 632 어문 4급 진흥 2급
土자로 인해 흙[土]이 무너져 내려 누른다 하여 그 뜻이 '누르다'가 되고, 厭자로 인해 壓縮(압축)·壓死(압사)·水壓(수압)·指壓(지압)·變壓器(변압기)·空氣壓(공기압)·壓力團體(압력단체)에서처럼 그 음이 '압'이 된 글자다.</td></tr>
</table>

<table>
<tr><td>고 633
한국어문회
3급
한자진흥회
2급
染
물들일 염   소전</td><td></td></tr>
</table>

나무[木]에서 나오는 물[水(氵)]과 같은 즙액으로 여러[九] 번에 걸쳐 옷감을 물들인다 하여 그 뜻이 '물들이다'가 되고, 染色(염색)·染料(염료)·染病(염병)·捺染(날염)·感染(감염)·汚染(오염)·媒染劑(매염제)·傳染病(전염병)에서처럼 그 음이 '염'이 된 글자다.

<table>
<tr><td>참고
256
枼
모진 나무 엽(삽)   금문   소전</td></tr>
</table>

모진 부분에서 여러 잎[世의 형태]이 움트는 나무[木]를 나타내면서 그 뜻이 '모진 나무'가 되고, 자신이 덧붙여진 葉[잎사귀 엽]자처럼 그 음이 '엽'이 된 글자다.

<table>
<tr><td>葉
잎사귀 엽</td><td>중 638 어문 5급 진흥 4급
枼자에 식물(植物)과 관련된 한자에 흔히 쓰이는 艸(艹)자를 덧붙여 그 뜻 '잎사귀'를 더욱 분명히 하고, 枝葉(지엽)·落葉(낙엽)·葉書(엽서)·葉酸(엽산)·三葉蟲(삼엽충)·滿山紅葉(만산홍엽)·一葉知秋(일엽지추)에서처럼 그 음이 '엽'이 된 글자다.</td></tr>
<tr><td>蝶
나비 접</td><td>고 634 어문 3급 진흥 2급
虫자로 인해 범레[虫]의 일종인 나비와 관련해 그 뜻이 '나비'가 되고, 枼자로 인해 蝴蝶(호접)·蝶泳(접영)·胡蝶之夢(호접지몽)·探花蜂蝶(탐화봉접)에서처럼 그 음이 '접'이 된 글자다.</td></tr>
</table>

중 639 한국어문회 6급 한자진흥회 5급	永 길 영	갑골문	금문	소전

물이 갈래 져 길게 흐르는 모양을 나타낸 데서 그 뜻이 '길다'가 되고, 永永(영영)·永遠(영원)·永劫(영겁)·永生(영생)·永訣式(영결식)·靑丘永言(청구영언)·永世中立國(영세중립국)에서 보듯 그 음이 '영'이 된 글자다.

고 635 어문 3급 진흥 3급

泳 헤엄칠 영

水(氵)자로 인해 물[水]속에서 헤엄친다 하여 그 뜻이 '헤엄치다'가 되고, 永자로 인해 水泳(수영)·背泳(배영)·平泳(평영)·繼泳(계영)·混繼泳(혼계영)·個人混泳(개인혼영)·宇宙游泳(우주유영)에서처럼 그 음이 '영'이 된 글자다.

고 636 어문 3급 진흥 2급

詠 읊을 영

言자로 인해 말[言]을 길게 뽑아 읊는다 하여 그 뜻이 '읊다'가 되고, 永자로 인해 誦詠(송영)·詠歌(영가)·詠嘆法(영탄법)·吟風詠月(음풍영월)에서처럼 그 음이 '영'이 된 글자다. 咏자는 동자(同字)다.

참고 257	埶 심을 예	갑골문	금문	소전

사람이 두 손에 나무를 붙잡고 땅 위에 심는 모양을 나타낸 데서 그 뜻이 '심다'가 되고, 자신이 덧붙여져 음의 역할을 하는 藝[재주 예]자처럼 그 음이 '예'가 된 글자다.

중 640 어문 4급 진흥 4급

藝 재주 예

埶자의 뜻을 더욱 분명히 해 주기 위해 초목(草木)과 관련이 있는 艸(艹)자를 덧붙이고, 사람의 구부린 다리가 云의 형태로 변화된 글자다. 오늘날은 나무를 재주 있게 심는다 하여 '재주'의 뜻으로 쓰

이고, 技藝(기예)·書藝(서예)·藝術(예술)·藝名(예명)·演藝人(연예인)·文藝復興(문예부흥)에서처럼 '예'의 음으로 읽힌다.

중 641 어문 5급 진흥 4급

熱
더울 열

火(灬)자로 인해 불[火]의 기운으로 말미암아 덥다 하여 그 뜻이 '덥다'가 되고, 埶자로 인해 熱烈(열렬)·熱量(열량)·灼熱(작열)·微熱(미열)·解熱劑(해열제)·教育熱(교육열)·以熱治熱(이열치열)·頭寒足熱(두한족열)에서처럼 그 음이 '열'이 된 글자다.

중 642 어문 4급 진흥 4급

勢
기세 세

力자로 인해 힘[力]이 기운차게 뻗치는 기세와 관련해 그 뜻이 '기세'가 되고, 埶자로 인해 勢力(세력)·勢道(세도)·大勢(대세)·趨勢(추세)·保合勢(보합세)·破竹之勢(파죽지세)·權門勢家(권문세가)에서처럼 그 음이 '세'가 된 글자다.

중 643
한국어문회 **8급**
한자진흥회 **8급**

五
다섯 오

| 갑골문 | 금문 | 소전 |

실패처럼 생긴 형태를 나타냈으나 다섯을 가리키는 데 빌려 쓰이면서 그 뜻이 '다섯'이 되고, 五目(오목)·五色(오색)·五感(오감)·五常(오상)·五行說(오행설)·五體投地(오체투지)·三三五五(삼삼오오)에서 보듯 그 음이 '오'가 된 글자다.

중 644 어문 3급 진흥 3급

吾
나 오

我[나 아]·予[나 여]·余[나 여]자처럼 五자에 口자를 덧붙인 吾자도 나를 가리키는 데 빌려 쓰이면서 그 뜻이 '나'가 되고, 五자로 인해 吾人(오인)·吾等(오등)·吾不關焉(오불관언)·三省吾身(삼성오신)·吾鼻三尺(오비삼척)에서처럼 그 음이 '오'가 된 글자다.

중 645 어문 3급 진흥 3급

悟
깨달을 오

心(忄)자로 인해 마음[心] 속으로 환하게 깨닫는다 하여 그 뜻이 '깨닫다'가 되고, 吾자로 인해 覺悟(각오)·悟道(오도)·悟性論(오성론)·大悟覺醒(대오각성)·頓悟漸修(돈오점수)에서처럼 그 음이 '오'가 된 글자다.

중 646 어문 7급 진흥 5급

語
말씀 어

言자로 인해 사람이 생각을 담아 하는 말[言]과 관련해 그 뜻이 '말씀'이 되고, 吾자로 인해 國語(국어)·梵語(범어)·語塞(어색)·語套(어투)·標準語(표준어)·語不成說(어불성설)·萬國共通語(만국공통어)·同音異義語(동음이의어)에서처럼 그 음이 '어'가 된 글자다.

중 647 한국어문회 **7급** 한자진흥회 **5급**	午	𠂤	𠂤	𠦜
일곱째 지지 오		갑골문	금문	소전

절굿공이를 나타낸 것으로 보이나 후에 일곱째 지지를 가리키는 데 빌려 쓰면서 결국 그 뜻이 '일곱째 지지'가 되고, 端午(단오)·正午(정오)·午後(오후)·午餐(오찬)·子午線(자오선)·壬午軍亂(임오군란)에서 보듯 그 음이 '오'가 된 글자다.

御	𢓠
어거할 어	금문

고 637 어문 3급 진흥 2급

彳자와 午자와 止자와 卩자가 어우러진 글자다. 사람[卩]이 발[止]로 걸어가야 할 길[彳]을 수레를 몰고 간다 하여 수레를 몬다는 말인 어거하다와 관련해 그 뜻이 '어거하다'가 되고, 午자로 인해

御命(어명)·御眞(어진)·崩御(붕어)·制御(제어)·御夫人(어부인)·御營廳(어영청)·御前會議(어전회의)·御駕行列(어가행렬)·龍飛御天歌(용비어천가)에서처럼 그 음이 '어'가 된 글자다.

許
허락할 허

중 648 어문 5급 진흥 4급

言자로 인해 상대방(相對方)이 청(請)하는 말[言]대로 허락한다 하여 그 뜻이 '허락하다'가 되고, 午자로 인해 許可(허가)·許容(허용)·允許(윤허)·特許(특허)·十里許(십리허)·許生傳(허생전)·運轉免許(운전면허)에서처럼 그 음이 '허'가 된 글자다.

참고 **258**	吳	𢁉	𡗤	𡗥
나라 이름 오		갑골문	금문	소전

사람이 머리를 한쪽으로 기울여 춤추고 노래하며 즐거워하는 모습을 나타냈으나 후에 나라 이름으로 빌려 쓰면서 그 뜻이 '나라 이름'이 되고, 吳越同舟(오월동주)·吳下阿蒙(오하아몽)에서 보듯 그 음이 '오'가 된 글자다.

고 638 어문 3급 진흥 2급

娛

즐거워할 오

吳자의 뜻 '즐거워하다'를 더욱 분명히 해 주기 위해 女자를 덧붙이고, 娛樂(오락)에서처럼 吳자의 음과 똑같이 그 음이 '오'가 된 글자다.

중 649 어문 4급 진흥 4급

誤

그릇할 오

言자로 인해 말[言]을 사리(事理)에 맞지 않게 그릇한다 하여 그 뜻이 '그릇하다'가 되고, 吳자로 인해 誤謬(오류)·誤差(오차)·誤報(오보)·誤診(오진)·誤發彈(오발탄)·正誤表(정오표)·時代錯誤(시대착오)에서처럼 그 음이 '오'가 된 글자다.

중 650
한국어문회 3급
한자진흥회 3급

烏 까마귀 오 / 금문 / 소전

검은 몸에 검은 눈을 가져 눈이 겉으로 잘 드러나지 않기에 눈을 생략한 채 나타낸 새인 까마귀와 관련해 그 뜻이 '까마귀'가 되고, 烏竹(오죽)·烏賊魚(오적어)·烏骨鷄(오골계)·烏瞰圖(오감도)·三足烏(삼족오)·烏有先生(오유선생)에서 보듯 그 음이 '오'가 된 글자다.

고 639 어문 3급 진흥 2급

嗚

탄식할 오

口자로 인해 입[口]으로 소리를 내어 탄식한다 하여 그 뜻이 '탄식하다'가 되고, 烏자로 인해 嗚咽(오열)·嗚呼(오호)에서처럼 그 음이 '오'가 된 글자다.

중 651 어문 3급 진흥 3급

於

이조사 어 / 갑골문

烏자의 이체자(異體字)로 까마귀를 나타냈다. 후대에 어조사로 널리 빌려 쓰면서 그 뜻이 '어조사'가 되고, 於口(어구)·於焉(어언)·於中間(어중간)·於此彼(어사피)·止於至善(지어지선)·良藥苦於니(양약고어구)에서처럼 그 음이 '어'가 된 글자다.

| 참고
259 | 敖
놀 오 | 금문 | 소전 |

포로나 노예가 된 산발(散髮)한 사람을 손에 채찍을 들고 다그쳐 희롱하며 노는 모습을 나타낸 데서 그 뜻이 '놀다'가 되고, 자신이 덧붙여져 음의 역할을 하는 傲[거만할 오]·獒[개 오]자처럼 그 음이 '오'가 된 글자다.

| 傲
거만할 오 | 고 640 어문 3급 진흥 2급 |

人(亻)자로 인해 사람[人]이 거만하다 하여 그 뜻이 '거만하다'가 되고, 敖자로 인해 傲慢(오만)·傲氣(오기)·傲霜孤節(오상고절)에서처럼 그 음이 '오'가 된 글자다.

| 중 652
한국어문회
5급
한자진흥회
4급 | 屋
집 옥 | 소전 |

집의 지붕을 나타낸 尸의 형태에 사람이 이르러 산다는 뜻을 나타내는 至자가 덧붙여져 사람이 사는 지붕이 있는 집과 관련해 그 뜻이 '집'이 되고, 家屋(가옥)·韓屋(한옥)·屋上(옥상)·屋號(옥호)·屋塔房(옥탑방)·一間斗屋(일간두옥)에서처럼 그 음이 '옥'이 된 글자다.

| 고 641
한국어문회
3급
한자진흥회
2급 | 獄
옥 옥 | 금문 | 소전 |

원래 곡물의 양을 재는 자루가 달린 기구의 형태와 말소리를 의미하는 言자와 집을 지키게 하려고 키우는 개를 의미하는 犬자가 합쳐져 곡물과 관련해 말다툼을 하다 결국 개가 지키듯 사람이 지키는 옥에 갇혔다 하여 그 뜻이 '옥'이 된 것으로 보이고, 監獄(감옥)·地獄(지옥)·煉獄(연옥)·獄吏(옥리)·獄卒(옥졸)·獄死(옥사)에서처럼 그 음이 '옥'이 된 글자다. 후에 곡물의 양을 재는 자루가 달린 기구의 형태는 개의 형태로 변화되어 오늘날 犭으로 쓰고 있다.

嶽 큰 산 **악**	소전 (image)	**고 642 어문 3급 진흥 2급** 山자로 인해 산[山] 중에 더 큰 산을 나타낸 데서 그 뜻 이 '큰 산'이 되고, 嶽자로 인해 山嶽(산악) · 五嶽(오

악) · 嶽友(악우) · 嶽父(악부) · 雪嶽山(설악산)에서처럼
그 음이 '악'이 된 글자다. 岳자는 동자(同字)다.

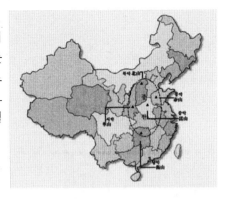

참고 260	盈 어질 온	盈 소전	옥(獄) 안에 사람을 가둔 모습에서 비롯된 囚[가 둘 수]자와 그릇에서 비 롯된 皿자가 합쳐져 가

둔[囚] 사람에게 먹을 것을 그릇[皿]에 담아 주는 어진
마음을 나타내면서 그 뜻이 '어질다'가 되고, 자신이
덧붙여져 음의 역할을 하는 慍[성낼 온] · 縕[헌솜 온]
자처럼 그 음이 '온'이 된 글자다.

溫 따뜻할 **온**	**중 653 어문 6급 진흥 4급** 水(氵)자로 인해 물[水]이 따뜻하다 하여 그 뜻이 '따뜻하다'가 되고, 溫暖(온 난) · 溫床(온상) · 體溫(체온) · 冷溫(냉온) · 溫埃房(온돌방) · 三寒四溫(삼한사온) · 溫 室效果(온실효과)에서처럼 그 음이 '온'이 된 글자다.

참고 261	雍 화목할 옹	(갑골문)	(금문)	(소전)
		갑골문	금문	소전

원래 물[巛]이 사방을 두른 고을[邑]과 새[隹]가
화목하게 노니는 풍경을 나타낸 데서 그 뜻이
'화목하다'가 되고, 자신이 덧붙여져 음의 역할을 하는 擁[안을 옹] · 壅[막을 옹] ·
甕[독 옹]자처럼 그 음이 '옹'이 된 글자다. 후에 물과 고을의 형태는 亠과 彡의
형태로 간략하게 쓰였다.

擁 안을 옹

手(扌)자로 인해 손[手]으로 안는다 하여 그 뜻이 '안다'가 되고, 雍자로 인해 抱擁(포옹)·擁護(옹호)·擁壁(옹벽)·擁立(옹립)·擁衛(옹위)에서처럼 그 음이 '옹'이 된 글자다.

臥人 / 卧 누울 와 / 소전

눈[臣]으로 사람[人]을 내려다본다는 뜻을 나타내면서 눈으로 누운 이를 내려다본다 하여 그 뜻이 '눕다'가 된 것으로 보이고, 臥病(와병)·臥牀(와상)·臥佛(와불)·臥薪嘗膽(와신상담)·臥龍鳳雛(와룡봉추)에서처럼 그 음이 '와'가 된 글자다.

王 임금 왕 / 갑골문 / 금문 / 소전

도끼를 나타내면서 도끼가 문명이 발달하지 않았던 옛날에 권위(權威)의 상징물이었던 데서 최고의 권위를 지닌 사람인 임금과 관련되어 그 뜻이 '임금'이 되고, 君王(군왕)·龍王(용왕)·王子(왕자)·王后(왕후)·長壽王(장수왕)·瀋陽王(심양왕)·閻羅大王(염라대왕)·覇王別姬(패왕별희)에서 보듯 그 음이 '왕'이 된 글자다.

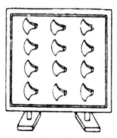

往 갈 왕 / 금문

원래 彳자와 止자와 王자가 어우러진 글자이나 후에 止자와 王자가 합쳐져 主의 형태로 바뀌었다. 彳자와 止자로 인해 길[彳]을 발[止]로 걸어서 간다 하여 그 뜻이 '가다'가 되고, 王자로 인해 往來(왕래)·往復(왕복)·已往(이왕)·旣往(기왕)·往十里(왕십리)·右往左往(우왕좌왕)·往五天竺國傳(왕오천축국전)에서처럼 그 음이 '왕'이 된 글자다.

狂 미칠 광

犬(犭)자로 인해 개[犬]가 미쳐 날뛴다 하여 그 뜻이 '미치다'가 되고, 王자로 인해 狂犬(광견)·狂奔(광분)·熱狂(열광)·發狂(발광)·讀書狂(독서광)·狂牛病(광우병)·不狂不及(불광불급)에서처럼 그 음이 '광'이 된 글자다.

중 657 어문 3급 진흥 3급

皇 임금 황 금문

왕이 머리에 쓰는 관을 나타낸 白의 형태가 덧붙여졌지만 王자와 똑같이 그 뜻이 '임금'이 되고, 다시 王자로 인해 皇帝(황제)·皇室(황실)·敎皇(교황)·天皇(천황)·秦始皇(진시황)·玉皇上帝(옥황상제)·三皇五帝(삼황오제)에서처럼 그 음이 '황'이 된 글자다. 皇자는 본자(本字)다.

중 658
한국어문회 8급
한자진흥회 6급
밖 외

갑골문 / 금문 / 소전

원래 점(占)을 칠 때에 거북 껍데기에 홈을 파고 불로 지지면 밖으로 갈라지는 무늬를 나타낸 卜자만으로 쓰면서 그 뜻이 '밖'이 되고, 內外(내외)·除外(제외)·外道(외도)·外託(외탁)·外向的(외향적)·海外同胞(해외동포)·治外法權(치외법권)에서처럼 그 음이 '외'가 된 글자다. 후에 점치는 시각인 저녁을 뜻하는 夕자가 덧붙여졌다.

고 645
한국어문회 3급
한자진흥회 2급
두려워할 외

갑골문 / 금문 / 소전

머리에 귀신 형상의 가면(假面)을 쓰고 몽둥이를 들고 위협하는 모습을 나타내면서 그 모습에 사람들이 두려워한다 하여 그 뜻이 '두려워하다'가 되고, 敬畏(경외)·無畏(무외)·畏敬(외경)·後生可畏(후생가외)에서처럼 그 음이 '외'가 된 글자다.

중 659
한국어문회 5급
한자진흥회 4급
중요할 요

금문 / 소전

중요한 의식을 치르기 위해 두 손으로 머리를 풍성하게 꾸미고 있는 여자를 나타내면서 여자가 치르는 의식이 중요하다 하여 그 뜻이 '중요하다'가 된 것으로 보이고, 要職(요직)·要諦(요체)·主要(주요)·必要(필요)·要衝地(요충지)·要視察人(요시찰인)·要式行爲(요식행위)에서 보듯 그 음이 '요'가 된 글자다.

腰
허리 요

肉(月)자로 인해 살[肉]이 붙어 있는 인체의 한 부위인 허리와 관련해 그 뜻이 '허리'가 되고, 要자로 인해 腰痛(요통) · 腰帶(요대) · 腰劍(요검) · 腰絕(요절) · 腰椎骨(요추골) · 腰折腹痛(요절복통)에서처럼 그 음이 '요'가 된 글자다.

참고
262

堯
높을 요

| 갑골문 | 소전 |

사람의 머리[兀] 위로 흙을 높게 쌓은 모양[垚]을 나타낸 데서 그 뜻이 '높다'가 되고, 堯舜時節(요순시절)에서 보듯 그 음이 '요'가 된 글자다.

燒
사를 소

火자로 인해 불[火]을 사른다 하여 그 뜻이 '사르다'가 되고, 堯자로 인해 燃燒(연소) · 全燒(전소) · 燒失(소실) · 燒却(소각) · 燒紙(소지)에서처럼 그 음이 '소'가 된 글자다.

曉
새벽 효

日자로 인해 해[日]가 뜨는 새벽과 관련해 그 뜻이 '새벽'이 되고, 堯자로 인해 曉星(효성) · 曉諭(효유)에서처럼 그 음이 '효'가 된 글자다.

참고
263

舀
확에서 퍼낼 요

| 소전 |

다 찧은 곡물을 손[爪]으로 절구[臼]의 확에서 퍼낸다 하여 그 뜻이 '확에서 퍼내다'가 되고, 자신이 덧붙여져 음의 역할을 하는 稻[벼 도] · 蹈[밟을 도]자와 달리 그 음이 '요'가 된 글자다.

稻
벼 도

禾자로 인해 볏과의 한해살이풀인 벼[禾]와 관련해 그 뜻이 '벼'가 되고, 舀자로 인해 稻田(도전) · 稻熱病(도열병) · 立稻先賣(입도선매)에서처럼 그 음이 '도'가 된 글자다.

조개로 만든 원시적인 농사(農事) 기구[辰]를 손[寸]에 잡고 일하고 있음을 나타내면서 농사일이 몹시 고생스러워 사람을 욕되게 한다 하여 그 뜻이 '욕되게 하다'가 된 것으로 보이고, 恥辱(치욕)·屈辱(굴욕)·凌辱(능욕)·侮辱(모욕)·辱沙鉢(욕사발)·壽則多辱(수즉다욕)에서처럼 그 음이 '욕'이 된 글자다.

손가락에 상처(傷處)가 있음을 짧은 획(劃)으로 나타내면서 일을 하다가 손에 허물이 생겼다 하여 그 뜻이 '허물'이 되고, 蚩尤(치우)·誰怨孰尤(수원숙우)에서 보듯 그 음이 '우'가 된 글자다.

중 661 어문 4급 진흥 3급

京자로 인해 높은 토대 위에 지은 집[京]을 향해 나아간다 하여 그 뜻이 '나아가다'가 되고, 尤자로 인해 就業(취업)·就職(취직)·去就(거취)·成就(성취)·進就的(진취적)·就勞事業(취로사업)에서처럼 그 음이 '취'가 된 글자다.

활[弓]을 만드는 데 사용되는 틀을 나타낸 것으로 보이나 후대에 어조사로 빌려 쓰이게 되면서 결국 그 뜻이 '어조사'가 되고, 于先(우선)·于山國(우산국)·鮮于氏(선우씨)에서처럼 그 음이 '우'가 된 글자다.

중 663 어문 3급 진흥 3급

宀자로 인해 처마가 있는 집[宀]과 관련해 그 뜻이 '집'이 되고, 于자로 인해 宇宙(우주)·大宇(대우)에서처럼 그 음이 '우'가 된 글자다.

고 651 어문 3급 진흥 2급

汚자가 본자(本字)다. 水(氵)자로 인해 물[水]이 더럽다 하여 그 뜻이 '더럽다'가 되고, 오늘날 亏의 형태로 약간 변화되었지만 于자로 인해 汚染(오염)·汚物(오물)·汚點(오점)·汚辱(오욕)·汚廢水(오폐수)·貪官汚吏(탐관오리)·生活汚水(생활오수)에서처럼 그 음이 '오'가 된 글자다.

더러울 **오** · 소전

고 652 어문 3급 진흥 2급

大자로 인해 큰[大] 소리로 말[言]을 해 자랑한다 하여 그 뜻이 '자랑하다'가 되고, 亏의 형태로 변화되었지만 于자로 인해 그 음이 '과'가 된 夸[자랑할 과]자에 다시 그 뜻을 더욱 분명히 하기 위해 言자가 덧붙여진 글자다. 誇示(과시)·誇張(과장)·誇大妄想(과대망상)에 쓰인다.

자랑할 **과** · 소전

중 664
한국어문회 **3급**
한자진흥회 **3급**
근심 **우** · 금문 · 소전

사람이 두 팔을 축 늘어뜨리고 머뭇거리는 모습을 나타냈다. 후에 心자를 덧붙여 마음[心] 속에 근심이 있다 하여 그 뜻이 '근심'이 되고, 憂患(우환)·憂愁(우수)·憂慮(우려)·杞憂(기우)·忘憂物(망우물)·憂鬱症(우울증)·憂國衷情(우국충정)에서처럼 그 음이 '우'가 된 글자다.

고 653 어문 4급 진흥 3급

人(亻)자로 인해 다른 사람[人]보다 먹고 사는 것이 넉넉하다 하여 그 뜻이 '넉넉하다'가 되고, 憂자로 인해 優劣(우열)·優秀(우수)·俳優(배우)·聲優(성우)·優等生(우등생)·優曇華(우담화)·優柔不斷(우유부단)에서처럼 그 음이 '우'가 된 글자다.

넉넉할 **우**

참고 264
긴꼬리원숭이 **우** · 금문 · 소전

도마뱀과 같은 동물을 나타낸 것으로 보이나 후세 사람들이 긴꼬리원숭이와 관련된 것으로 잘못 여긴 데서 그 뜻이 '긴꼬리원숭이'가 되고, 자신이 덧붙여져 음의 역할을 하는 寓[머무를 우]·偶[짝 우]·愚[어리석을 우]자처럼 그 음이 '우'가 된 글자다.

遇 만날 우

중 665 어문 4급 진흥 2급

辵(辶)자로 인해 길[辵]에서 서로 만난다 하여 그 뜻이 '만나다'가 되고, 禺자로 인해 遭遇(조우)·不遇(불우)·待遇(대우)·禮遇(예우)·千載一遇(천재일우)·土昧人遇(토매인우)에서처럼 그 음이 '우'가 된 글자다.

愚 어리석을 우

고 654 어문 3급 진흥 3급

心자로 인해 마음[心]이 슬기롭지 못하고 어리석다 하여 그 뜻이 '어리석다'가 되고, 禺자로 인해 愚鈍(우둔)·愚昧(우매)·愚惡(우악)·愚直(우직)·萬愚節(만우절)·愚民化(우민화)·大智如愚(대지여우)에서처럼 그 음이 '우'가 된 글자다.

偶 짝 우

고 655 어문 3급 진흥 2급

人(亻)자로 인해 한 쌍(雙)을 이룰 때에 그 반쪽이 되는 사람[人]인 짝과 관련해 그 뜻이 '짝'이 되고, 禺자로 인해 偶像(우상)·偶然(우연)·土偶(토우)·配偶者(배우자)·對偶法(대우법)·偶發事故(우발사고)에서처럼 그 음이 '우'가 된 글자다.

云 이를 운

중 666 한국어문회 3급 한자진흥회 3급

갑골문	소전

뭉게뭉게 피어오르는 구름의 일부분을 나타냈으나 후에 이르다의 뜻으로 빌려

쓰면서 그 뜻이 '이르다'가 되고, 云云(운운)·云謂(운위)에서 보듯 그 음이 '운'이 된 글자다.

雲 구름 운

중 667 어문 5급 진흥 4급

云자 대신에 기상 현상과 관련된 한자에 흔히 쓰이는 雨자를 덧붙여 그 뜻 '구름'을 더욱 분명히 하고, 雲霧(운무)·雲集(운집)·靑雲(청운)·暗雲(암운)·積亂雲(적란운)·行雲流水(행운유수)에서처럼 云자와 똑같이 그 음이 '운'이 된 글자다.

魂 넋 혼

고 656 어문 3급 진흥 2급

鬼자로 인해 사람이 죽어서 귀신[鬼]이 되어도 존재한다는 넋과 관련해 그 뜻이 '넋'이 되고, 云자로 인해 魂魄(혼백)·魂靈(혼령)·亡魂(망혼)·商魂(상혼)·民族魂(민족혼)·魂飛魄散(혼비백산)·海中孤魂(해중고혼)에서처럼 그 음이 '혼'이 된 글자다.

중 668 한국어문회 5급 한자진흥회 5급	元 으뜸 원	갑골문	금문	소전

머리 부분[二의 형태]이 강조된 사람[儿]을 나타내면서 원래 머리를 뜻했다. 후에 머리가 신체 가운데 가장 높은 곳에 위치하여 정신을 관장(管掌)하는 으뜸이 되는 부분이라 하여 그 뜻이 '으뜸'이 되고, 元首(원수)·元祖(원조)·壯元(장원)·天元(천원)·元嗔煞(원진살)·國家元老(국가원로)·元山爆擊(원산폭격)에서 보듯 그 음이 '원'이 된 글자다.

完
완전할 **완**

중 669 어문 5급 진흥 4급

宀자로 인해 사람이 살기에 불편함이 없도록 집[宀]을 완전하게 꾸민다 하여 그 뜻이 '완전하다'가 되고, 元자로 인해 完全(완전)·完璧(완벽)·未完(미완)·補完(보완)·完板本(완판본)·責任完遂(책임완수)에서처럼 그 음이 '완'이 된 글자다.

院
담 **원**

고 657 어문 5급 진흥 3급

阜(阝)자로 인해 언덕[阜]처럼 높이 담을 두른 집과 관련해 그 뜻이 '담'이 되고, 完자로 인해 學院(학원)·病院(병원)·醫院(의원)·棋院(기원)·廣惠院(광혜원)·樞密院(추밀원)·翰林院(한림원)에서처럼 그 음이 '원'이 된 글자다.

冠
깎을 **완**

참고 265

손에서 비롯된 寸자로 인해 손[寸]으로 무언가 깎는다 하여 그 뜻이 '깎다'가 되고, 元자로 인해 그 음이 '완'이 된 글자다.

冠
갓 **관**

고 658 어문 3급 진흥 3급

冖자로 인해 머리에 덮어[冖] 쓰는 갓과 관련해 그 뜻이 '갓'이 되고, 冠자로 인해 衣冠(의관)·弱冠(약관)·冠禮(관례)·冠詞(관사)·冕旒冠(면류관)·翼蟬冠(익선관)·紗帽冠帶(사모관대)에서처럼 그 음이 '관'이 된 글자다.

고 659 한국어문회 4급 한자진흥회 3급	員 인원 원	갑골문	금문	소전

솥[貝의 형태]과 그 입의 둥근 모양[口의 형태]을 나타낸
데서 원래 '둥글다'의 뜻을 지녔으나 후에 솥의 수효(數爻)
를 세는 단위로 쓰다가 다시 사람의 수효인 인원을 뜻하
면서 결국 그 뜻이 '인원'이 되고, 人員(인원)·滿員(만원)·定員(정원)·生員(생원)·
銀行員(은행원)·特殊要員(특수요원)에서처럼 그 음이 '원'이 된 글자다.

圓
둥글 원

중 670 어문 4급 진흥 3급

員자에 둥그런 모양에서 비롯된 口의 형태를 덧붙여 그 뜻 '둥글다'를 더욱
분명히 하고, 圓滑(원활)·圓錐(원추)·半圓(반원)·萬圓(만원)·楕圓形(타원형)·
天圓地方(천원지방)·京畿一圓(경기일원)에서처럼 員자와 똑같이 그 음이 '원'이
된 글자다.

韻
운 운

고 660 어문 3급 진흥 2급

音자로 인해 성조가 비슷한 소리[音]들을 이르는 운과 관련해 그 뜻이 '운'이
되고, 員자로 인해 韻字(운자)·韻律(운율)·疊韻(첩운)·餘韻(여운)·音韻學(음운
학)·韻文小說(운문소설)에서처럼 그 음이 '운'이 된 글자다.

損
덜 손

고 661 어문 4급 진흥 3급

手(扌)자로 인해 무언가 손[手]으로 떼어서 던다 하여 그 뜻이 '덜다'가 되고,
員자로 인해 損益(손익)·損害(손해)·破損(파손)·毀損(훼손)·損財數(손재수)·損
者三友(손자삼우)·缺損家庭(결손가정)에서처럼 그 음이 '손'이 된 글자다.

참고 266	爰 이에 원	갑골문	금문	소전

위에 있는 손[爪]으로 길게 늘인 물건을 아래에 있는 손[又]으로 잡아서 당기는 모
양을 나타낸 데서 본래는 '당기다'의 뜻을 지녔으나 후에 이에의 의미로 빌려 쓰
이면서 그 뜻이 '이에'가 되고, 후에 자신의 뜻을 대신하게 된 援[당길 원]자처럼
그 음이 '원'이 된 글자다.

援
당길 **원**

고 662 어문 4급 진흥 3급

爰자에 手(扌)자를 덧붙여 그 뜻 '당기다'를 더욱 분명히 하고, 援助(원조)·援軍(원군)·支援(지원)·聲援(성원)·病救援(병구원)·後援者(후원자)·孤立無援(고립무원)에서처럼 爰자의 음과 똑같이 그 음이 '원'이 된 글자다.

緩
느릴 **완**

고 663 어문 3급 진흥 2급

糸자로 인해 동여맨 끈[糸]을 느슨하게 한다는 데서 그 의미가 약간 변화되어 그 뜻이 '느리다'가 되고, 爰자로 인해 緩急(완급)·緩和(완화)·緩晩(완만)·弛緩(이완)·緩衝地(완충지)·微吟緩步(미음완보)·緩行列車(완행열차)에서처럼 그 음이 '완'이 된 글자다.

暖
따뜻할 **난**

중 671 어문 4급 진흥 3급

日자로 인해 햇볕[日]이 따뜻하다 하여 그 뜻이 '따뜻하다'가 되고, 爰자로 인해 溫暖(온난)·暖流(난류)·暖爐(난로)·暖房(난방)·寒暖計(한란계)·異常暖冬(이상난동)·暖衣飽食(난의포식)에서처럼 그 음이 '난'이 된 글자다. 煖자는 동자(同字)다.

참고
267

袁
옷 길 원

소전

아이에게 온 몸에서 머리만 노출(露出)되도록 입히는 기다란 옷을 나타낸 데서 그 뜻이 '옷 길다'가 된 것으로 보이고, 자신이 덧붙여져 음의 역할을 하는 猿[원숭이 원]·遠[멀 원]·園[동산 원]자처럼 그 음이 '원'이 된 글자다.

遠
멀 **원**

중 672 어문 6급 진흥 5급

辵(辶)자로 인해 길[辵]이 멀다 하여 그 뜻이 '멀다'가 되고, 袁자로 인해 遠近(원근)·遠足(원족)·遙遠(요원)·永遠(영원)·遠心力(원심력)·不遠千里(불원천리)·遠隔操縱(원격조종)에서처럼 그 음이 '원'이 된 글자다.

園
동산 **원**

중 673 어문 6급 진흥 4급

□자로 인해 숲이나 언덕을 에워서[□] 만든 동산과 관련해 그 뜻이 '동산'이 되고, 袁자로 인해 庭園(정원)·公園(공원)·花園(화원)·田園(전원)·果樹園(과수원)·失樂園(실낙원)·桃園結義(도원결의)에서처럼 그 음이 '원'이 된 글자다.

참고 268

睘 돌아올 **선** 금문

睘자의 일부분이 생략된 글자다. 눈을 나타낸 ㎜의 형태로 인해 놀란 눈[㎜]으로 돌아오는 이를 본다 하여 그 뜻이 '돌아오다'가 되고, 오늘날 조금 생략되어 쓰이지만 袁자로 인해 그 음이 '선'이 된 글자다.

環 고리 **환**

고 664 어문 4급 진흥 3급

玉(王)자로 인해 가운데가 크게 뚫려 있는 고리 모양의 둥근 옥[玉]과 관련해 그 뜻이 '고리'가 되고, 睘자로 인해 花環(화환)·一環(일환)·環礁(환초)·環境(환경)·金環蝕(금환식)·轍環天下(철환천하)·環形動物(환형동물)에서처럼 그 음이 '환'이 된 글자다.

還 돌아올 **환**

고 665 어문 3급 진흥 2급

辵(辶)자로 인해 길[辶]을 갔다가 돌아온다 하여 그 뜻이 '돌아오다'가 되고, 睘자로 인해 歸還(귀환)·生還(생환)·還生(환생)·還穀(환곡)·返還點(반환점)·還甲宴(환갑연)·錦衣還鄕(금의환향)에서처럼 그 음이 '환'이 된 글자다.

참고 269

夗 누워 뒹굴 **원** | 금문 | 소전

저녁을 뜻하는 夕자와 사람이 몸을 구부린 모양을 나타낸 巳의 형태가 합쳐져 저녁[夕]에 사람이 몸을 구부리고[巳] 누워 뒹군다 하여 그 뜻이 '누워 뒹굴다'가 된 것으로 보이고, 자신이 덧붙여져 음의 역할을 하는 怨[원망할 원]·苑[나라 동산 원]·鴛[원앙새 원]자처럼 그 음이 '원'이 된 글자다.

怨 원망할 **원**

중 674 어문 4급 진흥 3급

心자로 인해 마음[心] 속으로 원망한다 하여 그 뜻이 '원망하다'가 되고, 夗자로 인해 怨讐(원수)·怨聲(원성)·宿怨(숙원)·舊怨(구원)·閨怨歌(규원가)·怨入骨髓(원입골수)·含憤蓄怨(함분축원)에서처럼 그 음이 '원'이 된 글자다.

참고 270	戉 도끼 월	ㅓ 금문	𢨦 소전	𢨾 소전

창[戈]에 달린 큰 도끼를 나타낸 데서 그 뜻이 '도끼'가 되고, 후
에 자신의 뜻을 대신한 鉞[도끼 월]자처럼 그 음이 '월'이 된 글자다.

越 넘을 월

고 666 어문 3급 진흥 2급

走자로 인해 달려서[走] 넘는다 하여 그 뜻이 '넘다'가 되고, 戉자로 인해 超
越(초월)·優越(우월)·越境(월경)·越權(월권)·越南戰(월남전)·吳越同舟(오월동주)
에서처럼 그 음이 '월'이 된 글자다.

중 675 한국어문회 4급 한자진흥회 4급	爲 할 위	갑골문	금문	소전

손[爪]으로 코끼리[象]를 끌며 일하는 모습을 나타내면서 사
람의 힘으로 할 수 없는 힘든 일을 코끼리로 하여금 하게
한다 하여 그 뜻이 '하다'가 되고, 行爲(행위)·營爲(영위)·爲人
(위인)·爲主(위주)·當爲性(당위성)·橘化爲枳(귤화위지)·以民爲
天(이민위천)·無爲自然說(무위자연설)에서 보듯 그 음이 '위'가
된 글자다.

僞 거짓 위

고 667 어문 3급 진흥 2급

人(亻)자로 인해 사람[亻]이 남을 속이기 위해 거짓 행위(行爲)를 한다 하여 그
뜻이 '거짓'이 되고, 爲자로 인해 眞僞(진위)·虛僞(허위)·僞裝(위장)·僞造(위
조)·僞善者(위선자)·僞證罪(위증죄)·僞藥效果(위약효과)에서처럼 그 음이 '위'
가 된 글자다.

고 668
한국어문회 **3급**
한자진흥회 **3급**

胃 밥통 위 / 금문 / 소전

인체의 일부를 의미하는 한자에 흔히 덧붙여지는 肉(月)자와 음식이 들어가 차는 부위인 밥통을 나타낸 田의 형태가 합쳐져 그 뜻이 '밥통'이 되고, 胃臟(위장)·胃癌(위암)·脾胃(비위)·反胃(→ 번위)·胃潰瘍(위궤양)·反芻胃(반추위)·胃痙攣(위경련)에서 보듯 그 음이 '위'가 된 글자다.

謂 이를 위

고 669 어문 3급 진흥 2급

䛊자로 인해 남이 알아듣게 말[言]로 이른다 하여 그 뜻이 '이르다'가 되고, 胃자로 인해 云謂(운위)·所謂(소위)·可謂(가위)·稱謂(칭위)에서처럼 그 음이 '위'가 된 글자다.

중 676
한국어문회 **5급**
한자진흥회 **5급**

位 자리 위 / 소전

땅 위에 서 있는 사람의 모습을 나타내는 立자에 다시 人(亻)자를 덧붙여 사람이 서 있는 자리를 나타낸 데서 그 뜻이 '자리'가 되고, 位置(위치)·位相(위상)·首位(수위)·品位(품위)·高位層(고위층)·本位貨幣(본위화폐)·三位一體(삼위일체)에서처럼 그 음이 '위'가 된 글자다.

중 677
한국어문회 **4급**
한자진흥회 **4급**

危 위태할 위 / 소전

언덕[厂]의 위와 아래에 사람[⺈과 㔾의 형태]이 있는 모습을 나타내면서 사람이 언덕 주변의 위태한 곳에 있다 하여 그 뜻이 '위태하다'가 된 것으로 보이고, 危險(위험)·危急(위급)·危重(위중)·安危(안위)·危害物(위해물)·累卵之危(누란시위)에서처럼 그 음이 '위'가 된 글자다.

중 678
한국어문회
4급
한자진흥회
3급
위엄 위

| 금문 | 소전 |

날이 큰 도끼가 달려 있는 창[戌] 아래에 다소곳이 앉아 있는 여자[女]를 나타내면서 창으로 여자를 으르며 위엄을 드러내 보인다 하여 그 뜻이 '위엄'이 되고, 威力(위력)·威勢(위세)·權威(권위)·猛威(맹위)·威壓感(위압감)·國威宣揚(국위선양)에서처럼 그 음이 '위'가 된 글자다.

고 670
한국어문회
4급
한자진흥회
3급
맡길 위

| 갑골문 | 소전 |

여자[女]가 벼[禾]를 거두고 있는 모습을 나타내면서 힘든 벼농사 일을 체력이 남자에 비해 약한 여자에게 맡긴 데서 그 뜻이 '맡기다'가 되고, 委任(위임)·委託(위탁)·委囑(위촉)·委員長(위원장)·國務委員(국무위원)에서처럼 그 음이 '위'가 된 글자다.

참고 271
벼슬 위

| 소전 |

불로 달군 돌을 손에 잡고 사람의 아픈 부위인 등에 눌러서 병을 다스리는 모습을 나타내면서 다시 남을 잘 다스리는 벼슬(벼슬아치)과 관련해 그 뜻이 '벼슬'이 되고, 少尉(소위)·中尉(중위)·大尉(대위)·准尉(준위)·尉官級(위관급)·駙馬都尉(부마도위)에서처럼 그 음이 '위'가 된 글자다.

慰
위로할 **위**

心자로 인해 마음[心]이 편하도록 위로한다 하여 그 뜻이 '위로하다'가 되고, 尉자로 인해 慰勞(위로) · 慰撫(위무) · 弔慰(조위) · 安慰(안위) · 慰藉料(위자료) · 慰問公演(위문공연)에서처럼 그 음이 '위'가 된 글자다.

말미암을 유 / 소전

물을 담는 끝이 오므라진 단지나 술을 거르는 주머니를 나타내면서 물을 담거나 술을 거를 때는 단지나 주머니로 말미암는다 하여 그 뜻이 '말미암다'가 된 것으로 보이고, 由來(유래) · 由緒(유서) · 理由(이유) · 自由(자유) · 告由祭(고유제) · 歸責事由(귀책사유)에서 보듯 그 음이 '유'가 된 글자다.

油
기름 **유**

水(氵)자로 인해 물[水]의 성질을 지니고 있는 기름과 관련해 그 뜻이 '기름'이 되고, 由자로 인해 石油(석유) · 燈油(등유) · 油田(유전) · 油價(유가) · 産油國(산유국) · 油槽船(유조선) · 食用油(식용유)에서처럼 그 음이 '유'가 된 글자다.

宙
집 **주**

宀자로 인해 대들보가 있는 집[宀]과 관련해 그 뜻이 '집'이 되고, 由자로 인해 宇宙(우주)에서처럼 그 음이 '주'가 된 글자다.

抽
뺄 **추**

手(扌)자로 인해 손[手]으로 잡아 뺀다 하여 그 뜻이 '빼다'가 되고, 由자로 인해 抽出(추출) · 抽籤(추첨) · 抽象的(추상적)에서처럼 그 음이 '추'가 된 글자다.

참고 272	攸	갑골문	금문	소전
	바 유			

사람[人(亻)]이 손에 채찍[攴(攵)]을 들고 다그치는 모습을 나타내면서 사람을 채찍으로 다그쳐 무언가 하는 바가 있게 한다 하여 그 뜻이 '바'가 되고, 攸好德(유호덕)이란 말에서 보듯 그 음이 '유'가 된 글자다.

悠
멀 유

고 673 어문 3급 진흥 3급

心자로 인해 마음[心] 속으로 하는 생각이 먼 데까지 미친다 하여 그 뜻이 '멀다'가 되고, 攸자로 인해 悠久(유구)·悠長(유장)·悠然(유연)·悠悠自適(유유자적)에서처럼 그 음이 '유'가 된 글자다.

修
닦을 수

중 682 어문 4급 진흥 4급

彡자로 인해 무언가 예쁘게 장식[彡]하기 위해 닦는다 하여 그 뜻이 '닦다'가 되고, 攸자로 인해 修繕(수선)·修行(수행)·研修(연수)·再修(재수)·修辭法(수사법)·修己治人(수기치인)·瑕疵補修(하자보수)에서처럼 그 음이 '수'가 된 글자다.

條
가지 조

고 674 어문 4급 진흥 3급

木자로 인해 나무[木] 줄기에서 갈라져 나온 가지와 관련해 그 뜻이 '가지'가 되고, 攸자로 인해 條件(조건)·條項(조항)·約條(약조)·信條(신조)·星條旗(성조기)·一條鞭法(일조편법)·教條主義(교조주의)에서처럼 그 음이 '조'가 된 글자다.

참고 273	兪	금문	소전
	점점 유		

치료할 때에 사용하는 배 모양의 그릇과 돌로 된 침(鍼)을 나타내면서 침으로 치료한 후에 아픈 곳이 점점 낫는다 하여 그 뜻이 '점점'이 된 것으로 보이고, 자신이 덧붙여져 음의 역할을 하는 愈[나을 유]·喻[깨우칠 유]·鍮[놋쇠 유]자처럼 그 음이 '유'가 된 글자다. 오늘날은 주로 성씨(姓氏)로 사용되고 있다. 兪자는 속자(俗字)다.

愈

나을 유

고 675 어문 3급 진흥 2급

心자로 인해 무언가 마음[心]으로 더 낫다고 생각한다 하여 그 뜻이 '낫다'가 되고, 兪자로 인해 그 음이 '유'가 된 글자다.

輸

나를 수

고 676 어문 3급 진흥 3급

車자로 인해 수레[車]로 물건을 실어 나른다 하여 그 뜻이 '나르다'가 되고, 兪자로 인해 輸送(수송)·輸血(수혈)·空輸(공수)·密輸(밀수)·輸出入(수출입)·均輸法(균수법)에서처럼 그 음이 '수'가 된 글자다.

참고 274

잠깐 유   소전

그릇 등을 만들기 위해 흙덩이[土]를 두 손[臼]으로 만지는 모양을 나타냈으나 후대에 잠깐을 가리키는 데 빌려 쓰면서 그 뜻이 '잠깐'이 된 것으로 보이고, 須臾(수유)에서 보듯 그 음이 '유'가 된 글자다.

貴

귀할 귀   소전

중 683 어문 5급 진흥 4급

원래 臾자와 貝자가 어우러진 臾자가 본자(本字)다. 貝자로 인해 화폐[貝]처럼 귀하게 여겨졌던 물건과 관련해 그 뜻이 '귀하다'가 되고, 오늘날 그 모양이 변했지만 臾자로 인해 貴賤(귀천)·貴中(귀중)·珍貴(진귀)·稀貴(희귀)·貴金屬(귀금속)·貴公子(귀공자)·富貴榮華(부귀영화)에서처럼 그 음이 '귀'가 된 글자다.

遺

남을 유

중 684 어문 4급 진흥 4급

辵(辶)자로 인해 길[辶]에 무언가를 잃어버려 길에 그것이 남아 있다 하여 그 뜻이 '남다'가 되고, 貴자로 인해 遺書(유서)·遺物(유물)·遺骸(유해)·遺傳(유전)·後遺症(후유증)·遺子女(유자녀)·道不拾遺(도불습유)에서처럼 그 음이 '유'가 된 글자다.

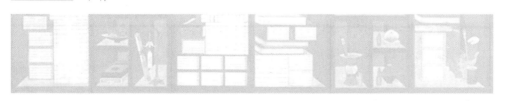

참고 275	斿 깃발 유	갑골문	금문	소전

전투력이 떨어지는 아이[子]가 깃발[㫃]을 들고 있는 모습을 나타내면서 그 뜻이 '깃발'이 되고, 자신이 덧붙여져 음의 역할을 하는 遊[놀 유]·蝣[하루살이 유]자처럼 그 음이 '유'가 된 글자다.

遊
놀 유

중 685 어문 4급 진흥 3급

辵(辶)자로 인해 길[辶]을 따라 왔다 갔다 하며 즐겁게 논다 하여 그 뜻이 '놀다'가 되고, 斿자로 인해 遊戱(유희)·遊說(유세)·交遊(교유)·外遊(외유)·遊興街(유흥가)·遊學生(유학생)·周遊天下(주유천하)·遊必有方(유필유방)에서처럼 그 음이 '유'가 된 글자다.

고 677 한국어문회 4급 한자진흥회 3급	乳 젖 유	갑골문	소전

손[爪]으로 아이[子]를 안고 젖[乚의 형태]을 먹이는 모습을 나타내면서 그 뜻이 '젖'이 되고, 母乳(모유)·粉乳(분유)·乳母(유모)·乳兒(유아)·鐘乳石(종유석)·離乳食(이유식)·哺乳動物(포유동물)에서처럼 그 음이 '유'가 된 글자다.

참고 276	尹 다스릴 윤	갑골문	금문	소전

지휘(指揮)하는 데 사용하는 긴 막대기를 손에 잡고 있는 모습을 나타내면서 막대기를 잡고 무리를 다스린다 하여 그 뜻이 '다스리다'가 되고, 府尹(부윤)·京兆尹(경조윤)·漢城判尹(한성판윤)에서 보듯 그 음이 '윤'이 된 글자다.

君
임금 군

口자로 인해 높은 자리에서 입[口]으로 명(命)을 내려 백성을 다스리는 임금과 관련해 그 뜻이 '임금'이 되고, 尹자로 인해 君王(군왕)·君臨(군림)·暴君(폭군)·夫君(부군)·大院君(대원군)·府院君(부원군)·不事二君(불사이군)·君君臣臣(군군신신)에서처럼 그 음이 '군'이 된 글자다.

郡
고을 군

邑(阝)자로 인해 일정한 경계 안에 많은 사람이 모여 사는 고을[邑]과 관련해 그 뜻이 '고을'이 되고, 君자로 인해 郡民(군민)·郡廳(군청)·郡守(군수)·郡內(군내)·漢四郡(한사군)·郡縣制度(군현제도)에서처럼 그 음이 '군'이 된 글자다.

群
무리 군

羊자로 인해 양[羊]이 흔히 무리 지어 사는 동물(動物)인 데서 그 뜻이 '무리'가 되고, 君자로 인해 群衆(군중)·群集(군집)·拔群(발군)·學群(학군)·群落地(군락지)·群鷄一鶴(군계일학)·邑犬群吠(읍견군폐)에서처럼 그 음이 '군'이 된 글자다. 羣자는 동자(同字)다.

참고 277	允			
진실로 윤		갑골문	금문	소전

머리가 강조된 사람이 그 머리를 숙이는 모습을 나타내면서 머리를 숙여 상대를 믿고 진실로 따른다 하여 그 뜻이 '진실로'가 된 것으로 보이고, 允許(윤허)에서 보듯 그 음이 '윤'이 된 글자다.

夋
천천히 갈 준
소전

夊자로 인해 발[夊]로 걸어서 천천히 간다 하여 그 뜻이 '천천히 가다'가 되고, 允자로 인해 그 음이 '준'이 된 글자다.

俊
준걸 준

人(亻)자로 인해 재주가 뛰어난 사람[人]인 준걸과 관련해 그 뜻이 '준걸'이 되고, 夋자로 인해 俊傑(준걸)·俊秀(준수)·俊骨(준골)·俊才(준재)에서처럼 그 음이 '준'이 된 글자다.

참고
279

숨길 은   소전

위아래 두 손으로 도구와 같은 물건을 들어 숨기는 모습을 나타내면서 그 뜻이 '숨기다'가 된 것으로 보이고, 후에 자신의 뜻을 대신한 隱[숨길 은]자처럼 그 음이 '은'이 된 글자다.

삼갈 은

참고 280

心자로 인해 마음[心] 속으로 삼간다 하여 그 뜻이 '삼가다'가 되고, 㥯자로 인해 그 음이 '은'이 된 글자다.

隱

숨길 은

고 680 어문 4급 진흥 2급

阜(阝)자로 인해 언덕[阜]에 숨긴다 하여 그 뜻이 '숨기다'가 되고, 㥯자로 인해 隱匿(은닉)·隱遁(은둔)·隱退(은퇴)·隱語(은어)·隱喻法(은유법)·惻隱之心(측은지심)·高麗三隱(고려삼은)에서처럼 그 음이 '은'이 된 글자다.

참고
281

가까이하여
구할 음   소전

손[爪]이 바로 아래 흙(土) 위에 놓인 기다란 물체[丿의 형태]를 가까이하여 구하는 모양을 나타낸 데서 그 뜻이 '가까이하여 구하다'가 된 것으로 보이고, 자신이 덧붙여져 음의 역할을 하는 淫[음란할 음]·婬[음탕할 음]자처럼 그 음이 '음'이 된 글자다.

음란할 음

고 681 어문 3급 진흥 2급

水(氵)자로 인해 물[水]에 빠지듯 음란한 데 빠진다 하여 그 뜻이 '음란하다'가 되고, 㸒자로 인해 淫蕩(음탕)·淫亂(음란)·淫心(음심)·淫慾(음욕)·催淫劑(최음제)·賣淫窟(매음굴)·淫談悖說(음담패설)에서처럼 그 음이 '음'이 된 글자다.

| 참고
282 | 雁
매 응 | 
금문 | 소전 |

모서리 진 언덕의 파인 곳에 둥지를 튼 새[隹]를
나타내면서 흔히 그런 곳에 둥지를 트는 새인
매와 관련해 그 뜻이 '매'가 된 것으로 보이고,

나중에 자신의 뜻을 대신한 鷹[매 응]자나 자신이 덧붙여져 음의 역할을 하는 應
[응할 응]·膺[가슴 응]자처럼 그 음이 '응'이 된 글자다. 후에 언덕과 파인 곳은 广
의 형태와 亻의 형태로 바뀌었다.

응할 응

중 688 어문 4급 진흥 4급

心자로 인해 마음[心] 속으로 믿고 상대의 뜻에 응한다 하여 그 뜻이 '응하
다'가 되고, 雁자로 인해 應答(응답)·應分(응분)·相應(상응)·呼應(호응)·應接
室(응접실)·應援團(응원단)·臨機應變(임기응변)에서처럼 그 음이 '응'이 된 글
자다.

| 중 689
한국어문회
6급
한자진흥회
5급 |
뜻 의 |
소전 |

사람이 말하는 소리[音]를 들으면 능히 그 마음[心]
속에 담긴 뜻을 알 수 있다 하여 그 뜻이 '뜻'이
되고, 意志(의지)·意外(의외)·好意(호의)·故意(고
의)·如意棒(여의봉)·意圖的(의도적)·下意上達(하의상
달)·表意文字(표의문자)에서처럼 그 음이 '의'가 된 글자다.

억 억

중 690 어문 5급 진흥 4급

人(亻)자로 인해 원래 많은 사람[人]을 뜻했으나 후대에 많은 수(數)의 단위인
억과 관련되면서 그 뜻이 '억'이 되고, 意자로 인해 億劫(억겁)·億丈(억장)·
億年(억년)·億代(억대)·數十億(수십억)·億萬長者(억만장자)에서처럼 그 음이
'억'이 된 글자다.

憶
기억할 억

중 691 어문 3급 진흥 3급

心(忄)자로 인해 마음[心] 속으로 잊지 않고 기억한다 하여 그 뜻이 '기억하
다'가 되고, 意자로 인해 記憶(기억)·追憶(추억)에서처럼 그 음이 '억'이 된
글자다.

상자[匚] 속에 든 화살처럼 뾰족한 도구[矢]를 손에 들고 다그쳐[殳] 환자를 치료하는 의원과 관련해 그 뜻이 '의원'이 되고, 醫師(의사)·醫大(의대)·名醫(명의)·軍醫(군의)·主治醫(주치의)·漢醫學(한의학)·醫療酬價(의료수가)에서처럼 그 음이 '의'가 된 글자다. 후에 약(藥)으로도 사용된 술과 관련해 酉자를 덧붙였다.

원래 사람이 길에서 지팡이를 짚고 고개를 돌려 두리번거리는 모습을 나타냈다. 그 모습이 잘 모르겠다며 의심하는 상태라 하여 그 뜻이 '의심하다'가 되고, 疑問(의문)·疑訝(의아)·疑心(의심)·疑惑(의혹)·疑妻症(의처증)·容疑者(용의자)·受賂嫌疑(수뢰혐의)에서처럼 그 음이 '의'가 된 글자다. 후에 발의 형태가 덧붙여지면서 자형에 많은 변화가 이뤄졌다.

고 683 어문 3급 진흥 2급

엉길 응

冫자로 인해 얼음[冫]이 되려고 물이 엉긴다 하여 그 뜻이 '엉기다'가 되고, 疑자로 인해 凝固(응고)·凝結(응결)·凝視(응시)·凝縮(응축)·凝集力(응집력)에서처럼 그 음이 '응'이 된 글자다.

| 중 693
한국어문회
4급
한자진흥회
4급 | 異
다를 이 | 갑골문 | 금문 | 소전 |

똑바로 선 사람이 두 손으로 머리에 가면(假面)을 쓰는 모습을 나타내면서 가면을 쓴 모습이 원래 모습과 다르다 하여 그 뜻이 '다르다'가 되고, 異常(이상)·異見(이견)·相異(상이)·特異(특이)·智異山(→ 지리산)·人事異動(인사이동)에서 보듯 그 음이 '이'가 된 글자다.

고 684 어문 3급 진흥 2급

羽자로 인해 깃[羽]으로 덮여 있는 날개와 관련해 그 뜻이 '날개'가 되고, 異자로 인해 一翼(일익)·左翼(좌익)·右翼(우익)·翼龍(익룡)·鶴翼陣(학익진)·比翼鳥(비익조)·比翼連理(비익연리)에서처럼 그 음이 '익'이 된 글자다.

| 중 694
한국어문회
3급
한자진흥회
3급 | 已
이미 이 | 소전 |

땅을 갈아서 흙덩이를 일으키는 데 쓰는 농기구인 보습을 나타냈다고 여겨지나 후대로 내려오면서 이미의 뜻으로 빌려 쓰면서 결국 그 뜻이 '이미'가 되고, 不得已(부득이)·已往之事(이왕지사)에서처럼 그 음이 '이'가 된 글자다.

| 고 685
한국어문회
3급
한자진흥회
2급 | 夷
오랑캐 이 | 금문 | 소전 |

원래 사람을 줄로 묶은 보양을 나타냈으나 활과 사람이 합쳐신 모습으로 살못 보면서 활을 잘 쏘는 동방의 종족인 오랑캐와 관련해 그 뜻이 '오랑캐'가 되고, 東夷族(동이족)·燒夷彈(소이탄)·以夷制夷(이이제이)·尊王攘夷(존왕양이)·夷蠻戎狄(이만융적)에서처럼 그 음이 '이'가 된 글자다.

중 695 한국어문회 **4급** 한자진흥회 **4급** 益 더할 익	갑골문	금문	소전

물[水]을 그릇[皿]에 더해 넘치는 모양을 나타낸 데서 그 뜻이 '더하다'가 되고, 損益(손익)·無益(무익)·益蟲(익충)·益鳥(익조)·益母草(익모초)·益者三樂(익자삼요)·公益要員(공익요원)에서처럼 그 음이 '익'이 된 글자다. 나중에 글자에서 물[水]은 옆으로 표현되었다.

중 696 한국어문회 **5급** 한자진흥회 **4급** 因 인할 인	갑골문	금문	소전

사람[大의 형태]이 자리[口의 형태]에 누운 모습을 나타내면서 사람이 편히 쉬는 것은 그 자리로 인한 것이라 하여 그 뜻이 '인하다'가 되고, 基因(기인)·原因(원인)·因緣(인연)·因習(인습)·因山日(인산일)·水因性(수인성)·因果應報(인과응보)에서 보듯 그 음이 '인'이 된 글자다.

姻
혼인 인

고 686 어문 3급 진흥 3급
女자로 인해 여자[女]가 혼인을 한다 하여 그 뜻이 '혼인'이 되고, 因자로 인해 婚姻(혼인)·姻親(인친)·親姻戚(친인척)에서처럼 그 음이 '인'이 된 글자다.

恩
은혜 은

중 697 어문 4급 진흥 4급
心자로 인해 마음[心] 속으로 고맙게 느끼도록 베풀어 준 은혜와 관련해 그 뜻이 '은혜'가 되고, 因자로 인해 恩惠(은혜)·恩寵(은총)·承恩(승은)·聖恩(성은)·謝恩會(사은회)·雨露之恩(우로지은)·反哺報恩(반포보은)에서처럼 그 음이 '은'이 된 글자다.

참고 283	刀 칼날 인	칼 갑골문	勹 소전

칼[刀]날 부분을 점[丶]으로 표시한 모양을 나타내면서 그 뜻이 '칼날'이 되고, 자신이 덧붙여져 음의 역할을 하는 靭[질길 인]·仞[길 인]·忍[참을 인]자처럼 그 음이 '인'이 된 글자다.

忍 참을 인

중 698 어문 3급 진흥 3급

心자로 인해 마음[心] 속으로 꾹 참는다 하여 그 뜻이 '참다'가 되고, 刀자로 인해 忍耐(인내)·忍苦(인고)·不忍(불인)·百忍(백인)·忍冬草(인동초)·目不忍見(목불인견)에서처럼 그 음이 '인'이 된 글자다.

認 알 인

중 699 어문 4급 진흥 4급

言자로 인해 말[言]로 물어서 안다 하여 그 뜻이 '알다'가 되고, 忍자로 인해 認識(인식)·認知(인지)·是認(시인)·默認(묵인)·認許可(인허가)·國家公認(국가공인)에서처럼 그 음이 '인'이 된 글자다.

중 700 한국어문회 3급 한자진흥회 4급	寅 셋째 지지 인	갑골문	금문	소전

화살을 나타냈으나 후대에 셋째 지지를 가리키는 데 빌려 쓰이면서 그 뜻이 '셋째 지지'가 되고, 四寅劍(사인검)·丙寅洋擾(병인양요)에서 보듯 그 음이 '인'이 된 글자다.

演 흐를 연

고 687 어문 4급 진흥 3급

水(氵)자로 인해 물[水]이 유유히 흐른다 하여 그 뜻이 '흐르다'가 되고, 寅자로 인해 演技(연기)·演奏(연주)·講演(강연)·熱演(열연)·演繹法(연역법)·演藝人(연예인)·口演童話(구연동화)에서처럼 그 음이 '연'이 된 글자다.

참고 284	坙	坙	坙
	막을 인	금문	소전

사람이 자루를 이고 땅 위에 서 있는 모습을 나타내면서 머리에 이고 있는 것으로 물을 막는다 하여 그 뜻이 '막다'가 되고, 자신이 덧붙여져 음의 역할을 하는 湮[잠길 인]자처럼 그 음이 '인'이 된 글자다.

煙
연기 **연**

중 701 어문 4급 진흥 3급

火자로 인해 불[火]을 피울 때에 생기는 검거나 흐릿한 연기와 관련해 그 뜻이 '연기'가 되고, 坙자로 인해 煙氣(연기)·煙海(연해)·硝煙(초연)·喫煙(끽연)·呂宋煙(여송연)·煙霞痼疾(연하고질)·太平煙月(태평연월)에서처럼 그 음이 '연'이 된 글자다. 烟자는 동자(同字)다.

중 702 한국어문회 4급 한자진흥회 4급	引	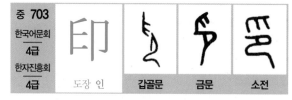		
	끌 인	갑골문	금문	소전

활[弓]을 쏘기 위해 시위[丨]를 끌어당기는 모양을 나타낸 데서 그 뜻이 '끌다'가 되고, 引揚(인양)·引受(인수)·引上(인상)·誘引(유인)·牽引(견인)·吸引(흡인)에서처럼 그 음이 '인'이 된 글자다.

중 703 한국어문회 4급 한자진흥회 4급	印			
	도장 인	갑골문	금문	소전

손으로 사람을 누르는 모습을 나타내면서 누르는 그 모습에서 다시 눌러 찍는 도장과 관련되어 결국 그 뜻이 '도장'이 되고, 印章(인장)·印稅(인세)·印度(인도)·拇印(무인)·捺印(날인)·烙印(낙인)·油印物(유인물)·西印度(서인도)에서처럼 그 음이 '인'이 된 글자다.

고 688 한국어문회 3급 한자진흥회 3급	逸	逸	逸
	달아날 일	금문	소전

토끼[兔]가 길[辵(辶)]을 따라 달아나는 모양을 나타낸 데서 그 뜻이 '달아나다'가 되고, 安逸(안일)·獨逸(독일)·逸話(일화)·逸品(일품)·逸脫行爲(일탈행위)에서처럼 그 음이 '일'이 된 글자다.

중 704
한국어문회
3급
한자진흥회
4급
아홉째 천간 임

| 갑골문 | 금문 | 소전 |

장인(匠人)이 사용하는 어떤 큰 연장을 나타낸 것으로 보이나 후대에 아홉째 천간을 가리키는 데 빌려 쓰면서 그 뜻이 '아홉째 천간'이 되고, 壬寅年(임인년)·壬午軍亂(임오군란)·壬辰倭亂(임진왜란)에서 보듯 그 음이 '임'이 된 글자다.

任
맡길 **임**

고 689 어문 5급 진흥 3급

人(亻)자로 인해 사람[人]에게 일을 맡긴다 하여 그 뜻이 '맡기다'가 되고, 壬자로 인해 一任(일임)·辭任(사임)·任用(임용)·任員(임원)·背任罪(배임죄)·任命狀(임명장)·自由放任(자유방임)·常任理事國(상임이사국)에서처럼 그 음이 '임'이 된 글자다.

賃
품팔이 **임**

고 690 어문 3급 진흥 2급

貝자로 인해 돈[貝]을 받고 남의 일을 해 주는 품팔이를 한다 하여 그 뜻이 '품팔이'가 되고, 任자로 인해 賃金(임금)·賃貸(임대)·勞賃(노임)·運賃(운임)·賃借人(임차인)·無賃乘車(무임승차)에서처럼 그 음이 '임'이 된 글자다.

참고 285
게으를 임

| 소전 |

사람이 어깨에 무언가를 메고 머뭇거리는 모습을 나타내면서 다시 머뭇거리며 게으르게 행동한다 하여 그 뜻이 '게으르다'가 된 것으로 보이고, 그 음이 '임'이 된 글자다.

沈
가라앉을 **침**

고 691 어문 3급 진흥 2급

水(氵)자로 인해 물[水] 속에 가라앉는다 하여 그 뜻이 '가라앉다'가 되고, 冘자로 인해 沈沒(침몰)·沈菜(→ 김치)·浮沈(부침)·冬沈(동침)·沈澱物(침전물)·意氣銷沈(의기소침)에서처럼 그 음이 '침'이 된 글자다. 沈淸傳(심청전)에서처럼 그 뜻이 사람의 '성(姓)'과 관련될 때는 그 음을 '심'으로 읽는다.

枕
베개 **침**

고 692 어문 3급 진흥 2급

木자로 인해 나무[木]로 만든 베개와 관련해 그 뜻이 '베개'가 되고, 冘자로 인해 木枕(목침)·衾枕(금침)·枕上(침상)·枕木(침목)·鴛鴦枕(원앙침)·高枕短命(고침단명)·漱石枕流(수석침류)에서처럼 그 음이 '침'이 된 글자다.

ㅈᄂᆞᆫ 齒칭音ᅙᅳᆷ이니 如ᅀᅧ 即즉字쯩 初총
發벓聲셩ᄒᆞ니 竝삥書ᄒᆞ면 如ᅀᅧ 牙ᅌᅡ音ᅙᅳᆷ셩ᄒᆞ니라 齒칭音
ㄱ字쯩 初총 發벓聲셩ᄒᆞ니라
ㅊᄂᆞᆫ 쏘리니 即즉字쯩 처엄 피아나 慈ᄍᆞ字쯩
ᄂᆞᆫ 소리니 ㄱᄐᆞ ᄀᆞᆯ ᄡᅮ면 慈ᄍᆞ字쯩
처엄 피아나ᄂᆞᆫ 소리 ㄱᄐᆞ니라

ㅈ

者
놈 자
금문
소전

김이 무럭무럭 나는 삶은 음식이 그릇에 담긴 모양을 나타내면서 원래 삶는다는 뜻을 지녔으나 후에 놈의 의미로 빌려 쓰이면서 그 뜻이 '놈'이 되고, 學者(학자)・行者(행자)・敗者(패자)・霸者(패자)・當選者(당선자)・第一人者(제일인자)・保守主義者(보수주의자)에서 보듯 그 음이 '자'가 된 글자다.

暑
더울 서

중 706 어문 3급 진흥 3급

日자로 인해 햇볕[日]이 내리쬐어 날씨가 덥다 하여 그 뜻이 '덥다'가 되고, 者자로 인해 小暑(소서)・大暑(대서)・避暑(피서)・處暑(처서)・酷暑期(혹서기)에서처럼 그 음이 '서'가 된 글자다.

緒
실마리 서

고 693 어문 3급 진흥 2급

糸자로 인해 실[糸]의 맨 첫머리인 실마리와 관련해 그 뜻이 '실마리'가 되고, 者자로 인해 緒言(서언)・緒論(서론)・緒戰(서전)・頭緒(두서)・端緒(단서)・情緒(정서)에서처럼 그 음이 '서'가 된 글자다.

署
관청 서

고 694 어문 3급 진흥 3급

网(罒)자로 인해 그물[网]로 짐승을 제재(制裁)하듯이 사람을 통제(統制)하는 관청과 관련해 그 뜻이 '관청'이 되고, 者자로 인해 署長(서장)・署理(서리)・支署(지서)・部署(부서)・稅務署(세무서)・署名運動(서명운동)에서처럼 그 음이 '서'가 된 글자다.

書
글 서
금문

중 707 어문 6급 진흥 5급

원래 聿자와 者자가 어우러진 글자다. 聿자로 인해 손에 붓[聿]을 들고 글을 쓴다 하여 그 뜻이 '글'이 되고, 그 형태가 많이 변했지만 者자로 인해 白書(백서)・楷書(해서)・書齋(서재)・書堂(서당)・口上書(구상서)・始末書(시말서)・年頭敎書(연두교서)에서처럼 그 음이 '서'가 되었다.

著
드러날 저

중 708 어문 3급 진흥 3급

艸(艹)자로 인해 풀[艸]이 땅 위로 잘 드러나 보인다 하여 그 뜻이 '드러나다'가 되고, 者자로 인해 著書(저서)・著者(저자)・顯著(현저)・拙著(졸저)・著作權(저작권)・著名人士(저명인사)에서처럼 그 음이 '저'가 된 글자다.

ㅈ

着 붙을 착

고 709 어문 5급 진흥 4급

著자를 간략하게 쓴 글자다. 그 뜻이 '붙다'로 쓰일 때만 著자와 통용(通用)되고, 愛着(애착)·主着(주착 / → 주책)·着手(착수)·着陸(착륙)·不時着(불시착)·膠着狀態(교착상태)·自家撞着(자가당착)에서처럼 그 음이 '착'이 된 글자다.

諸 모든 제

중 710 어문 3급 진흥 3급

言자로 인해 빼놓지 않고 모든 사항을 말한다[言] 하여 그 뜻이 '모든'이 되고, 者자로 인해 諸君(제군)·諸島(제도)·諸侯(제후)·諸賢(제현)·諸般事(제반사)·諸行無常(제행무상)에서처럼 그 음이 '제'가 된 글자다.

都 도읍 도

중 711 어문 5급 진흥 4급

邑(阝)자로 인해 왕이 머무는 고을[邑]인 도읍과 관련해 그 뜻이 '도읍'이 되고, 者자로 인해 都邑(도읍)·都市(도시)·首都(수도)·港都(항도)·都會地(도회지)·松都三絶(송도삼절)에서처럼 그 음이 '도'가 된 글자다.

고 695
한국어문회 3급
한자진흥회 2급

茲	甲骨文	金文	小篆
이 자	갑골문	금문	소전

艸(艹)자와 絲자가 합쳐져 원래 풀[艸]이 무성하다는 뜻을 지녔으나 후에 '이'의 뜻으로 빌려 쓰이고, 그 음은 글자의 형태가 비슷해 서로 혼용하고 있는 茲山魚譜(자산어보)의 茲[검을 자·이 자]자처럼 '자'인 글자다.

慈 사랑 자

중 712 어문 3급 진흥 3급

心자로 인해 마음[心] 속으로 남을 애틋이 대하며 사랑한다 하여 그 뜻이 '사랑'이 되고, 茲자로 인해 慈愛(자애)·慈堂(자당)·慈親(자친)·慈悲(자비)·慈善家(자선가)·父慈子孝(부자자효)·大慈大悲(대자대비)에서처럼 그 음이 '자'가 된 글자다.

참고 286

朿	甲骨文	金文	小篆
가시 자	갑골문	금문	소전

뽀족한 날이 가시처럼 붙어 있는 무기의 모양에서 그 뜻이 '가시'가 되고, 자신이 덧붙여져 음의 역할을 하는 刺[찌를 자]자처럼 그 음이 '자'가 된 글자다.

刺 찌를 자(척)

고 696 어문 3급 진흥 2급

刀(刂)자로 인해 칼[刀]로 찌른다 하여 그 뜻이 '찌르다'가 되고, 束자로 인해 刺客(자객) · 刺戟(자극) · 亂刺(난자) · 諷刺(풍자) · 流刺網(유자망) · 虎列刺(호열자) · 刺殺(자살/척살)에서처럼 그 음이 '자'나 '척'이 된 글자다. 水刺床(수라상→水刺床)에서처럼 그 뜻이 '수라'와 관련될 때는 그 음을 '라'로 읽는다.

策 꾀 책

고 697 어문 3급 진흥 3급

竹(⺮)자로 인해 본래 대[竹]쪽으로 만든 채찍과 관련해 그 뜻이 '채찍'이 되었으나 오늘날 채찍처럼 생긴 대쪽에 써넣는 내용과 관련해 '꾀'의 뜻으로 더 자주 사용되고, 束자로 인해 對策(대책) · 方策(방책) · 策士(책사) · 策略(책략) · 彌縫策(미봉책) · 蕩平策(탕평책) · 糊口之策(호구지책)에서처럼 그 음이 '책'이 된 글자다.

責 꾸짖을 책 갑골문

중 713 어문 5급 진흥 4급

원래 束자와 貝자가 어우러진 責자가 고자(古字)다. 貝자로 인해 돈[貝]을 빌리면서 생긴 빚과 관련해 원래 '빚'을 뜻했으나 다시 빚을 갚지 않은 데 대해 꾸짖는다 하여 그 뜻이 '꾸짖다'가 되고, 그 형태가 변했지만 束자로 인해 詰責(힐책) · 叱責(질책) · 責任(책임) · 責望(책망) · 罪責感(죄책감) · 歸責事由(귀책사유)에서처럼 그 음이 '책'이 된 글자다.

債 빚 채

고 698 어문 3급 진흥 3급

금전(金錢) 관계가 있는 사람을 나타내고자 人(亻)자를 責자에 덧붙여 그 본래 뜻 '빚'을 더욱 분명히 하고, 다시 責자로 인해 私債(사채) · 外債(외채) · 債務(채무) · 債券(채권) · 債權者(채권자) · 農家負債(농가부채)에서처럼 그 음이 '채'가 된 글자다.

積 쌓을 적

고 699 어문 4급 진흥 3급

禾자로 인해 추수(秋收)한 벼[禾]를 한곳에 모아 높이 쌓는다 하여 그 뜻이 '쌓다'가 되고, 責자로 인해 積金(적금) · 積阻(적조) · 山積(산적) · 堆積(퇴적) · 積極的(적극적) · 積小成大(적소성대) · 積善之家(적선지가)에서처럼 그 음이 '적'이 된 글자다.

績 길쌈 적

고 700 어문 4급 진흥 3급

糸자로 인해 실[糸]로 옷감을 짜는 일인 길쌈과 관련해 그 뜻이 '길쌈'이 되고, 責자로 인해 功績(공적) · 治績(치적) · 實績(실적) · 業績(업적) · 紡績機(방적기) · 成績表(성적표)에서처럼 그 음이 '적'이 된 글자다.

棗 대추나무 조

참고 287

위아래에 束자를 쓰면서 가시[束]가 많은 대추나무와 관련해 그 뜻이 '대추나무'가 되고, 다시 束자로 인해 大棗(→대추) · 霹棗木(벽조목) · 棗栗梨柿(조율이시) · 棗東栗西(조동율서)에서처럼 그 음이 '조'가 된 글자다.

일찍 조 / 금문

중 714 어문 4급 진흥 4급

원래 日자와 棗자가 어우러진 글자다. 日자로 인해 해[日]가 아침 일찍 떠오른다 하여 그 뜻이 '일찍'이 되고, 후대에 十의 형태로 간단하게 변화되었지만 棗자로 인해 早退(조퇴)·早産(조산)·早婚(조혼)·早熟(조숙)·早晚間(조만간)·早期敎育(조기교육)에서처럼 그 음이 '조'가 된 글자다.

풀 초

중 715 어문 7급 진흥 5급

艸(艹)자로 인해 원래 도토리나무 열매를 뜻했으나 후에 모든 풀[艸]을 이르는 데 쓰이게 되면서 그 뜻이 '풀'이 되고, 부자로 인해 草芥(초개)·草案(초안)·雜草(잡초)·民草(민초)·草創期(초창기)·刈草機(예초기)·草綠同色(초록동색)에서처럼 그 음이 '초'가 된 글자다.

참고 288 / 성장을 그칠 자 / 소전

싹[屮]의 줄기 부분을 양쪽에서 묶은 모양을 나타내면서 싹이 묶여 더 자라지 못하고 성장을 그친다 하여 그 뜻이 '성장을 그치다'가 된 것으로 보이고, 秭[부피 이름 자]·胏[밥찌끼 자]·趀[갑작스러울 자]자처럼 그 음이 '자'가 된 글자다.

누이 자

중 716 어문 4급 진흥 4급

女자로 인해 남매 가운데 남자보다 나이가 많은 여자[女]인 손위 누이와 관련해 그 뜻이 '누이'가 되고, 宋자로 인해 姊妹(자매)·姊兄(자형)·姊夫(자부)·姊母會(자모회)에서처럼 그 음이 '자'가 된 글자다. 姉자는 속자(俗字)다.

참고 289 / 구기 작 / 갑골문 / 금문 / 소전

국자와 비슷한 기구(器具)인 구기 안에 무언가 들어 있는 모양을 나타내면서 그 뜻이 '구기'가 되고, 자신이 덧붙여져 음의 역할을 하는 灼[사를 작]·芍[함박꽃 작]자처럼 그 음이 '작'이 된 글자다. 구기는 흔히 술과 같은 음료(飮料)를 뜰 때에 사용된다.

酌

잔질할 작

고 701 어문 3급 진흥 2급

酉자로 인해 술[酉]을 잔(盞)에 따른다는 말인 잔질하다와 관련되어 그 뜻이 '잔질하다' 가 되고, 勺자로 인해 酬酌(수작)·斟酌(짐작)·對酌(대작)·自酌(자작)·酌定(작정)·酌婦(작부)·情狀參酌(정상참작)에서처럼 그 음이 '작' 이 된 글자다.

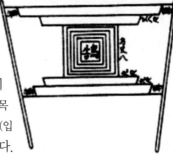

的

과녁 적

중 717 어문 5급 진흥 4급

원래 日자와 勺자가 어우러진 旳자가 본자(本字)다. 후에 白자로 바뀌었지만 日자로 인해 해[日]가 밝다는 데서 다시 눈에 잘 보이도록 가운데가 밝게 표시된 과녁과 관련해 그 뜻이 '과녁' 이 되고, 勺자로 인해 的中(적중)·的確(적확)·目的(목적)·標的(표적)·諧謔的(해학적)·猥褻的(외설적)·立志傳的(입지전적)·天文學的(천문학적)에서처럼 그 음이 '적' 이 된 글자다.

約

묶을 약

중 718 어문 5급 진흥 4급

糸자로 인해 실[糸]로 단단히 묶는다 하여 그 뜻이 '묶다' 가 되고, 勺자로 인해 約束(약속)·約條(약조)·鄕約(향약)·豫約(예약)·違約金(위약금)·括約筋(괄약근)·百年佳約(백년가약)·約定俗成(약정속성)에서처럼 그 음이 '약' 이 된 글자다.

		爵					
고 702 한국어문회 3급 한자진흥회 2급	爵 벼슬 작		갑골문	금문	소전		

술잔을 나타내면서 바로 그 술잔을 옛날 천자가 제후처럼 높은 벼슬을 하는 사람에게 내려 주었던 데서 그 뜻이 '벼슬' 이 되고, 爵位(작위)·爵祿(작록)·封爵(봉작)·公爵(공작)·五等爵(오등작)·高官大爵(고관대작)·賣官鬻爵(매관육작)에서처럼 그 음이 '작' 이 된 글자다.

참고 290	㦮 해칠 잔	갑골문	소전

서로 창[戈]을 겨누며 다투는 모양을 나
타내면서 다투어 상대방을 해친다 하여
그 뜻이 '해치다'가 되고, 자신이 덧붙여져 음의 역할을 하는 盞[잔 잔]·殘[쇠잔할
잔]자처럼 그 음이 '잔'이 된 글자다.

殘 쇠잔할 잔

고 703 어문 4급 진흥 3급

歹자로 인해 뼈가 앙상하도록[歹] 몸이 쇠잔하다 하여 그 뜻이 '쇠잔하다'가 되고,
㦮자로 인해 殘滓(잔재)·殘骸(잔해)·殘留(잔류)·殘飯(잔반)·敗
殘兵(패잔병)·骨肉相殘(골육상잔)·同族相殘(동족상잔)에서처럼
그 음이 '잔'이 된 글자다.

錢 돈 전

중 719 어문 4급 진흥 3급

金자로 인해 물건을 매매(賣買)하는 데 매개물(媒介物)이 되는
쇠[金]로 만든 돈과 관련해 그 뜻이 '돈'이 되고, 㦮자로 인해
銅錢(동전)·葉錢(엽전)·錢主(전주)·錢魚(전어)·當百錢(당백전)·
無錢旅行(무전여행)·有錢無罪(유전무죄)에서처럼 그 음이 '전'
이 된 글자다.

淺 얕을 천

중 720 어문 3급 진흥 3급

水(氵)자로 인해 물[水]의 깊이가 얕다 하여 그 뜻이 '얕다'가 되고, 㦮자로 인해 深
淺(심천)·日淺(일천)·淺薄(천박)·淺海(천해)·淺學菲才(천학비재)·寡聞淺識(과문
천식)에서처럼 그 음이 '천'이 된 글자다.

踐 밟을 천

고 704 어문 3급 진흥 3급

足(⻊)자로 인해 발[足]로 밟는다 하여 그 뜻이 '밟다'가 되고, 㦮자로 인해 實踐(실
천)에서처럼 그 음이 '천'이 된 글자다.

賤 천할 천

고 705 어문 3급 진흥 3급

貝자로 인해 화폐[貝]의 가치가 떨어진다는 데서 다시 가치가 떨어지는 것은 천하
다 하여 그 뜻이 '천하다'가 되고, 㦮자로 인해 賤民(천민)·賤出(천출)·貴賤(귀
천)·至賤(지천)·貧賤之交(빈천지교)·賤名爲福(천명위복)에서처럼 그 음이 '천'이
된 글자다.

| 참고 291 | 先 비녀 잠 | (금문) 금문 | (소전) 소전 |

사람이 쪽 찐 머리에 비녀를 꽂고 있는 모습에서 그 뜻이 '비녀'가 되고, 후에 자신의 뜻을 대신한 簪[비녀 잠]자처럼 그 음이 '잠'이 된 글자다.

참고 292

兟 날카로울 침

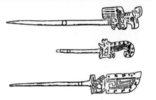

쪽 찐 머리를 고정시킬 때 사용하는 끝이 날카롭게 다듬어진 비녀[先]와 관련해 그 뜻이 '날카롭다'가 되고, 다시 先자로 인해 그 음이 '침'이 된 글자다.

참고 293

朁 일찍이 참 (소전)

시간(時間)과 관련이 있는 日자로 인해 정해진 시각[日]보다 일찍이라는 데서 그 뜻이 '일찍이'가 되고, 兟자로 인해 그 음이 '참'이 된 글자다. 日자는 후대로 내려오면서 曰자로 바뀌었다.

고 706 어문 3급 진흥 2급

潛 잠길 잠

水(氵)자로 인해 물[水] 속에 잠긴다 하여 그 뜻이 '잠기다'가 되고, 朁자로 인해 沈潛(침잠)·潛入(잠입)·潛泳(잠영)·潛跡(잠적)·潛水夫(잠수부)·潛望鏡(잠망경)·潛在意識(잠재의식)에서처럼 그 음이 '잠'이 된 글자다.

| 중 721 한국어문회 6급 한자진흥회 5급 | 章 글 장 |  금문 | 소전 |

문신(文身)을 새기는 도구[辛]의 아랫부분에 먹물로 둥근 무늬의 문신을 새기고 있는 모양을 나타내면서 다시 문신처럼 먹물로 새겨진 글과 관련해 그 뜻이 '글'이 된 것으로 보이고, 文章(문장)·輓章(만장)·勳章(훈장)·徽章(휘장)·體力章(체력장)·約法三章(약법삼장)·國民教育憲章(국민교육헌장)에서 보듯 그 음이 '장'이 된 글자다.

ㅈ

障

막을 장

고 707 어문 4급 진흥 3급

阜(阝)자로 인해 언덕[阜]이 앞을 막고 있다 하여 그 뜻이 '막다'가 되고, 章자로 인해 天障(천장)·故障(고장)·障壁(장벽)·障礙(장애)·障礙人(장애인)·白內障(백내장)·障害物(장해물)에서처럼 그 음이 '장'이 된 글자다.

丈 支

| 고 708 |
| 한국어문회 **3급** |
| 한자진흥회 **3급** |

어른 장 / 소전

본래는 손[又]에 지팡이[十의 형태]를 들고 있는 모양을 나타내면서 지팡이를 뜻했으나 후에 木자를 덧붙인 杖[지팡이 장]자가 그 뜻을 대신하자 자신은 어른을 나타내는 데 빌려 쓰면서 '어른'의 뜻을 지니게 된 것으로 보이고, 丈人(장인)·丈家(장가)·

1丈 (10尺)

大丈夫(대장부)·椿府丈(춘부장)·氣高萬丈(기고만장)·白髮三千丈(백발삼천장)에서처럼 '장'의 음으로 읽히게 된 글자다.

葬

| 고 709 |
| 한국어문회 **3급** |
| 한자진흥회 **2급** |

장사 지낼 장 / 갑골문 / 소전

원래 일정한 공간에 죽은 사람을 풀로 덮어 장사 지낸 모양이었으나 나중에 풀이 무성한 곳[茻]에 죽은 사람의 뼈[歹]와 옆에 죽은 사람[匕의 형태]을 깔개[一의 형태] 위에 놓아두고 장사 지내는 모양으로 바뀌면서 그 뜻이 '장사 지내다'가 되고, 草葬(초장)·國葬(국장)·火葬(화장)·合葬(합장)·三日葬(삼일장)·高麗葬(고려장)·葬禮式場(장례식장)에서처럼 그 음이 '장'이 된 글자다.

ㅈ

참고 294	庄 농막 장

농사짓기에 편리하도록 흙[土]으로 간단하게 지은 집[广]인 농막을 나타내면서 그 뜻이 '농막'이 되고, 자신이 덧붙여져 음의 역할을 하는 粧[꾸밀 장]·贜[장물 장]자처럼 그 음이 '장'이 된 글자다. 그러나 소전 이후에 생긴 문자로, 고문자인 갑골문이나 금문에서는 그 자형을 엿볼 수 없는 글자다.

粧 단장할 장	고 710 어문 3급 진흥 2급

米자로 인해 쌀[米]처럼 가는 분(粉)으로 맵시를 내기 위해 단장한다 하여 그 뜻이 '단장하다'가 되고, 庄자로 인해 丹粧(단장)·化粧(화장)·美粧院(미장원)·銀粧刀(은장도)에서처럼 그 음이 '장'이 된 글자다.

고 711 한국어문회 5급 한자진흥회 3급 재앙 재	災	금문	소전

넘쳐흐르는 물을 둑으로 막은 모양[巛]을 나타내면서 원래 수재(水災)를 뜻했으나 나중에 화재(火災)를 염두에 두어 火자를 덧붙이면서 모든 재앙과 관련해 그 뜻이 '재앙'이 되고, 災殃(재앙)·災厄(재액)·人災(인재)·三災(삼재)·罹災民(이재민)·天災地變(천재지변)·産災患者(산재환자)에서 보듯 그 음이 '재'가 된 글자다. 원래 災자로 쓰다가 후에 오늘날처럼 쓰였다.

才 재주 재	갑골문	중 722 어문 6급 진흥 5급

넘쳐흐르는 물을 둑으로 막은 모양을 나타낸 災자의 고문자에서 보듯 둑을 표현한 글자다. 둑이 물의 흐름을 막는 바탕이 된다는 데서 그 의미가 확대되어 훌륭한 사람의 바탕을 이르는 재주와 관련해 그 뜻이 '재주'가 되고, 災자와 똑같이 才能(재능)·才媛(재원)·天才(천재)·英才(영재)·才勝德(재승덕)·蓋世之才(개세지재)·才子佳人(재자가인)에서처럼 그 음이 '재'가 된 글자다.

材 재목 재	중 723 어문 5급 진흥 4급

木자로 인해 집 등을 지을 때에 재목으로 사용되는 나무[木]와 관련해 그 뜻이 '재목'이 되고, 才자로 인해 材料(재료)·材質(재질)·骨材(골재)·人材(인재)·製材所(제재소)·適材適所(적재적소)·棟樑之材(동량지재)에서처럼 그 음이 '재'가 된 글자다.

財
재물 재

貝자로 인해 화폐[貝]처럼 값진 재물과 관련해 그 뜻이 '재물'이 되고, 才자로 인해 財産(재산)·財閥(재벌)·蓄財(축재)·理財(이재)·文化財(문화재)·代替財(대체재)·財團法人(재단법인)에서처럼 그 음이 '재'가 된 글자다.

在
있을 재

원래 才자와 土자가 어우러진 글자다. 土자로 인해 흙[土]으로 막아 물 등을 멈추어 있게 한다 하여 그 뜻이 '있다'가 되고, 약간 변화되었지만 才자로 인해 存在(존재)·現在(현재)·在學(재학)·在職(재직)·在來種(재래종)·人命在天(인명재천)·螳螂在後(당랑재후)에서처럼 그 음이 '재'가 된 글자다.

戈
손상할 재

갑골문

원래 才자와 戈자가 어우러진 𢦏자가 본자(本字)다. 戈자로 인해 창[戈]과 같은 무기로 남을 손상한다 하여 그 뜻이 '손상하다'가 되고, 十의 형태로 바뀌었지만 才자로 인해 그 음이 '재'가 된 글자다.

栽
심을 재

木자로 인해 나무[木]를 심는다 하여 그 뜻이 '심다'가 되고, 𢦏자로 인해 栽培(재배)·盆栽(분재)·植栽(식재)에서처럼 그 음이 '재'가 된 글자다.

哉
어조사 재

口자로 인해 입[口]으로 하는 말이 끊어지게 하는 데 사용되는 어조사로 쓰이기 때문에 그 뜻이 '어조사'가 되고, 𢦏자로 인해 快哉(쾌재)·哀哉(애재)·嗚呼痛哉(오호통재)·焉哉乎也(언재호야)에서처럼 그 음이 '재'가 된 글자다.

載
실을 재

車자로 인해 수레[車]에 짐을 싣는다 하여 그 뜻이 '싣다'가 되고, 𢦏자로 인해 搭載(탑재)·記載(기재)·揭載(게재)·登載(등재)·積載函(적재함)·車載斗量(거재두량)·

千載一遇(천재일우)에서처럼 그 음이 '재'가 된 글자다.

裁
마를 재

衣자로 인해 옷[衣]을 만들기 위해 베나 비단을 치수에 맞춰 베고 자른다는 의미인 마르다와 관련해 그 뜻이 '마르다'가 되고, 𢦏자로 인해 裁斷(재단)·裁判(재판)·決裁(결재)·洋裁(양재)·獨裁者(독재자)·縫裁工場(봉재공장)에서처럼 그 음이 '재'가 된 글자다.

ㅈ

중 728 한국어문회 5급 한자진흥회 4급	再 두 재	갑골문	금문	소전

무게를 재는 저울을 나타내면서 무게를 분명히 알기 위해 두 번 거듭 잰다 하여 그 뜻이 '두(둘)' 가 된 것으로 보이며, 再生(재생)·再娶(재취)·再起(재기)·再湯(재탕)·再活用(재활용)·再從兄弟(재종형제)·非一非再(비일비재)에서처럼 그 음이 '재'가 된 글자다.

고 714 한국어문회 3급 한자진흥회 2급	宰 벼슬아치 재	갑골문	금문	소전

관가[宀]에서 벌을 줄 때 사용하는 도구[辛]로 형(刑)을 집행하는 벼슬아치와 관련해 그 뜻이 '벼슬아치'가 되고, 宰相(재상)·主宰(주재)에서처럼 그 음이 '재'가 된 글자다.

중 729 한국어문회 5급 한자진흥회 4급	爭 다툴 쟁	소전

양쪽에서 손으로 쟁기를 서로 당기는 모습을 나타내면서 서로 당기면서 다툰다 하여 그 뜻이 '다투다'가 되고, 競爭(경쟁)·諫爭(간쟁)·黨爭(당쟁)·挺爭(정쟁)·爭奪戰(쟁탈전)·蚌鷸之爭(방휼지쟁)·犬兔之爭(견토지쟁)에서 보듯 그 음이 '쟁'이 된 글자다.

중 730 어문 3급 진흥 3급

淨 깨끗할 정

水(氵)자로 인해 물[水]이 깨끗하다 하여 그 뜻이 '깨끗하다'가 되고, 爭자로 인해 淨化(정화)·淨齋(정재)·不淨(부정)·洗淨(세정)·淨水器(정수기)·淸淨水域(청정수역)·自淨作用(자정작용)에서처럼 그 음이 '정'이 된 글자다.

참고 296	宁	갑골문	금문	소전
	쌓을 저			

귀한 물건을 담아 쌓을 수 있는 상자를 나타낸 데서 그 뜻이 '쌓다'가 되고, 후에 자신의 뜻을 대신한 貯[쌓을 저]자처럼 그 음이 '저'가 된 글자다.

貯
쌓을 저

중 731 어문 5급 진흥 4급

귀한 물건을 담아 쌓을 수 있는 상자를 나타낸 宁자에 귀한 물건과 관련된 貝자를 덧붙여 그 뜻 '쌓다'를 더욱 분명히 하고, 다시 宁자와 똑같이 貯蓄(저축)·貯金(저금)·貯藏(저장)·貯炭場(저탄장)·貯水池(저수지)에서처럼 그 음이 '저'가 된 글자다.

참고 297	翟	금문	소전
	꿩 적		

머리에 작은 깃[羽]을 지닌 새[隹]인 꿩을 나타낸 데서 그 뜻이 '꿩'이 되고, 후에 자신의 뜻을 대신한 鸐[꿩 적]자나 자신이 덧붙여져 음의 역할을 하는 糴[쌀 사들일 적]자처럼 그 음이 '적'이 된 글자다.

躍
뛸 약

고 715 어문 3급 진흥 2급

足(⻊)자로 인해 발[足]로 뛴다 하여 그 뜻이 '뛰다'가 되고, 翟자로 인해 躍動(약동)·躍進(약진)·跳躍(도약)·一躍(일약)·猛活躍(맹활약)·歡呼雀躍(환호작약)에서처럼 그 음이 '약'이 된 글자다.

濯
씻을 탁

고 716 어문 3급 진흥 3급

水(氵)자로 인해 물[水]에 깨끗이 씻는다 하여 그 뜻이 '씻다'가 되고, 翟자로 인해 洗濯(세탁)·濯足(탁족)에서처럼 그 음이 '탁'이 된 글자다.

고 717
한국어문회 **4급**
한자진흥회 **3급**

專 오로지 전

갑골문　소전

실패[叀]를 손[寸]으로 다루는 모습을 나타내면서 실패를 다루는 방직(紡織) 일은 오로지 정신을 집중시켜 해야 할 전문적인 기술이 필요하기에 그 뜻이 '오로지'가 된 것으로 보이고, 專心(전심)·專攻(전공)·專用(전용)·專貰(전세)·專門家(전문가)·專管水域(전관수역)·專制主義(전제주의)에서 보듯 그 음이 '전'이 된 글자다.

傳 전할 전

중 732 어문 5급 진흥 4급

人(亻)자로 인해 다른 사람[人]에게 무언가 전한다 하여 그 뜻이 '전하다'가 되고, 專자로 인해 傳達(전달)·傳授(전수)·口傳(구전)·訛傳(와전)·麴醇傳(국순전)·傳書鳩(전서구)·父傳子傳(부전자전)·敎外別傳(교외별전)에서처럼 그 음이 '전'이 된 글자다.

轉 구를 전

고 718 어문 4급 진흥 3급

車자로 인해 수레[車] 바퀴가 구른다 하여 그 뜻이 '구르다'가 되고, 專자로 인해 回轉(회전)·自轉(자전)·轉學(전학)·轉嫁(전가)·不退轉(불퇴전)·轉向的(전향적)·輾轉不寐(전전불매)·心機一轉(심기일전)에서처럼 그 음이 '전'이 된 글자다.

團 둥글 단

고 719 어문 5급 진흥 3급

둥그런 모양에서 비롯된 囗의 형태로 인해 그 뜻이 '둥글다'가 되고, 專자로 인해 團結(단결)·團欒(단란)·集團(집단)·瓊團(경단)·大團圓(대단원)·船團式(선단식)·飮酒團束(음주단속)에서처럼 그 음이 '단'이 된 글자다.

중 733
한국어문회 **7급**
한자진흥회 **5급**

全 온전할 전

소전

위를 덮어서[入의 형태] 구슬[王의 형태]을 아무 흠도 없이 온전하게 보관하고 있음을 나타내면서 그 뜻이 '온전하다'가 된 것으로 보이고, 全體(전체)·全治(전치)·萬全(만전)·純全(순전)·心不全(심부전)·全家福(전가복)·全人敎育(전인교육)·全心全力(전심전력)에서처럼 그 음이 '전'이 된 글자다.

중 734 한국어문회 5급 한자진흥회 4급	典 법 전	갑골문	금문	소전

책[册]을 두 손[廾]으로 받들고 있는 모습을 나타내면서 받들고 있는
책이 중요한 법식이나 법도를 담고 있다 하여 그 뜻이 '법'이 되고,
法典(법전)·辭典(사전)·恩典(은전)·祭典(제전)·典當鋪(전당포)·經國
大典(경국대전)·百科事典(백과사전)에서처럼 그 음이 '전'이 된 글자다.

중 735 한국어문회 7급 한자진흥회 5급	前 앞 전	금문	소전

원래 歬자를 써서 신발을 신지 않았던 옛날에 발
[止]을 용기[舟의 형태]에 넣어 씻는 일을 신성한 곳
에 들어가기 앞서 했다는 데서 '앞'의 뜻을 나타냈다. 후에 刀(刂)자가 덧붙여진
前자가 다시 그 뜻 '앞'을 대신하고, 前後(전후)·前轍(전철)·目前(목전)·生前(생
전)·前奏曲(전주곡)·前衛部隊(전위부대)·前官禮遇(전관예우)에서처럼 그 음이 '전'
이 된 글자다.

참고 298	襄 붉은 저사 옷 전	소전

바탕이 오글오글한[㠯의 형태] 붉은 저사 옷[衣]을 나
타냈다고 하여 그 뜻이 '붉은 저사 옷'이 되고, 일
부가 생략되고 변했지만 자신이 덧붙여져 음의 역할
을 하는 展[펼 전]자처럼 그 음이 '전'이 된 글자다.
저사(苧紗) 옷은 모시로 짠 옷을 말한다.

중 736 어문 5급 진흥 4급

사람을 나타낸 尸의 형태와 襄자가 합쳐서 산락하게 펼쳐 展사가 다
시 변한 글자다. 尸의 형태로 인해 사람이 무언가 넓게 벌려 편다 하여
그 뜻이 '펴다'가 되고, 이미 생략되고 변했지만 襄자로 인해 展示(전
시)·展開(전개)·親展(친전)·進展(진전)·展翅板(전시판)·詩畫展(시
화전)·作品展(작품전)에서처럼 그 음이 '전'이 된 글자다.

| 고 720
한국어문회
4급
한자진흥회
2급 | 折
꺾을 절 | 갑골문 | 금문 | 소전 |

도끼[斤]로 나무[才의 형태]를 꺾는 모양[斯]을 나타낸 데서 그 뜻이 '꺾다' 가 되고, 折半(절반)·折衷(절충)·夭折(요절)·挫折(좌절)·中折帽(중절모)·雙折棍(쌍절곤)·百折不屈(백절불굴)에서 보듯 그 음이 '절' 이 된 글자다.

哲 밝을 철

고 721 어문 3급 진흥 3급

口자로 인해 입[口]으로 사리에 밝게 말한다 하여 그 뜻이 '밝다' 가 되고, 折자로 인해 哲人(철인)·哲理(철리)·明哲(명철)·先哲(선철)·哲學者(철학자)·孔門十哲(공문십철)에서처럼 그 음이 '철' 이 된 글자다. 喆자는 동자(同字)다.

誓 맹세할 서

고 722 어문 3급 진흥 2급

言자로 인해 말[言]로 다짐하며 맹세한다 하여 그 뜻이 '맹세하다' 가 되고, 折자로 인해 盟誓(맹서)·宣誓(선서)·誓約書(서약서)·誓願彌撒(→ 서원미사)·壬申誓記石(임신서기석)·皇國臣民誓詞(황국신민서사)에서처럼 그 음이 '서' 가 된 글자다.

逝 갈 서

고 723 어문 3급 진흥 2급

辵(辶)자로 인해 길[辵]을 간다 하여 그 뜻이 '가다' 가 되고, 折자로 인해 逝去(서거)·逝者(서자)·急逝(급서)·薨逝(홍서)·日月逝矣(일월서의)에서처럼 그 음이 '서' 가 된 글자다.

| 참고
299 | 戢
날카로울 절 | 금문 | 소전 |

창[戈]의 날을 모루[모의 형태] 위에서 단련해 날카롭다 하여 그 뜻이 '날카롭다' 가 되고, 자신이 덧붙여져 음의 역할을 하는 戜[돌피 절]자처럼 그 음이 '절' 이 된 글자다.

參考 300

戴 클 철

大자와 戈자가 합쳐진 戴자가 본자(本字)다. 후에 十의 형태로 바뀌지만 大자로 인해 그 뜻이 '크다'가 되고, 戈자로 인해 그 음이 '철'이 된 글자다.

중 737 어문 5급 진흥 4급

鐵 쇠 철

金자로 인해 검은빛을 지닌 쇠[金]와 관련해 그 뜻이 '쇠'가 되고, 戴자로 인해 鐵筋(철근)·鐵分(철분)·古鐵(고철)·銑鐵(선철)·鐵條網(철조망)·鐵石肝腸(철석간장)·鐵器時代(철기시대)에서처럼 그 음이 '철'이 된 글자다.

고 724		
한국어문회 **4급**		
한자진흥회 **3급**		
점칠 점	갑골문	소전

거북의 껍데기나 소의 뼈로 점을 칠 때에 나타나는 무늬를 뜻하는 卜자와 口자가 합쳐져 길흉(吉凶)의 조짐(兆朕)을 드러낸 무늬[卜]를 보며 신(神)의 의견을 말하는[口] 일인 점을 친다 하여 그 뜻이 '점치다'가 되고, 占術(점술)·占卦(점괘)·獨占(독점)·先占(선점)·占星術(점성술)·破字占(파자점)·買占賣惜(매점매석)에서 보듯 그 음이 '점'이 된 글자다.

중 738 어문 5급 진흥 4급

店 가게 점

广자로 인해 작은 규모로 물건을 벌여 놓고 파는 집[广]인 가게와 관련해 그 뜻이 '가게'가 되고, 占자로 인해 店房(점방)·店鋪(점포)·書店(서점)·支店(지점)·飮食店(음식점)·雙花店(쌍화점)·木壚酒店(목로주점)에서처럼 그 음이 '점'이 된 글자다.

고 725 어문 4급 진흥 3급

點 점 점

黑자로 인해 검은[黑] 색깔로 나타나는 작은 점과 관련해 그 뜻이 '점'이 되고, 占자로 인해 點點(점점)·點心(점심)·點字(점자)·落點(낙점)·黑點(흑점)·點猫畫(점묘화)·點眼式(점안식)·蒙古斑點(몽고반점)에서처럼 그 음이 '점'이 된 글자다.

못을 나타냈으나 후에 釘[못 정]자가 사용되면서 자신은 넷째 천간을 가리키는 데 빌려 쓰여 결국 그 뜻이 '넷째 천간'이 되고, 壯丁(장정)·白丁(백정)·兵丁(병정)·男丁(남정)·丁字閣(정자각)·黃口簽丁(황구첨정)·丁侍者傳(정시자전)·丁酉再亂(정유재란)에서 보듯 그 음이 '정'이 된 글자다.

頂 정수리 정

중 740 어문 3급 진흥 3급

頁자로 인해 머리[頁] 위의 숫구멍이 있는 부분인 정수리와 관련해 그 뜻이 '정수리'가 되고, 丁자로 인해 頂上(정상)·頂點(정점)·山頂(산정)·登頂(등정)·丹頂鶴(단정학)·摩頂放踵(마정방종)에서처럼 그 음이 '정'이 된 글자다.

亭 정자 정

고 726 어문 3급 진흥 3급

口의 형태가 생략되었지만 高자로 인해 경치를 구경하도록 지어 놓은 높은 건물[高]인 정자와 관련해 그 뜻이 '정자'가 되고, 丁자로 인해 亭子(정자)·料亭(요정)·八角亭(팔각정)·洗劍亭(세검정)·狎鷗亭洞(압구정동)·土亭秘訣(토정비결)에서처럼 그 음이 '정'이 된 글자다.

停 머무를 정

중 741 어문 5급 진흥 4급

人(亻)자로 인해 사람[人]이 길을 가다가 쉬기 위해 정자(亭子)에 잠시 머무른다 하여 그 뜻이 '머무르다'가 되고, 亭자로 인해 停止(정지)·停車(정차)·停電(정전)·停滯(정체)·停車場(정거장)·停戰協定(정전협정)·停年退職(정년퇴직)에서처럼 그 음이 '정'이 된 글자다.

訂 바로잡을 정

고 727 어문 3급 진흥 3급

言자로 인해 말[言]로 평가(評價)하고 논의(論議)하여 잘못을 바로잡는다 하여 그 뜻이 '바로잡다'가 되고, 丁자로 인해 訂正(정정)·修訂(수정)·改訂(개정)·校訂本(교정본)·增訂版(증정판)에서처럼 그 음이 '정'이 된 글자다.

成 이룰 성

갑골문

중 742 어문 6급 진흥 5급

옛날 무기로 사용되었던 도끼가 달린 창[戈]에서 비롯된 戌[열한째 지지 술 → 중 588 참고]자로 인해 무기[戌]를 사용하여 목표한 일을 이룬다 하여 그 뜻이 '이루다'가 되고 丁자로 인해 成功(성공)·成人(성인)·十成(십성)·夙成(숙성)·成文法(성문법)·成年式(성년식)·自手成家(자수성가)에서처럼 그 음이 '성'이 된 글자다.

城
재 성

중 743 어문 4급 진흥 4급

土자로 인해 외적(外敵)을 막기 위해 도읍 주위를 흙[土]으로 높이 쌓은 재와 관련해 그 뜻이 '재'가 되고, 成자로 인해 土城(토성)·籠城(농성)·城郭(성곽)·城砦(성채)·不夜城(불야성)·鐵甕城(철옹성)·萬里長城(만리장성)에서처럼 그 음이 '성'이 된 글자다.

盛
성할 성

중 744 어문 4급 진흥 4급

皿자로 인해 신에게 바칠 음식을 그릇[皿]에 성하게 담는다 하여 그 뜻이 '성하다'가 되고, 成자로 인해 豐盛(풍성)·蕃盛(번성)·盛大(성대)·盛況(성황)·全盛期(전성기)·珍羞盛饌(진수성찬)에서처럼 그 음이 '성'이 된 글자다.

誠
정성 성

중 745 어문 4급 진흥 4급

言자로 인해 말[言]을 거짓이 없이 정성 들여 한다 하여 그 뜻이 '정성'이 되고, 成자로 인해 孝誠(효성)·致誠(치성)·誠金(성금)·誠實(성실)·忠誠心(충성심)·至誠感天(지성감천)·誠心誠意(성심성의)에서처럼 그 음이 '성'이 된 글자다.

打
칠 타

중 746 어문 5급 진흥 4급

手(扌)자로 인해 손[手]으로 친다 하여 그 뜻이 '치다'가 되고, 음의 변화가 크지만 丁자로 인해 打擊(타격)·打鐘(타종)·毆打(구타)·亂打(난타)·打樂器(타악기)·打製石器(타제석기)에서처럼 그 음이 '타'가 된 글자다.

ㅈ

중 747 한국어문회 7급 한자진흥회 6급	正 바를 정	갑골문	금문	소전

발[止]이 어떤 목적지[一의 형태]에 있는 상대를 치러 가기 위해 향하는 모양을 나타내면서 상대를 치러 간다 하여 원래 '치다'의 뜻을 지녔던 글자다. 나중에 상대를 치러 가는 자의 입장에서 보면 그 행위가 바르다 하여 그 뜻이 '바르다'가 되었고, 正當(정당)·正鵠(정곡)·端正(단정)·匡正(광정)·正攻法(정공법)·正札制(정찰제)·正正堂堂(정정당당)·不正行爲(부정행위)에서 보듯 그 음이 '정'이 되었다.

征 칠 정

正자의 본래 뜻을 더욱 분명히 해 주기 위해 彳자를 덧붙여 길[彳]을 따라 나아가 적(敵)을 친다 하여 그 뜻이 '치다'가 되고, 征伐(정벌) · 征服(정복) · 長征(장정) · 遠征(원정) · 出征式(출정식) · 南征北伐(남정북벌) · 征東行省(정동행성)에서처럼 正자와 똑같이 그 음이 '정'이 된 글자다.

政 정사 정

攵(攴)자로 인해 옳지 않은 점을 다그쳐[攵] 바르게 하는 일이 정사(政事)라 하여 그 뜻이 '정사'가 되고, 正자로 인해 政治(정치) · 政權(정권) · 民政(민정) · 軍政(군정) · 家政婦(가정부) · 政經癒着(정경유착) · 三政紊亂(삼정문란)에서처럼 그 음이 '정'이 된 글자다.

整 가지런할 정

束[묶을 속 → 고 544 참고]자와 攵(攴)자로 인해 흩어진 것을 묶고[束] 앞뒤를 쳐서[攵] 가지런하게 한다 하여 그 뜻이 '가지런하다'가 되고, 正자로 인해 整理(정리) · 整列(정렬) · 整然(정연) · 整數(정수) · 不整脈(부정맥) · 整形手術(정형수술) · 參萬圓整(삼만원정)에서처럼 그 음이 '정'이 된 글자다.

定 정할 정 · 갑골문

宀자로 인해 편안히 살 수 있도록 집[宀]의 자리를 정한다 하여 그 뜻이 '정하다'가 되고, 오늘날 약간 변화되어 쓰이지만 正자로 인해 定礎(정초) · 定石(정석) · 坐定(좌정) · 不定(부정) · 肯定的(긍정적) · 定期國會(정기국회) · 罪刑法定主義(죄형법정주의)에서처럼 그 음이 '정'이 된 글자다.

症 증세 증

疒자로 인해 병들어[疒] 앓을 때 신체(身體)에 나타나는 증세와 관련해 그 뜻이 '증세'가 되고, 正자로 인해 症狀(증상) · 症候(증후) · 痛症(통증) · 炎症(염증) · 虛怯症(허겁증) · 手顫症(수전증) · 對症療法(대증요법) · 後天性免疫缺乏症(후천성면역결핍증)에서처럼 그 음이 '증'이 된 글자다.

井 우물 정 · 갑골문 · 금문 · 소전

흙이 무너지지 않도록 나무 등으로 사방(四方)을 두른 우물을 나타낸 데서 그 뜻이 '우물'이 되고, 灌井(관정) · 油井(유정) · 井華水(정화수) · 集水井(집수정) · 市井雜輩(시정잡배) · 天井不知(천정부지)에서 보듯 그 음이 '정'이 된 글자다. 丼자는 본자(本字)다.

耕
밭 갈 경

중 751 어문 3급 진흥 4급

耒자로 인해 쟁기[耒]로 밭을 간다 하여 그 뜻이 '밭 갈다'가 되고, 井자로 인해 耕作(경작)·耕地(경지)·親耕(친경)·水耕(수경)·耕耘機(경운기)·耕者有田(경자유전)에서처럼 그 음이 '경'이 된 글자다.

刑
형벌 형 　　금문

중 752 어문 4급 진흥 3급

井자와 刂(刀)가 합쳐진 刑자가 동자(同字)다. 刀(刂)자로 인해 칼[刀]로 죄인(罪人)의 몸에 직접 상해(傷害)를 가하는 형벌과 관련해 그 뜻이 '형벌'이 되고, 오늘날 약간 변화되어 쓰이지만 井자로 인해 死刑(사형)·宮刑(궁형)·烹刑(팽형)·五刑(오형)·終身刑(종신형)·刑務所(형무소)·炮烙之刑(포락지형)에서처럼 그 음이 '형'이 된 글자다.

形
형상 형

중 753 어문 6급 진흥 5급

彡자로 인해 여러 모양으로 장식[彡]되어진 형상과 관련해 그 뜻이 '형상'이 되고, 井자의 변화된 형태로 인해 形態(형태)·形體(형체)·人形(인형)·畸形(기형)·三角形(삼각형)·形聲字(형성자)·形形色色(형형색색)·成形手術(성형수술)에서처럼 그 음이 '형'이 된 글자다.

참고 301
壬 　줄기 정 　갑골문 　소전

사람[人]이 흙[土] 위에 선 모습을 나타냈으나 설문해자에서 흙을 뚫고 나오는 나무의 줄기를 나타냈다고 여기면서 그 뜻이 '줄기'가 되고, 자신이 덧붙여져 음의 역할을 하는 呈[드릴 정]·廷[조정 정]자처럼 그 음이 '정'이 된 글자다.

廷
조정 정

고 731 어문 3급 진흥 3급

廴자로 인해 임금이 나라의 큰 정사(政事)를 행하는 길[廴]이 펼쳐진 조정과 관련해 그 뜻이 '조정'이 되고, 오늘날 壬이 형태로 잘못 쓰이고 있지만 壬자로 인해 朝廷(조정)·宮廷(궁정)·法廷(법정)·退廷(퇴정)·裁判廷(재판정)에서처럼 그 음이 '정'이 된 글자다.

ㅈ

庭 뜰 정

广자로 인해 집[广] 안의 뜰과 관련해 그 뜻이 '뜰'이 되고, 廷자로 인해 庭園(정원)·庭球(정구)·家庭(가정)·校庭(교정)·親庭(친정)·落庭米(낙정미)에서처럼 그 음이 '정'이 된 글자다.

呈 드릴 정

口자로 인해 윗사람에게 말씀[口]을 드린다 하여 그 뜻이 '드리다'가 되고, 오늘날 壬의 형태로 흔히 잘못 쓰이고 있지만 王자로 인해 贈呈(증정)·謹呈(근정)·獻呈(헌정)에서처럼 그 음이 '정'이 된 글자다.

程 한도 정

禾자로 인해 곡물[禾]의 품질을 일정하게 정해진 한도에 따라 분류한다 하여 그 뜻이 '한도'가 되고, 呈자로 인해 規程(규정)·科程(과정)·日程(일정)·旅程(여정)·里程標(이정표)·東北工程(동북공정)·鵬程萬里(붕정만리)에서처럼 그 음이 '정'이 된 글자다.

徵 부를 징 | 소전

微[작을 미 → 고 447 참고]자의 생략된 형태로 인해 눈에 잘 뜨이지 않는 작은[微] 존재지만 부른다 하여 그 뜻이 '부르다'가 되고, 壬자로 인해 徵集(징집)·徵用(징용)·追徵(추징)·白徵(백징)·過徵金(과징금)·白骨徵布(백골징포)·徵兵檢査(징병검사)에서처럼 그 음이 '징'이 된 글자다. 宮商角徵羽(궁상각치우)에서처럼 그 뜻이 '음률 이름'과 관련될 때는 그 음을 '치'로 읽는다.

懲 징계할 징

心자로 인해 잘못을 마음[心] 속으로 뉘우치도록 징계한다 하여 그 뜻이 '징계하다'가 되고, 徵자로 인해 懲戒(징계)·懲役(징역)·懲罰(징벌)·膺懲(응징)·懲毖錄(징비록)·勸善懲惡(권선징악)·戒世懲人(계세징인)에서처럼 그 음이 '징'이 된 글자다.

聽 들을 청 | 소전

원래는 耳자와 口자만으로 표현되었으나 후에 그 자형이 복잡하게 변화되어 耳자와 悳[덕 덕 → 중 790 참고]자, 그리고 壬자로 쓰이게 되었다. 그 뜻은 입[口]으로 말하면 곧은[直] 마음[心]을 가지고 귀[耳]로 듣는다 하여 '듣다'가 되고, 그 음은 壬자로 인해 聽覺(청각)·聽衆(청중)·視聽(시청)·盜聽(도청)·聽診器(청진기)·非禮勿聽(비례물청)에서처럼 '청'이 된 글자다.

廳 관청 청

广자로 인해 백성(百姓)의 청(請)을 들어 일하도록 크게 만든 집[广]인 관청과 관련해 그 뜻이 '관청'이 되고, 聽자로 인해 大廳(대청)·守廳(수청)·廳舍(청사)·廳長(청장)·中央廳(중앙청)·捕盜廳(포도청)·醮禮廳(초례청)에서처럼 그 음이 '청'이 된 글자다.

聖
성인 성

耳자와 口자로 인해 남의 소리[口]를 귀[耳]담아듣는 사람이면서 나아가 남의 소리를 귀담아들어 사리에 능통한 사람이 성인이라 하여 그 뜻이 '성인'이 되고, 壬자로 인해 聖人(성인)·聖書(성서)·樂聖(악성)·四聖(사성)·聖誕節(성탄절)·太平聖代(태평성대)에서처럼 그 음이 '성'이 된 글자다.

중 757 한국어문회 8급 한자진흥회 6급	弟 아우 제	갑골문	금문	소전

창[戈] 같은 무기의 자루를 손으로 잡을 때 미끄러지지 않도록 줄로 위에서 아래까지 차례대로 내려 감은 모양을 나타내면서 원래 차례의 뜻을 지녔으나 후에 아래로 내려 감은 데서 형제 가운데 아랫사람인 아우와 관련되어 그 뜻이 '아우'가 된 것으로 보이고, 兄弟(형제)·妻弟(처제)·弟婦(제부)·弟子(제자)·弟嫂氏(제수씨)·師弟之間(사제지간)·兄友弟恭(형우제공)에서 보듯 그 음이 '제'가 된 글자다.

第
차례 제

弟자에 竹(⺮)자를 덧붙이면서 다시 대[竹]로 엮은 책의 앞뒤 차례와 관련되어 그 뜻이 '차례'가 되고, 第一(제일)·及第(급제)·落第(낙제)·次第(차제)·第三者(제삼자)·第四世界(제사세계)에서처럼 弟자와 똑같이 그 음이 '제'가 된 글자다.

ㅈ

중 759 한국어문회 4급 한자진흥회 4급	祭 제사 제	갑골문	금문	소전

희생물(犧牲物)인 고깃덩이[肉(月)]를 손[又]으로 제단[示]에 올려 신(神)에게 제사를 지내고 있음을 나타내면서 그 뜻이 '제사'가 되고, 祭物(제물)·祭需(제수)·司祭(사제)·祝祭(축제)·三虞祭(삼우제)·春香祭(춘향제)·祭政一致(제정일치)·祭天儀式(제천의식)에서 보듯 그 음이 '제'가 된 글자다.

際
사이 **제**

阜(阝)자로 인해 언덕[阜]이 서로 맞닿은 사이를 나타내면서 그 뜻이 '사이'가 되고, 祭자로 인해 交際(교제)·國際(국제)·實際(실제)·此際(차제)·一望無際(일망무제)에서처럼 그 음이 '제'가 된 글자다.

察
살필 **찰**

宀자로 인해 집[宀] 안을 잘 살핀다 하여 그 뜻이 '살피다'가 되고, 祭자로 인해 觀察(관찰)·不察(불찰)·巡察(순찰)·亮察(양찰)·警察署(경찰서)·自我省察(자아성찰)에서처럼 그 음이 '찰'이 된 글자다.

마를 제 | 소문

작은 가지가 있는 나무와 칼을 나타내면서 칼로 나무를 자른다는 의미인 마르다와 관련되어 그 뜻이 '마르다'가 되고, 制裁(제재)·制壓(제압)·自制(자제)·統制(통제)·制度圈(제도권)·先則制人(선즉제인)에서처럼 그 음이 '제'가 된 글자다.

製
지을 **제**

衣자로 인해 옷감을 재단(裁斷)하여 옷[衣]을 짓는다 하여 그 뜻이 '짓다'가 되고, 制자로 인해 製造(제조)·製作(제작)·外製(외제)·美製(미제)·試製品(시제품)·製紙工場(제지공장)에서처럼 그 음이 '제'가 된 글자다.

임금 제 | 갑골문 | 금문 | 소전

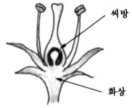

씨방
화상

꽃이 진 뒤에 씨방을 보호하는 꽃받침과 꽃대를 나타내면서 열매가 되는 씨방을 옛날 사람들이 중요하게 여긴 데서 다시 중요하게 여긴 사람인 임금과 관련되어 그 뜻이 '임금'이 된 것으로 보이고, 帝王(제왕)·帝國(제국)·天帝(천제)·女帝(여제)·始皇帝(시황제)·三皇五帝(삼황오제)·日帝時代(일제시대)에서 보듯 그 음이 '제'가 된 글자다.

商
밑동 적 　금문

참고 303
원래 帝자와 씨방의 아랫부분인 밑동이 부푼 모양을 나타낸 口의 형태가 어우러진 글자다. 口의 형태로 인해 부푼 씨방의 밑동[口]과 관련해 그 뜻이 '밑동'이 되고, 오늘날 변화되어 쓰이고 있지만 帝자로 인해 그 음이 '적'이 된 글자로 보인다.

適
갈 적

중 763 어문 4급 진흥 4급
辵(辶)자로 인해 길[辵]을 간다 하여 그 뜻이 '가다'가 되고, 商자로 인해 適切(적절)·適期(적기)·快適(쾌적)·最適(최적)·適任者(적임자)·適者生存(적자생존)·適性檢査(적성검사)에서처럼 그 음이 '적'이 된 글자다.

敵
원수 적

중 764 어문 4급 진흥 4급
攴(攵)자로 인해 물리쳐야[攵] 할 원수와 관련해 그 뜻이 '원수'가 되고, 商자로 인해 敵手(적수)·敵軍(적군)·天敵(천적)·公敵(공적)·敵性村(적성촌)·敵愾心(적개심)·天下無敵(천하무적)·仁者無敵(인자무적)에서처럼 그 음이 '적'이 된 글자다.

摘
딸 적

고 738 어문 3급 진흥 2급
手(扌)자로 인해 손[手]으로 열매 등을 딴다 하여 그 뜻이 '따다'가 되고, 商자로 인해 摘出(적출)·摘發(적발)·摘示(적시)·指摘(지적)에서처럼 그 음이 '적'이 된 글자다.

滴
물방울 적

고 739 어문 3급 진흥 2급
水(氵)자로 인해 떨어지는 물[水]의 작은 덩이인 물방울과 관련해 그 뜻이 '물방울'이 되고, 商자로 인해 硯滴(연적)·餘滴欄(여적란)에서처럼 그 음이 '적'이 된 글자다.

중 765
한국어문회
3급
한자진흥회
4급
兆 소심 조　州 소전

점(占)을 치기 위해 거북 껍데기에 홈을 파고 불로 지질 때에 생기는 갈라진 여러 무늬를 나타내면서 바로 그 갈라진 무늬를 보고 길흉(吉凶)의 조짐을 점쳤던 데서 그 뜻이 '조짐'이 되고, 徵兆(징조)·吉兆(길조)·前兆(전조)·亡兆(망조)·億兆蒼生(억조창생)에서 보듯 그 음이 '조'가 된 글자다.

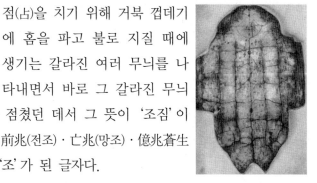

逃
달아날 도

고 740 어문 4급 진흥 3급

辵(辶)자로 인해 길[辵]을 따라 달아난다 하여 그 뜻이 '달아나다'가 되고, 兆자로 인해 逃亡(도망)·逃走(도주)·逃避(도피)에서처럼 그 음이 '도'가 된 글자다.

桃
복숭아 도

고 741 어문 3급 진흥 2급

木자로 인해 장미과에 속하는 나무[木]인 복숭아나무와 관련해 그 뜻이 '복숭아'가 되고, 兆자로 인해 黃桃(황도)·櫻桃(앵도)·餘桃(여도)·水蜜桃(수밀도)·桃色雜誌(도색잡지)에서처럼 그 음이 '도'가 된 글자다.

挑
돋울 도

고 742 어문 3급 진흥 2급

手(扌)자로 인해 손[手]으로 끌어올려서 돋운다 하여 그 뜻이 '돋우다'가 되고, 兆자로 인해 挑出(도출)·挑發(도발)·挑戰(도전)에서처럼 그 음이 '도'가 된 글자다.

跳
뛸 도

고 743 어문 3급 진흥 2급

足(⻊)자로 인해 발[足]로 땅을 디뎌 뛴다 하여 그 뜻이 '뛰다'가 되고, 兆자로 인해 跳躍(도약)·跳開橋(도개교)·棒高跳(봉고도)·佛跳墻(불도장)·跳馬運動(도마운동)에서처럼 그 음이 '도'가 된 글자다.

중 766 한국어문회 6급 한자진흥회 5급	朝 아침 조	갑골문	금문	소전

수풀 사이로 해가 솟고 달이 지는 모양을 나타내면서 달이 지고 해가 솟는 아침과 관련해 그 뜻이 '아침'이 되고, 朝夕(조석)·朝飯(조반)·朝刊(조간)·朝會(조회)·朝鮮朝(조선조)·朝不及夕(조불급석)·花朝月夕(화조월석)에서 보듯 그 음이 '조'가 된 글자다.

潮
조수 조

고 744 어문 4급 진흥 3급

水(氵)자로 인해 달과 태양의 인력(引力)으로 말미암아 오르내리는 바닷물[水]인 조수와 관련해 그 뜻이 '조수'가 되고, 朝자로 인해 潮汐(조석)·潮流(조류)·風潮(풍조)·紅潮(홍조)·防潮林(방조림)·潮境水域(조경수역)·赤潮現象(적조현상)에서처럼 그 음이 '조'가 된 글자다.

廟
사당 묘

广자로 인해 조상(祖上)의 신주(神主)를 모시는 집[广]인 사당과 관련해 그 뜻이 '사당'이 되고, 朝자로 인해 宗廟(종묘)·文廟(문묘)·廟堂(묘당)·廟號(묘호)·孔子廟(공자묘)·左廟右社(좌묘우사)에서처럼 그 음이 '묘'가 된 글자다.

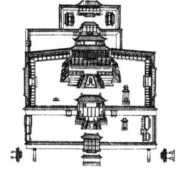

고 746 한국어문회 3급 한자진흥회 3급				
弔 조상할 조	 갑골문	금문	소전	

줄에 묶인 죽은 사람을 나타내면서 다시 죽은 사람에 대해 애도를 표한다는 의미인 '조상하다'의 뜻을 지니게 되고, 弔問(조문)·弔旗(조기)·弔鐘(조종)·弔客(조객)·慶弔事(경조사)·弔義帝文(조의제문)에서처럼 그 음이 '조'가 된 글자다.

중 767 한국어문회 6급 한자진흥회 5급				
族 거레 족	 갑골문	금문	소전	

깃발[㫃] 아래에 모여 화살[矢]과 같은 무기를 들고 맹세를 하며 결속을 다지는 같은 살붙이인 겨레를 나타낸 데서 그 뜻이 '겨레'가 되고, 族長(족장)·族閥(족벌)·家族(가족)·三族(삼족)·長髮族(장발족)·名門巨族(명문거족)에서처럼 그 음이 '족'이 된 글자다.

중 768 한국어문회 4급 한자진흥회 4급	
存 있을 존	소전

둑[才]을 흙[土]으로 막아 물이 멈춰 있음을 나타낸 在자의 원래 형태인 才자와 아이를 나타낸 子자가 합쳐져 뒤를 이을 아이가 있음을 나타낸 데서 그 뜻이 '있다'가 되고, 存在(존재)·存廢(존폐)·存立(존립)·共存(공존)·現存(현존)·保存(보존)에서처럼 그 음이 '존'이 된 글자다.

중 769	卒			
한국어문회 5급				
한자진흥회 4급	군사 졸	갑골문	금문	소전

옷깃을 끈으로 여민 갑옷을 나타내면서 그 옷이 군사의 보편적인 장비(裝備)로 사용된 데서 그 뜻이 '군사'가 되고, 軍卒(군졸)·捕卒(포졸)·卒兵(졸병)·卒壽(졸수)·卒業式(졸업식)·烏合之卒(오합지졸)에서 보듯 그 음이 '졸'이 된 글자다.

醉 취할 취

고 747 어문 3급 진흥 2급

酉자로 인해 술[酉]이 바닥나도록 마시고 취한다 하여 그 뜻이 '취하다'가 되고, 卒자로 인해 滿醉(만취)·心醉(심취)·醉客(취객)·醉漢(취한)·醉中眞談(취중진담)에서처럼 그 음이 '취'가 된 글자다.

중 770	從			
한국어문회 4급				
한자진흥회 3급	좇을 종	갑골문	금문	소전

앞에 있는 사람[人]을 뒤에 있는 사람[人]이 좇는 모습을 나타낸 데서 그 뜻이 '좇다'가 되고, 追從(추종)·盲從(맹종)·從心(종심)·從容(→조용)·從兄弟(종형제)·三從之道(삼종지도)에서처럼 그 음이 '종'이 된 글자다. 후에 그 뜻을 더욱 분명히 하기 위해 彳자와 止자가 덧붙여졌다.

縱 늘어질 종

고 748 어문 3급 진흥 2급

糸자로 인해 옷감을 짜는 베틀에 날실[糸]이 세로로 길게 늘어져 있다 하여 그 뜻이 '늘어지다'나 '세로'가 되고, 從자로 인해 縱橫(종횡)·縱斷(종단)·放縱(방종)·操縱(조종)·合縱說(합종설)·七縱七擒(칠종칠금)에서처럼 그 음이 '종'이 된 글자다.

중 771 한국어문회 4급 한자진흥회 3급	宗 마루 종	 宗 갑골문	宗 금문	宗 소전

집[宀]에 제단[示]이 모셔져 있음을 나타내면서 조상(祖上)에게 제사 지내는 집은 산의 제일 높은 곳인 마루처럼 한 집안에서 마루가 된다 하여 그 뜻이 '마루'가 되고, 宗家(종가)·宗婦(종부)·宗敎(종교)·宗正(종정)·宗主國(종주국)·宗廟社稷(종묘사직)에서 보듯 그 음이 '종'이 된 글자다.

崇 높을 숭	중 772 어문 4급 진흥 3급 山자로 인해 산(山)이 높다 하여 그 뜻이 '높다'가 되고, 宗자로 인해 崇高(숭고)·崇尙(숭상)·尊崇(존숭)·隆崇(융숭)·崇禮門(숭례문)·抑佛崇儒(억불숭유)에서처럼 그 음이 '숭'이 된 글자다.

중 773 한국어문회 3급 한자진흥회 4급	坐 앉을 좌	坐 소전

두 사람[人]이 丌형태의 단(壇)을 사이에 두고 땅[土]에 앉은 모양을 나타낸 데서 그 뜻이 '앉다'가 되고, 對坐(대좌)·正坐(정좌)·坐視(좌시)·坐定(좌정)·跏趺坐(가부좌)·坐不安席(좌불안석)·坐井觀天(좌정관천)에서 보듯 그 음이 '좌'가 된 글자다.

座 자리 좌	고 749 어문 4급 진흥 3급 广자로 인해 집[广] 안에 사람이 편안히 앉을 수 있도록 마련해 놓은 자리와 관련해 그 뜻이 '자리'가 되고, 坐자로 인해 座席(좌석)·座下(좌하)·首座(수좌)·權座(권좌)·座右銘(좌우명)·碩座制度(석좌제도)에서처럼 그 음이 '좌'가 된 글자다.

그물[网(罒)]로 물고기가 빠져 나오지 않게[非] 잡는다는 뜻을 나타냈으나 후에 허물의 뜻을 지닌 辠[허물 죄]자를 대신하면서 결국 그 뜻이 '허물'이 되고, 罪惡(죄악)·罪悚(죄송)·贖罪(속죄)·斷罪(단죄)·賄賂罪(회뢰죄)·橫領罪(횡령죄)·不告知罪(불고지죄)에서처럼 그 음이 '죄'가 된 글자다. 辠자는 코[自]를 중심으로 얼굴에 문신의 도구[辛]로 자자하여 허물이 있는 자를 벌한다는 뜻을 나타냈으나 황제(皇帝)란 말을 처음 사용한 진시황(秦始皇)이 예전에 쓰인 그 글자의 형태가 皇[임금 황]자와 비슷하다 하여 사용하지 못하게 했다.

줄기 속이 붉은 나무 가운데를 점(點)으로 나타내면서 그 줄기 가운데가 붉다 하여 그 뜻이 '붉다'가 된 것으로 보이고, 朱木(주목)·朱雀(주작)·印朱(인주)·紫朱(자주)·朱紅色(주홍색)·近朱者赤(근주자적)·程朱之學(정주지학)에서 보듯 그 음이 '주'가 된 글자다.

株 그루 주	고 750 어문 3급 진흥 3급 木자로 인해 나무[木]의 밑동 부분인 그루와 관련되어 그 뜻이 '그루'가 되고, 朱자로 인해 株式(주식)·株價(주가)·有望株(유망주)·上場株(상장주)·雌雄異株(자웅이주)·守株待兎(수주대토)에서처럼 그 음이 '주'가 된 글자다.
珠 구슬 주	고 751 어문 3급 진흥 2급 玉(王)자로 인해 작고 둥근 구슬[玉]과 관련해 그 뜻이 '구슬'이 되고, 朱자로 인해 珠玉(주옥)·珠簾(주렴)·珠板(주판)·眞珠(진주)·珍珠(진주)·念珠(염주)·如意珠(여의주)에서처럼 그 음이 '주'가 된 글자다.
殊 죽일 수	고 752 어문 3급 진흥 2급 歹자로 인해 죄를 지어 죽인다[歹] 하여 그 뜻이 '죽이다'가 되고, 朱자로 인해 殊常(수상)·特殊(특수)·殊勳賞(수훈상)·殊異傳(수이전)·文殊菩薩(문수보살)에서처럼 그 음이 '수'가 된 글자다.

고 753 한국어문회 4급 한자진흥회 3급	周 두루 주	甲 갑골문	周 금문	周 소전

농경지에 작물이 두루 들어 차 있는 모양을 나타내면서 그 뜻이 '두루'가 된 것으로 보이고,

周知(주지)·周易(주역)·周年(주년)·周牢(→ 주리)·周邊人(주변인)·世界一周(세계일주)에서 보듯 그 음이 '주'가 된 글자다.

週 돌 주	**참고 304 어문 5급 진흥 2급** 辵(辶)자로 인해 길[辵]을 걸어서 두루 돈다 하여 그 뜻이 '돌다'가 되고, 周자로 인해 週初(주초)·週番(주번)·每週(매주)·今週(금주)·一週日(일주일)·週期的(주기적)·週刊誌(주간지)에서처럼 그 음이 '주'가 된 글자다.
調 고를 조	**중 776 어문 5급 진흥 4급** 言자로 인해 상대방(相對方)이 듣기 좋게 말[言]의 억양(抑揚)이 고르다 하여 그 뜻이 '고르다'가 되고, 周자로 인해 調和(조화)·調理(조리)·順調(순조)·步調(보조)·調味料(조미료)·營養失調(영양실조)·貿易逆調(무역역조)에서처럼 그 음이 '조'가 된 글자다.

고 754 한국어문회 5급 한자진흥회 3급	州 고을 주	갑골문	州 금문	州 소전

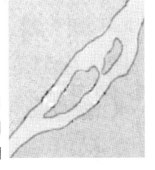

흐르는 물 중간에 땅이 있는 모양을 나타내면서 그 땅이 사람들이 머물러 사는 고을이라 하여 그 뜻이 '고을'이 되고, 忠州(충주)·淸州(청주)·原州(원주)·安州(안주)·南加州(남가주)·沿海州(연해주)·江東六州(강동육주)에서 보듯 그 음이 '주'가 된 글자다.

洲 섬 주	**고 755 어문 3급 진흥 2급** 水(氵)자로 인해 물[水] 가운데 있는 큰 섬과 관련해 그 뜻이 '섬'이 되고, 州자로 인해 濠洲(호주)·歐洲(구주)·美洲(미주)·滿洲(만주)·三角洲(삼각주)·亞細亞洲(아세아주)·五大洋六大洲(오대양육대주)에서처럼 그 음이 '주'가 된 글자다.

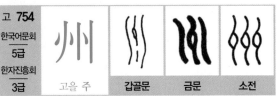

참고 305	壴	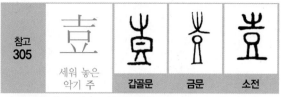		
	세워 놓은 악기 주	갑골문	금문	소전

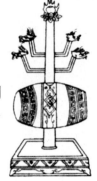

연주에 사용되는 북처럼 세워 놓은 악기와 관련해 그 뜻이 '세워 놓은 악기'가 되고, 자신이 덧붙여져 음의 역할을 하는 尌[세울 주]자나 尌자가 다시 덧붙여져 음의 역할을 하는 廚[부엌 주]자처럼 그 음이 '주'가 된 글자다.

	참고 306
尌	손[又]으로 악기 등을 연주할 곳에 세운다 하여 그 뜻이 '세우다'가 되고, 壴자로 인해 그 음이 '주'가 된 글자다. 후에 손은 점(點)이 덧붙여지면서 寸자로 바뀌었다.
세울 주 금문	

	중 777 어문 6급 진흥 5급
樹	木자로 인해 자라고 있는 나무[木]와 관련해 그 뜻이 '나무'가 되고, 尌자로 인해 樹木(수목)·樹立(수립)·樹齡(수령)·樹種(수종)·闊葉樹(활엽수)·花樹會(화수회)·風樹之嘆(풍수지탄)에서처럼 그 음이 '수'가
나무 수	된 글자다.

참고 307	疇		
	밭두둑 주	갑골문	소전

쟁기질을 하여 말려 올라간 흙덩이가 보이는 굽은 밭두둑을 나타내면서 그 뜻이 '밭두둑'이 되었다. 후에 그 뜻을 더욱 분명히 하기 위해 田자를 덧붙이고, 다시 본래의 형태는 그 음을 분명히 알 수 있는 壽자로 바뀌면서 疇로 쓰고 그 음이 '주'가 된 글자다.

	중 778 어문 3급 진흥 3급
壽	耂자로 인해 목숨이 긴 늙은 사람[耂]과 관련해 그 뜻이 '목숨'이 되고, 후에 복잡하게 쓰고 있지만 疇자로 인해 壽命(수명)·壽筵(수연)·壽衣(수의)·長壽(장수)·夭壽(천수)·傘壽(산수)·壽福康寧(수복강녕)에서처럼 그
목숨 수 금문	

음이 '수'가 된 글자다.

고 756 어문 3급 진흥 2급

金자로 인해 틀 속에 불에 녹인 쇠[金]를 부어 기물을 만든다 하여 그 뜻이 '쇠 부어 만들다'가 되고, 壽자로 인해 鑄造(주조)·鑄物(주물)·鑄貨(주화)·鑄型(주형)·鑄字所(주자소)에서처럼 그 음이 '주'가 된 글자다.

붓[聿]으로 해[日]를 그리고 있음을 나타내면서 해가 떠 있는 낮과 관련해 그 뜻이 '낮'이 되고, 晝間(주간)·晝夜(주야)·晝勤(주근)·白晝(백주)·晝耕夜讀(주경야독)·晝思夜度(주사야탁)에서처럼 그 음이 '주'가 된 글자다. 후에 日자 주변에 그림의 바탕을 나타낸 형태가 덧붙여졌다가 아래 一의 형태만 남았다.

두 손으로 악기의 줄을 퉁기며 연주하는 모습을 나타내면서 윗사람 앞에서 연주를 해 듣도록 하듯 윗사람이 듣도록 아뢴다 하여 그 뜻이 '아뢰다'가 되고, 演奏(연주)·獨奏(독주)·奏請(주청)·上奏(상주)·吹奏樂(취주악)·三重奏(삼중주)에서처럼 그 음이 '주'가 된 글자다.

작은 새 등을 잡기 위해 길들인 새매[隹]가 나뭇가지[十의 형태] 위에 앉아 있는 모양을 나타내면서 그 뜻이 '새매'가 되고, 후에 자신의 뜻을 대신한 鶽[새매 준]자처럼 그 음이 '준'이 된 글자다.

고 758 어문 4급 진흥 3급

準

법도 준

水(氵)자로 인해 물[水]이 평평하다는 데서 다시 평평한 물처럼 모든 사람에게 평등하게 적용해야 할 것이 법도라 하여 그 뜻이 '법도'가 되고, 隼자로 인해 水準(수준)·照準(조준)·準則(준칙)·準備(준비)·平準化(평준화)·準準決勝(준준결승)에서처럼 그 음이 '준'이 된 글자다.

중 780	中			
한국어문회 8급 한자진흥회 8급	가운데 중	갑골문	금문	소전

깃발을 나타내면서 사람들이 쉽게 알아보고 행동하는 데 중심이 되도록 사람들이 모이는 가운데에 깃발을 세운다 하여 그 뜻이 '가운데'가 되고, 中央(중앙)·中心(중심)·人中(인중)·渦中(와중)·食中毒(식중독)·中樞的(중추적)·囊中之錐(낭중지추)에서 보듯 그 음이 '중'이 된 글자다.

고 759 어문 3급 진흥 2급

仲

버금 중

人(亻)자로 인해 형제(兄弟) 가운데 둘째인 사람[人]을 뜻하면서 다시 둘째의 의미인 버금과 관련되어 그 뜻이 '버금'이 되고, 中자로 인해 仲父(중부)·仲媒(중매)·仲裁(중재)·仲介(중개)·仲秋節(중추절)·伯仲之勢(백중지세)에서처럼 그 음이 '중'이 된 글자다.

중 781 어문 4급 진흥 4급

忠

충성 충

心자로 인해 마음[心]에서 우러나오는 정성(精誠)인 충성과 관련해 그 뜻이 '충성'이 되고, 中자로 인해 忠誠(충성)·忠臣(충신)·忠僕(충복)·忠犬(충견)·顯忠日(현충일)·事君以忠(사군이충)·孝悌忠信(효제충신)에서처럼 그 음이 '충'이 된 글자다.

| 중 782 한국어문회 4급 한자진흥회 4급 | 衆 무리 중 | 갑골문 | 금문 | 소전 |

원래 해[日] 아래에 모여 있는 세 사람[乑]으로 많은 사람의 무리를 나타낸 데서 그 뜻이 '무리'가 되고, 衆生(중생)·衆論(중론)·群衆(군중)·言衆(언중)·大衆化(대중화)·合衆國(합중국)·衆口鑠金(중구삭금)·衆人環視(중인환시)에서처럼 그 음이 '중'이 된 글자다. 후에 해의 모습은 罒의 형태를 거쳐 血의 형태로 바뀌었다.

| 중 783 한국어문회 3급 한자진흥회 3급 | 卽 곧 즉 | 갑골문 | 금문 | 소전 |

밥이 담긴 그릇[皀] 앞으로 사람[卩]이 나아가 곧 먹으려는 모습을 나타낸 데서 그 뜻이 '곧'이 되고, 卽時(즉시)·卽死(즉사)·卽席(즉석)·趁卽(진즉)·卽位式(즉위식)·卽決處分(즉결처분)·色卽是空(색즉시공)에서처럼 그 음이 '즉'이 된 글자다.

| 중 784 한국어문회 3급 한자진흥회 3급 | 曾 일찍 증 | 갑골문 | 금문 | 소전 |

구멍이 난 시루가 오지 그릇 위에 놓인 모양을

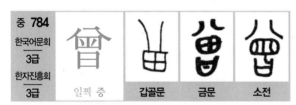

나타냈으나 후대로 내려오면서 일찍을 가리키는 데 빌려 쓰면서 그 뜻이 '일찍'이 되고, 曾孫(증손)·曾祖(증조)·未曾有(미증유)에서 보듯 그 음이 '증'이 된 글자다. 나중에 토기(土器)와 관련이 있는 한자에 흔히 덧붙여지는 瓦자를 더한 甑[시루 증]자가 그 뜻을 대신했다.

增 더할 증

중 785 어문 4급 진흥 4급

土자로 인해 흙[土]을 더해 높이 쌓는다 하여 그 뜻이 '더하다'가 되고, 曾자로 인해 增加(증가)·增減(증감)·急增(급증)·漸增(점증)·增廣試(증광시)·所得增大(소득증대)·夜間割增(야간할증)에서처럼 그 음이 '증'이 된 글자다.

<table>
<tr><td>贈
줄 증</td><td>

고 760 어문 3급 진흥 2급

貝자로 인해 귀한 재물[貝]을 남에게 준다 하여 그 뜻이 '주다'가 되고, 曾자로 인해 贈與(증여)·贈呈(증정)·贈詩(증시)·贈賂(증뢰)·寄贈(기증)·追贈(추증)에서처럼 그 음이 '증'이 된 글자다.</td></tr>
<tr><td>憎
미워할 증</td><td>

고 761 어문 3급 진흥 2급

心(忄)자로 인해 마음[心] 속으로 남을 미워한다 하여 그 뜻이 '미워하다'가 되고, 曾자로 인해 憎惡(증오)·愛憎(애증)·可憎(가증)에서처럼 그 음이 '증'이 된 글자다.</td></tr>
<tr><td>層
층 층</td><td>

고 762 어문 4급 진흥 3급

屋[집 옥]자에서처럼 집과 관련된 한자에 덧붙여지는 尸의 형태로 인해 겹쳐 쌓은 여러 층의 집[尸]과 관련해 그 뜻이 '층'이 되고, 曾자로 인해 層階(층계)·層數(층수)·高層(고층)·地層(지층)·上流層(상류층)·漸層法(점층법)·層巖絕壁(층암절벽)에서처럼 그 음이 '층'이 된 글자다.</td></tr>
<tr><td>僧
중 승</td><td>

고 763 어문 3급 진흥 2급

범어(梵語)인 Samgha를 음역(音譯)한 僧伽(승가)가 줄어들며 변화된 말인 중과 관련해 그 뜻이 '중'이 되고, 다시 曾자로 인해 僧侶(승려)·僧舞(승무)·高僧(고승)·師僧(사승)·托鉢僧(탁발승)·沙彌僧(사미승)에서처럼 그 음이 '승'이 된 글자다.</td></tr>
</table>

중 786
한국어문회 3급
한자진흥회 3급
只 다만 지 소전

입을 나타낸 口자와 말이 끝나고 숨이 아래로 분산되는 모양을 나타내는 八의 형태가 합쳐져 원래 입으로 하는 말이 끝났음을 뜻했으나 후대로 내려오면서 다만을 가리키는 데 빌려 쓰면서 결국 그 뜻이 '다만'이 되고, 但只(단지)·只今(지금)에서처럼 그 음이 '지'가 된 글자다.

참고 309
旨 맛있을 지 갑골문 금문 소전

숟가락[匕]의 음식을 입[口]으로 맛있게 먹는 모습을 나타내면서 그 뜻이 '맛있다'가 되고, 趣旨(취지)·要旨(요지)·敎旨(교지)·密旨(밀지)에서처럼 그 음이 '지'가 된 글자다.

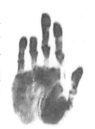

指

가리킬 지

중 787 어문 4급 진흥 4급

手(扌)자로 인해 손[手]끝의 손가락을 뜻하면서 다시 손가락으로 무언가 가리킨다 하여 그 뜻이 '가리키다'가 되고, 旨자로 인해 指章(지장)·指紋(지문)·拇指(무지)·斷指(단지)·玉指環(옥지환)·無名指(무명지)·十二指腸(십이지장)에서처럼 그 음이 '지'가 된 글자다.

直

곧을 직

중 **788**

한국어문회
7급

한자진흥회
5급

갑골문　　금문　　소전

곧은 물체를 눈[目] 앞에 두고 살피는 모습을 나타내면서 살피는 물체가 곧다 하여 그 뜻이 '곧다'가 된 것으로 보이고, 直視(직시)·直死(직사)·正直(정직)·率直(솔직)·直喩法(직유법)·當直者(당직자)·是非曲直(시비곡직)에서 보듯 그 음이 '직'이 된 글자다.

植

심을 식

중 789 어문 7급 진흥 5급

木자로 인해 나무[木]를 곧게 심는다 하여 그 뜻이 '심다'가 되고, 直자로 인해 植栽(식재)·植物(식물)·移植(이식)·密植(밀식)·植木日(식목일)·植民地(식민지)·紀念植樹(기념식수)에서처럼 그 음이 '식'이 된 글자다.

置

둘 치

고 764 어문 4급 진흥 3급

网(罒)자로 인해 그물[网]에 걸린 동물 등을 풀어 둔다 하여 그 뜻이 '두다'가 되고, 直자로 인해 放置(방치)·位置(위치)·備置(비치)·据置(거치)·拘置所(구치소)·置之度外(치지도외)에서처럼 그 음이 '치'가 된 글자다.

値

값 치

고 765 어문 3급 진흥 3급

人(亻)자로 인해 사람[人]이 물건에 합당(合當)하다고 정해 둔 값과 관련해 그 뜻이 '값'이 되고, 直자로 인해 價値(가치)·數値(수치)·相値(상치)·等値(등치)·期待値(기대치)·絶對値(절대치)·近似値(근사치)에서처럼 그 음이 '치'가 된 글자다.

德

덕 덕

금문

중 790 어문 5급 진흥 4급

德자는 悳자의 이체자(異體字)다. 悳자가 후에 㥁의 형태로 변화되어 쓰이다가 다시 사람의 행동을 지켜볼 수 있는 길과 관련된 彳자를 덧붙이면서 비로소 德자가 이뤄지게 되었다. 바른[直] 마음[心]을 가지고 행동[彳]할 수 있는 덕을 갖추었다 하여 그 뜻이 '덕'이 되고, 그 형태가 변했지만 直자로 인해 德性(덕성)·德色(덕색)·美德(미덕)·蔭德(음덕)·德不孤(덕불고)·德勝才(덕승재)·汲水功德(급수공덕)에서처럼 그 음이 '덕'이 된 글자다.

중 791
한국어문회 **4급**
한자진흥회 **4급**

眞
참 진

眞 갑골문 | 眞 금문 | 眞 소전

제사를 지
낼 때 사용
하는 숟가
락을 나타

내 匕자와 솥을 나타낸 鼎자가 합쳐진 글자로 보인다. 제
사를 지내는 사람은 반드시 목욕재계(沐浴齋戒)하고 거짓이
없이 참되게 일을 행한다 하여 그 뜻이 '참'이 되었고, 眞
理(진리)·眞實(진실)·眞僞(진위)·眞摯(진지)·眞善美(진선미)·眞面目(진면목)·天眞
無垢(천진무구)·眞空狀態(진공상태)에서 보듯 그 음이 '진'이 되었다.

鎭
누를 진

고 766 어문 3급 진흥 3급
金자로 인해 무거운 쇠붙이[金]로 물건(物件) 등을 누른다 하여 그 뜻이 '누르
다'가 되고, 眞자로 인해 文鎭(문진)·重鎭(중진)·鎭火(진화)·鎭壓(진압)·鎭痛
劑(진통제)·淸海鎭(청해진)·鎭咳祛痰劑(진해거담제)에서처럼 그 음이 '진'이 된
글자다.

愼
삼갈 신

고 767 어문 3급 진흥 2급
心(忄)자로 인해 마음[心] 속으로 조심하며 삼간다 하여 그 뜻이 '삼가다'가
되고, 眞자로 인해 謹愼(근신)·愼重(신중)·愼獨(신독)에서처럼 그 음이 '신'이
된 글자다.

ㅈ

참고 310

彡
머리 늘어질 진

彡 갑골문 | 彡 금문 | 彡 소전

사람이 서서 소변(小便)보는 모습
을 나타낸 것으로 보이나 후인(後
人)들이 사람[人]과 그 사람의 늘
어진 머리털[彡]을 나타낸 것으로

보면서 그 뜻이 '머리 늘어지다'가 되고, 자신이 덧붙여져 음의 역할을 하는 珍[보
배 진]·診[볼 진]·疹[홍역 진]·趁[좇을 진]자처럼 그 음이 '진'이 된 글자다.

珍
보배 진

고 768 어문 4급 진흥 3급
玉(王)자로 인해 구슬[玉]이 귀한 보배라 하여 그 뜻이 '보배'가 되고, 彡자로
인해 珍客(진객)·珍品(진품)·珍奇(진기)·珍重(진중)·珍風景(진풍경)·八珍味(팔
진미)·膏粱珍味(고량진미)에서처럼 그 음이 '진'이 된 글자다.

중 792				
한국어문회 4급	進			
한자진흥회 4급	나아갈 진	갑골문	금문	소전

새[隹]를 잡기 위해 발[止]로 걸어서 앞으로 나아간다 하여
그 뜻이 '나아가다'가 되고, 前進(전진)·驀進(맥진)·進化(진화)·進陟(진척)·進一步
(진일보)·先進國(선진국)·一進一退(일진일퇴)에서처럼 그 음이 '진'이 된 글자다.

중 793				
한국어문회 4급	盡			
한자진흥회 3급	다할 진	갑골문	금문	소전

손에 털이 달린 도구를 들고 그릇 속을 닦아 내는 모양을
나타내면서 그릇 속의 음식이 남음이 없이 다하였다 하여
그 뜻이 '다하다'가 되고, 盡力(진력)·盡心(진심)·自盡(자
진)·蕩盡(탕진)·盡終日(진종일)·一網打盡(일망타진)·縱橫無
盡(종횡무진)에서처럼 그 음이 '진'이 된 글자다.

고 769		
한국어문회 4급	陣	
한자진흥회 3급	진 칠 진	소전

언덕[阜(阝)]에 흙 등을 담은 자루
[東]를 다그쳐[攴] 늘어놓아 진 치
고 있는 모양을 나타낸 데서 그 뜻
이 '진 치다'가 되고, 陣地(진지)·

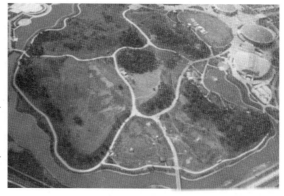

陣痛(진통)·布陣(포진)·筆陣(필진)·魔方陣(마방진)·報道陣(보도진)·陣頭指揮(진두지
휘)·一陣狂風(일진광풍)에서처럼 그 음이 '진'이 된 글자다. 후에 東자는 전차와
관련된 車자로 바뀌고 攴자가 생략되었다.

고 770
한국어문회
3급
한자진흥회
3급

베풀 진 · 금문 · 소전

진 치기 위해 언덕[阜(阝)]에 자루[東]를 늘어놓은 모양을 나타내면서 다시 늘어놓듯 펼쳐 베푼다 하여 그 뜻이 '베풀다'가 되고, 陳列(진열) · 陳設(진설) · 陳謝(진사) · 陳皮(진피) · 陳情書(진정서) · 陳外家(진외가) · 新陳代謝(신진대사)에서처럼 그 음이 '진'이 된 글자다.

중 794
한국어문회
5급
한자진흥회
4급

바탕 질 · 소전

옛날 사람이 귀중하게 여겼던 도구인 두 자루의 도끼[所]와 돈으로 사용되었던 조개[貝]를 나타내면서 이 두 가지가 물건을 서로 바꾸는 데 바탕이 된다 하여 그 뜻이 '바탕'이 되고, 人質(인질) · 言質(언질) · 素質(소질) · 物質(물질) · 蛋白質(단백질) · 腺病質(선병질) · 體質改善(체질개선)에서 처럼 그 음이 '질'이 된 글자다.

참고
311

나 짐 · 갑골문 · 금문 · 소전

원래 배[月의 형태]를 고치기 위해 도구를 두 손에 든 모습을 나타냈으나 후대에 나를 가리키는 말로 빌려 쓰면서 결국 그 뜻이 '나'가 되고, 兆朕(조짐)에서처럼 그 음이 '짐'이 된 글자다. 진시황 이후에는 천자(天子)의 자칭(自稱)으로 사용되었다.

勝
이길 승

중 795 어문 6급 진흥 5급

力자로 인해 힘[力]을 써서 맡은 일을 감당해 이긴다 하여 그 뜻이 '이기다'가 되고, 朕자로 인해 勝利(승리) · 勝敗(승패) · 優勝(우승) · 必勝(필승) · 不戰勝(부전승) · 景勝地(경승지) · 常勝街道(상승가도)에서처럼 그 음이 '승'이 된 글자다.

騰 오를 등

馬자로 인해 말[馬]을 타고 높은 곳에 오른다 하여 그 뜻이 '오르다'가 되고, 朕자로 인해 昂騰(앙등)·暴騰(폭등)·騰落(등락)·騰貴(등귀)·沸騰點(비등점)·氣勢騰騰(기세등등)·龍蛇飛騰(용사비등)에서처럼 그 음이 '등'이 된 글자다.

集 모일 집
중 796
한국어문회 6급
한자진흥회 4급

갑골문　금문　소전

많은 새[雥 → 隹]가 나무[木]에 모여 있는 모양[雧]을 나타내면서 그 뜻이 '모이다'가 되고, 集會(집회)·集散(집산)·詩集(시집)·蒐集(수집)·集大成(집대성)·經史子集(경사자집)에서 보듯 그 음이 '집'이 된 글자다. 雧자는 본자(本字)다.

雜 섞일 잡

소전

襍자의 속자(俗字)로, 衣자의 변화된 형태와 集자가 합쳐진 글자다. 衣자의 변화된 형태[衣]로 인해 여러 조각의 천이 섞이어 만들어진 옷[衣]과 관련해 그 뜻이 '섞이다'가 되고, 集자로 인해 混雜(혼잡)·粗雜(조잡)·雜菜(잡채)·雜念(잡념)·雜貨店(잡화점)·雜同散異(잡동산이)·雜種競技(잡종경기)에서처럼 그 음이 '잡'이 된 글자다.

執 잡을 집
중 797
한국어문회 3급
한자진흥회 3급

갑골문　금문　소전

수갑[幸]에 두 손이 채워진 죄인을 나타내면서 죄인을 잡아 놓은 모습과 관련해 그 뜻이 '잡다'가 되고, 執拗(집요)·執着(집착)·執刀(집도)·執權(집권)·執達吏(집달리)·執綱所(집강소)·執行猶豫(집행유예)에서처럼 그 음이 '집'이 된 글자다.

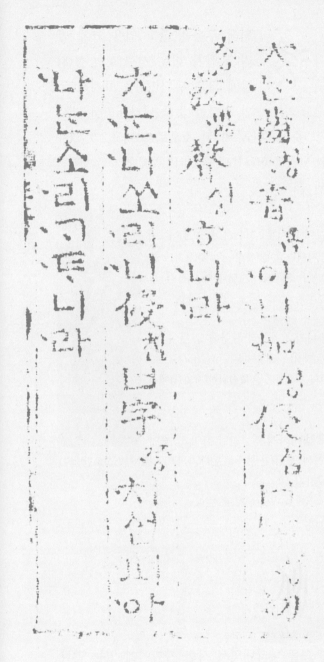

중 798	
한국어문회 **4급**	
한자진흥회 **4급**	
次 버금 차	갑골문 · 금문 · 소전

원래 무릎을 꿇고 입을 크게 벌려 무언가 비는 사람[次의 형태] 앞에 짧은 두 선[二]을 표시해 두 번 빈다는 뜻을 나타내면서 다시

두 번째의 의미인 버금과 관련되어 그 뜻이 '버금'이 된 것으로 보이고, 次次(차차)·再次(재차)·次女(차녀)·次元(차원)·次善策(차선책)·次世代(차세대)·二次産業(이차산업)에서 보듯 그 음이 '차'가 된 글자다.

姿 맵시 **자**
고 773 어문 4급 진흥 3급
女자로 인해 여자[女]가 아름답게 맵시를 낸다 하여 그 뜻이 '맵시'가 되고, 次자로 인해 姿勢(자세)·姿態(자태)·容姿(용자)·雄姿(웅자)·氷姿玉質(빙자옥질)·千姿萬態(천자만태)에서처럼 그 음이 '자'가 된 글자다.

資 재물 **자**
고 774 어문 4급 진흥 3급
貝자로 인해 화폐[貝]처럼 값이 나가는 재물과 관련해 그 뜻이 '재물'이 되고, 次자로 인해 資産(자산)·資本(자본)·路資(노자)·投資(투자)·學資金(학자금)·原資材(원자재)·合資會社(합자회사)에서처럼 그 음이 '자'가 된 글자다.

恣 방자할 **자**
고 775 어문 3급 진흥 2급
心자로 인해 자기 마음[心]대로 방자하게 행동한다 하여 그 뜻이 '방자하다'가 되고, 次자로 인해 恣行(자행)·恣意的(자의적)·傲慢放恣(오만방자)에서처럼 그 음이 '자'가 된 글자다.

ㅊ

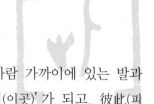

발[止]이 사람[匕의 형태] 곁에 있는 모습을 나타내면서 사람 가까이에 있는 발과 관련해 그 뜻이 가까이 있는 대상을 가리키는 말인 '이(이곳)'가 되고, 彼此(피차)·如此(여차)·此後(차후)·此際(차제)·於此彼(어차피)·此日彼日(차일피일)에서 보듯 그 음이 '차'가 된 글자다.

紫

자줏빛 자

糸자로 인해 실[糸]로 짠 옷감에 자줏빛을 물들였다 하여 그 뜻이 '자줏빛'이 되고, 此자로 인해 紫色(자색)·紫桃(→ 자두)·紫外線(자외선)·紫霞門(자하문)·千紫萬紅(천자만홍)·山紫水明(산자수명)에서처럼 그 음이 '자'가 된 글자다.

또 차

갑골문　금문　소전

도마[俎] 위에 제사에 쓰는 고기를 쌓고 또 쌓은 모양을 나타내면서 그 뜻이 반복의 의미인 '또'가 된 것으로 보이고, 且置(차치)·況且(황차)·苟且(구차)·重且大(중차대)에서 보듯 그 음이 '차'가 된 글자다.

祖

조상 조

示자로 인해 제상[示]에 제물을 올려 제사 드려야 할 선조(先祖)인 조상과 관련해 그 뜻이 '조상'이 되고, 且자로 인해 祖上(조상)·祖國(조국)·始祖(시조)·先祖(선조)·曾祖父(증조부)·祖功宗德(조공종덕)에서처럼 그 음이 '조'가 된 글자다.

助

도울 조

力자로 인해 여러 사람이 힘[力]을 합해 곁에서 돕는다 하여 그 뜻이 '돕다'가 되고, 且자로 인해 協助(협조)·幫助(방조)·助敎(조교)·助手(조수)·贊助金(찬조금)·相扶相助(상부상조)에서처럼 그 음이 '조'가 된 글자다.

組

짤 조

糸자로 인해 실[糸]을 서로 엇걸어서 옷감을 짠다 하여 그 뜻이 '짜다'가 되고, 且자로 인해 組織(조직)·組長(조장)·組立(조립)·組暴(조폭)·待機組(대기조)·勞動組合(노동조합)에서처럼 그 음이 '조'가 된 글자다.

租

조세 조

禾자로 인해 곡물[禾]로 바치는 조세와 관련해 그 뜻이 '조세'가 되고, 且자로 인해 租稅(조세)·賭租(도조)·打租法(타조법)·十一租(십일조)·租借地(조차지)에서처럼 그 음이 '조'가 된 글자다.

查

조사할 사

木자로 인해 원래 나무[木]로 만든 뗏목을 뜻했으나 나중에 관청 등에서 조사하기 위해 사용되는 나무[木]로 만든 문서(文書)와 관련되면서 그 뜻이 '조사하다'가 되고, 且자로 인해 檢査(검사)·踏査(답사)·査閱(사열)·査頓(사돈)·査夫人(사부인)·我歌査唱(아가사창)에서처럼 그 음이 '사'가 된 글자다.

宜

마땅할 의 / 갑골문

원래 俎[도마 조]자와 자형(字形)이 같았으며, 고기를 겹쳐 도마 위에 쌓아 놓은 모양을 본뜬 글자다. 후에 그 자형이 변화되어 宀의 형태가 쓰이게 되었다. 희생물인 고기를 쌓아 놓고 신(神)에게 제사를 지내는 것이 사람의 마땅한 도리임을 나타내면서 그 뜻이 '마땅하다'가 되었고, 宜當(의당)·便宜店(편의점)·時宜適切(시의적절)에서처럼 그 음이 '의'가 되었다.

多

많을 다 / 갑골문

고기를 겹쳐 쌓아 놓은 모양을 본뜬 宜자의 고문자에서 볼 수 있는 글자다. 신(神)에게 바치는 제물(祭物)인 고기를 많이 쌓아 놓은 모양에서 그 뜻이 '많다'가 되었고, 多少(다소)·多讀(다독)·許多(허다)·三多(삼다)·多面棋(다면기)·多多益善(다다익선)·多岐亡羊(다기망양)에서처럼 그 음이 '다'가 되었다.

移

옮길 이

禾자로 인해 어린 벼[禾]를 다른 곳으로 옮겨 심는다 하여 그 뜻이 '옮기다'가 되고, 多자로 인해 移徙(이사)·移民(이민)·遷移(천이)·推移(추이)·移秧機(이앙기)·愚公移山(우공이산)에서처럼 그 음이 '이'가 된 글자다.

참고 312

벨 참 / 소전

옛날에 흔히 전차(戰車)로 사용했던 수레[車]와 병기(兵器)에 붙여 사용했던 도끼[斤]를 나타내면서 전차에 실은 병기로 적(敵)의 목을 벤다 하여 그 뜻이 '베다'가 되고, 斬首(참수)·斬刑(참형)·斬殺(참살)·斬新(참신)·剖棺斬屍(부관참시)·陵遲處斬(능지처참)에서 보듯 그 음이 '참'이 된 글자다.

慙

부끄러울 **참**

고 781 어문 3급 진흥 2급

心자로 인해 마음[心] 속으로 부끄럽게 여긴다 하여 그 뜻이 '부끄럽다'가 되고, 斬자로 인해 慙悔(참회)·慙愧(참괴)·無慙(무참)에서처럼 그 음이 '참'이 된 글자다.

暫

잠깐 **잠**

고 782 어문 3급 진흥 2급

日자로 인해 아주 짧은 잠깐의 시간[日]과 관련해 그 뜻이 '잠깐'이 되고, 斬자로 인해 暫間(→ 잠깐)·暫時(잠시)·暫定的(잠정적)에서처럼 그 음이 '잠'이 된 글자다.

漸

차차 **점**

고 783 어문 3급 진흥 2급

水(氵)자로 인해 원래 강 이름과 관련이 있었으나 나중에 그 의미가 변화되면서 무언가 물[水]에 차차 젖는다 하여 그 뜻이 '차차'가 되고, 斬자로 인해 漸漸(점점)·漸次(점차)·漸增(점증)·漸進(점진)·漸降法(점강법)·西勢東漸(서세동점)·漸入佳境(점입가경)에서처럼 그 음이 '점'이 된 글자다.

중 805 한국어문회 3급 한자진흥회 3급	昌 창성할 창	昌 갑골문	昌 소전

수면(水面) 위로 떠올라 밝게 빛나는 해[日]와 수면에 어린 해[日]를 위아래에 나란히 나타내면서 해가 밝게 빛나듯 무언가 빛나 창성하다 하여 그 뜻이 '창성하다'가 된 것으로 보이고, 昌盛(창성)·繁昌(번창)·昌慶宮(창경궁)에서 보듯 그 음이 '창'이 된 글자다.

唱

부를 **창**

중 806 어문 5급 진흥 4급

口자로 인해 곡조(曲調)에 맞춰 입[口]으로 노래를 부른다 하여 그 뜻이 '부르다'가 되고, 昌자로 인해 合唱(합창)·齊唱(제창)·獨唱(독창)·先唱(선창)·愛唱曲(애창곡)·歌唱力(가창력)·萬歲三唱(만세삼창)에서처럼 그 음이 '창'이 된 글자다

참고 313	囱 천창 창	 소전

주거 시설이 발달하지 않았던 옛날에 실내를 밝게 하거나 실내에 찬 연기가 나가도록 한 천장(天障)에 낸 창인 천창 (天窓)을 나타낸 데서 그 뜻이 '천창'이 되고, 자신이 덧붙여져 음의 역할을 하는 窗[창 창]자처럼 그 음이 '창'이 된 글자다.

恖
바쁠 총

참고 314
心자로 인해 마음[心]이 바쁘다 하여 그 뜻이 '바쁘다'가 되고, 囪자로 인해 恖恖 (총총) · 恖急(총급) · 恖忙之間(총망지간)에서처럼 그 음이 '총'이 된 글자다. 怱자는 속자(俗字)다.

總
다 총

고 784 어문 4급 진흥 3급
糸자로 인해 여러 실[糸]을 하나로 묶기 위해 다 모은다 하여 그 뜻이 '다'가 되고, 恖자로 인해 總力(총력) · 總長(총장) · 總括(총괄) · 大總(→ 대충) · 總決算(총결산) · 總和團結(총화단결) · 總司令官(총사령관)에서처럼 그 음이 '총'이 된 글자다.

聰
귀 밝을 총

고 785 어문 3급 진흥 3급
耳자로 인해 남이 하는 말의 의미를 잘 분간(分揀)할 정도로 귀[耳]가 밝다 하여 그 뜻이 '귀 밝다'가 되고, 恖자로 인해 聰明(총명) · 聰氣(총기) · 聰敏(총민)에서처럼 그 음이 '총'이 된 글자다.

窓 **창 창**	 소전

중 807 어문 6급 진흥 5급
원래 囱자와 穴자가 어우러진 窗자가 본자(本字)다. 穴자로 인해 집에 구멍[穴]을 낸 창과 관련해 그 뜻이 '창'이 되고, 囱자로 인해 窓門(창문) · 窓口(창구) · 鐵窓(철창) · 紗窓(사창) · 琉璃窓(유리창) · 卍字窓(만자창) · 北窓三友(북창삼우)에서처럼 그 음이 '창'이 되었다. 후에 囱자 대신에 恖자가 덧붙여져 음의 역할을 하는 窗자로 쓰이다가 오늘날처럼 간략하게 쓰이게 되었다.

고 786 한국어문회 3급 한자진흥회 3급	倉 곳집 창	倉 갑골문	倉 금문	倉 소전

곡물을 저장하는 한 짝의 문이 달린 곳집을 나타낸 데서 그 뜻이 '곳집'이 되고, 倉庫(창고)·倉詰(창힐)·營倉(영창)·彈倉(탄창)·常平倉(상평창)·米穀倉(미곡창)·穀倉地帶(곡창지대)에서 보듯 그 음이 '창'이 된 글자다.

創 비롯할 창	**고 787 어문 4급 진흥 3급** 刀(刂)자로 인해 칼[刀]에 다쳤다 하여 원래 '다치다'의 뜻을 지녔으나 다시 刱[비롯할 창]자와 서로 통하게 된 데서 그 뜻이 '비롯하다'가 되고, 倉자로 인해 創傷(창상)·創始(창시)·創造(창조)·創業(창업)·創世記(창세기)·創意力(창의력)·創氏改名(창씨개명)에서처럼 그 음이 '창'이 된 글자다.
蒼 푸를 창	**고 788 어문 3급 진흥 2급** 艸(艹)자로 인해 풀[艸]의 빛깔이 푸르다 하여 그 뜻이 '푸르다'가 되고, 倉자로 인해 蒼蒼(창창)·蒼白(창백)·蒼空(창공)·蒼天(창천)·蒼氓(창맹)·古色蒼然(고색창연)에서처럼 그 음이 '창'이 된 글자다.

참고 315	刅 해칠 창	刅 금문	刅 소전

칼[刀]로 무언가를 나눈[八의 형태] 모양을 나타냈다. 칼로 나눈 것은 결국 살아 있는 것을 해친 것이라 하여 그 뜻이 '해치다'가 되고, 자신이 덧붙여져 음의 역할을 하는 刱[비롯할 창]자처럼 그 음이 '창'이 된 글자다.

梁 들보 량	**고 789 어문 3급 진흥 2급** 水(氵)자와 木자로 인해 물[水] 위를 건너지르는 나무[木]인 들보와 관련해 그 뜻이 '들보'가 되고, 刅자로 인해 橋梁(교량)·魚梁(어량)·棟梁(동량)·上梁(상량)·梁上君子(양상군자)·鳴梁大捷(명량대첩)에서처럼 그 음이 '량'이 된 글자다.

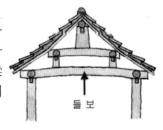
들보

참고 316	采 캘 채	갑골문	금문	소전

손[爪]으로 나무[木]를 캐고 있는 모습을 나타낸 데서 그 뜻이 '캐다'가 되고, 風采(풍채)·納采(납채)·采緞(채단)·采邑(채읍)·采薇歌(채미가)·采薪之憂(채신지우)·拍手喝采(박수갈채)에서 보듯 그 음이 '채'가 된 글자다.

採 캘 채

중 808 어문 4급 진흥 3급

采자의 뜻 '캐다'를 더욱 분명히 하기 위해 다시 手(扌)자가 덧붙여지고, 採取(채취)·特採(특채)·採掘(채굴)·採根(채근)·採石場(채석장)·公採試驗(공채시험)·植物採集(식물채집)에서처럼 采자와 똑같이 그 음이 '채'가 된 글자다.

菜 나물 채

중 809 어문 3급 진흥 3급

艸(艹)자로 인해 사람이 먹을 수 있는 풀[艸]인 나물과 관련해 그 뜻이 '나물'이 되고, 采자로 인해 菜蔬(채소)·菜食(채식)·白菜(→ 배추)·生菜(생채)·蕩平菜(탕평채)·菜根譚(채근담)·前菜料理(전채요리)에서처럼 그 음이 '채'가 된 글자다.

彩 채색 채

고 790 어문 3급 진흥 2급

彡자로 인해 아름답게 장식하기[彡] 위해 채색을 한다 하여 그 뜻이 '채색'이 되고, 采자로 인해 彩色(채색)·彩度(채도)·光彩(광채)·虹彩(홍채)·水彩畫(수채화)·淡彩畫(담채화)·彩文土器(채문토기)에서처럼 그 음이 '채'가 된 글자다.

참고 317	毛 풀잎 책	소전

구부정하게 자라난 풀잎 모양을 나타낸 데서 그 뜻이 '풀잎'이 된 것으로 보이고, 자신이 덧붙여져 음의 역할을 하는 砓[돌 던질 책]·蚻[메뚜기 책]자처럼 그 음이 '책'이 된 글자다.

宅
집 택

중 810 어문 5급 한자 4급

宀자로 인해 사람이 머물러 편히 쉴 수 있는 집[宀]과 관련해 그 뜻이 '집'이 되고, 乇자로 인해 住宅(주택)・邸宅(저택)・宅地(택지)・宅號(택호)・家宅軟禁(가택연금)・在宅勤務(재택근무)에서처럼 그 음이 '택'이 된 글자다. 宅內(댁내)・媤宅(시댁)・寡守宅(과수댁)・査頓宅(사돈댁)에서처럼 그 뜻이 남을 높여 그 사람의 집을 이르는 말인 '댁'과 관련될 때는 그 음이 '댁'으로 읽힌다.

托
밀 탁

고 791 어문 3급 한자 2급

手(扌)자로 인해 손[手]으로 무언가 민다 하여 그 뜻이 '밀다'가 되고, 乇자로 인해 依托(의탁)・托卵(탁란)・托鉢僧(탁발승)・一蓮托生(일련탁생)에서처럼 그 음이 '탁'이 된 글자다.

중 **811** 한국어문회 **4급** 한자진흥회 **4급**	册 책 책	갑골문	금문	소전

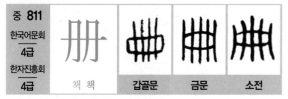

종이가 없던 시절에 대쪽을 묶어 만든 책을 나타낸 데서 그 뜻이 '책'이 되고, 册褓(책보)・册欌(책장)・册張(책장)・書册(서책)・別册(별책)・空册(공책)・置簿册(치부책)에서처럼 그 음이 '책'이 된 글자다. 冊자는 동자(同字)다.

중 **812** 한국어문회 **3급** 한자진흥회 **3급**	妻 아내 처	갑골문	금문	소전

여자가 손으로 머리를 단장하는 모습을 나타냈다. 머리를 단장하는 일은 예전에 집 안에서 살림하는 아내가 아침에 일어나 맨 처음 하는 일이기에 그 뜻이 '아내'가 되고, 惡妻(악처)・喪妻(상처)・妻家(처가)・妻男(처남)・恐妻家(공처가)・糟糠之妻(조강지처)・一夫多妻制(일부다처제)에서 보듯 그 음이 '처'가 된 글자다.

중 813
한국어문회 **3급**
한자진흥회 **3급**
자 척

소전

손가락을 벌려 길이를 잴 때 손등과 가장 멀리 벌어지는
두 손가락을 나타내면서 두 손가락의 길이가 대략 한 자라 하여 그 뜻이 '자'가
된 것으로 보이고, 尺度(척도)·尺骨(척골)·越尺(월척)·無尺(무척)·咫尺間(지척간)·
百尺竿頭(백척간두)·七尺長軀(칠척장구)에서처럼 그 음이 '척'이 된 글자다.

중 814
한국어문회 **4급**
한자진흥회 **3급**
샘 천

갑골문 | 소전

물이 솟아 흐르는 샘을 나타낸 데서 그 뜻이 '샘'이
되고, 溫泉(온천)·黃泉(황천)·源泉(원천)·寒泉(한천)·
間歇泉(간헐천)·泉石膏肓(천석고황)에서 보듯 그 음이 '천'이 된 글자다.

줄 선

중 815 어문 6급 진흥 5급

糸자로 인해 여러 가닥의 실[糸]로 엮은 줄과 관련해 그 뜻이 '줄'이 되고, 泉자로
인해 車線(차선)·點線(점선)·電線(전선)·稜線(능선)·鐵柵線(철책선)·三八線(삼팔
선)·産業前線(산업전선)·一線將兵(일선장병)에서처럼 그 음이 '선'이 된 글자다.

언덕 원

금문

중 816 어문 5급 진흥 5급

언덕[厂] 아래의 물이 솟아 흐르는 샘[泉]을 나타낸 原자가 본자(本字)
다. 모든 물줄기는 샘이 근원이 된다 하여 '근원'의 뜻을 지니나 오늘
날은 厂자로 인해 그 뜻이 '언덕'으로 더 많이 쓰이고, 그 형태가 약간
생략되었으나 泉자로 인해 原木(원목)·原來(원래)·草原(초원)·燎原(요
원)·原住民(원주민)·原生植物(원생식물)에서처럼 그 음이 '원'이 된 글자다.

근원 원

고 792 어문 4급 진흥 3급

原자가 '언덕'의 뜻으로 더 자주 사용되면서 다시 水(氵)자를 덧붙여 그 뜻 '근원'
을 더욱 분명히 하고, 原자로 인해 水源(수원)·淵源(연원)·源流(원류)·源泉(원
천)·震源地(진원지)·拔本塞源(발본색원)·桃花源記(도화원기)에서처럼 그 음이
'원'이 된 글자다.

ㅊ

願 원할 **원**

頁자로 인해 원래 큰 머리를 뜻했으나 나중에 머리[頁]를 끄덕여 원한다 하여 그 뜻이 '원하다'가 되고, 原자로 인해 所願(소원)·祈願(기원)·自願(자원)·念願(염원)·願納錢(원납전)·入學願書(입학원서)·不敢請固所願(불감청고소원)에서처럼 그 음이 '원'이 된 글자다.

天 하늘 **천**

갑골문 소전 소전

머리가 강조된 사람을 나타냈는데, 사람을 기준으로 세상을 볼 때에 머리는 하늘과 맞닿아 있다. 따라서 머리가 강조된 사람이 하늘과 관련되어 그 뜻이 '하늘'이 되고, 天地(천지)·天生(천생)·昇天(승천)·曇天(담천)·天動說(천동설)·靑天霹靂(청천벽력)·天方地軸(천방지축)에서처럼 그 음이 '천'이 된 글자다. 후에 강조된 머리 부분이 一의 형태로 변했다.

忝 더럽힐 **첨**

참고 318

心자로 인해 마음[心]을 더럽힌다 하여 그 뜻이 '더럽히다'가 되고, 天자로 인해 그 음이 '첨'이 된 글자다. 후에 변형되어 忝으로도 쓰고 있다.

添 더할 **첨**

고 793 어문 3급 진흥 2급

水(氵)자로 인해 물[水]을 더한다 하여 그 뜻이 '더하다'가 되고, 忝(忝)자로 인해 添加(첨가)·添削(첨삭)·添酌(첨작)·添盞(첨잔)·畫蛇添足(화사첨족)·錦上添花(금상첨화)에서처럼 그 음이 '첨'이 된 글자다.

ㅊ

<table>
<tr><td>고 794
한국어문회
3급
한자진흥회
2급
드릴 천</td><td>薦</td><td>금문</td><td>소전</td></tr>
</table>

신성한 동물인 해태[廌]가 사방에 우거진 풀[艸]을
먹고 있는 모습을 나타냈다. 후에 해태가 먹
고 있는 풀로 만든 돗자리와 관련되고, 그 돗자리를 깔고
신에게 제사를 드린 데서 결국 그 뜻이 '드리다'가 되고, 薦擧(천거)·推薦(추천)·
公薦(공천)·他薦(타천)·薦度齋(천도재)·毛遂自薦(모수자천)에서처럼 그 음이 '천'이
된 글자다.

<table>
<tr><td>고 795
한국어문회
3급
한자진흥회
2급
통할 철</td><td>徹</td><td>갑골문</td><td>금문</td><td>소전</td></tr>
</table>

솥[鬲] 안을 손[又]에 든 도구로 파내어 밑부분까지 통하게 한다 하여 그 뜻이 '통
하다'가 되고, 徹夜(철야)·徹底(철저)·洞徹(통철)·透徹(투철)·徹頭徹尾(철두철미)·
徹天之冤(철천지원)에서처럼 그 음이 '철'이 된 글자다. 후에 솥과 도구를 든 손이
育의 형태와 攵으로 바뀌고, 그 뜻을 더욱 분명히 하기 위해 彳자가 덧붙여졌다.

<table>
<tr><td>참고
319
다 첨</td><td>僉</td><td>금문</td><td>소전</td></tr>
</table>

지붕[亼의 형태] 아래에 입[口]이 강조된 두 사람[人]이 있음을 나타내면서 무언가
입으로 비는 행위를 두 사람 다 똑같이 행한다 하여 그 뜻이 '다'가 되고, 僉正
(첨정)·僉尉(첨위)·僉知(첨지)에서처럼 그 음이 '첨'이 된 글자다.

고 796 어문 4급 진흥 3급

험할 험

阜(阝)자로 인해 언덕[阜]이 경사(傾斜)져 험하다 하여 그 뜻이 '험하다'가 되고, 僉
자로 인해 危險(위험)·保險(보험)·冒險(모험)·險峻(험준)·險難(험난)·險談(험담)
에서처럼 그 음이 '험'이 된 글자다.

驗

시험할 험

고 797 어문 4급 진흥 3급

馬자로 인해 원래 말[馬]의 종류와 관련된 뜻을 지녔으나 후에 좋은 말인지 실제로 타 보고 시험한다 하여 그 뜻이 '시험하다'가 되고, 僉자로 인해 試驗(시험)·經驗(경험)·體驗(체험)·效驗(효험)·受驗生(수험생)·生體實驗(생체실험)에서처럼 그 음이 '험'이 된 글자다.

檢

점검할 검

고 798 어문 4급 진흥 3급

木자로 인해 옛날에 관청의 중요한 문서를 나무[木] 상자에 넣어서 봉했던 데서 원래 '봉하다'의 뜻을 지녔으나 후에 그 문서를 점검한다 하여 그 뜻이 '점검하다'가 되고, 僉자로 인해 檢查(검사)·檢診(검진)·點檢(점검)·剖檢(부검)·檢疫所(검역소)·檢定考試(검정고시)에서처럼 그 음이 '검'이 된 글자다.

儉

검소할 검

고 799 어문 4급 진흥 3급

人(亻)자로 인해 원래 사람[人]을 제약(制約)한다는 뜻을 지녔으나 그 제약으로 말미암아 생활이 검소하게 되었다 하여 그 뜻이 '검소하다'가 되고, 僉자로 인해 儉素(검소)·儉約(검약)·儉朴(검박)·勤儉節約(근검절약)에서처럼 그 음이 '검'이 된 글자다.

劍

칼 검

고 800 어문 3급 진흥 3급

刀(刂)자로 인해 양쪽에 날이 있는 뾰족한 칼[刀]과 관련해 그 뜻이 '칼'이 되고, 僉자로 인해 短劍(단검)·眞劍(진검)·劍客(검객)·劍道(검도)·三精劍(삼정검)·見蚊拔劍(견문발검)에서처럼 그 음이 '검'이 된 글자다.

참고 320

우러러볼 첨 / 소전

언덕[厂] 위에 있는 사람[卬]을 우러러보고 있음을 나타낸 데서 그 뜻이 '우러러보다'가 되고, 자신이 덧붙여져 음의 역할을 하는 詹[수다스러울 첨]자처럼 그 음이 '첨'이 된 글자다.

詹

수다스러울 첨

참고 321

八자와 言자로 인해 나눠지는[八] 것이 많듯이 많은 말[言]을 수다스럽게 한다 하여 그 뜻이 '수다스럽다'가 된 것으로 보이고, 厂자로 인해 瞻[볼 첨]·檐[처마 첨]자처럼 그 음이 '첨'이 된 글자다.

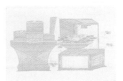

고 801 어문 4급 진흥 3급

멜 담

手(扌)자로 인해 손[手]으로 들어서 멘다 하여 그 뜻이 '메다'가 되고, 詹자로 인해 負擔(부담)·全擔(전담)·擔架(담가)·擔當(담당)·擔保物(담보물)·擔任教師(담임교사)에서처럼 그 음이 '담'이 된 글자다.

고 802
한국어문회
3급
한자진흥회
2급

尖

뾰족할 첨

위는 작으나[小] 아래가 커서[大] 그 모양새가 뾰족하다 하여 그 뜻이 '뾰족하다'가 되고, 尖塔(첨탑)·尖銳(첨예)·尖兵(첨병)·尖峰(첨봉)·尖端産業(첨단산업)에서처럼 그 음이 '첨'이 된 글자다. 비교적 후대에 만들어져 소전 이전의 자형은 엿볼 수 없다.

고 803
한국어문회
3급
한자진흥회
3급

妾 첩 첩	갑골문	금문	소전

문신(文身)을 하는 도구[辛] 아래에 무릎을 꿇고 앉아 있는 여자[女]를 나타내면서 옛날 잡혀 온 다른 부족(部族)의 여자나 죄(罪)를 지은 여자를 문신한 후에 천한 일을 하는 첩으로 만들었던 데서 그 뜻이 '첩'이 되고, 妻妾(처첩)·小妾(소첩)·臣妾(신첩)·賤妾(천첩)·愛妾(애첩)·婢妾(비첩)·蓄妾(축첩)에서 보듯 그 음이 '첩'이 된 글자다.

중 819 어문 4급 진흥 4급

接

접할 접

手(扌)자로 인해 손[手]으로 무언가 접한다 하여 그 뜻이 '접하다'가 되고, 妾자로 인해 接觸(접촉)·接近(접근)·新接(신접)·鎔接(용접)·接着劑(접착제)·面接試驗(면접시험)·皮骨相接(피골상접)에서처럼 그 음이 '접'이 된 글자다.

고 804
한국어문회
3급
한자진흥회
2급

替 바꿀 체	소전

원래 의식을 행하기 위해 머리를 장식한 두 사람이 나란히 서 있는 모습에서 비롯된 竝의 형태와 말하다의 의미를 지니는 曰자가 합쳐져 두 사람이 말을 서로 바꾸어 가며 의식을 행한다 하여 그 뜻이 '바꾸다'가 된 것으로 보이고, 交替(교체)·代替(대체)·替費地(체비지)에서처럼 그 음이 '체'가 된 글자다.

참고 322	蜀 나라 이름 촉	갑골문	금문	소전

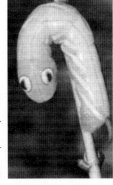

천적(天敵)으로부터 자신을 보호하는 눈 모양의 큰 무늬가 머리에 있는 벌레를 나타낸 데서 그 뜻이 '벌레'가 되고, 巴蜀(파촉)·蜀漢(촉한)·歸蜀道(귀촉도)·蜀犬吠日(촉견폐일)·得隴望蜀(득롱망촉)에서 보듯 그 음이 '촉'이 된 글자다. 중국 삼국 시대에 유비(劉備)가 세운 나라 이름으로 주로 사용된 데서 그 뜻을 '나라 이름'이라 하기도 한다. 후에 자신의 뜻을 더욱 분명히 하기 위해 虫자가 덧붙여졌다.

고 805 어문 3급 진흥 2급

촛불 촉

火자로 인해 원래 뜰에 피우는 횃불을 뜻하다가 나중에 초에 켠 불[火]인 촛불과 관련되어 그 뜻이 '촛불'이 되고, 蜀자로 인해 洋燭(양촉)·華燭(화촉)·洞燭(통촉)·燭膿(촉농)·燭淚(촉루)·燭臺(촉대)·靑紗燭籠(청사촉롱)에서처럼 그 음이 '촉'이 된 글자다.

고 806 어문 3급 진흥 2급

닿을 촉

角자로 인해 뿔[角]이 서로 부딪쳐 닿는다 하여 그 뜻이 '닿다'가 되고, 蜀자로 인해 觸覺(촉각)·觸鬚(촉수)·觸手(촉수)·感觸(감촉)·接觸(접촉)·抵觸(저촉)·不可觸(불가촉)·一觸卽發(일촉즉발)에서처럼 그 음이 '촉'이 된 글자다.

屬 무리 속	소전

고 807 어문 4급 진흥 2급

尾[꼬리 미 → 중 497 참고]자의 변화된 형태로 인해 짐승의 꼬리[尾]가 몸에 이어져 있다 하여 '잇다'의 뜻을 지니면서 다시 이어져 있는 것은 한 무리라 하여 그 뜻이 '무리'가 되고, 蜀자로 인해 所屬(소속)·附屬(부속)·屬國(속국)·屬性(속성)·貴金屬(귀금속)·屬地主義(속지주의)·直系尊屬(직계존속)에서처럼 그 음이 '속'이 된 글자다.

줌 820 어문 5급 진흥 4급

홀로 독

犬(犭)자로 인해 개[犬]과에 속하는 짐승이 대개 무리 짓지 않고 홀로 행동(行動)한다 하여 그 뜻이 '홀로'가 되고, 蜀자로 인해 獨立(독립)·獨身(독신)·孤獨(고독)·單獨(단독)·獨步的(독보적)·獨不將軍(독불장군)·鰥寡孤獨(환과고독)에서처럼 그 음이 '독'이 된 글자다.

濁

흐릴 **탁**

水(氵)자로 인해 물[水]이 흐리다 하여 그 뜻이 '흐리다'가 되고, 蜀자로 인해 淸濁 (청탁)·混濁(혼탁)·濁流(탁류)·濁酒(탁주)·一魚濁水(일어탁수)·上濁下不淨(상탁 하부정)에서처럼 그 음이 '탁'이 된 글자다.

중 821
한국어문회
7급
한자진흥회
5급

가을 **추**

| 갑골문 | 금문 | 소전 |

秌자가 고자(古字)이며, 원래 메뚜기와 불이 어우 러진 형태로 나타낸 글자였다. 메뚜기는 사람이 먹을 곡물(穀物)에 큰 피해를 주는 곤충인데, 옛날에 이를 없앨 수 있는 가장 효 과적인 방법으로 불이 이용되었음을 나타낸 것이다. 후에 메뚜 기가 피해를 주는 벼를 뜻하는 禾자와 불을 뜻하는 火자가 합 쳐져 오늘날처럼 쓰이게 되었다. 그 뜻은 메뚜기가 벼에 피해를 주는 계절과 관련 해 '가을'이 되었고, 그 음은 秋收(추수)·秋夕(추석)·春秋(춘추)·千秋(천추)·思秋 期(사추기)·存亡之秋(존망지추)·秋風落葉(추풍낙엽)에서 보듯 '추'가 되었다.

愁

근심 **수**

心자로 인해 마음[心] 속으로 근심을 한다 하여 그 뜻이 '근심'이 되고, 秋자로 인 해 愁心(수심)·愁慽(수척)·哀愁(애수)·旅愁(여수)·憂愁(우수)·鄕愁(향수)에서처 럼 그 음이 '수'가 된 글자다.

ㅊ

고 809
한국어문회
3급
한자진흥회
2급

기를 **축**

| 갑골문 | 금문 | 소전 |

동 물 의 창 자 가 이 어 져 있 는 위

(胃)를 나타내면서 옛날 흔히 동물의 위를 이용해 물이나 술과 같은 음료(飮料)를 갈무리해 둔 데서 다시 동물을 따로 갈무리해 기른다 하여 그 뜻이 '기르다'가 된 것으로 보이고, 家畜(가축)·屠畜(도축)·畜舍(축사)·畜産(축 산)·牧畜業(목축업)·有畜農業(유축농업)에서 보듯 그 음이 '축'이 된 글자다.

蓄
쌓을 축

艸(艹)자로 인해 풀[艹]을 높이 쌓는다 하여 그 뜻이 '쌓다'가 되고, 畜자로 인해 蓄積(축적)·蓄妾(축첩)·備蓄(비축)·貯蓄(저축)·蓄膿症(축농증)·蓄音機(축음기)·不正蓄財(부정축재)에서처럼 그 음이 '축'이 된 글자다.

중 823	丑			
한국어문회 3급				
한자진흥회 3급	소 축	갑골문	금문	소전

사람이 손가락을 굽혀 무언가 잡는 모양을 나타냈으나 후에 둘째 지지를 가리키는 데 빌려 쓰면서 다시 둘째 지지가 상징하는 동물인 소와 관련되어 그 뜻이 '소'가 되고, 丑時(축시)·乙丑年(을축년)·癸丑日記(계축일기)에서처럼 그 음이 '축'이 된 글자다.

중 824	祝			
한국어문회 5급				
한자진흥회 4급	빌 축	갑골문	금문	소전

제단[示] 앞에서 입[口]으로 사람[儿]이 무언가 비는 모습을 나타낸 데서 그 뜻이 '빌다'가 되고, 祝禱(축도)·祝福(축복)·祝祭(축제)·祝典(축전)·祝文(축문)·祝砲(축포)·自祝宴(자축연)에서처럼 그 음이 '축'이 된 글자다.

고 811	逐			
한국어문회 3급				
한자진흥회 2급	쫓을 축	갑골문	금문	소전

돼지[豕]를 잡기 위해 발[止]을 바삐 움직여 쫓는다 하여 그 뜻이 '쫓다'가 되고, 逐出(축출)·驅逐(구축)·角逐戰(각축전)·中原逐鹿(중원축록)·門前逐客(문전축객)에서처럼 그 음이 '축'이 된 글자다. 후에 그 뜻을 더욱 분명히 하기 위해 辶자가 덧붙여지면서 이미 쓰이던 止자와 어울려 逐(辶)자로 변했다.

참고 323	朮	朮	朮
	삽주 출	갑골문	소전

약용식물(藥用植物)의 하나인 삽주의 뿌리를 나타내면서 그 뜻이 '삽주'가 된 것으로 보이고, 삽주의 뿌리와 관련된 말인 白朮(백출)·蒼朮(창출)에서 보듯 그 음이 '출'이 된 글자다.

術 꾀 술
고 812 어문 6급 진흥 3급

行자로 인해 원래 길[行]을 뜻했으나 후대로 내려오면서 길이 사람이 편히 다닐 수 있는 수단이 되어 주듯 일을 편히 해결할 수 있는 수단인 꾀(재주)와 관련되어 그 뜻이 '꾀(재주)'가 되고, 朮자로 인해 術策(술책)·術數(술수)·手術(수술)·商術(상술)·魔術師(마술사)·人海戰術(인해전술)·心肺蘇生術(심폐소생술)에서처럼 그 음이 '술'이 된 글자다.

述 지을 술
고 813 어문 3급 진흥 3급

辵(辶)자로 인해 원래 길[辵]을 따라 간다는 뜻을 지녔으나 나중에 일을 잘 따라 이어받아 마무리 짓는다 하여 그 뜻이 '짓다'가 되고, 朮자로 인해 口述(구술)·撰述(찬술)·述懷(술회)·述語(술어)·陳述書(진술서)·論述試驗(논술시험)·述而不作(술이부작)에서처럼 그 음이 '술'이 된 글자다.

殺 죽일 살
중 825 어문 4급 진흥 3급

	殺
	소전

원래는 짐승의 머리를 치는 모습을 나타내는 글자였으나 후에 뜻의 역할을 하는 乂[풀 벨 예]자와 음의 역할을 하는 朮자만으로 바뀌어 쓰이다가[杀] 다시 그 뜻을 더욱 분명히 하기 위해 殳자가 덧붙여지면서 오늘날과 같은 형태로 쓰이게 된 글자다. 쳐서[殳] 죽인다 하여 '죽이다'의 뜻을 지니게 되고, 朮자로 인해 自殺(자살)·五殺(오살)·殺戮(→ 살육)·殺生(살생)·殺風景(살풍경)·初戰撲殺(초전박살)에서처럼 '살'의 음으로 읽히게 되었다. 相殺(상쇄)·減殺(감쇄)·惱殺(뇌쇄)·殺到(쇄도)에서처럼 '덜다'의 뜻으로 쓰일 때는 그 음이 '쇄'로 읽힌다.

出 날 출
중 826
한국어문회 7급
한자진흥회 7급

出	出	出	出
날 출	갑골문	소전	소전

옛날 사람들이 살았던 주거지(住居地)의 경계(境界)로부터 발[止]이 나가는 모습을 나타낸 데서 그 뜻이 '나다(나가다)'가 되고, 出口(출구)·出斂(→ 추렴)·釀出(갹출/거출)·捻出(염출)·不世出(불세출)·妙技百出(묘기백출)·出埃及記(출애급기)에서 보듯 그 음이 '출'이 된 글자다.

432

ㅊ

고 814 어문 3급 진흥 2급

拙

못날 졸

手(扌)자로 인해 손[手]으로 부리는 재주가 서툴고 못났다 하여 그 뜻이 '못나다'가 되고, 出자로 인해 拙劣(졸렬) · 拙速(졸속) · 稚拙(치졸) · 壅拙(옹졸) · 拙作品(졸작품) · 拙丈夫(졸장부) · 大巧若拙(대교약졸)에서처럼 그 음이 '졸'이 된 글자다.

고 815 어문 4급 진흥 2급

屈

굽을 굴    금문

원래 尾[꼬리 미 → 중 497 참고]자와 出자가 합쳐진 글자였으나 후에 尾자에서 毛자가 생략되어 쓰였다. 그 뜻은 毛자가 생략된 尾자로 인해 꼬리가 굽었다 하여 '굽다'가 되었고, 그 음은 出자로 인해 屈曲(굴곡) · 屈指(굴지) · 屈伏(굴복) · 屈辱(굴욕) · 屈身葬(굴신장) · 不撓不屈(불요불굴)에서처럼 '굴'이 되었다.

중 827
한국어문회
5급
한자진흥회
4급

充 찰 충   秃 소전

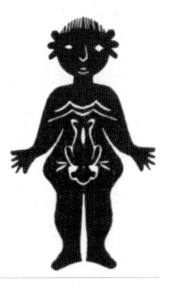

태어날 때 머리가 아래를 향한 아이를 나타낸 亠[아이 낳을 돌]자와 사람을 나타낸 儿[어진 사람 인]자가 어우러져 태어난 아이를 부족함이 없이 가득 차게 잘 기른다 하여 그 뜻이 '차다'가 된 것으로 보이고, 充滿(충만) · 充塡(충전) · 擴充(확충) · 補充(보충) · 自充手(자충수) · 汗牛充棟(한우충동)에서 보듯 그 음이 '충'이 된 글자다.

고 816 어문 4급 진흥 2급

銃

총 총

金자로 인해 쇠[金]로 만든 무기인 총과 관련해 그 뜻이 '총'이 되고, 充자로 인해 拳銃(권총) · 獵銃(엽총) · 銃口(총구) · 銃殺(총살) · 火繩銃(화승총) · 機關短銃(기관단총)에서처럼 그 음이 '총'이 된 글자다.

중 828 어문 4급 진흥 4급

統

거느릴 통

糸자로 인해 죽 이어져 있는 실[糸]의 첫머리부터 잘 갈무리해 거느린다 하여 그 뜻이 '거느리다'가 되고, 充자로 인해 統一(통일) · 統獨(통독) · 總統(총통) · 血統(혈통) · 大統領(대통령) · 統帥權(통수권) · 信託統治(신탁통치)에서처럼 그 음이 '통'이 된 글자다.

ㅊ

중 829		
한국어문회 **4급**	蟲	
한자진흥회 **4급**	벌레 충	소전

많은 종류의 벌레를 뱀[虫] 세 마리로 대신해 나타내면서 그 뜻이 '벌레'가 되고, 蟲齒(충치)·蟲害(충해)·蟯蟲(요충)·食蟲(식충)·材線蟲(재선충)·無骨蟲(무골충)·二化螟蟲(이화명충)·冬蟲夏草(동충하초)에서처럼 그 음이 '충'이 된 글자다.

중 830			
한국어문회 **4급**	取		
한자진흥회 **4급**	취할 취	갑골문 · 금문 · 소전	

옛날 전공(戰功)을 자랑하고 논공행상(論功行賞)을 할 때에 상(賞)을 받기 위해 자신이 무찌른 적의 귀[耳]를 손[又]으로 잘라 취하여 증표로 삼았다는 데서 그 뜻이 '취하다'가 되고, 取得(취득)·取扱(취급)·搾取(착취)·騙取(편취)·受取人(수취인)·無錢取食(무전취식)·囊中取物(낭중취물)에서 보듯 그 음이 '취'가 된 글자다.

고 817 어문 4급 진흥 2급

趣

나아갈 **취**

走자로 인해 달려[走] 나아간다 하여 그 뜻이 '나아가다'가 되고, 取자로 인해 趣味(취미)·趣旨(취지)·趣向(취향)·興趣(흥취)·風趣(풍취)·情趣(정취)에서처럼 그 음이 '취'가 된 글자다.

중 831 어문 5급 진흥 4급

最

가장 **최** 소전

원래 투구처럼 머리[=의 형태]에 덮어[冖] 쓰는 쓰개를 나타낸 冃[쓰개 모]자와 取자가 합쳐진 글자다. 冃자로 인해 적장(敵將)의 목을 베고 투구[冃]를 빼앗아 공(功)이

가장 크다 하여 그 뜻이 '가장'이 되고, 取자로 인해 最高(최고)·最强(최강)·最初(최초)·最適(최적)·最前線(최전선)·最惠國(최혜국)·最短距離(최단거리)에서처럼 그 음이 '최'가 되었다.

중 832 한국어문회 3급 한자진흥회 3급	吹 불 취	
		갑골문 / 금문 / 소전

사람이 입[口]을 크게 벌려[欠] 피리[龠]를 분다 하여 그 뜻이 '불다'가 되고, 鼓吹(고취) · 吹込(취입) · 吹打隊(취타대) · 吹奏樂團(취주악단) · 吹毛覓疵(취모멱자)에서처럼 그 음이 '취'가 된 글자다. 歙자는 고자(古字)다.

고 818 한국어문회 3급 한자진흥회 2급	臭 냄새 취	
		갑골문 / 소전

自자와 犬자가 합쳐져 코[自]의 감각이 발달한 개[犬]가 냄새를 잘 맡는다 하여 그 뜻이 '냄새'가 되고, 惡臭(악취) · 口臭(구취) · 香臭(향취) · 銅臭(동취) · 腋臭症(액취증) · 遺臭萬年(유취만년)에서처럼 그 음이 '취'가 된 글자다.

중 833 한국어문회 5급 한자진흥회 4급	則 법칙 칙	
		갑골문 / 금문 / 소전

옛날 나라에서 제사를 지낼 때에 사용된 요리 기구인 솥[鼎 → 貝의 형태]의 안에 약속의 글을 칼[刀(刂)]로 새기는 모습을 나타내면서 솥에 칼로 새긴 글이 나라의 법칙이라 하여 그 뜻이 '법칙'이 되고, 法則(법칙) · 規則(규칙) · 反則(반칙) · 鐵則(철칙) · 生活守則(생활수칙)에서 보듯 그 음이 '칙'이 된 글자다. '곧'의 뜻으로 쓰일 때는 窮則通(궁즉통) · 壽則多辱(수즉다욕) · 死則同穴(사즉동혈)에서 보듯 '즉'의 음으로 읽힌다.

고 819 어문 4급 진흥 3급

測

잴 측

水(氵)자로 인해 물[水]의 깊이를 잰다 하여 그 뜻이 '재다'가 되고, 則자로 인해 測定(측정)·測量(측량)·目測(목측)·臆測(억측)·測雨器(측우기)·氣象觀測(기상관측)에서처럼 그 음이 '측'이 된 글자다.

고 820 어문 3급 진흥 3급

側

곁 측

人(亻)자로 인해 사람[人]이 몸을 곁으로 기울인다 하여 그 뜻이 '곁'이 되고, 則자로 인해 側近(측근)·側室(측실)·左側(좌측)·兩側(양측)·相對側(상대측)·側彎症(측만증)·輾轉反側(전전반측)·右側通行(우측통행)에서처럼 그 음이 '측'이 된 글자다.

고 821 어문 4급 진흥 3급

賊

도둑 적

소전

원래 則자와 戈자가 합쳐진 글자로, 賊자가 본자(本字)다. 戈자로 인해 창[戈]과 같은 무기를 들고 사람을 해치고 물건을 빼앗는 도둑과 관련해 그 뜻이 '도둑'이 되고, 약간의 변화가 있지만 則자로 인해 盜賊(도적)·匪賊(비적)·逆賊(역적)·五賊(오적)·黃巾賊(황건적)·長髮賊(장발적)·亂臣賊子(난신적자)에서처럼 그 음이 '적'이 된 글자다.

중 834 한국어문회 8급 한자진흥회 8급	七 일곱 칠	
		갑골문 금문 소전

위에서 아래로 길게 놓인 물건의 가운데를 끊는 모양을 나타내면서 원래 '끊다'의 뜻을 지녔으나 후에 숫자 일곱을 가리키는 데 빌려 쓰면서 결국 그 뜻이 '일곱'이 되고, 七旬(칠순)·七書(칠서)·七七齋(칠칠재)·七步詩(칠보시)·七星堂(칠성당)·七分搗米(칠분도미)·閨中七友爭論記(규중칠우쟁론기)에서 보듯 그 음이 '칠'이 된 글자다.

고 822 어문 5급 진흥 3급

切

끊을 절

刀자로 인해 칼[刀]로 물건을 모두 끊는다 하여 그 뜻이 '끊다'가 되고, 七자로 인해 切斷(절단)·切除(절제)·品切(품절)·一切(일절)·切削機(절삭기)·帝王切開(제왕절개)·切磋琢磨(절차탁마)에서처럼 그 음이 '절'이 된 글자다. 按酒一切(안주일체)나 一切唯心造(일체유심조)에서처럼 '모두'의 뜻으로 사용될 때는 그 음을 '체'로 읽는다.

ㅊ

참고 324	泰 옻나무 칠	(소전) 소전

옻나무에 칼자국을 내 수액(樹液)이 흐르는 모양을 나타내면서 그 뜻이 '옻나무'가 되고, 자신이 덧붙여져 음의 역할을 하는 漆[옻 칠]자처럼 그 음이 '칠'이 된 글자다.

고 823 어문 3급 진흥 2급

漆 옻 칠

옻나무[桼]에서 나오는 물[水(氵)] 같은 액체인 옻과 관련해 그 뜻이 '옻'이 되고, 다시 桼자로 인해 色漆(색칠)·改漆(개칠)·漆函(칠함)·漆夜(칠야)·漆工藝(칠공예)·螺鈿漆器(나전칠기)에서처럼 그 음이 '칠'이 된 글자다. 柒자는 동자(同字)다.

참고 325	㝷 조금씩 할 침	(갑골문) 갑골문	(소전) 소전

원래 비(빗자루)를 나타낸 帚[비 추 → 고 543 참고]자와 손을 나타낸 又자가 합쳐져 비[帚]를 손[又]에 들고 어지럽혀진 땅 위를 쓰는 일을 조금씩 한다 하여 그 뜻이 '조금씩 하다'가 된 것으로 보이고, 후에 巾의 형태가 생략되어 㝷자로 쓰였지만 자신이 덧붙여져 음의 역할을 하는 侵[침노할 침]·寢[잘 침]·浸[잠길 침]자처럼 그 음이 '침'이 된 글자다.

고 824 어문 4급 진흥 3급

侵 침노할 침 / 금문

원래 비[帚]를 손[又]에 들고 일정한 경계 안으로 침노(侵擄)한 소[牛]를 내쫓는 모양을 나타내면서 그 뜻이 '침노하다'가 된 글자다. 나중에 소를 대신해 人(亻)자가 덧붙여지고, 다시 㝷자로 인해 侵入(침입)·侵略(침략)·侵攻(침공)·南侵(남침)·侵入者(침입자)·人權侵害(인권침해)·神聖不可侵(신성불가침)에서처럼 그 음이 '침'이 된 글자다. 애초의 㑴자가 侵자로 변화되었다.

고 825 어문 4급 진흥 2급

寢 잘 침

宀자와 침상을 나타낸 爿의 형태로 인해 집[宀] 안의 침상[爿]을 청소(淸掃)하고 잠을 잔다 하여 그 뜻이 '자다'가 되고, 㝷자로 인해 寢牀(침상)·寢臺(침대)·寢囊(침낭)·同寢(동침)·就寢(취침)·午寢(오침)·不寢番(불침번)에서처럼 그 음이 '침'이 된 글자다.

水(氵)자로 인해 물[水]에 적신다 하여 그 뜻이 '적시다'가 되고, 킃자로 인해 浸水(침수)·浸蝕(침식)·浸透(침투)·浸潤(침윤)·浸禮敎(침례교)에서처럼 그 음이 '침'이 된 글자다.

적실 **침**

중 835
한국어문회
4급
한자진흥회
4급

바늘 침 소전

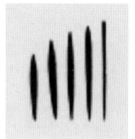

원래 鍼으로 쓰였다. 金자로 인해 쇠[金]로 만든 뾰족한 도구인 바늘을 나타낸 데서 그 뜻이 '바늘'이 되고, 咸자로 인해 그 음이 '침'이 되었으나 후에 바늘 모양에서 비롯된 十의 형태로 바뀌어 쓰기도 했다. 鍼灸(침구)·鍼術(침술)·手指鍼(수지침)·頂門一鍼(정문일침)에서 보듯 치료에 사용되는 바늘과 관련된 말에는 鍼자를, 指針(지침)·時針(시침)·針葉樹(침엽수)·針小棒大(침소봉대)에서 보듯 바늘처럼 뾰족한 물체와 관련된 말에는 針자를 쓴다.

ㅊ

ㅌ는 舌ᅇᅣ音ᅙᅳᆷ이니 如ᅇᅧ呑ㅌㄷ字ᄍᆞᆼ初총發ᄬᅡᇙ聲셩ᄒᆞ니라

ㅌ는 혀쏘리니 呑ㅌㄷ字ᄍᆞᆼ처ᅀᅥᆷ펴아나ᄂᆞᆫ소리ᄀᆞᄐᆞ니라

ㅌ

고 827 한국어문회 3급 한자진흥회 3급	妥 온당할 타		갑골문	금문	소전

손[爪(爫)]으로 여자[女]를 붙잡아 꿇어앉혀 놓은 모습을 나타내면서 붙잡힌 여자가 굴복시킨 사람의 뜻에 따라 온당하게 행동한다 하여 그 뜻이 '온당하다'가 되고, 妥結(타결)·妥當(타당)·妥協(타협)에서처럼 그 음이 '타'가 된 글자다.

고 828 한국어문회 5급 한자진흥회 3급	卓 높을 탁		갑골문	금문	소전

사냥 도구로 높이 나는 새를 잡고 있음을 나타낸 데서 그 뜻이 '높다'가 되고, 卓見(탁견)·卓越(탁월)·卓子(탁자)·卓球(탁구)·食卓褓(식탁보)·圓卓會議(원탁회의)에서처럼 그 음이 '탁'이 된 글자다. 후에 새가 卜의 형태로 간략하게 쓰였고, 사냥 도구도 早의 형태로 변했다.

고 829 한국어문회 3급 한자진흥회 2급	奪 빼앗을 탈		금문	소전

원래 윗옷[衣]의 품으로 날아든 길들인 새[隹]가 사냥해 온 것을 손[又]으로 빼앗는다 하여 그 뜻이 '빼앗다'가 되고, 剝奪(박탈)·篡奪(찬탈)·奪取(탈취)·奪還(탈환)·爭奪戰(쟁탈전)·生死與奪(생사여탈)·褫奪度牒(치탈도첩)에서처럼 그 음이 '탈'이 된 글자다.

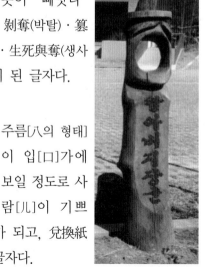

참고 326	兌 기쁠 태		갑골문	금문	소전

주름[八의 형태]이 입[口]가에 보일 정도로 사람[儿]이 기쁘게 웃는 모습을 나타낸 데서 그 뜻이 '기쁘다'가 되고, 兌換紙幣(태환지폐)란 말에서 보듯 그 음이 '태'가 된 글자다.

E

脫
벗을 탈

중 836 어문 4급 진흥 4급

肉(月)자로 인해 고기[肉]의 살을 벗긴다는 데서 그 뜻이 '벗다'가 되고, 兌자로 인해 脫皮(탈피)·脫出(탈출)·解脫(해탈)·疏脫(소탈)·脫衣室(탈의실)·脫水症(탈수증)·足脫不及(족탈불급)에서처럼 그 음이 '탈'이 된 글자다.

稅
구실 세

중 837 어문 4급 진흥 4급

禾자로 인해 나라에서 백성에게 곡물[禾]로 받아들이는 조세와 관련해 그 뜻이 조세(租稅)를 달리 이르는 '구실'이 되고, 兌자로 인해 租稅(조세)·血稅(혈세)·稅金(세금)·稅入(세입)·人頭稅(인두세)·納稅義務(납세의무)에서처럼 그 음이 '세'가 된 글자다.

說
말씀 설

중 838 어문 5급 진흥 4급

言자로 인해 상대가 이해할 수 있게 풀이하는 말[言]과 관련해 그 뜻이 '말씀'이 되고, 兌자로 인해 說敎(설교)·說得(설득)·辭說(사설)·辱說(욕설)·圖讖說(도참설)·說往說來(설왕설래)에서처럼 그 음이 '설'이 된 글자다. 그 뜻이 '기쁘다'로 쓰일 때는 說樂(열락)에서처럼 '열'의 음으로, 그 뜻이 '달래다'로 쓰일 때는 說客(세객)·遊說(유세)에서처럼 '세'의 음으로 읽는다.

悅
기쁠 열

중 839 어문 3급 진흥 3급

兌자의 뜻 '기쁘다'를 더욱 분명히 하기 위해 心(忄)자가 덧붙여지고, 그 음도 변화되어 喜悅(희열)·悅樂(열락)·松茂栢悅(송무백열)·男女相悅之詞(남녀상열지사)에서처럼 '열'로 읽히게 된 글자다.

閱
검열할 열

고 830 어문 3급 진흥 2급

門자로 인해 문[門]에 서서 수상한 점에 대해 검열한다 하여 그 뜻이 '검열하다'가 되고, 兌자로 인해 閱覽(열람)·閱讀(열독)·檢閱(검열)·閥閱(벌열)·閱兵式(열병식)·入國査閱(입국사열)에서처럼 그 음이 '열'이 된 글자다.

銳
날카로운 예

고 831 어문 3급 진흥 3급

金자로 인해 쇠붙이[金]의 끝이 날카롭다 하여 그 뜻이 '날카롭다'가 되고, 兌자로 인해 銳利(예리)·銳角(예각)·尖銳(첨예)·新銳(신예)·精銳軍(정예군)·銳意注視(예의주시)에서처럼 그 음이 '예'가 된 글자다.

말[言]로 법도[寸]에 따라 상대의 죄를 다스린다는 데서 다시 다스리기 위해 상대를 친다 하여 그 뜻이 '치다'가 되고, 討伐(토벌)·討議(토의)·檢討(검토)·聲討(성토)·討論會(토론회)·討捕使(토포사)에서처럼 그 음이 '토'가 된 글자다.

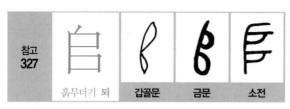

흙이 무더기로 쌓인 작은 언덕을 세로로 나타낸 데서 그 뜻이 '흙무더기'나 '언덕'이 되고, 자신이 덧붙여져 음의 역할을 하는 頯[머리 바르지 않을 퇴]·鵻[참새 퇴]자에서 보듯 그 음이 '퇴'가 된 글자다.

쫓을 추

중 840 어문 3급 진흥 3급

辵(辶)자로 인해 길[辵]을 따라 쫓는다 하여 그 뜻이 '쫓다'가 되고, 自자로 인해 追跡(추적)·追放(추방)·追悼(추도)·追突(추돌)·追徵金(추징금)·追遠報本(추원보본)·彈劾訴追權(탄핵소추권)에서처럼 그 음이 '추'가 된 글자다.

장수 수

고 833 어문 3급 진흥 2급

巾자로 인해 원래 수건[巾]을 허리에 드리운다는 뜻을 지녔으나 드리운다는 데서 거느린다는 의미를 지니게 되면서 다시 군사(軍士)를 거느리는 지위에 있는 사람인 장수와 관련해 그 뜻이 '장수'가 되고, 自자로 인해 將帥(장수)·元帥(원수)·統帥權(통수권)·檢察總帥(검찰총수)에서처럼 그 음이 '수'가 된 글자다.

師

스승 사

중 841 어문 4급 진흥 4급

허리에 두른 수건을 나타낸 帀[두를 잡]자로 인해 원래 사방을 빙 둘러[帀] 흙을 쌓아 올린 언덕과 관련이 있었으나 흔히 그런 언덕에 군대(軍隊)가 주둔했으므로 군대의 뜻을 지니고, 다시 군대의 작전을 꾸미는 사람과 관계되면서 그 뜻이 확대되어 '스승'이 된 글자다. 自자로 인해 軍師(군사)·恩師(은사)·師傅(사부)·師事(사사)·師團長(사단장)·師弟間(사제간)·師範大學(사범대학)·三人行必有我師(삼인행필유아사)에서처럼 그 음이 '사'가 되었다.

歸
돌아갈 귀 | 갑골문

중 842 어문 4급 진흥 3급

원래 음의 역할을 하는 㠯자와 뜻의 역할을 하는 帚[비 추 → 고 543 참고]자만으로 쓰였던 글자다. 帚자는 결혼한 여자를 이르는 婦[지어미 부 → 중 526 참고]자와 관련이 있는데, 歸자는 바로 여자 가 시집가는 것을 뜻했다. 후에 여자가 시집가는 상황과 관련해 다시 '돌아가다'의 뜻을 지니게 되었고, 그 뜻을 더욱 분명히 해 주기 위해 발을 나타낸 止자가 덧붙여졌다. 歸還(귀환) · 歸天(귀천) · 歸化(귀화) · 歸農(귀 농) · 不如歸(불여귀) · 歸納法(귀납법) · 事必歸正(사필귀정)에서처럼 그 음이 '귀'로 읽힌다.

退
물러날 퇴 | 소전

중 843
한국어문회
4급
한자진흥회
4급

원래 해[日]를 등지고 길[彳]을 따라 발[夊]이 물러나 는 모습을 나타낸 데서 그 뜻이 '물러나다'가 되고, 進退(진퇴) · 減退(감퇴) · 退化(퇴화) · 退染(→ 토렴) · 退 嬰的(퇴영적) · 臨戰無退(임전무퇴) · 一手不退(일수불퇴) 에서처럼 그 음이 '퇴'가 된 글자다. 후에 彳자는 辶으로 바뀌었고, 日자와 夊자 는 서로 합쳐져 艮의 형태로 바뀌었다.

ㅌ

Part 02

ㅍ

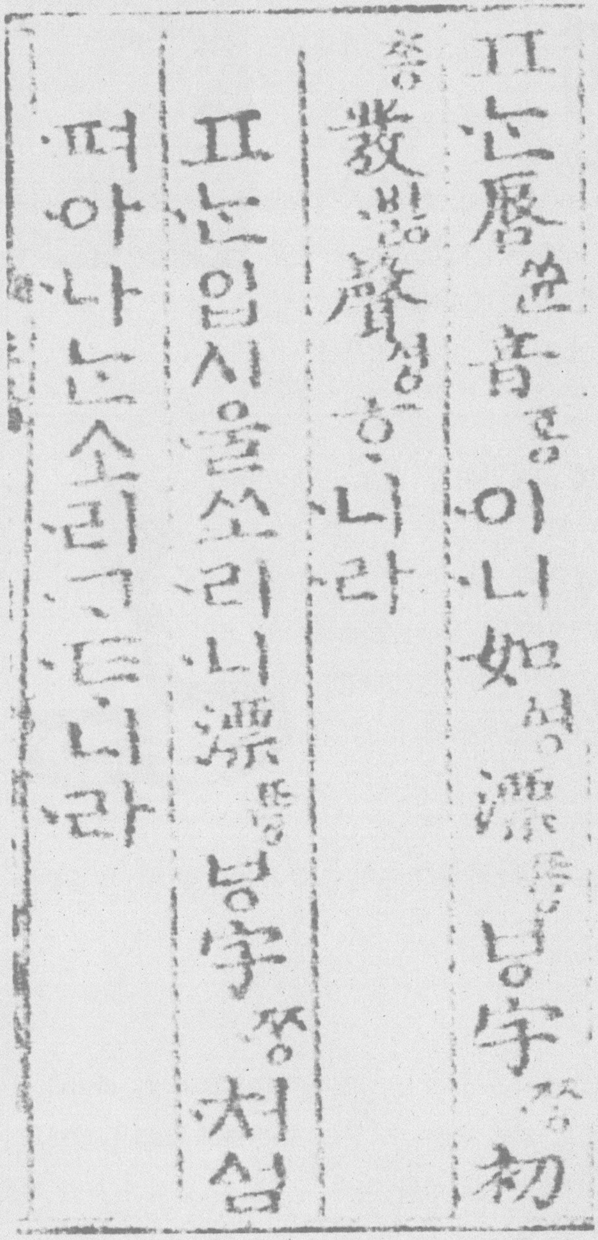

ㅍ는 脣쓘音ᅙᅳᆷ이니 如ᅀᅥᆼ 漂푷ㅸ字ᄍᆞᆼ 初총
發벓聲셩ᄒᆞ니라
ㅍ는 입시울쏘리니 漂푷ㅸ字ᄍᆞᆼ 처ᅀᅥᆷ
펴아나ᄂᆞᆫ 소리 ᄀᆞᄐᆞ니라

고 834 한국어문회 4급 한자진흥회 3급	派 갈래 파	금문	소전

길게 흐르는 갈래 진 물[𠂢]을 나타낸 데서 그 뜻이 '갈래' 가 되고, 派閥(파벌)·派遣(파견)·分派(분파)·特派(특파)·派出所(파출소)·穩健派(온건파)·四色黨派(사색당파)에서처럼 그 음이 '파'가 된 글자다. 후에 그 뜻을 분명히 하기 위해 水(氵)자가 덧붙여졌다.

참고 328	巴 땅 이름 파	소전

본래 코브라처럼 생긴 뱀이 머리를 세우고 있는 모양을 나타냈으나 후대에 중국 사천성(四川省)에 있는 파촉(巴蜀)이란 땅 이름으로 주로 쓰인

데서 그 뜻이 '땅 이름'이 되고, 巴蜀(파촉)·巴人(파인)·歐羅巴(구라파)·淋巴腺(임파선)·三巴戰(삼파전)에서처럼 그 음이 '파'가 된 글자다.

把

잡을 **파**

고 835 어문 3급 진흥 2급

手(扌)자로 인해 손[手]으로 잡는다 하여 그 뜻이 '잡다'가 되고, 巴자로 인해 把握(파악)·把守兵(파수병)에서처럼 그 음이 '파'가 된 글자다.

참고 329	扁 넓적할 편	소전

옛날 사람들이 살았던 집의 외짝 문[戶]과 싸리나무 등으로 엮어 만든 그 문의 모양[冊의 형태]을 나타내면서 문이 넓적하다 하여 그 뜻이 '넓적하다'가 된 것으로 보이고, 扁額(편액)·扁柏(편백)·扁鵲(편작)·扁魚(편어)·扁平足(편평족)·扁桃腺炎(편도선염)·扁形動物(편형동물)에서 보듯 그 음이 '편'이 된 글자다.

446

篇
책 편

중 844 어문 4급 진흥 3급

竹(⺮)자로 인해 종이가 아직 없었던 옛날에 책을 만들 때 대[竹]쪽이 사용된 데서 그 뜻이 '책'이 되고, 扁자로 인해 玉篇(옥편)·續篇(속편)·後篇(후편)·長篇  (장편)·短篇集(단편집)·掌篇小說(장편소설)에서처럼 그 음이 '편'이 된 글자다.

編
엮을 편

고 836 어문 3급 진흥 2급

糸자로 인해 실[糸]로 글을 적기 위한 대쪽을 순서대로 엮는다 하여 그 뜻이 '엮다'가 되고, 扁자로 인해 編纂(편찬)·  編物(편물)·編入(편입)·編成(편성)·編輯部(편집부)·韋編三絕(위편삼절)에서처럼 그 음이 '편'이 된 글자다.

遍
두루 편

고 837 어문 3급 진흥 2급

辵(辶)자로 인해 여러 길[辵]을 두루 돌아다닌다 하여 그 뜻이 '두루'가 되고, 扁자로 인해 遍歷(편력)·遍在(편재)·普遍的(보편적)·讀書百遍義自見(독서백편의자현)에서처럼 그 음이 '편'이 된 글자다.

偏
치우칠 편

고 838 어문 3급 진흥 2급

人(亻)자로 인해 사람[人]의 생각이 한쪽으로 치우쳐 있다 하여 그 뜻이 '치우치다'가 되고, 扁자로 인해 偏食(편식)·偏見(편견)·偏愛(편애)·偏狹(편협)·偏西風(편서풍)·不偏不黨(불편부당)·偏母膝下(편모슬하)에서처럼 그 음이 '편'이 된 글자다.

平
평평할 평

중 845
한국어문회
7급
한자진흥회
5급

平	平	平
평평할 평	금문	소전

양 끝에 각기 물건을 올려놓고 무게를 재는 저울대를 나타내면서 무게를 달 때에 양 끝을 평평하게 한다 하여 그 뜻이 '평평하다'가 된 것으로 보이고, 平衡(평형)·平野(평야)·水平(수평)·泰平(태평)·地平線(지평선)·天平秤(천평칭)·公平無私(공평무사)·平地風波(평지풍파)에서 보듯 그 음이 '평'이 된 글자다.

評
평할 **평**

고 839 어문 4급 진흥 3급

言자로 인해 말[言]로 옳고 그름에 대해 평한다 하여 그 뜻이 '평하다'가 되고, 平자로 인해 評價(평가) · 評判(평판) · 寸評(촌평) · 批評(비평) · 下馬評(하마평) · 觀戰評(관전평) · 時事漫評(시사만평)에서처럼 그 음이 '평'이 된 글자다.

참고 **330**

해질 **폐** / 갑골문 / 소전

옷감[巾]에서 사방으로 먼지가 이는 모양과 손에 막대기를 들고 치는[攵] 모양을 나타내면서 손에 막대기를 들고 치는 옷감(옷)이 먼지가 일 만큼 해졌다 하여 그 뜻이 '해지다'가 되고, 敝笠(폐립) · 敝袍破笠(폐포파립)에서 보듯 그 음이 '폐'가 된 글자다.

弊
해질 **폐** / 소전

고 840 어문 3급 진흥 2급

원래 敝자와 犬자가 합쳐져 獘자로 쓰였던 글자다. 犬자로 인해 개[犬]가 지쳐 쓰러짐을 뜻했으나 후에 그 자형이 弊자로 변화되면서 그 본래의 뜻을 잃어버리고, 敝자와 같이 '해지다'의 뜻을 지니게 되었다. 敝자로 인해 弊端(폐단) · 弊害(폐해) · 弊社(폐사) · 疲弊(피폐) · 民弊(민폐) · 語弊(어폐)에서처럼 '폐'의 음으로 읽힌다.

幣
비단 **폐**

고 841 어문 3급 진흥 2급

巾자로 인해 명주실로 짠 옷감[巾]인 비단과 관련해 그 뜻이 '비단'이 되고, 敝자로 인해 幣帛(폐백) · 貨幣(화폐) · 紙幣(지폐) · 僞幣(위폐) · 納幣(납폐) · 造幣公社(조폐공사)에서처럼 그 음이 '폐'가 된 글자다.

蔽
가릴 **폐**

고 842 어문 3급 진흥 2급

艸(艹)자로 인해 보이지 않도록 풀[艹]로 덮어서 가린다 하여 그 뜻이 '가리다'가 되고, 敝자로 인해 隱蔽(은폐) · 掩蔽(엄폐) · 陰蔽(음폐) · 蔽一言(폐일언) · 一言以蔽之(일언이폐지)에서처럼 그 음이 '폐'가 된 글자다.

문에 가로지른 빗장을 세로 막대에 걸어 닫는 모양을 나타낸 데서 그 뜻이 '닫다'가 되고, 閉門(폐문)·閉幕(폐막)·開閉(개폐)·密閉(밀폐)·自閉症(자폐증)·閉會式(폐회식)·閉所恐怖(폐소공포)에서처럼 그 음이 '폐'가 된 글자다. 후에 빗장과 세로 막대가 才의 형태로 바뀌어 쓰였다.

해[日]가 나오자[出] 쌀[米]을 볕에 쬐기 위해 두 손[廾]으로 드러내는 모양[暴]을 나타냈으나 후에 무언가 드러낸 모습이 사납다 하여 그 뜻이 '사납다'가 되고, 暴惡(포악)·暴虐(포학)·橫暴(횡포)·凶暴(흉포)·暴虎馮河(포호빙하)에서처럼 그 음이 '포'가 된 글자다. 暴露(폭로)·暴行(폭행)·狂暴(광폭)·亂暴(난폭)·暴力輩(폭력배)·暴風怒濤(폭풍노도)에서처럼 그 음이 '폭'으로도 읽힌다.

고 843 어문 4급 진흥 3급

火자로 인해 불[火]이 붙어서 터진다 하여 그 뜻이 '터지다'가 되고, 暴자로 인해 爆發(폭발)·爆藥(폭약)·自爆(자폭)·盲爆(맹폭)·起爆劑(기폭제)·爆擊機(폭격기)·原子爆彈(원자폭탄)에서처럼 그 음이 '폭'이 된 글자다.

두 손[廾]으로 무언가[凶의 형태] 들고 있는 모양 아래에 다시 불[火]이 타오르는 모양을 나타내면서 무언가 태우기 위해 피워 놓은 불과 관련해 원래 '불똥 튀다'의 뜻을 지녔으나 후에 가볍게 튀어 오르는 불똥처럼 가벼운 종잇조각인 쪽지와 관련되면서 결국 그 뜻이 '쪽지'가 된 것으로 보이고, 車票(차표)·暗票(암표)·得票(득표)·手票(수표)·浮動票(부동표)·國民投票(국민투표)에서 보듯 그 음이 '표'가 된 글자다.

標 표할 표

木자로 인해 나무[木]의 가장 높은 가지 끝을 뜻하게 되면서 다시 가장 높은 가지 끝에 깃발 등을 달아 표한다 하여 그 뜻이 '표하다'가 되고, 票자로 인해 標示(표시)·標杙(→ 푯말)·目標(목표)·商標(상표)·水標橋(수표교)·道路元標(도로원표)에서처럼 그 음이 '표'가 된 글자다.

漂 뜰 표

水(氵)자로 인해 물[水]에 뜬다 하여 그 뜻이 '뜨다'가 되고, 票자로 인해 浮漂(부표)·漂流(표류)·漂着(표착)·漂白劑(표백제)·流離漂泊(유리표박)에서처럼 그 음이 '표'가 된 글자다.

중 848
한국어문회 6급
한자진흥회 5급
겉 표

소전

원래 衣자와 毛자가 합쳐진 글자다. 후에 두 글자가 합쳐지면서 오늘날처럼 쓰이게 되었지만 털[毛]이 달린 옷[衣]을 겉에 입는다 하여 그 뜻이 '겉'이 되었고, 表皮(표피)·表情(표정)·地表(지표)·師表(사표)·出師表(출사표)·計劃表(계획표)·表音文字(표음문자)에서처럼 그 음이 '표'가 되었다.

중 849
한국어문회 5급
한자진흥회 5급
물건 품

갑골문　금문　소전

음식을 담는 여러 개의 그릇을 나타내면서 그릇이 사람이 먹고사는 데 중요한 물건이라 하여 그 뜻이 '물건'이 되고, 食品(식품)·名品(명품)·品貴(품귀)·品格(품격)·不良品(불량품)·副葬品(부장품)·天下一品(천하일품)·骨品制度(골품제도)에서처럼 그 음이 '품'이 된 글자다.

臨 임할 림

사람이 눈으로 내려다보는 모양을 나타낸 臥[누울 와]자로 인해 가까이 임하여 내려다본다[臥] 하여 그 뜻이 '임하다'가 되고, 品자로 인해 君臨(군림)·枉臨(왕림)·臨終(임종)·臨迫(임박)·臨界點(임계점)·臨時政府(임시정부)·臨渴掘井(임갈굴정)에서처럼 그 음이 '림'이 된 글자다.

중 850				
한국어문회 4급	豐			
한자진흥회 3급	풍년 풍	갑골문	금문	소전

그릇에 예물이 풍성하게 담긴 모양을 나타내면서 다시 풍성함이 깃든 해인 풍년과 관련해 그 뜻이 '풍년'이 되고, 豐凶(풍흉)·豐饒(풍요)·豐作(풍작)·豐足(풍족)·豐盛(풍성)·豐富(풍부)·豐滿(풍만)에서처럼 그 음이 '풍'이 된 글자다. 흔히 豊[굽 높은 그릇 례]자를 약자(略字)로 삼아 쓰고 있다.

중 851			
한국어문회 5급	必		
한자진흥회 4급	반드시 필	금문	소전

날이 창[戈] 자루 부분에 꼭 묶인 모양을 나타내면서 원래 '창 자루'를 뜻했으나 후에 柲[창 자루 비(필)]자가 그 뜻을 대신하자 날을 창 자루에 반드시 잘 묶어야 한다 하여 그 뜻이 '반드시'가 된 글자로 보인다. 그 음은 必是(필시)·必要(필요)·必勝(필승)·必需(필수)·必讀書(필독서)·必死的(필사적)·生者必滅(생자필멸)·未必的故意(미필적고의)에서 보듯 '필'로 읽힌다.

참고 331

宓 편안할 밀

宀자로 인해 집[宀]이 편안하다 하여 그 뜻이 '편안하다'가 되고, 必자로 인해 그 음이 '밀'이 된 글자다.

중 852 어문 4급 진흥 4급

密 빽빽할 밀

山자로 인해 산[山]에 나무가 빽빽하다 하여 그 뜻이 '빽빽하다'가 되고, 宓자로 인해 密林(밀림)·密會(밀회)·秘密(비밀)·緻密(치밀)·密入國(밀입국)·密屠殺(밀도살)·奧密稠密(오밀조밀)에서처럼 그 음이 '밀'이 된 글자다.

蜜

꿀 밀

虫자로 인해 막시류(膜翅類)에 속하는 벌레[虫]인 벌이 만드는 꿀과 관련해 그 뜻이 '꿀'이 되고, 宓자로 인해 蜂蜜(봉밀)·蜜蠟(밀랍)·蜜柑(밀감)·蜜語(밀어)·油蜜果(유밀과)·蜜月旅行(밀월여행)·口蜜腹劍(구밀복검)에서처럼 그 음이 '밀'이 된 글자다.

祕

숨길 비

示자로 인해 남의 눈길이 미치지 않는 곳에 신(神)을 모신 제단[示]을 둔다는 데서 다시 눈길이 미치지 않게 숨긴다 하여 결국 그 뜻이 '숨기다'가 되고, 必자로 인해 祕書(비서)·祕笈(비급)·神祕(신비)·便祕(변비)·祕資金(비자금)·對外祕(대외비)·諱之祕之(휘지비지)에서처럼 그 음이 '비'가 된 글자다. 오늘날은 속자(俗字)인 秘자로 더 많이 쓰고 있다.

중 853			
한국어문회 3급			
한자진흥회 3급	짝 필	금문	소전

그늘 아래에 옷감인 베가 펼쳐진 모양을 나타낸 데서 원래 옷감의 길이를 재는 단위로 쓰였으나 후에 말이나 소를 세는 단위로도 쓰이면서 다시 짝을 지어 세기도 한다 하여 그 뜻이 '짝'이 된 것을 보이고, 馬匹(마필)·配匹(배필)·匹敵(필적)·匹馬(필마)·匹夫匹婦(필부필부)·泰山鳴動鼠一匹(태산명동서일필)에서처럼 그 음이 '필'이 된 글자다.

고 850				
한국어문회 3급				
한자진흥회 2급	마칠 필	갑골문	금문	소전

원래 사냥의 도구인 자루가 달린 그물을 나타내면서 사냥의 도구로 짐승 잡는 일을 다 마치었다 하여 그 뜻이 '마치다'가 되고, 畢竟(필경)·畢生(필생)·檢查畢(검사필)·軍未畢者(군미필자)·納稅畢證(납세필증)에서처럼 그 음이 '필'이 된 글자다. 후에 사냥하는 지역을 의미하는 田자가 덧붙여졌다.

ᅙᅳᆫ 喉ᅘᅮᆼ音ᅙᅳᆷ이니 如ᅀᅧᆼ虛헝字ᄍᆞᆼ初총

發벓聲셩ᄒᆞ니 ᄯᅳ쁑 書셩ᄒᆞ면 如ᅀᅧᆼ洪

ᅘᅩᆼ ᄀ字쫑初총 發벓聲셩ᄒᆞ니라

ᅙᅳᆫ 목소리니 虛헝字ᄍᆞᆼ 처ᅀᅥᆷ펴아

중 854	下	⼀	⼆	丁
한국어문회 7급 한자진흥회 8급	아래 하	갑골문	금문	소전

임의의 짧은 선(線)이 긴 선 아래에 있음을 나타내면서 그 뜻이 '아래'가 되고, 下山(하산)·下直(하직)·陛下(폐하)·貶下(폄하)·下水溝(하수구)·下剋上(하극상)·下石上臺(하석상대)에서처럼 그 음이 '하'가 된 글자다. 나중에 아래의 획(劃)이 세로로 바뀌고, 그 세로의 선 가운데에 또 다른 작은 가로의 획이 덧붙여졌다.

중 855	夏		
한국어문회 7급 한자진흥회 5급	여름 하	금문	소전

원래 기우제(祈雨祭) 때 인체에서 많은 동작이 이뤄지는 손과 발을 비교적 자세하게 드러낸 채 춤추는 사람을 나타내면서 기우제를 지내는 때가 여름이기에 그 뜻이 '여름'이 된 것으로 보이고, 夏至(하지)·夏服(하복)·立夏(입하)·常夏(상하)·夏安居(하안거)·夏期放學(하기방학)에서처럼 그 음이 '하'가 된 글자다.

중 856	寒		
한국어문회 5급 한자진흥회 4급	찰 한	금문	소전

집[宀] 안의 사방에 풀[茻]이 있고 그 가운데 사람[人]이 있는데, 발밑에는 얼음[冫]이 얼어 있음을 나타냈다. 얼음이 얼 만큼 집 안이 차다 하여 그 뜻이 '차다'가 되고, 寒食(한식)·寒流(한류)·酷寒(혹한)·貧寒(빈한)·防寒帽(방한모)·寒帶植物(한대식물)·歲寒松柏(세한송백)에서처럼 그 음이 '한'이 된 글자다.

고 851	咸	甘	𣇃	咸
한국어문회 **3급** 한자진흥회 **3급**	다 함	갑골문	금문	소전

날이 큰 도끼가 달린 창[戌]과 입[口]을 나타내면
서 창을 들고 의기를 북돋우기 위해 모두 다 입으로 함성(喊聲)을 지른다 하여 그
뜻이 '다'가 된 것으로 보이고, 咸鏡道(함경도)·咸興差使(함흥차사)·不咸文化(불함
문화)에서 보듯 그 음이 '함'이 된 글자다.

感
느낄 **감**

중 857 어문 6급 진흥 5급

心자로 인해 사람이 마음[心] 속으로 무언가 느낀다 하여 그 뜻이 '느끼다'가
되고, 咸자로 인해 感情(감정)·感氣(감기)·體感(체감)·六感(육감)·自信感(자신
감)·今昔之感(금석지감)에서처럼 그 음이 '감'이 된 글자다.

減
덜 **감**

중 858 어문 4급 진흥 4급

水(氵)자로 인해 물[水]이 줄어들도록 그 양(量)을 던다 하여 그 뜻이 '덜다'가 되
고, 咸자로 인해 減量(감량)·減少(감소)·加減(가감)·增減(증감)·減速材(감속재)·
十年減壽(십년감수)에서처럼 그 음이 '감'이 된 글자다.

참고 332	弓	𠃌
	꽃봉오리 함	소전

곁가지의 꽃대 위에 꽃봉오리
가 피지 않고 맺혀 있는 모양
을 나타내면서 그 뜻이 '꽃봉
오리'가 되고, 그 음이 '함'이
된 글자다. 후에 그 자형에 큰 변화가 일어 오늘날 다른 글
자와 어울릴 때는 巳의 형태로 쓰이고 있다.

犯
범할 **범**

고 852 어문 4급 진흥 3급

犬(犭)자로 인해 개[犬]가 사람을 해치는 잘
못을 범한다 하여 그 뜻이 '범하다'가 되고, 오늘날 巳의 형태로
변했지만 弓자로 인해 犯罪(범죄)·犯人(범인)·侵犯(침범)·防犯(방
범)·犯則金(범칙금)·虞犯地帶(우범지대)에서처럼 그 음이 '범'이 된
글자다.

ㅎ

範

법 범

車자로 인해 옛날 수레[車]를 타고 길을 나서기 전에 무운(武運)을 빌기 위해 법에 따라 의식을 행한 데서 그 뜻이 '법'이 되고, 㔾자가 음의 역할을 하는 笵[법 범]자의 생략된 형태로 인해 規範(규범)·示範(시범)·範圍(범위)·範疇(범주)·模範生(모범생)·師範大學(사범대학)에서처럼 그 음이 '범'이 된 글자다.

참고 333

허방다리 함 / 갑골문 / 금문 / 소전

사람이 작은 함정인 허방다리에 빠진 모습을 나타내면서 그 뜻이 '허방다리'가 되고, 자신이 덧붙여져 음의 역할을 하는 陷[빠질 함]자처럼 그 음이 '함'이 된 글자다.

陷

빠질 함

阜(阝)자로 인해 언덕[阜]의 구덩이에 빠진다 하여 그 뜻이 '빠지다'가 되고, 臽자로 인해 陷穽(함정)·陷沒(함몰)·陷落(함락)·謀陷(모함)·缺陷(결함)에서처럼 그 음이 '함'이 된 글자다.

合

합할 합

합할 합 / 갑골문 / 금문 / 소전

그릇 뚜껑[亼의 형태]과 몸체[口의 형태]가 합하여진 모양을 나타내면서 그 뜻이 '합하다'가 되고, 合同(합동)·合唱(합창)·綜合(종합)·野合(야합)·正反合(정반합)·知行合一(지행합일)에서 보듯 그 음이 '합'이 된 글자다.

給

줄 급

糸자로 인해 부족(不足)한 부분을 실[糸]로 넉넉하게 이어 준다 하여 그 뜻이 '주다'가 되고, 合자로 인해 給與(급여)·給食(급식)·支給(지급)·月給(월급)·基本給(기본급)·自給自足(자급자족)·有給休暇(유급휴가)에서처럼 그 음이 '급'이 된 글자다.

ㅎ

拾
주울 **습**

중 861 어문 3급 진흥 4급

手(扌)자로 인해 손[手]으로 무언가 줍는다 하여 그 뜻이 '줍다'가 되고, 合자로 인해 拾得(습득)·收拾(수습)·道不拾遺(도불습유)에서처럼 그 음이 '습'이 된 글자다. 十자의 갖은자로 쓰면서 拾萬圓整(십만원정)에서처럼 그 뜻이 '열'과 관련될 때는 그 음을 '십'으로 읽는다.

答
대답할 **답**

중 862 어문 7급 진흥 5급

竹(⺮)자로 인해 대나무[竹]로 만든 죽간(竹簡)에 써서 묻는 말에 대답한다 하여 그 뜻이 '대답하다'가 되고, 合자로 인해 問答(문답)·解答(해답)·答辯(답변)·答狀(답장)·答案紙(답안지)·愚問賢答(우문현답)·東問西答(동문서답)에서처럼 그 음이 '답'이 된 글자다.

荅
팥 **답**

참고 334

艸(⺿)자로 인해 콩과에 딸린 한해살이풀[艸]인 팥과 관련해 그 뜻이 '팥'이 되고, 合자로 인해 그 음이 '답'이 된 글자다.

塔
탑 **탑**

고 855 어문 3급 진흥 3급

土자로 인해 흙[土]을 쌓아 만든 탑과 관련해 그 뜻이 '탑'이 되고, 荅자로 인해 佛塔(불탑)·石塔(석탑)·尖塔(첨탑)·斜塔(사탑)·舍利塔(사리탑)·無影塔(무영탑)·釋迦塔(석가탑)·模塼塔(모전탑)에서처럼 그 음이 '탑'이 된 글자다. 원래는 범어(梵語) stupa를 음역(音譯)한 글자다.

亢
목 **항**

참고 335

| 갑골문 | 금문 | 소전 |

사람의 두 다리를 움직이지 못하도록 묶어 놓은 모습을 나타냈으나 후인(後人)들이 목과 밀접하게 관련된 모습을 나타냈다고 본 데서 결국 그 뜻이 '목'이 된 것으로 보이고, 紋亢羅(문항라)·機能亢進(기능항진)에서 보듯 그 음이 '항'이 된 글자다.

抗
막을 **항**

고 856 어문 4급 진흥 3급

手(扌)자로 인해 손[手]으로 막는다 하여 그 뜻이 '막다'가 되고, 亢자로 인해 抗拒(항거)·抗爭(항쟁)·抵抗(저항)·反抗(반항)·抗生劑(항생제)·抗癌劑(항암제)·不可抗力(불가항력)에서처럼 그 음이 '항'이 된 글자다.

ㅎ

航
건널 항

舟자로 인해 배[舟]를 타고 물을 건넌다 하여 그 뜻이 '건너다'가 되고, 亢자로 인해 航海(항해)·航路(항로)·運航(운항)·順航(순항)·航空機(항공기)·航空母艦(항공모함)에서처럼 그 음이 '항'이 된 글자다.

고 858 한국어문회 3급 한자진흥회 2급	奚 어찌 해	갑골문	금문	소전

손[爪]에 땋은 머리털[幺의 형태]이 붙잡힌 채 끌려가는 사람[大의 형태]인 종을 나타냈으나 후에 어찌를 가리키는 데 빌려 쓰면서 결국 그 뜻이 '어찌'가 되고, 奚琴(해금)에서처럼 그 음이 '해'가 된 글자다.

鷄
닭 계

鳥자로 인해 꿩과에 속하는 새[鳥]로서 사람이 가축(家畜)으로 기르는 닭과 관련해 그 뜻이 '닭'이 되고, 奚자로 인해 鬪鷄(투계)·軟鷄(연계)·鷄肋(계륵)·鷄蛋(계단)·蔘鷄湯(삼계탕)·乾烹鷄(건팽계)·鷄鳴山川(계명산천)에서처럼 그 음이 '계'가 된 글자다. 雞자는 속자(俗字)다.

溪
시내 계

水(氵)자로 인해 물[水]이 흐르는 시내와 관련해 그 뜻이 '시내'가 되고, 奚자로 인해 溪谷(계곡)·碧溪水(벽계수)·淸溪川(청계천)·退溪路(퇴계로)에서처럼 그 음이 '계'가 된 글자다. 谿자는 동자(同字)다.

중 865 한국어문회 3급 한자진흥회 3급	亥 돼지 해	갑골문	금문	소전

돼지를 세로로 나타낸 데서 그 뜻이 '돼지'가 되고, 亥時(해시)·亥年生(해년생)·己亥邪獄(기해사옥)·辛亥革命(신해혁명)에서처럼 그 음이 '해'가 된 글자다.

該
갖출 해

고 859 어문 3급 진흥 2급

言자로 인해 모든 사항을 두루 갖춰 말한다[言] 하여 그 뜻이 '갖추다'가 되고, 亥자로 인해 該博(해박)·該當(해당)·當該年度(당해연도)에서처럼 그 음이 '해'가 된 글자다.

核
씨 핵

고 860 어문 4급 진흥 2급

木자로 인해 나무[木]에 열리는 열매 속의 씨와 관련해 그 뜻이 '씨'가 되고, 亥자로 인해 核心(핵심)·結核(결핵)·痔核(치핵)·核家族(핵가족)·核雨傘(핵우산)·核發電所(핵발전소)에서처럼 그 음이 '핵'이 된 글자다.

刻
새길 각

고 861 어문 4급 진흥 3급

刀(刂)자로 인해 칼[刀]을 사용해 나무에 새긴다 하여 그 뜻이 '새기다'가 되고, 亥자로 인해 彫刻(조각)·遲刻(지각)·刻印(각인)·刻薄(각박)·巖刻畫(암각화)·木刻人形(목각인형)·命在頃刻(명재경각)에서처럼 그 음이 '각'이 된 글자다.

北

害
해칠 해

중 866
한국어문회 5급
한자진흥회 4급

| 금문 | 소전 |

덮개 같은 것을 口의 형태 위에 놓은 모양을 나타내면서 덮개가 口의 형태 위에 잘못 놓여 일의 진행(進行)을 해친다 하여 그 뜻이 '해치다'가 된 것으로 보이고, 妨害(방해)·弑害(시해)·害蟲(해충)·害惡(해악)·加害者(가해자)·有害食品(유해식품)·利害得失(이해득실)에서 보듯 그 음이 '해'가 된 글자다.

割
나눌 할

고 862 어문 3급 진흥 2급

刀(刂)자로 인해 칼[刀]을 이용해 나눈다 하여 그 뜻이 '나누다'가 되고, 害자로 인해 分割(분할)·役割(역할)·割愛(할애)·割引(할인)·割分厘(→ 할푼리)·牛刀割鷄(우도할계)에서처럼 그 음이 '할'이 된 글자다.

ㅎ

중 867 한국어문회 4급 한자진흥회 4급	解 풀 해	갑골문	金文(금문) 금문	소전

소[牛] 머리의 뿔 [角]을 손으로 떼 어 내는 모습을 나타내면서 떼어

서 따로 풀어 놓는다 하여 그 뜻이 '풀다'가 되고, 分解(분해)· 曲解(곡해)·解弛(해이)·解醒(해정)·解語花(해어화)·結者解之(결자해 지)에서처럼 그 음이 '해'가 된 글자다. 후에 손 대신에 칼[刀]이 덧붙여졌다.

중 868 한국어문회 6급 한자진흥회 5급	幸 다행 행	갑골문	금문	소전

죄인의 손목에 채우 는 수갑을 나타내 면서 수갑에 채워 지는 형벌을 다행

히 면했다 하여 그 뜻이 '다행'이 되고, 幸福(행복)·幸運(행운)·不 幸(불행)·天幸(천행)·徼幸數(요행수)·幸州大捷(행주대첩)에서처럼 그 음이 '행'이 된 글자다.

중 869 한국어문회 4급 한자진흥회 4급	鄕 시골 향	갑골문	금문	소전

두 사람이 밥[皀]을 가운데 놓고 마 주 앉은 모습을 나타냈다. 옛날 사 람들이 농사를 끝내고 모여 음식 을 먹으며 송축(頌祝)하는 풍속(風

俗)을 나타낸 것으로 그런 풍속이 있는 곳인 시 골과 관련해 그 뜻이 '시골'이 되고, 鄕里(향리)· 鄕札(향찰)·貫鄕(관향)·歸鄕(귀향)·理想鄕(이상 향)·留鄕所(유향소)·呂氏鄕約(여씨향약)·鄒魯之鄕 (추로지향)에서 보듯 그 음이 '향'이 된 글자다.

고 863 어문 3급 진흥 3급

響 울릴 향

音자로 인해 소리[音]가 울린다 하여 그 뜻이 '울리다'가 되고, 鄕자로 인해 音響(음향)·反響(반향)·影響(영향)·響應(향응)·交響曲(교향곡)에서처럼 그 음이 '향'이 된 글자다.

원래 鄕자와 자형(字形)이 같았던 글자다. 鄕자가 일정한 지역(地域)을 가리키는 데 쓰이자, 자신은 일정한 지역을 다스리는 벼슬아치와 관련해 '벼슬'의 뜻을 지니게 되었다. 三卿(삼경)·上卿(상경)·六卿(육경)·少卿(소경)·樞機卿(추기경)·公卿大夫(공경대부)·三公九卿(삼공구경)에서처럼 '경'의 음으로 읽힌다.

벼슬 경　갑골문

고 865
한국어문회 **3급**
한자진흥회 **3급**

누릴 향

갑골문　금문　소전

조상(祖上)에게 제사 드리기 위해 높은 토대 위에 지은 집을 나타내면서 후손이 제사를 드리면 조상이 후손이 받드는 정성을 누린다 하여 그 뜻이 '누리다'가 되고, 享有(향유)·享樂(향락)·享年(향년)·配享(배향)·祭享(제향)·臘享(납향)·春享大祭(춘향대제)에서 보듯 그 음이 '향'이 된 글자다.

享

형통할 형

원래 享자와 자형(字形)이 같았으나 후에 약간 간략하게 쓰이게 된 글자다. 조상(祖上)에게 제사를 드려서 기원(祈願)하는 모든 일이 형통하길 바란다 하여 그 뜻이 '형통하다'가 되고, 萬事亨通(만사형통)에서처럼 그 음이 '형'이 된 글자다.

중 870
한국어문회 **6급**
한자진흥회 **6급**

향할 향

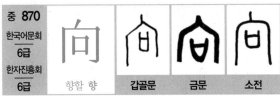

갑골문　금문　소전

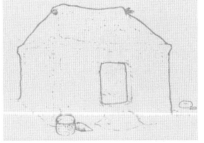

환기구(換氣口) 역할을 하는 창[口의 형태]이 있는 집을 나타낸 글자다. 예로부터 햇빛을 많이 들이기 위해 집의 정면(正面)은 남쪽에 두면서 창은 북쪽을 향하게 한 데서 그 뜻이 '향하다'가 되고, 方向(방향)·指向(지향)·向後(향후)·向路(향로)·向日花(향일화)·向學熱(향학열)·實力向上(실력향상)에서 보듯 그 음이 '향'이 된 글자다.

ㅎ

尙 오히려 **상** / 금문

중 871 어문 3급 진흥 3급

창이 있는 집의 지붕 위에 덧지붕을 더해 원래보다 높인 모양을 나타내면서 더하거나 높이다의 뜻을 지녔는데 후에 더하면서 오히려 달라졌다 하여 그 뜻이 '오히려'가 되고, 向자로 인해 尙饗(상향)·尙存(상존)·崇尙(숭상)·和尙(화상)·尙武臺(상무대)·口尙乳臭(구상유취)·時機尙早(시기상조)에서처럼 그 음이 '상'이 된 글자다.

賞 상 줄 **상**

중 872 어문 5급 진흥 4급

貝자로 인해 공(功)을 세운 사람에게 귀한 재물[貝]로 상을 준다 하여 그 뜻이 '상 주다'가 되고, 尙자로 인해 受賞(수상)·褒賞(포상)·嘉賞(가상)·鑑賞(감상)·賞春曲(상춘곡)·皆勤賞(개근상)·信賞必罰(신상필벌)에서처럼 그 음이 '상'이 된 글자다.

償 갚을 **상**

고 867 어문 3급 진흥 3급

人(亻)자로 인해 다른 사람[人]에게 빌린 재물(財物)을 갚는다 하여 그 뜻이 '갚다'가 되고, 賞자로 인해 無償(무상)·辨償(변상)·補償(보상)·賠償(배상)·償還金(상환금)·求償貿易(구상무역)·國債報償運動(국채보상운동)에서처럼 그 음이 '상'이 된 글자다.

常 항상 **상**

중 873 어문 4급 진흥 4급

巾자로 인해 원래 옷감[巾]으로 만든 치마를 뜻했으나 나중에 裳[치마 상]자가 쓰이면서 자신은 그 치마를 항상 착용(着用)한다 하여 '항상'의 뜻을 지니고, 尙자로 인해 常用(상용)·常識(상식)·十常(십상)·日常(일상)·常備藥(상비약)·人生無常(인생무상)·兵家常事(병가상사)에서처럼 '상'의 음으로 읽히게 된 글자다.

裳 치마 **상**

고 868 어문 3급 진흥 2급

衣자로 인해 아래에 입는 옷[衣]인 치마와 관련해 그 뜻이 '치마'가 되고, 尙자로 인해 衣裳(의상)·綠衣紅裳(녹의홍상)·同價紅裳(동가홍상)·縞衣玄裳(호의현상)에서처럼 그 음이 '상'이 된 글자다.

嘗 맛볼 **상** / 금문

고 869 어문 3급 진흥 2급

旨[맛 지→ 참 309 참고]자로 인해 음식(飮食)의 맛[旨]을 본다 하여 그 뜻이 '맛보다'가 되고, 尙자로 인해 未嘗不(미상불)·臥薪嘗膽(와신상담)에서처럼 그 음이 '상'이 된 글자다.

掌 손바닥 **장**

고 870 어문 3급 진흥 2급

手자로 인해 손[手]의 안쪽 부분인 손바닥과 관련해 그 뜻이 '손바닥'이 되고, 尙자로 인해 掌匣(장갑)·掌握(장악)·合掌(합장)·車掌(차장)·仙人掌(선인장)·長掌筋(장장근)·孤掌難鳴(고장난명)에서처럼 그 음이 '장'이 된 글자다.

堂
집 당

중 874 어문 6급 진흥 5급

土자로 인해 많은 사람이 모여서 의식(儀式)이나 의논(議論)을 하기 위해 흙[土]이 높이 쌓인 터전에 지은 집과 관련해 그 뜻이 '집'이 되고, 尙자로 인해 天堂(천당)·明堂(명당)·玉堂(옥당)·萱堂(훤당)·明倫堂(명륜당)·城隍堂(성황당)·威風堂堂(위풍당당)에서처럼 그 음이 '당'이 된 글자다.

黨
무리 당

고 871 어문 5급 진흥 5급

黑자로 인해 본래 검은[黑]빛처럼 선명(鮮明)하지 못하다는 뜻을 지녔으나 주(周)나라 때에 500가구의 무리가 사는 호적 편재의 단위로 사용되면서 그 뜻이 '무리'가 되고, 尙자로 인해 黨爭(당쟁)·黨派(당파)·政黨(정당)·黜黨(출당)·活貧黨(활빈당)·一黨獨裁(일당독재)·傀儡徒黨(괴뢰도당)에서처럼 그 음이 '당'이 된 글자다.

當
마땅할 당

중 875 어문 4급 진흥 3급

田자로 인해 밭[田]이 서로 꼭 들어맞게 마주 접하고 있다는 데서 조건(條件)에 잘 들어맞을 만큼 마땅하다 하여 그 뜻이 '마땅하다'가 되고, 尙자로 인해 當然(당연)·當籤(당첨)·堪當(감당)·坪當(평당)·一當百(일당백)·正當防禦(정당방어)·千不當萬不當(천부당만부당)에서처럼 그 음이 '당'이 된 글자다.

고 872 한국어문회 4급 한자진흥회 3급 憲 법 헌	금문	소전

원래 투구를 눈[目]만 보이게 쓰고 있는 모습을 나타내면서 다시 투구를 쓰고 전투에서 모범을 보이며 싸우는 것이 법도에 맞다 하여 그 뜻이 '법(법도)'이 된 것으로 보이고, 憲法(헌법)·憲政(헌정)·國憲(국헌)·違憲(위헌)·憲兵隊(헌병대)·立憲主義(입헌주의)·文憲公徒(문헌공도)에서처럼 그 음이 '헌'이 된 글자다. 후에 心자가 덧붙어졌다.

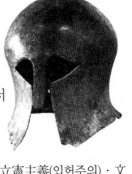

ㅎ

고 873 한국어문회 3급 한자진흥회 2급	縣 고을 현	금문	소전

죄인의 머리[県]를 베어서 줄로 이어[系] 매단 모양을 나타내면서 '매달다'의 뜻을 지녔으나 후에 행정구역의 단위인 고을을 나타내는 데 빌려 사용된 데서 결국 그 뜻이 '고을'이 되고, 縣長(현장)·縣監(현감)·縣令(현령)·縣廳(현청)·州郡縣(주군현)·郡縣制度(군현제도)에서처럼 그 음이 '현'이 된 글자다.

懸 매달 현

고 874 어문 3급 진흥 2급

縣자가 그 본래의 뜻보다 행정구역의 단위를 나타내는 데 더 자주 사용되자, 그 자형에 心자를 덧붙여 '매달다'의 뜻을 대신한 글자다. 그 음은 懸板(현판)·懸案(현안)·懸吐(현토)·懸盤(→ 선반)·懸賞金(현상금)·猫項懸鈴(묘항현령)·耳懸鈴鼻懸鈴(이현령비현령)에서처럼 縣자와 똑같이 '현'으로 읽힌다.

참고 336	㬎 고치 현	금문	소전

해[日] 아래에 실[絲]을 놓고 말리는 모양을 나타내면서 말리는 실이 고치에서 뽑은 것이라 하여 그 뜻이 '고치'가 되고, 자신이 덧붙여져 음의 역할을 하는 韅[말 뱃대끈 현]·鑦[깎을 현]자처럼 그 음이 '현'이 된 글자다. 실은 후에 絲의 형태로 바뀌었다.

顯 나타날 현

고 875 어문 4급 진흥 2급

頁자로 인해 머리[頁]에 밝은 장식물을 달아 겉으로 나타나게 한다 하여 그 뜻이 '나타나다'가 되고, 㬎자로 인해 顯著(현저)·顯示(현시)·顯揚(현양)·顯考(현고)·顯微鏡(현미경)·顯忠祠(현충사)·破邪顯正(파사현정)에서처럼 그 음이 '현'이 된 글자다.

참고 337	劦 힘 합할 협	갑골문	금문	소전

구덩이 위에 세 개의 쟁기[力]가 있음을 나타내면서 여러 쟁기로 땅을 일구기 위해 사람들이 서로 힘을 합한다 하여 그 뜻이 '힘 합하다'가 되고, 자신이 덧붙여져 음의 역할을 하는 脅[갈빗대 협]·協[도울 협]자처럼 그 음이 '협'이 된 글자다.

協
도울 **협**

중 876 어문 4급 진흥 4급

十자로 인해 많은[十] 사람이 힘을 모아 돕는다 하여 그 뜻이 '돕다'가 되고, 劦자로 인해 協力(협력)·協助(협조)·妥協(타협)·農協(농협)·協奏曲(협주곡)·不協和音(불협화음)에서처럼 그 음이 '협'이 된 글자다.

脅
갈빗대 **협**

고 876 어문 3급 진흥 2급

肉(月)자로 인해 살[肉]이 붙어 있는 인체의 한 부위인 갈빗대와 관련해 그 뜻이 '갈빗대'가 되고, 劦자로 인해 脅迫(협박)·威脅(위협)에서처럼 그 음이 '협'이 된 글자다.

중 877
한국어문회
8급
한자진흥회
7급

맏 형 | 갑골문 | 금문 | 소전

입[口]을 벌려 사람[儿]이 조상(祖上)에게 무언가 비는 모습을 나타내면서 비는 일을 주관(主管)하는 사람이 한 집의 맏이라 하여 그 뜻이 '맏'이 되고, 兄弟(형제)·兄嫂(형수)·姊兄(자형)·大兄(대형)·學父兄(학부형)·王兄佛兄(왕형불형)에서 보듯 그 음이 '형'이 된 글자다.

況
하물며 **황**

고 877 어문 4급 진흥 2급

水(氵)자로 인해 본래 차가운 물[水]과 관련된 뜻을 지녔으나 나중에 하물며의 뜻으로 빌려 쓰면서 결국 그 뜻이 '하물며'가 되고, 兄자로 인해 況且(황차)·狀況(상황)·不況(불황)·釣況(조황)·活況勢(활황세)·實況中繼(실황중계)에서처럼 그 음이 '황'이 된 글자다. 況자는 속자(俗字)다.

참고
338

등불 형 | 소전

교차(交叉)된 나뭇가지에 꽃이 핀 모양을 나타냈으나 후세 사람들이 등불과 관련되었다고 잘못 보면서 그 뜻이 '등불'이 된 것으로 보이고, 熒惑星(형혹성)에서처럼 그 음이 '형'이 된 글자다. 후에 그 뜻을 분명히 해 주기 위해 아래에 다시 火자를 덧붙여 썼다.

螢 개똥벌레 형

虫자로 인해 밤에 빛을 내며 날아다니는 벌레[虫]인 개똥벌레와 관련해 그 뜻이 '개똥벌레'가 되고, 아래에 火자가 생략되었지만 熒자로 인해 螢光燈(형광등)·螢雪之功(형설지공)·螢窓雪案(형창설안)에서처럼 그 음이 '형'이 된 글자다.

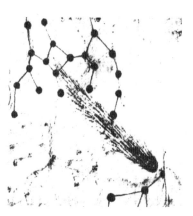

榮 영화 영

木자로 인해 나무[木]에 꽃이 무성하게 핀 것처럼 영화롭다 하여 그 뜻이 '영화'가 되고, 아래에 火자가 생략되었지만 熒자로 인해 榮光(영광)·榮辱(영욕)·繁榮(번영)·共榮(공영)·虛榮心(허영심)·富貴榮華(부귀영화)에서처럼 그 음이 '영'이 된 글자다.

營 경영할 영

呂[집 궁 → 고 305 참고]자에서처럼 집의 구획을 나타낸 呂의 형태로 인해 가업(家業)을 꾸리기 위해 사방으로 둘러싸인 집[呂]을 지어 경영한다 하여 그 뜻이 '경영하다'가 되고, 아래에 火자가 생략되었지만 熒자로 인해 經營(경영)·野營(야영)·營農(영농)·營養(영양)·自營業(자영업)·兎營三窟(토영삼굴)·憑公營私(빙공영사)에서처럼 그 음이 '영'이 된 글자다.

중 879 한국어문회 4급 한자진흥회 4급	惠 은혜 혜	금문	소전

실패[叀]를 조심스러운 마음[心]으로 다룬다는 뜻을 나타내면서 다시 조심스러운 마음으로 대해야 할 만큼 은혜롭다 하여 그 뜻이 '은혜'가 된 것으로 보이고, 恩惠(은혜)·慈惠(자혜)·惠澤(혜택)·惠存(혜존)·惠民署(혜민서)·受惠者(수혜자)·特惠關稅(특혜관세)에서처럼 그 음이 '혜'가 된 글자다.

참고 339	彗 비 혜	소전

손 위에 청소하는 데 사용되는 비(빗자루)가 있음을 나타내면서 그 뜻이 '비'가 되고, 彗星(혜성)에서처럼 그 음이 '혜'가 된 글자다.

慧

슬기로울 혜

고 880 어문 3급 진흥 2급

心자로 인해 마음[心]이 슬기롭다 하여 그 뜻이 '슬기롭다'가 되고, 彗자로 인해 智慧(지혜)·慧眼(혜안)에서처럼 그 음이 '혜'가 된 글자다.

雪

눈 설

중 880 어문 6급 진흥 4급

원래 雨자와 彗자가 어우러진 䨒자가 본자(本字)다. 雨자로 인해 비[雨]가 얼어서 내리는 눈과 관련해 그 뜻이 '눈'이 되고, 후에 일부가 생략되었지만 彗자로 인해 瑞雪(서설)·暴雪(폭설)·雪景(설경)·雪馬(→ 썰매)·萬年雪(만년설)·雪辱戰(설욕전)·北風寒雪(북풍한설)에서처럼 그 음이 '설'이 된 글자다.

중 **881** 한국어문회 **4급** 한자진흥회 **4급**	好 좋을 호	갑골문	금문	소전

어머니가 되는 여자[女]와 아이[子]를 나타내면서 어머니와 아이가 어울린 모습이 보기 좋다 하여 그 뜻이 '좋다'가 되고, 好惡(호오)·好人(호인)·好喪(호상)·好材(호재)·同好人(동호인)·好事多魔(호사다마)·嗜好食品(기호식품)에서 보듯 그 음이 '호'가 된 글자다.

고 **881** 한국어문회 **3급** 한자진흥회 **2급**	互 서로 호	소전

새끼줄을 꼴 때에 짚이나 띠와 같은 풀이 가운데에서 비틀리면서 서로 얽힌 모습을 나타내면서 그 뜻이 '서로'가 된 것으로 보이고, 相互(상호)·互換(호환)·互相間(호상간)·互角之勢(호각지세)·互惠關稅(호혜관세)에서처럼 그 음이 '호'가 된 글자다.

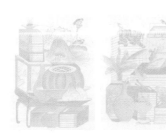

ㅎ

467

Part 02 ㅎ편

創[戈]을 들고 일정하게 경계 지은 지역[口의 형태]을 지키고 있는 모양을 나타내면서 일정한 지역과 관련되어 원래 지경(地境)이나 나라의 뜻을 지녔으나, 후에 域[지경 역]자나 國[나라 국]자가 그 뜻을 대신하고 자신은 '혹시'의 뜻으로 빌려 쓰이게 된 글자다. 間或(간혹)·設或(설혹)·或者(혹자)·或說(혹설)·或如間(혹여간)·容或無怪(용혹무괴)에서 보듯 '혹'의 음으로 읽힌다.

惑 미혹할 혹

고 882 어문 3급 진흥 2급

心자로 인해 마음[心]이 무언가에 홀려 미혹하게 되었다 하여 그 뜻이 '미혹하다'가 되고, 或자로 인해 不惑(불혹)·眩惑(현혹)·當惑(당혹)·誘惑(유혹)·蠱惑的(고혹적)·魅惑的(매혹적)·惑世誣民(혹세무민)에서처럼 그 음이 '혹'이 된 글자다.

域 지경 역

고 883 어문 4급 진흥 3급

土자로 인해 땅[土]의 경계(境界)를 이르는 말인 지경과 관련해 그 뜻이 '지경'이 되고, 다시 或자로 인해 區域(구역)·槿域(근역)·聖域(성역)·疆域(강역)·地域區(지역구)·經濟水域(경제수역)·異域萬里(이역만리)에서처럼 그 음이 '역'이 된 글자다.

國 나라 국

중 883 어문 8급 진흥 5급

口자로 인해 많은 사람이 거주(居住)할 수 있도록 일정하게 경계를 두른 지역[口]인 나라와 관련해 그 뜻이 '나라'가 되고, 다시 或자로 인해 國家(국가)·國璽(국새)·東國(동국)·天國(천국)·耽羅國(탐라국)·海東盛國(해동성국)·東方禮儀之國(동방예의지국)에서처럼 그 음이 '국'이 된 글자다.

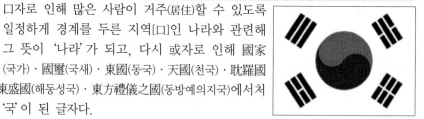

참고 340	雈 오를 혹	소전	

새[隹]가 일정한 경계[冂]를 벗어나기 위해 높이 날아서 오르는 모양을 나타낸 데서 그 뜻이 '오르다'가 되고, 그 음이 '혹'이 된 글자다.

確

굳을 확

고 884 어문 4급 진흥 3급

石자로 인해 단단하게 굳은 돌[石]과 관련해 그 뜻이 '굳다'가 되고, 隺자로 인해 確固(확고) · 確立(확립) · 確率(확률) · 明確(명확) · 正確(정확) · 的確(적확)에서처럼 그 음이 '확'이 된 글자다.

鶴

학 학

고 885 어문 3급 진흥 2급

鳥자로 인해 두루밋과에 속하는 새[鳥]인 학과 관련해 그 뜻이 '학'이 되고, 隺자로 인해 白鶴(백학) · 松鶴(송학) · 鶴班(학반) · 鶴髮(학발) · 玄鶴琴(현학금) · 鶴首苦待(학수고대) · 風聲鶴唳(풍성학려)에서처럼 그 음이 '학'이 된 글자다.

고 886	昏	舌	昏
한국어문회 3급 한자진흥회 3급	어두울 혼	금문	소전

식물의 뿌리[氏]와 해[日]를 나타내면서 뿌리가 자라는 땅인 지평선(地平線) 아래로 해가 저물어 어둡다 하여 그 뜻이 '어둡다'가 된 것으로 보이고, 黃昏(황혼) · 昏迷(혼미) · 昏絶(혼절) · 昏懜(혼몽) · 昏睡病(혼수병) · 昏定晨省(혼정신성)에서 보듯 그 음이 '혼'이 된 글자다.

婚

혼인할 혼

중 884 어문 4급 진흥 4급

女자로 인해 옛날 풍습(風習)으로 신부(新婦)인 여자[女] 집에서 혼인한다 하여 그 뜻이 '혼인하다'가 되고, 昏자로 인해 婚姻(혼인) · 婚期(혼기) · 結婚(결혼) · 離婚(이혼) · 法律婚(법률혼) · 未婚女性(미혼여성) · 新婚旅行(신혼여행)에서처럼 그 음이 '혼'이 된 글자다.

고 887	弘	⼸	⼸	⼸
한국어문회 3급 한자진흥회 3급	클 홍	갑골문	금문	소전

작은 부품이 보이는 큰 활[弓]을 나타낸 데서 그 뜻이 '크다'가 된 것으로 보이고, 弘報(홍보) · 弘文館(홍문관) · 弘智門(홍지문) · 弘益人間(홍익인간)에서 보듯 그 음이 '홍'이 된 글자다. 힘이 가해지는 부분은 후에 厶의 형태로 쓰이게 되었다.

強
굳셀 **강**

중 885 어문 6급 진흥 5급

虫자로 인해 본래 벌레[虫]의 일종인 바구미를 뜻했으나 후에 탄력(彈力)이 센 활을 나타내는 彊[굳셀 강]자와 서로 음(音)이 같아 통용(通用)되면서 그 뜻이 '굳세다'가 되고, 弘자로 인해 強弱(강약)·強盜(강도)·富強(부강)·頑強(완강)·強大國(강대국)·強壓的(강압적)·弱肉強食(약육강식)·自強不息(자강불식)에서처럼 그 음이 '강'이 된 글자다. 强자는 속자(俗字)다.

| 중 886 한국어문회 5급 한자진흥회 4급 | 化 화할 화 | 갑골문 | 금문 | 소전 |

한 사람은 똑바로 서 있는 데 반해 다른 한 사람은 반대로 서 있는 모습을 나타내면서 똑바로 선 자세(姿勢)가 반대로 화했다 하여 그 뜻이 '화하다'가 되고, 文化(문화)·醇化(순화)·化石(화석)·化身(화신)·陽性化(양성화)·萬化方暢(만화방창)·白化現象(백화현상)에서 보듯 그 음이 '화'가 된 글자다.

花
꽃 **화**

중 887 어문 7급 진흥 5급

艸(++)자로 인해 식물[艸] 줄기에 피어나는 꽃과 관련해 그 뜻이 '꽃'이 되고, 化자로 인해 花卉(화훼)·花煎(화전)·國花(국화)·石花(석화)·無窮花(무궁화)·花中王(화중왕)·錦上添花(금상첨화)에서처럼 그 음이 '화'가 된 글자다.

貨
재화 **화**

중 888 어문 4급 진흥 5급

貝자로 인해 화폐[貝]처럼 값을 지닌 모든 물건인 재화와 관련해 그 뜻이 '재화'가 되고, 化자로 인해 貨幣(화폐)·貨物(화물)·美貨(미화)·外貨(외화)·百貨店(백화점)·金銀寶貨(금은보화)·奇貨可居(기화가거)에서처럼 그 음이 '화'가 된 글자다.

중 889 한국어문회 **6급** 한자진흥회 **4급**	

그림 화 / 금문 / 소전

손에 붓[聿]을 들고 교차(交叉)된 도형(圖形)을 그리는 모양에서 그 뜻이 '그림'이 되고, 畫家(화가)·畫像(화상)·繪畫(회화)·幀畫(탱화)·美人畫(미인화)·南宗畫(남종화)·畫中之餅(화중지병)에서 보듯 그 음이 '화'가 된 글자다. 畵자는 속자(俗字)다.

劃
그을 획

고 888 어문 3급 진흥 3급

刀(刂)자로 인해 칼[刀]로 선(線) 등을 긋는다 하여 그 뜻이 '긋다'가 되고, 畫자로 인해 劃定(획정)·劃順(획순)·區劃(구획)·計劃(계획)·劃期的(획기적)·劃一教育(획일교육)에서처럼 그 음이 '획'이 된 글자다.

중 890 한국어문회 **4급** 한자진흥회 **3급**	

빛날 화 / 금문 / 소전

원래 기다란 줄기에 꽃이 핀 모양을 나타내면서 꽃을 뜻했으나 후에 꽃이 아름답게 빛난다 하여 그 뜻이 '빛나다'가 되고, 散華(산화)·榮華(영화)·華麗(화려)·華僑(화교)·華甲宴(화갑연)·拈華微笑(염화미소)·中華民國(중화민국)에서처럼 그 음이 '화'가 된 글자다. 나중에 그 뜻을 더욱 분명히 하기 위해 艸(艹)자가 덧붙여졌다.

참고 341	

받들 확 / 금문 / 소전

머리에 깃털이 있는 새[萑]를 손[廾] 위에 올려 받드는 모양을 나타낸 데서 그 뜻이 '받들다'가 되고, 자신이 덧붙여져 음의 역할을 하는 穫[거둘 확]자처럼 그 음이 '확'이 된 글자다.

穫 거둘 확

고 889 어문 3급 진흥 2급

禾자로 인해 벼[禾]를 베어 거둔다 하여 그 뜻이 '거두다'가 되고, 蒦자로 인해 收穫(수확)에서처럼 그 음이 '확'이 된 글자다.

獲 얻을 획

고 890 어문 3급 진흥 2급

犬(犭)자로 인해 개[犬]를 풀어 짐승을 잡는다는 데서 다시 잡아서 얻었다 하여 그 뜻이 '얻다'가 되고, 蒦자로 인해 捕獲(포획)·鹵獲(노획)·濫獲(남획)·獲得(획득)·漁獲高(어획고)에서처럼 그 음이 '획'이 된 글자다.

護 보호할 호

고 891 어문 4급 진흥 2급

言자로 인해 곤란한 처지에 놓인 사람을 말[言]로 위로하며 보호한다 하여 그 뜻이 '보호하다'가 되고, 蒦자로 인해 庇護(비호)·擁護(옹호)·護衛(호위)·護送(호송)·護身術(호신술)·守護天使(수호천사)에서처럼 그 음이 '호'가 된 글자다.

참고 342

莧 뿔이 가는 염소 환 / 莧 소전

뿔이 가는 염소를 나타낸 데서 그 뜻이 '뿔이 가는 염소'이고, 자신이 덧붙여져 음의 역할을 하는 寬[너그러울 관]자와 달리 그 음이 '환'인 글자다.

寬 너그러울 관

고 892 어문 3급 진흥 2급

宀자로 인해 집[宀]이 크고 넓은 것처럼 마음이 크고 넓어 너그럽다 하여 그 뜻이 '너그럽다'가 되고, 莧자로 인해 寬大(관대)·寬容(관용)에서처럼 그 음이 '관'이 된 글자다.

고 893

한국어문회 3급 한자진흥회 3급

丸 알 환 / 소전

원래 언덕과 그 밑의 사람을 나타내면서 언덕 밑으로 사람이 구른다는 데서 다시 굴려서 만드는 둥근 알과 관련해 그 뜻이 '알'이 되고, 丸藥(환약)·丸彫(환조)·彈丸(탄환)·睾丸(고환)·投砲丸(투포환)·牛黃淸心丸(우황청심환)에서처럼 그 음이 '환'이 된 글자다.

参考
343

奐
빛날 환

소전

사람과 그 사람이 살았던 옛날의 집과 두 손을 나타내면서 사람이 집을 두 손으로 크게 꾸민다는 데서 다시 크게 꾸며 빛난다 하여 결국 그 뜻이 '빛나다'가 된 것으로 보이고, 자신이 덧붙여져 음의 역할을 하는 煥[불꽃 환]·喚[부를 환]자처럼 그 음이 '환'이 된 글자다.

換
바꿀 환

고 894 어문 3급 진흥 2급

手[扌]자로 인해 손[手]으로 주고받으며 서로 바꾼다 하여 그 뜻이 '바꾸다'가 되고, 奐자로 인해 交換(교환)·轉換(전환)·換率(환율)·換心(환심)·換喩法(환유법)·換骨奪胎(환골탈태)에서처럼 그 음이 '환'이 된 글자다.

参考
344

襃
품을 회

금문

소전

위에 입은 옷[衣]의 품 부분에 떨어지는 눈물[眾]을 나타내면서 품에 눈물 흘리는 사람을 위로하기 위해 품는다 하여 그 뜻이 '품다'가 된 것으로 보이고, 자신이 덧붙여져 음의 역할을 하는 懷[품을 회]자처럼 그 음이 '회'가 된 글자다.

懷
품을 회

고 895 어문 3급 진흥 2급

心[忄]자로 인해 마음[心]에 항상 품고 생각한다 하여 그 뜻이 '품다'가 되고, 襃자로 인해 懷抱(회포)·懷古(회고)·感懷(감회)·述懷(술회)·懷疑的(회의적)·懷中時計(회중시계)·虛心坦懷(허심탄회)에서처럼 그 음이 '회'가 된 글자다.

壞
무너질 괴

고 896 어문 3급 진흥 2급

土자로 인해 흙[土]이 무너져 내린다 하여 그 뜻이 '무너지다'가 되고, 襃사로 인해 崩壞(붕괴)·破壞(파괴)·壞滅(괴멸)·壞死(괴사)·壞血病(괴혈병)·金剛不壞(금강불괴)·財物損壞罪(재물손괴죄)에서처럼 그 음이 '괴'가 된 글자다.

ㅎ

중 891
한국어문회
4급
한자진흥회
4급
돌 회

갑골문　금문　소전

물이 소용돌이쳐서 도는 모양을 나타내면서 그 뜻이 '돌다'가 되고, 旋回(선회)·挽回(만회)·回春(회춘)·回避(회피)·回婚禮(회혼례)·回轉木馬(회전목마)에서처럼 그 음이 '회'가 된 글자다.

중 892
한국어문회
6급
한자진흥회
5급
모일 회

금문　소전

먹을 것을 그릇에 담고 그 위에 뚜껑을 덮어 놓은 모양을 나타냈다. 그릇의 위아래가 합쳐져 있듯 합쳐 모인다 하여 그 뜻이 '모이다'가 되고, 會食(회식)·會議(회의)·國會(국회)·面會(면회)·同窓會(동창회)·夜會服(야회복)·會者定離(회자정리)·機會主義者(기회주의자)에서처럼 그 음이 '회'가 된 글자다.

중 893
한국어문회
7급
한자진흥회
5급
효도 효

금문　소전

걸어 다니기 불편한 늙은이[耂]를 아이[子]가 부축하는 모습을 나타내면서 몸으로 직접 효도를 한다는 데서 그 뜻이 '효도'가 되고, 孝女(효녀)·孝心(효심)·忠孝(충효)·不孝(불효)·孝行賞(효행상)·事親以孝(사친이효)·反哺之孝(반포지효)에서처럼 그 음이 '효'가 된 글자다.

고 897				
한국어문회 3급 한자진흥회 2급	侯			
	제후 후	갑골문	금문	소전

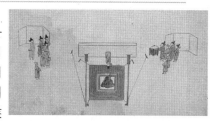

화살[矢]이 과녁[厂의 형태]에 꽂힌 모양을 나타내면서 원래 '과녁'을 뜻했으나 옛날 화살을 쏘아 과녁에 적중시키는 사람처럼 능력이 있는 사람을 제후로 뽑은 데서 그 뜻이 '제후'가 되기도 하고, 諸侯(제후)·侯爵(후작)·王侯將相(왕후장상)에서처럼 그 음이 '후'가 된 글자다. 후에 화살의 적중(的中)을 살피는 사람[宀의 형태]이 글자 윗부분에 덧붙여져 矦자로 쓰다가 오늘날처럼 바뀌었다.

候
기후 후

고 898 어문 4급 진흥 3급

人(亻)자로 인해 사람[人]이 활 쏘는 것을 잘 지켜본다는 뜻을 지녔던 데서 다시 기후의 변화를 잘 살펴본다는 데까지 그 의미가 확대되어 결국 '기후'의 뜻을 지니게 되고, 그 형태가 약간 변화되었지만 侯자로 인해 氣候(기후)·徵候(징후)·候鳥(후조)·候補(후보)·測候所(측후소)·惡天候(악천후)·氣體候(기체후)에서처럼 '후'의 음으로 읽히게 된 글자다.

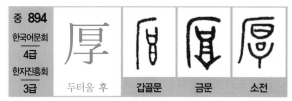

중 894				
한국어문회 4급 한자진흥회 3급	厚			
	두터울 후	갑골문	금문	소전

언덕[厂]에 기대 놓은 주둥이가 넓고 밑이 뾰족한 도가니처럼 두터운 그릇[㫃의 형태]을 나타낸 데서 그 뜻이 '두텁다'가 되고, 厚薄(후박)·厚待(후대)·重厚(중후)·濃厚(농후)·厚生費(후생비)·利用厚生(이용후생)·下厚上薄(하후상박)에서처럼 그 음이 '후'가 된 글자다.

증 805			
한국어문회 7급 한자진흥회 5급	後		
	뒤 후	금문	소전

길[彳]을 갈 때 줄[幺]에 묶인 발[夊]로 인해 남보다 뒤쳐져 뒤에서 걷는다 하여 그 뜻이 '뒤'가 되고, 前後(전후)·老後(노후)·後裔(후예)·後嗣(후사)·後見人(후견인)·後進國(후진국)·後光效果(후광효과)에서처럼 그 음이 '후'가 된 글자다.

ㅎ

중 896 한국어문회 **7급** 한자진흥회 **5급**	休 쉴 휴	休 갑골문	休 금문	休 소전

사람[人(亻)]이 나무[木] 옆에서 쉬는 모습을 나타낸 데서 그 뜻이 '쉬다'가 되고, 休息(휴식) · 休校(휴교) · 休講(휴강) · 休眠(휴면) · 休火山(휴화산) · 休職屆(휴직계) · 年中無休(연중무휴)에서처럼 그 음이 '휴'가 된 글자다.

참고 345	雟 두견이 휴	雟 소전

원래 언덕 위에 앉아 있는 두견이를 나타낸 데서 그 뜻이 '두견이'가 되고, 자신이 덧붙여져 음의 역할을 하는 攜[끌 휴] · 觿[뿔송곳 휴]자처럼 그 음이 '휴'가 된 글자다.

攜 끌 휴	고 899 어문 3급 진흥 2급

手(扌)자로 인해 손[手]으로 잡아서 끈다 하여 그 뜻이 '끌다'가 되고, 雟자로 인해 그 음이 '휴'가 된 글자다. 후에 음의 역할을 하는 雟자를 간략하게 隽의 형태로 바꿔 携帶(휴대) · 携擧(휴거) · 提携(제휴)에서처럼 携자로 쓰고 있다.

중 897 한국어문회 **5급** 한자진흥회 **4급**	凶 흉할 흉	凶 소전

구덩이[凵]속에 교차된 뾰족한 물체[乂의 형태]를 나타내면서 그 물체로 인해 당하는 일이 흉하다 하여 그 뜻이 '흉하다'가 된 것으로 보이고, 凶測(흉측) · 凶相(흉상) · 豐凶(풍흉) · 內凶(→내숭) · 凶漁期(흉어기) · 凶惡無道(흉악무도)에서처럼 그 음이 '흉'이 된 글자다.

匈 오랑캐 흉	참고 346

胸자의 본래 글자다. 가슴이 앞으로 숙여진 사람을 나타낸 勹의 형태로 인해 원래 '가슴'을 뜻했으나 후에 '오랑캐'의 뜻으로 흔히 빌려 쓰이고, 凶자로 인해 匈奴(흉노)에서처럼 '흉'의 음으로 읽히게 된 글자다.

흉

胸

가슴 흉

匈자를 대신해 흔히 인체의 한 부위를 나타내는 데 쓰이는 肉(月)자를 덧붙여 그 뜻이 '가슴'이 되고, 다시 匈자와 똑같이 胸部(흉부)·胸像(흉상)·胸襟(흉금)·胸廓(흉곽)·鶴胸背(학흉배)·胸式呼吸(흉식호흡)에서처럼 그 음이 '흉'이 된 글자다.

希 **바랄 희** **소전**

실을 교차해 성글게 짠 모양[爻의 형태]과 옷감[巾]을 나타내면서 그렇게 성글게 짠 옷감을 더울 때 입으면 상쾌(爽快)해 사람들이 갖기를 바란다 하여 그 뜻이 '바라다'가 된 것으로 보이고, 希望(희망)·希求(희구)·希臘語(희랍어)에서 보듯 그 음이 '희'가 된 글자다.

稀

드물 희

禾자로 인해 벼[禾]가 드물게 자란 모양에서 그 뜻이 '드물다'가 되고, 希자로 인해 稀罕(희한)·稀微(희미)·稀代(희대)·古稀(고희)·稀貴病(희귀병)·稀少價値(희소가치)·稀土類(희토류)·月明星稀(월명성희)에서처럼 그 음이 '희'가 된 글자다.

喜 **기쁠 희** **갑골문** **금문** **소전**

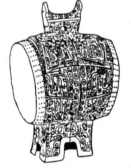

윗부분이 장식된 북[壴]을 받침대[口의 형태] 위에 세워 놓은 모양을 나타내면서 세워 놓은 북을 치며 기뻐한다 하여 그 뜻이 '기쁘다'가 되고, 喜悲(희비)·喜悅(희열)·喜劇(희극)·喜壽(희수)·雙喜字(쌍희자)·喜消息(희소식)·喜色滿面(희색만면)에서처럼 그 음이 '희'가 된 글자다.

ㅎ

가

중250 價 값 115
중282 加 더할 134
고206 架 시렁 134
중284 可 옳을 134
중285 歌 노래 134
참113 叚 빌릴 136
중288 假 거짓 136
고211 暇 겨를 136
중289 家 집 136
중376 街 거리 179
중377 佳 아름다울 180

각

고096 覺 깨달을 77
중278 角 뿔 125
중290 各 각각 137
고212 閣 누각 137
참115 殼 껍질 138
고233 却 물리칠 146
중310 脚 다리 146
고861 刻 새길 459

간

중216 干 방패 101
고154 刊 책 펴낼 101
고155 肝 간 102
참085 艮 그칠 103
참086 狠 씹을 103
고161 懇 간절할 103
참116 閒 사이 139
중296 間 사이 139
고217 簡 대쪽 139

참117 柬 가릴 140
중299 看 볼 141
고221 姦 간사할 141
참245 倝 해 돋을 326
고598 幹 줄기 326

갈

참119 㓞 교묘히 새길 141
참123 曷 어찌 145
중308 渴 목마를 145

감

중223 甘 달 104
고223 監 볼 142
고224 鑑 거울 142
중301 敢 감히 143
중857 感 느낄 455
중858 減 덜 455

갑

중304 甲 첫째 천간 143

강

중174 江 강 80
참063 岡 언덕 85
고117 鋼 강철 85
고118 綱 벼리 86
고119 剛 굳셀 86
중305 降 내릴 144
고259 康 편안할 155
중371 講 풀이할 174
중885 強 굳셀 470

개

고109 概 대개 83
고110 慨 분개할 83
중231 改 고칠 108
중230 介 낄 144
중307 皆 다 145
참122 匃 빌 145
중309 開 열 146
고236 蓋 덮을 147
중335 個 낱 160

객

중291 客 손 137

갹

참124 谷 웃을 146

거

중015 車 수레 17
참078 豦 큰 맷돼지 98
고144 據 의거할 98
중311 巨 클 147
고234 距 떨어질 147
고235 拒 막을 147
중312 去 갈 147
중336 居 살 160
중630 擧 들 331

건

참002 巾 수건 16
중314 建 세울 148
고237 健 굳셀 148
고238 件 일 148

중620 乾 마를 326

걸

고172 乞 빌 109
참126 桀 홰 149
고239 傑 뛰어날 149

검

고798 檢 점검할 427
고799 儉 검소할 427
고800 劍 칼 427

격

참087 鬲 오지병 105
고162 隔 막을 격 105
고213 格 바로잡을 137
참127 毄 칠 149
고240 擊 칠 149
고288 激 부딪칠 171

견

중085 見 볼 44
고095 牽 끌 76
중165 犬 개 77
참083 幵 평평할 102
참097 臤 단단할 114
중248 堅 굳을 114
고242 肩 어깨 150
참128 甽 흙덩이 150
고243 遣 보낼 150
고625 絹 명주 336

결

중300 潔 깨끗할 141
참129 夬 깍지 150
중315 決 터질 150
고244 缺 이지러질 151
고398 結 맺을 191

겸

고245 兼 겸할 151
고246 謙 겸손할 151

경

중317 京 서울 152
중318 景 볕 152
참130 巠 지하수 153
중320 經 날 153
중321 輕 가벼울 153
중252 徑 지름길 153
중322 敬 공경할 153
중323 驚 놀랄 154
고253 警 경계할 154
고254 竟 마칠 154
고255 境 지경 154
고256 鏡 거울 154
고324 競 다툴 154
고257 頃 잠깐 155
고258 傾 기울 155
중325 庚 일곱째 천간 155
중326 慶 경사 156
참131 磬 경쇠 156
중510 更 고칠 262
고467 硬 굳을 262
중751 耕 밭 갈 393

고864 卿 벼슬 461

계
고222 契 맺을 141
중306 界 지경 144
고231 階 섬돌 145
고241 繫 맬 149
고262 系 이을 157
고263 係 맬 157
고264 戒 경계할 157
고265 械 틀 157
중328 計 셀 157
중329 癸 열째 천간 158
고266 啓 열 158
중330 季 끝 158
고267 繼 이을 158
고310 桂 계수나무 180
중863 鷄 닭 458
중864 溪 시내 458

고
고006 庫 곳집 17
고021 孤 외로울 31
고148 顧 돌아볼 99
중226 高 높을 106
고163 稿 볏짚 106
참099 賈 장사 115
고203 鼓 북 127
중331 古 예 159
중332 苦 쓸 159
중333 故 일 159
고268 枯 마를 159
고269 姑 시어미 159

중334 固 굳을 159
중338 告 알릴 160
중363 考 상고할 170

곡
중167 谷 골 78
중295 穀 곡식 139
중340 曲 굽을 161
고272 哭 울 161

곤
참011 丨 뚫을 30
중341 困 곤할 161
참132 昆 형 162
중596 坤 땅 313

골
중281 骨 뼈 126
참133 圣 밭 갈 162

공
참024 廾 손 맞잡을 46
중090 共 함께 46
고037 供 이바지할 46
고038 恭 공손할 46
중171 工 장인 79
중172 功 공 79
중173 空 빌 80
고100 攻 칠 80
고101 貢 바칠 80
참060 廾 끌어안을 80
고102 恐 두려울 80
중343 公 공변될 162

고277 孔 구멍 164

과
중048 科 조목 29
참013 瓜 오이 31
참073 戈 창 96
중346 果 열매 164
중347 課 매길 164
고278 寡 적을 164
중357 過 지날 168
고652 誇 자랑할 350

곽
참134 章 성곽 165
고279 郭 성곽 165

관
참012 串 꿸 30
고019 貫 꿸 30
고020 慣 익숙할 31
중348 官 벼슬 165
고280 管 대롱 165
고281 館 객사 165
참135 雚 황새 166
중349 觀 볼 166
중353 關 빗장 167
고658 冠 갓 352
고892 寬 너그러울 472

괄
심136 昏 입 막을 167

광
중213 廣 넓을 100
고150 鑛 쇳돌 100
중356 光 빛 167
고644 狂 미칠 346

괘
참137 咼 입 비뚤어질 168
참151 卦 점괘 180
고311 掛 걸 180

괴
고106 塊 흙덩이 81
고107 愧 부끄러워할 81
고273 怪 기이할 162
고896 壞 무너질 473

굉
참138 厷 팔뚝 168

교
중162 敎 가르칠 76
중359 交 사귈 169
중360 校 학교 169
고283 較 견줄 169
고284 郊 성 밖 169
참139 喬 높을 170
중362 橋 다리 170
고285 矯 바로잡을 170
참140 丂 공교할 170
고286 巧 공교할 170
참141 敫 노래할 171

구
중004 口 입 12
참088 臼 절구 106
중227 舊 예 107
중367 九 아홉 172
중368 究 궁구할 172
중369 求 구할 172
중370 救 구원할 172
고290 球 공 173
고291 區 지경 173
고292 驅 몰 173
고293 具 갖출 173
고294 俱 함께 173
참142 冓 짤 174
고295 構 얽을 174
참143 丩 넝쿨 174
중373 句 글귀 175
고298 狗 개 175
고299 拘 잡을 175
고300 苟 진실로 175
고301 丘 언덕 176
참144 昍 두리번거릴 176
참145 瞿 볼 176
고302 懼 두려워할 176
중374 久 오랠 176

국
참146 匊 움킬 177
고303 菊 국화 177
고304 局 판 177
중883 國 나라 468

군

중379 軍 군사 182
중686 君 임금 363
중687 郡 고을 363
고678 群 무리 363

굴

고815 屈 굽을 433

궁

중052 弓 활 32
참014 躬 몸 32
고023 窮 다할 32
고305 宮 집 177

권

중350 勸 권할 166
중351 權 권세 166
참147 拳 주먹밥 178
고306 券 문서 178
중375 卷 책 178
고307 拳 주먹 178
참148 甗 시루 178

궐

참149 欮 쿨룩거릴 179
고309 厥 그 179

궤

참074 几 안석 96
고289 軌 법 172

귀

고105 鬼 귀신 81
고205 龜 거북 128
중683 貴 귀할 361
중842 歸 돌아갈 443

규

고296 叫 부르짖을 174
고297 糾 꼴 175
참150 圭 홀 179
고313 規 법 181

균

참153 勻 적을 181
중378 均 고를 181
참154 囷 곳집 182
고318 菌 버섯 183

극

고145 劇 심할 98
참155 亟 재빠를 183
중381 極 다할 183
고319 克 이길 183

근

고043 斤 도끼 48
중092 近 가까울 48
중222 根 뿌리 104
참156 堇 진흙 184
중382 勤 부지런할 184
고320 謹 삼갈 184
고321 僅 겨우 184

금

중176 金 쇠 82
고108 錦 비단 82
중385 今 이제 185
중323 琴 거문고 185
중324 禽 날짐승 186
중462 禁 금할 234

급

중390 及 미칠 187
중327 級 등급 187
중391 急 급할 187
중860 給 줄 456

긍

고329 肯 즐길 188
참157 亙 걸칠 188

기

중083 技 재주 43
고044 祈 빌 49
참061 无 숨 막힐 82
중177 旣 이미 82
중228 己 몸 107
중229 記 기록할 107
중230 起 일어날 107
고167 紀 벼리 107
고168 忌 꺼릴 108
참089 气 기운 108
중232 氣 기운 109
고194 企 발돋움할 120
고208 奇 기이할 135
고209 寄 붙어살 135
고210 騎 말 탈 135
중393 幾 몇 188
중330 機 틀 189
고331 饑 주릴 189
고332 畿 경기 189
중394 其 그 189
고333 旗 기 189
중395 基 터 190
중396 期 기약할 190
고334 欺 속일 190
고336 器 그릇 190
고337 棄 버릴 191
고338 豈 어찌 191

긴

고182 緊 굳게 얽을 114

길

중397 吉 길할 191

나

고631 那 어찌 338

낙

고591 諾 대답할 323

난

중383 難 어려울 184
중671 暖 따뜻할 354

남

중399 南 남녘 194
중400 男 사내 194

납

고014 納 들일 24

낭

고376 娘 아가씨 218

내

중035 內 안 24
고036 奈 어찌 45
고183 耐 견딜 116
중401 乃 이에 194

녀

중006 女 계집 13

녁

참004 疒 병들 21

년
중076 年 해 41

념
중389 念 생각 186

녕
고339 寧 편안할 195

노
고340 奴 종 195
중402 怒 성낼 195
고341 努 힘쓸 195
참158 囟 머리 위의 털 196

농
중403 農 농사 196

뇌
고342 腦 뇌 196
고343 惱 괴로워할 196

능
중404 能 능할 197

니
참093 尼 중 111
고177 泥 진흙 111

다
고603 茶 차 328
중803 多 많을 418

단
중056 短 짧을 34
중405 單 홑 200
고348 旦 아침 201
중407 但 다만 201
참159 亶 믿을 201
고349 壇 단 201
고350 檀 박달나무 201
중408 丹 붉을 202
참160 耑 끝 202
중409 端 바를 202
고351 斷 끊을 202
고352 段 조각 203
참161 彖 돼지 달아날 203
고719 團 둥글 386

달
참038 奎 새끼 양 59
중118 達 통할 59

담
참162 突 깊을 203
중637 談 말씀 338
고630 淡 묽을 338
고801 擔 멜 428

답
고354 畓 논 204
참163 沓 유창할 204

踏 밟을 204
참164 龘 나는 용 205
중862 答 대답할 457
참334 荅 팥 457

당
고260 唐 당나라 155
고261 糖 엿 156
중874 堂 집 463
고871 黨 무리 463
중875 當 마땅할 463

대
중115 大 큰 58
중197 代 대신할 92
고135 貸 빌릴 92
참101 隶 미칠 116
중272 待 기다릴 122
중412 對 대답할 205
고357 帶 띠 205
고359 臺 대 206
고558 隊 대 305

덕
중790 德 덕 409

도
중146 島 섬 69
중152 徒 무리 71
중179 刀 칼 83
중245 道 길 113
고181 導 이끌 113
중413 到 이를 206

고355 踏 밟을 204
고360 倒 넘어질 206
참165 匋 질그릇 207
고361 陶 질그릇 207
고362 盜 훔칠 207
중414 圖 그림 207
중562 度 법도 291
고528 渡 건널 292
고604 途 길 328
참246 涂 길 329
고605 塗 진흙 329
고649 稻 벼 348
중711 都 도읍 375
고740 逃 달아날 398
고741 桃 복숭아 398
고742 挑 돋울 398
고743 跳 뛸 398

독
고141 篤 도타울 95
고363 毒 독 208
중456 讀 읽을 230
고561 督 살필 306
중820 獨 홀로 429

돈
고364 豚 돼지 208
고568 敦 도타울 308

돌
고365 突 갑자기 208

동
중415 冬 겨울 209

중417 同 한가지 209
고366 銅 구리 209
중418 洞 골 209
중420 東 동녘 210
고367 凍 얼 210
중422 動 움직일 210
중424 童 아이 211

두
중046 斗 말 29
중054 豆 콩 34
중055 頭 머리 34

둔
고369 屯 진 칠 211
고370 鈍 무딜 212
참166 展 볼기 212

득
중428 得 얻을 213

등
중274 等 무리 122
중429 登 오를 213
중430 燈 등잔 213
고771 騰 오를 413

라
고372 羅 벌일 216

락
고215 絡 이을 137
참114 洛 강 이름 138
중292 落 떨어질 138

란
참118 闌 가로막을 140
고218 欄 난간 140
고219 蘭 난초 140
중432 卵 알 216
참167 爛 다스릴 216
고373 亂 어지러울 216

랄
참168 刺 어그러질 217

람
고225 覽 볼 142
고226 濫 넘칠 142

랑
중435 浪 물결 218
중436 郎 사내 218
고375 廊 행랑 218

래
중433 來 올 217

랭
중445 冷 찰 223

략
고216 略 간략할 138
고251 掠 노략질할 152

량
중319 涼 서늘할 152
고250 諒 믿을 152
중434 良 어질 217
중437 量 헤아릴 218
고377 糧 양식 218
중438 兩 두 219
고789 梁 들보 421

려
고147 慮 생각할 99
참082 戾 어그러질 100
중439 旅 나그네 219
참169 厲 엄할 219
고378 勵 힘쓸 219
고379 麗 고울 220

력
중057 力 힘 35
참170 曆 책력 220
고380 曆 책력 220
중440 歷 지낼 220

련
중298 練 익힐 140
고220 鍊 단련할 140
참171 聯 말끊이지아니할 221
고381 戀 사모할 221
중442 連 잇닿을 221

련
고382 蓮 연꽃 221
고383 聯 잇달 222
고408 憐 불쌍히 여길 234

렬
중189 列 벌일 90
중190 烈 세찰 90
고133 裂 찢을 90
고384 劣 못할 222

렴
고248 廉 청렴할 151

렵
참172 獵 목 갈기 222
고385 獵 사냥 222

령
중443 令 영 223
중444 領 목 223
고386 嶺 재 223
고387 零 떨어질 223
참173 靈 떨어질 224
고388 靈 신령 224

례
중191 例 법식 90
고185 隷 종 116
참174 豊 굽 높은 그릇 224
중447 禮 예도 224

로
중040 老 늙을 25

로
참079 盧 단지 98
참080 盧 밥그릇 98
고146 爐 화로 99
참112 鹵 소금밭 127
중293 路 길 138
중294 露 이슬 138
중449 勞 일할 225

록
고202 鹿 사슴 127
참175 彔 나무 새길 225
중450 綠 푸를 225
고389 錄 기록할 225
고390 祿 복 225

론
중459 論 의논할 231

롱
고391 弄 희롱할 226

뢰
참017 耒 쟁기 36
고374 賴 힘입을 217
참176 畾 밭 갈피 226
참177 畾 우레 226
고393 雷 우레 227
참178 頼 닮을 227

료
중451 料 헤아릴 227
고395 了 마칠 228
참179 尞 밝을 228

료
고396 僚 동료 228

룡
고204 龍 용 127

루
고149 淚 눈물 100
고392 累 포갤 226
참180 婁 끌 228
고397 樓 다락 228
고398 屢 여러 229
참181 屚 집에 비가 샐 229
고399 漏 샐 229

류
고394 類 무리 227
중453 流 흐를 229
중484 留 머무를 249
중485 柳 버들 249

륙
중454 六 여섯 230
참182 坴 언덕 230
중455 陸 뭍 230

륜
참184 侖 둥글 231
고401 輪 바퀴 231
중458 倫 인륜 231

률
중251 律 법 115
고402 栗 밤나무 232

룡
고229 隆 클 144

룽
참185 菱 언덕 232
고403 陵 언덕 232

리
중039 李 오얏나무 25
중182 里 마을 84
중183 理 다스릴 85
고115 裏 속 85
중460 利 이로울 232
고404 梨 배 233
고405 履 신 233
참186 离 흩어질 233
고406 離 떠날 233
고516 吏 벼슬아치 284

린
참187 粦 도깨비불 234
고407 隣 이웃 234

림
중461 林 수풀 234
고847 臨 임할 450

립
중002 立 설 12

마
고026 麻 삼 34
고027 磨 갈 34
중136 馬 말 67

막
중463 莫 없을 236
고409 幕 장막 236
고410 漠 사막 236

만
참188 曼 끌 237
고415 慢 게으를 237
고416 漫 질펀할 237
참189 兩 평평할 238
중465 滿 찰 238
중466 萬 일만 238
중478 晩 늦을 243

말
중467 末 끝 238

망
참062 网 그물 85
중468 亡 잃을 239
중469 望 바랄 239
중470 忘 잊을 239
중471 忙 바쁠 239
고417 妄 망령될 239
참190 汒 물이 질펀한 모양 239
고410 茫 아득할 240
고419 罔 없을 240

매
고116 埋 묻을 85
중472 買 살 241
중473 賣 팔 241
중474 每 매양 241
고422 梅 매화나무 241
고436 媒 중매 246
고495 妹 누이 252

맥
중254 麥 보리 117
고427 脈 줄기 242

맹
고120 孟 맏 86
고121 猛 사나울 86
고420 盲 소경 240
고431 盟 맹세할 245

멱
참056 冖 덮을 75

면
참006 宀 집 24
중246 面 낯 114
중476 免 면할 243
중477 勉 힘쓸 243
고428 綿 솜 243
참192 纟 보이지 아니할 244
중499 眠 잠잘 254

멸
참193 烕 불 꺼질 244

고430 滅 멸할 244

명
참064 皿 그릇 86
중446 命 명령할 223
중479 明 밝을 244
중480 名 이름 245
고432 銘 새길 245
중481 鳴 울 245
고433 冥 어두울 246

모
참016 矛 창 35
중225 毛 터럭 105
고411 模 본뜰 236
중464 暮 저물 236
고412 募 모을 237
고413 慕 사모할 237
고424 侮 업신여길 242
고434 某 아무 246
고435 謀 꾀할 246
중482 母 어미 247
고437 貌 얼굴 247
고438 冒 무릅쓸 247

목
중019 目 눈 19
중036 木 나무 24
고400 睦 화목할 230
고439 牧 칠 248

몰
참194 殳 가라앉을 248

고440 沒 빠질 248

몽
고441 夢 꿈 248
참195 冡 덮어쓸 249
고442 蒙 어두울 249

묘
중187 妙 묘할 88
고414 墓 무덤 237
중483 卯 넷째 지지 249
고444 苗 싹 250
고745 廟 사당 399

무
중059 務 힘쓸 35
고028 霧 안개 36
참111 毋 말 124
고443 貿 바꿀 249
중486 戊 다섯째 천간 250
중487 茂 무성할 250
중488 武 굳셀 250
중489 無 없을 251
중490 舞 춤출 251

묵
중215 墨 먹 101
고153 默 잠잠할 101

문
중002 門 문 37
중063 問 물을 37
중064 聞 들을 37

중065 文 글월 38

물
중491 勿 말 251
중492 物 만물 252

미
중093 米 쌀 49
고045 迷 헤맬 49
중493 未 아닐 252
중494 味 맛 252
중496 美 아름다울 253
고447 微 작을 253
고448 眉 눈썹 253
중497 尾 꼬리 254

민
참018 閔 성 38
고031 憫 근심할 38
고425 敏 민첩할 242
중498 民 백성 254

밀
참331 宓 편안할 451
중852 密 빽빽할 451
고848 蜜 꿀 452

박
고048 拍 칠 51
고049 泊 배 댈 51
고050 迫 닥칠 51
중099 朴 후박나무 52
고477 薄 얇을 265
고478 博 넓을 265

반
중500 反 돌이킬 256
중501 飯 밥 256
고449 返 돌아올 256
중502 半 반 257
고453 叛 배반할 257
고454 伴 짝 257
고455 般 돌 257
고456 盤 소반 258
고457 班 나눌 258

발
참028 癶 걸을 50
참029 癹 짓밟을 50
중095 發 쏠 50
참196 犮 달릴 258
고458 髮 터럭 258
고459 拔 뺄 258

방
중233 方 모 109
중234 房 방 109
중235 防 막을 109
중236 訪 찾을 109
중237 放 놓을 110

배
고173 倣 본뜰 110
고174 妨 해로울 110
고175 芳 꽃다울 110
참090 旁 두루 110
고176 傍 곁 110
참109 匚 상자 124
고484 邦 나라 269

배
고007 排 밀칠 18
고008 輩 무리 18
고171 配 짝 108
중504 拜 절 259
고494 背 등 273
중533 杯 잔 276
고501 倍 곱 277
고502 培 북돋을 277

백
중096 白 흰 50
중097 百 일백 50
고047 伯 맏 51
참030 帛 비단 51

번
중011 番 차례 15
고003 飜 날 15
고426 繁 많을 242
고460 煩 번거로울 259

벌
중505 伐 칠 259
고461 罰 벌 259

범
중506 凡 무릇 260
고852 犯 범할 455
고853 範 법 456

법
중313 法 법 148

벽
고051 碧 푸를 51
참197 辟 허물 260
고463 壁 벽 260

변
참001 采 분별할 15
중441 變 변할 221
고429 邊 가 244
참198 釆 송사할 261
고465 辯 말 잘할 261
고466 辨 나눌 261

별
중507 別 나눌 261

병
중508 丙 셋째 천간 262
중509 病 병 262
중512 兵 군사 263
참199 幷 어우를 263
고468 屏 병풍 263
참200 甹 끌 263
고470 竝 나란할 264

보
고072 寶 보배 62
고471 普 널리 264
고472 譜 계보 264
참201 甫 클 264
고473 補 기울 264
중513 保 지킬 266
중514 步 걸음 266
중516 報 갚을 267

복
참007 攴 칠 26
고052 卜 점 52
참204 𠬝 일할 266
중515 服 옷 266
참205 畐 찰 267
중517 福 복 267
참206 复 갈 268
고481 複 겹칠 268
고482 腹 배 268
중519 復 돌아올 268
고483 覆 뒤집힐 268
중520 伏 엎드릴 269

본
중521 本 근본 269

봉
고462 鳳 봉새 260
참207 丰 풀 무성할 269
참208 夆 끌 270
고485 峯 봉우리 270
고486 蜂 벌 270

484

중522 逢 만날 270
중523 奉 받들 270
고487 封 봉할 270

부
중012 父 아비 16
참023 阜 언덕 45
고053 赴 다다를 52
참043 缶 장군 62
고445 賦 구실 251
참202 尃 펼 265
참203 溥 넓을 265
고476 簿 장부 265
중518 富 부자 267
고479 副 버금 267
중524 夫 지아비 271
중525 扶 도울 271
고488 付 줄 271
고489 府 곳집 271
고490 腐 썩을 271
고491 附 붙을 272
고492 符 부신 272
중526 婦 며느리 272
참209 孚 미쁠 272
중527 浮 뜰 272
고493 負 질 273
중532 否 아닐 276
참211 音 비웃을 276
중534 部 거느릴 276

북
중528 北 북녘 273

분
중529 分 나눌 274
고495 粉 가루 274
고496 紛 어지러울 274
참210 賁 클 274
고497 憤 분할 274
고498 墳 무덤 275
고499 奔 달릴 275
고500 奮 떨칠 275

불
중531 不 아닐 276
참212 弗 아닐 277
중535 佛 부처 277
고503 拂 떨 277
참213 市 슬갑 278

붕
중536 朋 벗 278
고506 崩 무너질 278

비
중009 飛 날 14
중014 比 견줄 16
고005 批 칠 17
중016 非 아닐 18
중017 悲 슬플 18
고169 妃 왕비 108
고170 肥 살찔 108
참092 匕 비수 111
숭211 鼻 코 125
고504 費 쓸 277
고507 卑 낮을 279

고508 碑 비석 279
고509 婢 계집종 279
참214 茍 갖출 279
중537 備 갖출 279
고849 祕 숨길 452

빈
중530 貧 가난할 274
고510 賓 손 280
고511 頻 자주 280

불
참094 冫 얼음 111
중238 氷 얼음 111
고469 聘 부를 263

사
참005 糸 실 23
중033 絲 실 23
중100 士 선비 52
중101 仕 벼슬할 52
고122 沙 모래 87
고131 邪 간사할 89
참095 厶 사사 112
중239 私 사사 112
고178 似 같을 112
중268 寺 절 122
고335 斯 이 190
중538 巳 여섯째 지지 282
고512 祀 제사 282
중539 射 쏠 282
중540 謝 사례할 282
고513 司 맡을 283
고514 詞 말씀 283
참215 乍 잠깐 283
고515 詐 속일 283
중543 事 일 284
중544 史 역사 284
중545 使 부릴 284
참216 它 뱀 285
고517 蛇 뱀 285
중550 四 넉 286
중551 死 죽을 286
고519 社 모일 286
고520 辭 말씀 287
참217 虍 뿔범 287
고532 寫 베낄 294
중597 思 생각 314
고602 斜 기울 328

중626 舍 집 329
고606 捨 버릴 329
고611 賜 줄 331
고779 査 조사할 418
중841 師 스승 442

삭
고126 削 깎을 88
고522 索 동아줄 287
고617 朔 초하루 333

산
중102 山 메 53
중160 産 낳을 75
중552 散 흩을 288
중553 算 셀 288

살
중825 殺 죽일 432

삼
참031 彡 터럭 53
중554 三 석 288

상
고062 祥 상서로울 58
고063 詳 자세할 58
고192 狀 형상 119
고193 牀 평상 119
중555 相 서로 289
숭556 想 생각 289
중557 霜 서리 289
고523 象 코끼리 289

색인 **485**

고524 像 형상 289
중558 上 위 290
중559 商 장사 290
고525 桑 뽕나무 290
중560 喪 잃을 290
중617 傷 상할 324
중871 尙 오히려 462
중872 賞 상 줄 462
고867 償 갚을 462
중873 常 항상 462
고868 裳 치마 462
고869 嘗 맛볼 462

색
중258 色 빛 119
고526 塞 막을 291

생
중020 生 날 19

서
고001 恕 용서할 14
고527 庶 여러 291
중563 西 서녘 292
참218 犀 무소 292
고600 徐 천천할 328
고601 敍 베풀 328
중628 序 차례 330
중706 暑 더울 374
고693 緒 실마리 374
고694 署 관청 374
중707 書 글 374
고722 誓 맹세할 388

고723 逝 갈 388

석
중025 石 돌 20
중127 夕 저녁 64
중561 席 자리 291
중564 昔 예 293
중565 惜 아낄 293
참220 舃 까치 294
고533 析 쪼갤 294
고614 釋 풀 332

선
중103 仙 신선 53
고347 禪 선 200
중567 先 먼저 294
중569 鮮 고울 295
중570 善 착할 295
참222 亘 펼 296
고536 宣 배풀 296
참223 罨 높은 곳에 오를 296
중577 選 가릴 300
고597 旋 돌 326
중635 船 배 335
참268 睘 돌아올 355
중815 線 줄 424

설
중029 舌 혀 22
중571 設 베풀 296
참224 离 사람 이름 297
중838 說 말씀 441
중880 雪 눈 467

섭
고539 涉 건널 297
참225 聶 소곤거릴 297
고540 攝 당길 297

성
중021 性 성품 19
중022 星 별 19
중023 姓 성 19
중024 省 살필 20
중327 聲 소리 156
중742 成 이룰 390
중743 城 재 391
중744 盛 성할 391
중745 誠 정성 391
중756 聖 성인 395

세
중568 洗 씻을 294
중572 世 세상 298
중573 歲 해 298
중598 細 가늘 314
중642 勢 기세 341
중837 稅 구실 441

소
참020 穌 긁어모을 39
고032 蘇 차조기 39
참033 疋 발 54
고055 疏 틀일 54
고056 蔬 푸성귀 54
고081 騷 시끄러울 67
고111 召 부를 83
고112 昭 밝을 84
중185 小 작을 87
중186 少 적을 87
중188 消 사라질 88
중211 所 곳 99
참226 梟 올 298
중574 素 흴 299
중575 笑 웃음 299
고543 掃 쓸 299
고619 訴 하소연할 333
고647 燒 사를 348

속
중168 俗 풍습 78
중457 續 이을 231
고544 束 묶을 300
중576 速 빠를 300
고545 粟 조 300
고807 屬 무리 429

손
참227 巽 유순할 300
중578 孫 손자 301
고661 損 덜 353

솔
고546 率 거느릴 301

송
고065 誦 욀 60
중344 松 소나무 163
고274 頌 기릴 163
고275 訟 송사할 163

중579 送 보낼 301

쇄
참065 貨 조개 소리 88
고127 鎖 쇠사슬 88
고547 刷 인쇄할 301

쇠
참009 夊 천천히 걸을 27
고548 衰 쇠할 302

수
중001 水 물 12
중010 手 손 15
참027 殳 칠 49
중148 誰 누구 70
중150 雖 비록 70
고139 隨 따를 95
중244 首 머리 113
중372 收 거둘 175
중452 數 셀 229
중580 秀 빼어날 302
참228 叟 늙은이 303
고551 搜 찾을 303
중581 受 받을 303
중582 授 줄 303
고552 垂 드리울 303
고553 睡 졸 304
중555 需 구할 304
참229 彖 뜻을 따를 304
고557 遂 이룰 305
중583 守 지킬 305
중584 須 모름지기 305

고559 囚 가둘 305
고560 獸 짐승 306
중682 修 닦을 360
고676 輸 나를 361
고752 殊 죽일 402
중777 樹 나무 404
중778 壽 목숨 404
중822 愁 근심 430
고833 帥 장수 442

숙
참230 卡 넝쿨 306
중585 叔 아재비 306
중586 淑 맑을 306
중587 宿 잘 307
고565 孰 누구 307
고566 熟 익을 308
고567 肅 엄숙할 308

순
고079 脣 입술 66
고080 巡 돌 66
중134 順 순할 66
참107 舜 순임금 123
고199 瞬 눈 깜짝일 123
고314 旬 열흘 181
고315 殉 따라 죽을 181
중426 純 순수할 212
참231 犀 푹 삶을 308
참232 盾 방패 309
고569 循 좇을 309

술
중588 戌 열한째 지지 309
고812 術 꾀 432
고813 述 지을 432

숭
중772 崇 높을 401

습
고356 襲 엄습할 205
중589 習 익힐 309
고570 濕 젖을 310
중861 拾 주울 457

승
참233 丞 도울 310
중590 承 받들 310
참235 升 되 311
고572 昇 오를 311
참236 臿 들 311
중591 乘 탈 311
고763 僧 중 408
중795 勝 이길 412

시
고010 矢 화살 21
중087 示 보일 45
중088 視 볼 45
중196 試 시험할 92
참075 豕 돼지 97
참091 尸 주검 110
중242 始 처음 112
중264 是 옳을 121

중267 市 저자 121
중269 時 때 122
중270 詩 시 122
고198 侍 모실 122
중547 施 베풀 285
참237 戠 차진 흙 312

식
중105 食 밥 55
고058 飾 꾸밀 55
중195 式 법 92
중592 識 알 312
고576 息 쉴 312
중789 植 심을 409

신
중051 身 몸 31
중074 信 믿을 41
중106 辛 매울 55
중107 新 새 56
고078 晨 새벽 66
중247 臣 신하 114
참221 炘 나아갈 295
중593 申 펼 313
중594 神 귀신 313
참238 囟 정수리 314
고577 伸 펼 313
고767 愼 삼갈 410

실
중045 室 집 28
중599 失 잃을 314
중600 實 열매 315

심
중005 心 마음 13
중224 甚 심할 105
중411 深 깊을 204
고579 尋 찾을 315
고580 審 살필 315

십
중071 十 열 40

쌍
고581 雙 쌍 315

씨
중109 氏 성씨 56

아
고128 牙 어금니 89
고129 芽 싹 89
고130 雅 우아할 89
참098 両 덮을 115
중601 我 나 318
고582 餓 주릴 318
고584 亞 버금 319
고605 兒 아이 319

악
중604 惡 악할 319
중606 樂 풍류 320
고642 嶽 큰 산 345

안
고092 雁 기러기 74
중159 顔 얼굴 75
고159 岸 언덕 102
중220 眼 눈 104
중608 安 편안할 320
중609 案 책상 321
참239 晏 편안할 321

알
참066 歹 뼈 앙상할 90
고232 謁 아뢸 146

암
중031 暗 어두울 22
참121 厰 낭떠러지 143
중303 巖 바위 143

압
고228 押 누를 144
고632 壓 누를 339

앙
고586 央 가운데 321
고587 殃 재앙 321
참240 卬 나 322
중611 仰 우러를 322

애
중130 哀 슬플 64
중178 愛 사랑 83
참152 厓 언덕 180
고312 涯 물가 180

액
고214 額 이마 137
고590 厄 재앙 323
참250 液 진 334

야
고132 耶 어조사 89
중546 也 어조사 285
중627 野 들 330
중634 夜 밤 334

약
참010 龠 피리 28
중607 藥 약 320
중613 若 같을 323
중614 弱 약할 323
중718 約 묶을 378

고715 躍 뛸 385

양
중112 羊 양 57
중113 洋 바다 57
중114 養 기를 57
참037 羕 긴 강 58
고061 樣 모양 58
참241 昜 볕 324
중615 陽 볕 324
중616 揚 오를 324
고592 楊 버들 324
참242 敭 다스릴 325
참243 襄 도울 325
중619 讓 사양할 325
고596 壤 흙 326

어
중066 魚 물고기 39
중067 漁 고기 잡을 39
중646 語 말씀 341
고637 御 어거할 342
중651 於 어조사 343

억
고589 抑 누를 322
중690 億 억 365
중691 憶 기억할 365

언
중028 言 말씀 22
참055 彦 선비 74
참244 㫃 깃발 326

고599 焉 어조사 327

엄
참003 广 집 17
중302 嚴 엄할 143

업
중622 業 업 327

여
중007 汝 너 13
중008 如 같을 14
고623 余 나 327
고624 餘 남을 328
고607 予 줄 329
참247 舁 마주 들 330
고609 輿 수레 330
중629 與 줄 331

역
중631 易 바꿀 331
참248 睪 엿볼 332
고612 驛 역참 332
고613 譯 번역할 332
참249 屰 거스를 333
중632 逆 거스를 333
중633 亦 또 334
고621 役 부릴 334
고622 疫 염병 335
고883 域 지경 468

연
참058 肰 개고기 78

중166 然 그럴 78
고097 燃 사를 78
중217 研 갈 103
고353 緣 가선 203
고585 宴 잔치 321
참251 合 산속의 늪 335
고623 鉛 납 335
고624 沿 따를 335
참252 肙 장구벌레 336
고626 延 끌 336
고628 燕 제비 337
참253 耎 가냘플 337
고629 輭 연할 337
고687 演 흐를 369
중701 煙 연기 370

열
중641 熱 더울 341
중839 悅 기쁠 441
고830 閱 검열할 441

염
고227 鹽 소금 142
중636 炎 불탈 337
참254 冉 부드러울 338
참255 厭 싫을 338
고633 染 물들일 339

엽
참256 枼 모진 나무 339
중638 葉 잎사귀 339

영
고249 影 그림자 152
중610 英 꽃부리 322
고588 映 비칠 322
중612 迎 맞이할 322
고639 永 길 340
고635 泳 헤엄칠 340
고636 詠 읊을 340
중878 榮 영화 466
고879 營 경영할 466

예
고608 豫 미리 330
고610 譽 기릴 331
참257 埶 심을 340
중640 藝 재주 340
고831 銳 날카로울 441

오
중643 五 다섯 341
중644 吾 나 341
중645 悟 깨달을 341
중647 午 일곱째 지지 342
참258 吳 나라 이름 342
고638 娛 즐거워할 343
중649 誤 그릇할 343
중650 烏 까마귀 343
고639 嗚 탄식할 343
참259 敖 놀 344
고640 傲 거만할 344
고651 汚 더러울 350

옥
중084 玉 구슬 44
중652 屋 집 344
고641 獄 옥 344

온
참260 盈 어질 345
중653 溫 따뜻할 345

옹
고276 翁 늙은이 163
참261 雍 화목할 345
고643 擁 안을 346

와
중275 瓦 기와 124
중654 臥 누을 346

완
중669 完 완전할 352
참265 忨 깎을 352
고663 緩 느릴 354

왈
중026 曰 가로 20

왕
중655 王 임금 346
중656 往 갈 346

외
중658 外 밖 347
고645 畏 두려워할 347

요
참039 幺 작을 59
참044 畠 항아리 63
고073 搖 흔들 63
고074 謠 노래 63
고075 遙 멀 63
중659 要 중요할 347
고646 腰 허리 348
참262 堯 높을 348
참263 舀 확에서 퍼낼 348

욕
중169 浴 목욕할 79
중170 欲 하고자 할 79
고098 慾 욕심 79
고650 辱 욕되게 할 349

용
중120 用 쓸 60
참040 甬 쇠북 꼭지 60
중121 勇 날랠 60
고067 庸 쓸 61
중345 容 담을 163

우
고002 羽 깃 14
중058 雨 비 35
중161 牛 소 75
중198 又 또 93
중199 右 오른 93
중200 友 벗 93
고554 郵 역참 304
중660 尤 허물 349

중662 于 어조사 349
중663 宇 집 349
중664 憂 근심 350
고653 優 넉넉할 350
참264 禺 긴꼬리원숭이 350
중665 遇 만날 351
고654 愚 어리석을 351
중655 偶 짝 351

운
중380 運 움직일 182
중666 云 이를 351
중667 雲 구름 351
고660 韻 운 353

웅
중358 雄 수컷 168

원
중668 元 으뜸 352
고657 院 담 352
고659 員 인원 353
고670 圓 둥글 353
참266 爰 이에 353
고662 援 당길 354
참267 袁 옷 길 354
중672 遠 멀 354
중673 園 동산 354
참269 夗 누워 뒹굴 355
중674 怨 원망할 355
중816 原 언덕 424
고792 源 근원 424
중817 願 원할 425

월
중126 月 달 64
참270 戉 도끼 356
고666 越 넘을 356

위
참041 口 에울 61
참042 韋 다룬 가죽 61
고068 圍 에울 61
중123 偉 클 61
고069 緯 씨 62
고070 違 어길 62
고071 衛 지킬 62
중675 爲 할 356
고667 僞 거짓 356
고668 胃 밥통 357
고669 謂 이를 357
중676 位 자리 357
중677 危 위태할 357
고678 威 위엄 358
고670 委 맡길 358
참271 尉 벼슬 358
고671 慰 위로할 359

유
중060 柔 부드러울 36
중119 幼 어릴 59
고064 幽 그윽할 59
중149 唯 오직 70
고082 惟 생각할 70
고083 維 벳줄 71
고099 裕 넉넉할 79
중192 酉 닭 91

중194 猶 오히려 91
중201 有 있을 93
고549 誘 꾈 302
고556 儒 선비 304
중679 由 말미암을 359
중680 油 기름 359
참272 攸 바 360
고673 悠 멀 360
참273 兪 점점 360
고675 愈 나을 361
참274 臾 잠깐 361
중684 遺 남을 361
참275 斿 깃발 362
중685 遊 놀 362
고677 乳 젖 362

육
중124 肉 고기 63
중125 育 기를 63
참183 賣 행상할 230

윤
고029 閏 윤달 37
고030 潤 젖을 37
참276 尹 다스릴 362
참277 允 진실로 363

율
참100 聿 붓 115

은
중221 銀 은 104
참279 䢞 숨길 364

참

참280 戀 삼갈 364
고680 隱 숨길 364
중697 恩 은혜 368

을

중144 乙 새 69

음

중030 音 소리 22
중386 陰 그을 186
중387 吟 읊을 186
중388 飮 마실 186
참281 至 가까이하여 구할 364
고681 淫 음란할 364

읍

중003 泣 울 12
중089 邑 고을 46

응

참282 雁 매 365
중688 應 응할 365
고683 凝 엉길 366

의

중128 衣 옷 64
중129 依 의지할 64
중241 矣 어조사 112
중602 義 옳을 318
중603 議 의논할 318
고583 儀 거동 318
고689 意 뜻 365
중692 醫 의원 366

고682 疑 의심할 366
고780 宜 마땅할 418

이

중032 耳 귀 23
중069 二 두 40
중240 以 써 112
참096 台 기뻐할 112
중253 而 말 이을 116
중693 異 다를 367
중694 已 이미 367
고685 夷 오랑캐 367
중804 移 옮길 418

익

참068 弋 주살 92
고684 翼 날개 367
고695 益 더할 368

인

중072 人 사람 41
중073 仁 어질 41
참022 儿 어진 사람 44
참110 夂 길게 걸을 124
중696 因 인할 368
고686 姻 혼인 368
참283 刃 칼날 369
고698 忍 참을 369
고699 認 알 369
중700 寅 셋째 지지 369
참284 堙 막을 370
중702 引 끌 370
중703 印 도장 370

일

중018 日 날 18
중068 一 한 39
고688 逸 달아날 370

임

중704 壬 아홉째 천간 371
고689 任 맡길 371
고690 賃 품팔이 371
참285 尤 게으를 371

입

중034 入 들 23

자

중037 子 아들 25
중038 字 글자 25
중276 自 스스로 125
중705 者 놈 374
고695 茲 이 375
중712 慈 사랑 375
참286 束 가시 375
고696 刺 찌를 376
참288 帀 성장을 그칠 377
중716 姊 누이 377
고773 姿 맵시 416
고774 資 재물 416
고775 恣 방자할 416
고776 紫 자줏빛 417

작

중541 作 지을 283
중542 昨 어제 284
참289 勺 구기 377
고701 酌 잔질할 378
고702 爵 벼슬 378

잔

참290 戔 해칠 379
고703 殘 쇠잔할 379

잠

참291 先 비녀 380
참292 炊 날카로울 380
고706 潛 잠길 380
고782 暫 잠깐 419

잡

고772 雜 섞일 413

장

중053 長 길 33
고024 張 베풀 33
고025 帳 휘장 33
참102 爿 조각 117
중256 壯 씩씩할 117
고186 裝 꾸밀 117
고187 莊 장엄할 117
중257 將 장수 118
고188 奬 권면할 118
참103 戕 죽일 118
참104 臧 착할 118
고189 藏 감출 118
고190 臟 오장 118
고191 牆 담 118
중618 場 마당 324
중593 腸 창자 325
중721 章 글 380
고707 障 막을 381
고708 丈 어른 381
고709 葬 장사 지낼 381
참294 庄 농막 382
고710 粧 단장할 382
고870 掌 손바닥 462

재

고711 災 재앙 382
중722 才 재주 382
중723 材 재목 382
중724 財 재물 383

중725 在 있을 383
참295 戕 손상할 383
중726 栽 심을 383
중727 哉 어조사 383
고712 載 실을 383
고713 裁 마를 383
중728 再 두 384
고714 宰 벼슬아치 384

쟁
중729 爭 다툴 384

저
참036 氐 근본 56
중111 低 낮을 57
고059 底 밑 57
고060 抵 막을 57
고708 著 드러날 374
참296 宁 쌓을 385
중731 貯 쌓을 385

적
중279 赤 붉을 126
참219 耤 적전 293
고530 籍 문서 293
고562 寂 고요할 306
고620 跡 자취 334
고699 積 쌓을 376
고700 績 길쌈 376
중717 的 과녁 378
참297 翟 꿩 385
참303 啇 밑동 397
고763 適 갈 397

적
고764 敵 원수 397
고738 摘 딸 397
고739 滴 물방울 397
고821 賊 도둑 436

전
중061 田 밭 36
중406 戰 싸움 200
고371 殿 큰 집 212
중595 電 번개 313
중719 錢 돈 379
고717 專 오로지 386
중732 傳 전할 386
고718 轉 구를 386
중733 全 온전할 386
중734 典 법 387
중735 前 앞 387
참298 襄 붉은 제사 옷 387
중736 展 펼 387

절
참105 卩 병부 119
중259 節 마디 119
중260 絕 끊을 120
고538 竊 훔칠 297
고720 折 꺾을 388
참299 戉 날카로울 388
고822 切 끊을 436

점
고724 占 점칠 389
중738 店 가게 389
고725 點 점 389

접
고634 蝶 나비 339
중819 接 접할 428

정
참045 鼎 솥 65
중131 貞 곧을 65
중141 精 자세할 68
중142 情 뜻 68
중143 靜 고요할 69
중730 淨 깨끗할 384
중739 丁 넷째 천간 390
중740 頂 정수리 390
중726 亭 정자 390
중741 停 머무를 390
고727 訂 바로잡을 390
중747 正 바를 391
중728 征 칠 392
중748 政 정사 392
중729 整 가지런할 392
중749 定 정할 392
참301 井 우물 392
참301 壬 줄기 393
중731 廷 조정 393
중754 庭 뜰 394
참302 呈 드릴 394
고732 程 한도 394

제
고015 齊 가지런할 26
고016 濟 건널 26

고783 漸 차차 419

중265 題 이마 121
고195 提 끌 121
고196 堤 방죽 121
중625 除 섬돌 328
중710 諸 모든 375
중757 弟 아우 395
중758 第 차례 395
중759 祭 제사 395
고736 際 사이 396
고737 制 마를 396
중761 製 지을 396
중762 帝 임금 396

조
참047 爪 손톱 67
참048 叉 손톱 67
참049 蚤 벼룩 67
중145 鳥 새 69
고113 照 비칠 84
중339 造 지을 161
고541 操 잡을 298
고542 燥 마를 298
고674 條 가지 360
참287 棗 대추나무 376
중714 早 일찍 377
중765 兆 조짐 397
중766 朝 아침 398
고744 潮 조수 398
고746 弔 조상할 399
중776 調 고를 403
중801 祖 조상 417
중802 助 도울 417
고777 組 짤 417

고778 租 조세 417

족
중077 足 발 42
중767 族 겨레 399

존
중206 尊 높을 96
중768 存 있을 399

졸
중769 卒 군사 400
고814 拙 못날 433

종
중416 終 마칠 209
중423 種 씨 211
중425 鐘 쇠북 211
중770 從 좇을 400
고748 縱 늘어질 400
중771 宗 마루 401

좌
참069 屮 왼손 94
중202 左 왼 94
고136 佐 도울 94
중773 坐 앉을 401
고749 座 자리 401

죄
중774 罪 허물 402

주
참021 ╲ 불똥 42
중078 主 주인 42
중079 住 살 43
중080 注 물 댈 43
고035 柱 기둥 43
중098 走 달아날 51
중193 酒 술 91
고201 舟 배 125
중681 宙 집 359
중775 朱 붉을 402
고750 株 그루 402
고751 珠 구슬 402
고753 周 두루 403
참304 週 돌 403
고754 州 고을 403
고755 洲 섬 403
참305 壴 세워 놓은 악기 404
참306 尌 세울 404
참307 疇 밭두둑 404
고756 鑄 쇠 부어 만들 405
중779 晝 낮 405
고757 奏 아뢸 405

죽
중203 竹 대 95

준
고142 遵 좇을 96
참278 夋 천천히 갈 363
고679 俊 준걸 363
참308 隼 새매 405
고758 準 법도 406

중
중421 重 무거울 210
중780 中 가운데 406
고759 仲 버금 406
중782 衆 무리 407

즉
중783 卽 곧 407

증
중431 證 증명할 213
참234 烝 김 오를 310
고571 蒸 찔 310
고730 症 증세 392
중784 曾 일찍 407
중785 增 더할 407
고760 贈 줄 408
고761 憎 미워할 408

지
중027 知 알 21
고011 智 슬기 21
중043 至 이를 27
중081 支 지탱할 43
중082 枝 가지 43
중110 紙 종이 56
중261 止 그칠 120
중263 之 갈 120
중266 志 뜻 121
고197 誌 기록할 121
중271 持 가질 122
중548 地 땅 285
고518 池 못 285

지
고529 遲 더딜 292
중786 只 다만 408
참309 旨 맛있을 408
중787 指 가리킬 409

직
고574 織 짤 312
고575 職 직분 312
중788 直 곧을 409

진
참035 羏 개암나무 55
중132 辰 별 65
고076 振 떨칠 65
고077 震 벼락 66
중791 眞 참 410
고766 鎭 누를 410
참310 㐱 머리 늘어질 410
고768 珍 보배 410
중792 進 나아갈 411
중793 盡 다할 411
고769 陣 진 칠 411
고770 陳 베풀 412

질
고012 疾 병 21
고017 姪 조카 28
고578 秩 차례 314
중794 質 바탕 412

짐
참311 朕 나 412

집
중796 集 모일 413
중797 執 잡을 413

징
고733 徵 부를 394
고734 懲 징계할 394

차
고137 差 어긋날 94
중566 借 빌릴 293
중798 次 버금 416
중799 此 이 416
중800 且 또 417

착
고034 捉 잡을 42
참026 辶 쉬엄쉬엄 갈 48
고531 錯 섞일 293
중709 着 붙을 375

찬
고534 贊 도울 295
고535 讚 기릴 295

찰
중760 察 살필 396

참
중104 參 참여할 53
고054 慘 슬플 53
참293 替 일찍이 380
참312 斬 벨 418
고781 慙 부끄러울 419

창
고594 暢 펼 325
중805 昌 창성할 419
중806 唱 부를 419
참313 囪 천창 420
중807 窓 창 420

고786 倉 곳집 421
고787 創 비롯할 421
고788 蒼 푸를 421
참315 刅 해칠 421

채
고698 債 빚 376
참316 采 캘 422
중808 採 캘 422
중809 菜 나물 422
고790 彩 채색 422

책
고697 策 꾀 376
중713 責 꾸짖을 376
참317 乇 풀잎 422
중811 冊 책 423

처
중209 處 곳 98
중812 妻 아내 423

척
고009 拓 넓힐 20
참025 彳 자축거릴 48
고563 戚 겨레 307
고618 斥 물리칠 333
중813 尺 자 424

천
중075 千 일천 41
중133 川 내 66
참106 舛 어그러질 123

고537 遷 옮길 296
중720 淺 얕을 379
고704 踐 밟을 379
고705 賤 천할 379
중814 泉 샘 424
중818 天 하늘 425
고794 薦 드릴 426

철
고721 哲 밝을 388
참300 戠 클 389
중737 鐵 쇠 389
고795 徹 통할 426

첨
참318 悉 더럽힐 425
고793 添 더할 425
참319 僉 다 426
참320 广 우러러볼 427
참321 詹 수다스러울 427
고802 尖 뾰족할 428

첩
고803 妾 첩 428

청
중137 靑 푸를 68
중138 淸 맑을 68
중139 請 청할 68
중140 晴 갤 68
중755 聽 들을 394
고735 廳 관청 394

체
고184 逮 잡을 116
고358 滯 막힐 206
중448 體 몸 224
고521 遞 갈마들 287
고804 替 바꿀 428

초
참019 艸 풀 38
참034 楚 가시나무 54
고057 礎 주춧돌 54
중180 招 부를 84
고114 超 뛰어넘을 84
중181 初 처음 84
고123 抄 노략질할 87
고124 秒 초 88
고125 肖 닮을 88
중715 草 풀 377

촉
고033 促 재촉할 42
참322 蜀 나라 이름 429
고805 燭 촛불 429
고806 觸 닿을 429

촌
중204 寸 마디 95
중205 村 마을 96

총
참314 悤 바쁠 420
고784 總 다 420
고785 聰 귀 밝을 420

고816 銃 총 433

최
참051 崔 성 71
고084 催 재촉할 71
중831 最 가장 434

추
참050 隹 새 70
중147 推 옮길 70
고134 醜 추할 91
참067 酋 두목 91
고672 抽 뺄 359
고821 秋 가을 430
고840 追 쫓을 442

축
참072 筑 악기 이름 95
고140 築 쌓을 95
고564 縮 줄 307
고809 畜 기를 430
고810 蓄 쌓을 431
중823 丑 소 431
중824 祝 빌 431
고811 逐 쫓을 431

춘
중427 春 봄 212

출
짐323 朮 삽주 432
중826 出 날 432

충
고368 衝 부딪칠 211
중781 忠 충성 406
중827 充 찰 433
중829 蟲 벌레 434

취
중661 就 나아갈 349
고747 醉 취할 400
중830 取 취할 434
고817 趣 나아갈 434
중832 吹 불 435
고818 臭 냄새 435

측
고819 測 잴 436
고820 側 곁 436

층
고762 層 층 408

치
고013 恥 부끄러울 23
참008 夂 뒤져 올 27
중044 致 이를 28
참084 豸 발 없는 벌레 103
중243 治 다스릴 113
중262 齒 이 120
고764 置 둘 409
고765 値 값 409

칙
중833 則 법칙 435

친
중108 親 친할 56

칠
중834 七 일곱 436
참324 桼 옻나무 437
고823 漆 옻 437

침
고691 沈 가라앉을 371
고692 枕 베개 371
참325 寖 조금씩 할 437
고824 侵 침노할 437
고825 寢 잘 437
고826 浸 적실 438
중835 針 바늘 438

칭
고573 稱 일컬을 311

쾌
중316 快 쾌할 151

타
참070 左 무너질 94
참071 隋 제사 고기 나머지 94
고138 墮 떨어질 94
중549 他 다를 286
중746 打 칠 391
고827 妥 온당할 440

탁
고716 濯 씻을 385
고791 托 밀 423
고808 濁 흐릴 430
고828 卓 높을 440

탄
고160 炭 숯 102
고322 歎 탄식할 184
고346 彈 탄알 200
고627 誕 태어날 336

탈
고829 奪 빼앗을 440
중836 脫 벗을 441

탐
고326 貪 탐할 187
중410 探 찾을 204

탑
고855 塔 탑 457

탕
고595 湯 끓을 325

태
중116 太 클 58
중117 泰 클 59
고179 殆 위태할 113
고180 怠 게으를 113
고344 態 모양 197
참326 兌 기쁠 440

택
고615 擇 가릴 332
고616 澤 못 332
중810 宅 집 423

토
중151 土 흙 71
고085 吐 토할 71
고832 討 칠 442

통
중122 通 통할 60
고066 痛 아플 60
중828 統 거느릴 433

퇴
참327 自 흙무더기 442
중843 退 물러날 443

투
중094 投 던질 49
참108 鬪 싸울 123
고200 鬪 싸울 123
고550 透 통할 302

특
중273 特 특별할 122

파
고004 播 뿌릴 15
중157 波 물결 74
중158 破 깨뜨릴 74
고091 頗 치우칠 74
고345 罷 파할 197
고834 派 갈래 446
참328 巴 땅 이름 446
고835 把 잡을 446

판
고450 板 널빤지 256
고451 版 조각 256
고452 販 팔 256
중503 判 가를 257

팔
중070 八 여덟 40

패
중041 貝 조개 26
중042 敗 패할 27

편
중255 片 조각 117
중511 便 편할 262
참329 扁 넓적할 446
중844 篇 책 447
고836 編 엮을 447
고837 遍 두루 447
고838 偏 치우칠 447

평
중845 平 평평할 447
고839 評 평할 448

폐
고046 廢 폐할 50
고505 肺 허파 278
참330 敝 해질 448
고840 弊 해질 448
고841 幣 비단 448
고842 蔽 가릴 448
중846 閉 닫을 449

포
중013 布 베 16
참052 勹 쌀 72
고086 包 쌀 72
중153 抱 안을 72
고087 胞 태보 72
고088 飽 배부를 72
참053 砲 대포 72
고474 浦 물가 265
고475 捕 사로잡을 265
중847 暴 사나울 449

폭
고480 幅 폭 268
고843 爆 터질 449

표
참031 髟 머리 흐트러질 54
고844 票 불똥 튈 449
고845 標 표할 450

고846 漂 뜰 450
중848 表 겉 450

품
중849 品 물건 450

풍
중280 風 바람 126
중850 豊 풍년 451

피
중155 皮 가죽 73
중156 彼 저 73
고089 疲 지칠 73
고090 被 입을 73
고464 避 피할 261

필
중252 筆 붓 115
중851 必 반드시 451
중853 匹 짝 452
고850 畢 마칠 452

하
중283 賀 하례할 134
중286 河 강 이름 135
중287 何 어찌 135
고207 荷 연 135
중854 下 아래 454
중855 夏 여름 454

학
중163 學 배울 77
고885 鶴 학 469

한
참054 厂 언덕 74
고156 旱 가물 102
고157 汗 땀 102
중218 限 지경 104
중219 恨 한할 104
중297 閑 한가할 139
중384 漢 한나라 185
중621 韓 나라 이름 327
중856 寒 찰 454

할
고862 割 나눌 459

함
고325 含 머금을 186
고851 咸 다 455
참332 弓 꽃봉오리 455
참333 臽 허방다리 456
고854 陷 빠질 456

합
참125 盍 덮을 147
중859 合 합할 456

항
고040 巷 거리 47
고041 港 항구 47
고104 項 목 81
중392 恒 항상 188
참335 亢 목 457
고856 抗 막을 457
고857 航 건널 458

해
중475 海 바다 241
고858 奚 어찌 458
고865 亥 돼지 458
고859 該 갖출 459
고866 害 해칠 459
고867 解 풀 460

핵
고860 核 씨 459

행
중091 行 다닐 47
중868 幸 다행 460

향
중049 香 향기 30
중000 鄕 시골 460
고863 響 울릴 460
고865 享 누릴 461

향
중870 向 향할 461

허
중208 虛 빌 98
중648 許 허락할 342

헌
고158 軒 추녀 102
고308 獻 바칠 179
고872 憲 법 463

험
고796 險 험할 426
고797 驗 시험할 427

혁
중154 革 가죽 73

현
중086 現 나타날 44
고093 玄 검을 76
고094 絃 줄 76
중249 賢 어질 114
고873 縣 고을 464
고874 懸 매달 464
참336 絃 고치 464
고875 顯 나타날 464

혈
고022 穴 구멍 32
참015 頁 머리 33
중184 血 피 87
참120 絜 헤아릴 141

혐
고247 嫌 싫어할 151

협
참337 劦 힘 합할 464
중876 協 도울 465
고876 脅 갈빗대 465

형
고042 衡 저울대 47
중752 刑 형벌 393
중753 形 형상 393
고866 亨 형통할 461
중877 兄 맏 465
참338 熒 등불 465
고878 螢 개똥벌레 466

혜
고287 兮 어조사 171
중879 惠 은혜 466
참339 彗 비 466
고880 慧 슬기로울 467

호
참076 虍 범의 문채 97
중207 虎 범 97
중210 戶 지게 99
참081 雇 새 이름 99
고164 毫 잔털 106
고165 豪 호걸 106
고270 胡 오랑캐 160
중337 湖 호수 160
고271 浩 넓을 160

중364 號 부르짖을 171
중365 乎 어조사 171
중366 呼 부를 171
중881 好 좋을 467
고881 互 서로 467
고891 護 보호할 472

혹
중882 或 혹시 468
고882 惑 미혹할 468
참340 崔 오를 468

혼
중342 混 섞일 162
고656 魂 넋 351
고886 昏 어두울 469
중884 婚 혼인할 469

홀
고446 忽 소홀히 할 252

홍
고039 洪 큰물 47
고103 鴻 큰 기러기 80
중175 紅 붉을 81
고887 弘 클 469

화
고018 禾 벼 29
중047 和 화할 29
중164 火 불 77
중355 話 말씀 167
고282 禍 재앙 168

중886 化 화할 470
중887 花 꽃 470
중888 貨 재화 470
중889 畫 그림 471
중890 華 빛날 471

확
고151 擴 넓힐 100
고884 確 굳을 469
참341 矍 받들 471
고889 穫 거둘 472

환
중050 患 근심 30
중352 歡 기뻐할 166
고664 環 고리 355
고665 還 돌아올 355
참342 睘 뚫이 가는 염소 472
고893 丸 알 472
참343 奐 빛날 473
고894 換 바꿀 473

활
중354 活 살 167

황
중212 黃 누를 100
참191 巟 물 넘칠 240
고421 荒 거칠 240
중657 皇 임금 347
고877 況 하물며 465

회
고423 悔 뉘우칠 242
참344 裹 품을 473
고895 懷 품을 473
중891 回 돌 474
중892 會 모일 474

획
고888 劃 그을 471
고890 獲 얻을 472

횡
고152 橫 가로 100

효
참057 爻 점괘 76
중361 效 본받을 169
고648 曉 새벽 348
중893 孝 효도 474

후
고897 侯 제후 475
고898 候 기후 475
중894 厚 두터울 475
중895 後 뒤 475

훈
중135 訓 가르칠 66

훼
참046 虫 벌레 67
고166 毀 헐 107

휘
고316 揮 휘두를 182
고317 輝 빛날 182

휴
중896 休 쉴 476
참345 巂 두견이 476
고899 攜 끌 476

흉
중897 凶 흉할 476
참346 匈 오랑캐 476
중898 胸 가슴 477

흑
중214 黑 검을 101

흠
참059 欠 하품 78

흡
고328 吸 숨 들이쉴 187

흥
중419 興 일 210

희
참077 虐 그릇 97
고143 戲 놀 97
중899 希 바랄 477
고900 稀 드물 477
중900 喜 기쁠 477

[서울신문 베스트 브랜드 대상] 중앙에듀북스 – 마법 술술한자

부수 새롭게 정리하고 그림 곁들여… 평가 다양하게 수록

중앙에듀북스 '마법 술술한자'

중앙에듀북스의 '마법 술술한자' 시리즈(전9권)는 한국어문회가 주관하는 한자능력검정시험(8~3급) 합격을 위한 참신하고 획기적인 한자 학습서다. 누구나 한자가 형성된 원리를 이해하며 제대로 배울 수 있도록 초등학생 수준에 맞추어 자원을 쉽게 풀이하였다.

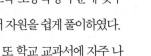

또 학교 교과서에 자주 나오는 한자어를 선별하여 그 뜻을 한자를 통해 쉽게 알 수 있도록 직역으로 풀이하였다. 특히 한자능력검정시험 8급과 7급은 가지고 다니면서 유용하게 활용할 수 있는 한자카드도 수록하였다.

이 시리즈의 핵심은 1권인 '부수'이다. 이 책은 모양이 비슷한 부수는 통합하고, 잘 쓰이지 않는 부수는 제외하여 기존 214자를 200자로 새로 정리했으며, 그림을 곁들여 알기 쉽게 풀이했다.

2권부터 9권까지는 한자능력검정시험 8~3급으로 구성되어 있다. 한자를 나누어 형성 원리를 이해한 후 자원을 보며 한자를 쓸 수 있도록 바로 아래에 빈칸을 두었다. 또 예문을 통하여 한자어의 활용을 익힐 수 있도록 구성하였으며, 지속적인 반복과 실력을 확인할 수 있도록 형성평가, 종합평가 등 다양한 평가를 구성하였다.

중앙에듀북스 관계자는 "이 시리즈의 저자는 한학자 집안에서 태어나 어려서부터 부친께 한학을 배웠고, 가업을 잇는다는 정신으로 한문교육과를 나와 학생들을 가르치고 있다"면서 "한자 때문에 울고 있는 어학생을 보고, 한학을 배우면서 힘들었던 자신의 이런 시절이 생각나 어떻게 하면 어려운 한자를 쉽고 재미있게 가르칠 수 있을까를 연구하여 집필했기 때문에 이 시리즈가 독자들에게 뜨거운 호응을 얻고 있다"고 말했다.

– 서울신문

초등학생과 중학생을 위한
초등 학습 한자 시리즈!

- 초등학교의 모든 교과서를 분석하고, 또 일상생활에서 자주 사용하는 한자어를 선별하여 초등학생이
  기본적으로 꼭 알아야 할 학습 한자를 난이도에 따라 선정하였습니다.
- 6권은 중학교의 전문화된 교과서를 학습하기 위하여 필요한 한자를 선정하였습니다.
- 부수를 결합하여 한자가 만들어진 원리를 이해하며 쉽게 익힐 수 있습니다.
- 쉬운 한자풀이와 풍부한 해설 및 다양한 확인학습으로 개별 학습이 용이하여 선생님이 편합니다.

▼ 화제의 신간!

박두수 지음
송진섭 · 이병호 · 강혜정 선생님 추천

한자 & 일본어 학습 & 교육 지침서

현직 선생님이 들려주는 한자를 알면 세계가 좁다
김미화 글 · 그림 | 올컬러 | 32,000원

중학교 900자 漢번에 끝내字
김미화 글 · 그림 | 올컬러 | 19,500원

고등학교 한자 900 漢번에 끝내字
김미화 글 · 그림 | 올컬러 | 22,000원

술술 외워지는 한자 1800
김미화 글 · 그림 | 올컬러 | 22,000원

한자 부수 제대로 알면 공부가 쉽다
김종혁 지음 | 22,000원

중학 한자 부수로 끝내기
김종혁 지음 | 15,000원

술술한자 부수 200   박두수 지음 | 12,000원

인간 유전 상식사전 100
[한국간행물윤리위원회 청소년 권장도서]
사마키 에미코 외 지음 | 홍영남 감수 | 박주영 옮김 | 18,000원

인체의 신비
안도 유키오 감수 | 안창식 편역 | 15,000원

동화로 배우는 일본어 필수한자 1006자
이노우에 노리오 글 · 그림 | 강봉수 옮김 | 올컬러 | 12,900원

동화로 신나게 배우는
일본어 新 상용한자 1130자로 N1 합격
이노우에 노리오 지음 | 강봉수 옮김 | 13,000원

회화 · 문법 · 한자 한번에 끝내는 일본어 초급 핵심 마스터
강봉수 지음 | 18,000원

※무료 MP3 다운로드 : www.japub.co.kr

긍정 육아
아이가 성장하는 마법의 말
도로시 로 놀테 · 레이첼 해리스 지음
김선아 옮김 | 13,800원
전 세계 37개국 출간된 세계적 베
스트셀러!

인체 구조 학습 도감
[다음 백과사전 신칭토시]
주부의 벗사 지음 | 가키우치 요시유
키 · 박선무 감수 | 고선윤 옮김
올컬러 | 22,000원

궁금한 인체 구조를 알기 쉽게 설
명한 인체 대백과사전!

중앙에듀북스 Joongang Edubooks Publishing Co.
중앙경제평론사|중앙생활사 Joongang Economy Publishing Co./Joongang Life Publishing Co.

중앙에듀북스는 폭넓은 지식교양을 함양하고 미래를 선도한다는 신념 아래 설립된 교육·학습서 전문 출판사로서
우리나라와 세계를 이끌고 갈 청소년들에게 꿈과 희망을 주는 책을 발간하고 있습니다.

한자 부수 제대로 알면 공부가 쉽다

초판 1쇄 발행 | 2017년 2월 18일
초판 4쇄 발행 | 2022년 10월 15일

지은이 | 김종혁(ChongHyeok Kim)
펴낸이 | 최점옥(JeomOg Choi)
펴낸곳 | 중앙에듀북스(Joongang Edubooks Publishing Co.)

대 표 | 김용주
편 집 | 한옥수·백재운·용한솔
디자인 | 박근영
인터넷 | 김회승

출력 | 삼신문화 종이 | 에이엔페이퍼 인쇄 | 삼신문화 제본 | 은정제책사

잘못된 책은 구입한 서점에서 교환해드립니다.
가격은 표지 뒷면에 있습니다.

ISBN 978-89-94465-41-8(03700)

등록 | 2008년 10월 2일 제2-4993호
주소 | ⑨ 04590 서울시 중구 다산로20길 5(신당4동 340-128) 중앙빌딩
전화 | (02)2253-4463(代) 팩스 | (02)2253-7988
홈페이지 | www.japub.co.kr 블로그 | http://blog.naver.com/japub
네이버 스마트스토어 | https://smartstore.naver.com/jaub 이메일 | japub@naver.com
♣ 중앙에듀북스는 중앙경제평론사·중앙생활사와 자매회사입니다.

※ 이 도서의 국립중앙도서관 출판시도서목록(CIP)은 서지정보유통지원시스템 홈페이지(http://seoji.nl.go.kr)와
국가자료공동목록시스템(http://www.nl.go.kr/kolisnet)에서 이용하실 수 있습니다.(CIP제어번호: CIP2017008601)

중앙에듀북스/중앙경제평론사/중앙생활사에서는 여러분의 소중한 원고를 기다리고 있습니다. 원고 투고는 이메일을
이용해주세요. 최선을 다해 독자들에게 사랑받는 양서로 만들어드리겠습니다. **이메일** | japub@naver.com